Herbert Paul, Volrad Wollny
Instrumente des strategischen Managements

Herbert Paul, Volrad Wollny

Instrumente des strategischen Managements

Grundlagen und Anwendung

3., überarbeitete Auflage

ISBN 978-3-11-057955-0
e-ISBN (PDF) 978-3-11-057956-7
e-ISBN (EPUB) 978-3-11-057986-4

Library of Congress Control Number: 2020937594

Bibliografische Information der Deutschen Nationalbibliothek
Die Deutsche Nationalbibliothek verzeichnet diese Publikation in der Deutschen Nationalbibliografie; detaillierte bibliografische Daten sind im Internet über http://dnb.dnb.de abrufbar.

Einbandabbildung: Floortje / iStock / Getty Images Plus
Satz: le-tex publishing services GmbH, Leipzig
Druck und Bindung: CPI books GmbH, Leck

www.degruyter.com

Vorwort zur dritten Auflage

In den letzten Jahren ist eine fast unüberschaubare Zahl von Strategieinstrumenten vorgestellt worden, die neue Lösungen für jeweils aktuelle Probleme versprechen. Viele der bisher angebotenen Übersichten und Vorgehensweisen für diese Instrumente bieten entweder keine genaue Anleitung zur praktischen Anwendung (dies gilt auch für zahlreiche Internet-Websites) oder sie sind so stark anwendungsorientiert, dass dabei die theoretischen Grundlagen der Instrumente vernachlässigt werden. Die Autoren haben sich deshalb vorgenommen, die wichtigsten Instrumente des strategischen Managements für Studierende und Praktiker sowohl im Hinblick auf ihre theoretischen Grundlagen als auch die praktische Anwendung zusammenzustellen. Weiterhin wird erklärt, welche Bedeutung sie haben und welche ähnlichen/überlappenden Instrumente genutzt werden können.

Unser Buch „Instrumente des strategischen Managements“ wurde 2009 zum ersten Mal publiziert; die 2. Auflage erschien 2011. Nunmehr legen wir eine gründlich überarbeitete 3. Auflage vor. Das Thema Digitalisierung und strategisches Management wird im ersten Kapitel aufgegriffen. Weiterhin werden neue Forschungsergebnisse zur Nutzung von Strategieinstrumenten vorgestellt. Neue Instrumente, z. B. Trendanalyse, Business Model Canvas, oder Design Thinking, wurden aufgenommen. Andere Instrumente, z. B. die generischen Geschäftsstrategien, wurden überarbeitet und einige weniger bedeutsame Instrumente wurden herausgenommen.

Zusätzliche Kapitel haben Herr Prof. Dr. Oliver Mauroner (Design Thinking – Abschn. 8.2.3), Frau Prof. Dr. Anna Rosinus (Trendanalyse – Abschn. 5.2.2), Herr Dr. Philipp Schneemann (Strategieinstrumente – Kap. 2), Herr Prof. Dr. Randolf Schrank (GE-/McKinsey-Matrix – Abschn. 7.2.3) und Herr Dr. Nils Teschner (Realoptionen – Abschn. 7.2.5) geschrieben. Ihre Beiträge sind namentlich gekennzeichnet.

Herr Jan Burhenne (BSc Betriebswirtschaftslehre) hat uns ganz wesentlich bei der Erstellung der 3. Auflage unterstützt. Herr Dr. Stefan Giesen und Herr Maximilian Geßl haben in bewährter Form seitens des De Gruyter Oldenbourg Verlags die Betreuung übernommen. Wir möchten allen, die an der 3. Auflage mitgewirkt haben, sehr herzlich danken.

In diesem Buch wird auf eine geschlechtsneutrale Darstellung wie z. B. „Unternehmer und Unternehmerinnen“ oder „UnternehmerInnen“ verzichtet. Grundsätzlich wird die männliche Form verwendet, um eine bessere Lesbarkeit zu erreichen.

Anregungen und Ideen für Verbesserungen nehmen wir gerne entgegen. Bitte senden Sie Ihre Kommentare an herbert.paul@hs-mainz.de oder volrad.wollny@hs-mainz.de

Mainz im Januar 2020 — Herbert Paul und Volrad Wollny

https://doi.org/10.1515/9783110579567-201

Inhalt

1 Der strategische Managementprozess

„Ja, mach nur einen Plan, sei ein großes Licht! Und mach dann noch 'nen zweiten Plan, geh'n tun sie beide nicht“ (Brecht 2019, S. 73 f.; Originalausgabe 1928).

Das strategische Management umfasst alle Entscheidungen der Unternehmensführung zum Aufbau, der Nutzung und Pflege von Erfolgspotenzialen und ist als Teil eines Integrierten Managementkonzepts zu verstehen. Es ist positioniert zwischen normativen Vorgaben (Vision, Leitbild) und operativer Umsetzung. Zentrales Thema ist die Entwicklung von Strategien, die mit Planungs- oder Erfahrungs- bzw. Lernprozessen erklärt werden können. Strategische Analysen und somit die Anwendung von Strategieinstrumenten verbinden diese beiden grundsätzlich verschiedenen Ansätze und treiben den Strategieprozess voran.

1.1 Ziele und Aufbau dieses Buchs

Zielgruppe, Nutzen und Auswahl der Instrumente

Dieses Buch wurde für alle Personen geschrieben, die sich mit Fragen des strategischen Managements befassen oder sich dafür interessieren – also Unternehmer, Manager, Unternehmensberater, Hochschullehrer und Studierende der Betriebswirtschaftslehre, sowohl in Bachelor- als auch in Master- oder MBA-Programmen.

Nutzen: In diesem Buch werden zum einen die theoretischen Grundlagen für die wichtigsten Strategieinstrumente kurz dargestellt. Dies ist nach Ansicht der Autoren notwendig, um eine qualifizierte Anwendung zu erreichen. Zum anderen wird für jedes Instrument eine schrittweise Anleitung zur Anwendung gegeben. Die praktische Umsetzung ist ein besonderes Anliegen der Autoren, weil in den klassischen Strategielehrbüchern diesem Thema häufig nur eine geringe Bedeutung zukommt. Das Buch ist als Ergänzung zu den Lehrbüchern und Monographien des strategischen Managements gedacht und soll diese keineswegs ersetzen.

Der Leser kann das Buch als Nachschlagewerk nutzen und muss es nicht zwingend von Anfang an lesen. Er erhält spezifische Informationen zu einem Strategieinstrument, er kann sich mit seiner Anwendung vertraut machen oder sich in Vergessenheit geratene Details wieder in Erinnerung zurückrufen. Die Instrumente sind zwar nach den wesentlichen Strategiephasen gegliedert, stehen aber innerhalb dieser Strukturierung jeweils isoliert und sind einzeln lesbar und verständlich.

Auswahl der Instrumente: Die hier vorgestellten Instrumente sind universell im strategischen Management einsetzbar und nicht auf spezifische Branchen, Funktionen oder Lebenszyklusphasen des Unternehmens beschränkt. Instrumente, die in erster Linie einen operativen Charakter haben, wie bspw. Effizienzkennziffern, oder sich in allgemeiner Form auf das Management beziehen, wie bspw. Projektmanagement oder Mind-Mapping, werden nicht behandelt. Die Auswahl der Instrumente orientiert sich

https://doi.org/10.1515/9783110579567-001

an der Literatur, den bekannten Strategielehrbüchern, Erkenntnissen zum Einsatz von Instrumenten in der Praxis und den eigenen Erfahrungen der Autoren. Die vorgestellten Instrumente sind als „Best of ... "-Auswahl zu verstehen; diese Auswahl ist zwangsläufig subjektiv.

Aufbau des Buches

Im ersten Kapitel werden Zielsetzung und Struktur des Buchs erläutert und der strategische Managementprozess anhand eines einfachen Modells vorgestellt. Im zweiten Kapitel stehen die Strategieinstrumente, deren Einsatz, praktische Entwicklung und der Einfluss der Digitalisierung im Vordergrund.

Die weitere Gliederung des Buches und die Einordnung der Instrumente folgen den Phasen des strategischen Managementprozesses (Abb. 1.1). In dieser Abbildung werden außerdem die drei grundsätzlichen Strategiephasen den unterschiedlichen Ausprägungen der SWOT-Analyse zugeordnet (vgl. Abschn. 4.2).

Die Darstellung zeigt die Zielbildung am Anfang des Prozesses und nochmals nach der strategischen Analyse, um der betrieblichen Realität besser gerecht zu werden. Normalerweise kommt es nach der Analyse der Ausgangslage zu einer Zielrevision. Die Zuordnung der einzelnen Instrumente zu den verschiedenen Prozessphasen ist komplex. Viele Instrumente beinhalten mehrere Aspekte und können in verschiedenen Phasen eingesetzt werden. So können z. B. Szenarien sowohl als Instrument der externen Analyse als auch für die Entwicklung von alternativen Strategien genutzt werden. Die Autoren ordnen ein Instrument deshalb nach seinem wichtigsten Beitrag einer der drei Phasen des Strategieprozesses zu.

Die Analyse beginnt mit den allgemeinen *„Rahmeninstrumenten“*. Dazu gehören die allgemeinen Analyseinstrumente (z. B. das 7-S-System und die Lückenanalyse) und die richtunggebenden Instrumente Vision, Mission und Leitbild.

Danach wird die *„SWOT-Analyse“* umfassend dargestellt. Sie fasst die Ergebnisse einer internen und externen Analyse zusammen. Die Transformation der SWOT- in eine TOWS-Matrix liefert wichtige Ansätze für die Strategieentwicklung. Das SWOT-Grundmodell kann als QSPM (Quantitative Strategic Planning Matrix) zur Bewertung von strategischen Optionen genutzt werden.

Die folgenden Kapitel stellen dann entsprechend den drei Phasen des strategischen Managementprozesses *„externe Analyse“* und *„interne Analyse“*, *„Entwicklung von Strategien“* und *„Umsetzung der Strategien“* ausgewählte Strategieinstrumente vor. Im Anschluss an die *Entwicklung von Strategien* wurde ein neues Kapitel *Instrumente zur strategischen Innovation* hinzugefügt.

Die Erklärung der Strategieinstrumente folgt einheitlich dem Schema in Tab. 1.1.

Der Abschnitt „Beschreibung und theoretischer Hintergrund“ enthält eine kurze Darstellung der Entstehung des Instruments, der jeweiligen Problemstellung, der Herangehensweise und des theoretischen Hintergrunds.

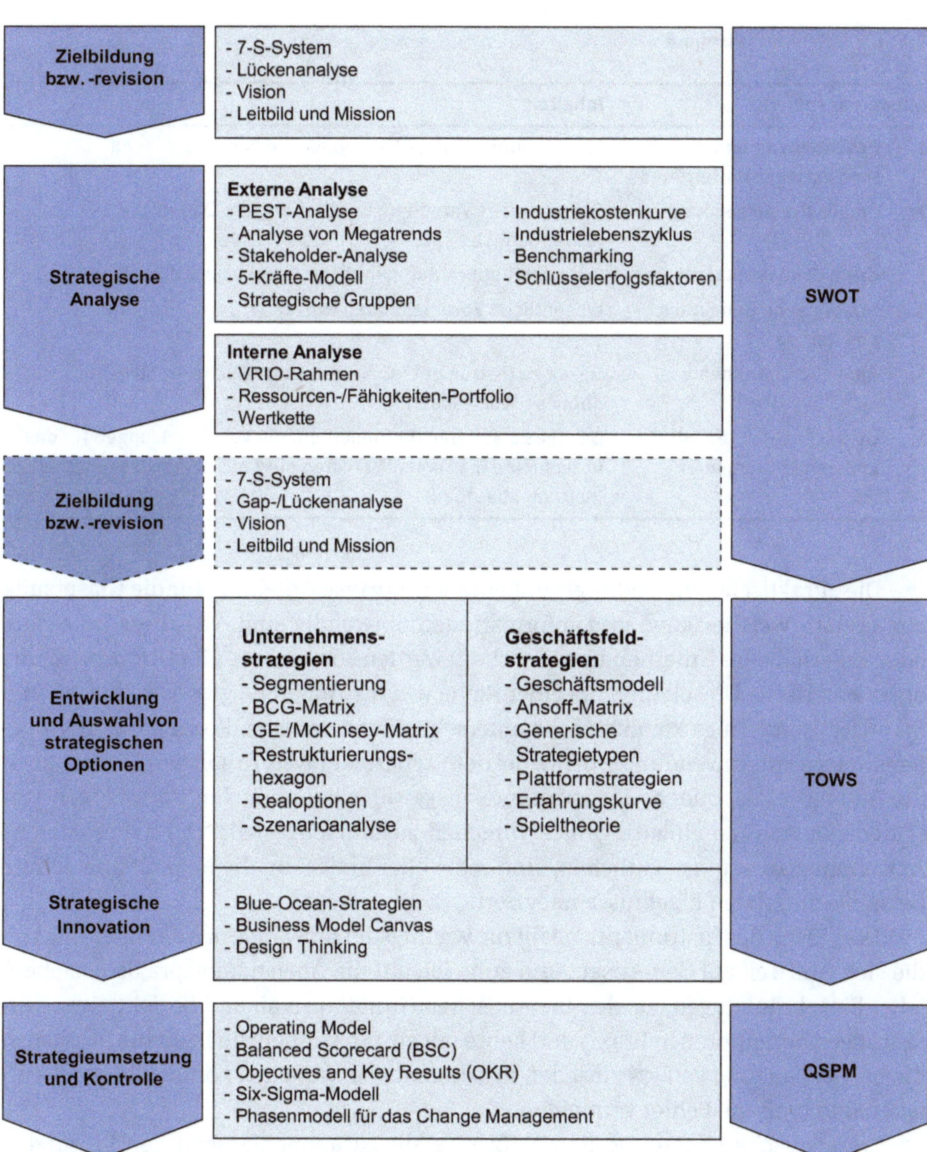

Abb. 1.1: Überblick Strategieprozess und -instrumente

Tab. 1.1: Gliederungsschema

Gliederungspunkte	Inhalte
1. Beschreibung und theoretischer Hintergrund	Entstehung: wichtige Theoriebezüge und Erklärungen
2. Praktische Anwendung	Schrittweises Vorgehen: Beschaffung der Daten; Anwendungsbeispiel
3. Kritik des Instruments	Kritik im Hinblick auf inhaltliche Aspekte und Umsetzung
4. Strategische Bedeutung und Nutzen	Wesentliche Vorteile für den Nutzer
5. Ähnliche Instrumente	Bezug zu Instrumenten, die das strategische Problem auf ähnliche Weise lösen
6. Überschneidungen mit anderen Instrumenten	Bezüge zu anderen Instrumenten, die Voraussetzungen für das untersuchte Instrument schaffen oder auf denen das untersuchte Instrument aufbaut

Die „Praktische Anwendung“ gibt eine schrittweise Anleitung für die Umsetzung vor, erklärt, welche Daten und Informationen notwendig sind, wie diese innerhalb oder außerhalb des Unternehmens beschafft werden können und gibt Hinweise für die organisatorische Umsetzung. Bei einer Reihe von Instrumenten gibt es keinen echten Standard, sondern es kommen sehr unterschiedliche Ansätze, Konzepte und Vorgehensweisen zur Anwendung – bspw. bei der Szenarioanalyse. In solchen Fällen haben die Autoren eine einfache Basisvariante ausgewählt oder aus den Vorschlägen verschiedener Autoren ein stringentes Vorgehen zusammengestellt. Um die praktische Anwendung zu veranschaulichen, sind reale oder fiktive, an die Realität angelehnte Beispiele und deren Ergebnisse integriert.

Die „Kritik des Instruments“ stellt die wichtigsten Einwände aus der Literatur vor, die sich zum Teil auf den Ansatz und zum Teil auf die Anwendungspraxis beziehen, leitet Einschränkungen aus den theoretischen Grundlagen ab und bezieht eigene Erfahrungen der Autoren in Praxis und Lehre mit ein. So können die Leser die Probleme, die bei der Nutzung von spezifischen Instrumenten auftauchen können, besser beurteilen und typische Fehler vermeiden.

„Strategische Bedeutung und Nutzen“ stellt zusammenfassend den Einsatzbereich und den Nutzen des Instruments für das strategische Management dar.

Um die Instrumentenvielfalt im strategischen Management besser abdecken zu können, werden unter „Ähnliche Instrumente“ solche Instrumente erfasst, die den gleichen Zweck erfüllen. Dabei kann es sich um Instrumente handeln, die in einem eigenen Kapitel dargestellt sind, oder um solche, die aus Sicht der Autoren weniger bedeutsam und weniger verbreitet sind und kein eigenes Kapitel rechtfertigen.

Unter „Überschneidungen mit anderen Instrumenten“ werden diejenigen Instrumente beschrieben, die einen ähnlichen methodischen Ansatz verfolgen, sich aber teilweise überschneiden oder ergänzen.

1.2 Grundlagen des strategischen Managements

1.2.1 Begriff des strategischen Managements

Der Begriff Strategie stammt aus dem militärischen Bereich. Sun Tsu's Klassiker „Die Kunst des Krieges" (ca. 500 v. Christus) wird allgemein als erste Strategieabhandlung bezeichnet (Sun Tsu 2009). Das Wort Strategie ist abgeleitet vom griechischen „Strategos" – die Kunst der Heeresführung. Im deutschen Sprachgebrauch definiert Clausewitz Strategie als die Lehre vom Gebrauch des Gefechts zum Zwecke des Kriegs (Strategieinstitut 2008).

In die Wirtschaftswissenschaften haben von Neumann und Morgenstern (1944) den Begriff Strategie mit der Spieltheorie eingeführt. Die ersten renommierten Forschungsarbeiten zum Thema Strategie stammen von Chandler (1962), Ansoff (1965) und Andrews (1971). An der Harvard Business School und anderen amerikanischen Universitäten wurden in den 1960er und 1970er Jahren Vorlesungen zum Thema Business Policy gehalten, die sich mit Unternehmensplanung und Unternehmensstrategien beschäftigten. Heute laufen diese Vorlesungen in der Regel unter dem Titel „Strategisches Management". In Deutschland wird strategisches Management häufig als Teil der Unternehmensführung gelehrt.

Viele Unternehmen erkannten in den 1970er Jahren und zu Beginn der 1980er Jahre, das traditionelle, rational geprägte und sehr detaillierte Systeme der Unternehmensplanung keine praktikablen Antworten auf die strategischen Herausforderungen einer zunehmend turbulenten Umwelt (Ansoff 1979) geben konnten. Zu nennen sind hier die Ölpreisschocks von 1974 und 1979 sowie die Intensivierung des internationalen Wettbewerbs, vor allem seitens japanischer Unternehmen. Der Fokus des Managements verschob sich von der Formulierung detaillierter Pläne für die zukünftige Unternehmensentwicklung auf die Positionierung des Unternehmens im Markt und auf das Verhältnis des Unternehmens zu seinen Wettbewerbern (Ansoff 1976 und Grant 2019). In den 1980er Jahren bildeten die Analyse des Wettbewerbs und der Aufbau von Wettbewerbsvorteilen zentrale Bestandteile des strategischen Denkens. In den 1990er Jahren kamen Fragen nach den internen Ressourcen und Kompetenzen des Unternehmens sowie der Umsetzung der Strategien und den damit einhergehenden notwendigen Veränderungen hinzu.

Bleicher (2017) definiert strategisches Management als den Aufbau, die Pflege und die Ausbeutung von Erfolgspotenzialen, für die Ressourcen eingesetzt werden müssen. Solche Erfolgspotenziale (Gälweiler 2005) bestehen aus von der Unternehmensführung geschaffenen wichtigen und dominierenden Kombinationen von unternehmensspezifischen Ressourcen, Beziehungen und Kompetenzen. Beispiele dafür sind das Lean Manufacturing von Toyota oder das Markenmanagement von P&G. Die Erfolgspotenziale werden über Lernprozesse aufgebaut und drücken die gewonnenen Erfahrungen eines Unternehmens mit spezifischen Märkten oder Technologien aus.

Sie ermöglichen es der Unternehmung, im Vergleich zur Konkurrenz langfristig überdurchschnittliche Ergebnisse zu erzielen.

Strategische Entscheidungen haben immer die Veränderung von Erfolgspotenzialen im Fokus. Hungenberg (2014) nennt die folgenden Merkmale von strategischen Entscheidungen:

- Sie bestimmen oder beeinflussen maßgeblich die grundsätzliche Richtung der Unternehmensentwicklung.
- Sie sollen durch den Aufbau und die Pflege von Wettbewerbsvorteilen den langfristigen Erfolg des Unternehmens sichern.
- Sie versuchen, den zukünftigen Erfolg des Unternehmens durch seine externe (Positionierung im Markt) und seine interne (Ausstattung mit Ressourcen und Kompetenzen) Ausrichtung zu sichern.
- Sie sollen Handlungsmöglichkeiten für die zukünftige Unternehmensentwicklung schaffen.
- Sie besitzen einen bereichsübergreifenden und grundsätzlichen Charakter und werden in erster Linie durch die obersten Führungskräfte, sozusagen aus einer „Vogel-Perspektive", getroffen.

In Abhängigkeit von der Unternehmensebene lassen sich Unternehmens- und Geschäftsfeldstrategien unterscheiden (Abb. 1.2).

Die *Unternehmensstrategie* beschreibt die Branchen, in denen Geschäftsaktivitäten entwickelt werden. Weiterhin gehören zur Unternehmensstrategie Fragen der Diversifikation, der vertikalen Integration, Akquisitionen, die Gründung von neuen Geschäften, Desinvestitionen, Restrukturierungen und die Allokation von Ressourcen.

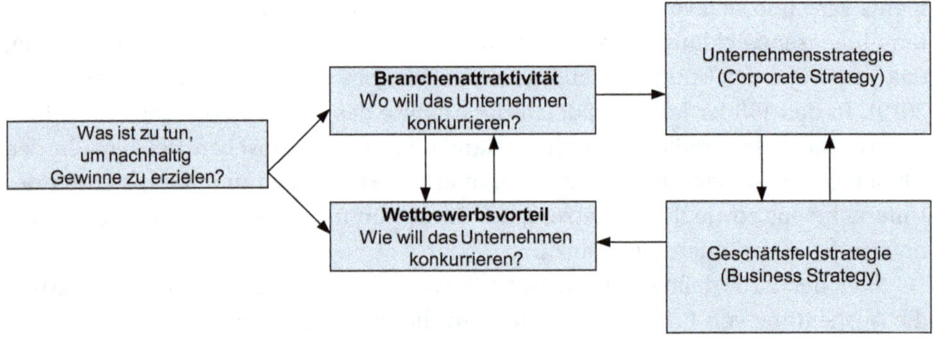

Abb. 1.2: Strategieebenen (Quelle: in Anlehnung an Grant 2019, S. 19)

Die *Geschäftsfeldstrategie* definiert, auf welche Art und Weise das Geschäftsfeld innerhalb einer bestimmten Branche dem Kunden einen Mehrwert bietet und wie ein Wettbewerbsvorteil gegenüber den Konkurrenten aufgebaut werden kann.

Die *funktionalen Strategien* gehören in den Bereich der Umsetzung. Die Vorgaben kommen aus der Geschäftsfeldstrategie. Es geht um die Entwicklung und Nutzung von funktionsbezogenen Ressourcen und Kompetenzen bspw. im Marketing oder in der Produktion.

Letztlich wird der Unternehmenserfolg durch den Grad der Integration und Konsistenz zwischen diesen drei Ebenen bestimmt. Ein gutes Beispiel für einen solchen konsistenten Strategieansatz über alle drei Ebenen liefert der Billigflieger Ryanair. Die Unternehmensstrategie konzentriert sich auf das Angebot von Flügen innerhalb Europas. Die Geschäftsfeldstrategie und der Wettbewerbsvorteil des Unternehmens basieren auf dem Angebot von Flugleistungen zu niedrigen Preisen. Die funktionalen Strategien setzen die Geschäftsfeldstrategie konsequent um. Dazu gehören z. B. der Einsatz nur eines Flugzeugtyps, die Nutzung von peripheren Flughäfen, das „No-frills"-Konzept im Flugzeug (Extras nur gegen Bezahlung) oder das weitgehende Outsourcing von unterstützenden Aktivitäten. Alle Strategieelemente passen zueinander; sie unterstützen und ergänzen sich.

1.2.2 Strategisches Management als Teil eines Integrierten Managementkonzepts

Die zentralen Aufgaben des Managements beschreibt Hans Ulrich (1984) als das *Gestalten* eines institutionellen Rahmens, das *Lenken* durch die Bestimmung von Zielen und das Festlegen, Auslösen und Kontrollieren von Aktivitäten zur Zielerreichung und das *Entwickeln*, das sich teilweise aus den Gestaltungs- und Lenkungsprozessen und teilweise aus eigenständigen Lernprozessen ergibt. Für das Verständnis der Besonderheiten und der Erfolgsbedingungen des strategischen Managements ist die Einordnung in ein gesamthaftes Managementkonzept sinnvoll.

Das Managementdenken der 1950er und 1960er Jahre konzentrierte sich auf die Lenkungsfunktion und hat das Management als eine rationale Steuerung der Unternehmensabläufe verstanden. Seit den 1970er Jahren ist dieses Denken aufgrund der wachsenden Umweltkomplexität und -dynamik an seine Grenzen gestoßen. Ein neuer ganzheitlicher Managementansatz wurde erforderlich, der die wachsende Vernetzung und Verflechtung des Unternehmens mit seiner Umwelt berücksichtigt und stärker auf die Gestaltungs- und Entwicklungsfunktionen des Managements abstellt (Bleicher 2017).

Vor diesem Hintergrund musste und muss das strategische Management Antworten auf neue strategische Herausforderungen wie die Globalisierung vieler Branchen oder die Konsequenzen moderner Kommunikationstechnologien (Internet) finden. Dabei geht es weniger um ein analytisch auf das einzelne Element oder den einzelnen Vorgang gerichtetes Denken, sondern vielmehr um ein integrierendes, am ganzen Unternehmen orientiertes Konzept. In diesem Sinne ist das strategische Management in einen größeren Rahmen einzuordnen, den Bleicher 1991 mit seinem Integrierten Managementkonzept entwickelt hat (Bleicher 2017) (Abb. 1.3).

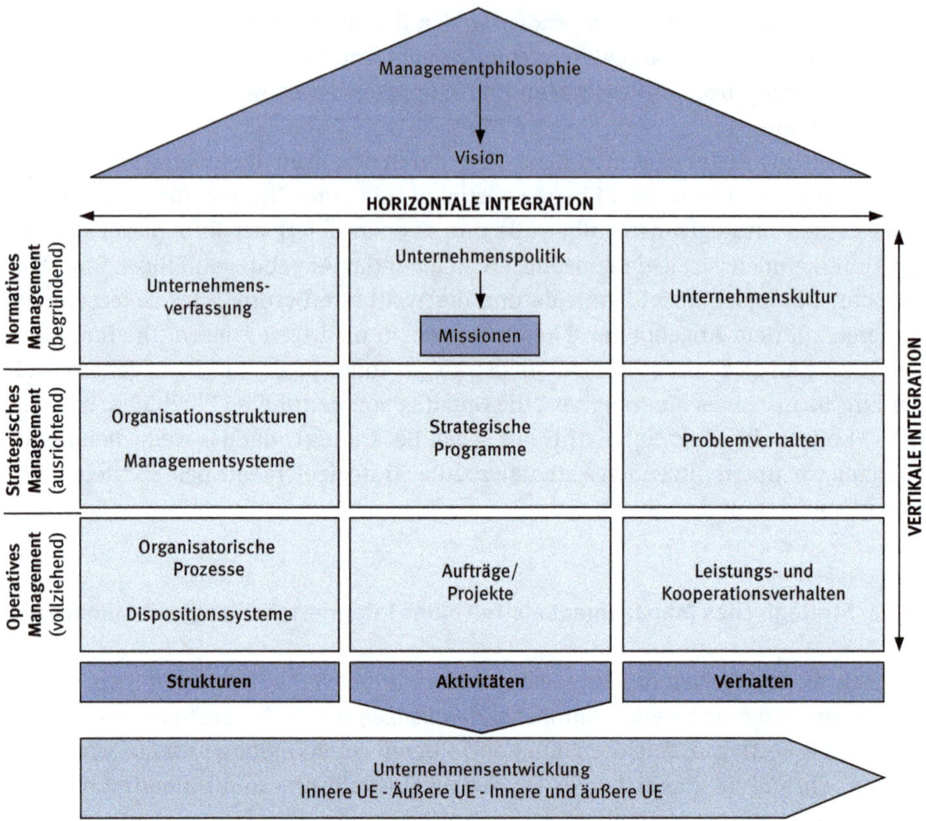

Abb. 1.3: Integriertes Managementkonzept (Quelle: in Anlehnung an Bleicher 2017, S. 159)

Die verschiedenen Dimensionen dieses Modells werden durch eine pragmatische Leitidee, die *Managementphilosophie*, zusammengehalten. Diese Managementphilosophie beschreibt die Einstellung des Unternehmens zu seiner Rolle und seinem Verhalten in der Gesellschaft. Sie findet ihren Niederschlag in der Vision und im Leitbild.

Das Integrierte Managementkonzept unterscheidet drei Managementebenen:

- Das *normative Management* konzentriert sich auf generelle Ziele sowie Normen, Spiel- und Verhaltensregeln zur Sicherung der Lebens- und Entwicklungsfähigkeit des Unternehmens. Es wirkt begründend für alle Handlungen des Managements. Auf der Basis der Vision werden Unternehmenspolitik und Ziele definiert. Die Unternehmenspolitik wird auf der normativen Ebene unterstützt einerseits durch die Unternehmensverfassung, die einen konstitutiven Rahmen vorgibt, und anderseits durch die Unternehmenskultur, die als ein System von im Unternehmen fest verankerten Werten spezifische Verhaltens- und Denkweisen umfasst.
- Das *strategische Management* beschäftigt sich mit den Erfolgspotenzialen des Unternehmens. Es soll richtungsweisend wirken. Die normativen Unternehmenszie-

le werden durch eine entsprechende strategische Planung und die Entwicklung von spezifischen Strategien oder Strategieprogrammen zur Veränderung von Erfolgspotenzialen umgesetzt. Die Realisierung der strategischen Programme erfordert sowohl geeignete Organisationsstrukturen und Managementsysteme als auch ein geeignetes Problemlösungsverhalten, das durch das Personalmanagement beeinflusst wird.
- Das *operative Management* bezeichnet den operativen Vollzug der normativen und strategischen Vorgaben. Es orientiert sich an den Ressourcen und Fähigkeiten des Unternehmens. Im Zentrum steht die Lenkung von Aufträgen und Projekten, wobei die organisatorischen Prozesse und Systeme sowie das Mitarbeiterverhalten an die jeweiligen situativen Gegebenheiten anzupassen sind.

Ein besonderes Merkmal des Integrierten Managementkonzepts ist die horizontale und die vertikale Integration. Die *horizontale Integration* strebt auf jeder Ebene, von links nach rechts, eine Harmonisierung der einzelnen Module an. Konkret bedeutet dies, dass Unternehmenspolitik, Unternehmensverfassung und Unternehmenskultur zueinander passen müssen. Dies gilt in gleicher Weise auf der strategischen Ebene für die strategischen Programme, die Organisationsstrukturen und Managementsysteme und das Problemlösungsverhalten sowie auf der operativen Ebene für Aufträge und Projekte, Organisationsprozesse und Leistungs- und Kooperationsverhalten der Mitarbeiter.

Was unter *horizontaler Integration* zu verstehen ist, soll das folgende Beispiel auf der Ebene des strategischen Managements verdeutlichen: Wenn ein Unternehmen eine neue kundenserviceorientierte *Strategie* realisieren will, muss in der Regel die *Organisationsstruktur* angepasst werden, damit der Kunde einen schnell reagierenden und mit Entscheidungskompetenzen ausgestatteten Ansprechpartner hat. Zusätzlich muss sich auch das *Problemlösungsverhalten* der Mitarbeiter und der Führungskräfte ändern. Sie sollen Probleme aus der Kundenperspektive betrachten, die Kunden wirklich ernst nehmen und auf die Kundenanforderungen flexibel reagieren.

Die *vertikale Integration*, also die Harmonisierung der einzelnen Module von oben nach unten, bezieht sich auf Aktivitäten, Strukturen und Verhalten. Die Integration durch *Aktivitäten* erfolgt über Unternehmensziele und das Leitbild (Mission) als normative Vorgaben, die in strategische Programme umzusetzen sind und die dann wiederum zu konkreten Aufträgen und Projekten auf der operativen Managementebene führen. Die Integration durch *Strukturen* bezieht sich auf die normative Unternehmensverfassung, die Organisationsstrukturen und Managementsysteme auf der strategischen Ebene und die operativen Prozesse und Systeme. Die Integration durch *Verhalten* umfasst die normative Unternehmenskultur, das strategische Problemlösungsverhalten und im operativen Bereich das Leistungs- und Kooperationsverhalten der Mitarbeiter. Analog zum oben angeführten Beispiel muss eine Unternehmenskultur entstehen, die der Leistung für den Kunden einen zentralen Wert zumisst. Auf dieser Basis kann sich dann ein flexibles, schnelles und kundenorientiertes Problemlösungsverhalten entwickeln, das auf der operativen Ebene zu einem kooperativen Verhalten der Mitarbeiter innerhalb des Unternehmens und gegenüber dem Kunden führt und so eine hohe Servicequalität sicherstellt.

Die *Unternehmensentwicklung* ist das Ergebnis des gesamten Managementprozesses. Die innere Unternehmensentwicklung bezieht sich auf die Entwicklung und Nutzung von Chancen (Potenzialen) aus eigener Kraft, z. B. mit neuen Produkten oder neuen Geschäftsmodellen. Bei der äußeren Entwicklung verschafft sich das Unternehmen Zugang zu externen Chancen durch Akquisitionen und Kooperationen.

Vor dem Hintergrund einer zunehmend turbulenten und schwer zu prognostizierenden Umweltentwicklung kann ein Integriertes Managementkonzept als Leitfaden für ein ganzheitliches Managementdenken genutzt werden (Bleicher 2017). Gerade für die Strategieentwicklung bietet dieses Konzept eine Systematik, die es Führungskräften ermöglicht, von isolierten Teilentscheidungen Abstand zu nehmen, Gesamtzusammenhänge zu erkennen, Interdependenzen von strategischen Entscheidungen in ihre Überlegungen einzubeziehen und aus früheren Entscheidungen für die Zukunft zu lernen. In diesem Sinne bezeichnet Hungenberg (2014) das strategische Management als eine „geplante Evolution".

1.3 Einfluss der Digitalisierung auf das Integrierte Managementkonzept

Die Digitalisierung stellt Unternehmen und deren Führungskräfte vor enorme Herausforderungen. Ein Integriertes Managementkonzept kann Leitlinien und Strukturen bereitstellen, um diesen Herausforderungen mit einer ganzheitlichen Sichtweise zu begegnen.

Der Begriff Digitalisierung wurde ursprünglich verwandt, um das Umwandeln von analogen Informationen in digitale Formate zu beschreiben – das grundlegende Prinzip der heutigen Computer-, Informations- und Telekommunikationstechnik. Mit Hilfe der Digitalisierung können bisher nicht vorstellbare Datenmengen generiert, verarbeitet, gespeichert und unbegrenzt geteilt werden. Immer mehr Prozesse können automatisiert werden; es wird eine vierte industrielle Revolution erwartet. Dies ist aufgrund der Schnelligkeit in Echtzeit und der Datenübertragungsnetzwerke (Internet) unabhängig von der geografischen Entfernung möglich. Transaktionskosten sinken, ihre marginalen Kosten gehen gegen null. Die digitale Technologie ist eine „Allzwecktechnologie", anwendbar für alle Prozesse und in allen Branchen. Sie ist ein wesentlicher Treiber der Globalisierung, der Beschleunigung des wirtschaftlichen und sozialen Wandels und der Intensivierung des Wettbewerbs in vielen Branchen. Sie weist aber auch gegenläufige Tendenzen durch eine Monopolbildung aufgrund von Netzwerkeffekten auf (vgl. Abschn. 7.3.4).

In Bezug auf Unternehmen wird die Digitalisierung häufig mit den Schlagworten digitale Revolution oder digitale Transformation umschrieben. Meffert und Meffert (2017, S. 17) sehen die digitale Transformation als „... Möglichkeiten der Technik – von der IT über Sensorik, Advanced Analytics, Robotik bis zum 3-D-Druck –, um das Geschäft weiterzuentwickeln." Diese Transformation umfasst das gesamte Ökosystem eines Unternehmens von Zulieferunternehmen über interne Strukturen und Prozesse und die Kunden bis hin zu den Mitarbeitern. Die Digitalisierung steht in vielen Branchen erst am Anfang. Deshalb ist es zum jetzigen Zeitpunkt schwierig, die Konsequenzen der digitalen Transformation auf das strategische Management abzuschätzen. Die Autoren versuchen im Folgenden einen Überblick zu geben.

Die Digitalisierung in Unternehmen wird von drei wichtigen Faktoren angetrieben. Der erste Faktor ist die technologische Entwicklung, z. B. in der IT oder der Sensorik. Ein zweiter Faktor sind die steigenden Erwartungen der Kunden, z. B. im Hinblick auf individuell angepasste Produkte oder eine möglichst rasche Lieferung. Drittens haben Unternehmertum und Kreativität nicht nur zur Entstehung einer neuen (digitalen) Unternehmensform, den Plattformunternehmen (vgl. Abschn. 7.3.4), wie z. B. Airbnb oder Google, beigetragen, sondern begründen auch eine sehr aktive Start-up-Szene mit digitalen Geschäftsmodellen.

Viele Untersuchungen, insbesondere aus der Beratungsbranche, beschäftigen sich mit den Potenzialen der Digitalisierung. Bughin et al. (2017) von McKinsey & Company untersuchen die digitale Transformation im Hinblick auf Produkte und Dienstleistungen, Marketing und Vertriebskanäle, Geschäftsprozesse, Lieferketten und neue Marktteilnehmer aus dem Ökosystem. Das Ergebnis: Unternehmen, die frühzeitig die richtigen digitalen Investitionsschwerpunkte setzen, erreichen ein deutlich höheres Umsatz- und Gewinnwachstum im Vergleich zu Wettbewerbern. Letztere müssen sich mit zwei Herausforderungen auseinandersetzen: (1) Sinkende Umsätze und Margen, wenn neue Wettbewerber mit disruptiven, digitalen Innovationsstrategien in einen Markt eintreten. Eine zweite Konkurrenzwelle folgt, wenn die im Markt bereits befindlichen Wettbewerber mit ähnlichen Strategien zurückschlagen. (2) Schwierigkeiten und Misserfolge der bisherigen Wettbewerber bei der Umsetzung von umfassenden digitalen Transformationsprojekten in traditionellen Unternehmensstrukturen und -kulturen (Bughin/Zeebroek 2017). Unternehmen, denen es gelingt, diese Herausforderungen mit einer mutigen, gut durchdachten und ganzheitlichen Digitalisierungsstrategie zu meistern, können sich klar vom Wettbewerb absetzen und einen starken Wettbewerbsvorteil aufbauen.

Die Implikationen der Digitalisierung betreffen alle drei Ebenen eines Integrierten Managementkonzepts:

Die übergeordnete *Managementphilosophie* und die *Vision* gewinnen eine größere Bedeutung. In einer Welt des digitalen Wandels muss stärker über Werte und langfristige Ausrichtung geführt werden, weil schnelle Reaktionen und Entscheidungen gefordert sind – die Orientierung an Werten und langfristigen Ziele ersetzt detaillierte, langfristige Planungen und Vorgaben.

Normatives Management: Die Digitalisierung hat große Auswirkungen auf die Unternehmenspolitik und die Unternehmenskultur. Im Hinblick auf die Unternehmenspolitik dürfte es schwieriger werden, eine klar umrissene Mission zu definieren. Der Fokus auf Daten und deren Nutzung eröffnet immer wieder neue Tätigkeitsfelder, wie man dies bei Alphabet oder Amazon gut beobachten kann. Die Auswahl der Geschäftsfelder wird durch Vision/Mission vorgegeben – den Kunden einen einfachen und schnellen Zugang zu den besten Informationen (Google) oder den besten Service (Amazon) zu bieten. Die Unternehmenskultur muss stärker auf innovatives Handeln und die Entwicklung der Mitarbeiter abstellen. Die sogenannten „weichen Faktoren" (vgl. Abschn. 3.2.1) gewinnen weiter an Bedeutung.

Strategisches Management: Die Digitalisierung hat eine besondere Bedeutung für das strategische Management aufgrund seiner Funktion für den Aufbau von Wettbewerbsvorteilen. Die strategischen Konsequenzen der Digitalisierung betreffen zum einen inhaltliche und zum anderen prozessbezogene Aspekte.

Inhaltlich gesehen ergeben sich für Unternehmen, die digitale Projekte verfolgen, drei wesentliche Strategieoptionen (Meffert/Meffert 2017): (1) Die Effizienz des vorhandenen Geschäftsmodells verbessern. Dies gilt für Problemstellungen in den klassischen Funktionen. So können z. B. im Marketing bessere Daten über das Kundenverhalten für eine exakte Zielgruppenansprache (Target Marketing) genutzt werden, um die Wirksamkeit der eingesetzten Werbemittel zu erhöhen. (2) Das vorhandene Geschäftsmodell erweitern, um neue Umsatzpotenziale zu erschließen. Gute Beispiele liefern Tailor Store mit maßgeschneiderten Hemden oder Nike iD mit individuell gestaltbaren Sportschuhen. (3) Das vorhandene Geschäftsmodell durch ein neues, überlegenes Geschäftsmodell ersetzen. Die Streaming-Dienste von Spotify im Musikgeschäft oder Netflix im Film- und Fernsehgeschäft oder die neuen Geschäftsmodelle aus der Sharing Economy (z. B. Uber und Airbnb) zeigen diese Entwicklung.

Der Einfluss der Digitalisierung auf den Prozess des strategischen Managements kann vereinfacht in drei Phasen gegliedert werden: Strategieanalyse, Strategieentwicklung und Strategieumsetzung.

Die Strategieanalyse ist in der Regel stark geprägt durch den Einsatz von diversen Diagnoseinstrumenten wie z. B. die PEST-Analyse (vgl. Abschn. 5.2.1). Die Möglichkeit, große Datenmengen zu erfassen und auszuwerten (Big-Data-Lösungen), schafft eine bessere Datengrundlage und trägt so zu sehr viel stärker faktenbasierenden Analyseergebnissen bei. Große Datenmengen in Verbindung mit Methoden der künstlichen Intelligenz können die Prognosen über Entwicklungen in der Zukunft deutlich verbessern. Es wird möglich, Ansoff's schwache Signale (vgl. Abschn. 5.2.2) auf einer stärker datengestützten Grundlage früher zu erkennen.

In der Strategieentwicklung dürfte nach wie vor das strategische Denken und die damit verbundene Kreativität eine überragende Rolle spielen. Soweit Instrumente eingesetzt werden, können diese – wie bereits erwähnt – besser durch Daten abgesichert werden. In dieser Phase des Strategieprozesses wird allerdings eine neue Denkweise sichtbar. Bisher ist man von einer strategischen Problemstellung ausgegangen, die dann bestimmt, welche Daten zur Problemlösung beschafft und analysiert werden müssen. Die Verfügbarkeit von großen Datenvolumen und entsprechenden Analyseverfahren kehrt diese Denkweise um. Nicht mehr die Problemstellung bestimmt die Datensammlung und -analyse, sondern die Analyse der Daten führt zu neuen Strategien (Mayer-Schönberger/Cukier 2013). Die Sammlung und Analyse von Datenbeständen und -flüssen initiiert Lernprozesse, die Innovationen und den Einstieg in neue Geschäftsfelder erklären (Mazzei/Noble 2017). Unternehmen erkennen Innovationschancen, die sich in neuen Aktivitäten niederschlagen, wie z. B. bei Google die Anwendung künstlicher Intelligenz (DeepMind) oder die Entwicklung selbstfahrender Autos (Waymo). Allerdings stellt sich die Frage, ob und wie schnell sich die zukünftige Entwicklung und Trends in den Daten widerspiegeln oder nicht kurzlebige Moden zu falschen strategischen Entscheidungen führen können. Eine zu große Datengläubigkeit könnte auch in die Irre führen

Operatives Management: Für das operative Management, also die Strategieumsetzung, dürfte die Digitalisierung zwei Konsequenzen nach sich ziehen. Zum einen können die Methoden zur Bewertung verschiedener Strategieoptionen stärker mit Daten gestützt und vermutlich beschleunigt werden. Zum anderen können Ziele, die für die Umsetzung definiert wurden, effizienter überwacht werden. Ergebnisse sind schneller und genauer verfügbar; dementsprechend können Korrekturmaßnahmen früher getroffen werden.

1.4 Ansätze zur Erklärung der Strategieentwicklung

1.4.1 Strategieentwicklung als Planungsprozess

Strategieinstrumente werden für die Entwicklung und Umsetzung von Strategien eingesetzt. Für die Strategieentwicklung wurden im Laufe der Jahre zahlreiche Modelle vorgestellt. Mintzberg et al. (2009) haben sie in zehn Denkschulen übersichtlich zusammengefasst. Hier werden nur zwei grundsätzliche Ansätze behandelt: (1) Strategieentwicklung als Planungsprozess und (2) Strategieentwicklung als Erfahrungs- und Lernprozess.

Die Strategieentwicklung als Planungsprozess unterstellt ein rationales Vorgehen. Strategien werden präskriptiv mit einem idealtypischen Prozess geplant. Als Beispiele hierfür sollen das klassische Konzept der Harvard Business School (Andrews 1971) und die darauf aufbauende strategische Planung vorgestellt werden. Das Harvard-Konzept kennt zwei Phasen: eine Phase der Strategieformulierung, in der wichtige strategische Entscheidungen getroffen werden, und eine Phase der Strategieimplementierung, in der die für die Umsetzung notwendigen organisatorischen und personellen Bedingungen zu schaffen sind. Für Phase 1 trägt die Unternehmensführung die

Verantwortung. Die Umsetzung erfolgt in logisch strukturierten Teilschritten, die an nachgeordnete Unternehmensebenen delegiert werden können.

Aufbauend auf diesem Ansatz wurden im Laufe der Jahre Planungssysteme entwickelt, die sehr detailliert die einzelnen Arbeitsschritte zur Setzung von Zielen, der Analyse des Marktes und der Umwelt, der Formulierung und Auswahl von Strategien, der Umsetzung und der Kontrolle vorgeben.

In der nachfolgenden Übersicht (Abb. 1.4) steht die Zielbildung am Beginn des Prozesses; sie entspricht damit dem Modell von Bleicher (2017), das ebenfalls mit normativen Vorgaben beginnt. Die Darstellung trifft zunächst einmal auf das Vorgehen bei einer Unternehmensgründung zu. Nach der strategischen Analyse wird es meist zu einer Zielrevision kommen. Wie aber bereits angesprochen, dürfte der tatsächliche Ablauf des Strategieprozesses in einem bestehenden Unternehmen meist mit der Analyse der strategischen Ausgangslage beginnen, an die sich dann eine Zielbildung anschließt, die oft mehr als eine Revision vergangener Ziele darstellt (Grünig/Kühn 2018). So entwickelte die Daimler AG (2018) aufgrund von externen Analysen (z. B. im Hinblick auf nachhaltige Mobilität und Digitalisierung) neue strategische Schwerpunkte, die sich in neuen formalen Unternehmenszielen niederschlagen.

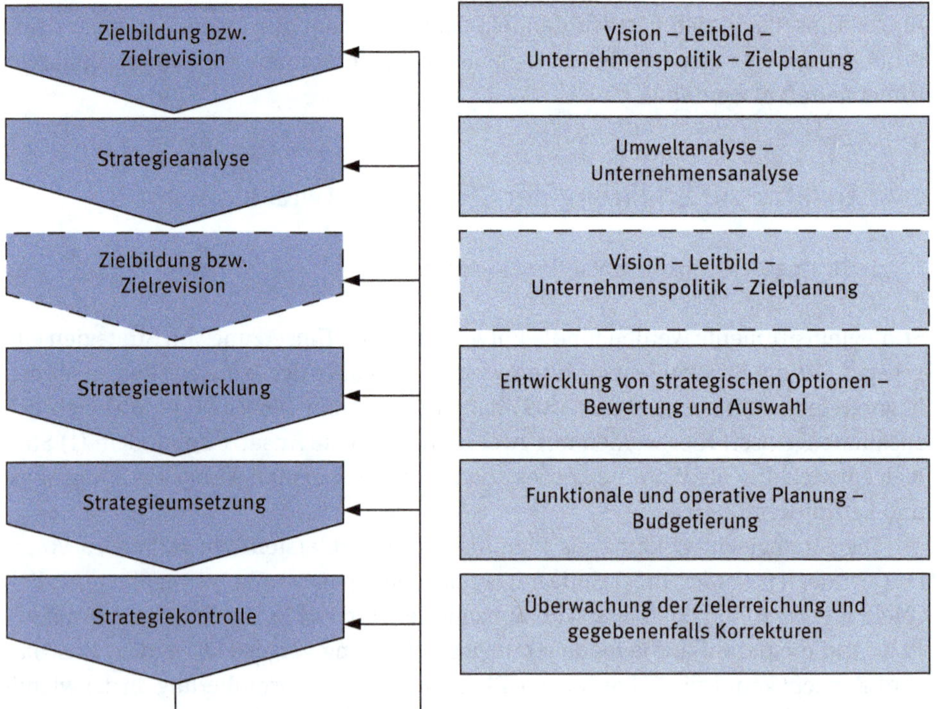

Abb. 1.4: Der strategische Planungsprozess

Der Planungsansatz bietet eine Reihe von Vorteilen (Johnson et al. 2017). Dazu zählen die Unterstützung bei der Analyse und Strukturierung komplexer strategischer Probleme, das Hinterfragen von grundlegenden Annahmen, der Fokus auf eine langfristige Denkweise und die Koordination von Geschäftsfeldstrategien im Rahmen einer umfassenden Unternehmensstrategie. Die Strategie wird explizit formuliert und von der Unternehmensführung an die operativen Einheiten kommuniziert; sie gibt Ziele und strategische Prioritäten vor und liefert Vorgaben für die Allokation von Ressourcen. In den Planungsprozess können Führungskräfte aus verschiedenen Ebenen und Einheiten eingebunden werden, um einen Konsens innerhalb des Managements und auch eine Verpflichtung zur Erfüllung der Pläne zu schaffen. Ein Strategieplan kann dem Unternehmen und den Führungskräften ein Gefühl der Sicherheit über die zukünftige Richtung geben. Das Vorgehen bei einem planerischen Ansatz ist faktenbasiert; es unterstellt eine stabile Umwelt, deren zukünftige Entwicklung prognostizierbar ist, und eine klare Trennung zwischen Strategieentwicklung und Strategieumsetzung. Die Einordnung der einzelnen Instrumente dieses Buches in Abb. 1.1 erfolgte anhand des hier beschriebenen Planungsansatzes.

Diese Annahmen des strategischen Planungsmodells wurden jedoch von Mintzberg (1994) heftig kritisiert. Er sieht darin drei Trugschlüsse:

- Der *Irrtum der Vorherbestimmung*. Die Umwelt ist in der Regel nicht stabil, sondern dynamisch und komplex – damit können zukünftige Entwicklungen auch nicht prognostiziert werden.
- Der *Irrtum der Objektivität*. Die strikte Trennung von Strategieformulierung und -umsetzung unterstellt, dass die Unternehmensspitze Strategien auf der Basis von Fakten und quantitativen Daten entwickeln könne. Oft sind diese Fakten jedoch nicht oder nur teilweise verfügbar und auf verschiedene Weise interpretierbar; außerdem sind weiche Faktoren ebenfalls wichtig für den Erfolg einer Strategie.
- Der *Irrtum der Formalisierung*. Formale Systeme und die Anwendung von Instrumenten lassen in der Regel wenig Raum für eigene Initiativen, Flexibilität und Intuition. Die Trennung in Strategieformulierung und -umsetzung macht aus praktischer Sicht keinen Sinn, weil zwischen der Entwicklung von strategischen Optionen und der Umsetzung permanente Rückkoppelungsbeziehungen bestehen.

Die Erklärung von Strategien über planerische Prozesse war bis in die 1980er Jahre dominant. Die bereits erwähnte zunehmende Dynamik und Komplexität der Umwelt führten zu alternativen Denkansätzen über das Entstehen von Strategien.

1.4.2 Strategieentwicklung als Erfahrungs- und Lernprozess

Dieser Ansatz ist aus der deskriptiven Strategieforschung entstanden und legt den Schwerpunkt auf die Frage, wie Strategien in der Praxis tatsächlich entstehen. Im Folgenden wird auf die Arbeiten von Mintzberg und den logischen Inkrementalismus eingegangen.

Mintzberg (2003) definiert Strategie relativ weit gefasst mit Hilfe seiner fünf „P“: Demnach kann Strategie sich beziehen auf einen Plan („**P**lan“), ein Verhaltensmuster („**P**attern“), eine Perspektive, wie Ziele erreicht werden können („**P**erspective“), eine Positionierung im Markt („**P**osition“) und ein Manöver, um im Wettbewerb zu überleben („**P**loy“). Die Strategie eines Unternehmens weist in der Regel alle fünf Merkmale auf, wobei die einzelnen Elemente je nach Unternehmenssituation und -entwicklung unterschiedliches Gewicht haben können.

In seinen Arbeiten legt Mintzberg großen Wert auf die unbewusste oder lern- und erfahrungsorientierte (emergente) Strategieentwicklung. Ein Unternehmen kann also durchaus eine gute Strategie verfolgen, ohne zuvor einen rationalen Strategieprozess durchlaufen zu haben. In diesem Fall stellt die Strategie das Ergebnis einer Reihe von konsistenten Entscheidungen auf einem bestimmten Entwicklungspfad dar (Abb. 1.5).

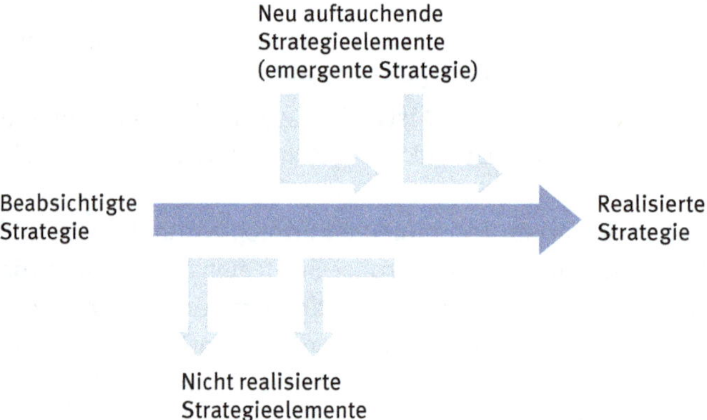

Abb. 1.5: Lern- und erfahrungsorientierte Strategieentwicklung (Quelle: in Anlehnung an Mintzberg 2003, S. 15)

Ein Beispiel für eine solche gewachsene Strategie wäre der Einstieg eines Exportunternehmens in den südostasiatischen Markt. Das Unternehmen lernt aus dem Feedback der Kunden, passt das Produkt den jeweiligen Marktbedingungen an und gründet lokale Vertriebsgesellschaften. Eine ursprünglich geplante Produktionsstätte wird nicht gebaut, stattdessen wird später ein Konkurrenzunternehmen akquiriert. Das Schaffen einer Position in diesem Markt beschreibt die beabsichtigte Strategie. Der Verzicht auf die eigene Produktionsstätte stellt ein nicht realisiertes Strategieelement und der Kauf eines Konkurrenten ein neu auftauchendes Strategieelement dar.

Ebenfalls zu den erfahrungs- und lernbasierten Ansätzen gehört der logische Inkrementalismus (Quinn 2003). Hierbei entsteht die Strategie nicht als gesamthaftes Konzept in einem großen Wurf, sondern durch Experimente, über Versuch-und-Irrtum in einem Lernprozess auf der Basis von kleinen Schritten. Dieses Vorgehen ist durchaus zielorientiert im Sinne der Ausrichtung auf eine Vision und langfristige Unternehmensziele, verlässt sich aber weitgehend auf soziale Prozesse innerhalb des Unternehmens, um die Umweltentwicklung richtig einzuschätzen, die geeigneten ersten Schritte und Versuche zu finden und aus den Ergebnissen zu lernen. Strategieinstrumente können hierbei helfen, die Erfahrungen aus den Versuchen zu ordnen, zu verstehen und inkrementell neue Antworten zu entwickeln.

Eine wichtige Rolle bei der Entwicklung von Strategien spielen organisationspolitische Aspekte und die Unternehmenskultur, denn Strategien entstehen aus Verhandlungsprozessen zwischen mehreren Anspruchsgruppen und Individuen. Die Beteiligten versuchen, ihre Interessen unter Einsatz ihres Machtpotenzials und ihrer Einflussmöglichkeiten zu realisieren. Die Unternehmenskultur als Ausdruck der grundsätzlichen Annahmen, Verhaltens- und Vorgehensweisen innerhalb eines Unternehmens bestimmt dabei, wann und wie strategische Herausforderungen bearbeitet und gelöst werden, z. B. wie schnell und mit welchen Mitteln ein Unternehmen auf einen neu in den Markt eintretenden Konkurrenten reagiert.

Gemeinsam ist diesen Erklärungsansätzen, dass ihnen zufolge Strategien durch einen permanenten Prozess des Anpassens und Lernens entstehen, wobei die kontinuierliche Rückkoppelung zwischen Strategieformulierung und -umsetzung dazu führt, dass die Strategien auf der Basis von neuen Erfahrungen ständig angepasst und revidiert werden.

1.5 Instrumente zur Verbindung von Planung und Lernen

Während in der akademischen Welt rationale sowie lern- und erfahrungsorientierte Strategiekonzepte gerne kontrovers diskutiert werden, zeigt die Praxis, dass beide Ansätze notwendig sind, um den Prozess der Strategieentwicklung zu erklären. Grant (2019, S. 21) macht dies sehr deutlich: „In practice, strategy making almost always involves a combination of centrally driven rational design and decentralized adaptation.“

Eine besondere Rolle weist Grant (2019) den strategischen Analysen und damit den Instrumenten zu, die sozusagen das Bindeglied zwischen einem rationalen Prozess der Strategieplanung und einer Strategieentwicklung auf der Basis von Erfahrungen und Lernen schaffen. Ohne systematische und rationale Analysen werden strategische Entscheidungen schnell politisch angreifbar. Es besteht die Gefahr, dass die Führungskräfte nur ihre „Lieblingsthemen“ und ihre subjektiv favorisierten Alternativen in die Debatte und Planung einbeziehen (Müller-Stewens 2004).

„Concepts, theories, and analytic tools are complements not substitutes for experience, commitment and creativity. Their role is to provide frameworks for organizing discussion, processing information and opinion and assisting consensus“ (Grant 2019, S. 22). Rationale Analysen unterstützen und lenken den Strategieprozess. Sie geben Antworten auf bestimmte Fragen. Allerdings liefert eine Analyse selten eine finale, spezifische Lösung, einen Algorithmus oder eine Formel, wie dies bspw. im Finanz- und Rechnungswesen der Fall ist. Dazu sind die in vielen Unternehmen zu lösenden strategischen Herausforderungen zu sehr situationsabhängig und komplex. So werden mit einer Analyse zwar bestimmte Fragen beantwortet, gleichzeitig aber auch wieder neue Fragen aufgeworfen. Daraus entsteht ein strategischer Managementprozess.

2 Strategieinstrumente

„*Give us the tools, and we will finish the job*" (Churchill 1941).

Strategieinstrumente versprechen Lösungen für strategische Probleme. In diesem Kapitel wird ein Überblick zur Entwicklung von Strategieinstrumenten gegeben. Im zweiten Teil wird der praktische Nutzen von Strategieinstrumenten anhand der Literatur und einer aktuellen empirischen Studie des Autors dieses Beitrags kritisch beleuchtet. Der letzte Teil dieses Kapitels geht auf die Konsequenzen der Digitalisierung für den Einsatz der Strategieinstrumente ein.

2.1 Entwicklung, Nutzen und Kritik

2.1.1 Entstehung und Verbreitung

Während der letzten 50 Jahre wurden mehr als 80 strategische Managementinstrumente entwickelt, primär um die Entscheidungsfindung in der Unternehmensführung unterstützen und steuern zu können (Reeves et al. 2015). Interessanterweise sind es jedoch gerade die älteren Strategieinstrumente (z. B. SWOT/TOWS oder die Portfolio-Matrizen), die eine sehr hohe Nutzungshäufigkeit aufweisen (Abb. 2.1). Die bekanntesten unter ihnen sind durchschnittlich 39 Jahre alt. Ihre Beständigkeit und hohe Bedeutung für die Strategiearbeit stehen in einem überraschenden Widerspruch zum schnelllebigen und durch die Digitalisierung bestimmten Marktumfeld von heute.

Strategieinstrumente stammen einerseits aus der akademischen Forschung, die versucht, Managementtheorien mit der Realität des alltäglichen Managements zu verbinden (Wright et al. 2013), andererseits wurden sie von den großen Unternehmensberatungen entwickelt. Für den Anstieg des Bekanntheitsgrads der strategischen Instrumente in den letzten Jahrzehnten nennen Moisander und Stenfors (2009) drei Gründe: (1) die Strategievorlesungen an den Business Schools und den betriebswirtschaftlichen Fakultäten der Universitäten, (2) den umfangreichen Einsatz von Beratern in Unternehmen und (3) die zahlreichen Veröffentlichungen in Wirtschafts- und Managementzeitschriften oder einschlägigen Strategiebüchern. Ihre Bedeutung liegt in der strukturierten Unterstützung bei der Lösung von alltäglichen Managementproblemen (Moisander/Stenfors 2009).

Trotz der weiten Verbreitung in Lehre und Weiterbildung ist nur wenig bekannt, ob und wie strategische Instrumente in der Praxis tatsächlich genutzt werden (Whittington 2006) und wie die angewandten Konzepte, Methoden und Werkzeuge miteinander in der Strategiearbeit kombiniert werden (Reeves et al. 2015 und Wright et al. 2013). Neue Forschungsansätze versuchen diese praxisorientierten Fragen zu beant-

Gastbeitrag von **Dr. Philipp Schneemann**

https://doi.org/10.1515/9783110579567-002

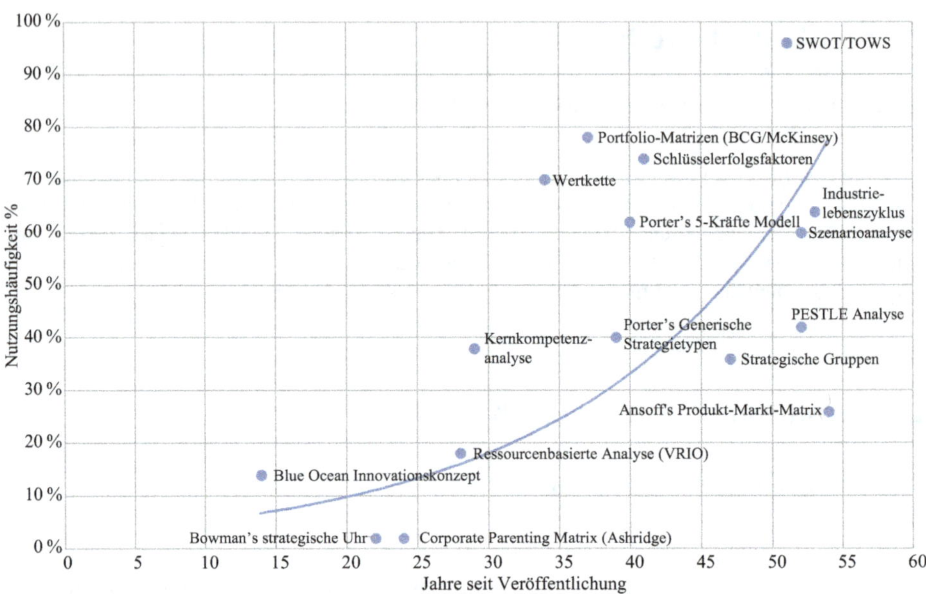

Abb. 2.1: Nutzungshäufigkeit und Alter von Strategieinstrumenten

worten. Zum Beispiel führt die Unternehmensberatung Bain & Company eine jährliche Befragung von Führungskräften zu Management-Tools und -Trends durch (Rigby et al. 2018). Diese Studie erfasst nur wenige Strategieinstrumente (neben einer größeren Zahl von Managementinstrumenten) und untersucht die Instrumente im Hinblick auf ihre Nutzungshäufigkeit und die Zufriedenheit der Führungskräfte. Umfassendere, empirisch belegte Aussagen zur Nutzung strategischer Instrumente sind in den Untersuchungen von Schneemann (2019), Wright et al. (2013) und Jarzabkowksi et al. (2009) zu finden.

Obwohl es bereits eine große Zahl von Strategieinstrumenten gibt, werden immer wieder neue Instrumente vorgestellt und intensiv vermarktet. Für diese Entwicklung sind drei wesentliche Gründe zu nennen:

Die Umweltveränderungen

Strategieinstrumente sind in hohem Maße von dynamischen Umweltbedingungen geprägt. So waren die großen Erfolge der japanischen Industrie auf den westlichen Märkten in den 1970er Jahren Auslöser für eine intensive Auseinandersetzung mit dem Thema Unternehmenskultur. Es entstand das 7-S-System. Technologische Veränderungen wie die Digitalisierung und die erfolgreichen Plattformstrategien z. B. von Google oder Amazon führen zur Entwicklung neuer Strategieinstrumente (z. B. Platform Innovation Kit, vgl. Abschn. 7.3.5).

Der Einfluss der Beratungsbranche

Strategieinstrumente sind ein wichtiger Bestandteil der Differenzierungsstrategie von Beratungsunternehmen. Viele Instrumente sind mit Publikationen, Trainingsseminaren oder einer speziellen Software (z. B. für die BSC) verbunden und sollen den Beratern bei der Akquise und Durchführung von neuen Beratungsprojekten helfen. Dabei unterscheiden sich diese neuen Instrumente manchmal nur wenig von vorhandenen Instrumenten, wie die Beispiele der BCG- und der GE-/McKinsey-Matrizen (vgl. Abschn. 7.2.2, 7.2.3) zeigen.

Ein neues, populäres Instrument kann einen „Lemming-Effekt" in den Unternehmen auslösen. Nutzt der Konkurrent oder Partner das neue Instrument, wird ihm blind gefolgt, schon um dem Vorwurf der Rückständigkeit zu entgehen. Die Unternehmensberater unterstützen diesen Prozess nicht nur, sondern treiben ihn aktiv an. So wurde z. B. zu Beginn der 1980er Jahre das 7-S-System von McKinsey propagiert. In der Folge standen viele Unternehmen Schlange, um sich (oft ohne einen besonderen Grund!) einer 7-S-Diagnose zu unterziehen, die dann wiederum zahlreiche Folgeprojekte für das Beratungsunternehmen auslöste. In den 1990er Jahren war eine ähnliche Entwicklung für die Balanced Scorecard zu beobachten.

Die persönlichen Ambitionen der Führungskräfte

Für den Einsatz neuer Strategieinstrumente ist letztlich das Management verantwortlich. Führungskräfte wollen den aktuellen Stand des Wissens demonstrieren und nutzen deshalb gerne die neuesten Konzepte. Gerade weniger erfahrene oder weniger erfolgreiche Führungskräfte verfallen dem Charme einer eleganten Präsentation und dem Versprechen einer lang erhofften Problemlösung.

Einen großen Einfluss auf die Verbreitung neuer Instrumente haben auch die Rotationszyklen der Führungskräfte in großen Konzernen. Im klassischen Fall tritt eine ambitionierte Führungskraft eine Position als Geschäftsführer oder Vorstand an. Der neue Chef steht unter Erfolgsdruck und möchte sich profilieren. Nichts eignet sich dazu besser (neben einer Veränderung der Organisationsstruktur) als der Einsatz eines neuen Strategieinstruments verbunden mit einem entsprechenden Konzept. Kaum hat er das neue Konzept eingeführt, steht seine Versetzung an, ein Phänomen, das häufig in US-Unternehmen mit relativ kurzen Rotationszyklen zu beobachten ist. Wenn auf diese Weise ein Instrument dem anderen folgt, ist die Interesselosigkeit und Demotivation der nachgeordneten Ebenen leicht nachvollziehbar.

Die geschilderten Begründungen für die Entwicklung und Verbreitung von Instrumenten wirken nicht isoliert. In vielen Fällen verstärken sie sich gegenseitig und führen zu einer übersteigerten Instrumentengläubigkeit, die Rigby (1993) als „Toolism" bezeichnet.

2.1.2 Nutzenversprechen

Allgemein werden Strategieinstrumente zur Lösung von strategischen Managementaufgaben eingesetzt. Sie machen Ursache-Wirkungs-Beziehungen verständlich, ermöglichen die Sammlung und Auswertung von Daten, liefern Entscheidungshilfen und unterstützen den Umsetzungsprozess. Mit dem Einsatz dieser Elemente ist in der Regel ein Wissenstransfer verbunden. Best Practices und theoretisches Know-how werden in spezifische Einzelschritte transformiert. So entsteht praktisches Wissen, das zu einem effektiven Strategieprozess beiträgt (Wright et al. 2013). In diesem Sinne bilden Instrumente des strategischen Managements einen Teil der Intelligenz einer Organisation (Jarzabkowski/Kaplan 2014). All diese qualitativen Faktoren lassen erkennen, dass strategische Instrumente durchaus einen großen Mehrwert darstellen können, allerdings kommt es – wie so häufig in der Praxis – auf die korrekte und vor allem zielführende Anwendung an.

Instrumenteneinsatz und finanzieller Erfolg

Die Messung des Zusammenhangs zwischen Instrumenteneinsatz und finanziellem Erfolg ist äußerst komplex und nur schwer darstellbar. Der Erfolg eines Instruments hängt nicht nur von der korrekten Anwendung dieses Instruments per se ab, sondern auch davon, ob das Unternehmen in der Lage ist, die Prozesse, für die das Instrument genutzt wird, entsprechend zu gestalten (Vuorinen et al. 2018). Sehr einfach angelegte Untersuchungen zu Managementinstrumenten kommen zu dem Ergebnis, dass es keine Korrelation zwischen dem Einsatz von Instrumenten und dem finanziellen Erfolg eines Unternehmens gibt (Rigby 2001). Sowohl erfolgreiche als auch weniger erfolgreiche Unternehmen nutzen in etwa die gleiche Zahl von Instrumenten; entsprechend einer Studie von Jarzabkowski et al. (2009) werden bis zu neun Werkzeuge für die Entwicklung einer Strategie verwendet.

Nutzen

Der Nutzen eines Instruments lässt sich unter rationalen, politischen sowie prozessbezogenen Aspekten betrachten. Grant (2019) definiert aus *rationaler Sicht* die folgenden Nutzenversprechen:

- *Verständnis einer strategischen Herausforderung.* Sie helfen, wichtige Bestimmungsfaktoren von strategischen Entscheidungen zu identifizieren, zu klassifizieren, zu analysieren und auf Schlüsselthemen zu fokussieren.
- *Reduktion der Komplexität.* Mit Hilfe eines spezifischen Instruments wie z. B. des Porter 5-Kräfte-Modells wird das komplexe Thema „Analyse der Branchenattraktivität" beherrschbar; das Gesamtproblem wird systematisch in mehrere, einfacher zu bearbeitende Teilbereiche aufgeteilt.
- *Unterstützung des Problemlösungsprozesses.* Die Anwendung eines Instruments markiert oft den Startpunkt auf dem Weg zu einer Problemlösung. Mit dem Instru-

ment sollen die richtigen Fragen gestellt und relevante Informationen gesammelt werden. Sie unterstützen den Dialog und den Austausch von Ideen zwischen den am Prozess beteiligten Personen.
- *Erhöhung der Flexibilität der Führungskräfte.* Strategieinstrumente sind universell in vielen Branchen und Unternehmen anwendbar. Sie vermitteln den Führungskräften Zuversicht in neuen Situationen und unter neuen Bedingungen.

Der Einsatz eines Strategieinstruments hat in der Regel auch einen *politischen Nutzen*, der vom praktischen Nutzen nur schwer zu trennen ist. Bei der Anwendung eines Instruments, z. B. der GE-/McKinsey-Portfolio-Matrix (vgl. Abschn. 7.2.3) oder des Ressourcen- und Fähigkeiten-Portfolios von Grant (vgl. Abschn. 6.2.2) werden subjektive Einschätzungen der Führungskräfte integriert. Auf diese Weise hilft das Instrument, unterschiedliche Vorstellungswelten zusammenzubringen. Der Instrumenteneinsatz fördert die Kommunikation, ermöglicht eine visuelle Darstellung und kann so zur Beeinflussung der Entscheidungsträger und zur Schaffung eines Konsens beitragen. Die Anwendung eines Instruments legitimiert also ebenso die Entscheidung wie auch die Entscheidungsträger.

Letztlich ist mit dem Einsatz eines Strategieinstruments auch ein *prozessbezogener Nutzen* verbunden (Vuorinen et al. 2018 und Jarzabkowski/Kaplan 2014). Wenn eine bestimmte Frage beantwortet wird, werden gleichzeitig auch neue Fragen aufgeworfen. Auf diese Weise entsteht ein Prozess, der zu einer Integration der planungs- und der erfahrungsorientierten Sichtweise der Strategieentwicklung beiträgt (vgl. Kapitel 1). Mit Bezug auf den prozessbezogenen Nutzen eines Instruments stehen dann nicht mehr das Instrument und sein unmittelbarer Nutzen im Mittelpunkt, sondern vielmehr die Aktionen und Prozesse („strategizing“), die das Instrument in Gang gesetzt hat bzw. in Gang hält. „The strategizing activities accomplished with and through the use of tools are what interest [sic] organizations, not the tools per se“ (Stenfors/Tanner 2007, S. 10).

Rahmenbedingungen

Die Rahmenbedingungen beziehen sich auf die Auswahl eines Instruments, die Einsatzbedingungen und die Anpassung an die jeweilige Situation.

Das zu lösende Problem sollte die *Auswahl eines Strategieinstruments* bestimmen (Rigby/Bilodeau 2005). Abbildung 1.4 in Kapitel 1 gibt einen Überblick über die verschiedenen Phasen des Strategieprozesses und die dafür passenden Instrumente. Die Zuordnung basiert auf der Einschätzung der Autoren im Hinblick auf die primäre Zielsetzung eines Instruments. Einzelne Instrumente können aber durchaus in unterschiedlichen Phasen des Strategieprozesses genutzt werden, z. B. kann die BCG-Matrix sowohl als Instrument der Diagnose als auch der Strategieentwicklung genutzt werden.

Die folgenden grundsätzlichen *Einsatzbedingungen* sind zu beachten (Rigby 2001 und Müller-Stewens 2004):

- Das Prinzip „Tiefe statt Breite“ ist zu berücksichtigen, d. h., die Zahl der genutzten Instrumente ist zu beschränken. Die Möglichkeiten der ausgewählten Instrumente sind mit einer intensiven Nutzung auszuschöpfen.
- Für eine erfolgreiche Umsetzung ist die Rückendeckung der Spitzenführungskräfte notwendig.
- Die Nutzung eines Instruments muss in einen Prozess eingebettet sein. Ohne diese Integration sinkt der Nutzenbeitrag eines spezifischen Instruments.

Wichtig ist die Methodenkompetenz. Diese bezieht sich zum einen auf die notwendigen Kenntnisse über das Instrument selbst, aber zum anderen auch auf die Fähigkeit, ein bestimmtes Problem mit mehreren Methoden aus verschiedenen Perspektiven zu beleuchten. Letztlich darf die *Anpassung der Instrumente an die jeweilige Situation* nicht vernachlässigt werden, da sie nicht selten den Erfolg einer strategischen Maßnahme bestimmt. Strategieinstrumente werden häufig auf alternative oder kreative Weisen eingesetzt, die sich vom ursprünglichen Zweck des verwendeten Instruments unterscheiden (Jarzabkowski/Wilson 2006). Dies wird von Levi-Strauss (1966) als „Bricolage“ beschrieben. Die Anpassung traditioneller Instrumente (z. B. SWOT, Porter’s Five Forces, PESTLE) wird meist als einfacher angesehen als die Entwicklung eines neuen Instruments, denn eine Neuentwicklung erfordert zum einen die Sammlung von Erfahrungswerten über einen langen Zeitraum und zum anderen reale Tests, um eine Praxistauglichkeit zu gewährleisten (Jarzabkowski et al. 2007 und Jarzabkowski/Wilson 2006).

2.1.3 Kritik

Business Schools vermitteln strategisches Management mit Hilfe von strategischen Instrumenten, damit die zukünftigen Strategen lernen, Wettbewerbssituationen zu analysieren und Strategien zu formulieren. Aber ist dieser Ansatz noch geeignet für eine sich wandelnde Wettbewerbslandschaft (Jacobides 2010)? Viele Kritiker (z. B. Jacobides 2010 oder Burt et al. 2006) argumentieren, dass die praktische Rolle und Benutzerfreundlichkeit der Tools zu wünschen übrig lässt. Es gibt weitere Kritikpunkte, die im Folgenden dargestellt sind:

Managementkonzepte als Trendthemen

Neue Konzepte und Instrumente haben oft nur einen sehr beschränkten punktuellen Erfolg und deshalb auch nur eine kurze Lebensdauer (m. a. W. Modekonzepte, engl. Fads). Beispiele dafür sind das Business Reengineering (Hammer/Champy 2006) oder

der „Good to Great"-Ansatz (Collins 2001). Modekonzepte (nach Miller/Hartwick 2002) sind typischerweise:

- Einfach. Sie sind schnell zu verstehen und zu kommunizieren.
- Präskriptiv. Durch Befolgen eines einfachen Vorgehensmusters wird das Problem gelöst.
- Ermutigend. Es wird ein großer und schneller Erfolg versprochen.
- Allgemeingültig. Sie können unabhängig von der Branche, der Unternehmensgröße oder dem kulturellen Umfeld angewendet werden.
- Dem Zeitgeist entsprechend. Sie setzen bei aktuellen Problemen an und liefern nur punktuelle Lösungen.
- Neu, aber nicht radikal anders. Sie erregen kurzfristig großes Aufsehen, oft handelt es sich aber nur um „neuen Wein in alten Schläuchen".
- Von Managementexperten legitimiert. Sie profitieren vom Ruf und dem Image des Erfinders (oder des Beratungsunternehmens) und entgehen so einer objektiven Beurteilung.

Wenn diese Merkmale auf ein neues Konzept zutreffen, sind die Voraussetzungen für eine erfolgreiche Vermarktung – insbesondere durch die großen Beratungsunternehmen – gegeben. Erst bei der Umsetzung wird erkennbar, ob das neue Konzept einen echten Nutzen liefert. Müller-Stewens (2004, S. 31) argumentiert: „Das Bestehende nicht immer gleich zu Gunsten des Nächsten (zum Beispiel einer neuen Modewelle) aufzugeben, aber trotzdem offen für Neues zu bleiben, heißt die Devise." Letztlich verbleiben nur wenige Instrumente im Werkzeugkasten eines Unternehmens. Sie haben dann oft über viele Jahre Bestand – das sind die Klassiker wie z. B. die Portfolio-Modelle oder Vision und Leitbild, die nachhaltig die strategische Ausrichtung des Unternehmens beeinflussen und zu tiefgreifenden organisatorischen Veränderungen führen können.

Instrumenteneinsatz und Unsicherheit

Strategieinstrumente werden oft kritisiert, weil sie Unsicherheit über zukünftige Entwicklungen ausklammern oder eine stabile Umweltentwicklung unterstellen. Grundsätzlich ist jede Strategie in die Zukunft gerichtet und deshalb immer mit Unsicherheit behaftet. Viele Strategieinstrumente verlieren mit zunehmender Unsicherheit und Komplexität der Rahmenbedingungen ihren Nutzen und können aufgrund methodischer Vereinfachungen und Fehleinschätzungen zu katastrophalen Strategieentscheidungen führen (Jacobides 2010 und March 2006).

Der Anwender muss sich über diese Problematik im Klaren sein und die Nutzung von Instrumenten bewusst auf die zukünftige Entwicklung abstellen. So fordert z. B. Porter bei der 5-Kräfte-Analyse, die einzelnen Kräfte dynamisch, also im Hinblick auf ihre zukünftigen Veränderungen, zu untersuchen. Allerdings stehen auch Instrumente zur Verfügung, die sich explizit mit dem Problem der Unsicherheit auseinandersetzen, wie die Szenariotechnik (vgl. Abschn. 7.2.5), die Realoptionstheorie (vgl. Abschn. 7.2.5) oder die Spieltheorie (vgl. Abschn. 7.3.6). Grant fordert grundsätzlich eine Weiterentwicklung des vorhandenen Instrumentariums: „If existing analytical techniques do not adequately address the problems of strategy making and strategy implementation under conditions of uncertainty, technological change and complexity, we need to augment and extend our analytical toolkit“ (Grant 2019, S. 22).

Mangelnde Kreativität bei der Anwendung

Die Nutzung definierter Instrumente gerät oft zwangsläufig zu einer „mechanischen“ (Hungenberg 2014) und formalen Übung. Die Kreativität kommt dabei oft zu kurz, obwohl diese gerade bei der Strategiearbeit zu den kritischen Erfolgsfaktoren gehört (Brandenburger 2019). Dieser Vorwurf wurde vor allem den Portfolio-Modellen gemacht, die auf der Basis sehr stark aggregierter Daten, verbunden mit teilweise subjektiven Einschätzungen, den Führungskräften eine Scheingenauigkeit vortäuschen und sehr allgemeine Strategieempfehlungen anbieten. Das Ergebnis ist dann oft eine Me-too-Lösung, die innerhalb des Unternehmens wenig Akzeptanz findet und das eigentliche Problem nicht löst. Notwendig ist die kritische Infragestellung des Nutzens eines Instruments sowie seine kreative und intelligente Anwendung. Auch kann der Einsatz mehrerer Instrumente bei der gleichen Problemstellung zu einer kreativen Lösung beitragen.

2.2 Einsatz von Strategieinstrumenten in der Praxis

2.2.1 Strategy-as-Practice-Ansatz (SasP)

Allgemein stand bisher im Mittelpunkt der Strategieforschung die Beschreibung und Erklärung von Strategien und weniger die Frage, wie Strategien entstehen. Ein neuer, umfassender Forschungsansatz ist Strategy-as-Practice (SasP), dessen Wurzeln auf die prozessbezogene Strategieentwicklung zurückgehen (vgl. Abschn. 1.4.2). Der SasP-Ansatz untersucht die Art und Weise, wie die in einen Strategieprozess involvierten Personen in ihrer Praxis interagieren (Paroutis et al. 2016).

Strategy-as-Practice-Ansatz

Der erste Artikel „Strategy as Practice“ wurde von Whittington (1996) verfasst. Auf dieser Grundlage hat Jarzabkowski (2005) ein Konzept mit drei Elementen als zentrale Forschungsthemen entwickelt:

- Die *Praxis* umfasst alle Tätigkeiten im Bereich der Strategiegestaltung, z. B. in strategischen Planungsprozessen oder Meetings.

- Die *Praktiken* bezeichnen die verschiedenen Instrumente, Normen und Verfahren der Strategiearbeit, von analytischen Rahmenbedingungen bis hin zu strategischen Planungsroutinen wie Strategieworkshops.
- Die *Praktizierenden* sind alle Personen, die an der Strategiegestaltung beteiligt sind oder versuchen, diese zu beeinflussen.

Die folgende Darstellung (Abb. 2.2) verdeutlicht das SasP Konzept.

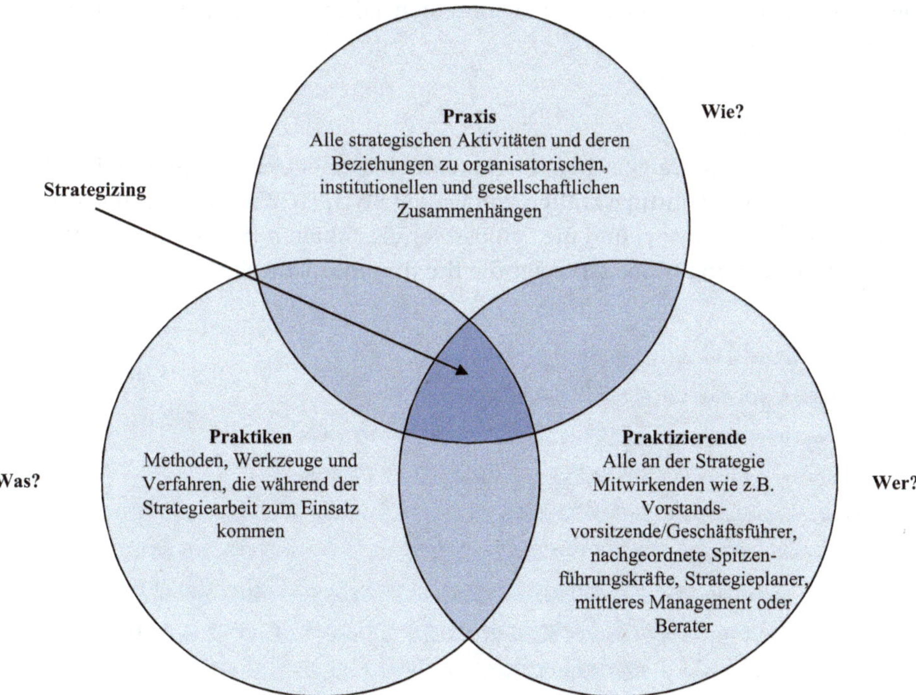

Abb. 2.2: Strategy-as-Practice-Konzept (Quelle: in Anlehnung an Paroutis et al. 2016, S. 11, Whittington 2006 und Jarzabkowski 2005)

Im Zentrum steht das „Strategizing", das den Zusammenhang zwischen Praxis, Praktiken und Praktizierenden herstellt. Der Begriff Strategizing steht dabei für die Tagesarbeit in den Strategieabteilungen und umfasst alle kontinuierlichen Praktiken und Prozesse, durch die Strategien konzipiert, gepflegt, überarbeitet und ausgeführt werden (Paroutis et al. 2016). Die in diesem Buch beschriebenen strategischen Instrumente können als die „Enabler" oder Befähiger des Strategizing angesehen werden, weil sie die Strategiearbeit der Praktizierenden entscheidend prägen.

2.2.2 Auswahl und Anwendung

Eine der Kernfragen der SasP-Forschung lautet: „Wie verwenden Strategen strategische Instrumente in der Praxis?" Im vorliegenden Abschnitt werden dazu aktuelle und praxisrelevante Forschungsergebnisse vorgestellt. Drei unterschiedliche Perspektiven von Praktizierenden (d. h. Akademikern, Strategieberatern und Führungskräften) wurden untersucht, um herauszufinden, welche Instrumente warum und wie in der Praxis angewendet werden, welche Rolle strategische Instrumente während der Strategiearbeit einnehmen und ob ihr Potenzial ausgeschöpft wird (Schneemann 2019).

Strategie-Toolkit

Die drei wichtigsten strategischen Instrumente sind einer Umfrage unter 50 Unternehmensberatern und Führungskräften zufolge die SWOT/TOWS-Analyse, die Portfolio-Matrizen (BCG/McKinsey) und die Schlüsselerfolgsfaktoren (Schneemann 2019). Die folgende Darstellung (Abb. 2.3) zeigt die durchschnittliche Nutzungshäufigkeit und

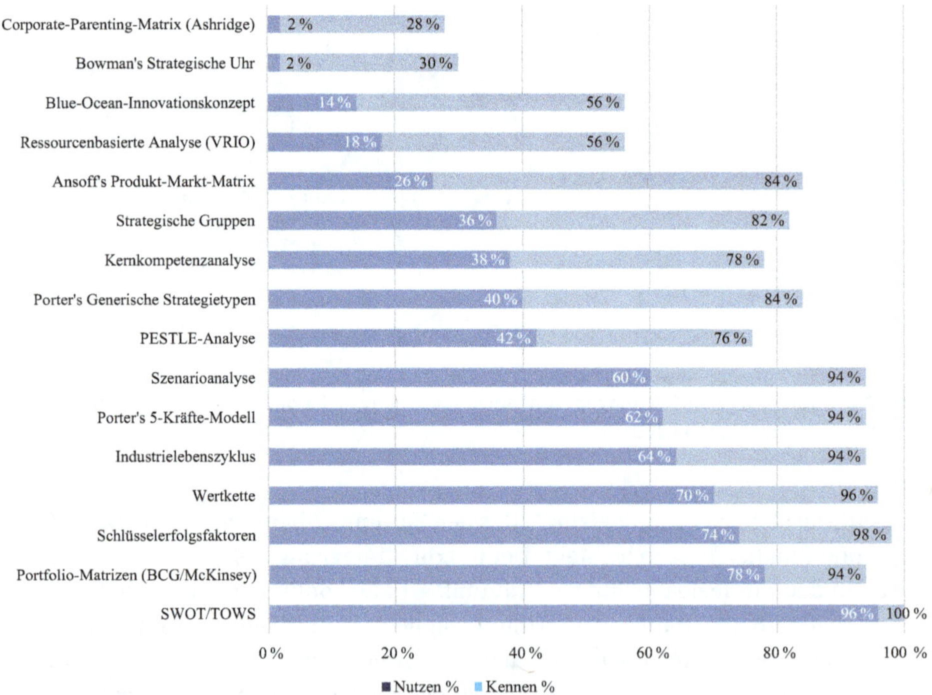

Abb. 2.3: Strategie-Toolkit – Nutzen und Kenntnis von Strategieinstrumenten (Quelle: Schneemann, 2019, S. 122)

Instrumentenkenntnis. Die Liste der Instrumente wurde auf Basis der Studien von Jarzabkowski et al. (2009) und Wright et al. (2013) erstellt.

Der Umfrage nach kennen Strategen mehr dieser Instrumente (durchschnittlich 78 %) als sie während der Strategiearbeit tatsächlich nutzen (durchschnittlich 45 %). Auffallend ist, dass diejenigen strategischen Instrumente eine hohe Nutzungshäufigkeit haben, die zum typischen Curriculum der strategischen Managementvorlesungen an den Business Schools gehören. Traditionelle und einfache Instrumente liefern den Anwendern einen guten Startpunkt und die nötige Struktur für ihre Arbeit und werden deshalb gerne genutzt. Die komplexeren Instrumente wie z. B. die Szenarioanalyse werden vorwiegend von Unternehmensberatern eingesetzt. Viele Führungskräfte in Unternehmen verfügen nicht über das notwendige theoretische und praktische Wissen, um diese Instrumente korrekt anzuwenden.

Von Schneemann (2019) wurde auf Basis von Jarzabkowski et al. (2009) ein überarbeitetes Kern-Strategie-Toolkit mit den am häufigsten eingesetzten Instrumenten zusammengestellt. Nachfolgende Tab. 2.1 vergleicht die beiden Studien. Das Toolkit hat sich während der letzten Jahre nur wenig verändert.

Tab. 2.1: Nutzungshäufigkeiten von Strategieinstrumenten (Quelle: Schneemann 2019, S. 164 und Jarzabkowski et al. 2009, S. 10)

Schneemann (2019)	**Rangfolge**	**Jarzabkowski et al. (2009)**	**Rangfolge**
SWOT/TOWS	1	SWOT/TOWS	1
Portfolio-Matrizen (BCG/McKinsey)	2	Schlüsselerfolgsfaktoren	2
Schlüsselerfolgsfaktoren	3	Kernkompetenzanalyse	3
Wertkette	4	Szenarioanalyse	4
Industrielebenszyklus	5	Wertkette	5
Porter's 5-Kräfte-Modell	6	Porter's 5-Kräfte-Modell	6
Szenarioanalyse	7	Ressourcen- und Fähigkeiten-Portfolio	7
PESTLE-Analyse	8	Industrielebenszyklus	8
Porter's Generische Strategietypen	9	PESTLE-Analyse	9
Kernkompetenzanalyse	10	Portfolio-Matrizen (BCG/McKinsey)	10

Vorteile von strategischen Instrumenten

Strategieinstrumente fördern das individuelle und kollektive Lernen, verbessern die Effizienz des Strategieprozesses und helfen, komplexe strategische Problemstellungen aus unterschiedlichen Perspektiven zu analysieren. Sie unterstützen die Entscheidungsfindung und sind ein überzeugendes Medium der Kommunikation (Moisander/Stenfors 2009). Die befragten Strategen nannten sechs typische Vorteile von strategischen Instrumenten (Schneemann 2019). Sie

- schaffen Struktur,
- unterstützen die Entscheidungsfindung,

- reduzieren Komplexität,
- helfen bei der Visualisierung von Erkenntnissen,
- produzieren verwertbare Ergebnisse und
- fördern Kommunikation und Austausch.

Das Bereitstellen einer Struktur ermöglicht es, Arbeit aufzuteilen, Arbeitspakete zu erstellen und später die Ergebnisse wieder zusammenzuführen. Ein weiterer großer Vorteil für die Praktizierenden ist die Unterstützung bei der Entscheidungsfindung. Mit den Instrumenten wird es einfacher, komplexe Entscheidungen zu erklären und zu rechtfertigen.

Nachteile von strategischen Instrumenten

Einer der wesentlichen Nachteile von Strategieinstrumenten liegt in ihrer Beschränkung auf eine bestimmte Zeitperiode, deren Probleme sie lösen sollen. Dabei wird die zukünftige Entwicklung weitgehend ignoriert (Jacobides 2010). Ähnlich argumentieren Jarzabkowski und Wilson (2006) – die Anwendung von Instrumenten kann die Realität nicht wirklich abbilden und damit zu irreführenden Ergebnissen führen. Schneemann (2019) ermittelt fünf Nachteile, die von den Befragten als besonders problematisch betrachtet werden. Strategische Instrumente

- übersimplifizieren Probleme,
- haben einen zu statischen Charakter,
- führen zu irreführenden Ergebnissen,
- bilden Komplexität nur bedingt ab und
- verzerren die rationale Entscheidungsfindung.

Der entscheidende Nachteil ist die vereinfachte Darstellung der Realität. Sie hilft zwar bei der Reduktion von Komplexität, bedeutet aber gleichzeitig eine Verfälschung der Realität. Diese Gefahr wird größer, wenn der Anwender die theoretischen Konzepte, die dem Instrument zugrunde liegen, nicht genau kennt und berücksichtigt. Ein weiteres wichtiges Thema für die Praktizierenden ist der statische Charakter der Instrumente. Traditionelle Instrumente wie Porter's 5-Kräfte-Modell setzen klar definierte Branchengrenzen voraus, die für aktuelle Wettbewerbssituationen oft nicht mehr zutreffend sind.

Einflussfaktoren der effektiven Anwendung von strategischen Instrumenten

Bisher standen in der Diskussion zum Einsatz von Strategieinstrumenten in der Praxis zwei Einflussfaktoren im Vordergrund: (1) das strategische Problem bzw. die Umweltbedingungen der Organisation (Jarzabkowski/Kaplan 2014 und Knott 2006) und (2) der Stratege selbst bzw. seine Interpretation bzw. Anpassung eines Strategieinstruments (Faraj/Azad 2012 und Jarzabkowski/Pinch 2014). Schneemann (2019) erweitert die Einflussfaktoren für die effektive Anwendung von strategischen Instrumenten auf fünf:

- Die unternehmensweite Akzeptanz.
- Der Anwender.
- Der Kontext oder die Situation.
- Der verfügbare Inhalt.
- Die Adaption.

Die *Akzeptanz* von Instrumenten ist die wichtigste Voraussetzung für die effektive Anwendung von Strategieinstrumenten. Ohne diese Akzeptanz ist es nur schwer möglich, einen instrumentenbasierten Strategieprozess zu etablieren. Unternehmensweite Akzeptanz kann mit einer klaren Kommunikation, aber auch mit der Nutzung bewährter Instrumente, die bereits ihre Glaubwürdigkeit unter Beweis gestellt haben, erreicht werden. Im Rückschluss bedeutet dies, dass Unternehmen mit einfachen Werkzeugen beginnen sollten, um die notwendige Akzeptanz für die strategischen Instrumente zu schaffen.

Anwender müssen die einem Instrument zugrundeliegende Theorie und die praktische Umsetzung von Strategieinstrumenten verstehen und die nötige Erfahrung besitzen. So kann die Anwendung von Mustervorlagen aus dem Internet ohne weitere Kenntnisse zu gravierenden Fehlern führen.

Der *Kontext* oder die *Situation* lösen oft den Einsatz eines bestimmten strategischen Instrumentes aus. Der jeweilige Kontext bzw. die Situation entscheiden darüber, ob oder inwieweit ein Instrument angepasst werden muss.

Der für die effektive Anwendung der Instrumente verfügbare *Inhalt* (d. h. die Daten bzw. Informationen, mit denen sie befüllt werden) wurden bisher wenig diskutiert. Mit der zunehmenden Verfügbarkeit großer Datenmengen (Big Data) wird dies in Zukunft immer wichtiger werden.

Die *Adaption* ist ein weiterer zentraler Einflussfaktor für die effektive Anwendung von Strategieinstrumenten. Schneemann (2019) zeigt für die Praxis, dass Instrumente während der Strategiearbeit angepasst werden, um den besonderen Bedingungen der Branche und den Unternehmen in einer Branche gerecht zu werden. Während der letzten Jahre hat die Notwendigkeit der Anpassung aufgrund des dynamischen Wettbewerbsumfelds stark zugenommen. Allerdings kann eine Anpassung die Bedeutung eines Instruments sowie die erzielbaren Ergebnisse verändern. Anwender sollten diese Risiken kennen und deshalb zunächst die generelle Anwendbarkeit der ausgewählten Instrumente prüfen, bevor eine Anpassung vorgenommen wird. Fallweise kann es deshalb sinnvoll sein, ausgewählte Elemente von verschiedenen Instrumenten zu kombinieren, anstatt Dimensionen, Variablen oder wichtige Indikatoren zu ändern.

2.3 Einfluss der Digitalisierung

Die Digitalisierung ist verbunden mit der Verarbeitung von großen Datenmengen und deren Verfügbarkeit in Echtzeit über das Internet (vgl. Abschn. 1.3). Daten werden in vielen Branchen zu einer zentralen Ressource und das Qualitätsmanagement der Daten und die verwendeten Algorithmen zu einer Kernkompetenz. Daraus folgen Konsequenzen für die Nutzung und Entwicklung von Strategieinstrumenten:

- *Neue Instrumente werden entwickelt.*
  Mit dem Delta-Modell wurde bereits früh (vgl. Abschn. 7.3.3) versucht, die Rolle der Technologie und die strategische Bedeutung von Netzwerkeffekten zu erfassen. Erste Ansätze zur Entwicklung von Plattformstrategien wie z. B. das Platform Innovation Kit (vgl. Abschn. 7.3.4) helfen zu verstehen, wie in der Internetökonomie Wert geschaffen wird. In diesem Zusammenhang gibt es aber immer noch viele offene Fragen, die erforscht werden müssen (Herrman 2017).
- *Bestehende Instrumente müssen angepasst werden.*
  Die Digitalisierung hat für jede Branche unterschiedliche Auswirkungen. Es muss geprüft werden, ob spezifische Instrumente noch passen bzw. ob sie anzupassen sind. Das 5-Kräfte-Modell von Porter liefert ein gutes Beispiel für die Notwendigkeit einer Anpassung. Porter und Heppelmann (2014a) haben es überarbeitet, um den Einfluss des Internet of Things (IoT)[1] auf die Branchenattraktivität zu verstehen und daraus wichtige strategische Fragen abzuleiten. Ein weiteres Beispiel liefert das Lebenszyklusmodell (vgl. Abschn. 5.2.7), das zum Hype-Cycle weiterentwickelt wurde, mit dem die Entwicklung neuer digitaler Technologien und deren Bewertung beschrieben werden kann (Burton/Barnes 2017).
- *Prämissen für die Anwendbarkeit spezifischer Instrumente werden in Frage gestellt.*
  Einige Strategieinstrumente gehen von einer klaren Branchendefinition aus. Jedoch gelten diese klassischen Definitionen heute oft nicht mehr, wie dies z. B. in der Taxibranche (Uber) oder der Hotelbranche (Airbnb) gut zu beobachten ist. Im Mittelpunkt steht die Befriedigung von Kundenbedürfnissen nach Transport oder Übernachtung, wobei es für den Kunden weniger wichtig ist, wie dieses Bedürfnis erfüllt wird (Atluri et al. 2017). In diesem Zusammenhang spricht McGrath (2013) nicht mehr von Branchen, sondern von Marktarenen. Wenn aber die klassischen Branchengrenzen nicht mehr gelten oder verschwimmen, dann liefern Instrumente, die sich auf eine definierte Branche beziehen, nur noch wenig präzise Aussagen. Deshalb bleibt in diesem Fall nur die Anwendung auf Branchensegmente.
- *Instrumente müssen in kürzeren Intervallen genutzt werden.*

1 Mehler-Bicher et al. (2019) definieren das Internet of Things, kurz IoT, als einen Sammelbegriff für die Vision einer globalen Infrastruktur, die es ermöglicht, physische und virtuelle Gegenstände miteinander zu vernetzen und sie durch Informations- und Kommunikationstechniken zusammenarbeiten zu lassen (Smart Services).

Die hohe Veränderungsdynamik in der Unternehmensumwelt (z. B. Roland Berger/BDI 2015) erfordert ein anderes Verhalten der Anwender strategischer Instrumente. So durchlaufen strategische Geschäftseinheiten die vier Quadranten der BCG-Matrix deutlich schneller als in der Vergangenheit. Untersuchungen von Reeves et al. (2014) zeigen, dass im Vergleich der Perioden 1988–1992 und 2008–2012 eine Geschäftseinheit im Durchschnitt nur noch die Hälfte der bisherigen Zeit in einem Quadranten der BCG-Matrix bleibt – die Dauer des Lebenszyklus hat sich halbiert. Sie schließen daraus, dass Unternehmen die BCG-Matrix in kürzeren Zeitabständen überprüfen müssen.

- *Die Qualität der Ergebnisse der Anwendung von Instrumenten steigt.*
  Heute können große Datenmengen genutzt werden, um strategische Zusammenhänge analytisch zu fundieren und damit traditionelle Denkweisen in Frage zu stellen (Bradley/Dawson 2013 und Constantiou/Kallinikos 2015). Zudem kann die Genauigkeit von Analysen verbessert werden (Agrawal 2018). Dies hat wiederum Konsequenzen für den Einsatz und die Nutzung von Strategieinstrumenten. Trotz einer schlechten Ausgangslage werden zukünftige Pläne und Strategien entwickelt, die oft zu optimistische Resultate versprechen (das „Hockey Stick Syndrome“). Bradley und seine Kollegen von McKinsey (2018) sind der Ansicht, dass Unternehmen unrealistische Erwartungen vermeiden können, wenn die Strategien stärker durch Fakten und Daten abgesichert werden. Weiterhin wird es möglich sein, bestimmte Instrumente wie z. B. Porter's 5-Kräfte-Analyse (zumindest was wichtige Einflussfaktoren angeht) mit großen Datenbanken zu verknüpfen und so Ergebnisse in Echtzeit zu erhalten. Dies führt zu einer Beschleunigung von Analyse- und Entscheidungsprozessen.

In der Konsequenz bedeutet dies, dass die Qualität der Ergebnisse bei der Nutzung von Strategieinstrumenten aufgrund der besseren Datengrundlage steigen wird. Allerdings müssen diese Instrumente häufiger genutzt und stärker an die jeweilige Situation angepasst werden. Neue Unternehmensformen wie die Plattformunternehmen und ihre Ökosysteme führen zur Entwicklung neuer Strategieinstrumente. Interessant dürfte die Frage sein, wie Plattformunternehmen Wert schaffen; erste Ansätze könnten hier Value-Network-Analysen und das Value Capture-Model, das an die kooperative Spieltheorie angelehnt ist, liefern (Ryall 2013). Bei der Entwicklung neuer Instrumente (Jacobides 2010) werden nach Ansicht des Autors Themen wie Veränderungen, Komplexität und Unsicherheit in Zukunft eine stärkere Rolle spielen.

3 Allgemeine Instrumente

Dieses Kapitel behandelt Instrumente, die, vereinfacht ausgedrückt, entweder die allgemeine Ausgangslage des Unternehmens als Ausgangspunkt für den strategischen Prozess analysieren (7-S-System und Lückenanalyse) oder als richtunggebende Instrumente (Vision, Leitbild und Mission) Ausrichtung und Ziele des Unternehmens formulieren, zu deren Erreichung der Strategieprozess den Weg zeigt. Diese vorab festgelegten Zielsetzungen können nach der strategischen Analyse revidiert oder im Sinne einer lern- bzw. erfahrungsorientierten Strategieentwicklung laufend angepasst werden.

3.1 Überblick

Um Zielsetzung und Ausrichtung des Unternehmens zu bestimmen, ist eine umfassende *Analyse der Ausgangslage* des Unternehmens notwendig. Ohne ein zutreffendes Verständnis der Ausgangslage ist es wenig sinnvoll, sich über zukünftige Ziele Gedanken zu machen. Eine solche Analyse beurteilt die Leistungsfähigkeit des Unternehmens umfassend und nimmt eine Diagnose von Leistungsdefiziten vor. Dazu gehört nicht nur eine ökonomische Bewertung der Geschäftsaktivitäten, sondern auch eine Einschätzung der sozialen (unternehmenskulturellen) Aspekte. In die Analyse der Ausgangslage fließt ebenfalls eine Beurteilung bisher verfolgter Strategien mit ein.

Die *richtunggebende Funktion* des strategischen Managements erfordert mehr denn je die Auseinandersetzung mit der wachsenden Dynamik und Komplexität der Umwelt. Daraus resultieren zunehmende Unsicherheiten über die zukünftige Entwicklung, die mit den traditionellen, rational geprägten Managementmethoden und -instrumenten nur schwer zu bewältigen sind. Bleicher (2017) spricht in diesem Zusammenhang von einem Paradigmenwechsel im Management. Die technokratische Unternehmensführung wandelt sich zu einer humanistischen oder sozio-ökonomischen mit einer balancierten Synthese von harten und weichen Faktoren.

Die Bedeutung weicher Faktoren und hier vor allem der Werte für die Unternehmensführung und den Erfolg haben Peters und Waterman (1982) mit den „shared values“ und später Collins und Porras (2004) mit der „core ideology“ oder Managementphilosophie, die wiederum aus Unternehmenszweck und grundsätzlichen Werten besteht, in ihren Untersuchungen herausgearbeitet. Kritisch zu hinterfragen ist, wie diese Werte entstehen und wie in einem Unternehmen Einigkeit über Grundannahmen und Werte hergestellt wird – sie werden zum Gegenstand des „normativen Managements“ (Bleicher 2017 und Ulrich, H. 1981).

In der europäischen Sichtweise und hier vor allem in der des St. Galler Managementmodells werden Unternehmen als gesellschaftliche Institutionen betrachtet. Das Einzelunternehmen wird als ein soziales System aufgefasst, das selbst wiederum ein Subsystem innerhalb der Wirtschaft und der Gesellschaft ist (Ulrich, H. 1970). Die Be-

https://doi.org/10.1515/9783110579567-003

wältigung von unternehmenspolitischen Wert- und Interessenkonflikten, die Herstellung von Konsens und die Legitimation des Unternehmens werden so zwangsläufig zu wichtigen Erfolgsvoraussetzungen. Auf der Basis einer Managementphilosophie, also den Werthaltungen und Überzeugungen der maßgeblichen Führungskräfte, deren Menschenbild, deren Vorstellungen über die Wirtschaft und Gesellschaft im Allgemeinen und über das Unternehmen im Besonderen, wird eine Unternehmenspolitik entwickelt. Die Unternehmenspolitik definiert den Grundzweck des Unternehmens. Sie setzt die unternehmensinternen und -externen Ziele und legt grundlegende Beziehungen, Verhaltensgrundsätze und Normen fest (Ulrich, P./Fluri 1995). In ähnlicher Form argumentiert Bleicher (2017). Diese Grundorientierung dient der Harmonisierung interner und externer Interessen, um die Lebens- und Entwicklungsfähigkeit des Unternehmens zu gewährleisten. Das normative Management ist Teil eines Integrierten Managementkonzepts (Abb. 1.3). Die Ergebnisse des normativen Managementprozesses bleiben indes informell, wenn sie nicht explizit formuliert und als Leitbild schriftlich fixiert werden.

In einer vor allem in der angelsächsischen Welt verbreiteten Sichtweise werden Unternehmen hingegen in erster Linie als Träger privater wirtschaftlicher Aktivitäten gesehen, deren Verantwortung – dem bekannten Diktum von Milton Friedman (1970) folgend – in der Maximierung der Gewinne unter Einhaltung der Gesetze eines freien und fairen Wettbewerbs besteht. Aus dieser Perspektive bedarf es weniger einer Abstimmung mit der Gesellschaft und ihren Subsystemen als einer unternehmerisch einzigartigen und konsequent verfolgten Idee, um den Erfolg herbeizuführen. Die Idee kann und soll durchaus im (begrenzten) Konflikt zur Unternehmensumwelt stehen; dies entspricht dem Konzept des Unternehmers als kreativer Zerstörer, das bereits 1942 von Schumpeter (2018) entwickelt wurde.

In ihrer Untersuchung langfristig erfolgreicher Unternehmen, die als visionäre Unternehmen bezeichnet werden, kommen Collins und Porras (2004) zu dem Schluss, dass diese durch eine unverwechselbare und konstante Kernideologie und eine klare Beschreibung der Zukunft charakterisiert werden (Abb. 3.1).

Die Kernideologie verleiht dem Unternehmen einen zeitlosen Charakter und hält das Unternehmen zusammen. Sie bedeutet Stabilität und Orientierung, während die Beschreibung der Zukunft auf Fortschritt und Veränderungen abzielt. Dabei unterscheiden Collins/Porras (2004) zwischen den „BHAGs“ (Big Audacius Hairy Goals), also herausfordernden und langfristigen Zielen (10 bis 30 Jahre), und einer klaren Beschreibung, wie die Welt aussieht, wenn diese Ziele erreicht worden sind. Letztlich geht es in diesem Modell darum, den bestehenden Kern zu bewahren und die Weiterentwicklung zu fördern.

In der Praxis beschreiben Unternehmer und Unternehmen seit jeher ihren Geschäftszweck, ihre Grundsätze und ihre langfristigen Ziele in kurzen, prägnanten Sätzen oder formellen Erklärungen. Etwa ab Mitte der 1980er Jahre tauchen in der Literatur zum strategischen Management die Begriffe Vision (Bennis/Nanus 1985), Strategic

Abb. 3.1: Yin und Yang der visionären Unternehmen (Quelle: in Anlehnung an Collins/Porras 2004, S. 220)

Intent (Hamel/Prahalad 1989), Unternehmensleitbild und Mission (Bleicher 1994) auf. Alle diese Begriffe bezeichnen gleichzeitig Konzepte und Instrumente.

Das umfassendste Konzept ist das Unternehmensleitbild. „Ein Leitbild umfasst als fundamentaler, interpretationsbedürftiger und offener Orientierungsrahmen *allgemeine Aussagen* über die Zwecke und Ziele, wie die angestrebten Verhaltensweisen für die *Mitarbeiter* und interessierte *Öffentlichkeit*" (Bleicher, 1994, S. 22).

Die Mission erklärt den Unternehmenszweck und definiert häufig die Geschäftsfelder, in denen das Unternehmen im Wettbewerb steht. Die Vision hingegen ist zukunftsgerichtet und beschreibt, was das Unternehmen erreichen will. Wenn eine Vision erfüllt ist, verliert sie ihre motivierende und richtunggebende Kraft und muss neu definiert werden. Die Mission hingegen ist beständig; die Organisation und ihre Mitglieder können Stärke aus dem gemeinsamen und zeitlosen Zweck beziehen (Campbell/Yeung 1991). Werte und Verhaltensstandards beschreiben die Grundlage des Verhaltens des Unternehmens und seiner Mitarbeiter. Den Zusammenhang der verschiedenen Begriffe zeigt Abb. 3.2.

Leider werden diese Begriffe in der Literatur nicht einheitlich verwendet. Grünig und Kühn (2018) etwa verstehen die Begriffe Leitbild, Vision, Mission, Charter und Unternehmensgrundsätze synonym. Der Begriff Leitbild wird ausschließlich im deutschsprachigen Raum verwandt.

Dieses Kapitel befasst sich mit zwei Instrumenten zur *Analyse der Ausgangslage*:

- Das *7-S-System* als allgemeines Diagnoseinstrument für Unternehmen, das sowohl harte als auch weiche Dimensionen erfasst und das Management von Veränderungen unterstützen kann. Das 7-S-System konzentriert sich auf interne Aspekte des Unternehmens.

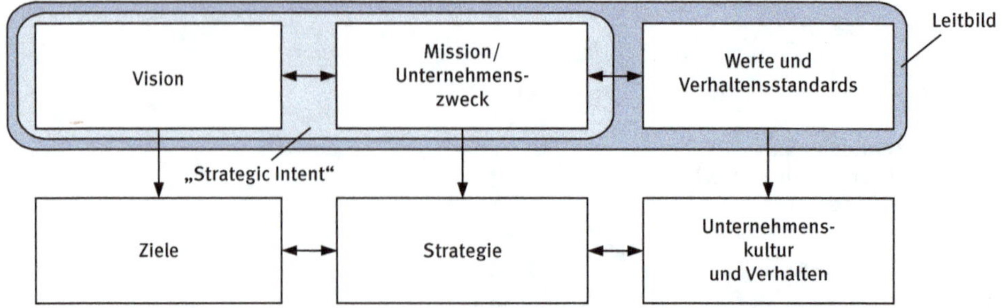

Abb. 3.2: Zusammenhang der verwendeten Begriffe

- Die *Gap- oder Lückenanalyse* konfrontiert die angestrebten langfristigen Umsatz- und Gewinnziele des Unternehmens mit einer Prognose der zukünftigen Unternehmensentwicklung. Die sich in der Regel ergebende Lücke kann mit unterschiedlichen Ansätzen geschlossen werden.

Weiterhin werden zwei *Instrumente mit richtunggebendem Charakter* vorgestellt:
- Die *Vision* als Zukunftsbild gibt ein großes Ziel für die Entwicklung des Unternehmens und die Strategie vor.
- *Mission und Leitbild* werden zusammengefasst. Sie erklären einen beständigen Unternehmenszweck und legen Werte und Verhaltensgrundsätze des Unternehmens fest.

3.2 Allgemeine Analyseinstrumente

3.2.1 Das 7-S-System

„*Soft is hard*“ (Peters/Waterman 1982, S. 11).

Das 7-S-System von Peters und Waterman stammt aus der Erfolgsfaktorenforschung und beschreibt ein Unternehmen mit harten Faktoren (Strategie, Struktur und Systeme) und weichen Faktoren (Stil, Stammbelegschaft, Spezialkenntnisse und Selbstverständnis). Das Zusammenwirken der Faktoren und die Balance zwischen den Faktoren bestimmen Spitzenleistungen. Dieses Modell eignet sich für eine umfassende und strukturierte Analyse der internen Stärken und Schwächen eines Unternehmens.

Beschreibung und theoretischer Hintergrund

Die wirtschaftliche Entwicklung Ende der 1970er Jahre war durch die großen Erfolge japanischer Unternehmen geprägt, vor allem in der Autoindustrie und der Unterhaltungselektronik. Zu dieser Zeit konzentrierte sich die Diskussion auf die Beziehung zwischen Strategie und Struktur entsprechend dem von Chandler (1962) entwickelten Grundsatz „structure follows strategy“. Diesem Konzept folgten zunächst auch Peters und Waterman, beide Berater bei McKinsey & Company, die aber schnell erkannten, dass neue Strategie- und Strukturideen nicht ausreichen, um dauerhafte Unternehmenserfolge zu schaffen. „Our assertion is that productive organization change is not simply a matter of structure, although structure is important. It is not so simple as the interaction between strategy and structure, although strategy is critical too. Our claim is that the effective organizational change is really the relationship between structure, strategy, systems, style, skills, staff and something we call superordinate goals“ (Peters et al. 1980, S. 17).

Unterstützt wurden diese Überlegungen von Pascale und Athos (1981), die das 7-S-System zur gleichen Zeit als konzeptionelle Grundlage für ihre Untersuchung des japanischen Managements verwendeten.

Der 1982 publizierte Managementbestseller „In Search of Excellence. Lessons from America’s Best-Run Companies“ baut auf einer Untersuchung von 62 US-amerikanischen Großunternehmen aus verschiedenen Branchen auf. Um als exzellent eingestuft zu werden, mussten diese Unternehmen im Zeitraum 1961 bis 1980 bei mindestens vier von sechs Finanzkriterien wie z. B. Gewinn oder ROI bestimmte Anforderungen erfüllen. Außerdem beurteilten Branchenkenner die Innovationskraft dieser Unternehmen für den gleichen Zeitraum. Die gestellten Anforderungen erfüllten letztlich 43 Unternehmen wie z. B. IBM, Hewlett-Packard, Digital Equipment, Wang Laboratories oder P&G. Diese Unternehmen wurden anhand von veröffentlichten Informationen und ausführlichen Interviews detailliert untersucht. Von den 19 weniger erfolgreichen Unternehmen wurden 12, die die Kriterien nur knapp verfehlten, ausführlich interviewt.

In diesem Modell (Abb. 3.3) werden Strategie (Strategy), Struktur (Structure) und Systeme (Systems) als harte Faktoren bezeichnet. Die Strategie bezieht sich auf alle Maßnahmen des Unternehmens, die als Reaktion auf Umweltveränderungen ergriffen werden. Die Struktur umschreibt die Aufbauorganisation, also die Bildung von Geschäftseinheiten und Abteilungen. Mit Systemen sind die Prozessorganisation sowie die damit verbundenen Systeme bspw. in der IT, der Budgetierung, der Qualitätskontrolle oder der Herstellung gemeint.

Die traditionelle Sicht der Unternehmensführung unterstellt, dass ein Unternehmen mit den harten Faktoren gesteuert werden kann; die weichen Faktoren, also Stil (Style), Stammbelegschaft (Staff), Spezialkenntnisse (Skills) und Selbstverständnis (Shared Values)[1] wurden vernachlässigt und als wenig beeinflussbar betrachtet. Der Stil umfasst sowohl die vorhandene Unternehmenskultur als auch den Führungsstil

1 Ursprünglich wird der Begriff Superordinate Goals (übergeordnete Ziele) in das Zentrum des Modells gestellt (Peters et al. 1980); dieser Begriff wurde später ersetzt durch Shared Values oder gemeinsame Werte (Peters/Waterman 1982).

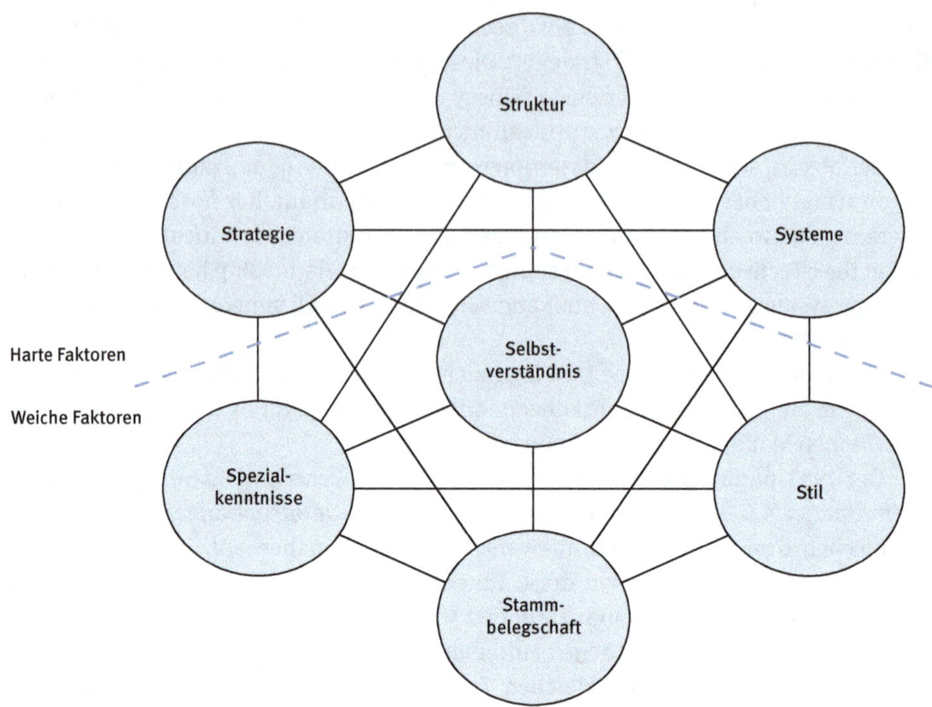

Abb. 3.3: Das 7-S-System (Quelle: in Anlehnung an Peters/Waterman 1982, S. 10)

und das Rollenmodell der Führungskräfte. Unter Stammbelegschaft sind die Mitarbeiter und alle Prozesse im HR-Bereich, z. B. die Karriereentwicklung oder die Integration neuer Mitarbeiter, zu verstehen. Die Spezialkenntnisse beziehen sich auf die Kenntnisse und Fähigkeiten des Unternehmens und die entsprechenden Maßnahmen zur Entwicklung dieser Kenntnisse. Das Selbstverständnis bildet das Bindeglied zwischen allen anderen Elementen – es umfasst die gemeinsamen Werte oder die Kultur des Unternehmens.

Peters und Waterman (1982) argumentieren, dass in der Vergangenheit in der Theorie und der praktischen Umsetzung zu viel Gewicht auf die harten und zu wenig auf die weichen Faktoren gelegt wurde. Nach ihrer Ansicht sind es nämlich die weichen Faktoren, die den Ausschlag für Spitzenleistungen geben – deshalb „soft is hard“.

Die Bedeutung des Modells liegt zum einen in der Diagnose und zum anderen in der Planung und Umsetzung von Veränderungsprojekten. Dabei weisen Peters und Waterman (1982) auf die folgenden wichtigen Aspekte hin:

- Veränderungen in Organisationen werden nicht durch einen Faktor, sondern durch mehrere Faktoren beeinflusst.

- Diese Faktoren sind interdependent. Damit ist die Veränderung eines einzelnen Faktors nicht möglich, ohne die anderen Faktoren ebenfalls zu verändern.
- Ein Großteil der geplanten Strategien wird in der Praxis nicht realisiert bzw. erfüllt nicht die gesetzten Ziele. Die niedrige Erfolgsquote kann darauf zurückgeführt werden, dass den übrigen Faktoren nicht die notwendige Aufmerksamkeit gewidmet wurde.
- Die Form des Diagramms (Abb. 3.3) impliziert, dass es keinen Anfangspunkt und keine Hierarchie gibt. Es ist nicht auszumachen, welcher Faktor die treibende Kraft für eine Veränderung ist. Dieser Faktor wird von der spezifischen Unternehmenssituation bestimmt.

Zusätzlich beschreiben Peters und Waterman (1982) verschiedene Grundsätze, die Unternehmen mit Spitzenleistungen charakterisieren und die teilweise auch Vorgaben zur Gestaltung der einzelnen Faktoren machen.

Praktische Anwendung

Die Analyse eines Unternehmens oder eines Geschäftsbereichs erfolgt in vier Schritten. Dazu bietet es sich an, ein Projektteam mit Mitarbeitern aus verschiedenen Unternehmensbereichen zu bilden. Die Durchführung kann kompakt als Workshop erfolgen. Mit diesem Vorgehen wird zwar schnell ein guter Überblick gewonnen und vor allem auch ein Konsens gefunden, aber meist auf Kosten der Objektivität. Besser ist eine umfassende und systematische Befragung des mittleren und unteren Managements.

Schritt 1: Überblick über die Lage des Unternehmens

Informationen über das Unternehmen werden im Hinblick auf die allgemeine Unternehmenssituation zusammengetragen und analysiert. Grundlagen dafür sind Geschäftsberichte mit den entsprechenden finanziellen Ergebnissen, Berichte von Börsenanalysten, Branchenanalysen, Zeitungsberichte sowie interne Unterlagen wie Marktuntersuchungen, Mitarbeiterbefragungen, Organigramme und Strategiepläne. Ergänzend werden Gespräche mit der Geschäftsführung zur Lage des Unternehmens durchgeführt.

Schritt 2: Entwickeln des Fragebogens und Durchführen der Befragung

Auf dieser Grundlage kann nun ein Fragebogen für die 7-S-Faktoren entwickelt werden. Bei der Formulierung der Fragen ist nicht nur der jeweilige Faktor zu erfassen, sondern auch das Zusammenwirken der einzelnen Faktoren. Im Folgenden sind einige Beispielfragen für jeden 7-S-Faktor aufgeführt (Müller-Stewens/Lechner 2016):

Strategie:
- Ist Ihnen die Unternehmensstrategie bekannt?
- Ist diese Strategie geeignet, die zukünftigen Herausforderungen des Unternehmens zu meistern?
- Ist die Strategie realisierbar?

Struktur (Aufbauorganisation):
- Ist die Struktur einfach und klar zu verstehen?
- Passt die vorhandene Struktur in die Marktlage des Unternehmens?
- Entspricht die Struktur der geplanten Strategie?

Systeme (Prozessorganisation):
- Welche Systeme haben in Ihrem Unternehmen eine besondere Bedeutung?
- Wie beurteilen Sie die Qualität dieser Systeme?
- Welche Systeme fehlen oder sind unterentwickelt?
- Behindern die vorhandenen Systeme die Struktur und Strategie?

Stammbelegschaft:
- Wo liegen die Stärken und Schwächen des Stammpersonals?
- Wie sind die Stärken im Verhältnis zur Konkurrenz zu beurteilen?
- Welche Arten von Mitarbeitern fehlen für die Umsetzung der Strategie?

Spezialkenntnisse:
- Über welche herausragenden Fähigkeiten verfügt Ihr Unternehmen?
- Wie sind diese Fähigkeiten im Verhältnis zum Wettbewerb zu beurteilen?
- Welche Fähigkeiten sind unterentwickelt und müssen noch weiterentwickelt werden?

Stil:
- Wie beurteilen Sie die Zusammenarbeit zwischen Führungskräften und Mitarbeitern?
- Auf welche Art und Weise werden Entscheidungen getroffen?
- Wie sollten Entscheidungen in der Zukunft getroffen werden?

Selbstverständnis (Werte):
- Welche gemeinsamen Werte existieren in Ihrem Unternehmen?
- Sind Sie mit diesen Werten einverstanden?
- Unterstützen diese Werte die geplante Strategie?

Vor der Durchführung der Befragung ist es sinnvoll, den Fragebogen mit zwei oder drei Führungskräften zu testen und ggfs. anzupassen. Der Fragebogen sollte von einer repräsentativen Auswahl von Führungskräften unterhalb der Geschäftsführung ausgefüllt werden. Eine zentrale Voraussetzung für eine ehrliche Beantwortung ist die

Gewährleistung der Anonymität. Die Ergebnisse sind zusammenzufassen und der Geschäftsleitung zu präsentieren.

Schritt 3: Ableiten der Beziehungen zwischen den Faktoren

In der Diskussion mit der Geschäftsführung wird das Zusammenwirken der Faktoren diskutiert und herausgearbeitet. Zunächst wird untersucht, ob zwischen den Faktoren eine ausreichende Übereinstimmung (Fit) besteht und ob sich ein Veränderungsbedarf ergibt. Weiter ist die Übereinstimmung mit der Unternehmensumwelt zu untersuchen; falls notwendig, sind Veränderungen zu definieren.

Schritt 4: Entwicklung von Veränderungsprojekten

Auf dieser Grundlage kann nun über weitere Aktivitäten entschieden werden. Dies sind häufig einzelne Projekte, die dezidiert zur Behebung spezifischer Schwächen beitragen sollen. Im Sinne der Organisationsentwicklung ist es ebenfalls denkbar, für die einzelnen Faktoren bzw. Beziehungen zwischen Faktoren Sollzustände seitens der Geschäftsführung zu definieren und anschließend Projekte zum Erreichen dieser Zustände aufzusetzen. Nach Durchführung der Projekte kann das 7-S-Modell zur Erfolgsmessung genutzt werden.

Das folgende Beispiel (Abb. 3.4) zeigt für ein mittelständisches Technologieunternehmen, wie das 7-S-System zur Diagnose der Ist-Situation genutzt werden kann.

Das 7-S-System kann ebenfalls herangezogen werden, um die gewünschte Soll-Situation darzustellen (Abb. 3.5). Die Soll-Situation ist von der Unternehmensführung zu definieren. Aus der Gegenüberstellung von Ist und Soll lassen sich Maßnahmen zur Veränderung ableiten.

Kritik des Instruments

Grundsätzliche Kritik übte Krüger (1989), der in eigenen empirischen Untersuchungen zu anderen Ergebnissen als Peters und Waterman kommt. Nach seiner Ansicht haben die harten Faktoren und hier vor allem die Strategie eine deutlich größere Bedeutung für die Erklärung von Spitzenleistungen als die weichen Faktoren. Das Krüger-Modell trifft allerdings keine Aussagen, wie die Strategie zu formulieren ist. Weiter argumentiert Krüger, dass Erfolge und Misserfolge weit weniger einfach zu durchschauen und zu erklären seien, als dies Peters und Waterman mit ihren Grundsätzen behaupten.

Die wichtigsten Kritikpunkte am 7-S-Modell lassen sich wie folgt zusammenfassen:

1. Die Untersuchung hat methodische Schwächen. Die Kontrollgruppe ist mit 19 Unternehmen recht klein; die untersuchten 12 weniger erfolgreichen Unternehmen unterscheiden sich nur wenig von den erfolgreichen Unternehmen (Frese 1985).
2. Eine Reihe von Aussagen ist sehr allgemein formuliert und in diesem Sinne „oberflächlich, journalistisch überhöht und apodiktisch“ (Macharzina/Wolf 2015,

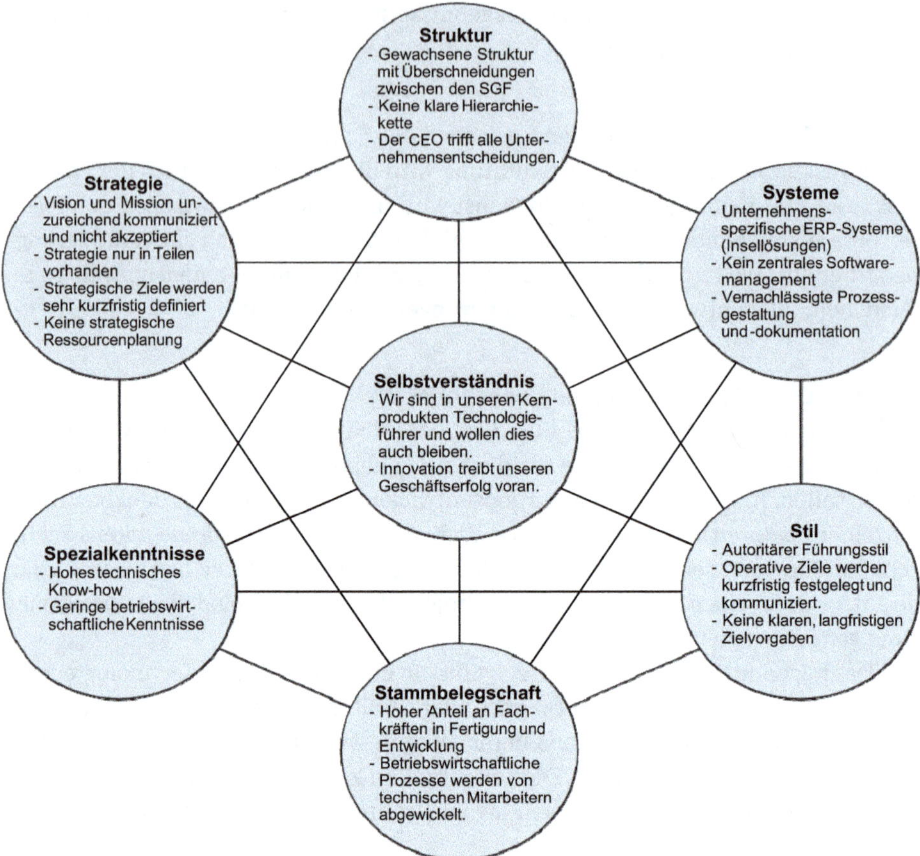

Abb. 3.4: Analyse der Ist-Situation mit dem 7-S-System für ein Technologieunternehmen

S. 984). In ähnlicher Form sprechen Steinle et al. (1996, S. 14) von einer „plakativen Übervereinfachung" und „ungenügenden Problembewältigung".

3. Das 7-S-System ist ein geschlossenes Modell mit sieben Faktoren; damit sind andere wichtige Faktoren zur Erklärung von Spitzenleistungen von vornherein ausgeschlossen. Krüger (1989) ist der Ansicht, dass die Autoren ein S, nämlich die Situation des Unternehmens im Markt und Wettbewerb – die externe Seite –, schlichtweg vergessen haben.
4. Das Modell weist zwar explizit auf das Zusammenwirken der einzelnen Faktoren hin; es fehlen aber Aussagen im Hinblick auf die sachlichen und zeitlichen Abhängigkeiten zwischen diesen Beziehungen (Krüger 1989).
5. Die Autoren entwickeln keine Vorgaben, wie die Daten für das 7-S-Modell zu erfassen sind. Gerade die Ermittlung der weichen Faktoren stellt aber ein grundsätzliches Problem dar.

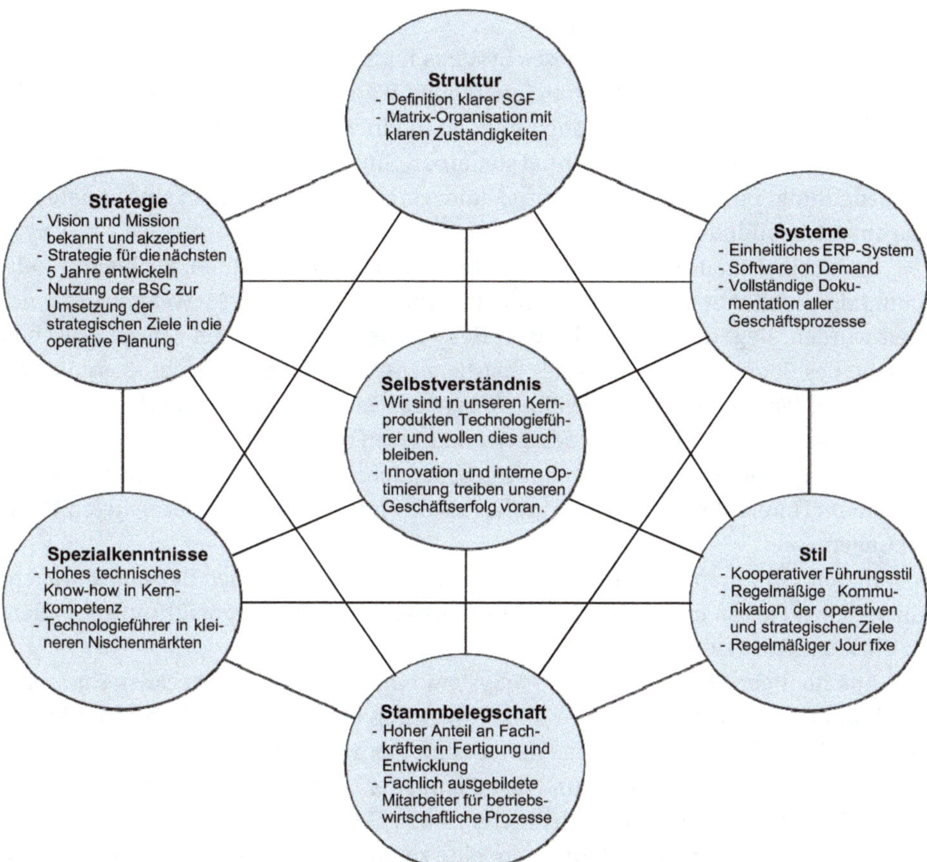

Abb. 3.5: Darstellung der Soll-Situation mit dem 7-S-System für ein Technologieunternehmen

6. Letztlich ist der Begriff „exzellent" relativ, d. h., er gilt nur für eine bestimmte Zeitspanne. Einige der 1982 als exzellent definierten Unternehmen existieren heute nicht mehr, wie z. B. Digital Equipment oder Wang Laboratories, andere hatten in den vergangenen Jahren große Probleme, wie z. B. IBM zu Beginn der 1990er Jahre.

Vor allem von den Vertretern einer kritisch-rationalen Sicht der Unternehmensführung wie z. B. Frese (1985) wurde das 7-S-System heftig angegriffen. Das weist darauf hin, dass die explizite Integration der weichen Faktoren, die rational nicht erfasst und gemessen werden können, als Erklärungsansatz für Spitzenleistungen das traditionelle, rationale Verständnis des Managements ins Wanken gebracht hat.

Strategische Bedeutung und Nutzen

Wächter (1985) sieht den Wert dieses Systems im Sinne einer handlungsorientierten Wissenschaft eher darin, auf den tiefgreifenden Wandel in Unternehmen und Gesellschaft hinzuweisen: Organisationen müssen in einer hochkomplexen Umwelt arbeiten und sind nur beschränkt rational steuerbar; Sinnfragen gewinnen eine wachsende Bedeutung. Daher sind ein anderes Managementsystem und auch eine andere Managementausbildung erforderlich.

Gerade im Herausarbeiten der Bedeutung der weichen Faktoren, die bis zum Zeitpunkt der Publikation des Buchs von Peters und Waterman (1982) weitgehend ignoriert wurden, liegt der eigentliche Wert des 7-S-Systems. Auf einen sehr praktischen Nutzen des Buchs verweist überdies Sparberg (1985); er ist der Ansicht, dass die von Peters und Waterman (1982) gewählte Vorgehensweise, nämlich unmittelbar an den Erfahrungen erfolgreicher Unternehmen anzusetzen und die theoretischen Prämissen um diese „Vorbilder" herumzubauen, von besonderem Interesse für die Führungskräfte anderer Unternehmen ist – weit größer als das Interesse an theoriegeleiteten Überlegungen.

In den 1980er und 1990er Jahren hat dieses System sicherlich dazu beigetragen, die weichen Faktoren als integralen Bestandteil der Unternehmensführung vor allem in US-Konzernen zu etablieren.

Aus heutiger Sicht liefert das 7-S-System eine umfassende Checkliste, um eine strukturierte Analyse der Stärken und Schwächen eines Unternehmens oder Unternehmensbereichs durchzuführen. Weiter kann das Modell helfen, sich auf die Beziehungen zwischen den Faktoren und dem Fit mit der Umwelt zu konzentrieren, um auf dieser Basis Veränderungen zu definieren. Das 7-S-System kann auch eine sinnvolle Grundlage bilden, um Veränderungsprojekte zu planen, umzusetzen und zu überwachen.

Ähnliche Instrumente

Schlüsselerfolgsfaktoren

Das Konzept von Peters und Waterman (1982) gehört zu den ersten Ansätzen der Erfolgsfaktorenforschung, nämlich von den Besten zu lernen und auf diese Weise Prinzipien und Vorgehensweisen für eine erfolgreiche Unternehmensführung abzuleiten (vgl. Abschn. 5.2.9). In den folgenden Jahren gab es zahlreiche Studien mit ähnlicher Zielsetzung. Beispielhaft hierfür sind in Deutschland die Arbeiten von Steinle et al. (1996) oder von Simon (1996, 2007 und 2012) für mittelständische Unternehmen (Hidden Champions). Diese Untersuchungen verwenden allerdings andere Begriffe und Strukturen zur Erfassung und Beschreibung der Erfolgsfaktoren.

Aus den USA ist die Studie von Nohria et al. (2003) zu erwähnen, die 200 etablierte Managementmethoden in 160 Unternehmen über einen Zehnjahreszeitraum untersucht hat. Das Ergebnis ist die „4+2"-Formel. Führungskräfte von erfolgreichen Unternehmen sollen sich auf sechs Managementdimensionen fokussieren. Von primärer Bedeutung sind Strategie, Umsetzung der Strategie, Unternehmenskultur und Unternehmensstruktur. Zusätzlich sollen die Führungskräfte aus vier sekundären Managementdimensionen (Talente, Innovationen, Führung, Akquisitionen und Partnerschaften) zwei weitere auswählen. Derartige Schlussfolgerungen sind sicherlich nicht neu, aber sie zeigen doch, wie schnell Führungskräfte grundlegende Führungsaspekte vergessen.

Überschneidungen mit anderen Instrumenten

Ressourcen- und Fähigkeiten-Portfolio

Eine Untersuchung der Ressourcen- und Kompetenzbasis eines Unternehmens liefert wichtige Informationen für das 7-S-System. Beide Ansätze verfolgen das Ziel, Stärken und Schwächen des Unternehmens zu erfassen. Das 7-S-System gibt mit den sieben Faktoren ein Untersuchungsraster vor; allerdings erfolgt keine Gewichtung der einzelnen Faktoren. Die Analyse der Ressourcen und Kompetenzen mit Hilfe des Ressourcen- und Fähigkeiten-Pportfolios hingegen erfolgt ohne Vorgaben, aber mit einer Bewertung der Ressourcen und Kompetenzen im Hinblick auf die strategische Bedeutung und die relative Stärke im Vergleich zum Wettbewerb. Daraus ergeben sich Schlüsselstärken und -schwächen (vgl. Abschn. 6.2.2).

SWOT-Analyse

Eine weitere Überschneidung ergibt sich mit dem internen Teil (Stärken/Schwächen) der SWOT-Analyse. Während die SWOT-Analyse ohne vorgegebene Kriterien arbeitet, stellt das 7-S-System auf der Basis der Erfolgsfaktoren ein Untersuchungsraster bereit. Weiter unterscheidet es sich durch eine Berücksichtigung der Beziehungen zwischen den 7-S-Faktoren, während die SWOT-Methode die einzelnen Faktoren lediglich als Stärken bzw. Schwächen auflistet (vgl. Kapitel 4).

Wertkette

Die Wertkette (vgl. Abschn. 6.2.3) kann ebenfalls einen wichtigen Input für das 7-S-System bereitstellen. In der Wertkettenanalyse werden die Kosten und der Wertbeitrag jeder Aktivität für den Kunden systematisch und umfassend für den gesamten Prozess der Leistungserstellung und des Leistungsabsatzes analysiert. Das 7-S-System hingegen analysiert Stärken und Schwächen sehr viel aggregierter aus einer Gesamtsicht des Unternehmens bzw. eines Unternehmensbereichs.

3.2.2 Gap- oder Lückenanalyse

Die Gap- oder Lückenanalyse ist ein Instrument zur Analyse und Visualisierung der Zielsetzung. Sie dient der Identifikation von zukünftigen Problemen in der Entwicklung des Unternehmens. Dazu wird eine Zielgröße definiert (Sollgröße) und die Entwicklung des Basisgeschäfts ohne spezielle unternehmenspolitische Maßnahmen prognostiziert (Istgröße). Differieren beide Entwicklungslinien, ergibt sich eine Lücke. Im nächsten Schritt sind Maßnahmen zu definieren und umzusetzen, um die Lücke, das „Gap", zu schließen.

Beschreibung und theoretischer Hintergrund

Die Lückenanalyse geht zurück auf Ansoff (1965). Das Prinzip der Lückenanalyse beruht auf zwei Zukunftsprojektionen. Weiterhin werden die Zielerreichungsgrade dieser Größe im Zeitablauf ermittelt. Dazu wird in der Regel eine Extrapolation der Entwicklung dieser Größe auf der Basis der Vergangenheit vorgenommen. Es wird außerdem unterstellt, dass das Basisgeschäft unverändert weitergeführt wird (Kreikebaum 1997 und Welge et al. 2017).

Praktische Anwendung

Schritt 1: Festlegung der Zielgröße

Als Zielgröße werden in der Regel Umsatz oder Gewinn verwandt. Aus Vereinfachungsgründen wird hier auf den Umsatz Bezug genommen. Ausgangspunkt ist der gegenwärtig erreichte Umsatz. In der Regel enthalten Leitbild oder Vision und damit die Vorstellungen der Eigentümer bzw. des Managements eine quantitative Größe (z. B. eine Verdoppelung des Umsatzes), die nach Ablauf einer bestimmten Zeitperiode erreicht werden soll. Der aktuelle Umsatz und die gewünschte Entwicklung innerhalb eines bestimmten Zeitrahmens werden auf einer Zeitachse abgetragen. Der Zeitrahmen sollte bei 3–5 Jahren liegen; er ist aber letztlich branchen- bzw. unternehmensabhängig zu bestimmen.

Schritt 2: Prognose des Basisgeschäfts

Im zweiten Schritt muss die Entwicklung des Umsatzes für das Basisgeschäft geplant werden. Dabei wird ceteris paribus unterstellt, dass dieses Geschäft unverändert weitergeführt wird. Hierzu muss die Unternehmensleitung auf der Basis der Entwicklung in den vergangenen Jahren eine Prognose erstellen. Eine Produktlebenszyklusanalyse hilft dabei. Das Ergebnis stellt die Entwicklung des Basisgeschäfts dar. Wenn kurzfristige, also operative Verbesserungen in die Prognose integriert werden, ergibt sich eine zweite Entwicklungslinie, die dann das potenzielle Basisgeschäft zeigt.

Schritt 3: Ableitung der Lücken

Nun können die beiden Lücken definiert werden. Die Differenz der Entwicklungslinien zwischen Basisgeschäft und potenziellem Basisgeschäft zeigt die operative Lücke.

Die eigentliche strategische Lücke ergibt sich dann aus dem Vergleich zwischen potenziellem Basisgeschäft und der gewünschten Entwicklung der Zielgröße.

Schritt 4: Maßnahmen auswählen

Im letzten Schritt sind Ideen und Maßnahmen zu fixieren, die zu einer Schließung der Lücken beitragen. Die Umsetzung eines Rationalisierungsprogramms bspw. trägt zur Schließung der operativen Lücke bei; der Einstieg in neue Märkte zählt zu den strategischen Maßnahmen, mit denen die strategische Lücke geschlossen werden kann. Hier bietet sich ein Brainstorming an. Die dabei gewonnenen Ideen sind als operative und strategische einzuteilen und detailliert im Hinblick auf ihren Beitrag zur Schließung der Lücke, den notwendigen Ressourcenbedarf und ihre Umsetzbarkeit zu analysieren.

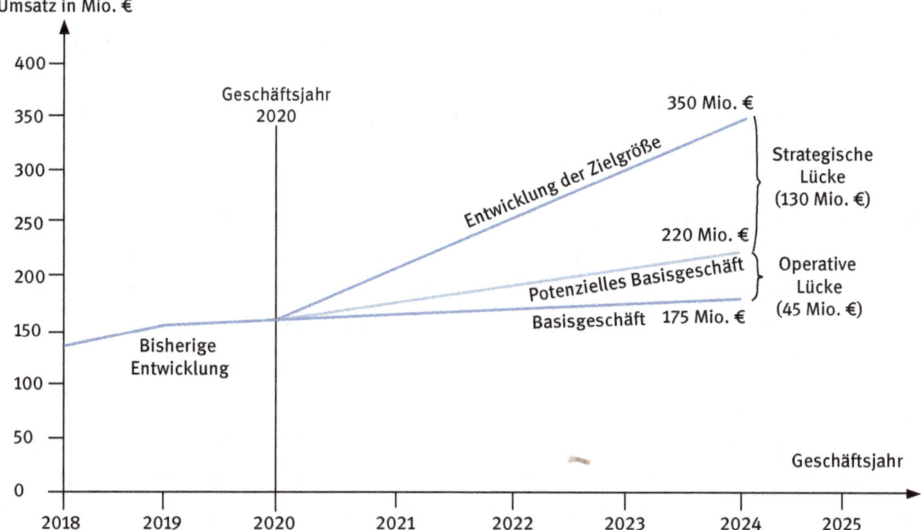

Abb. 3.6: Beispiel zur Gap- oder Lückenanalyse (Quelle: in Anlehnung an Dillerup/Stoi 2016, S. 312)

Beispiel: Die Abb. 3.6 zeigt die Anwendung der Lückenanalyse für einen Fahrradhersteller, der verschiedene Fahrradtypen und Einzelfertigungen anbietet. Dieses Unternehmen hat im Geschäftsjahr 2020 einen Umsatz von 150 Mio. € erzielt. Das Basisgeschäft wird unter der Aufnahme einer fortlaufend stabilen Marktentwicklung ohne zusätzliche Aktivitäten des Unternehmens in 2025 ein Umsatzvolumen von 175 Mio. € erreichen. Diese Basis kann optimiert werden durch den Ausbau des Händlernetzes, verstärkte Marketingaktivitäten und eine bessere Steuerung der Außendienstmitarbeiter. Mit diesen Maßnahmen lässt sich eine Entwicklungslinie für das potenzielle Basisgeschäft von 220 Mio. € projizieren. Die Unternehmensführung plant eine Verdoppelung des Umsatzes bis zum Geschäftsjahr 2025 auf etwa 350 Mio. €. Damit ist die Entwicklung der Zielgröße definiert.

Die Differenz zwischen dem Basisgeschäft und dem potenziellen Basisgeschäft wird als operative Lücke (45 Mio. €) bezeichnet, die mit kurzfristig ausgelegten Optimierungsmaßnahmen geschlossen werden kann. Die strategische Lücke bezieht sich auf die Differenz zwischen potenziellem Basisgeschäft und gewünschter Entwicklung der Zielgröße (130 Mio. €). Sie ist mit langfristigen Maßnahmen, welche die strategische Ausrichtung des Unternehmens verändern, zu schließen. So plant das Unternehmen bspw. den Einstieg in den amerikanischen Markt und die Einführung eines Elektrofahrrads (E-Bikes).

Strategische Bedeutung und Nutzen

Die Lückenanalyse ist ein sehr einfaches und plausibles Instrument, das hilft, strategische Probleme schnell zu erkennen. Das Modell zwingt die Unternehmensführung, Zielvorstellungen zu konkretisieren und vor allem zu quantifizieren. Die Lückenanalyse kann auf unterschiedlichen Ebenen eingesetzt werden, z. B. für das Gesamtunternehmen, für einzelne Geschäftsbereiche oder für Geschäftseinheiten bzw. Produktlinien. Sie beantwortet zwei grundsätzliche Fragen:

1. Welche Erfolge sind mit dem gegenwärtigen Basisgeschäft in der Zukunft bei einer unveränderten Unternehmensstrategie zu erzielen?
2. Wie entwickelt sich die Lücke zwischen Basisgeschäft und gewünschter Entwicklung einer Zielgröße im Zeitablauf?

In diesem Sinne erzwingt die Lückenanalyse eine längerfristige Betrachtung. Sie zeigt, wie das Basisgeschäft im Zeitablauf nachlässt und belegt, dass neue strategische Impulse erforderlich sind (Scheuss 2016). Eine Anwendung der Lückenanalyse im internationalen Geschäft findet sich bei Perlitz und Schrank (2013).

Kritik des Instruments

Bei der Extrapolation der Zielgrößen wird oft unterstellt, dass sich die Entwicklung der Vergangenheit in der Zukunft fortsetzt. Im Hinblick auf die heutige Umweltdynamik dürfte dies sicherlich die größte Schwäche dieser Methode sein. Schwache Signale und Diskontinuitäten werden nicht erkannt (Welge et al. 2017 und Macharzina/Wolf 2015).

Wenn dieses Instrument auf der Geschäftsbereichsebene angewandt wird, verführt es außerdem dazu, strategische Überlegungen nur innerhalb des Geschäftsbereichs oder des Geschäftsfelds anzustellen und damit eine Gesamtbetrachtung des Unternehmens außer Acht zu lassen (Macharzina/Wolf 2015).

Zudem ist die Lückenanalyse ein sehr einfaches Instrument, das lediglich eine Lücke aufzeigt. Es macht keine Angaben, wie die Lücke geschlossen werden kann und zieht den Einsatz weiterer Instrumente nach sich. Die Methode hat nur dann einen Nutzen, wenn eine intensive Suche nach Alternativen zur Schließung der Lücke folgt (Macharzina/Wolf 2015).

Ähnliche Instrumente

Das Restrukturierungshexagon

Wenn als Zielgröße der Shareholder Value gewählt wird, können im Restrukturierungshexagon (vgl. Abschn. 7.2.4) ebenfalls Lücken identifiziert werden. Die Wertlücke geht von einer Differenz zwischen dem aktuellen Marktwert (Istgröße) und dem Unternehmenswert nach Ausschöpfung aller operativen, strategischen und finanziellen Maßnahmen (Zielgröße) aus (Koller et al. 2015). Die Wertlücke kann wiederum in verschiedene Teillücken entsprechend den Ecken des Restrukturierungshexagons aufgeteilt werden: Wahrnehmungslücke, interne Restrukturierungslücke, externe Restrukturierungslücke und finanzielle Restrukturierungslücke (Koller et al. 2015).

Überschneidungen mit anderen Instrumenten

Vision/Mission/Leitbild

Ein klarer Bezug besteht zur Vision bzw. dem Leitbild des Unternehmens, sofern in der Vision eine quantitative Zielgröße enthalten ist. Aus der Vision sollten die Zielvorstellungen abgeleitet werden, um die gewünschte Entwicklung im Hinblick auf Umsatz oder Gewinn für den geplanten Zeitrahmen darzustellen (vgl. Abschn. 3.3).

Industrielebenszyklus

Eine Analyse des Industrielebenszyklus kann genutzt werden, um zu verstehen, warum das Basisgeschäft sich im Zeitablauf verschlechtert. In diesem Sinne könnte die Lücke dann durch die Neueinführung bzw. den Relaunch von Produkten geschlossen werden (vgl. Abschn. 5.2.7).

Wertkettenanalyse

Die Analyse der Wertkette (vgl. Abschn. 6.2.3) kann genutzt werden, um Maßnahmen zur Deckung der operativen Lücke zu identifizieren. Dabei geht es sowohl um eine Optimierung der Wertkette als auch einen radikalen Umbau im Sinne eines Business-Reengineering-Ansatzes (z. B. Hammer/Champy 2006).

Ansoff-Matrix

Lückenanalyse und Ansoff-Matrix (vgl. Abschn. 7.3.2) ergänzen sich in besonders sinnvoller Weise. Während die Lückenanalyse den ersten Schritt darstellt, bildet die Ansoff-Matrix den zweiten Schritt – sie liefert die Strategien, um die Lücke zu schließen. Dieser Zusammenhang wird in der folgenden Abb. 3.7 deutlich.

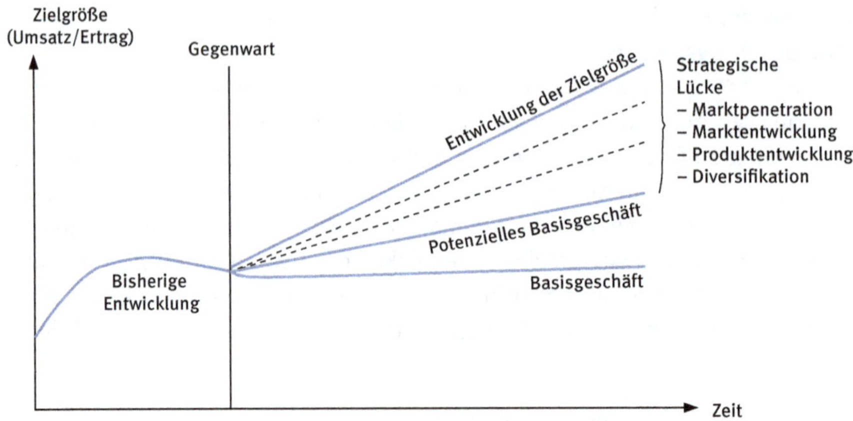

Abb. 3.7: Lückenanalyse und Ansoff-Matrix (Quelle: in Anlehnung an Dillerup/Stoi 2016, S. 312 und Scheuss 2016, S. 108)

Portfolio-Modelle

Die BCG-Matrix (vgl. Abschn. 7.2.2) oder die GE-/McKinsey-Matrix (vgl. Abschn. 7.2.3) haben ebenfalls einen engen Bezug zur Lückenanalyse. Zum einen können diese Instrumente auch auf eine Lücke hinweisen, bspw. auf eine ungenügende Zahl von Fragezeichen-Produkten. Zum anderen liefern die Portfolio-Modelle einen Entscheidungsrahmen, um festzulegen, welche Maßnahmen und Projekte zur Schließung der Lücke tatsächlich umgesetzt werden.

3.3 Richtunggebende Instrumente

3.3.1 Vision

„Wenn Du ein Schiff bauen willst, trommle nicht Männer zusammen, um Holz zu beschaffen, Werkzeuge vorzubereiten, Aufgaben zu vergeben und die Arbeit zu erleichtern, sondern lehre die Männer die Sehnsucht nach dem endlosen weiten Meer“ (Antoine de Saint-Exupéry zugeschrieben).

Die Vision formuliert in anschaulicher Form ein angestrebtes Bild des Unternehmens und seiner Umwelt in der ferneren Zukunft. Die zukünftige Situation soll sich deutlich von der heutigen Situation unterscheiden, für die Adressaten erstrebenswert sein und (wenn auch mit großen Anstrengungen) als erreichbar erscheinen. Die Vision dient zur Kommunikation der langfristigen Ziele des Unternehmens nach innen und außen. Sie dient als Leitplanke bei Entscheidungen und will zugleich emotional ansprechen und motivieren.

Beschreibung und theoretischer Hintergrund

In der Managementliteratur wird der Begriff Vision etwa ab Mitte der 80er Jahre des letzten Jahrhunderts unter dem Stichwort visionäre Führung benutzt: Topmanager sollen große Visionäre sein, um Mitarbeiter zu inspirieren, emotional anzusprechen und sie zu Höchstleistungen anzuspornen (Boyett/Boyett 1998). Bleicher (2017) nennt die folgenden Komponenten einer Vision:

- *Kreativität:* Wunschvorstellungen (Träume) über einen zukünftigen Zustand artikulieren.
- *Offenheit nach außen:* Aufgeschlossenheit gegenüber dem Zeitgeist und den echten Bedürfnissen der Menschen.
- *Realitätssinn:* Dinge so sehen, wie sie sich in der Realität darstellen.
- *Spontaneität:* Fähigkeit, verschiedene Blickpunkte einzunehmen.
- *Erfahrung:* Eigene Vorstellungen an den Erfolgen und Misserfolgen der Vergangenheit messen.

Die Vision soll sinnstiftend wirken, Komplexität reduzieren und Orientierung bieten (Müller-Stewens/Lechner 2016). Dazu muss sie ein einfaches, überzeugendes, emotional ansprechendes und erstrebenswertes Bild der Zukunft des Unternehmens entwerfen. Dieses Bild darf jedoch nicht zu utopisch sein und sollte in etwa 10 bis 30 Jahren erreichbar sein; es muss sich aber ganz deutlich vom gegenwärtigen Zustand unterscheiden. Eine Vision richtet sich zunächst an die Mitarbeiter und Führungskräfte, sie soll ihnen Orientierung und Sinn bieten, sie emotional ansprechen und motivieren, zugleich aber auch Kapitalgeber und Kunden für das Unternehmen und seine Pläne gewinnen.

Praktische Anwendung

Die Formulierung einer überzeugenden, emotionalen und sinnstiftenden Vision in freiem Denken durch Kreativität, Intuition und Inspiration dürfte einen Glücksfall darstellen. So etwas ist am Ehesten bei Unternehmensgründern zu finden, die mit der Gründung des Unternehmens ihren Lebenstraum verwirklichen. Für die Formulierung einer Vision gibt es unterschiedliche Vorschläge zur Vorgehensweise (z. B. Bennis/Nanus 1985 und Coenenberg et al. 2015). Über die Erfolgsaussichten eines solchen klassischen analytischen Prozesses gehen die Meinungen jedoch auseinander (z. B. Boyett/Boyett 1998 und Coenenberg et al. 2015). Die im Folgenden beschriebene Vorgehensweise lehnt sich an die Vorschläge von Coenenberg et al. (2015) und Bennis und Nanus (1985) an.

Zur Vorbereitung wird ein Team von Führungskräften und Mitarbeitern zusammengestellt, die Besonderes für das Unternehmen geleistet haben. Als leicht verständliche Leitfrage für die Auswahl gilt: Welche Personen sollten dabei sein, wenn das Unternehmen auf dem Mars neugegründet werden müsste? Das weitere Vorgehen erfolgt in fünf Schritten:

Schritt 1: Brainstorming anhand von Leitfragen

Hier könnte bspw. gefragt werden, was in 10 Jahren der Geschäftsbericht oder die Presse über das Unternehmen mitteilen sollten. Eine weitere Frage könnte der Entwicklung der Industrie, der Produktpalette und des Unternehmens in den nächsten 20 Jahren gelten. Visionen können sich auf wirtschaftliche Ziele, auf Beiträge des Unternehmens zur Bewältigung gesellschaftlicher Zukunftsfragen, auf neue Technologien, Märkte oder Vertriebswege, auf die Mitarbeiter oder die Kunden beziehen.

Müller-Stewens und Lechner (2016) zufolge lassen sich bei Visionen mehrere Kategorien unterscheiden:

- Zielfokussierte Visionen (quantitativ definiert): L'Oreal will bis 2020 1 Milliarde neue Konsumenten gewinnen,
- Feindfokussierte Visionen (einen Konkurrenten zu übertreffen): Adidas: Wir wollen das weltweit beste Sportartikelunternehmen sein.
- Rollenfokussierte Visionen (Vorbildfunktion): Ökostromunternehmen wie Lichtblick wollen den Wandel zu einer nachhaltigen Energieversorgung herbeiführen.
- Wandelfokussierte Visionen: Die Deutsche Bahn – vom Staatsbetrieb zum kundenfreundlichen Dienstleister.

Eine andere Systematik (z. B. Collins/Porras 2004 und Coenenberg et al. 2015) unterscheidet Visionen nach:

- Außenperspektive – Orientierung an anderen Unternehmen, Konkurrent schlagen, Vorbildunternehmen, Orientierung an Marktverhältnissen, Orientierung an Kunden.
- Innenperspektive – Perfektion und Ausbau des bestehenden Geschäftsmodells oder Wandel zu einem neuen Geschäftsmodell.

Schritt 2: Sichtung und Bewertung der Vorschläge

Eine Bewertung der Vorschläge erfolgt anhand der vier Kriterien: Richtung, Ansporn, Plausibilität und Prägnanz. Die Auswahl der Vision sollte im Konsens erfolgen. Prüfsteine (in Anlehnung an Lynch 2015) dafür sind:

- Beinhaltet die Vision langfristig erreichbare und gleichzeitig herausfordernde Ziele?
- Ist die Vision breit genug, um Raum für Veränderungen und Anpassungen zu lassen?
- Welche Kräfte müssen wirken, um die Vision zu realisieren?
- Auf welchen Zukunftsprognosen beruht die Vision?
- Erscheint die Vision als erreichbar und erstrebenswert?
- Eröffnet die Vision ein wirtschaftliches Erfolgspotenzial?
- Ist die Vision etwas Besonderes und unterscheidet sich mit ihr das Unternehmen deutlich von seinen Konkurrenten?

- Wird die Sicht auf die Zukunft und die Vision von der Mehrheit der Mitarbeiter und Führungskräfte im Unternehmen geteilt bzw. wie kann eine hohe Akzeptanz der Vision erreicht werden?
- Sind die Auswirkungen der Vision auf den gegenwärtigen Zustand des Unternehmens und seiner Aktivitäten ausreichend durchdacht?

Schritt 3: Formulierung der Vision

In diesem Schritt ist die Vision sprachlich in wenigen Sätzen zu formulieren. Sie kann zusätzlich in einem zentralen Slogan zusammengefasst werden. Das Ergebnis soll eine kraftvolle, überzeugende und leicht verständliche, bildhafte Beschreibung der Vision sein. Die folgenden drei Beispiele machen dies deutlich.

Marktorientierte Vision der Ringier Axel Springer Media AG: Das führende digitale Medienunternehmen in Mittel- und Osteuropa zu werden" (2018).

Kundenorientierte Vision der Sonova AG (führender Schweizer Hersteller von Hörgeräten): „Wir wollen eine Welt schaffen, in der jeder in den Genuss des Hörens kommen und so ohne Einschränkungen leben kann" (2018).

Gesellschaftsbezogene Vision der Wikimedia Foundation: „Imagine a world in which every single human being can freely share in the sum of all knowledge" (2018).

Schritt 4: Kommunikation der Vision

Die Vision muss im Unternehmen verankert und gelebt werden. Dies erfordert eine gleichermaßen breite wie intensive Kommunikation, sowohl unternehmensintern auf allen Ebenen als auch extern gegenüber Kunden, Aktionären und anderen Anspruchsgruppen. Die Präsentation der Vision erfolgt in der Regel multimedial mit speziellen Events und direkter Beteiligung der Unternehmensführung. In diesem Kommunikationsprozess kann überprüft werden, ob die Vision tatsächlich verständlich ist. Weiterhin muss die Vision auf Abteilungs- und Mitarbeiterebene heruntergebrochen und ihre spezielle Bedeutung für den betreffenden Bereich vermittelt werden. Dazu dienen Diskussionen in kleinen Gruppen, Workshops oder Vieraugengespräche. Die Verbindlichkeit der Vision für jeden Mitarbeiter muss deutlich werden. Gleichzeitig wird ein Erwartungsdruck erzeugt. Eine ganz besonders wichtige Rolle spielt dabei der sichtbare Einsatz der Spitzenführungskräfte für die Umsetzung der Vision.

Schritt 5: Umsetzung der Vision

Die Geschäftsplanung von der Strategie bis hin zu den Maßnahmen und Aktionen muss auf die Vision ausgerichtet werden (Abb. 3.8). Die Vision ist über geeignete Anreize zur Zielerreichung in Lohn- und Beförderungssystemen zu verankern. Sie wird integraler Bestandteil der Innen- und Außenkommunikation. Ziel ist, dass die Vision bei Mitarbeitern und Führungskräften ständig präsent ist und intern als auch im Hinblick auf externe Partner und Kunden deutlich erkennbar gelebt und konsequent angestrebt wird.

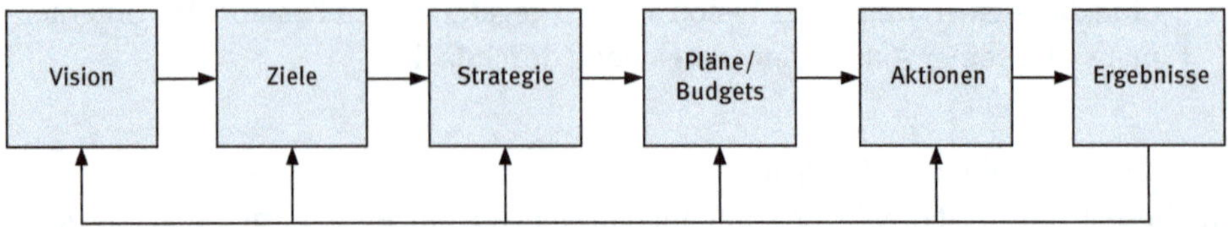

Abb. 3.8: Umsetzung der Vision

Schritt 6: Überprüfung der Vision

Die Vision und die Erfolge bei der Umsetzung sind regelmäßig zu überprüfen. Eine neue Vision muss dann entwickelt werden, wenn die bisherige Vision erreicht oder verwirklicht wurde oder wenn klar erkennbar wird, dass die vorhandene Vision nicht mehr verwirklicht werden kann. Massive Veränderungen (Markt, Technik, Wertschöpfungskette, Wettbewerbssituation oder Kundenbedürfnisse) können eine Vision obsolet werden lassen.

Kritik des Instruments

Die Financial Times Deutschland (o. V. 2010, S. 28) kritisiert die Vision in satirischer Form: „Vision, die, dt., Vorstellung, auf die Zukunft bezogen, Halluzination, Wahnvorstellung; Entwurf des Managements, wo das Unternehmen in *x* Jahren stehen soll. Damit die Belegschaft der V. folgt, wird die Realität partiell oder ganz ausgeblendet. Jede V. muss einen Namen haben, in dem eine Jahreszahl sowie ein englisches Wort vorkommen, und möglichst oft in Rundbriefen, Mitarbeiterversammlungen, Pressekonferenzen und Hauptversammlungen verbreitet werden. Merke: Falls Umsatz und Ergebnis nicht stimmen, schnell eine (neue) V. entwickeln."

Ciampa (2017) argumentiert, das viele CEO's keine überzeugende Vision entwickeln, weil sie die Vision mit der Strategie verwechseln, d. h. die Strategie wird in stark verkürzter Form, oft mit einem Slogan versehen, als Vision dargestellt. Seiner Ansicht kommt es bei der Entwicklung einer Vision aber darauf an, was die Mitarbeiter sehen, hören und fühlen nachdem die strategischen Veränderungen umgesetzt sind.

Für neue Unternehmen mit einem starken Unternehmer ist es meist einfacher als für reife, bereits etablierte Unternehmen, eine emotional ansprechende und bildhafte Vision zu entwerfen. Bei großen Unternehmen bilden Visionen und das, was das Unternehmen in Zukunft erreichen will, oft den kleinsten gemeinsamen Nenner, auf den sich die Unternehmensführung einigen kann. Solche Visionen enthalten häufig den Satz: „Wir wollen der führende Anbieter von … sein!" Solche Erklärungen sind wenig aussagekräftig, wenn sie nicht weiter spezifiziert werden. Die Formulierung eines einfachen, glaubhaften Unternehmenszwecks ist dann doch weitaus sinnvoller.

Die besondere Rolle der Unternehmensführung in der Entwicklung und Umsetzung einer Vision zeigt das Beispiel von Apple und Steve Jobs. Hier ist die Vision in hohem Maße geprägt von der Führungspersönlichkeit Steve Jobs. Eine schriftliche und veröffentlichte Vision von Apple ist nicht bekannt, auf der Homepage des Unternehmens werden Werte und Ziele in den Bereichen Zugänglichkeit der Produkte, Bildung, Umwelt, Inklusion und Diversität, Privatsphäre und Verantwortung der Zulieferer genannt (Apple 2018). Nach dem Tod von Steve Jobs hat sein Nachfolger, Tim Cook als CEO, auf einer Investorenkonferenz die folgenden Ausführungen gemacht, die als „Cook Doctrine" bekannt sind und vermutlich in Teilen einer Vision bzw. Mission von Apple am nächsten kommen.

Beispiel Die Cook-Doctrine: „Wir glauben, dass wir auf der Erde sind, um großartige Produkte herzustellen und das ändert sich nicht. Wir konzentrieren uns auf Innovationen. Wir glauben an das Einfache und nicht an das Komplexe. Wir glauben, dass wir die grundlegenden Technologien für unsere Produkte besitzen und kontrollieren müssen, und werden nur in Märkten aktiv, in denen wir einen wichtigen Beitrag leisten können. Wir glauben, dass wir besser nein zu Tausenden von Projekten sagen und uns auf einige Wenige konzentrieren, die wirklich wichtig und bedeutend sind. Wir glauben an die Zusammenarbeit und die gegenseitige Befruchtung unserer Arbeitsgruppen, die uns Innovationen ermöglichen, die andere nicht erreichen. Und offen gesagt, wir streben in jedem Bereich unseres Unternehmens nach nichts weniger als Höchstleistungen, und wir sind uns selbst gegenüber ehrlich genug, um zugeben zu können, dass wir uns geirrt haben, und wir haben den Mut zu Korrekturen. Und ich denke, dass diese Werte unabhängig von Personen und Funktionen so tief im Unternehmen verankert sind, dass Apple extrem gut arbeiten wird" (Tim Cook, zitiert von Lashinsky 2009, sinngemäße Übersetzung durch die Autoren).

Design, die Bedienerfreundlichkeit der Geräte sowie die Vorgabe von Standards (die dem Unternehmen die vollständige Kontrolle über Produkt und Produktumfeld sichern) sind wesentliche Elemente der Vision, ebenso wie die neuen Möglichkeiten der Kommunikation und Unterhaltung, die zu weitreichenden Änderungen des Kommunikationsverhaltens in der Gesellschaft geführt haben und führen werden. Auch ohne eine veröffentlichte Vision genießt Apple Kultstatus und gilt als ein Musterbeispiel für ein visionär geführtes Unternehmen.

Soll in einem Unternehmen die Vision als zentrales Führungsinstrument genutzt werden, muss sie auch intensiv gelebt werden. Dies hat große Auswirkungen auf die Führungskräfte- und Personalpolitik. Führungskräfte und Mitarbeiter müssen bereit sein, sich eindeutig mit der Vision zu identifizieren – wer dies nicht will, kann auf Dauer auch nicht in einem solchen Unternehmen bleiben. Collins (2001, S. 41) hat in diesem Zusammenhang den Satz geprägt: „... the right people on the bus (and the wrong people off the bus) ...". Visionäre Unternehmen laufen in solchen Fällen Gefahr, totalitäre Züge zu entwickeln.

Aufgrund ihrer bildhaften Kraft können Visionen auch negativ wirken. Die Suche nach Alternativen kann durch sie gelähmt werden oder Unternehmen beharren aufgrund einer starken Vision auf ungeeigneten Lösungen. Ein Beispiel dafür war die

BMW AG mit ihrer Vision „Clean Energy“ (Fasse 2009) mit Wasserstoffverbrennungsmotoren als Antrieb der Zukunft, Wegen seiner offensichtlichen Nachteile wurde dieses Konzept schließlich aufgeben, das Unternehmen verlor Zeit bei der Entwicklung von Hybrid- oder Elektroantrieben gegenüber den Konkurrenten. Visionen sind zumeist mit Risiken verbunden: Die Volkswagen AG (2019) will batteriegetriebenen Elektroautos weltweit zum Durchbruch verhelfen. Diese Vision wurde vom Verband der Automobilindustrie kritisiert (Germis/Preuss 2019). Wenn sich andere Technologien wie Brennstoffzellenantriebe durchsetzen oder große Mengen synthetische, strombasierte Kraftstoffe für die traditionellen Verbrennungsmotoren zur Verfügung stehen werden, würde sie in eine falsche Richtung führen. In diesem Fall erscheint das Risiko aber begrenzt, da die technischen Alternativen zu Batterien über die gesamte Wertschöpfungskette sehr viel schlechtere energetische Wirkungsgrade aufweisen (Frontier Economics 2018).

Ein wesentlicher Kritikpunkt bezieht sich auf die mangelnde Umsetzung von Visionen. Die Entwicklung und Formulierung einer Vision ist herausfordernd. Oft bleibt es dann aber bei der Deklaration; es folgen keine bzw. nur halbherzige Umsetzungsmaßnahmen. In einem solchen Fall verliert die Vision offensichtlich sehr schnell ihre richtunggebende und motivierende Kraft.

Strategische Bedeutung und Nutzen

Die Vision stellt für die Strategieentwicklung sozusagen einen Rahmen oder eine Vorsteuerung dar. Im Einzelnen erfüllt sie die folgenden Funktionen:

- Sie gibt dem Unternehmen eine klare Vorstellung, in welche Richtung es sich entwickeln soll und schafft damit eine grundlegende Orientierung für die Strategieentwicklung. Während des Entwicklungsprozesses für eine Vision entsteht ein gemeinsames Verständnis der Führungskräfte über die zukünftige Ausrichtung des Unternehmens.
- Die Vision unterstützt die Strategieimplementierung, weil aus der Vision konkrete Ziele für alle Unternehmensebenen entwickelt werden können (vgl. Abschn. 9.2.2 und 9.2.3). Als weiches Steuerungsinstrument kann eine Vision mit einem klaren und verständlichen Zukunftsbild Einzelentscheidungen bei der Strategieimplementierung in die richtige Richtung lenken.
- Die Vision wirkt sinnstiftend und motivierend unter der Voraussetzung, dass die Vision von den Führungskräften und den nachgeordneten Ebenen akzeptiert wird.

Den empirischen Nachweis des Nutzens einer Vision für den Unternehmenserfolg erbrachten Collins und Porras (2004) eindrucksvoll mit ihrer langfristig angelegten Untersuchung. Das Thema Vision gewinnt aufgrund seiner richtunggebenden Funktion heute vor dem Hintergrund agiler Strategien und Managementmethoden eine besondere Bedeutung. In den letzten Jahren wurden vermehrt Ansätze der agilen Softwareentwicklung zur Bearbeitung komplexer Problemstellungen in anderen Unternehmensbereichen (z. B. Produktentwicklung, Marketing oder strategische Themen) angewandt. Multidisziplinäre Teams, die den Prinzipien der Selbstorganisation folgen, nutzen agile Methoden (z. B. Scrum oder Sprint) und erarbeiten so schnell und ohne vorhergehende Detailplanungen schrittweise pragmatische Lösungen in Zusammenarbeit mit Kunden bzw. Nutzern. Agile Managementmethoden beinhalten die intensive Einbindung der Kunden, die Modularisierung der Problemstellung und eine hohe Fehlertoleranz. Sie eignen sich besonders dann, wenn die Veränderungsdynamik der Umwelt und die damit verbundenen Unsicherheiten groß sind. Der erfolgreiche Einsatz eines agilen Managements erfordert nicht nur eine Vision auf der Unternehmensebene, sondern auch auf der Produkt- bzw. Projektebene. Rigby et al. (2016) argumentieren, dass ein agiles Management nur möglich ist, wenn eine gemeinsame Vision die Arbeit der Teams, der Abteilungen und Funktionen auf ein gemeinsames Ziel ausrichtet.

Ähnliche Instrumente

Leitbild und Mission

Sie haben im Gegensatz zur zukunftsgerichteten Vision die Gegenwart im Auge. Aus dem Zweck des Unternehmens ergibt sich die Begründung für sein Handeln – Anpassungen und Veränderungen werden vorgenommen, um den Zweck des Unternehmens auch in Zukunft erfüllen zu können. Leitbild und Mission (vgl. Abschn. 3.3.1) vermitteln dem Unternehmen und seinen Mitarbeitern Sicherheit und Beständigkeit.

Überschneidungen mit anderen Instrumenten

Balanced Scorecard (BSC)

Die BSC bezieht ausdrücklich die Vision mit ein. Das BSC-System schafft ein logisches und umfassendes Implementierungssystem von der Vision über die Strategie bis zu Einzelmaßnahmen. Vision und Strategie liefern die Vorgaben, die in Ziele, Messgrößen, Prioritäten und konkrete Maßnahmen umzusetzen sind (vgl. Abschn. 9.2.2).

Change Management

Das Change-Management sieht starke Veränderungen in Unternehmen als einen kritischen Prozess, der auf Lernen, Kommunikation und Überzeugung, Führung und Organisation beruht. Die Vision ist dabei der Ausgangspunkt für Veränderungsprozesse und spielt eine wichtige Rolle in der Kommunikation, der Überzeugung und der Steuerung des Verhaltens der Führungskräfte und der Mitarbeiter (vgl. Abschn. 9.2.3).

Szenarioanalyse

Die Szenarioanalyse (vgl. Abschn. 7.2.5) entwirft aus erkennbaren Trends und aus Kombinationen jeweils unterschiedlicher Trendverläufe mögliche Zukunftsbilder –

also gesellschaftliche Visionen, die allerdings nicht immer erstrebenswert sind, sondern häufig negative Entwicklungen beschreiben. Das Handeln des Unternehmens kann ebenfalls als Trend beschrieben und in Beziehung zu anderen Trendverläufen gesetzt werden. So lassen sich Visionen des Unternehmens auf Vorteilhaftigkeit und Realisierbarkeit überprüfen.

3.3.2 Leitbild und Mission

„*We shall build good ships here – at a profit if we can – at a loss if we must – but always good ships*" (Newport News Shipbuilding 1886, zitiert in Wheelen/Hunger 2018, S. 49).

Leitbild und Mission beschreiben explizit den Zweck des Unternehmens, seine Tätigkeiten sowie seine grundlegenden Ziele und Werthaltungen. Sie kommunizieren gegenüber internen und externen Anspruchsgruppen, was vom Unternehmen zu erwarten ist und was nicht. Im Gegensatz zur Vision beziehen sich Leitbild und Mission immer auf den heutigen Zustand. Sie dienen als weiches Steuerungsinstrument für alle Unternehmensebenen, wenn Manager und Mitarbeiter ihr Handeln an einem akzeptierten Leitbild oder einer akzeptierten Mission ausrichten.

Beschreibung und theoretischer Hintergrund

Der grundlegende Unternehmenszweck als wesentliches Element der Unternehmenspolitik wird von den Eigentümern festgelegt. Gründer von Unternehmen haben hier in der Regel einen prägenden Einfluss, vor allem im Hinblick auf die ethischen Standards des Unternehmens und seine gesellschaftliche Verantwortung. In großen Publikumsgesellschaften definiert die Unternehmensverfassung (Corporate Governance) den Rahmen für die Festlegung und Veränderung des Unternehmenszwecks. Innerhalb dieses Rahmens versuchen die einzelnen Anspruchsgruppen des Unternehmens, auf der Basis ihres Machtpotenzials die Festlegung des Unternehmenszwecks zu beeinflussen.

Ein Unternehmensleitbild enthält für gewöhnlich fünf typische Bestandteile (Grünig/Kühn 2018):

- Eine Erklärung des Zwecks des Unternehmens und seines Selbstverständnisses.
- Die obersten Ziele und Werthaltungen.
- Eine Beschreibung der Tätigkeiten und der Bedürfnisse, die das Unternehmen befriedigen will.
- Aufgabenspezifische Grundsätze.
- Das Verhältnis zu bedeutenden Anspruchsgruppen des Unternehmens.

Die Aufzählung kann ergänzt werden durch eine Vision – die bildhafte Beschreibung der langfristigen Ziele des Unternehmens.

Ein Leitbild vermittelt den Führungskräften eine Orientierung. Seine gemeinsame Erarbeitung schafft den Konsens für eine breite Akzeptanz. Die grundlegende strategische Positionierung des Unternehmens im Leitbild mit seinen Werten und Zielen setzt sozusagen Leitplanken für die Strategieentwicklung und führt zu einer besseren Koordinierung der nachfolgenden Entscheidungen. Das Leitbild unterstützt die Implementierung der Strategie durch eine weiche Verhaltenssteuerung und stiftet Identität. Gleichzeitig informiert es die Anspruchsgruppen des Unternehmens darüber, welches Verhalten, welchen Nutzen und welche Leistungen sie erwarten können und trägt so dazu bei, Vertrauen in das Unternehmen aufzubauen.

Viele Unternehmen versuchen, den Unternehmenszweck in einem einzelnen griffigen Satz zusammen zu fassen, der durch eine umfassende Erklärung zum Unternehmenszweck (Mission Statement) ergänzt wird. Beispiele sind die Volkswagen AG (Autos) „Wir bewegen Menschen", Alnatura GmbH (Bio-Lebensmittelhandel) „Gut für Mensch und Umwelt", Google (Internet) „Die Informationen dieser Welt organisieren und allgemein zugänglich und nutzbar machen" oder die JUWI AG (erneuerbare Energien) „Die Energie ist da – dezentral und erneuerbar". Ob und welche Bestandteile eines Unternehmensleitbilds erarbeitet und schriftlich fixiert werden, handhaben die Unternehmen in der Praxis sehr unterschiedlich.

Praktische Anwendung

Ein Leitbild wurde oft von den Unternehmensgründern explizit oder implizit vorgegeben. Dessen Weiter- oder Neuentwicklung ist dann Aufgabe der Unternehmensführung, wobei nach den Erfahrungen in der Praxis eine ständige Rückkopplung mit den verschiedenen Unternehmensebenen im Sinne eines Top-down-/Bottom-up-Prozesses sinnvoll ist. Die Formulierung und Erarbeitung eines Leitbildes erfolgen am besten in einer Projektgruppe (Müller-Stewens/Lechner 2016). Für die praktische Erarbeitung eines Leitbilds haben sich die folgenden Schritte bewährt:

Schritt 1: Zielsetzung des Leitbilds

Was soll mit dem Leitbild erreicht werden? Typische Zielsetzungen sind: die Schaffung von Stabilität und Kontinuität im Unternehmen oder umgekehrt, die Unterstützung von Veränderungen, eine klare Positionierung im Vergleich zum Wettbewerb, eine gezielte Information der Anspruchsgruppen zur Schaffung von Vertrauen, die gezielte Beeinflussung der Unternehmenskultur und des Verhaltens von Führungskräften und Mitarbeitern.

Die Bestimmung der Themenbereiche in einem Leitbild ergibt sich aus den Spezifika der Branche und des Unternehmenszwecks. Dabei ist zu ermitteln, welche Probleme und Fragen die Adressaten heute und zukünftig beschäftigen werden und welche Entscheidungen das Unternehmen legitimieren und intern beeinflussen will – sowohl im Sinne eines Herbeiführens als auch eines Verhinderns. Daraus lässt sich dann im Einzelnen auch der erforderliche Detaillierungsgrad und Umfang des Leitbilds sowie die sprachliche Formulierung ableiten.

Das Leitbild ist nach Abschluss der strategischen Planung zu überprüfen. Aufgrund dieser Rückkopplung kann es notwendig werden, das Leitbild zu überarbeiten und anzupassen.

Schritt 2: Festlegung der Inhalte

Zweck und Selbstverständnis

Unternehmen erfüllen wirtschaftliche und sachliche Zwecke durch ihre Tätigkeit und ihr Angebot an Produkten und Dienstleistungen. Diese Zwecke sind kurz zu beschreiben. Für gemeinnützige Unternehmen steht die Aufgabe an sich im Vordergrund, die Wirtschaftlichkeit ist nur eine Nebenbedingung. Die genauere, engere oder weitere Beschreibung der Zwecke liefert erste Ansatzpunkte für das Selbstverständnis des Unternehmens. Sieht das Unternehmen sich als Produzent, Dienstleister oder Problemlöser? Das Selbstverständnis ergibt sich weiter aus der Bedeutung, die das Unternehmen diesen Zwecken zuschreibt, aus der Rolle, die es dabei einnimmt oder einnehmen will und wie es diese Zwecke erfüllen will.

Werthaltungen und Ziele

Werthaltungen sind normative Entscheidungen des Managements und der Eigentümer des Unternehmens. Sie werden zudem beeinflusst durch die Rechtsform des Unternehmens. So räumt bspw. eine Aktiengesellschaft dem Unternehmenswert bzw. der Gewinnausschüttung in der Regel eine hohe Priorität ein. Auch der Unternehmenszweck, das Branchenumfeld und allgemein die gesellschaftliche Entwicklung beeinflussen die Werthaltungen. Die Ziele ergeben sich dann üblicherweise aus den Werthaltungen und dem Unternehmenszweck. Doch können Ziele wie Wachstum gleichzeitig selbst eine Werthaltung darstellen, wenn ihnen über konkrete Pläne und Anlässe hinaus eine Rolle für das unternehmerische Selbstverständnis zukommt. Inhalte und Auswahl zentraler Unternehmenswerte geben Auskunft zum Selbstverständnis des Unternehmens und des von ihm zu erwartenden Verhaltens und beschreiben zentrale Elemente der Managementphilosophie des Unternehmens.

Folgende Bereiche sind für das Unternehmensleitbild relevant:

- Definition der Gewinnerzielungsabsicht, Bedeutung des Gewinns im Verhältnis zu anderen ökonomischen Größen wie Wachstum und Risiko, Umgang und Begrenzung von Risiken.
- Zeitliche Perspektiven des Unternehmens (bezogen auf seine Ziele).
- Bedeutung der Unabhängigkeit und des Erhalts des Unternehmens.
- Wem gegenüber trägt das Unternehmen Verantwortung und wofür (Eigentümer, Mitarbeiter, Branche, Standort, Gesellschaft, Umwelt)? Was für ein Menschen- und Gesellschaftsbild liegt der Tätigkeit des Unternehmens zugrunde?
- Wie wird die Gewinnerzielungsabsicht im Verhältnis zu anderen Zielen und Verpflichtungen gewichtet? Welche Ziele und Werte schränken die Gewinnerzielungsabsicht ein (soziale Ziele, Berücksichtigung ökologischer Ziele, Verhältnis zu Lieferanten und Kunden, Verhältnis zu Konkurrenten)?
- Branchenspezifische Werte wie Qualität, Ästhetik, Technologie.
- Werte der angestrebten internen Unternehmenskultur, z. B. Kontrolle und Führung.

Die Mitarbeiter müssen sich mit den Werten identifizieren können. Deshalb sind die Werte so konkret zu formulieren, dass sie Verhaltensstandards setzen. Nur wenn es den Mitarbeitern jederzeit möglich ist, zu erkennen, ob sie sich wertekonform verhalten oder nicht, ist eine weiche Verhaltenssteuerung zu erreichen.

Tätigkeiten des Unternehmens

Die Tätigkeiten zur Erfüllung des Zwecks werden über die angebotenen Produkte und Dienstleistungen, die angestrebte Stellung in der Wertschöpfungskette und die bearbeiteten Märkte und Kunden beschrieben. Oft ist es sinnvoll, die Tätigkeiten des Unternehmens an bestimmten Auswahlkriterien festzumachen – z. B. an den Bedürfnissen bestimmter Kundengruppen, Marktmerkmalen, der Technologie oder anderer Ressourcen oder Kompetenzen des Unternehmens. Sinnvoll sind überdies Angaben über die Besonderheiten und Leistungen des Angebots und die Unterscheidbarkeit des Angebots von der Konkurrenz. Wie positioniert sich das Unternehmen grundsätzlich im Markt?

Aufgabenspezifische Grundsätze

Aufgabenspezifische Grundsätze präzisieren die grundlegenden Werte bezogen auf das Tätigkeitsfeld und den Unternehmenszweck weiter, falls dies sinnvoll und notwendig erscheint. Dabei können Grundregeln formuliert werden, um die Beachtung der Kernwerte sicherzustellen. So stellen Unternehmen z. B. Grundsätze für Einkaufs- und Kontrollprozesse auf, um Korruption zu verhindern. Ein Unternehmen, das der Gesundheit der Mitarbeiter einen besonderen Wert zumisst, wird für die Produktion den Grundsatz aufstellen, stets die beste verfügbare Technik im Sinne des Arbeitsschutzes einzusetzen.

Verhältnis zu einzelnen Anspruchsgruppen

Das Unternehmen beschreibt die Bedeutung der einzelnen Anspruchsgruppen und sein Verhältnis zu ihnen. Die folgende Liste zeigt eine Auswahl von Anspruchsgruppen und von Definitionen des Verhältnisses zu ihnen. Sie betreffen einerseits das in Aussicht gestellte Verhalten des Unternehmens und andererseits das von diesen Gruppen oder Personen erwartete Verhalten:

- *Eigentümer/Anteilseigner:* Kontrollrechte und Einflussnahme, Gewinnausschüttung, gewünschte Eigentümer.
- *Kunden:* Maximierung Kosten/Nutzen oder partnerschaftliches Verhältnis, langfristige Kundenbeziehungen, Auswahlkriterien für die Kunden.
- *Lieferanten:* Maximierung Kosten/Nutzen oder partnerschaftliches Verhältnis, langfristige Lieferantenbeziehungen, Auswahlkriterien für die Lieferanten.
- *Staat:* Abwehrhaltung, politische Abstinenz/Neutralität, politische Aktivität in bestimmter Richtung, Unterstützung oder Unterordnung.

- *Führungskräfte und Mitarbeiter:* Kostenfaktor oder „wertvollstes Kapital“, Partizipation an Entscheidungen, Verantwortung des Unternehmens ihnen gegenüber, Auswahlkriterien für die Mitarbeiter und Führungskräfte (Dieser Punkt wird oft in zusätzlichen Führungsleitlinien oder Verhaltenskodizes für Mitarbeiter detailliert geregelt.).
- *Gewerkschaften:* Abwehrhaltung oder Kooperation.
- *Öffentlichkeit/Medien:* Verschlossenheit oder Transparenz.
- *Konkurrenten:* Fairer Wettbewerb, Absprachen, Kooperation.

Schritt 3: Formulierung des Leitbilds

Zwischen den Werten selbst, zur Mission und zur gültigen oder noch zu formulierenden Strategie dürfen keine grundlegenden, nicht aufzulösenden Widersprüche bestehen. Deshalb sind die verschiedenen Dimensionen des Leitbilds vor der endgültigen Formulierung auf Konsistenz zu prüfen. Zentrales Problem einer glaubwürdigen Erklärung eines Unternehmens zu seinen Werten ist der Umgang mit in der Praxis unausweichlichen Wertkonflikten, z. B. zwischen dem Umweltschutz (Kosten!) und den Gewinnzielen. Hier helfen klare Prioritäten oder Abwägungsregeln. Die allgemeinen Mechanismen für wertekonforme Entscheidungen müssen benannt werden.

Ein wirksames Leitbild muss möglichst konkret, eindeutig und für alle Adressaten verständlich formuliert sein. Ein typisches Leitbild besteht aus einer Präambel zum Anlass und zur Bedeutung, aus je einem Kernsatz zu mehreren zentralen Themenbereichen und einem erweiterten Leitbild, in dem die einzelnen Themenbereiche nochmals vertieft und erklärt werden (Müller-Stewens/Lechner 2016).

Beispiel: Tesla beschreibt in seinem Mission Statement von 2018 den Unternehmenszweck. Im Vordergrund steht die große Herausforderung etwas ganz Neues zu schaffen, das Maßstäbe im Hinblick auf ökologische, gesellschaftliche und wirtschaftliche Dimensionen setzt. Auf diese Weise soll ein hohes Wachstums- und Wertsteigerungspotenzial geschaffen werden.

„Tesla’s Mission ist die weltweite Umstellung auf nachhaltige Energie. Tesla wurde 2003 von einer Gruppe von Ingenieuren gegründet, die beweisen wollten, dass Menschen beim Fahren mit Elektroautos fahren keine Kompromisse eingehen müssen – dass diese besser, schneller und mit mehr Spaß gefahren werden können als Autos mit Benzinmotoren. Tesla baut heute nicht nur Elektroautos, sondern auch unbegrenzt anpassbare Produkte für die Erzeugung und Speicherung sauberer Energie. Tesla glaubt, dass es für die Welt besser ist, je früher man auf fossile Brennstoffe verzichtet und sich in eine Zukunft mit Null-Emissionen bewegt.

Um ein komplettes nachhaltiges Energiesystem zu schaffen, stellt Tesla ein einzigartiges Sortiment von Energielösungen her; Powerwall, Powerpack und Solardächer, die Hausbesitzern, Unternehmen und Energieversorgern das Management der Erzeugung, Speicherung und des Verbrauchs von erneuerbarer Energie ermöglichen. Die Gigafactory 1, eine Fabrik, die geplant wurde, um die Kosten von Batterien signifikant zu senken, unterstützt die Autos und Energieprodukte des Unternehmens. Durch die eigene Batterieherstellung kann Tesla die benötigten Stückzahlen für seine Produktion erreichen und schafft gleichzeitig Tausende von Arbeitsplätzen.

Und das ist nur der Anfang. Mit dem Bau seines bisher günstigsten Autos macht Tesla seine Produkte für immer mehr Menschen zugänglich und erschwinglich, dadurch beschleunigen wir die Einführung von sauberem Transport und sauberer Energieproduktion. Elektroautos, Batterien und Erzeugung und Speicherung erneuerbarer Energien gibt es schon unabhängig voneinander, aber die Kombination macht sie noch wirksamer – das ist die Zukunft, die wir wollen" (Tesla 2018, gekürzte, sinngemäße Übersetzung durch die Autoren).

Schritt 4: Kontrolle des Leitbildes

Die folgenden Fragen bilden wichtige Prüfsteine für ein wirksames Leitbild (Campell 1997):

1. Ist das Leitbild vom Führungsteam selbst erarbeitet worden?
2. Wird das Leitbild von den Mitarbeitern akzeptiert und verteidigt?
3. Ist das Leitbild konkret?
4. Ist das Leitbild allgemeingültig?
5. Bezieht sich das Leitbild auf einen langen Zeithorizont?
6. Findet das Leitbild seinen Niederschlag im Verhalten des Unternehmers und/oder der obersten Führungskräfte?
7. Lassen sich die Unternehmensgrundsätze an interne und externe Veränderungen anpassen?
8. Lässt sich die Einhaltung der Unternehmensgrundsätze überprüfen?
9. Fördert die Unternehmenspolitik den kritischen Diskurs?
10. Wird das Leitbild im Unternehmen ausreichend verbreitet?
11. Gibt es Aktionspläne zur Implementierung und einen Durchhaltewillen des Managements?

Schritt 5: Umsetzung des Leitbildes

Ein Leitbild braucht eine gezielte Umsetzung, soll es nicht abstrakt und wirkungslos bleiben. Doch schon eine partizipierende Erarbeitung des Leitbilds ist der erste Schritt zur Implementierung und führt zu den notwendigen Lernprozessen (Bleicher 1994). Ist das Leitbild erarbeitet und formuliert, wird es – ausgehend von der Projektgruppe – über Multiplikatoren in das Unternehmen hineingetragen. Die Unternehmensführung wird das neue Leitbild üblicherweise in einer Auftaktveranstaltung, z. B. Betriebsversammlung, vorstellen. Außerdem sind gezielte Veranstaltungen zu einzelnen Aspekten wie z. B. Führungsgrundsätze oder Verhaltensgrundsätze für Mitarbeiter, zur Vertiefung einzelner wichtiger Themen und zum Lernen erforderlich. Eine Konkretisierung des Leitbildes kann dabei anhand von realen oder illustrativen Fallbeispielen aus dem Unternehmensalltag erfolgen.

Das Leitbild wird außerdem Bestandteil des Einstellungstrainings und sollte in die Weiterbildungsveranstaltungen einbezogen werden. Und da die Aktivitäten und Verhaltensweisen der Unternehmensführung für die gesamte Organisation einen hohen Symbolcharakter haben, müssen gerade Spitzenführungskräfte im Alltag ein vorbildliches und leitliniengerechtes Verhalten zeigen. Speziell für die Verhaltensrichtlinien kann ein Ombudsmann für Beschwerden eingerichtet werden (Bleicher 1994). Mitarbeiter und Führungskräfte dürfen und sollen sich, vor allem bei wichtigen Entscheidungen, immer auf das Leitbild beziehen. Seine Befolgung muss belohnt werden, Verstöße hingegen müssen negative Konsequenzen nach sich ziehen.

Beispiel: „Auf der Basis des Leitbilds für die REWE Gruppe haben die strategischen Geschäftseinheiten spezifische eigene Visionen und Leitsätze erarbeitet. Dabei haben sich alle Einheiten an der Vision der REWE Group „Die beste Leistung – für Kunden, Kaufleute, Mitarbeiter" orientiert und Alternativen entwickelt, die auf die Bedürfnisse der jeweiligen Vertriebslinie zugeschnitten sind. Darüber hinaus sind Leitbild und Umsetzungsmöglichkeiten fester Bestandteil der Seminare für Führungskräfte und werden verstärkt im Entwicklungsprogramm des Managementnachwuchses thematisiert" (REWE 2018).

In größeren Abständen ist zu überprüfen, ob das Leitbild noch der Entwicklung des Unternehmens und seiner Umwelt entspricht. Gegebenenfalls muss es angepasst oder aufgegeben oder ein neues Leitbild erstellt werden.

Kritik des Instruments

Die schriftliche Fixierung des Unternehmensleitbilds führt zum Verlust von Flexibilität und einer möglicherweise zu starken Beschäftigung mit Formulierungen statt Inhalten und kann zudem Firmengeheimnisse preisgeben (Bleicher 1994). Ein Leitbild ist für ein Unternehmen nicht unbedingt notwendig, die Strategieplanung kann auch ohne eine solche normative Basis erfolgen. Dies gilt natürlich erst recht, wenn Strategien in einem Erfahrungs- und Lernprozess entstehen (vgl. Abschn. 1.4.2).

Viele Unternehmensleitbilder sind in einer formelhaften PR-Sprache abgefasst, nichtssagend und deshalb unglaubwürdig (Beispiele bei Stewart 1996). Sie enthalten oft auch Selbstverständlichkeiten (z. B. zur Einhaltung von Menschenrechten) oder dienen nur der Absicherung des Managements, wenn die Einhaltung von Vorschriften und Anweisungen gefordert wird. Auch werden offensichtliche Zielkonflikte nicht ausreichend reflektiert. Dies gilt bspw. für die mitarbeiterbezogenen Werthaltungen, die gegenüber Gewinnzielen nicht abgewogen werden, oder für das neue gesellschaftliche Leitbild einer nachhaltigen Entwicklung, bei dem die Forderung nach einer nachhaltigen gesellschaftlichen ökonomischen Entwicklung fälschlicherweise mit der wirtschaftlichen Entwicklung des Einzelunternehmens gleichgesetzt wird.

Empirische Erhebungen weisen auf häufig unrealistische oder schwammige Ziele, eine fehlende Kongruenz zwischen Leitbild und Unternehmen, Defizite bei der Umsetzung und eine mangelnde Akzeptanz bei Mitarbeitern aufgrund fehlender Partizipation bei der Erstellung hin (Müller-Stewens/Lechner 2016). Allzu offensichtliche Diskrepanzen zwischen Leitbildern und Unternehmensrealität oder den Entscheidungen des Managements konterkarieren die intendierte Wirkung der Instrumente: Zusätzliche Verluste an Vertrauen und Motivation sind die Folge. Wenn es dem Management allerdings gelingt, derartige Diskrepanzen offen zu kommunizieren, anzuerkennen und durch entschlossenes Handeln aufzulösen, kann dadurch das Vertrauen in das Unternehmen besonders gestärkt werden.

Beispiel: Mercedes-Benz kommunizierte sehr effizient, als bei einem Autotest die neue A-Klasse ins Schleudern geriet und umkippte („Elchtest"). Die Öffentlichkeit nahm die offene Kommunikation und schnelle Reaktion des Herstellers sehr positiv auf. Dagegen gelang es dem Unternehmen Toyota bei seinen echten und vermeintlichen Qualitätsproblemen im Jahr 2010 nicht so recht, das Vertrauen in das Unternehmen aufrechtzuerhalten.

Besonders ehrgeizig formulierte Unternehmensziele hinsichtlich Gewinn, Rendite oder Shareholder Value in Mission und Vision können dagegen heftige Kritik bei Kunden und in der Gesellschaft hervorrufen. Dies erlebte der frühere Vorstandsvorsitzende der Deutschen Bank mit der von ihm propagierten und zeitweise realisierten Zielsetzung einer Eigenkapitalrendite von 25 % (Spiegel-online 2009). Es ist allerdings gut denkbar, dass diese Zielsetzung in der Unternehmenskultur der Finanzindustrie nach wie vor eine erhebliche Motivationskraft ausübt (Goffee/Jones 1997).

Generell sind formale Unternehmensziele bezüglich ihrer internen Motivationswirkung kritisch zu hinterfragen. Viele Unternehmen, die hinsichtlich Gewinnerzielung und Schaffung von Shareholder Value außerordentlich erfolgreich waren und sind, haben diese Ziele hintenan gestellt zugunsten der Formulierung eines Unternehmenszwecks, der sich an technischen Errungenschaften, Kundenzufriedenheit oder sozialem Wandel orientiert. Umgekehrt gilt, dass viele der Unternehmen, die sich am resolutesten der Rentabilität und dem Shareholder Value verschrieben hatten, mittel- und langfristig erhebliche Ertrags- und Existenzprobleme hatten (Grant 2019).

Diese Kritikpunkte legen nahe, dass ein Unternehmen ein vollständiges oder partielles Leitbild nur erstellen sollte, wenn die damit verbundenen Ziele und Möglichkeiten ausreichend klar definiert werden können. Das Unternehmen muss gewillt sein, sie auch zu verwirklichen und eine zu große Diskrepanz zur Unternehmensrealität zu vermeiden.

Strategische Bedeutung und Nutzen

Mit einem Unternehmensleitbild wird ein zentrales Führungsdokument geschaffen, das ein klar definierter Ausgangspunkt für die strategische Planung ist und die folgende Entwicklung und Umsetzung der Strategie unterstützt. Es handelt sich um ein weiches Steuerungsinstrument, die Unternehmensführung kann damit eine gemeinsame Ausrichtung erreichen und den internen Koordinations- und Kontrollaufwand verringern. Das Leitbild wird zum Prüfstein für strategische Optionen – passen sie zum Unternehmen und dessen Unternehmenskultur? Gleichzeitig ermöglicht es ein frühzeitiges Erkennen von Veränderungsbedarfen. Die weitere Strategieentwicklung hat eine gemeinsame Grundlage, die nicht erst erarbeitet werden muss. Einzelfragen können schneller geklärt werden.

Das Leitbild liefert den Rahmen für schnelle und dezentrale Entscheidungen, um so ohne direkte Anweisungen ein grundsätzlich strategiekonformes, flexibles Handeln zu erreichen. „It's the ideas of a business that are controlling, not the manager in authority" (Haas 1990, S. 135). Die schriftliche Fixierung eines Leitbilds zwingt das Management zu präziserem Nachdenken, sie aktiviert das Problembewusstsein, macht die Normen verbindlicher und beständiger und erleichtert die Kommunikation (Bleicher 1994).

Das Leitbild unterstützt intern und extern die Kommunikation und Erklärung der Strategie. Deren Überzeugungskraft ergibt sich aus der direkten Ableitung aus der Vision, dem eindeutigen Zusammenhang zur Mission und der Konformität zu den Werten des Unternehmens. Das Leitbild formuliert diese Zwecksetzung und kann damit als Überzeugungs- und Motivationsinstrument für die Strategien wirken, die erkennbar aus dem Unternehmenszweck und der Vision abgeleitet wurden. Eine Erklärung zu den Werten der Organisation und ihrer Mitglieder begründet deren Handeln und macht es erklärbar und berechenbar. Bei erkennbarer Einhaltung der Werte wird intern und extern Vertrauen geschaffen und damit die Umsetzung von Strategien erleichtert.

Ähnliche Instrumente

Corporate Identity

Das Konzept der Corporate Identity zielt darauf ab, ein Unternehmen wiedererkennbar und unverwechselbar zu machen, ihm eine eigene Identität zu geben. Dabei spielt die Unternehmenskultur, vor allem deren äußere Zeichen wie Design, Kleidung, Klänge, Logos, Marken etc., eine entscheidende Rolle (Kiessling/Babel 2010).

Überschneidungen mit anderen Instrumenten

Stakeholder-Analyse

Mit der Stakeholder-Analyse (vgl. Abschn. 5.2.3) können wichtige Anspruchsgruppen, ihre Interessen und Einflussmöglichkeiten identifiziert werden. Das Leitbild sollte diese Ergebnisse berücksichtigen und Auskunft darüber geben, welche Gruppen und Interessen das Unternehmen berücksichtigen und wie es die Balance zwischen unterschiedlichen Interessen herstellen will.

Vision

Die Vision (vgl. Abschn. 3.3.1) ist ein Bestandteil des Leitbilds, der die Zukunft des Unternehmens und seine langfristigen Ziele anschaulich beschreibt und damit ergänzend zu den Werten und dem Unternehmenszweck eine Orientierung über die zukünftige Unternehmensrichtung und eventuelle Veränderungen.

4 Die SWOT-Analyse als methodischer Rahmen

„Wer zu einer klaren Bestandsaufnahme kommen will, wägt eine Reihe von Voraussetzungen ab, indem er fragt:
Welcher Herrscher hat die Moral auf seiner Seite?
Welcher Feldherr gebietet über die größeren Fähigkeiten?
Für wen sprechen Klima und Gelände?
Wer setzt die Befehle und Gesetze durch?
Wer gebietet über die stärkeren Truppen?
Wessen Offiziere und Mannschaften sind besser ausgebildet?
Auf welcher Seite sind Lohn und Strafe einsichtiger geregelt?
Daran erkenne ich den Sieger und den Verlierer" (Sun Tsu 2009, S.11; Original 5. Jh. v. Ch.).

Die **SWOT**-Analyse untersucht interne Stärken (**S**trengths) und Schwächen (**W**eaknesses) des Unternehmens und externe Chancen (**O**pportunities) und Bedrohungen (**T**hreats) aus der Unternehmensumwelt qualitativ und stellt sie einander gegenüber. Sie kann zu Beginn des strategischen Prozesses bei der Analyse der Ausgangslage genutzt werden, weiter bei der Entwicklung strategischer Optionen und schließlich zur Bewertung dieser Optionen und der daraus folgenden Strategieimplementierung. Aufgrund der vielfältigen Einsatzmöglichkeiten und des umfassenden Ansatzes ist die SWOT-Analyse das bekannteste analytische Rahmenkonzept für die strategische Planung in Unternehmen, gleichzeitig aber auch eines der am stärksten kritisierten Konzepte.

4.1 Überblick

Die SWOT-Analyse entspricht dem strategischen Fit-Konzept, demzufolge der Erfolg dort zu suchen ist, wo das Unternehmen auf Basis seiner eigenen Fähigkeiten in Übereinstimmung mit den Anforderungen der Umwelt agieren kann (Ansoff 1965). Sie verknüpft den ressourcenorientierten mit dem marktorientierten Strategieansatz. Die SWOT-Analyse macht im Vergleich zu anderen Analyseinstrumenten keine detaillierten Vorgaben zum Vorgehen, sondern liefert lediglich einen Rahmen. Heute stehen für die einzelnen Analysen weiterentwickelte Instrumente (vgl. Kapitel 5 und 6) zur Verfügung, deren Ergebnisse in der SWOT-Darstellung (Tab. 4.1) übersichtlich zusammengefasst werden können.

Tab. 4.1: SWOT-Analyse im Überblick

	Externe Chancen (Opportunities)	**Externe Bedrohungen (Threats)**
Interne Stärken (Strengths)	Stärken nutzen, um Chancen zu ergreifen (SO)	Stärken nutzen, um Bedrohungen abzuwehren (ST)
Interne Schwächen (Weaknesses)	Schwächen ausgleichen, um Chancen nutzen zu können (WO)	Schwächen ausgleichen, um Bedrohungen abwehren zu können (WT)

https://doi.org/10.1515/9783110579567-004

Die SWOT-Analyse stammt aus Forschungsarbeiten am SRI (Stanford Research Institute) in der Zeit von 1960–1970. Die Forschung wurde finanziert von Fortune-500-Unternehmen, um herauszufinden, was in der Unternehmensplanung schiefgelaufen war und um ein neues System zum Management des Wandels zu entwickeln (Humphrey 2005). Aus den Fragen „Was ist gut oder schlecht an den Aktivitäten des Unternehmens? Was ist gut oder schlecht an der Gegenwart und der Zukunft?" hat sich die SWOT-Analyse entwickelt. Andere Quellen schreiben die Entwicklung der SWOT-Analyse hingegen der Harvard Business School zu, wo in den frühen 1960er Jahren Fallstudien mit dem Fokus auf internen Stärken und Schwächen und deren Bedeutung für Chancen und Bedrohungen aus der Unternehmensumwelt diskutiert wurden (Panagiotou 2003 und Welge et al. 2017). In Lehrbüchern zum strategischen Management wird der SWOT-Ansatz ab dem Jahr 1965 verwendet (z. B. Learned et al. 1965).

Weihrich (1982) schlug für ein systematisches Vorgehen bei der SWOT-Analyse zunächst die Erstellung eines Unternehmensprofils als Rahmen vor. Es beschreibt das Geschäft des Unternehmens, dessen geografische Ausdehnung, die Betriebsabläufe und die Orientierung des Topmanagements. Intern werden die folgenden Faktoren geprüft: Management und Organisation, Betriebsabläufe, Finanzen, Marketing und andere Faktoren. Extern werden ökonomische, soziale, politische, demografische, produktbezogene, technologische und markt- sowie wettbewerbsbezogene Faktoren analysiert.

In diesem Kapitel wird die SWOT-Analyse in drei Phasen vorgestellt:

- Analyse und Bewertung der Ausgangssituation: SWOT-Analyse.
- Entwicklung von strategischen Optionen und Strategieformulierung: SWOT-Normstrategien (TOWS-Matrix).
- Bewertung der Strategieoptionen und Strategieauswahl: Quantitative Strategische Planungs-Matrix (QSPM).

Die SWOT-Analyse eignet sich vor allem für Situationen, in denen eine grundlegende Bestandsaufnahme und Neuorientierung des Unternehmens notwendig ist – z. B. wenn ein Unternehmen erstmals bewusst strategisch zu planen beginnt, wenn eine vorhandene strategische Planung substanziell überarbeitet werden soll oder wenn starke interne und externe Veränderungen eintreten oder zu erwarten sind.

4.2 SWOT-Instrumente

4.2.1 Analyse und Bewertung der Ausgangssituation (SWOT)

Mit einer SWOT-Analyse wird ein vereinfachtes, aggregiertes Bild der Unternehmenssituation erstellt. Die internen Faktoren werden mit denen der Wettbewerber verglichen. Deutliche Unterschiede zum Branchendurchschnitt werden als Stärken oder Schwächen bezeichnet und stehen im Vordergrund. Bei den externen Faktoren sind die Veränderungen der Unternehmensumwelt von Bedeutung, die entweder als Chancen oder als Bedrohungen bewertet werden.

Beschreibung und theoretischer Hintergrund

Die SWOT-Analyse begründet den Unternehmenserfolg durch eine gezielte Nutzung und Förderung der unternehmensinternen Stärken und durch eine erfolgreiche Kompensation der unternehmensinternen Schwächen in Relation zu den Anforderungen der Umwelt. Die Besonderheiten des Unternehmens, seine Stärken und Schwächen ergeben sich in der SWOT-Analyse aus dem Vergleich mit Konkurrenten. Dies unterscheidet die SWOT-Analyse von der Ressourcenanalyse (vgl. Abschn. 6.2.2), die von generell notwendigen Attributen für den Erfolg in der Branche ausgeht, sowie von der Analyse der Wertkette (vgl. Abschn. 6.2.3), die direkt einzelne wertschaffende Aktivitäten identifiziert. Damit ist der SWOT-Ansatz zum einen sehr viel breiter, zum anderen aber weniger gezielt. Unterschiede zu den Wettbewerbern werden zunächst ohne einen kausalen Zusammenhang zum Unternehmenserfolg ermittelt und bewertet. Ob diese Stärken oder Schwächen erfolgsrelevant sind, spielt zunächst keine Rolle. Zudem bezieht die SWOT-Analyse ähnlich wie das 7-S-System auch allgemeine und weiche Faktoren mit ein (vgl. Abschn. 3.2.1).

Die SWOT-Analyse bietet für die Analyse der externen Unternehmensumwelt keine eigene Methode, sondern nur allgemeine Themen als Ansatzpunkte. Veränderungen und Trends werden aufgespürt, unmittelbar bewertet und als Chancen oder Bedrohungen eingestuft. Dabei hat sich als Standardvorgehen eine Unterteilung in die allgemeine Unternehmensumwelt (Makroumwelt) und die engere Branchenumwelt durchgesetzt. Für die allgemeine Unternehmensumwelt steht der PEST-Rahmen zur Verfügung, in dem politische, ökonomische, sozio-kulturelle und technologische Trends untersucht werden (vgl. Abschn. 5.2.1). Andere Autoren schlagen den Einsatz der Szenariomethode vor (Dyson 2007). Die Trends in der Unternehmensumwelt können aber auch indirekt durch eine Stakeholder-Analyse (vgl. Abschn. 5.2.3) ermittelt werden. Für die branchenbezogene Analyse der Wettbewerbssituation bietet sich die 5-Kräfte-Analyse von Porter (vgl. Abschn. 5.2.4) oder eine gezielte Wettbewerberanalyse an.

Die Bewertung interner Eigenschaften als Stärken oder Schwächen und externer Trends als Chancen oder Bedrohungen ist in der Realität meist nicht eindeutig – die Bewertung kann in unterschiedlichen Kontexten abweichen. Zudem können Faktoren voneinander abhängig sein oder eine gemeinsame Ursache haben. Dies führt regelmäßig zu Konfusionen. Das liegt am dualistischen Ansatz der SWOT-Analyse – deshalb ist dieses Problem bis zu einem gewissen Grad unvermeidlich. Die Anwender müssen sich also klar darüber sein und damit leben, dass in der Realität die einzelnen Faktoren ambivalent sein können.

Praktische Anwendung

Vorbereitende Maßnahmen

In Unternehmen ist es meist sinnvoll, die SWOT-Analyse mit einem Team von Managern aus verschiedenen Ebenen und Funktionen durchzuführen, um unterschiedliche

Sichtweisen und Perspektiven zu berücksichtigen. Nach Stevenson (1976) konzentriert sich das Topmanagement dabei auf finanzielle, personelle und organisatorische Fragen sowie die Führung von Geschäftsbereichen, das mittlere Management eher auf die Themen Marketing und Finanzen und die unteren Managementebenen auf das Marketing und die Technik. Wenn Glaubenssätze über etablierte Praktiken und Rollen im Unternehmen infrage gestellt, unliebsame Fakten aufgedeckt und Leistungen in einzelnen Bereichen angezweifelt werden müssen (Brownlie 1989), können die Diskussionen über die interne Analyse sehr emotional werden. Damit kann eine heterogen zusammengesetzte Gruppe besser umgehen.

Mit der SWOT-Analyse als erstem Schritt des Strategieprozesses sollen die vorhandenen Informationen über das Unternehmen zusammengefasst und bewertet werden. Typische Daten und Informationsgrundlagen wie Branchenberichte, Marktanalysen, Marktforschungsberichte, eigene und fremde Geschäftsberichte, eigene Analysen und die externe Berichterstattung über das Unternehmen, seine Konkurrenten und die Branche insgesamt sind deshalb vorab zusammenzustellen und allen Beteiligten zugänglich zu machen.

Schritt 1: Festlegung und Beschreibung des Analysegegenstands

Zuerst ist der Untersuchungsgegenstand genau zu definieren. Handelt es sich um das ganze Unternehmen oder um eine strategische Geschäftseinheit (SGE)? Die Methode kann auch nur auf einzelne Funktionsbereiche angewendet werden. Darüber hinaus wird die zeitliche Perspektive der Analyse festgelegt.

Das Unternehmen wird zuerst mit Hilfe der folgenden Kriterien genauer beschrieben: Geschäftsmodell, Produkte und Dienstleistungen, Kunden, Kundenwünsche, grundlegende quantitative Kenn- und Ergebnisgrößen, geografische Ausdehnung, Betriebsabläufe, gegenwärtige Zielsetzungen, Beurteilung der Leistung und abschließend die Entwicklung und Veränderungen in den letzten Jahren. Weiter sind die organisatorischen Strukturen, die grundlegenden Werte des Topmanagements und die Grundzüge der Unternehmenskultur zu skizzieren. Die Konkurrenzsituation wird mit dem Marktanteil und den Schlüsselerfolgsfaktoren (z. B. Preis, Qualität, Service, Produktinnovation, Produktion, Standorte, Vertriebs- und Distributionssysteme) beschrieben.

Schritt 2: Analyse der externen Umwelt: Chancen und Bedrohungen

Hierbei werden Trends und Entwicklungen in der Unternehmensumwelt ermittelt. In der allgemeinen Unternehmensumwelt sind ökonomische, politische und demografische Trends aufzuspüren. Dieser Vorschlag entspricht weitgehend dem Vorgehen bei der später entwickelten PEST-Analyse (vgl. Abschn. 5.2.1). In der engeren Unternehmensumwelt stehen produktbezogene und technologische Entwicklungen im Fokus. Die Analyse endet mit der Untersuchung der Veränderungen des Marktes, des erwarteten Verhaltens bisheriger und potenzieller neuer Wettbewerber sowie von Veränderungen bei Lieferanten und Kunden (Weihrich 1982).

Die ermittelten Trends können meistens unmittelbar als Chancen oder als Bedrohungen für das Unternehmen eingestuft werden. Sinnvoll ist das Setzen von Prioritäten oder eine Bewertung der Bedeutung der erkannten Trends (z. B. als Prozentanteil; alle Trends zusammen ergeben 100 %). Die weitere Diskussion beschränkt sich auf die wichtigsten externen Faktoren. Wheelen und Hunger (2018) schlagen eine Begrenzung auf 8–10 Faktoren vor.

Wichtig: Chancen und Bedrohungen ergeben sich stets aus der Unternehmensumwelt und dürfen nicht mit Handlungsmöglichkeiten des Unternehmens verwechselt werden. Diese werden erst im nächsten Schritt aus der Kombination von Stärken und Schwächen mit den Chancen und Bedrohungen (TOWS-Matrix) abgeleitet.

Schritt 3: Interne Analyse des Unternehmens: Stärken und Schwächen

Für die interne Analyse im Rahmen der SWOT-Analyse werden Checklisten für eine systematische Prüfung entwickelt. Eine Übersicht über wichtige zu analysierende Themen wird in Tab. 4.2 gegeben. Die Einschätzung der Stärke oder Schwäche des eigenen Unternehmens ist oft stark subjektiv geprägt. Der Maßstab für die untersuchten Eigenschaften ist deshalb der Branchendurchschnitt (Welge et al. 2017). Ist ein Unternehmen bei einem Faktor deutlich besser als der Branchendurchschnitt, dann weist es dort eine Stärke auf; ist es schlechter, eine Schwäche.

Zur Überprüfung der eigenen Einschätzungen gibt es mehrere Möglichkeiten:

- Die Faktoren soweit wie möglich auf harte Fakten und messbare Kennzahlen stützen.
- Die Sichtweise von neutralen oder externen Unternehmenskennern mit in die Analyse einbeziehen.
- Die Faktoren mit denen der wichtigsten Wettbewerber vergleichen.
- Die Relevanz von Stärken und Schwächen durch einen Vergleich mit den Schlüsselerfolgsfaktoren (vgl. Abschn. 5.2.9) der Branche beurteilen.

Stärken und Schwächen können weiter durch die Auswertung von Projekten und Initiativen der Vergangenheit ermittelt werden. Die Analyse früherer Erfolge oder Misserfolge kann Auskunft über (damals) vorhandene Stärken und Schwächen geben. Bei den Stärken und Schwächen ist nicht allein der derzeitige Zustand zu diskutieren, sondern auch die Dynamik der Entwicklung in der Vergangenheit sowie die geplante oder erwartete Entwicklung. Bei den internen Faktoren sollte ebenfalls die weitere Diskussion auf die wichtigsten Faktoren beschränkt werden.

Schritt 4: Zusammenfassung der Ergebnisse

In Form einer Liste werden die wichtigsten internen Stärken und Schwächen sowie die externen Chancen und Bedrohungen aufgeführt. Zusätzlich können erkannte gegen-

Tab. 4.2: Checkliste für Stärken und Schwächen eines Unternehmens (Quelle: Zusammenstellung aus Brownlie 1989, Grant 2019, Grünig/Kühn 2018, Hinterhuber 2015 und Welge et al. 2017)

Bereich/ Kriterium	Ergebnisse und Qualität	Ressourcen und Kosten	Zeit und Flexibilität
Unternehmen allgemein	– Reputation des Unternehmens gegenüber verschiedenen Anspruchsgruppen – Mix des Leistungsangebotes – Vertikale oder horizontale Integration und Synergie-Effekte – Wachstum	– Übergreifende Kernkompetenzen	– Reaktionsfähigkeit des Unternehmens auf neue Entwicklungen – Kooperationsfähigkeit
Forschung und Entwicklung (F&E)	– Patente, Innovationen, neue Produkte, neue Prozesse – Einnahmen aus Patenten, Lizenzen etc. – Neuprodukte	– F&E-Einrichtungen, Standorte, Ausstattung – F&E-Aufwand – F&E-Personal (Zahl und Qualität)	– Entwicklungsdauer, Kooperationen – Technologische Prognosefähigkeiten
Einkauf und Logistik	– Lieferantenbasis – Umschlagshäufigkeit – Lieferfähigkeit – Lieferzuverlässigkeit – Attraktivität für Lieferanten – Eigene Rohmaterialressourcen	– Beschaffungskosten – Lagerkosten – Kapitalbindung – Logistikkosten – Fehlmengenkosten	– Lieferzeit – Lieferflexibilität – Kontrolle der Bestände
Produktion	– Prozessqualität – Technologie – Know-how – Produktivität – Umweltfreundlichkeit – Ressourcenbedarf – Kapazitäten – Kapazitätsnutzung	– Produktionseinrichtungen, Standorte, Ausstattung, Automatisierung, Integration – Technologie – Skaleneffekte – Produktionskosten – Investitionen – Abschreibungen	– Durchlaufzeiten – Mengenflexibilität – Flexibilität im Hinblick auf Qualität und Produktvarianten
Marketing	– Marktanteil – Kundenzufriedenheit – Wiederkäufer – Marktkenntnis – Externes Rating – Produktimage – Markentreue	– Standorte Vertrieb – Standorte Lager – Standorte Service – Marktforschung – Vertriebs- und Werbeaufwand – Marken – Preisstrategie	– Lieferfähigkeit – Lieferflexibilität

Tab. 4.2: (Fortsetzung)

Bereich/ Kriterium	**Ergebnisse und Qualität**	**Ressourcen und Kosten**	**Zeit und Flexibilität**
Produkt/ Dienstleistungen	– Produktqualität – Breite/Tiefe der Produktlinie – Design – Technische Leistungsfähigkeit – Service	– Produktstückkosten – Kosten kundenspezifischer Produkte – Kosten über den gesamten Lebenszyklus des Produkts – Preis-/Leistungsverhältnis	– Anteil neuer Produkte – Produktlebenszyklus – Flexibilität gegenüber Kundenwünschen
Organisation und Management	– Unternehmenskultur – Werteorientierung – Synergien in der Organisation – Beziehungen zu Anspruchsgruppen – Qualität der Unternehmensverfassung – Interessen und Fähigkeiten des Topmanagements – Verhältnis des Managements zu den Mitarbeitern	– Managementsysteme – Zertifizierungen – Managementkapazität – I+K-Systeme – Managementkosten – Overhead	– Flexibilität – Fähigkeit zur Selbstorganisation – Lernfähigkeit – Teamarbeit/Gruppenarbeit
Finanzen und Controlling	– Eigenkapital – Gewinn – Rendite – Cashflow – Aktienkurs – Dividenden	– Systeme für Cashflow-Management, Finanzprognosen und Rechnungswesen – Kapitalkosten – Controllingkosten – Bestandsbewertung	– Liquidität – Verschuldung – Zugriff auf unterschiedliche Finanzierungen – Kreditbeurteilungen
Personal	– Motivation – Zufriedenheit – Qualifikation – Betriebsklima – Attraktivität für neue Mitarbeiter – Fluktuationsrate – Produktivität	– Personalstruktur – Fehlquote – Anreizsysteme – Personalkosten – Weiterbildungsaufwand	– Entwicklungsfähigkeit – Flexibilität der Mitarbeiter – Zeitbedarf für Personalanpassungen

seitige Abhängigkeiten dargestellt werden. Am Ende stehen eine zusammenfassende Darstellung der gegenwärtigen Gesamtsituation und deren Veränderung im Hinblick auf die Zukunft des Unternehmens. Noch ist es zu früh, Handlungsempfehlungen zu geben.

Kritik des Instruments

Methodik

Die SWOT-Analyse ist als Rahmenkonzept methodisch schwach ausgeprägt. Die Auswahl der Einflussfaktoren bleibt unklar; es kann zu ungleichgewichtigen Bewertungen und letztendlich zu Widersprüchen kommen. Wird rein qualitativ gearbeitet, können ungeprüfte Annahmen und Meinungen leicht zu falschen Ergebnissen führen. Betriebsblindheit kann zu einer zu frühen Fixierung auf Einzelaspekte in der Analyse und Strategieformulierung führen. Andererseits ist die SWOT-Analyse gerade aufgrund der schwachen methodischen Ausprägung ziemlich flexibel; sie lässt sich sowohl mehr informell und intuitiv als auch mehr analytisch und formal durchführen und an die Anforderungen der Unternehmenssituation und der Beteiligten anpassen.

Ein grundsätzliches Problem der SWOT-Analyse ist die Mehrdeutigkeit der Faktoren. Manche Strategieexperten entwickeln Methoden zur genaueren Bewertung dessen, ob ein Faktor als eine Stärke oder Schwäche bzw. als eine Chance oder Bedrohung einzustufen ist (z. B. Jacobs et al. 1998, Koch 2000 und Grant 2019).

Die SWOT-Analyse geht davon aus, dass internen und externen Faktoren die gleiche Bedeutung zukommen. Dies muss aber nicht immer richtig sein und kann dazu führen, dass weniger wichtige Faktoren zu stark in die Analyse und die Entscheidung einbezogen werden. Interne Schwächen und Stärken sowie externe Chancen und Bedrohungen sind oftmals, auch im Hinblick auf mögliche Handlungen und Maßnahmen, nicht einfach voneinander abzugrenzen.

Behandlung der zeitlichen Aspekte

Die Analyse von Stärken und Schwächen hat intern vor allem die gegenwärtige Situation im Blick, bei externen Trends jedoch die Zukunft. Stärken und Schwächen verändern sich aber ebenfalls im Zeitablauf. Deshalb ist zu klären, ob Stärken und Schwächen in Bezug auf die heutige oder auf eine zukünftige Strategie bewertet werden (Müller-Stewens/Lechner 2016). Ein weiterer Kritikpunkt wird in der Möglichkeit gesehen, dass das Management die SWOT-Analyse für eine einfache passende Strategie auf der Basis der gegenwärtig bestehenden Unternehmensaktivitäten missbraucht, statt eine Veränderung und Anpassung an eine neue zukünftige Situation in Betracht zu ziehen (Koch 2000). Insgesamt birgt die SWOT-Analyse die Gefahr einer zu statischen Betrachtung des Unternehmens.

Anwendung in der Praxis

Die am häufigsten zitierte Kritik an der SWOT-Analyse speist sich aus empirischen Befunden aus der Beratungspraxis (z. B. Hill/Westbrook 1997). Demnach führt der Einsatz von SWOT nur zu langen Listen mit vielen zu allgemeinen, unklaren, nicht überprüften und widersprüchlichen Faktoren ohne Gewichtung. Derartige Ergebnisse haben keine weitere Bedeutung für den nachfolgenden Strategieprozess. Da es, wie bereits beschrieben, für die SWOT-Analyse keine exakte Methodik gibt, können solche Fehler in der Durchführung durchaus auf genau diesen Umstand zurückgeführt werden. Die empirischen Ergebnisse von Westbrook/Hill (1997) stützen sich überdies auf ein staatliches Beratungsprogramm für kleine und mittelständische Unternehmen in Großbritannien, das Anfang der 1990er Jahre durchgeführt wurde. Mit diesem Programm sollten funktionale Strategien in der Produktion erarbeitet und die technologische Innovation gefördert werden. Diese besonderen Umstände lassen die Kritik deshalb als nicht repräsentativ erscheinen, zumal andere Autoren über sehr positive Erfahrungen mit der SWOT-Analyse berichten (Dyson 2007).

Die methodischen Lücken der SWOT-Analyse spielen dann keine wichtige Rolle mehr, wenn man sie als Rahmenkonzept für detailliertere Analysemethoden nutzt: „Our preference is to use the technique only as a culmination of other more focused methods“ (Angwin et al. 2008, S. 10). Die Kritik an der SWOT-Analyse zeigt aber auch, dass bei ihrem Einsatz besondere Sorgfalt erforderlich ist. Interne und externe Faktoren sind klar zu unterscheiden. Die Faktoren müssen in ihrer Bedeutung gewichtet werden und dürfen nicht nur auf Annahmen beruhen, sondern sollten soweit wie möglich quantifiziert und mit Daten und Fakten belegt werden. Bei der Analyse entstehende offensichtliche Widersprüche und Ungereimtheiten müssen überprüft und aufgelöst werden.

Strategische Bedeutung und Nutzen

Die SWOT-Analyse zwingt zur Auseinandersetzung mit zukünftigen Veränderungen und deren Bedeutung für das eigene Unternehmen – bieten sich Chancen oder entwickeln sich Bedrohungen (Jacobs et al. 1998)? Gleichzeitig muss sich das Management auch mit der internen Situation des Unternehmens beschäftigen, also den vorhandenen Ressourcen und Fähigkeiten. Eine erfolgreiche Strategie lässt sich nur auf im Unternehmen vorhandenen Stärken aufbauen. Die exakte Benennung von Schwächen zwingt indes zu einem kritischen Blick auf mögliche Defizite und die sich daraus ergebenden Grenzen für die Strategiewahl. Das Resultat kann also auch sein, dass das Unternehmen interne Ressourcen verstärken oder neu aufbauen muss. Die besondere Bedeutung der SWOT-Analyse liegt darin, dass sowohl externe als auch interne Faktoren berücksichtigt, analysiert und im Zusammenhang gesehen werden müssen. Erst aus ihrer Kombination lassen sich sinnvolle Handlungsoptionen erschließen, deren Eignung wieder durch Abgleich mit den anderen internen und externen Faktoren überprüft werden kann.

Mit der eindeutigen Einstufung der Faktoren als Stärke oder Schwäche beziehungsweise Chance oder Bedrohung erzeugt die SWOT-Analyse eine starke Polarisierung. Das reduziert die Komplexität und macht die Situation des Unternehmens übersichtlicher. Dabei wird zudem die Notwendigkeit von Entscheidungen und darauffolgenden Maßnahmen und Aktionen deutlich, der Handlungsdruck wird erhöht. Dies kann in vielen Unternehmenssituationen helfen, das organisatorische Trägheitsmoment zu überwinden.

Ähnliche Instrumente

EFAS-/IFAS-Matrix

Die EFAS-/IFAS-Matrix[1] wertet die Ergebnisse der SWOT-Analyse in Form einer Nutzwertanalyse aus (Wheelen/Hunger 2018). Die internen und externen Faktoren werden nach ihrer Bedeutung gewichtet und die Stärke der Ausprägung beurteilt, so dass ihre Gesamtbedeutung quantitativ ausgedrückt werden kann. Zusätzlich wird eine Einschätzung der zeitlichen Wirksamkeit einbezogen. Aus der Addition der Einzelwerte wird ein Gesamtergebnis berechnet, das eine Einschätzung der Ausgangsposition des Unternehmens im Vergleich zum Wettbewerb ermöglicht. Dieses zusammengesetzte Ergebnis ist ökonomisch nicht interpretierbar. Die Gewichtung und Bewertung resultieren nur aus der Erfahrung der Beteiligten, eine Methode oder Formel dafür gibt es nicht. Die EFAS-/IFAS-Matrix kann somit als Mittel genutzt werden, die Ergebnisse der SWOT-Analyse stärker zu strukturieren und zu interpretieren.

Überschneidungen mit anderen Instrumenten

Im Rahmen einer SWOT-Analyse können alle Methoden zur Analyse der externen Unternehmensumwelt (vgl. Kapitel 5) oder der internen Unternehmensumwelt (vgl. Kapitel 6) eingesetzt werden. Sie kann genutzt werden, um die Ergebnisse aus der externen und internen Analyse zusammenzufassen und übersichtlich darzustellen.

4.2.2 SWOT-Normstrategien (TOWS-Matrix)

Um aus der SWOT-Analyse auf systematische Art Handlungsempfehlungen abzuleiten, werden interne und externe Faktoren in einer Matrix miteinander kombiniert. Daraus ergeben sich vier Normstrategien: Das Unternehmen nutzt seine Stärken, um (1) Chancen zu ergreifen oder (2) Bedrohungen abzuwehren, oder es gleicht Schwächen aus, um (3) Chancen ergreifen zu können oder um (4) Bedrohungen abzuwehren. Innerhalb der einzelnen Normstrategien können spezifische Strategieoptionen und Schwerpunkte formuliert werden, die in Pläne und Maßnahmen übersetzt werden.

1 EFAS/IFAS = External/Internal Factor Analysis Summary.

Beschreibung und theoretischer Hintergrund

Die von Weihrich (1982) unter dem Begriff „TOWS-Matrix" vorgestellte Auswertung der SWOT-Analyse basiert auf einer Kombination von internen und externen Faktoren. Die einzelnen internen Stärken (Strengths) und Schwächen (Weaknesses) einerseits und Chancen (Opportunities) und Bedrohungen (Threats) andererseits werden dabei auf zwei Achsen angeordnet, so dass sich aus den Bezügen zwischen den internen und externen Faktoren eine Matrix mit vier Feldern ergibt. Die Felder entsprechen vier grundsätzlich unterschiedlichen strategischen Ausrichtungen und möglichen Handlungsoptionen:

- *Erfolg maximieren* – Nutzen der Stärken für die Realisierung der Chancen (SO).
- *Aufholen gegenüber Konkurrenten* – Behebung der Schwächen zur Nutzung von Chancen (WO).
- *Erfolg verteidigen* – Nutzen der Stärken zur Abwehr von Bedrohungen (ST).
- *Überleben sichern* – Behebung der Schwächen zur Abwehr von Bedrohungen (WT).

Weihrich (1982) geht davon aus, dass die vier SWOT-Normstrategien sich nicht ausschließen. Es muss keine Entscheidung für einen einzelnen Quadranten der Matrix getroffen werden. In seinen Fallbeispielen kombiniert Weihrich einzelne Maßnahmen aus mehreren Quadranten der TOWS-Matrix miteinander. Allerdings wird meistens ein Quadrant aufgrund der spezifischen Unternehmenssituation eine besondere Bedeutung gewinnen. Die SWOT-Normstrategien sind kein Auswahlinstrument für die grundsätzliche Strategiewahl, sondern ein Ansatz zur Entwicklung und Klassifizierung von strategischen Handlungsoptionen.

Praktische Anwendung

Schritt 1: Erstellen der TOWS-Matrix

Aus den Ergebnissen der SWOT-Analyse werden die wichtigsten Faktoren ausgewählt. Mit den ausgewählten Faktoren wird eine Matrix erstellt. Tabelle 4.3 zeigt ein Beispiel für ein regional tätiges Bauunternehmen.

Wenn es sinnvoll erscheint, kann die TOWS-Matrix mehrfach für verschiedene Zeitpunkte (Vergangenheit, Gegenwart und Zukunft) erstellt werden, um Entwicklungen zu analysieren und zu simulieren (Weihrich 1982), wobei dann je nach Analysezweck auch die weiteren Schritte mehrfach bearbeitet werden müssen.

Schritt 2: Bewerten der Wechselwirkungen zwischen internen und externen Faktoren

Im zweiten Schritt erfolgt eine Bewertung der Bedeutung jeder einzelnen Stärke und Schwäche für jeden einzelnen externen Trend (Tab. 4.4). Dieser Schritt kann übersprungen werden, wenn die TOWS-Analyse dem Zweck dient, eine pragmatische Diskussionsgrundlage zu erzeugen oder wenn die Faktoren und Wechselwirkungen eindeutig sind. Wenn darüber aber noch Unklarheit herrscht und z. B. die Gefahr besteht,

Tab. 4.3: TOWS-Matrix am Beispiel eines Bauunternehmens

	Chancen – Steigende Energiepreise und energetische Anforderungen an Gebäude – Demografische Veränderungen – altersgerechtes Bauen – Steigende Ansprüche an Wohnfläche und Qualität	**Bedrohungen** – Mittelfristig sinkende öffentliche Investitionen – Steigende Materialkosten aufgrund steigender Energiepreise – Sinkendes Neubauvolumen durch Bevölkerungsrückgang
Stärken – Qualifizierte Mitarbeiter – Gute Marktstellung bei öffentlichen Aufträgen – Hohe Reputation bei Architekten – Hohe Flexibilität gegenüber Kundenwünschen – Gute Liquidität und hohe Eigenkapitalquote	**SO-Strategien:** Stärken nutzen, um Chancen zu ergreifen	**ST-Strategien:** Stärken nutzen, um Bedrohungen abzuwehren
Schwächen – Ungünstige Altersstruktur der Mitarbeiter – Beschränktes Leistungsspektrum bei Gewerken – Geringe Flexibilität der Kapazitäten	**WO-Strategien:** Schwächen ausgleichen, um Chancen zu ergreifen	**WT-Strategien:** Schwächen ausgleichen, um Bedrohungen abzuwehren

dass Stärken in Bezug auf bestimmte externe Veränderungen zu Schwächen werden können, ist eine genauere Analyse sinnvoll. Diese Bewertung kann qualitativ (0 = keine Wechselwirkung, + = relevante Wechselwirkung, – = negative Wechselwirkung) oder aber quantitativ gewichtet von –5 (starke negative Auswirkung) über 0 (keine Bedeutung) bis +5 (starke positive Wechselwirkung) erfolgen (Jacobs et al. 1998). Die subjektiv geprägte Bewertung wird auf diese Weise differenziert, wobei, wie immer bei Anwendung der Nutzwertanalyse, durchaus die Gefahr besteht, das Ergebnis einer Quantifizierung wegen fälschlicherweise als „objektiv" einzuschätzen.

Schritt 3: Ableiten von Handlungsoptionen an den Schnittpunkten

Anhand der in Schritt 2 ermittelten relevanten Wechselwirkungen können Maßnahmen für die einzelnen Quadranten der TOWS-Matrix (Tab. 4.5) entwickelt werden. Eine Maßnahme kann sich in der Praxis auf mehrere externe Trends auswirken und sich auch auf mehrere interne Faktoren beziehen. Im Quadranten Stärken und Chancen (SO) werden Handlungsoptionen untersucht, mit denen das Unternehmen offensiv

Tab. 4.4: TOWS-Matrix mit Wechselwirkungen am Beispiel eines Bauunternehmens

	Chancen			**Bedrohungen**			**Summe**
	Steigende Energiepreise und energetische Anforderungen an Gebäude	Demografische Veränderungen – altersgerechtes Bauen	Steigende Ansprüche an Wohnfläche und Qualität	Mittelfristig sinkende öffentliche Investitionen	Steigende Materialkosten aufgrund steigender Energiepreise	Sinkendes Neubauvolumen durch Bevölkerungsrückgang	
Stärken							
Qualifizierte Mitarbeiter	5	5	5	0	0	0	+15
Gute Marktstellung bei öffentlichen Aufträgen	2	1	0	−3	0	1	+4/−3
Hohe Reputation bei Architekten	1	3	3	1	0	1	+9
Hohe Flexibilität gegenüber Kundenwünschen	1	4	4	1	0	1	+11
Gute Liquidität und hohe Eigenkapitalquote	0	0	0	1	1	1	+3
Schwächen							
Ungünstige Altersstruktur der Mitarbeiter	−1	−1	−1	0	0	0	−3
Beschränktes Leistungsspektrum bei Gewerken	−4	−4	−4	−1	0	−1	−14
Geringe Flexibilität der Kapazitäten	−2	−1	0	−4	0	−3	−10
Summe	+9/−7	+13/−6	+12/−5	+3/−8	1	+4/−4	

Tab. 4.5: TOWS-Matrix mit Maßnahmen am Beispiel eines Bauunternehmens

	Chancen			**Bedrohungen**		
	Q1	**Q2**	**Q3**	**T1**	**T2**	**T3**
	Steigende Energiepreise und energetische Anforderungen an Gebäude	Demografische Veränderungen – altersgerechtes Bauen	Steigende Ansprüche an Wohnfläche und Qualität	Mittelfristig sinkende öffentliche Investitionen	Steigende Materialkosten aufgrund steigender Energiepreise	Sinkendes Neubauvolumen durch Bevölkerungsrückgang
Stärken						
S1 Qualifizierte Mitarbeiter	Angebot Qualitätswohnbau S1, S2, S3, O3			Aufträge erhöhen, um Umsatz zu halten S1, S2, S3, S4, S5, T1		
S2 Gute Marktstellung bei öffentlichen Aufträgen	Angebot energetische Sanierung öffentlicher Gebäude S1, S2, S3, S4, O1			PPP-Modelle für öffentlichen Sektor entwickeln S1, S2, S4, S5, T1		
S3 Hohe Reputation bei Architekten	Angebot energetische Sanierung privater Gebäude S1, S3, S4, O1, O3			Marktanteil bei privaten Aufträgen erhöhen, um Umsatz zu halten S1, S3, S4, S5, T3		
S4 Hohe Flexibilität gegenüber Kundenwünschen	Angebot altersgerechtes Bauen und Umbauen S1, S2, S3, S4, O2, O3					
S5 Gute Liquidität und hohe Eigenkapitalquote						
Schwächen						
W1 Ungünstige Altersstruktur der Mitarbeiter	Jüngere Mitarbeiter mit neuen Berufsperspektiven und Aufgabenfeldern gewinnen W1, O1, O2					
W2 Beschränktes Leistungsspektrum bei Gewerken	Leistungsspektrum erweitern durch a) Kooperation, b) Akquisition, c) Aufbau W2, O1, O2			Kosten reduzieren durch Generalangebote bei öffentlichen Aufträgen, Kooperationen W2, W3, T1		
W3 Geringe Flexibilität der Kapazitäten	Kapazitätsflexibilisierung durch Arbeitszeitmodelle oder Kooperationen W3, O1, O2			Kapazitätsflexibilisierung durch Arbeitszeitmodelle oder Kooperationen W3, T1, T3		

seine Stärken zur Nutzung der externen Chancen einsetzt. Im Quadranten Stärken und Bedrohungen (ST) werden Handlungsoptionen ermittelt, um mit Hilfe der Stärken defensiv externe Bedrohungen abzuwehren. Im Quadranten Schwächen und Chancen (WO) wird geprüft, wie Schwächen ausgeglichen werden können, um die externen Chancen ergreifen zu können und um gegenüber den Konkurrenten aufzuholen. Im Quadranten Schwächen und Bedrohungen (WT) geht es um das Überleben des Unternehmens, denn Schwächen müssen ausgeglichen werden, um externen Bedrohungen erfolgreich begegnen zu können. Weihrich (1982) empfiehlt, bei jeder Handlungsoption anzumerken, auf welche internen und externen Faktoren sie sich bezieht.

Kritik des Instruments

In den SWOT-Normstrategien kommt den internen Faktoren in etwa die gleiche Bedeutung zu wie den externen Faktoren. Wenn Unternehmen einer Branche sich sehr ähneln, lässt sich daher aus den internen Faktoren kaum etwas für die Strategieformulierung ableiten; in sehr stabilen (oder völlig unübersichtlichen) Situationen wiederum lässt sich nur wenig aus der Analyse der externen Umwelt für die Strategieformulierung folgern.

Das Vorgehen ist schematisch und führt eher zu einer Diskussionsgrundlage, als dass die SWOT-Analyse ein tragfähiges Modell für die Entwicklung von strategischen Optionen bietet. Die Auswahl der Faktoren erfolgt durch eine Beurteilung ohne unmittelbare wirtschaftliche Aussagekraft. Dies gilt auch für die Wechselwirkungen zwischen den internen und externen Faktoren. Aus der TOWS-Matrix selbst lassen sich deshalb keine Prioritäten für bestimmte Handlungsoptionen oder Kombinationen ableiten.

Die der TOWS-Matrix zugrundeliegenden Beurteilungen sind ausgesprochen subjektiv. Daran ändern auch quantitative Gewichtungen nichts; immerhin erhöhen sie die Transparenz der Beurteilungen – aber auch die Gefahr, dass die Beteiligten den subjektiven Charakter der Bewertung nicht mehr sehen und das Ergebnis nicht mehr infrage stellen. Aufgrund eines falschen Verständnisses der Normstrategien könnte eine ausschließliche Festlegung auf SO-, WO-, ST- oder WT-Handlungsoptionen als Auswahlprinzip erfolgen. Diese sind im TOWS-Ansatz jedoch nur ein Klassifizierungsschema.

Strategische Bedeutung und Nutzen

Mit der TOWS-Matrix wird das Management gezwungen, die Wechselwirkungen von internen Stärken und Schwächen mit den Entwicklungen in der Unternehmensumwelt in die Strategieentwicklung mit einzubeziehen. Beide Bereiche werden nicht länger separat betrachtet, und es können unternehmensspezifische Handlungsoptionen als Ansätze für die Strategieformulierung abgeleitet werden. Alle als wichtig erkannten externen Trends müssen berücksichtigt, einzelne externe Entwicklungen können nicht einfach ausgeblendet werden. In der Gesamtschau entsteht so eine gute Übersicht über die strategische Lage des Unternehmens und seine Handlungsoptionen. Optional bezieht die Analyse die Wettbewerber mit ein, um zu ermitteln, inwieweit diese aufgrund ihrer internen Stärken und Schwächen besser oder schlechter in der Lage sind, bestimmte Chancen zu ergreifen oder Bedrohungen abzuwehren (Jacobs et al. 1998).

Ähnliche Instrumente

Portfolio-Modelle

Die Portfolio-Modelle BCG-Matrix (vgl. Abschn. 7.2.2) und GE-/McKinsey-Matrix (vgl. Abschn. 7.2.3) benutzen, ähnlich wie die TOWS-Matrix, eine intern beeinflusste Dimension (Marktanteil bzw. Stärke der Geschäftsposition) und eine externe Dimension (Marktwachstum bzw. Marktattraktivität). Sie eignen sich zwar auch zur Analyse, sind primär aber als Instrument der Strategieentwicklung konzipiert.

Überschneidungen mit anderen Instrumenten

Wertkette

Porter's Wertkette (vgl. Abschn. 6.2.3) kann ebenfalls benutzt werden, um Handlungsoptionen zu entwickeln, bspw. um Kosten zu senken, Differenzierungsmerkmale zu verstärken oder Synergien zu entwickeln. Ihr Vorgehen ist dabei sehr viel detaillierter, ohne aber eine direkte Verbindung zu den externen Entwicklungen herzustellen.

4.2.3 Quantitative Strategische Planungs-Matrix (QSPM)

Die QSPM erlaubt eine einfache und teilweise quantitative Bewertung und Auswahl der strategischen Handlungsoptionen aus der TOWS-Matrix. Das Vorgehen der QSPM entspricht dem einer Nutzwertanalyse. Die Bewertungskriterien für die einzelnen strategischen Handlungsoptionen sind die externen und internen Faktoren der SWOT-Analyse. Sie werden zunächst nach ihrer Bedeutung gewichtet. Für die zu untersuchenden Handlungsoptionen wird jeweils bewertet, wie attraktiv die Handlungsoption in Bezug auf interne und externe Faktoren ist. Aus der Gewichtung und der Bewertung wird für jedes Kriterium ein Nutzen errechnet. Die Addition der einzelnen Nutzwerte für jede Handlungsoption ergibt den gesamten Nutzwert. Aus dem Vergleich der Nutzwerte aller Handlungsoptionen lässt sich die zu bevorzugende Option ermitteln und eine Strategie formulieren.

Beschreibung und theoretischer Hintergrund

Mit der TOWS-Matrix lassen sich Wechselwirkungen zwischen internen und externen Faktoren ermitteln, aus denen die Handlungsoptionen abgeleitet werden. Das Ergebnis besteht aus einer Vielzahl von möglichen Handlungsoptionen, die sich inhaltlich und bezüglich ihrer grundsätzlichen Stoßrichtung innerhalb der SWOT-Normstrategien unterscheiden. Da die Handlungsoptionen nur aus den Wechselwirkungen zwischen zwei (oder evtl. mehreren) internen und externen Faktoren abgeleitet werden, ist zu prüfen, in welchem Verhältnis sie zu den restlichen internen und externen Faktoren stehen. Ergeben sich zusätzliche Synergien oder entstehen Hemmnisse? Werden andere Bedrohungen verstärkt oder erschweren Schwächen die Umsetzung? Die QSPM setzt die Handlungsoptionen in Beziehung zu den anderen internen und externen Faktoren (David 1986). Die Wechselwirkungen werden mit einer Nutzwert- oder Scoring-Analyse bewertet (vgl. z. B. Nagel/Mielke 2014 oder Herbig 2016). Das Resultat sind relative Zahlenwerte, welche die Attraktivität der strategischen Handlungsoptionen und die Unterschiede zwischen ihnen für die spezifische Unternehmenssituation widerspiegeln. Das Bewertungsergebnis ermöglicht eine begründete Auswahl der strategischen Handlungsoptionen.

Praktische Anwendung

Schritt 1: Strategische Handlungsoptionen auflisten

Zunächst müssen die strategischen Handlungsoptionen aufgelistet und, um eine präzisere Bewertung zu ermöglichen, genauer beschrieben und quantifiziert werden (Investitionen, Kosten, Beschäftigte, Aufwände, Umsätze etc.). Je nach der Art und der Zahl der Handlungsoptionen sowie den Unterschieden zwischen den strategischen Handlungsoptionen lassen sich diese dann zu grundlegenden Strategien bündeln. Dies hängt auch davon ab, ob eine Entscheidung über die strategische Ausrichtung getroffen werden soll oder zunächst nur die einzelnen Handlungsoptionen weiter untersucht werden sollen.

Schritt 2: QSP-Matrix erstellen

Hierbei werden Chancen und Bedrohungen sowie Stärken und Schwächen untereinander aufgelistet. Die externen Faktoren werden getrennt von den internen Faktoren nach ihrer Bedeutung gewichtet und zwar so, dass für beide Gruppen die Summe aller Einzelgewichtungen 1 ergibt. Ihnen stehen die strategischen Handlungsoptionen oder die bereits zu Strategien zusammengefassten Handlungsoptionen gegenüber. Jede strategische Handlungsoption ist in Bezug auf jeden externen und internen Faktor zu bewerten. Möglicherweise hat ein Faktor keine Bedeutung für die strategische Handlungsoption oder er beeinflusst diese negativ. Im Bewertungsmodell von Jacobs et al. (1998) wird die Attraktivität einer Option im Hinblick auf einen internen oder externen Faktor mit +1 bis +5 bewertet, eine fehlende Wechselwirkung mit 0 und eine negative Wechselwirkung mit –1 bis –5, so dass sich insgesamt eine Skala von –5 bis +5 ergibt. Der ursprüngliche Ansatz von David (1986) sieht mit seiner Bewertungsskala von 1 bis 4 eine derartige Differenzierung nicht vor.

Schritt 3: Nutzwerte berechnen und vergleichen

Im nächsten Schritt wird für jede Handlungsoption der Nutzwert berechnet, und zwar durch Multiplikation der Faktorenbewertung mit der Faktorengewichtung (Tab. 4.6). Anschließend wird die Summe der Nutzwerte gebildet. Ein zusätzlicher Informations-

Tab. 4.6: QSP-Matrix am Beispiel eines Bauunternehmens

	Gewichtung	**Marktanteile vergrößern, um Umsatz zu halten**		**Schwerpunkt priv. Sektor energetische Sanierung Bestand**		**Schwerpunkt priv. Sektor energetische Sanierung öfftl. Sektor u. PPP-Proj.**		**Schwerpunkt altersgerechtes Bauen und Umbauen**	
		Bewertung	Nutzen	Bewertung	Nutzen	Bewertung	Nutzen	Bewertung	Nutzen
Chancen									
Steigende Energiepreise und energetische Anforderungen an Gebäude	0,3	0	0	5	1,5	5	1,5	1	0,3
Demografische Veränderungen – altersgerechtes Bauen	0,2	0	0	0	0	0	0	5	1
Steigende Ansprüche an Wohnfläche und Qualität	0,1	2	0,2	1	0,1	0	0	3	0,3
Bedrohungen			0						
Mittelfristig sinkende öffentliche Investitionen	0,2	2	0,4	0	0	−3	−0,6	0	0
Steigende Materialkosten aufgrund steigender Energiepreise	0,1	−1	−0,1	−1	−0,1	−1	−0,1	−2	−0,2
Sinkendes Neubauvolumen durch Bevölkerungsrückgang	0,1	1	0,1	0	0	0	0	2	0,2

Tab. 4.6: (Fortsetzung)

	Gewichtung	**Marktanteile vergrößern, um Umsatz zu halten**		**Schwerpunkt priv. Sektor energetische Sanierung Bestand**		**Schwerpunkt priv. Sektor energetische Sanierung öfftl. Sektor u. PPP-Proj.**		**Schwerpunkt altersgerechtes Bauen und Umbauen**	
		Bewertung	Nutzen	Bewertung	Nutzen	Bewertung	Nutzen	Bewertung	Nutzen
Stärken									
Qualifizierte Mitarbeiter	0,2	2	0,4	4	0,8	4	0,8	4	0,8
Gute Marktstellung bei öffentlichen Aufträgen	0,15	3	0,45	0	0	4	0,6	0	0
Hohe Reputation bei Architekten	0,05	3	0,15	2	0,1	2	0,1	4	0,2
Hohe Flexibilität gegenüber Kundenwünschen	0,2	3	0,6	4	0,8	3	0,6	4	0,8
Gute Liquidität und hohe Eigenkapitalquote	0,1	3	0,3	1	0,1	3	0,3	1	0,1
Schwächen			0				0		0
Ungünstige Altersstruktur	0,05	−1	−0,05	−2	−0,1	−2	−0,1	−2	−0,1
Beschränktes Leistungsspektrum bei Gewerken	0,15	−2	−0,3	−3	−0,45	−2	−0,3	−4	−0,6
Geringe Flexibilität	0,1	−1	−0,1	−1	−0,1	−2	−0,2	−1	−0,1
Nutzwert gesamt			**2,05**		**2,65**		**2,6**		**2,7**
Nutzen/Risiken		**+2,6/−0,55**		**+3,4/−0,75**		**+3,9/−1,3**		**+3,7/−1**	

gehalt ergibt sich aus der Unterscheidung der negativen und positiven Nutzwerte. Die negativen Nutzwerte entsprechen den spezifischen Problemen und Risiken der Handlungsoption, die möglicherweise durch eine gezielte Anpassung verringert werden können.

Schritt 4: Überprüfen der Ergebnisse

Als letzter Schritt sind die Ergebnisse auszuwerten, zu diskutieren und zu überprüfen. Dabei werden folgende Prüfkriterien verwendet: Wie groß sind die Unterschiede zwischen den einzelnen Optionen? Gibt es eine eindeutige Priorität? Welche Faktoren machen den Unterschied aus? Ist dieses Ergebnis plausibel? Bestehen zwischen Optionen Abhängigkeiten, so dass eine bestimmte Kombination und Reihenfolge der Umsetzung zwingend ist?

Zusätzlich kann ermittelt werden, wie robust das Ergebnis ist, wenn die Gewichtungsfaktoren geändert werden. Bleibt die Reihenfolge der Optionen gleich, ändert sie sich etwas oder sind die Ergebnisse völlig unterschiedlich? Weniger robuste Ergebnisse sind mit Vorsicht zu betrachten – ihre Interpretation und die Wahl der daraus abgeleiteten Handlungsoptionen erfordern mehr Sorgfalt.

Ist das Ergebnis ausreichend überprüft worden und plausibel, werden die Handlungsoptionen mit dem höchsten Nutzwert ausgewählt.

Im Beispiel (Tab. 4.6) erhält die defensive Strategie „Marktanteile vergrößern" einen deutlich schlechteren Nutzwert. Die drei anderen Strategieoptionen haben einen besseren und im Vergleich untereinander ähnlichen Nutzwert. Die detaillierten Ergebnisse zeigen, dass die Schwierigkeiten und Risiken im privaten Sektor am geringsten sind, allerdings bietet dieser Sektor auch nur beschränkte Chancen.

Kritik des Instruments

Aus technischer Sicht ist die QSPM eine spezifische Form der Nutzwertanalyse mit folgenden Kritikpunkten:

- Das Ergebnis ist nicht „objektiv" begründet und ermittelt; die subjektiven Bewertungen sind jetzt lediglich transparenter.
- Das Ergebnis wird sehr stark durch die Auswahl und Aggregation der Zielkriterien, die Gewichtung der Zielkriterien und die Bewertung des jeweiligen Teilnutzens beeinflusst. Fehlbewertungen sind demzufolge möglich.
- Das Ergebnis ist „weich"; der berechnete Gesamtnutzen ist nicht ökonomisch interpretierbar. Daher sollte eine Kombination mit „harten" Methoden, die ein ökonomisches Ergebnis liefern, angestrebt werden.
- Die im Modell unterstellte gegenseitige Substituierbarkeit der Kriterien ist in der Praxis selten gegeben, ebenso die Unabhängigkeit des Nutzens verschiedener Kriterien.
- Das Ergebnis der Bewertung hängt sehr stark von der Wahl der Intervalle auf der Bewertungsskala ab – wo liegt der niedrigste Wert auf der Skala und wo der höchste?

Tendenziell besteht bei der QSPM ebenso wie bei SWOT/TOWS die Gefahr, dass Strategien zu sehr auf den Fit zwischen internen und externen Faktoren zugeschnitten und Möglichkeiten einer grundsätzlichen Veränderung oder revolutionären Strategie (Hamel 1996) außer Acht gelassen werden. Aber gerade in solchen revolutionären Strategielösungen, die Hamel (1996) als die Suche nach weißen Flecken auf der Konkurrenzlandkarte bezeichnet, liegen tendenziell die größten Erfolgspotenziale.

Die Methode bietet außerdem keine Ansätze, die vom Unternehmen gesetzten Ziele als Kriterium in die Bewertung der Handlungsoptionen einfließen zu lassen. Die Ausrichtung an Unternehmenszielen kann also nur über einen weiteren Bewertungsschritt oder indirekt erfolgen.

Strategische Bedeutung und Nutzen

Die QSPM setzt die erarbeiteten strategischen Handlungsoptionen in Beziehung zu allen internen und externen Faktoren und überprüft die Wechselwirkungen. Das Ergebnis ist eine systematisch ermittelte Einschätzung, ob und wie gut sich eine Option in die Gesamtsituation des Unternehmens einfügt.

Die quantitative Bewertung ermöglicht einen Vergleich der verschiedenen strategischen Handlungsoptionen; es kann eine Rangfolge aufgestellt oder sogar eine Aussage zur absoluten Eignung getroffen werden. Die Auswahl von strategischen Handlungsoptionen wird klar begründet. Die Robustheit des Ergebnisses kann durch Veränderungen bei der Gewichtung der Faktoren und der Bewertung der einzelnen strategischen Handlungsoptionen für jeden Faktor überprüft werden.

Ähnliche Instrumente

Bewertung von Strategien

Strategien können als Investitionsentscheidungen betrachtet werden, die sich z. B. mit der Barwertmethode bewerten lassen. Da jedoch die langfristigen finanziellen Konsequenzen unsicher sind und auch nur quantifizierbare Größen erfasst werden, schlagen Grünig und Kühn (2018) eine Bewertung und Auswahl der Einzelstrategien über deren Erfolgspotenziale vor. Dabei wird zunächst die angestrebte Marktposition bewertet (Marktattraktivität, Wettbewerbsintensität und eigene Wettbewerbsstärke), dann die angestrebten Angebote (marktspezifische Erfolgsfaktoren und Stärken-Schwächen-Analyse des eigenen Angebots) und danach die aufzubauenden Ressourcen (Kundennutzen und Verteidigbarkeit der Ressourcen). Die abschließende Gesamtbewertung verbindet die Teilergebnisse im Hinblick auf das ganze Unternehmen unter Berücksichtigung von Durchsetzbarkeit, Finanzierbarkeit und Risiken.

Ein alternativer Vorschlag zur Strategiebewertung mit drei Hauptkriterien kommt von Thompson et al. (2017). Jedes Hauptkriterium wird weiter untergliedert und teilweise an einzelne Methoden angelehnt (Tab. 4.7). Die Kriterien sind aus der Unternehmenssituation abzuleiten. Die Vielzahl der Kriterien und die fehlenden Prioritäten erschweren die Anwendung des Vorschlags von Thompson et al. in der Praxis.

Das Kriterium der Angemessenheit nimmt direkt Bezug auf SWOT, die Frage könnte also teilweise mit der QSPM beantwortet werden.

Tab. 4.7: Hauptkriterien und Einzelkriterien zur Strategiebewertung (Quelle: in Anlehnung an Thompson et al. 2017, S. 305)

Angemessenheit der Strategie	Umsetzbarkeit der Strategie	Attraktivität der Strategie
– SWOT: Vergleich mit Ausgangslage – Einfluss auf die zukünftige strategische Perspektive – Notwendige und vorhandene Ressourcen – Mission und Ziele – Kultur – Umwelt-Werte-Ressourcen Kongruenz (EVR) – Einfachheit	– Notwendige Veränderungen bei der Umsetzung – Verfügbarkeit finanzieller und anderer Ressourcen – Fähigkeit, Schlüsselerfolgsfaktoren zu erfüllen – Erreichbare Wettbewerbsvorteile – Zeitwahl und -folge	– Risiken – Bedürfnisse und Präferenzen der Anspruchsgruppen – Synergien – Ergebnisse – Füllen strategischer Lücken

Johnson et al. (2017) schlagen ähnliche Kriterien für die Bewertung von Strategien vor und empfehlen bei Problemen mit der endgültigen Bewertung einen Test mit einer Teilimplementierung.

Überschneidungen mit anderen Instrumenten

Strategy Maps der Balanced Scorecard

Das Aufstellen der Ursache-Wirkungszusammenhänge über die vier Perspektiven hinweg (Strategy Maps) wird im Balanced-Scorecard-Konzept als Schritt zur Überprüfung der Strategie auf Plausibilität und Vollständigkeit verstanden (vgl. Abschn. 9.2.2). Dieser Schritt ist eine implizite Prüfung der Strategie, ohne Vergleich von verschiedenen Alternativen.

5 Analyse der Unternehmensumwelt

5.1 Überblick

Die Analyse der externen Umwelt und die darauf aufbauenden Wettbewerbsstrategien dominierten das strategische Managementdenken in den 1980er Jahren. Ausgangspunkt waren die Ölpreisschocks (1974 und 1979) sowie eine Verschärfung des Wettbewerbs, verursacht durch die Erfolge japanischer Unternehmen in westlichen Märkten. Die Unternehmensleitungen erkannten, dass formale, detaillierte und auf Prognosen gestützte Planungssysteme, wie sie in den meisten großen Unternehmen entwickelt wurden, nicht länger dazu taugten, die zukünftige Entwicklung eines Unternehmens zu bestimmen. Stattdessen rückte die Positionierung des Unternehmens im Markt und Wettbewerb in den Vordergrund (Grant 2019).

Dieser marktorientierte Strategieansatz hat seine Wurzeln in der industrieökonomischen Forschung der 1950er Jahre (Mason 1939, Bain 1956 und 1959). Das Structure-Conduct-Performance-Paradigma der Industrieökonomik besagt, dass sich das Ergebnis (Preise, Effizienz und Fortschritt) einer Branche durch Strukturen (Rahmenbedingungen und Wettbewerb) und Verhalten der Unternehmen in der Branche erklären lässt. Porter (1980) hat in den 1980er Jahren dieses Gedankengut aufgegriffen und daraus das 5-Kräfte-Modell zur Branchenanalyse entwickelt. Demzufolge ergibt sich der Unternehmenserfolg aus den Wettbewerbskräften der Branche und aus der generischen Wettbewerbsstrategie, mit der sich ein Unternehmen in der Branche positioniert.

Die Ressourcen des Unternehmens spielen im marktorientierten Ansatz hingegen nur eine nachgeordnete Rolle. „Resources are not valuable in and of themselves but because they allow firms to perform activities that create advantages in particular markets" (Porter 1991, S. 108). Diese Denkweise änderte sich jedoch mit dem ressourcenorientierten Ansatz des strategischen Managements in den 1990er Jahren. Die Ressourcen und Fähigkeiten eines Unternehmens wurden nun als zentrale Parameter in den Mittelpunkt des strategischen Denkens gerückt (vgl. Kapitel 6).

Der marktorientierte Strategieansatz basiert also auf einer Analyse des externen Umfelds eines Unternehmens. Aus ihr lassen sich die Chancen und Risiken für das SWOT-Modell (vgl. Kapitel 4) ableiten. Für die Analyse wird die Umwelt in mehrere Schichten aufgeteilt (Abb. 5.1).

Die natürliche Umwelt umfasst alle Elemente, die für das menschliche Leben notwendig sind. Die Makroumwelt wiederum bezieht sich auf die allgemeinen Kräfte und Trends in einer Gesellschaft. Die Branchenumwelt deckt die Anspruchsgruppen (Stakeholder) des Unternehmens ab. Natürliche Umwelt und Makroumwelt können nicht oder nur beschränkt durch Unternehmensstrategien beeinflusst werden. Das Unternehmen kann aber unter bestimmten Bedingungen die weitere Unternehmensumwelt verändern.

https://doi.org/10.1515/9783110579567-005

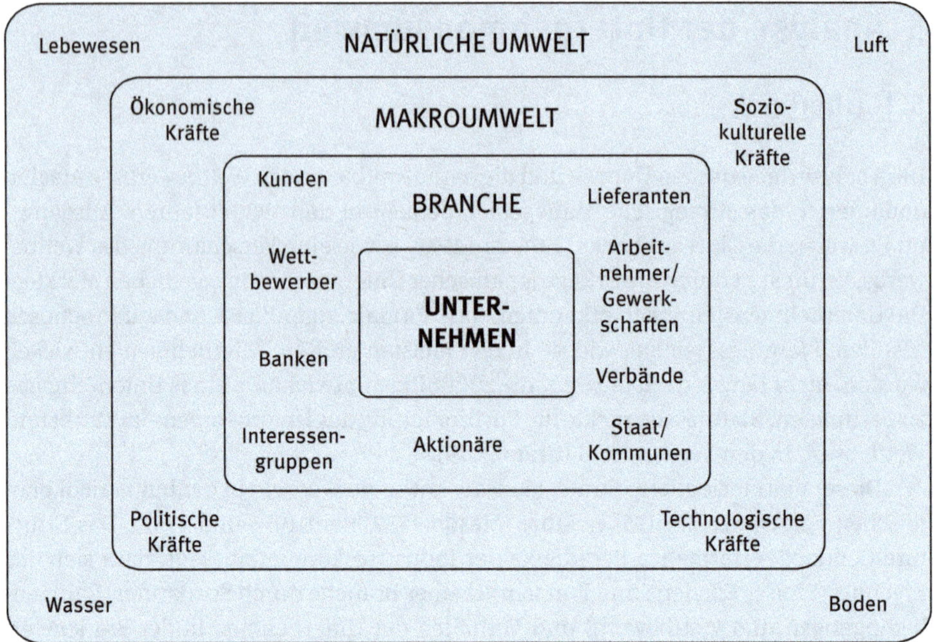

Abb. 5.1: Umweltdimensionen

Grundlage des marktorientierten Ansatzes ist eine sorgfältige Analyse des Umfelds, in der die wichtigen Umweltgrößen identifiziert und Aussagen über ihre zukünftige Entwicklung getroffen werden. Auf dieser Basis werden Strategien entwickelt, um eine vorteilhafte Marktpositionierung des Unternehmens zu erreichen.

Für die externe Analyse können folgende Strategieinstrumente genutzt werden:

- Die *PEST-Analyse* ist breit gefasst und geeignet, wichtige Trends in der natürlichen Umwelt und der Makroumwelt eines Unternehmens zu erfassen.
- Die Analyse der *Megatrends* liefert ein tiefergehendes Verständnis spezifischer Umweltfaktoren, das für eine proaktive Anpassung der Strategie notwendig ist.
- Die Zielsetzung der *Stakeholder-Analyse* besteht in der Ermittlung der wichtigsten Anspruchsgruppen an das Unternehmen und ihrer Ziele, sowie von Grundregeln für den Umgang mit verschiedenen Stakeholder-Gruppen.
- Das *5-Kräfte-Modell* von Porter untersucht die Wettbewerbskräfte innerhalb einer Branche und ermöglicht eine Beurteilung der Branchenattraktivität.
- Die Analyse *strategischer Gruppen* identifiziert innerhalb einer Branche Wettbewerber, die ähnliche Strategien verfolgen.
- Die *Industriekostenkurve* untersucht die Stückkosten unterschiedlicher Anbieter in einer Branche im Verhältnis zu den Produktionskapazitäten dieser Anbieter.

- Der *Industrie- bzw. Produktlebenszyklus* analysiert die Veränderungen von Branchen und Produkten im Zeitablauf und hilft bei der Ermittlung spezifischer strategischer Herausforderungen in den einzelnen Zyklusphasen.
- Das *Benchmarking* vergleicht spezifische Leistungen eines Unternehmens mit denen der Konkurrenten oder genereller mit den Spitzenreitern („Best of Class"-Standard).
- Die Analyse der *Schlüsselerfolgsfaktoren* identifiziert strategische Parameter, mit denen das Management die Wettbewerbsposition und letztlich den Unternehmenserfolg steuern kann.

5.2 Instrumente für die externe Analyse

5.2.1 PEST-Analyse

Die PEST-Analyse ist Teil der Umwelt- oder externen Analyse. Sie hat das Ziel, wichtige Entwicklungen im Umfeld der Branchen und Märkte für die Beurteilung der strategischen Ausgangslage zu erfassen. Wegen des schnellen Umweltwandels und der engen Verzahnung zwischen Umwelt und Unternehmen genügt es heute nicht mehr, nur die unmittelbaren Marktpartner wie Lieferanten und Kunden des Unternehmens zu analysieren. Der Einfluss der Umwelt auf die Unternehmensaktivitäten und Managementprozesse sowie die Zunahme der Umweltanforderungen an die Unternehmen erfordert eine explizite und systematische Analyse der politischen, wirtschaftlichen, sozio-kulturellen, technologischen und ökologischen Umweltfaktoren.

Beschreibung und theoretischer Hintergrund

Eine systematische Analyse der Umwelt wurde bereits in den 1960er Jahren von Farmer und Richman vorgeschlagen, die einen ersten Ordnungsrahmen mit den folgenden Dimensionen vorlegten: ökonomische Umwelt, Bildungsstand, Gesellschaft sowie politische und rechtliche Dimension (Farmer/Richman 1965).

Modelle zur Umweltanalyse unterstellen, dass die allgemeinen Umweltfaktoren wie bspw. der Bildungsstand oder die politische Lage vom Einzelunternehmen als vorgegeben zu betrachten sind (z. B. Volberda et al. 2011). Mit anderen Worten: Das Unternehmen muss sich an diese Parameter anpassen und kann sie nicht oder nur unwesentlich verändern. Davon ist im Regelfall auszugehen, es sei denn, es handelt sich um einen großen internationalen Konzern, der durchaus in der Lage sein kann, nationale Umweltfaktoren in seinem Sinne zu beeinflussen.

Eine solche Analyse folgt meist dem angelsächsischen PEST-Modell, wobei die Umwelt in vier Kategorien eingeteilt wird: **P**olitical (politisch), **E**conomical (ökonomisch), **S**ocial (sozio-kulturell) und **T**echnological (technologisch). Gegenstand der PEST-Analyse können Geschäftsfelder, Industrien, Länder oder Regionen sein, wobei nach den jeweils dominierenden Trends „gefahndet" wird (Müller-Stewens/Lechner 2016). Dies reicht allerdings nicht aus. Viel wichtiger für die Formulierung einer Strategie ist das Erkennen von Diskontinuitäten (Ansoff 1976). Damit gemeint sind Trendbrüche oder unstetig verlaufende Entwicklungen. Ihre Bedeutung und Intensität hat in den letzten Jahren zugenommen (Macharzina/Wolf 2015). Sie sind in vielen Bereichen der Gesellschaft und Wirtschaft deutlich zu erkennen.

Das PEST-Modell entspricht dem STEP-Modell – hier ist lediglich die Reihenfolge der Faktoren verändert worden. STEP kann erweitert werden zu STEEP (McGonagle 2007 und Wheelen/Hunger 2018). Das zweite „E" bezeichnet in diesem Fall die ökologischen Faktoren (Ecological). Eine gesonderte Analyse der ökologischen Faktoren aufgrund der sich zuspitzenden Umwelt- und Ressourcenkrise ist sinnvoll, weil kaum ein Unternehmen oder eine Branche von der Klimadiskussion oder anderen Umweltproblemen unbeeinflusst bleibt.

Eine weitere zusätzliche Kategorie enthält das PESTLE-Modell, das auch als PESTEL bezeichnet wird (Johnson et al. 2017). Mit dem „L" (Legal) werden rechtliche Faktoren gesondert erfasst.

Tab. 5.1: Einflussfaktoren für das PEST-Modell

Ökonomisches Umfeld	Polit.-rechtl. Umfeld	Sozio-kulturelles Umfeld	Technologisches Umfeld	Ökologisches Umfeld
– Entwicklung des BSP – Pro-Kopf-Einkommen – Inflationsrate – Zinssätze – Lohnniveau – Arbeitslosigkeit – Rohstoffversorgung – Infrastruktur – Währungskonvertibilität – Mitgliedschaft in regionalen Wirtschaftsverbänden, z. B. EU, NAFTA, ASEAN – ...	– Steuerrecht – Patentrecht – Regierungsform – Politische Stabilität – Produzentenhaftung – Wirtschaftsregulierung – Subventionspolitik – Handelsbeschränkungen – Terroristische Aktivitäten – Verflechtung zwischen Politik und Wirtschaft – ...	– Bevölkerungsentwicklung – Altersstruktur – Lebenserwartung – Sozialsysteme – Lifestyle – Arbeitseinstellung – Bildungsstand – Religion – Konsumverhalten – Ökologische Orientierung – Mobilitätsverhalten – ...	– Transportinfrastruktur – Qualität der Hochschulen – Telekommunikationsinfrastruktur – Internetverfügbarkeit – Wissenstransfer – Energieverfügbarkeit – Patentschutz – F&E-Ausgaben – Produktinnovationen – Verfahrensinnovationen – ...	– Verfügbarkeit von Ressourcen – Entwicklung des Umweltzustands – Reversibilität der Veränderungen – Bedeutung der Umweltprobleme – Umweltschutzkosten – Umweltschadenskosten – ...

Praktische Anwendung

Schritt 1: Einflussfaktoren definieren

Zunächst sind die zu analysierenden Einflussfaktoren zu definieren, denn sie bestimmen letztlich die Qualität der Umweltanalyse. Welche Faktoren wichtig sind, hängt ab von der Wahrscheinlichkeit ihres Eintretens und den Konsequenzen, die sich daraus für das Unternehmen ergeben. Die Umweltanalyse wird also für einen großen, internationalen Konzern viel umfassender ausfallen als für ein kleineres, mittelständisches Unternehmen, das seine Umweltanalyse auf wenige Faktoren beschränken kann.

Tabelle 5.1 enthält Beispiele für Einflussgrößen der allgemeinen Umwelt in einem um die ökologische Umwelt erweiterten PEST-Modell.

Schritt 2: Entwicklung beschreiben

Danach sind die vergangene und die aktuelle Entwicklung zu beschreiben. Diese Beschreibung sollte möglichst knapp und präzise ausfallen und – soweit als möglich – auf Fakten beruhen. Die Übersicht in Tab. 5.2 gibt Hinweise über Datenquellen sowie Analyse- und Prognosetechniken für die Erstellung einer PEST-Analyse.

Schritt 3: Prognosen erstellen

Diese Fakten über die Trends der Vergangenheit und Gegenwart bilden die Basis für die Prognose der zukünftigen Entwicklung. Je nach zu untersuchendem Faktor kann die Prognose qualitativ, quantitativ oder als Kombination qualitativer und quantitativer Elemente erfolgen.

Tabelle 5.3 enthält eine PEST-Analyse für die Luftfahrtindustrie.

Schritt 4: Attraktivität beurteilen

Zu guter Letzt sind die Einzelaussagen in einem Gesamtbild der Umweltentwicklung zusammenzufassen. Interdependenzen zwischen den Einzelentwicklungen sind zu identifizieren und ihre Wirkungen abzuschätzen. Das Ergebnis ist eine qualitative Beurteilung der Attraktivität der Makroumwelt.

Kritik des Instruments

Bei der Umweltanalyse handelt es sich um eine sehr breit angelegte Technik. Die Analyse einer so großen Zahl von Parametern kann schnell ins Uferlose führen und mit oberflächlichen Ergebnissen enden, die keinen substanziellen Beitrag zur Analyse der strategischen Ausgangslage mehr leisten. Besonders die Selektion der Faktoren, die für das Unternehmen wichtig sind, stellt ein Problem dar. Die Selektion sollte im Hinblick auf die Wahrscheinlichkeit des Eintretens der Faktoren und ihrer möglichen Konsequenzen für das Unternehmen erfolgen. Hierzu ist ein großes Maß an Erfahrungswissen notwendig; daher kann die Einbeziehung von externen Experten sinnvoll sein.

Tab. 5.2: Techniken für die erweiterte PEST-Analyse (Quelle: in Anlehnung an Rigsby/Greco 2003, S. 44 f.)

	Ökonomisches Umfeld	**Polit.-rechtl. Umfeld**	**Sozio-kulturelles Umfeld**	**Technologisches Umfeld**	**Ökologisches Umfeld**
Datentypen	– Sekundärquellen – Überwiegend quantitative	– Sekundär- u. Primärquellen – Qualitativ	– Sekundär- u. Primärquellen – Qualitativ und quantitative	– Überwiegend Primärquellen – Überwiegend qualitativ	– Überwiegend Sekundärquellen – Qualitative u. quantitative Auswertungen
Datenquellen (beispielhaft)	– Statistische Ämter – Bundesbank – Branchenverbände	– Ministerien – Zuständige Behörden – Branchen- u. Interessenverbände	– Meinungsforschungsinstitute – Verbände	– Forschungsinstitute, z. B. Fraunhofer – Forschungsministerium – Branchenverbände – Forschungsunternehmen	– Forschungsinstitute – Branchen- u. Interessenverbände – Behörden/ Ministerien
Techniken	– Modelle	– Inhaltsanalyse von politischen Reden, Programmen und Gesetzen – Experten/ Lobbyistenmeinungen – Panels	– Marktforschung – Fokusgruppen – Tiefeninterviews – Panels – Inhaltsanalysen	– Expertenpanels – Experteninterviews	– Auswertung von Umweltberichten der Staaten oder übernationaler Organisationen – Trends in der Umweltforschung – Berichte und Statements von NGO's
Prognosetypen	– Trendextrapolation – Zeitreihenanalysen – Ökonometrische Modelle – Simulationsmodelle	– Ereignisketten-analyse – Politische Risikoanalyse	– Simulationen – Profile – Wertprofile – Prioritätenanalysen	– Historische Analysen – Wahrscheinlichkeitsberechnungen – Morphologische Methoden – Delphi-Methode	– Trendextrapolationen – Computermodelle

Tab. 5.3: PEST-Analyse für die Umwelt von Fluggesellschaften

Politik (Political)	– Deregulierung der Luftfahrtbranche führt zu mehr Wettbewerb – Langwierige Genehmigungsverfahren für Flughafenaus-, neu-, oder -umbau – Anflug- und Überflugrechte abhängig von zwischenstaatlichen Regelungen – Großer Einfluss von politischen Risiken (Krieg oder Kriegsgefahr) – Staatliche Stellen legen strenge Sicherheitsstandards fest (Terrorismus) – Staatliche Unterstützung für Fluggesellschaften (Prestigeobjekte), Flughäfen und Flugzeughersteller – Steuerbefreiungen für Treibstoff und MWSt
Wirtschaft (Economical)	– Hoher Einfluss von Wirtschaftskrisen auf die Nachfrage – Steigende Ölpreise wirken sich auf die Flugpreise aus – Wachsende steuerliche Belastung der Fluggesellschaften – Zusätzliche Kosten durch die Aufnahme der Luftfahrtbranche in den CO_2-Emissionshandel der EU
Gesellschaft (Social)	– Reiseverhalten von Sicherheitsbedenken (Terrorismus) beeinflusst – Negative Nachfrageeinflüsse aufgrund der Angst der Fluggäste vor der Übertragung von Krankheiten (z. B. SARS) – Mehr Freizeit und Einkommen führt zu mehr Reisen (Fernreisen) – Wachsende ökologische Bedenken in der Bevölkerung im Hinblick auf Fluglärm, Luftverschmutzung und den Ausbau von Flughäfen
Technologie (Technological)	– Neue Luftraumüberwachungssysteme (Single European Sky Projekt) erhöhen Luftraumkapazität und reduzieren Wartezeiten – Entwicklung von Hub-and-Spoke-Systemen zur Verbesserung der Auslastung – Neue Flugzeugtypen (z. B. A380, A350, Boeing 787 Dreamliner) mit geringerem Energieverbrauch und niedrigeren Lärmemissionen – Verbesserte IT-gestützte Ertrags- und Kapazitätsmanagementsysteme – Automatisierte Check-in- und Ticketsysteme

Fehlerträchtig ist außerdem die vom Modell geforderte Beschreibung der Veränderungen in der Zukunft. Die Aufarbeitung der historischen Entwicklung und der gegenwärtigen Situation gelingen meistens recht gut. Für die Zukunft hingegen wird oft kurzerhand unterstellt, dass die Entwicklung eines spezifischen Einflussfaktors sich ungebrochen fortsetzt. Für viele Führungskräfte dürfte es schwierig sein, Diskontinuitäten zu entdecken, weil die eingeschliffenen Denkmuster oft keinen Platz für neue Perspektiven lassen. Einer Prognose und dem Auffinden von Diskontinuitäten sind indes große Aufmerksamkeit zu schenken. Für das Entdecken und Bearbeiten solcher Trendbrüche bietet sich die Szenarioanalyse an (vgl. Abschn. 7.2.5).

Auch wird die Zuordnung spezifischer Entwicklungen zu den einzelnen Kategorien manchmal sehr schwierig. So hat bspw. eine deutliche Erhöhung der Inflationsrate nicht nur wirtschaftliche, sondern auch soziale und politische Konsequenzen. Hier ist pragmatisch vorzugehen, d. h. die Analyse ist für alle relevanten Faktoren vorzunehmen.

Strategische Bedeutung und Nutzen

Die PEST-Analyse ist Teil der externen Analyse und gehört in die erste Phase der Strategieentwicklung – die Analyse der strategischen Ausgangssituation. Die PEST-Analyse soll wichtige Informationen über Trends und Diskontinuitäten bereitstellen, die bei der Strategieformulierung berücksichtigt werden müssen. Bedingt durch eine größere Umweltdynamik und -komplexität kann ein Unternehmen nämlich schnell in eine gefährliche Schieflage geraten, wenn wichtige Umweltfaktoren falsch eingeschätzt oder vernachlässigt werden. Erst die Auseinandersetzung mit zukünftigen Entwicklungen gibt dem Unternehmen die Möglichkeit, alternative Strategien zu entwickeln und auf diese Weise nicht nur auf spezifische Umweltveränderungen zu reagieren, sondern diese frühzeitig zu erkennen und sich proaktiv darauf einzustellen.

Eine PEST-Analyse ist immer dann sinnvoll, wenn das Unternehmen beabsichtigt, in neuen Märkten tätig zu werden und gleichzeitig nur wenig Wissen über diese Märkte besitzt. Das gilt vor allem bei einer Expansion im Ausland. Für den Fall, dass das Unternehmen mit der Makroumwelt sehr vertraut ist, sollte pragmatisch vorgegangen werden – dann sind nur die PEST-Kategorien mit hoher Bedeutung für die zukünftige Strategieentwicklung zu analysieren.

Überschneidungen mit anderen Instrumenten

Szenarioanalyse

Mit der Szenariotechnik (vgl. Abschn. 7.2.5) sollen mögliche Entwicklungen in der Zukunft analysiert werden. Dabei werden in der Regel verschiedene Szenarien oder Zukunftsbilder ausgearbeitet (z. B. bester/schlechtester/wahrscheinlichster Fall). Während beim PEST-Modell die systematische Kategorisierung von Einflussfaktoren im Vordergrund steht, liegt der Fokus hier auf der Entwicklung von Zukunftsbildern. Die Anwendung der Szenariotechnik kann sich an eine PEST-Analyse anschließen.

Stakeholder-Analyse

Diese Analyse (vgl. Abschn. 5.2.3) kann ergänzend zu einer PEST-Analyse durchgeführt werden. Sie ist ein wichtiges Instrument zur Identifikation von Anspruchsgruppen, die ein Interesse am Unternehmen haben. Die Stakeholder-Analyse geht über das PEST-Modell hinaus, weil sie auch interne Anspruchsgruppen erfasst, während die PEST-Analyse sich ausschließlich auf externe Faktoren konzentriert. Auf der anderen Seite werden Entwicklungen und Trends vernachlässigt, wenn sie nicht (oder noch nicht) von einer Anspruchsgruppe aufgegriffen worden sind.

5-Kräfte-Modell

Das PEST-Modell ist häufig die Ausgangsbasis für den nächsten Schritt der Umweltanalyse, nämlich die Untersuchung der unmittelbar auf eine Branche einwirkenden Faktoren mit Hilfe von Porter's 5-Kräfte-Modell (vgl. Abschn. 5.2.3). Will ein Unternehmen bspw. in einem neuen Markt tätig werden, dann ist es sinnvoll, in einem ersten

Schritt die Makroumwelt zu untersuchen. Führt diese Analyse zu einem positiven Ergebnis, schließt sich in einem weiteren Schritt eine detaillierte Branchenanalyse mit Hilfe von Porter's fünf Kräften an.

5.2.2 Analyse von Megatrends

Die Megatrend-Analyse ist ein Instrument zur Beschreibung und zum Verständnis des Unternehmensumfelds in der Zukunft. Basierend auf einer kreativ-explorativen Vorgehensweise – der Zukunftsforschung (engl. Futures Studies oder Futurology) – wird versucht, anhand von heutigen Entwicklungen sowie einer Vorausschau auf die Zukunft Megatrends zu identifizieren. Als solche werden tiefgreifende, robuste und langfristige Veränderungen bezeichnet, die sich zugleich im sozio-kulturellen, technologischen, wissenschaftlichen, politischen und wirtschaftlichen Bereich abzeichnen und überregional manifestieren. Da diese Trends sämtliche Stakeholder-Gruppen eines Unternehmens beeinflussen und damit die Triebkräfte der Strategie darstellen, ist ein frühzeitiges Erkennen der Megatrends und eine proaktive Anpassung der Strategie erfolgskritisch.

Beschreibung und theoretischer Hintergrund

Die Geschichte der Zukunftsforschung reicht weit vor das 20. Jh. zurück; einen wahren Boom erlebte sie im Rahmen der industriellen Revolution (Kreibich 2008). Der Begriff Futurology (deutsch Futurologie) wurde 1945 in den USA durch Flechtheim geprägt (Siebe 2018). In den USA wurden in den 1950er Jahren die ersten auf Zukunftsforschung ausgerichteten Denkfabriken (engl. Think Tanks) gegründet (Burmeister et al. 2004). In den 1970er Jahren griff die Futurologie Konzepte der Systemtheorie und Kybernetik auf. Einen weiteren Meilenstein der Zukunftsforschung stellt die Veröffentlichung „Die Grenzen des Wachstums" des Club of Rome (Meadows 1972) dar, die basierend auf einer Computersimulation alarmierende und neue Erkenntnisse zu den Wachstumsgrenzen modernen Wirtschaftens lieferte.

Der Begriff Megatrend ist auf Naisbitt (1982) zurückzuführen, der in seinem gleichnamigen Werk zehn zukünftige Entwicklungen (z. B. die Übergänge von der Industrie- zur Informationsgesellschaft oder von Hierarchien zum „Networking") beschreibt, die rückblickend sehr zutreffend waren. Naisbitt (1982, S. XXIII) definiert Megatrends als „... large social, economic, political, and technological changes (...), they influence us for some time – between seven and ten years, or longer." Charakteristische Merkmale eines Megatrends sind (Gatterer 2012 und Zukunftsinstitut 2015a):

- Langlebigkeit (im Gegensatz zu Naisbitt spricht man heute jedoch eher von 30–50 Jahren).
- Ubiquität und Komplexität.
- Robustheit (obwohl jeder Megatrend von einem Gegentrend – einem sogenannten „Retro" – begleitet wird).
- Globale Reichweite.

Gastbeitrag von **Prof. Dr. Anna Rosinus, Hochschule Mainz**

Naisbitt (1982) schreibt weiterhin, dass die Basis für ein Vorhersagen der Zukunft im Verständnis der Gegenwart liege. Dieser Grundgedanke spiegelt sich auch in der Vorgehensweise heutiger Forschungsinstitute wider, die zunächst stets eine Vielfalt an Daten über die Gegenwart sammeln und analysieren (etwa Zukunftsinstitut, 2b AHEAD, FutureManagementGroup, Z_punkt GmbH oder IZT im deutschsprachigen Raum).

In der Zukunftsforschung im Allgemeinen und der Megatrend-Analyse im Speziellen werden verschiedene wissenschaftliche Ansätze angewendet. Einige Autoren (z. B. Burmeister et al. 2004 oder Kreibich 2008) sprechen gar von einem Methodenkanon, der u. a. Wahrscheinlichkeitstheorie, Systemtheorie, Spieltheorie, Kognitionspsychologie, Kultursoziologie oder Netzwerk-Theorie umfassen kann (Zukunftsinstitut 2013). Zukunftsforschung bedient sich hierbei der Leistungen anderer Fachdisziplinen, die in geeigneter Form kombiniert werden (Müller-Friemauth/Kühn 2017). In der Praxis werden, um zukünftige Entwicklungen zu identifizieren, zu konkretisieren und zu beschreiben, Instrumente wie die Szenario-Technik, die Delphi-Methode sowie das Business Wargaming eingesetzt. Weitere Wege, um an Informationen zu gelangen, sind z. B. Trendscouts oder das Crowdsourcing. Deutliche Überschneidungen der Analyse von Megatrends – sowohl bei der Datenbeschaffung als auch im Rahmen der Informationsverarbeitung – mit benachbarten Ansätzen wie der Szenario- und der SWOT-Analyse sind offensichtlich. Eng verwandt ist auch das Ansoffsche Konzept der „schwachen Signale" (Ansoff 1975).

Praktische Anwendung

In der praktischen Anwendung ähnelt die Arbeit mit Megatrends grundsätzlich dem Vorgehen bei einer PEST- oder SWOT-Analyse (siehe auch Abschnitte Überschneidung mit anderen Instrumenten und Ähnliche Instrumente). Das hier beschriebene Vorgehen lehnt sich an die vier Schritte im Corporate-Foresight-Angebot der Z-Punkt GmbH (2018a) an. Die Schritte reichen vom Verständnis der Systemdynamik (des internen und externen Umfelds) über Antizipation (zukünftiger Entwicklungen) bis hin zum Erkennen und Entwickeln strategischer Optionen.

Schritt 1: Identifikation der Trends

Um mögliche Megatrends zu identifizieren, bedienen sich die meisten Unternehmen der Analysen von Spezialisten aus den oben genannten Forschungsinstituten oder zunehmend auch Beratungsgesellschaften. Vereinzelt werden auch (zusätzlich), insbesondere von großen Unternehmen, die über die nötigen finanziellen und personellen Ressourcen verfügen, eigene Recherchen angestellt. Beispielsweise findet man auf den Webseiten von Siemens, der ING-DiBa, aber auch von Familienunternehmen wie der Freudenberg Gruppe oder der Schaeffler AG Beiträge zum Thema Megatrends (Tab. 5.4). Die Identifikation der Trends erfolgt i. d. R. mit einem mehrstufigen Vorgehen: Beobachtung ausgewählter Frühwarnindikatoren – offene Recherche in diver-

Tab. 5.4: Megatrends verschiedener Organisationen im Vergleich

Themenfeld	Zukunftsinstitut: Megatrend Map 2015	Z_Punkt: Megatrends 2018	EY 2016	PWC 2018	Schaeffler AG 2018
Technologischer Fortschritt	Konnektivität	The Digital Transformation	The Future of Smart (Digital Future)	Technological breakthroughs	Digitalisierung: Information im Wandel
	Mobilität				
Globalisierung und Urbanisierung	Globalisierung	Power Shifts		Shift in global economic power	Globalisierung: Stark vernetzt
	Urbanisierung	New Political World (Dis)Order	Urban World	Rapid Urbanisation	Urbanisierung: Kreativität ist gefragt
		Global Urbanisation	Industry Redefined		
Arbeitswelt	New Work	Business Ecosystems	Future of Work		
	Wissenskultur	Volatile Economy			
		Changed Work Environments			
Umwelt	Neo-Ökologie	Anthropogenic Environmental Damage	Resourceful Planet	Climate Change and Resource Scarcity	Klimawandel: unseren Planeten erhalten
		Biotechnical Transformation			
Gesellschaftlicher Wandel	Gender Shift	Demographic Change	Empowered Consumer	Demographic and Social Change	
	Individualisierung	Societal Disparities	Behavioral Solutions		
	Silver Society				
	Sicherheit				
	Gesundheit		Health Reimagined		
Quelle:	Zukunftsinstitut (2015b)	Z_punkt GmbH (2018b)	EY (2017)	PWC (2018)	Schaeffler AG (2018)

sen Informationsquellen –, Benennung, Beschreibung und Visualisierung der Megatrends und ihrer Subtrends (in Anlehnung an Zukunftsinstitut 2013).

Die ausgewählten Frühwarnindikatoren können je nach Themenfeld und Branche sehr unterschiedlich sein und sowohl offiziellen statistischen Erhebungen als auch speziellen Umfragen entstammen. Die Auswahl der Indikatoren limitiert allerdings das Spektrum möglicher Ergebnisse, weswegen ergänzend auf das „offenere" Scanning zurückgegriffen wird.

Bei der offenen Recherche in diversen Informationsquellen bieten sich heute neben der klassischen Presse auch Blogs und soziale Netzwerke an. Bereits Naisbitt (1982) hat für sein prägendes Werk „Megatrends" auf eine umfassende Medienanalyse zurückgegriffen.

Zum letzten Schritt – der Benennung, Beschreibung und Visualisierung der Megatrends und ihrer Subtrends – sollte auch die nähere Untersuchung der Trends auf ihre Entstehung, Entwicklung und Relevanz (z. B. anhand einer Kontextanalyse) zählen. Der Kern dieses Schritts besteht aber darin, den identifizierten Trends und Entwicklungen Namen zu geben, um sie mit Bildern und Geschichten möglichst greifbar zu machen.

Die verschiedenen Megatrends werden oft in Subtrends unterteilt, die wiederum meist von mehreren Megatrends getrieben bzw. beeinflusst werden. Bei der Trendanalyse ist daher eine Berücksichtigung von Wechselwirkungen unabdingbar.

Beispiel: Der Megatrend Neo-Ökologie des Zukunftsinstituts (2015b) umfasst offensichtliche Subtrends wie die Zero Waste, Green Tech, Nachhaltigkeits- oder Post-Carbon-Gesellschaft, aber auch Themen wie Maker Movement, Fair Trade oder Sharing Economy. Energieeffizienz ist nicht mehr nur ein Wohlstandsthema: Zwar steigt der Erdölverbrauch vor allem in den großen Industrienationen Deutschland, Großbritannien und sogar den USA unterproportional mit dem Wirtschaftswachstum. Zunehmend wird jedoch selbst in aufstrebenden Volkswirtschaften wie China auf erneuerbare Energien gesetzt. Die Liebe zur Umwelt lässt Haushalte weltweit Müll vermeiden, sich vermehrt in der Natur aufhalten und bewegliche Gegenstände wie Fahrräder und PKW teilen. Bei Lebensmitteln wird immer mehr auf regionale Herkunft und Bioqualität geachtet, und Investitionen in nachhaltige Technologien nehmen weltweit zu.

Schritt 2: Folgenabschätzung, Risikoanalyse und Priorisierung

Die Auswirkungen der zuvor identifizierten Megatrends auf das betrachtete Unternehmen (bzw. die Branche) werden im zweiten Schritt analysiert. Da die Megatrends per definitionem universeller Natur sind, müssen nicht nur die Einflüsse auf die Kunden, sondern auch auf die Prozesse und Ressourcen des Unternehmens analysiert werden. Dies erfordert außer einem detaillierten Verständnis der Trends, ihres Wirkungshorizonts und des eigenen Geschäftsmodells ein klares Bild der Wirkungsmechanismen und -ketten. Für Unternehmenszwecke kann vereinfachend angenommen werden, dass die durch die Megatrends beschriebenen gesellschaftlichen Veränderungen im Wesentlichen über einen Wandel der Bedürfnisse von Individuen wirken

(Seiter/Ochs 2014). Diese wiederum beeinflussen Angebot und Nachfrage, indem sie sowohl Anspruch und Verhalten der Arbeitskräfte als auch Zahlungsbereitschaft und Wünsche der Kunden verändern.

Beispiel: Neo-Ökologie und der mittelständische Automobilzulieferer Hoffmann (fiktiv)

Hoffmann ist seit rund 50 Jahren anerkannter Zulieferer der Automobilindustrie im Bereich Stoßfänger. Die wesentliche Innovation der vergangenen Jahre bestand in der Just-in-Sequence-Belieferung individuell lackierter Stoßstangen für die deutschen OEMs. Hiermit konnte sich Hoffmann gegen internationale Konkurrenten behaupten. Um diesen Vorsprung auch die nächsten Jahre aufrechtzuerhalten, hat der Vorstand beschlossen, ein Projekt „Future and Megatrends" zu initiieren. Nach einer ausgiebigen Analyse der Fülle an Megatrends, die verschiedene Think Tanks beschreiben, beschließt das cross-funktionale Projektteam, sich auf den Megatrend Neo-Ökologie (auch unter den Namen Environment, Green Economy o. Ä. zu finden) zu fokussieren. Als wesentliche Aspekte für Hoffmann werden Emissionsreduktion, das Cradle-to-cradle-Konzept sowie der Sharing-Economy-Ansatz bestimmt.

Schritt 3: Identifikation möglicher und Auswahl geeigneter Maßnahmen

Schließlich besteht der entscheidende Schritt darin, aus den identifizierten Veränderungen Maßnahmen abzuleiten, um die langfristige und nachhaltige Profitabilität des Unternehmens sicherzustellen. Wie weitreichend diese Maßnahmen sein müssen, hängt vom jeweiligen Trend ab; das Spektrum reicht hierbei von kleineren Veränderungen in Produkt- und/oder Prozessdesign bis hin zu völlig neuen Geschäftsmodellen.

Maßnahmen für den mittelständischen Automobilzulieferer Hoffmann (fiktiv)

Das Projektteam hat in diversen Brainstorming- und Design-Thinking-Runden sowie einigen Experteninterviews folgende Ideen gesammelt: Die eigene Entwicklungsabteilung wird zusammen mit einem externen Labor an einem neuen Material für universell verwendbare Stoßstangen arbeiten. Dieses Material soll möglichst rückstandsfrei recycelbar sein sowie verbesserte Aerodynamik- und Kompressionseigenschaften haben. Es wird ein Rücknahmesystem entwickelt, durch welches im Schadensfall oder bei Verschrottung die Materialen nahezu vollständig erfasst und wiederverwendet werden können. Statt individualisierter Lackierung sollen künftig standardisierte Stoßstangen mit verbesserten Kompressionseigenschaften speziell für Carsharing-Fahrzeuge das Prestigeprodukt werden. Erfahrungen aus den ersten Jahrzehnten Carsharing haben gezeigt, dass die Nutzer doch etwas „rauher" mit den Fahrzeugen umgehen. Die unlackierten Stoßstangen aus dem neuen Material sind selbst robuster und werden bei kleinen Zusammenstößen nicht beschädigt. Sie können zudem dazu beitragen, Schäden an der Karosserie zu verringern. Die neuen Recycling-Möglichkeiten helfen, den Materialeinsatz zu optimieren, und die verbesserte aerodynamische Konstruktion verringert den Kraftstoff- oder Stromverbrauch, somit also auch den Carbon Footprint der Fahrzeuge.

Strategische Bedeutung und Nutzen

Megatrend-Analysen bilden, wie auch die SWOT-Analyse oder Szenariotechnik, ein wichtiges Element der externen Analyse. Die Unternehmen, die rechtzeitig zukünftige Entwicklungen antizipieren, können darauf reagieren, um ihr bestehendes Geschäftsmodell gegen bestehende und neue Wettbewerber zu verteidigen, Alt-Kunden zu begeistern sowie neue Abnehmer zu gewinnen und ggf. sogar neue Geschäftsmodelle und/oder neue Märkte im Sinne des Blue-Ocean-Konzepts (vgl. Abschn. 8.2.1) zu kreieren (Hungenberg 2014, Kim/Mauborgne 2015 und Johnson et al. 2018). Die ermittelten Megatrends können in eine Szenarioanalyse einfließen sowie zur Ableitung von Frühwarnindikatoren dienen.

Kritik des Instruments

Der erste Kritikpunkt kann direkt aus dem Begriff Megatrend abgeleitet werden: Vielfach wird bei der Diskussion um Zukunftsfragen inflationär mit Buzzwords gearbeitet, die eine Tendenz zu Übertreibung bzw. Einseitigkeit mit sich bringen (Eagar et al. 2014). In Ermangelung einer wissenschaftstypischen Vorgehensweise, die zuverlässige, validierbare, interpersonal reproduzierbare und objektive Erkenntnisse liefert, wird die Zukunftsforschung allgemein oftmals als Schein- oder Pseudowissenschaft abgetan (Kreibich 1991 oder Müller-Friemauth/Kühn 2017).

Die typische Vorgehensweise – ein Vorhersagen der Zukunft basierend auf dem Verständnis der Gegenwart – hingegen liefert weiteren Anlass zur Kritik, da Extrapolation stets impliziert, dass sich Entwicklungen in der Zukunft weiter wie bisher fortsetzen. Radikale Brüche und echte Diskontinuitäten können so nicht erkannt werden.

Penn und Zalesne (2009) beschreiben in ihrem Buch „Microtrends: The Small Forces Behind Tomorrow's Big Changes" gar, dass in der heutigen heterogenen Welt Microtrends (also kleinteilige Veränderungen in einzelnen gesellschaftlichen Gruppen und Marktsegmenten) eine bedeutendere Rolle einnähmen als Megatrends, insbesondere für Unternehmen, die sich auf Nischenmärkte konzentrieren (Piercy 2017). Generell scheint eine saubere Trennung zwischen eher kurzlebigen Moden und denjenigen Subtrends, die in Summe einen Megatrend bilden, sehr schwierig zu sein.

Den strategischen Nutzen im Unternehmen betreffend, besteht ein weiterer Kritikpunkt an der Analyse von Megatrends darin, dass selbige nur dann von Nutzen ist, wenn neben dem bloßen Nennen und Beschreiben der Trends auch über Implikationen wie Verhaltensänderungen, Innovation und Strategieanpassung nachgedacht und entschieden wird. Dies mag in gewisser Weise zwar für alle Strategietools gelten, die Analyse von Megatrends birgt aufgrund ihres Buzzword-Charakters (siehe erster Absatz dieses Abschnitts) jedoch das besondere Risiko folgenloser Untersuchungen.

Ähnliche Instrumente

Szenarioanalyse

Dieses Instrument analysiert ebenfalls mögliche Entwicklungen in der Zukunft (vgl. Abschn. 7.2.5). Die Besonderheit besteht darin, dass nicht eine mögliche Entwicklung, sondern verschiedene Szenarien oder Zukunftsbilder ausgearbeitet werden. Die Megatrend-Analyse hingegen beschreibt – einerseits allgemeiner, andererseits aber thematisch sehr differenziert – eine mögliche Entwicklung der Zukunft. Die Anwendung der Szenariotechnik kann sich an die Megatrend-Analyse anschließen.

Corporate Foresight

Mit diesem Begriff bezeichnet man die im Unternehmen erfolgende Zukunftsforschung (z. B. Ruff 2006). Sie soll – ähnlich wie die Megatrend-Analyse oder die Szenario-Technik – den nachhaltigen Erfolg und Fortbestand der Organisation gewährleisten. Corporate Foresight kann gewissermaßen als Klammer um sämtliche zukunftsgerichtete Analysemethoden gesehen werden.

Überschneidungen mit anderen Instrumenten

SWOT-Analyse

Sie visualisiert als Strategieanalyse- und Strategieformulierungstool mögliche Umwelteinflüsse auf die zukünftige Entwicklung des Unternehmens. Konträr zur SWOT-Analyse entfällt bei der Megatrend-Analyse die explizite Differenzierung von externem und internem Einflussbereich sowie von vorteilhaften und riskanten Entwicklungen.

PEST-Analyse

Sie dient der systematischen Erfassung von Entwicklungen im Makroumfeld eines Unternehmens in politischer, ökonomischer, soziokultureller und technologischer Dimension (vgl. Abschn. 5.2.1). Im Gegensatz hierzu sind bei einer Megatrend-Analyse nicht die verschiedenen Einflussbereiche zukünftiger Entwicklungen der Ausgangspunkt, sondern der thematische Schwerpunkt.

5.2.3 Stakeholder-Analyse

„All I can say is that if the other three parties named above [customers, employees, community] are properly taken care of, the stockholder will benefit in the long pull“ (Robert E. Wood, CEO von Sears, in Worthy 1984, S. 77).

> Mit dem Begriff „Stakeholder“ werden Gruppen und Personen innerhalb und außerhalb des Unternehmens erfasst, die Interessen am und Ansprüche an das Unternehmen haben. Sie können großen Einfluss auf die Akzeptanz und die erfolgreiche Umsetzung einer Strategie haben. Mit Hilfe der Stakeholder-Analyse werden die für das Unternehmen relevanten Anspruchsgruppen identifiziert und anhand von Attributen wie Macht, Legitimität und Dringlichkeit ihrer Ansprüche weiter klassifiziert. Die strategische Bedeutung der jeweiligen Stakeholder kann eingeschätzt werden. Aus der Klassifizierung der Stakeholder in einer Matrix können Grundregeln zum Umgang mit den jeweiligen Stakeholdern abgeleitet werden.

Beschreibung und theoretischer Hintergrund

Barnard, amerikanischer Unternehmensführer und Managementtheoretiker, schreibt in seinem Buch „Functions of the Executive“ über Management: „It has been emphasized that purpose is something that must be accepted by all the contributors to the system of efforts" (1938, S. 231). Er verweist damit auf die notwendige Systemakzeptanz von grundlegenden Managemententscheidungen. In internen Dokumenten des Stanford Research Institute aus dem Jahr 1963 wird für diese Personen und Gruppen der Begriff „Stakeholder" verwendet. Ansoff (1965) weist (ohne Verwendung eines besonderen Begriffs) auf die Notwendigkeit einer Balance zwischen den Ansprüchen von verschiedenen Gruppen wie z. B. Führungskräfte, Belegschaft, Aktionäre, Lieferanten und Kunden hin. Freeman rückt in seinem 1984 erschienenen Buch „Strategic Management – a Stakeholder Approach" das Management der Anspruchsgruppen in den Vordergrund und etabliert den Begriff: „Business can be understood as a set of relationships among groups which have a stake in the activities that make up the business. Business is about how customers, suppliers, employees, financiers (stockholder, bondholder, banks etc.), communities, and managers interact and create value. To understand a business is to know how these relationships work. And the executive's or entrepreneur's job is to manage and shape these relationships" (Freeman 2010, S. 24 und ähnlich Bleicher 2017). Die Kenntnis der wichtigen Stakeholder und deren Interessen kann genutzt werden, um diese zielgerichtet zu beeinflussen. Die Stakeholder-Analyse hatte daher schon immer eine große Bedeutung für das Public Relations Management und das Lobbying (Oliver/Donnelly 2007).

Freeman et al. (2010) bezeichnen mit dem Begriff Stakeholder Gruppen oder einzelne Personen, die das Erreichen der Unternehmensziele beeinflussen können und/oder selbst durch diese betroffen werden. Dabei lassen sich interne Stakeholder (wie z. B. Mitarbeiter, Mitarbeitervertretungen oder Führungskräfte) und externe Anspruchsgruppen (wie z. B. Kunden, Lieferanten oder staatliche Behörden) unterscheiden. Stakeholder können nach Mitchell et al. (1997) nach den Kategorien „Macht zur Durchsetzung der Ansprüche", „Legitimität der Ansprüche in der Gesellschaft" und „Dringlichkeit der Ansprüche" unterschieden und in verschiedene Klassen unterteilt werden. So haben beispielsweise sowohl aktive Investoren als auch Gewerkschaften ein großes Machtpotenzial, als Eigentümer bzw. Mitarbeitervertreter legitime Ansprüche, die zudem dringlich sind (zeitlich und aufgrund der Bedeutung für die Stakeholder selbst). Sie sind Stakeholder mit herausragender Bedeutung. Ähnlich wie im strategischen Management wird auch im Projektmanagement die Rolle der Stakeholder intensiv diskutiert (Bourne/Walker 2005), wobei dort einzelne Personen und die projekttypischen Organisationsformen im Vordergrund stehen.

Die Stakeholder-Analyse erfolgt situativ und die möglichen Stakeholder-Gruppen werden nach einfachen Merkmalen erfasst und unterschieden (Bourne 2009):

- *Interesse am Unternehmen und Macht* (aktiv oder passiv).
- *Macht und Dynamik bzw. Berechenbarkeit* (Mendelow 1981).
- *Macht als Einfluss und Beeinflussbarkeit durch das Unternehmen* (Müller-Stewens/Lechner 2016). Als Ergebnis einer solchen Priorisierung werden A-Stakeholder (hoher Einfluss und gut beeinflussbar, relevanteste Gruppe für das Stakeholder-Management), B-Stakeholder (hoher Einfluss, schlecht beeinflussbar), C-Stake-

holder (mittlerer Einfluss, gut beeinflussbar) und D-Stakeholder (kaum Einfluss, kaum beeinflussbar und damit irrelevant) unterschieden.

- *Haltung – werden geplante Aktivitäten des Unternehmens unterstützt oder blockiert?* (Savage et al. 1991).

Praktische Anwendung

Die Stakeholder-Analyse erfolgt in vier Schritten und führt zu verschiedenen Klassen von Stakeholdern. In weiteren Schritten kann instrumentell ein zielführender Umgang (im Sinne der normativen Ausrichtung des Unternehmens bzw. Managements) mit Stakeholdern abgeleitet werden, um Risiken zu begrenzen, Interessen des Unternehmens durchzusetzen oder zusammen mit den Stakeholdern neue Lösungen zu finden.

Schritt 1: Identifizierung der Stakeholder

Grundsätzlich haben alle Unternehmen ähnliche ökonomische Stakeholder, spezifischer sind dagegen die nicht ökonomischen Stakeholder. Die Branche, die Produkte und Dienstleistungen, die Standorte, das Geschäftsmodell und die Rechtsform des Unternehmens bestimmen weitgehend, welche typischen Stakeholder ein Unternehmen hat. Die Ansprüche an Unternehmen sind dynamisch – mit neuen Produkten oder Dienstleistungen, Technologien und Geschäftsmodellen gibt es neue Themen und Probleme in der Gesellschaft und so kommen neue Stakeholder ins Spiel.

Die Identifizierung der Stakeholder erfolgt systematisch in den vier Segmenten der Tab. 5.5.

Tab. 5.5: Stakeholder-Gruppen (Quelle: in Anlehnung an Lawrence/Weber 2014, S. 9)

Stakeholder	Ökonomisch	Nicht ökonomisch
Intern	Mitarbeiter und Manager (verschiedene Ebenen, Gruppen und Standorte) Gremien, Abteilungen und Funktionen	Gewerkschaften Mitarbeitervertreter
Extern	Eigentümer, Anteilseigner Kunden Kreditoren Lieferanten Händler Komplementäre Kooperationsunternehmen	Regierung, öffentliche Institutionen, Regulierungsbehörden, Standardsetzende Agenturen Bürger, Kommunen NGO's Verbände, Wirtschaftsverbände Interessenverbände von Kunden oder Lieferanten Medien Konkurrenten

Abschließend ist zu prüfen, welche Auswirkungen externe Trends in Verbindung mit den Plänen des Unternehmens haben und welche Personen, Gruppen oder Organisationen davon betroffen sein werden. Dies stellt für Unternehmen bei negativen Auswirkungen der Unternehmenstätigkeit das größte Problem dar, weil diese intern oft bagatellisiert oder völlig ignoriert werden.

Schritt 2: Analyse der Macht der Stakeholder

Die große Zahl der möglichen Stakeholder erfordert eine Priorisierung, üblicherweise aufgrund der Macht der Stakeholder, das Erreichen der Unternehmensziele positiv oder negativ zu beeinflussen. Die Macht der Stakeholder kann direkt (eigene Entscheidung) oder indirekt (Beeinflussung der Entscheidung anderer) bedingt sein. So kann eine Behörde Entscheidungen treffen (direkte Macht), oder eine Organisation hat entscheidenden Einfluss auf die Behörde, die Entscheidungen trifft. Nach Johnson et al. (2017) kann der Einfluss der Stakeholder unterschieden werden in:

- *Bindungsmacht:* Die Aktionsfreiheit des Unternehmens kann einschränkt werden, z. B. durch Versagen behördlicher Genehmigungen oder Verkaufseinschränkungen.
- *Vergeltungsmacht*: Bestimmte Stakeholder können bei der Nichterfüllung ihrer Ansprüche Vergeltung üben, z. B. bei einem Streik von Mitarbeitern, einem Lieferstopp von Lieferanten oder Boykottaufrufen von NGO's.
- *Substitutionsmacht:* Ökonomische Stakeholder können die Beziehung mit geringem eigenen Schaden abbrechen, z. B. durch den Kapitalentzug durch Banken oder eine Kündigung von Mitarbeitern bei guter Arbeitsmarktlage.
- *Koalitionsmacht:* Stakeholder können sich die Unterstützung anderer mächtiger Anspruchsgruppen sichern. So ist es z. B. Umweltorganisationen oft gelungen, die Unterstützung der Massenmedien für ihre Anliegen zu gewinnen. Umgekehrt konnte die Automobilindustrie die Auswirkungen der seit 1999 verschärften Luftreinhalterichtlinien der EU auf ihre Branche etwa 20 Jahre weitgehend ignorieren, da sie Prüf- und Zulassungsverfahren sowie technische Vorschriften gestützt auf ihre Koalition von Ministerien, Behörden, Verbänden und Prüforganisationen praktisch selbst festlegen konnte. Erst die Aufdeckung zusätzlicher betrügerischer Manipulationen im sogenannten Dieselskandal ab 2015 führte zu ersten strikteren Auflagen, die durch die Koalitionsmacht der Automobilindustrie abgemildert und zumindest verzögert werden konnten.

Die folgende Tab. 5.6 zeigt die Faktoren, anhand derer die Macht interner und externer Stakeholder eingeschätzt werden kann.

Für die Bestimmung der Koalitionsmacht kann eine grafische Darstellung des Beziehungsgeflechts der Akteure (analog zu einem Soziogramm) sinnvoll sein. Dazu werden die einzelnen Stakeholder als Kreise dargestellt und intensive Beziehungen

Tab. 5.6: Bestimmung der Macht der Stakeholder (Quelle: in Anlehnung an Johnson et al. 2017, S. 137)

Quellen der Macht – interne Stakeholder	Quellen der Macht – externe Stakeholder
Stellung in der formalen Hierarchie oder rechtliche Ansprüche	Kontrolle über strategische Ressourcen, z. B. Material, Arbeitskräfte oder Geld
Stellung in der informalen Hierarchie (Reputation, Vernetzung)	Einbezug in/Bedeutung für die Umsetzung der Strategie
Kontrolle strategischer Ressourcen	Informelle Einflussmöglichkeiten innerhalb der Organisation
Besitz besonderer Fähigkeiten oder besonderem Wissen	Verbindung zu anderen Stakeholdern (Koalitionsmacht)
Kontrolle menschlicher Faktoren, z. B. Verhandlungsgeschick	
Bedeutung für die Strategieimplementierung, z. B. durch Entscheidungsspielräume	
Indikatoren für Macht – interne Stakeholder	**Indikatoren für Macht – externe Stakeholder**
Status	Status
Beanspruchung von Ressourcen	Abhängigkeit von Ressourcen
Befugnisse	Verhandlungssituation
Symbole	Symbole

und/oder personelle Verflechtungen zwischen ihnen als Verbindungslinien eingetragen.

Die relative Macht der Stakeholder wird qualitativ bewertet. Dies kann vereinfacht in drei Kategorien erfolgen (hoch, mittel, niedrig) oder detailliert mit Hilfe einer Skala (Notenskala von 1–6, Punkteskala von 1–10). Als Ergebnis wird die Liste der Stakeholder ergänzt durch eine Beurteilung der Macht des jeweiligen Stakeholders. Die weitere Bearbeitung konzentriert sich bereits stärker auf die mächtigen Stakeholder.

Schritt 3: Analyse des Interesses und der Ansprüche der Stakeholder

Im nächsten Schritt werden die Interessen der verschiedenen Stakeholder identifiziert und das derzeitige besondere Interesse am Unternehmen eingeschätzt. Die Stakeholder-Ansprüche können grob untergliedert werden in ökonomische, soziale, ökologische oder ideelle Interessen und sind genauer zu spezifizieren. So erfüllt beispielsweise die Windkraftbranche ökologische Ansprüche der Stakeholder, die Klimaschutz priorisieren, hat aber Gegner bei Anwohnern, die Lärm, die Veränderung des Landschaftsbildes oder Naturschutzaspekte kritisieren. In einer strategischen Analyse sind nur zentrale Interessen und Ansprüche relevant.

Wenn es um eine geplante Strategie oder um konkrete strategische Projekte geht, ist es sinnvoll, die grundlegende Einstellung der Stakeholder zu ermitteln und als ablehnend, neutral oder zustimmend einzustufen. Aufgrund der Analyse der Interessen und Ansprüche kann es notwendig werden, die Koalitionsmacht neu zu bewerten – divergierende Interessen können Koalitionen schwächen, ähnliche Interessen zum Entstehen neuer, überraschender Koalitionen führen.

Die Beurteilung des spezifischen Interesses der Stakeholder erfolgt anhand folgender Merkmale:

- Wie wichtig ist das Thema für den jeweiligen Stakeholder (z. B. Risikodimension, eingesetztes Kapital, Verfügbarkeit und Attraktivität von Arbeitsplätzen, Bedeutung des Unternehmens als Kunde, Lieferant, regionaler Arbeitgeber, emotionale Bindung)
- Welche anderen Aspekte und Themen beanspruchen derzeit die Aufmerksamkeit des Stakeholders?
- Wie gut (schnell, genau) funktionieren die Informationskanäle des Stakeholders?
- Verfügt der Stakeholder über die Kompetenz, die erhaltenen Informationen auszuwerten?

Auch die Einstellung und das spezifische Interesse können nur qualitativ beurteilt werden: Sinnvollerweise wird hier das gleiche Verfahren wie bei der Beurteilung der Macht der Stakeholder gewählt (groß, mittel, klein; Notenskala 1–6; Punkteskala von 1–10).

Als Ergebnis des zweiten und dritten Schritts liegt nun eine Liste der relevanten Stakeholder mit einer Einstufung von deren Macht und Interesse, der inhaltlichen Bestimmung des jeweiligen Interesses sowie der grundlegenden Einstellung gegenüber einem bestimmten Thema vor. Diese Liste gibt bereits eine Übersicht über die Notwendigkeit und Schwerpunkte der Beziehungen zu Stakeholdern und mit deren Einstellungen verbundenen Risiken und Chancen.

Schritt 4: Auswertung und Mapping der Stakeholder und Identifizierung von Risiken

Eine grafische Auswertung (Abb. 5.2) erhöht die Übersichtlichkeit und ermöglicht eine einfache Eingruppierung. Die Stakeholder werden aufgrund der Bewertungen in den vorangegangenen Schritten entsprechend ihrer Einstufung im Hinblick auf ihre Machtposition (y-Achse) und ihr Interesse am Thema (x-Achse) eingetragen (Freeman et al. 2010 und Lynch 2015). Zusätzlich kann durch die Verwendung von Kreisen unterschiedlichen Umfangs die zahlenmäßige Größe der Stakeholder-Gruppe dargestellt werden.

Beispiel: Das Unternehmen Uber vermittelt über eine Internetplattform Fahrdienstleistungen – sprich Taxifahrten – von selbstständigen, oft nebenberuflichen Fahrern ohne staatliche Lizenz und ohne spezielle Ausbildung in großen Städten. Mit seinem disruptiven Geschäftsmodell unterläuft Uber in vielen Ländern die bestehenden Regulierungen für das Taxigewerbe, in anderen, z. B. asiatischen Ländern ist die Branche nicht reguliert. Die Unterstützer des Modells (internetaffine Öffentlichkeit und Nutzer, die Fahrer von Uber) verfügen über ein geringes Machtpotenzial, ebenso die Gegner (Taxifahrer und -unternehmer). Die mächtigsten Stakeholder sind die Regulierungsbehörden, die national neu-

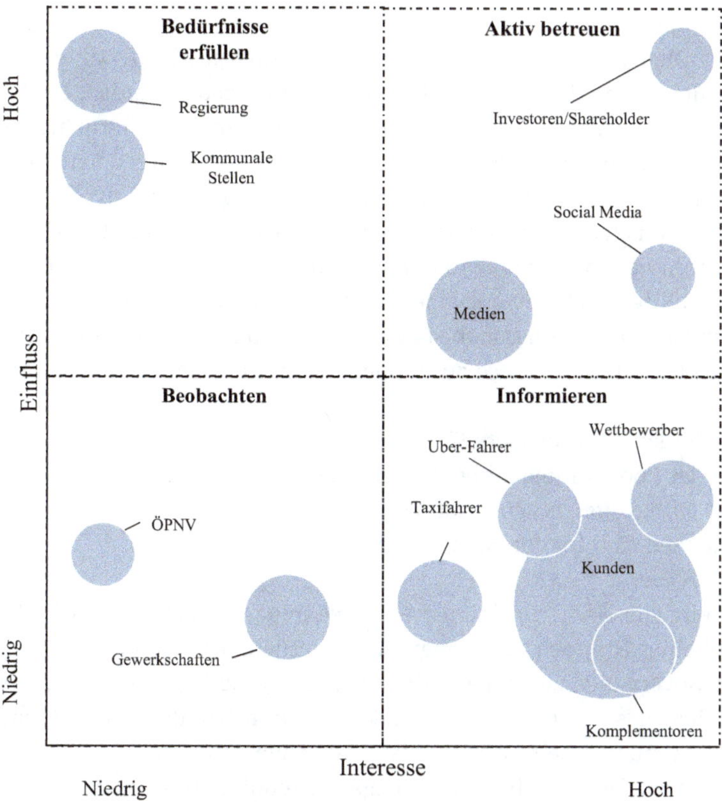

Abb. 5.2: Stakeholder-Mapping für Uber

tral, aber kommunal eher kritisch eingestellt sind. Gegner in den westlichen Ländern drängen diese zum Einschreiten und stärkerer Regulierung von Uber und konnten in einer Reihe von Städten und Ländern ein Verbot von Uber durchsetzen. Auch die Unterstützer versuchen, die Regulierungsbehörden in ihrem Sinne zu beeinflussen und Druck auszuüben, so z. B. in Deutschland. Uber hat in der Vergangenheit die Regulierungsbehörden weitgehend ignoriert oder sogar den Konflikt mit ihnen gesucht. Das Unternehmen versuchte seinerseits, die Unterstützer dazu zu bringen, Druck auf die Regulierungsbehörden auszuüben. Um Kosten einzusparen, setzte das Unternehmen seine Fahrer unter Druck und wurde dafür in der Öffentlichkeit heftig kritisiert.

Der aggressive und konfliktreiche Umgang des Unternehmens mit seinen Stakeholdern führte zu einem raschen Wachstum und hoher Aufmerksamkeit in den Medien. Das Stakeholder-Management von Uber in Verbindung mit dem autokratischen Führungsstil des Mitgründers und CEOs Travis Kalanick sowie sexistische Vorwürfe zwangen Kalanick 2017 zum Rücktritt. Das Unternehmen erwirtschaftet weiterhin hohe Verluste und erreichte mit dem Börsengang im Mai 2019 enttäuschende Ergebnisse. Vermutlich würde Uber heute sehr viel besser dastehen, wenn das Unternehmen strategisch mit den Regulierungsbehörden zusammengearbeitet und seine unterstützenden Stakeholder gepflegt hätte. Dies hat Uber erkannt. Bevor das Unternehmen heute in einer neuen Stadt tätig wird, bestimmt Uber einen „Community Manager", der die Kontakte und Beziehungen mit den lokalen Behörden und anderen Stakeholdern aufbauen und pflegen soll.

Schritt 5: Ableitung von Programmen, Aktionen und Richtlinien

Dieser Schritt erfolgt unternehmens-, branchen- und situationsspezifisch. Daher können hier nur einige allgemeine Hinweise und Empfehlungen gegeben werden. Die Ergebnisse der Stakeholder-Analyse können auf die PR-Aktivitäten des Unternehmens eingegrenzt werden, wenn die Macht der Stakeholder als begrenzt angesehen wird. Sind die Ansprüche der Stakeholder und deren Berücksichtigung strategisch relevant, dann sollte das Unternehmen ein zielgerichtetes Stakeholder-Management betreiben. Dies kann reaktiv auf Aktionen der Stakeholder, proaktiv durch das Antizipieren der Ansprüche oder interaktiv durch gemeinsame Lösungssuche mit den Stakeholdern geprägt sein. Die gemeinsame Lösungssuche fassen Spitzeck und Hanser (2010) unter dem Begriff der Stakeholder-Governance zusammen. Daraus ergeben sich neue Fragestellungen:

- Ist der Stakeholder kooperationsbereit?
- Ist der Stakeholder kooperationsfähig, d. h., hat er geeignete und ausreichende Ressourcen und Fähigkeiten für eine Kooperation?
- Welche Detailthemen sind für den Stakeholder relevant?

Beispielsweise betreibt die BASF ein intensives Stakeholder-Management. Für die Auswahl von Stakeholder-Gruppen, mit denen das Unternehmen interaktiv im Sinne der Stakeholder-Governance zusammenarbeitet, werden die folgenden Kriterien verwendet: der Einfluss des Stakeholders, seine Kooperationsbereitschaft und eine weitgehende Übereinstimmung beim Wertegerüst (Menschenrechte etc.).

Spitzeck und Hansen (2010) haben das Thema Stakeholder-Governance empirisch untersucht und können einige typische Verhaltensmuster erkennen, die hier als Empfehlungen wiedergegeben werden:

- Mit mächtigen Stakeholdern, die nur an einem Thema interessiert sind, erfolgt eine darauf konzentrierte punktuelle Zusammenarbeit. Damit ergeben sich Überschneidungen zum Issue Management.
- Mit mächtigen Stakeholdern, die eine größere Themenbreite verfolgen, erfolgt eine breit ausgerichtete strategische Zusammenarbeit. Mit weniger mächtigen Stakeholdern und einem eingeengten Spektrum von Themen und Organisationen wird ein themenzentrierter Dialog und eine Beratung durch die Stakeholder angestrebt.
- Bei einer großen Vielfalt von Themen und weniger mächtigen Organisationen dagegen steht ein Nutzen der Informationsgewinnung durch eine strategische Beratung und mögliche Innovationen im Vordergrund (sofern die Stakeholder als kompetent eingeschätzt werden).

Kritik des Instruments

Die Stakeholder-Analyse ist ein recht einfaches Instrument. Die Kritik bezieht sich auf zwei wesentliche Punkte: zum einen die Subjektivität dieser Analyse und zum anderen ihre zeitlich beschränkte Gültigkeit.

Die Erfassung der Stakeholder-Analyse, ihre Einordnung und Bewertung und die Empfehlungen zum Umgang mit ihnen erfolgen mit Hilfe von Checklisten, Mapping-Ansätzen und Scoring-Modellen durch das Management und die Mitarbeiter. Die Ergebnisse sind nicht objektiv; sie beruhen größtenteils auf subjektiven Einschätzungen, unterliegen dem Einfluss der jeweiligen Unternehmenskultur, der bereits gemachten oder nicht gemachten Erfahrungen mit Stakeholder-Gruppen und Trends in der Medienberichterstattung. Die Validität der Ergebnisse ist also begrenzt. Negative Auswirkungen von Unternehmensaktivitäten sind oft blinde Flecken in der Wahrnehmung und der Aufmerksamkeit des Managements. Dies erschwert dann die Identifikation von Stakeholdern mit dringlichen Ansprüchen.

Auf der anderen Seite müssen die realen Stakeholder selbst mit ihren Ansprüchen, ihrer Macht, ihrer Aufmerksamkeit für spezielle Themen, ihrer Kooperations- und Koalitionsbereitschaft als dynamisch eingestuft werden, so dass eine Stakeholder-Analyse schnell überholt sein kann. Die Dynamik hat sich durch das Internet, die damit verbundene schnellere Verbreitung von Nachrichten, aber auch durch deren Emotionalisierung und Übertreibung oder Verfälschung wesentlich verändert. Dies betrifft aber nicht alle Stakeholder gleichermaßen. Der zunehmenden Dynamik bei den Stakeholdern kann dadurch begegnet werden, dass die zeitlichen Abstände zwischen den Analysen verkürzt werden.

Methodisch kann bemängelt werden, dass weniger das Interesse der Stakeholder als deren Einstellung für das Management in der Praxis wichtig ist. Savage et al. (1991) schlagen deshalb vor, die Achse „Interesse" in der üblichen Form der Stakeholder-Matrix durch die Achse „Einstellung gegenüber dem Unternehmen oder seinem Vorhaben" (negativ–neutral–positiv) zu ersetzen.

Strategische Bedeutung und Nutzen

Stakeholder-Analysen haben den Zweck, die Unternehmensführung für die Herausforderungen aus dem Umfeld zu sensibilisieren und Lösungsansätze sichtbar zu machen. Ihre strategische Bedeutung und ihr Nutzen ergeben sich aus fünf Aspekten:

- *PR und Lobbying als strategische Aktivität:* Als einfaches Instrument richtet die Stakeholder-Analyse die PR-Arbeit und das Lobbying auf die wichtigen Stakeholder und die jeweils passenden Inhalte aus. Die Effizienz dieser Aktivitäten kann so gesteigert werden.
- *Management von Risiken und Chancen:* Unternehmensentscheidungen rufen bei den betroffenen Stakeholdern unterschiedliche Reaktionen hervor, auf die das Unternehmen reagieren muss. Die Stakeholder-Analyse ermöglicht es, wichtige Stakeholder zu identifizieren, deren Einstellung zu antizipieren und einen Plan für den Umgang mit ihnen und eine effektive Reaktion auf ihre Einstellungen zu entwickeln.
- *Entwicklung von Wettbewerbsvorteilen:* Grundlage für eine erfolgreiche Strategie und damit den Aufbau von Wettbewerbsvorteilen ist ein guter strategischer Fit

zwischen der externen und der internen Umwelt (Grant 2019). Dazu gehört ohne Zweifel ein gutes Verständnis der Nutzenerwartungen der verschiedenen Stakeholder-Gruppen und ein entsprechendes Management der Beziehungen zu den Stakeholdern. So zeigen z. B. Banks et al. (2016) anhand von Beispielen die Bedeutung des Stakeholder-Managements für einen Fit zwischen Stakeholder-Gruppen und Unternehmensstrategien, der dann die Grundlage für Wettbewerbsvorteile bildet. Ebenso können mit dem von Porter und Kramer (2011) entwickelten Shared-Value-Ansatz (siehe Überschneidungen mit anderen Instrumenten) Wettbewerbsvorteile aufgebaut werden – dazu ist ein entsprechendes Stakeholder-Management notwendig.

– *Strategieimplementierung und Change-Prozesse* (vgl. Abschn. 9.2): Mit der Stakeholder-Analyse können die internen (und ggf. externen) Beteiligten und ihre jeweiligen Interessen und Einstellungen identifiziert werden. Wichtig dabei ist die Identifizierung der starken Promotoren und Opponenten. Darauf gestützt kann eine zielgerichtete Kommunikation erfolgen, der Change-Prozess eventuell modifiziert werden, eine Koalition der Erneuerer gebildet werden und eine Steuerungsgruppe für das Change-Projekt installiert werden, in der die wichtigen Unterstützer zusammenwirken.

Ähnliche Instrumente:

Stakeholder-Kompass

Aus dem Bereich der Unternehmenskommunikation entwickelt, entwirft der Stakeholder-Kompass einen Ansatz für das Anspruchsgruppenmanagement. Zunächst werden die wichtigsten Bezugsgruppen eines Unternehmens deduktiv entlang der Wertschöpfung (Akteure des Beschaffungs- und Absatzmarkts) und der Wertsicherung (Akteure des Finanzmarkts und der Öffentlichkeit) identifiziert (Rolke, in: Rolke/Sass 2016). Sie werden unterteilt in A-Gruppen, direkte Marktteilnehmer wie Kunden, Mitarbeiter, Geldgeber), B-Gruppen, indirekte Marktteilnehmer durch Gestaltung der Rahmenbedingungen wie Politiker, Analysten) und die C-Gruppen, die nur Druck auf die anderen beiden Gruppen ausüben können, wie Gewerkschaften oder Verbraucherverbände.

Der Stakeholder-Kompass betont die Kommunikationsaspekte: Jeder Stakeholder ist einerseits Leistungspartner in einem spezifischen Markt, anderseits Repräsentant der jeweiligen Öffentlichkeit in diesem Markt. Unternehmen können diesen Doppelcharakter nutzen. Die Kommunikation mit dem Stakeholder liefert frühzeitig Informationen, auf die reagiert werden kann, und ermöglicht somit eine proaktive Steuerung der Unternehmensaktivitäten.

Der Stakeholder-Kompass bietet sich allgemein zur bezugsgruppenbezogenen Umfeldanalyse an und ordnet die wichtigsten Anspruchsgruppen vier Märkten zu: Beschaffungs-, Finanz-, Absatz- und Akzeptanzmarkt (Medien und Politik). Er trägt zum systematischen Interessenabgleich zwischen dem an, was die Anspruchsgruppen vom Unternehmen erwarten (Interessen und Nutzenerwartungen), und dem, was sie dem Unternehmen geben können (Wertbeiträge), bei.

Issue-Management

Während die Stakeholder-Analyse Personen oder Gruppen und deren Interessen und Einflussmöglichkeiten identifiziert, steht beim Issue-Management ein einzelnes, für die breite Öffentlichkeit wichtiges Thema im Vordergrund. Es hat eine hohe Bedeutung für viele Personen, Organisationen und Stakeholder, die aber dazu oft durchaus sehr unterschiedliche Meinungen vertreten. Ein Issue ist häufig sehr konfliktträchtig und hat politische und/oder legislative Implikationen. Ein Issue, d. h. ein wichtiges Thema für ein Unternehmen, entsteht immer dann, wenn eine reale Verbindung zum Unternehmen besteht oder hergestellt werden kann (Johnson et al. 2017). Das Issue-Management soll verhindern, dass ein Thema zur Bedrohung für das Unternehmen wird oder zu einer strategischen Überraschung, auf die das Unternehmen nicht vorbereitet ist. Die Folge: Entscheidungen werden zu spät oder falsch getroffen. Dies kann wiederum zu hohen finanziellen Verlusten und dem Verpassen von strategischen Möglichkeiten führen (Ansoff/McDonnell 1990).

Überschneidungen mit anderen Instrumenten

PEST-Analyse

Die PEST-Analyse identifiziert Trends in der Makro-Unternehmensumwelt, die in den meisten Fällen nicht direkt auf das Unternehmen einwirken, sondern meist über das Handeln von Gruppen oder Individuen. Mit der PEST-Analyse lassen sich daher frühzeitig mögliche Bedürfnis-, Erwartungs- und Entscheidungsveränderungen identifizieren, die sich erst in Zukunft als konkretes Verhalten der Stakeholder manifestieren lassen. Demgegenüber fokussiert die Stakeholder-Analyse stärker auf die gegenwärtigen Stakeholder und deren heutige Ansprüche. Aus der Kombination beider Methoden kann versucht werden, einerseits Veränderungen der Einstellungen und des Verhaltens der gegenwärtigen Stakeholder abzuleiten, anderseits auch Veränderungen bei der Relevanz von Stakeholdern und das Verschwinden oder Auftauchen neuer relevanter Stakeholder zu antizipieren.

Wesentlichkeitsmatrix

Mit der Stakeholder-Analyse werden die relevanten Interessengruppen identifiziert und im Hinblick auf Macht, Einstellung und Beeinflussbarkeit analysiert. Die Wesentlichkeits- oder Materialitätsmatrix (GRI 2016, Stierl/Lüth 2014 und Whithead 2016) hingegen beschäftigt sich mit den signifikanten Auswirkungen der Unternehmenstätigkeit und ihrer Bewertung durch die Stakeholder. Auf dieser Basis können die Themen in solche mit einer hohen, mittleren und niedrigen Priorität eingeordnet werden. Im Hinblick auf die Prioritäten können dann Grundregeln für den Umgang mit den jeweiligen Themen abgeleitet werden. Die Identifizierung der relevanten Stakeholder kann also als eine Voraussetzung für eine sinnvolle Anwendung der Wesentlichkeitsmatrix angesehen werden, anderseits ermöglicht die Kenntnis der Auswirkungen erst eine Identifizierung der Stakeholder. Die Wesentlichkeitsmatrix wird von fast allen Unternehmen eingesetzt, für die eine Berichterstattung über die nichtfinanziellen Auswirkungen ihrer Geschäftstätigkeit gesetzlich verpflichtend ist. Zusammen mit der Stakeholder-Analyse kann die Wesentlichkeitsmatrix einen wichtigen Ausgangspunkt für den Shared-Value-Ansatz bilden. Anwendungsbeispiele finden sich unter z. B. unter BASF (2019), Nestlé (2018) oder ING (2018).

Shared-Value-Ansatz

Porter und Kramer (2011) stellen die Kenntnis der (ungedeckten) gesellschaftlichen Bedürfnisse und der gesellschaftlichen Kosten, die eine Unternehmenstätigkeit verursacht, in den Vordergrund ihres Konzepts. Auf dieser Basis können neue Strategien für zukünftiges Wachstum, Innovation und den langfristigen Erfolg von Unternehmen entwickelt werden. Letztlich geht es darum, die Wettbewerbsfähigkeit des Unternehmens zu erhöhen und gleichzeitig einen Beitrag zur Verbesserung des Gemeinwohls zu leisten. Mit kompetenten und kooperationsbereiten Stakeholder-Gruppen können die Unternehmen neue Möglichkeiten und Ansätze zur Überwindung von Zielkonflikten zwischen Unternehmens- und Stakeholder-Interessen finden. Dazu werden verschiedene Empfehlungen gemacht: das Auffinden von Schnittmengen zwischen neuen Produkten und Kunden, die Optimierung der Produktivität in den Wertschöpfungsketten und damit verbunden eine bessere Energie- und Ressourcennutzung sowie die Bildung von unterstützenden regionalen Clustern von Unternehmen.

5.2.4 Das 5-Kräfte-Modell

Das 5-Kräfte-Modell von Porter ist Teil der externen Unternehmensanalyse und dient der Analyse der Branchenstruktur und der Wettbewerbsintensität. Das Modell identifiziert fünf Einflusskräfte: Lieferanten, Kunden, potenzielle Wettbewerber, Substitutionsprodukte und Rivalität des Wettbewerbs. Das Zusammenspiel dieser Kräfte bestimmt letztlich die Attraktivität und damit das Gewinnpotenzial der zu analysierenden Branche. Kenntnisse über diese Einflusskräfte erlauben es dem Unternehmen, seine Position im Wettbewerb einzuschätzen und Maßnahmen zur Verbesserung der Wettbewerbsposition einzuleiten. Das Modell wurde 2014 aktualisiert, um den Einfluss des Internet of Things zu berücksichtigen.

Beschreibung und theoretischer Hintergrund

Porter hat das 5-Kräfte-Modell Ende der 1970er Jahre entwickelt und in dem 1980 erschienenen Buch „Competitive Strategy Techniques for Analyzing Industries and Competitors" vorgestellt (Porter 1980). Der Ansatz stammt aus der industrieökonomischen Forschung und beruht auf dem Structure-Conduct-Performance-Paradigma: die

Branchenstruktur (structure) hat einen großen Einfluss auf das strategische Verhalten (conduct). Branchenstruktur und Wettbewerbsstrategien bestimmen gemeinsam den Erfolg (performance) eines Unternehmens (Mason 1939, Bain 1956, Bain 1959 und Porter 1981).

Als Branche definiert Porter eine Gruppe von Unternehmen, die ähnliche Produkte oder Dienstleistungen anbieten (Porter 1980). Er unterscheidet fünf Wettbewerbskräfte, die Einfluss auf die Rentabilität einer Branche und damit ihre Attraktivität nehmen (Abb. 5.3). Bei den vertikalen Kräften handelt es sich um eventuell neu eintretende Wettbewerber, das Wettbewerbsverhalten in der Branche und die Substitutionsmöglichkeiten; die horizontalen Kräfte bestehen aus Lieferanten und Abnehmern.

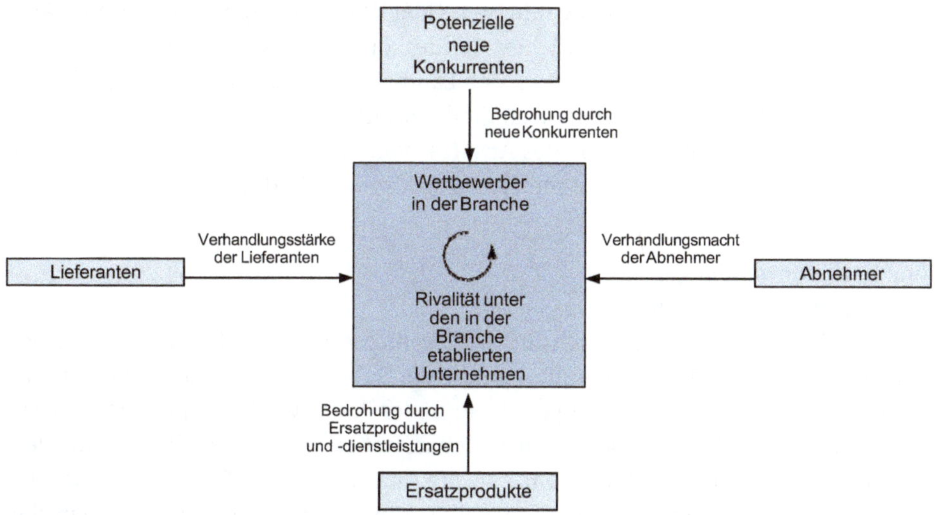

Abb. 5.3: Porter's 5-Kräfte-Modell (Quelle: in Anlehnung an Porter 1980, S. 4)

Die Wirkungen jeder einzelnen Kraft sind abhängig von verschiedenen Elementen innerhalb der Branchenstruktur. Eine Beurteilung der Stärke einer Kraft erlaubt es, Rückschlüsse auf die Rentabilität der Branche zu ziehen. So bedeutet bspw. eine starke Machtposition der Lieferanten, dass Unternehmen der zu untersuchenden Branche die Lieferantenpreise in der Regel nicht beeinflussen können – was für die Attraktivität der Branche negativ sein dürfte.

Porter und Heppelmann (2014a) haben das 5-Kräfte-Modell überarbeitet, um neuere Entwicklungen in der Digitalisierung wie das Internet of Things (IoT), zu berücksichtigen. Sie kommen zu dem Schluss, dass diese intelligenten und vernetzten Produkte zu einer „neuen Wettbewerbsära" und großen Produktivitätssteigerungen führen werden. Das IoT kann nicht nur die Wettbewerbsstrukturen in einer Branche verändern, sondern auch die Branchengrenzen deutlich erweitern. Systeme mit verwandten Produkten können geschaffen werden. So kann z. B. ein Landmaschinenhersteller nicht nur internet-basierte Dienstleistungen für Landwirte zur Optimierung eines Traktors anbieten, sondern gleich für deren gesamten landwirtschaftlichen Maschinenpark. Unternehmen, die das IoT zum Aufbau von Wettbewerbsvorteilen nutzen wollen, müssen eine Reihe von wichtigen strategischen Entscheidungen treffen, wie z. B. welche Art von intelligenten, vernetzten Produkteigenschaften und -fähigkeiten ein Unternehmen anstreben sollte oder wieviel Funktionalität in das Produkt bzw. in die Cloud eingebettet wird. Die 5-Kräfte-Analyse unterstützt diese Entscheidungen, indem für jede der fünf Kräfte zusätzlich zu den bekannten Faktoren detailliert untersucht wird, ob die Auswirkungen von IoT diese Kräfte stärken oder schwächen. So könnte in der Landmaschinenbranche die Abhängigkeit von Softwarelieferanten oder Datenbankanbietern die Verhandlungsmacht der Lieferanten erhöhen und die Branchenattraktivität negativ beeinflussen. Oder die Installation eines proprietären IT-Systems in die landwirtschaftlichen Geräte könnte die Verhandlungsmacht der Branche gegenüber ihren Abnehmern, den Landwirten, aufgrund der Wechselkosten erhöhen – mit positiven Konsequenzen für die Branchen.

Eine anschauliche Erklärung des Ansatzes von Porter et al. (2014b) ist als Video abrufbar unter https://www.youtube.com/watch?v=ldYP9XBXBYs.

Praktische Anwendung

Schritt 1: Branchendefinition

Dieser Schritt ist ganz wesentlich für die Ergebnisse der 5-Kräfte-Analyse. Theoretisch kann die Abgrenzung über die Analyse der Substitutionsmöglichkeiten auf der Nachfrage- und der Angebotsseite erfolgen. In der Praxis wird eher pragmatisch vorgegangen und die Branchendefinition an den zu treffenden Entscheidungen und dem jeweiligen Kontext ausgerichtet. Wenn z. B. die Tata-Gruppe ihre Preis- und Positionierungsstrategie für Jaguar überarbeiten wollte, könnte eine enge Branchendefinition „Luxusmarken Autos länderspezifisch“ sinnvoll sein. Wenn Tata hingegen globale Expansionsstrategien für das gesamte Autogeschäft in den verschiedenen Modellklassen entwickeln will, müsste der globale Automarkt in die Überlegungen einbezogen werden. Für Entscheidungen auf der Mikroebene, wie z. B. die Positionierung im Markt, wird die Branchendefinition enger ausfallen im Vergleich zu Entscheidungen, auf der Makroebene (Grant 2019).

Schritt 2: Analyse der Wettbewerbssituation

Bei der Analyse der Wettbewerbssituation ist einzuschätzen, wie die einzelnen Kräfte sich gegenwärtig darstellen und eine Prognose für ihre zukünftige Entwicklung zu erstellen. Das 5-Kräfte-Modell kann nur dann einen guten Beitrag zur Strategiefindung leisten, wenn es zukunftsorientierte Erkenntnisse über die Wettbewerbskräfte liefert. Dazu muss ein Zeitrahmen definiert werden, der sich bspw. an den Investitionszyklus einer Branche anlehnt. Für die Analyse der Kräfte bietet sich die folgende Reihenfolge an:

Verhandlungsmacht der Abnehmer

Starke Abnehmer können Preissenkungen fordern, eine höhere Qualität oder bessere Leistungen verlangen und die Wettbewerber gegeneinander ausspielen. Solche Forderungen führen auf Seiten der Hersteller zu zusätzlichen Kosten, welche die Rentabilität belasten. Die Verhandlungsmacht der Abnehmer ist vor allem dann hoch, wenn es sich um wenige große Abnehmer und standardisierte Produkte (commodities) handelt. Wenn die einzukaufenden Produkte zudem einen hohen Anteil an den Gesamtkosten der Abnehmer ausmachen, werden sie diesen Kosten große Aufmerksamkeit schenken.

Verhandlungsmacht der Lieferanten

Lieferanten können die eigene Verhandlungsstärke ausspielen, indem sie bspw. damit drohen, die Preise zu erhöhen oder die Qualität zu senken. Mächtige Lieferanten vermögen die Rentabilität der Branche negativ zu beeinflussen, wenn die Unternehmen in dieser Branche nicht in der Lage sind, Kostensteigerungen im Einkauf in Form von höheren Preisen an die Abnehmer weiterzugeben. Lieferanten sind immer dann stark, wenn es keine Substitutionsmöglichkeit für ihre Produkte gibt, wenn die belieferte Branche für die Lieferanten keine so große Bedeutung hat oder wenn die Lieferanten ein Oligopol bilden.

Bedrohung durch neue Wettbewerber

Ob neue Wettbewerber ein Interesse haben, in eine bestimmte Branche einzusteigen, hängt von der Höhe der Markteintrittsbarrieren ab. Bedeutsame Hürden bilden z. B. die Betriebsgrößenvorteile (economies of scale) der bereits in der Branche tätigen Unternehmen, ein hoher technischer Entwicklungsaufwand, rechtliche Zulassungsverfahren, teure Lizenzen oder schützende Patente. Andere wichtige Eintrittsbarrieren sind hohe Kapitalinvestitionen in Fertigungs- oder Serviceanlagen, hohe Investitionen für die Entwicklung einer Marke oder hohe Umstellungskosten der Kunden.

Bedrohung durch Substitutionsprodukte

Unternehmen einer Branche konkurrieren immer auch mit anderen Branchen, die Ersatzprodukte herstellen, die trotz einer anderen Beschaffenheit aus Kundensicht den gleichen Zweck erfüllen – z. B. ist das Substitutionsprodukt für einen Flug von Frankfurt nach Amsterdam die Bahnfahrt. Die Preise der Substitutionsprodukte begrenzen das Gewinnpotenzial der zu analysierenden Branche, weil sie eine Obergrenze für die Verkaufspreise setzen. Wird diese Grenze überschritten, werden die Kunden abwandern und die Rentabilität sinken.

Intensität des Wettbewerbs

Die Wettbewerbsintensität beschreibt das Bestreben der Unternehmen in einer Branche, ihre Wettbewerbssituation zu verbessern. Ein hoher Wettbewerbsdruck ist in der Regel dann gegeben, wenn eine Branche aus zahlreichen oder in etwa gleich ausgestatteten Wettbewerbern besteht, wenn sie nur langsam wächst oder wenn branchentypisch hohe Fixkosten eine hohe Auslastung der Kapazitäten verlangen. Hohe Austrittsbarrieren erhöhen ebenfalls die Wettbewerbsintensität.

Das folgende Schema (Tab. 5.7) beschreibt die einzelnen Dimensionen für jede Wettbewerbskraft. Dabei wird beispielhaft die Ausprägung einer Dimension im Hinblick auf eine Erhöhung des Wettbewerbs dargestellt.

Tab. 5.7: Bestimmungsfaktoren für die fünf Kräfte (Quelle: in Anlehnung an Grünig/Kühn 2018, S. 126 und Porter 1980, S. 5 ff.)

Wettbewerbsdimensionen	
1. Verhandlungsstärke der Kunden steigt, wenn …	
Konzentrationsgrad der Kunden	Hoch
Anteil der Kosten der gelieferten Produkte und Leistungen an den Gesamtkosten der Kunden	Hoch
Standardisierungsgrad der gelieferten Produkte und Leistungen	Hoch
Technologische und finanzielle Möglichkeiten der Kunden zu einer Rückwärtsintegration	Groß
Markttransparenz für die Kunden	Hoch
Bedeutung der gelieferten Produkte und der Leistungen für die Qualität der Abnehmerprodukte und -leistungen	Niedrig
2. Verhandlungsstärke der Lieferanten steigt, wenn …	
Konzentrationsgrad der Lieferanten	Hoch
Standardisierungsgrad der gelieferten Produkte und Leistungen für die Qualität der Abnehmerprodukte und -leistungen	Niedrig
Technologische und finanzielle Möglichkeit der Abnehmer zu einer Vorwärtsintegration	Groß
Wichtigkeit der analysierten Branche als Kunden für die Lieferanten	Niedrig
Bedeutung der gelieferten Produkte und Leistungen für die Qualität der Produkte und Dienstleistungen der Kunden	Hoch

Tab. 5.7: (Fortsetzung)

3. Bedrohung durch potenzielle Wettbewerber steigt, wenn ...	
Verhandlungsstärke der Kunden und Lieferanten	Niedrig
Zugang zu den Vertriebskanälen	Einfach
Loyalität der Kunden gegenüber ihren Lieferanten	Gering
Umstellungskosten der Kunden bei Lieferantenwechsel	Niedrig
Mindestbetriebsgröße	Klein
Kapitalbedarf eines Neueinsteigers	Gering
Absolute Kostenvorteile der in der Branche etablierten Unternehmen	Gering
Staatliche Auflagen oder Zulassungsbeschränkungen	Schwach
4. Bedrohung durch Ersatzprodukte und -leistungen steigt, wenn ...	
Leistungsfähigkeit von Ersatzprodukten und -leistungen	Besser als die der Branchenprodukte u. -leistungen
Kosten der Ersatzprodukte und -leistungen	Niedriger als die der Branchenprodukte u. -leistungen
5. Intensität der Rivalität unter den in der Branche etablierten Unternehmen wächst, wenn ...	
Zahl der Unternehmen in der Branche	Groß
Marktabsprachen zwischen den Unternehmen der Branche	Nicht erfolgen
Kundensegmente mit spezifischen Bedürfnissen	Kaum vorhanden
Marktwachstum	Stagniert oder schrumpft
Branchengebundene Investitionen	Hoch
Mit einem Ausstieg verbundene Kosten	Hoch
Aufgrund der Ressourcen und Kompetenzen offenstehende andere Tätigkeiten resp. Branchen	Sehr beschränkt
Betriebsgrößenvariation	Gering

Das folgende Beispiel (Abb. 5.4) zeigt auf der Basis einer qualitativen Einschätzung der Autoren die Anwendung der 5-Kräfte-Analyse für die europäische Luftfahrtindustrie (Fluggesellschaften). In diesem Beispiel werden andere Interessengruppen als zusätzliche Kraft mit aufgenommen (siehe hierzu die nachfolgende Kritik).

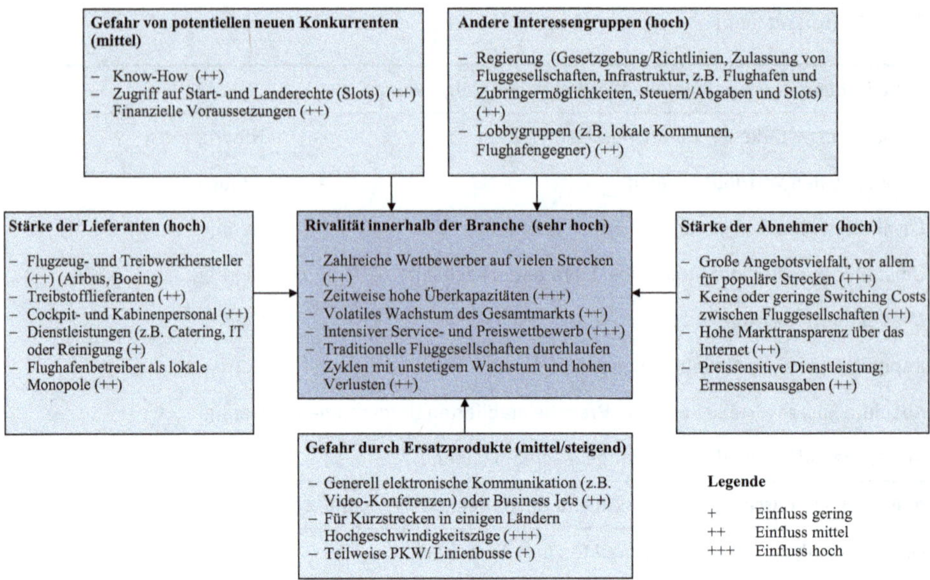

Abb. 5.4: Beispiel zur 5-Kräfte-Analyse von Passagierfluggesellschaften (Quelle: in Anlehnung an Porter 1980, S. 4 und Wheelen/Hunger 2018, S. 143 f.)

Schritt 3: Beurteilung der Branchenattraktivität

Auf der Basis dieser Analyse kann eine zusammenfassende Beurteilung der gegenwärtigen bzw. der zukünftigen Attraktivität der Luftfahrtbranche erfolgen. Häufig geschieht dies mit den Begriffen hoch, mittel und niedrig; ebenso ist eine Skalierung von 1 bis 5 denkbar. Die Rivalität innerhalb der Branche ist sehr hoch; als hoch werden ebenso die Verhandlungsstärke der Abnehmer, der Lieferanten und gerade in den letzten Jahren der Einfluss verschiedener anderer Interessensgruppen eingestuft. Die Bedrohung durch Substitutionsprodukte hat eine mittlere Bedeutung, dürfte aber steigen; der Eintritt neuer Wettbewerber ist weniger bedeutsam. In der Gesamtsicht dürften diese Faktoren die niedrige Attraktivität der Luftfahrtbranche gut erklären. Pearce/IATA 2013) kommen in einer Studie der Luftfahrtbranche zu einem noch drastischeren Ergebnis. Demnach gibt es nur wenige Branchen, in denen alle 5 Kräfte einen so großen (negativen) Einfluss auf die Branchenattraktivität haben wie in der Luftfahrt.

Mit diesem Schritt ist die eigentliche 5-Kräfte-Analyse abgeschlossen. Die Ergebnisse können summarisch in dem klassischen 5-Kräfte-Modell oder auch in einem Spinnennetz-Diagramm dargestellt werden. Das Spinnennetzdiagramm ist gut geeignet, um mehrere Branchen mit einander zu vergleichen.

Das 5-Kräfte-Modell kann auch zur Strategieentwicklung genutzt werden (Porter 1980). Dazu ist eine Stärken-/Schwächenanalyse für ein Unternehmen zu erstellen. Die Entwicklung spezifischer Wettbewerbskräfte wird dann den Stärken und Schwächen gegenübergestellt. Daraus lassen sich Strategien zur Verbesserung der Wettbewerbsposition ableiten, die darauf abzielen, einzelne Kräfte zu schwächen.

Kritik des Instruments

Das 5-Kräfte-Modell zählt zu den am meisten genutzten Instrumenten in der Unternehmensführung (vgl. Abschn. 2.2.2), aber bei der Anwendung sind Grenzen zu berücksichtigen:

- Der kritische Punkt bei der Anwendung ist die *Definition der Branche;* sie bestimmt das Ergebnis wesentlich. Wenn man den klassischen Branchendefinitionen folgt, stellt sich bspw. die Frage, ob BMW in der Autobranche generell oder in der Sportwagenbranche konkurriert. Wird der europäische oder der Weltmarkt untersucht? Aus der jeweiligen Eingrenzung ergeben sich für BMW unterschiedliche Ergebnisse in der Beurteilung der Wettbewerbskräfte. Auf dieser Basis entscheidet das Unternehmen über Maßnahmen zur Verbesserung seiner Wettbewerbsposition.
- Das Modell unterstellt eine *relativ fixe Branchenstruktur.* Vor allem in den 1990er Jahren zeigte sich, dass ein intensiver Wettbewerb die vorhandenen Branchenstrukturen in wenigen spezifischen Branchen, z. B. der Softwareindustrie, im Sinne einer Hypercompetition permanent verändern kann (D'Aveni 1994), so dass eine Nutzung des 5-Kräfte-Modells nicht oder nur sehr eingeschränkt möglich ist. In der Realität verändern und gestalten Entscheidungen der Wettbewerber die Branchenstruktur. Das Verhältnis zwischen Branche und Unternehmen ist folglich dynamisch und bedingt sich gegenseitig (Müller-Stewens/Lechner 2016). Bisher erfolgten diese Veränderungen in vielen, meist langsam wachsenden oligopolistisch strukturierten Märkten sehr langsam. Deshalb blieb die die 5-Kräfte-Analyse gut anwendbar. Dies hat sich geändert. Aufgrund der Digitalisierung müssen sich auch klassische Branchen wie der Handel, die Auto- oder die Finanzbranche mit einer zunehmenden Dynamik auseinandersetzen. Porter und Heppelmann (2014a) erwarten für intelligente und vernetzte Produkte eine Erweiterung der Branchengrenzen.

  Noch schwieriger wird eine Anwendung des 5-Kräfte-Modells in der Plattformökonomie (vgl. Abschn. 7.3.4) oder wenn ein Unternehmen die Customer Journey in den Mittelpunkt seiner strategischen Überlegungen stellt. In beiden Fällen kann dies zu einer mehr oder weniger starken Erweiterung der Branchengrenzen führen. Die Analyse der Customer Journey kann zum Angebot von neuen Produkten/Dienstleistungen führen, um die Kundenzufriedenheit zu erhöhen. Bei den Plattformunternehmen taucht sehr schnell die Frage auf, in welchen Branchen ein Plattformunternehmen konkurriert, so bspw. für Alphabet (die Muttergesellschaft von Google) und seine verschiedenen Geschäftsfelder. Zentraler Erfolgsfaktor für die Plattformunternehmen ist der Aufbau von Ökosystemen und die Nutzung der daraus entstehenden Netzwerkeffekte, die das 5-Kräfte-Modell nicht abbilden kann. Hier sind neue Instrumente erforderlich. Kumar et al. (2015) sprechen von einem Wettbewerb in und zwischen Ökosystemen und schlagen ein neues Modell vor, um diese Art des Wettbewerbs zu analysieren.

- Kritisch ist ebenfalls die *Vollständigkeit des 5-Kräfte-Modells* zu sehen, d. h. ob alle für eine Branchenanalyse relevanten Faktoren abgedeckt werden. In bestimmten Branchen hat der Staat großen Einfluss auf den Wettbewerb und die durchschnittliche Rendite in der Branche. In der Autoindustrie geschieht dies über die Besteuerung, die Abgas- und Sicherheitsvorschriften oder den Straßenbau. In solchen Fällen kann es dann sinnvoll sein, den Staat als sechste Kraft zu berücksichtigen. Solche Aspekte können bereits grob in der PEST-Analyse erfasst werden. Im Rahmen der 5-Kräfte-Analyse kann dann eine detaillierte Analyse erfolgen.
  Weiterhin werden die Komplementärfaktoren (Brandenburger/Nalebuff 1996) von den fünf Kräften nicht erfasst. Dies sind Branchen, die keine direkten Lieferanten sind, deren Produkte aber vom Endkunden ergänzend benötigt werden und die so die Rendite der zu analysierenden Branche indirekt beeinflussen. Der Erfolg der Autobranche ist bislang stark abhängig von der Mineralölbranche. In einer 5-Kräfte-Analyse der Autobranche wird die Mineralölbranche aber nicht berücksichtigt. Deshalb ist es in den og. Fällen sinnvoll, die Komplementärbranche als siebte Kraft in das Modell zu integrieren. Methodisch ergibt sich dabei das Problem der Wechselwirkungen. Entwicklungen in der Autoindustrie werden umgekehrt das Wachstum und die Leistungen der Mineralölbranche wesentlich beeinflussen.
- Aus *methodischer Sicht* gibt es zwei wesentliche Kritikpunkte: (1) Der Einfluss der Branche auf die Rentabilität wird seit einigen Jahren erheblich angezweifelt und ist geringer als allgemein angenommen. Eine Reihe von Untersuchungen weist nach, dass der Einfluss der Branche auf den Return on Assets unter 20 % liegt, m. a. W. 80 % der Renditedifferenzen zwischen Unternehmen sind auf andere Faktoren, wie z. B. die Qualität der Führung, zurückzuführen (Grant 2019). Der zweite Kritikpunkt bezieht sich auf die mangelnde Quantifizierung des 5-Kräfte-Modells. Es gibt zahlreiche Anwendungsbeispiele für die 5-Kräfte-Analyse von Porter selbst und von anderen Strategieexperten, die aber nahezu alle qualitativ angelegt sind. Eine empirische Fundierung fehlt in den meisten Fällen (Dobbs 2014). Hier könnten Big-Data-Lösungen in Zukunft einen erheblichen Beitrag leisten und in Verbindung mit Methoden der künstlichen Intelligenz bessere Prognosen über die zukünftige Entwicklung der Branchenattraktivität liefern.

Für die klassischen Branchen kann das 5-Kräfte-Modell – trotz dieser Kritikpunkte – nützliche Aussagen zum Wettbewerb in einer Branche machen. Dabei geht es insbesondere darum, die Grundlagen des Wettbewerbs und die Ursachen der Branchenrentabilität zu verstehen (Porter 2008).

Strategische Bedeutung und Nutzen

Alle fünf Wettbewerbskräfte zusammen bestimmen die Wettbewerbsintensität und somit die Rentabilität einer Branche, wobei die stärkste(n) dieser Kräfte ausschlaggebend ist (sind) für die Strategieformulierung. Das 5-Kräfte-Modell wurde von Porter in erster Linie als gedankliches Gerüst zur Beurteilung der Qualität von Branchen und darauf aufbauend zur Bestimmung von Maßnahmen für die Verbesserung der Wettbewerbsposition definiert (Porter 1991). Es eignet sich besonders gut für zwei Anwendungsfälle (Grünig/Kühn 2011):

1. Die Prognose der Entwicklung des Gewinnpotenzials existierender Geschäftsfelder – vor allem, wenn Anzeichen für eine Verschärfung der Wettbewerbssituation bestehen.
2. Die Bewertung der Attraktivität einer Branche, in der neue Geschäfte aufgebaut werden sollen, bspw. mit Hilfe einer Akquisition.

Wenn man den klassischen Branchendefinitionen folgt, kann das Porter-Modell sowohl auf die gesamte Branche als auch auf Branchensegmente angewandt werden. Die Durchführung einer Porter-Analyse ist ohne allzu großen Aufwand möglich. Eine Quantifizierung der 5 Kräfte im Rahmen von Big-Data-Lösungen kann die Aussagekraft des Modells verbessern.

Ähnliche Instrumente

Co-opetition-Modell (Value Net)

Dieses Modell liefert ebenfalls ein Analyseraster zur Erfassung der wichtigsten Einflussfaktoren für den Wettbewerb in einer Branche und der Bestimmung ihrer Attraktivität. Während das Porter-Modell sich auf fünf Wettbewerbsdimensionen konzentriert, berücksichtigt das Co-opetition-Modell von Brandenburger und Nalebuff (1996) explizit die Dualität von Kooperationen und Wettbewerb zwischen Marktteilnehmern. Damit werden die Interaktionen der Unternehmen in einer Branche realitätsnäher abgebildet.

Spieltheorie

Sie liefert interessante Ansätze zum Verständnis der Wettbewerbssituation in einer Branche (vgl. Abschn. 7.3.6). Analysiert wird das Verhalten wechselseitig voneinander abhängiger Akteure. Dabei wird ein rationales Verhalten der Akteure unterstellt. Mit diesem Modell können wichtige Informationen über das Verhalten der Wettbewerber gewonnen werden, weil jeder Spieler auf die Spielzüge der Mitspieler in einer spezifischen Weise reagiert. Das Problem der Spieltheorie ist jedoch ihre Realitätsferne, die in erster Linie auf die strengen Rationalitätsannahmen zurückzuführen ist (Müller-Stewens/Lechner 2016). Weiterhin ist das Modell nur bei einer sehr überschaubaren Zahl von Wettbewerbern anwendbar.

Überschneidungen mit anderen Instrumenten

Hypercompetition

D'Aveni (1994) konzentriert sich in seinen Arbeiten auf die in einer Branche real ablaufenden Wettbewerbsprozesse. Er nimmt an, dass eine stabile Marktstruktur mit kontinuierlichem Wettbewerb eine Ausnahme darstellt. Wettbewerbsvorteile bestehen nur temporär und werden schnell von den Wettbewerbern kopiert bzw. durch neue Vorteile ersetzt. Deshalb verlangt er ein strategisches Umdenken: Statt nach dauerhaften Wettbewerbsvorteilen zu suchen, sollen sich Strategen im neuen Wettbewerbsumfeld auf den Ausbau einer Reihe von temporären Vorteilen konzentrieren. Statt Stabilität und Gleichgewicht wird nun die Erschütterung des Status quo zum strategischen Ziel (Welge et al. 2017).

Profit-Pool-Modell

Das Profit-Pool-Modell (Gadiesh/Gilbert 1998a und b) verfolgt einen ähnlichen Zweck wie Porter's 5-Kräfte-Modell. Dieses Modell untersucht das Gewinnpotenzial der einzelnen Stufen in einer relativ breit angelegten Wertkette. Dabei werden aber keine Aussagen zur Wettbewerbsstruktur innerhalb der Stufe getroffen. Das 5-Kräfte-Modell bietet sich hier an, um einen spezifischen Profit Pool weiter zu analysieren.

Strategische Gruppenanalyse

Das Konzept (vgl. Abschn. 5.2.5) unterteilt eine Branche in mehrere Gruppen von Unternehmen, wobei die Unternehmen innerhalb einer Gruppe ähnliche Strategien verfolgen und über ein vergleichbares Ressourcen- und Kompetenzprofil verfügen. Dieses Modell kann dazu beitragen, attraktive Gruppen mit einer interessanten Rendite zu identifizieren, um dann eventuell geeignete Einstiegsmaßnahmen zu ergreifen. Weiterhin hilft die strategische Gruppenanalyse, Mobilitätsbarrieren zwischen den einzelnen Gruppen zu erkennen.

Wertkette

Diese einfache Methode (vgl. Abschn. 6.2.3) betrachtet über die direkten Marktpartner hinaus unternehmensbezogen nur die horizontale Dimension der fünf Porter-Kräfte, also Lieferanten und Kunden. Sie unterstützt die Analyse von strategischen Optionen im Sinne einer selektiven Vor- bzw. Rückwärtsintegration, mit der die Kräfteverhältnisse im Porter-Modell verändert werden können.

5.2.5 Strategische Gruppen

Unternehmen innerhalb einer Branche, die ähnliche Strategien verfolgen, werden zu strategischen Gruppen zusammengefasst. Mit einer Analyse dieser strategischen Gruppen kann deren Wettbewerbsposition ermittelt und besser verstanden werden. Die Einteilung in strategische Gruppen erfolgt auf der Basis von spezifischen Wettbewerbsdimensionen wie z. B. der Sortimentsbreite und der Internationalität. Jede strategische Gruppe hat eine spezifische Wettbewerbsposition und damit eine eigene Attraktivität bzw. Renditekraft. Mobilitäts- oder Zutrittsbarrieren, die den Wechsel von Unternehmen in eine attraktive Gruppe erschweren, erklären die unterschiedliche Attraktivität zwischen den Gruppen.

Beschreibung und theoretischer Hintergrund

Das Konzept der strategischen Gruppen stellt eine Verfeinerung der Branchenanalyse dar. Das Ziel der Branchenanalyse ist die Erklärung der Branchenrendite (Porter 1980 und Müller-Stewens/Lechner 2016). Allerdings stellt die durchschnittliche Branchenrendite eine schlecht handhabbare Größe dar, weil die Varianz der Unternehmensgewinne innerhalb einer Branche relativ groß ausfallen kann (z. B. Grünig/Kühn 2011). Die strategische Gruppenanalyse konzentriert sich auf die Analyse von Renditeunterschieden zwischen Unternehmensgruppen in einer Branche. Dieses Konzept wurde ursprünglich von Hunt (1972) angewandt und später in zahlreichen Forschungsarbeiten, z. B. Newman (1978), Porter (1979) und McGee/Thomas (1986), weiterentwickelt.

Strategische Gruppen werden als Gruppen von Unternehmen definiert, die dieselbe oder eine ähnliche Wettbewerbsstrategie verfolgen (Porter 1979 oder Homburg/Sütterlin 1992). Die Gruppen werden auf der Basis spezifischer Wettbewerbsdimensionen identifiziert. Die Attraktivität einer Gruppe beruht auf den Mobilitätsbarrieren, die diese Gruppe im Laufe der Zeit aufgebaut hat. Sie erschweren den Wechsel anderer Unternehmen in eine Gruppe mit einer hohen Attraktivität. Die Existenz solcher Gruppen und Mobilitätsbarrieren wird somit zur Erklärung von Rentabilitätsunterschieden in der Binnenstruktur einer Branche herangezogen.

Praktische Anwendung

Grünig und Kühn (2011) schlagen ein Vorgehen in fünf Schritten vor:

Schritt 1: Identifikation der wichtigsten Wettbewerbsdimensionen

Im ersten Schritt werden die wichtigsten Wettbewerbsparameter ermittelt. Dies erfolgt mit Hilfe von Experteninterviews. McGee/Thomas (1986) stellen eine Liste von relevanten Wettbewerbsparametern zusammen (Tab. 5.8).

Tab. 5.8: Übersicht allgemeiner Wettbewerbsparameter (Quelle: in Anlehnung an McGee/Thomas 1986)

– Vertikale und horizontale Integration	– Vertriebskanäle
– Geografische Marktabdeckung	– Marketingaktivitäten
– Marktsegmente	– Markenbesitz
– Eigentümerstruktur	– Produktvielfalt
– Organisationsgröße	– Produktqualität
– Kapazitätsauslastung	– Technologieverhalten
– Kostenstruktur	– F&E-Fähigkeiten

Schritt 2: Erfassung der Ausprägung der Wettbewerbsdimensionen für die wichtigsten Unternehmen der Branche

Da die Zahl der zu analysierenden Unternehmen von den in einer Branche tätigen Unternehmen abhängig ist, kann dieser Schritt in eher mittelständisch geprägten Branchen einen erheblichen Zeitaufwand nach sich ziehen. Deshalb kann ggfs. auf vorhandene Wettbewerbsanalysen zurückgegriffen werden. Für die derart ausgewählten Unternehmen werden dann anhand der Liste die Wettbewerbsdimensionen untersucht. Liegen bereits Analysen vor, kann eine Konzentration auf bestimmte Dimensionen erfolgen.

Schritt 3: Bildung der strategischen Gruppen

Die strategischen Gruppen werden normalerweise in einer zweidimensionalen Darstellung erfasst. Dazu sind die Wettbewerbsparameter auszuwählen, die die größte Relevanz für die Erklärung der Renditeunterschiede zwischen verschiedenen Unternehmen besitzen. Der Anteil der einzelnen Gruppen am Gesamtumsatz und damit die Bedeutung einer Gruppe kann über die Größe der Kreise veranschaulicht werden.

Die folgende Darstellung (Abb. 5.5) zeigt ein Beispiel für die Passagierluftfahrt. Laut einer Marktstudie von Airbus wurden 2017 in Europa 910 Millionen Sitzplätze angeboten, die sich auf verschiedene strategische Gruppen verteilen (Schulz/Airbus 2018). Der Durchmesser eines Kreises entspricht dem Anteil der strategischen Gruppe an der Gesamtzahl der Sitzplätze. Die Positionierung der strategischen Gruppen im Hinblick auf die beiden Achsen beruht auf einer Einschätzung der Autoren.

Porter (1980) weist darauf hin, dass diese Dimensionen unabhängig voneinander sein sollten, nicht miteinander korrelieren dürfen und zudem einen klaren Bezug zu den Mobilitätsbarrieren zwischen den strategischen Gruppen haben sollen. In dem Beispiel der Luftfahrtindustrie korrelieren die gewählten Dimensionen „Leistung/Serviceangebot“ und „geografische Marktabdeckung“ nicht. Beide Dimensionen haben einen klaren Bezug zu den Mobilitätsbarrieren. Beispielsweise müssten die Charterfluggesellschaften mit einer sehr selektiven geografischen Marktabdeckung erhebliche Investitionen tätigen, um eine globale Marktabdeckung zu erreichen oder um ihr Leistungs- und Serviceangebot substanziell zu verbessern.

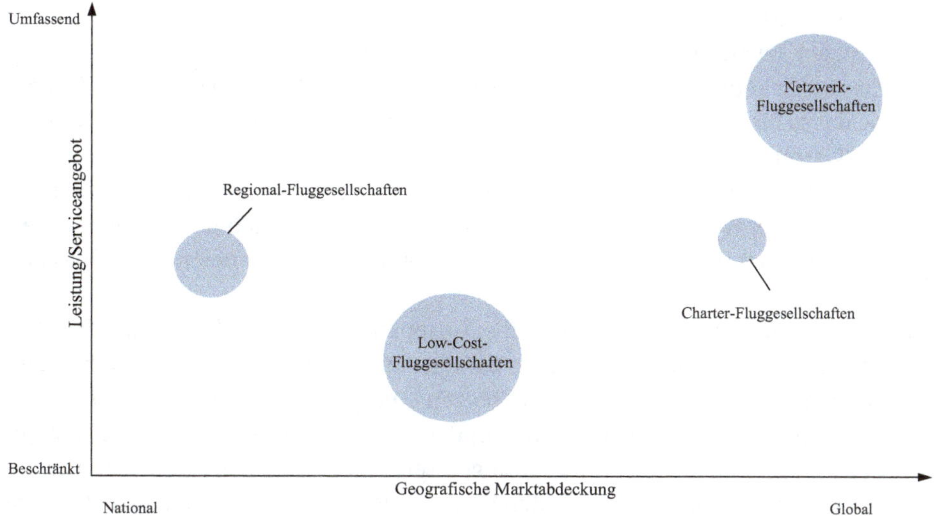

Abb. 5.5: Strategische Gruppen in der europäischen Passagierluftfahrt (Quelle: Einschätzungen der Autoren und Schulz/Airbus 2018)

Schritt 4: Bestimmung der Mobilitätsbarrieren

Bei den Mobilitätsbarrieren handelt es sich in der Regel um Ausprägungen der zuvor identifizierten Wettbewerbsdimensionen (Tab. 5.8): Die Mobilitätsbarrieren sollten ganz pragmatisch nur für die strategischen Gruppen definiert werden, an denen ein hohes Interesse besteht, z. B. strategische Gruppen, in denen das eigene Unternehmen bereits tätig ist, oder solche Gruppen, die als attraktive Einstiegsmöglichkeiten infrage kommen. In der Luftfahrtindustrie wird die strategische Gruppe der Low-Cost-Fluggesellschaften als attraktiv angesehen. Diese Gruppe wird durch verschiedene Mobilitätsbarrieren geschützt, z. B. ein ausgefeiltes Kostenmanagement oder dominante Marktpositionen auf kleineren, peripheren Flughäfen.

Die auf den Mobilitätsbarrieren beruhende Schutzwirkung erklärt einen wesentlichen Teil der Renditeunterschiede zu anderen strategischen Gruppen. Wenn hohe Durchschnittsrenditen mit schwer überwindbaren Mobilitätsbarrieren korrelieren, dann sind die wesentlichen Schranken gegen den Eintritt neuer Wettbewerber erkannt worden. Wenn dies nicht der Fall ist, muss die Analyse nochmals mit anderen Wettbewerbsparametern durchgeführt werden.

Schritt 5: Überwindung von Mobilitätsbarrieren für spezifische strategische Gruppen

Im letzten Schritt wird analysiert, ob und wie die Mobilitätsbarrieren für eine strategische Gruppe überwunden werden können. Dabei ist es in der Realität oft schwieriger und langwieriger, die weichen Barrieren wie z. B. Markenimage oder Kundenbeziehungen zu überwinden als harte Barrieren, die auf spezifischen Technologien beruhen.

Kritik des Instruments

Das Konzept der strategischen Gruppen weist Schwächen auf:

- Empirisch konnte eine Beziehung zwischen finanziellem Erfolg und der Zugehörigkeit zu einer strategischen Gruppe nicht eindeutig belegt werden (z. B. Barney/Hoskisson 1990 und Smith et al. 1997).
- Eine weitere Schwachstelle liegt in dem hohen Abstraktionsgrad des Instruments mit nur zwei Wettbewerbsdimensionen. In dieser vereinfachten Darstellung werden zahlreiche bedeutsame Unterschiede zwischen Unternehmen vernachlässigt.

Die Abgrenzung spezifischer strategischer Gruppen und die Zuordnung einzelner Unternehmen zu diesen Gruppen werden zunehmend obsolet, weil viele Unternehmen sich über ihre traditionellen Branchengrenzen hinausbewegen (Heuskel 1999). In der Autoindustrie ist dies mit dem Einstieg in das Finanzierungs- und Versicherungsgeschäft zu beobachten. Diese Veränderungen selbst sind möglicherweise auf Anwendungen von Instrumenten wie z. B. den Profit Pools (siehe unter ähnliche Instrumente) zurückzuführen.

Strategische Bedeutung und Nutzen

Die Analyse der strategischen Gruppen innerhalb einer Branche zwingt zu einer vertieften Auseinandersetzung mit der Binnenstruktur einer Branche. Auf diese Weise kann das Konzept die folgenden wichtigen Strategiebeiträge liefern (Johnson et al. 2017):

- *Wettbewerbsverständnis.* Die Definition der wirklich wichtigen Wettbewerbsdimensionen für eine strategische Gruppe schafft Abgrenzungsmerkmale gegenüber anderen strategischen Gruppen in der Branche und somit ein besseres Wettbewerbsverständnis. Die Führungskräfte können ihre Aktivitäten sehr viel klarer auf direkte Wettbewerber anstatt auf die gesamte Branche ausrichten.
- *Strategische Chancen.* Eine sorgfältige Analyse der strategischen Gruppen kann weiße Flecken oder strategische Chancen nachweisen, d. h. Marktnischen, die von Konkurrenten noch nicht besetzt oder unterbesetzt sind. Gleichzeitig können mit diesem Modell schwarze Löcher, also wenig attraktive Gruppen, erkannt werden, die für einen Einstieg nicht interessant sind. So ist in der Systemgastronomie der Aufbau einer weiteren Hamburgerkette wenig attraktiv, da diese strategische Gruppe eher überbesetzt ist und sich als „Industrie" in der Reifephase befindet. Als weißer Fleck erweisen sich jedoch die preisgünstigen Café-Bars, die McDonalds mit seinem McCafé-Konzept erfolgreich besetzen konnte.
- *Mobilitätsbarrieren.* Um strategische Chancen zu nutzen, muss das Unternehmen in der Regel Ressourcen beschaffen bzw. umwidmen. Das Modell hilft, Mobilitätsbarrieren zu beurteilen und schafft Klarheit über den notwendigen Ressourceneinsatz zur Überwindung dieser Barrieren.

Zusammengefasst liefert das Konzept der strategischen Gruppen wichtige Beiträge zur Identifikation und Beurteilung von neuen Marktnischen und zur Beurteilung der strategischen Positionierung von verschiedenen Unternehmen innerhalb einer Branche.

Ähnliche Instrumente

Analyse der strategischen Typen

Dieses Konzept versucht ebenfalls, die Binnenstruktur einer Branche genauer zu analysieren. Miles und Snow (1978) und Ketchen (2003) kategorisieren dazu die Unternehmen innerhalb einer Branche in vier Gruppen:

- *Verteidiger:* Dies sind Unternehmen mit einer beschränkten Produktpalette, die sich im Wesentlichen um eine Verbesserung der Effizienz bemühen.
- *Prospektoren:* Diese Unternehmen verfügen über ein breites Produktprogramm und konzentrieren sich auf Produktinnovationen und die Ausschöpfung neuer Marktchancen.
- *Risikostreuer:* Sie bestehen in der Regel aus mehreren reifen und wachsenden Geschäftsbereichen und streuen somit das Risiko. In den reifen, stabilen Bereichen hat Effizienz die erste Priorität. In wachsenden Bereichen liegt der Schwerpunkt auf der Innovation.
- *Anpasser:* Unternehmen in dieser Kategorie verfügen über keine konsistente Strategie und Kultur. Sie handeln ad hoc aufgrund spezifischer Umweltveränderungen.

Die Zuordnung der Unternehmen in diese Kategorien und ein gutes Verständnis des Aktions- und Reaktionsvermögens der einzelnen Kategorien kann interessante Informationen für die Formulierung einer zukunftsgerichteten Wettbewerbsstrategie liefern. Beispielsweise könnte in einer durch Verteidiger und Risikostreuer geprägten Branche ein Prospektor durch schnelle Innovationen einen Vorsprung mit Innovationen erzielen.

Profit Pools

Das Modell der Profit Pools (Gadiesh/Gilbert 1998a) verfolgt einen ähnlichen Ansatz und stellt eine genauere Betrachtung einer Branche an. Allerdings ist hierbei der Gewinn die zentrale Vergleichsgröße, der den einzelnen Stufen der Wertschöpfungskette anteilig zugeordnet wird. Diesem Modell liegt die Analyse der gesamten Wertschöpfungskette, von der Entstehung des Produktes bis hin zum Kunden, zugrunde.

Anhand dieser Analyse lässt sich vereinfacht herausfinden, wo und wie innerhalb einer Wertschöpfungskette Gewinn erzielt wird. Dabei beinhaltet der Profit Pool den gesamten operativen Gewinn über alle Stufen und schließt auch Zulieferer, Zwischenhändler oder Service- und Logistikunternehmen mit ein. Hierdurch entsteht ein Gesamtbild über die Gewinnverteilung in einer ganzen Branche. Ebenso lässt sich mit diesem Ansatz erkennen, welche dieser Stufen profitabel und weniger profitabel sind.

Diese Erkenntnis kann dem Management eines Unternehmens als Hilfestellung bei strategischen Entscheidungen dienen, um in attraktive Teilbereiche der Wertschöpfungskette zu investieren oder sich aus weniger attraktiven Bereichen zurückzuziehen.

Ein wichtiger Bestandteil der Analyse ist die Definition der Grenzen des Profit Pools. Es ist festzulegen, welche Wertschöpfungsaktivitäten einzuschließen sind. Während die Ermittlung des Gesamtumsatzes des Profit Pools relativ einfach ist, bedarf es bei der Abschätzung des gesamten operativen Gewinns sowie der anschließenden Verteilung dessen auf die einzelnen Stufen der Wertschöpfungskette zumeist Schätzungen (Gadiesh/Gilbert 1998b).

Die Schwächen des Modells liegen in der Vernachlässigung von Veränderungen der Profit Pools im Zeitablauf sowie des nicht einheitlich definierten Gewinnbegriffs. Dennoch entstehen durch die Analyse des Profit Pools interessante Erkenntnisse für das jeweilige Unternehmen.

Überschneidungen mit anderen Instrumenten

5-Kräfte-Modell

Das Modell von Porter (vgl. Abschn. 5.2.4) verfolgt einen ähnlichen Zweck wie die strategische Gruppenanalyse, nämlich die Analyse der Attraktivität einer Branche. Das Konzept der strategischen Gruppen und das 5-Kräfte-Modell ergänzen sich insoweit, als die fünf Kräfte genutzt werden können, um eine spezifische strategische Gruppe detailliert zu untersuchen.

Wettbewerberanalyse

Eine noch weitere Dekomposition der strategischen Gruppe erfolgt mit der Wettbewerberanalyse (z. B. Grant 2019). Die Zielsetzung besteht hier in einer detaillierten Analyse eines einzelnen, direkten Konkurrenten, um dessen Stärken und Schwächen und strategische Absichten besser verstehen zu können. Dies ist besonders interessant für Branchen mit wenigen, großen Konkurrenten wie z. B. im Flugzeugbau.

5.2.6 Industriekostenkurve

Die Industriekostenkurve ist ein wettbewerbsorientiertes analytisches Strategieinstrument. Sie ist nur für homogene Produkte (Commodities) anwendbar und untersucht die Stückkosten der verschiedenen Anbieter und deren Produktionskapazitäten. Aus der Industriekostenkurve lassen sich die Wettbewerbsstruktur und die eigene Kostenposition bestimmen sowie die Gewinnsituation der Wettbewerber ablesen. Mit ihrer Hilfe können Auswirkungen von Nachfrage-, Kapazitäts-, Kosten- und Preisveränderungen auf den Marktpreis und die Gewinnsituation der Hersteller abgeschätzt werden.

Beschreibung und theoretischer Hintergrund

Bei Untersuchungen in der herstellenden Industrie wurden Unterschiede in den Herstellkosten der einzelnen Produzenten sowohl empirisch (Taussig 1919) als auch theoretisch (Viner 1931) untersucht und im Hinblick auf ihre Auswirkungen auf Preise, Gewinne und das Angebot diskutiert. Ein Ergebnis war die Konstruktion von Industriekostenkurven, die seit Langem in der strategischen Analyse angewendet werden – allerdings beschränkt auf den Bereich der Standardprodukte (Commodities). Dies sind Produkte, bei denen nur der Preis, nicht aber besondere Produkteigenschaften oder Markentreue eine Rolle als Auswahlkriterium für die Kunden spielen (Hungenberg 2014). Beispiele hierfür sind Rohstoffe, Vor- und Zwischenprodukte für die Industrie wie Metalle, Kunststoffe, Textilfasern, Halbzeuge oder Chemikalien.

Die Industriekostenkurve ermöglicht eine grundlegende Charakterisierung der Wettbewerbsstruktur. So wird direkt ersichtlich, ob es sich um einen konsolidierten Markt handelt, ob ein Oligopol existiert oder ob es einen Marktführer gibt (Eisermann/Wolf 2007).

Praktische Anwendung

Schritt 1: Hersteller und deren Produktionskapazitäten ermitteln

Aus Branchenanalysen, Berichten der Wettbewerber oder der Anlagenbauer werden die Hersteller des Produkts sowie deren Produktionskapazitäten ermittelt. Zusätzlich können für detailliertere Betrachtungen Informationen über die Standorte, die verwendeten Technologien, Einsatzstoffe und die Kapazitäten der Einzelanlagen erfasst werden.

Schritt 2: Bestimmung der Produktionsstückkosten

Für diese Herstellkapazitäten sind nun die Produktionsstückkosten zu ermitteln. Dies kann auf unterschiedliche Weise erfolgen:

1. Aus Angaben der Hersteller oder einer Abschätzung über deren veröffentlichte Gewinn- und Verlust-Rechnung.
2. Über die verwendete Produktionstechnologie und die dazu veröffentlichten Literaturdaten oder Angaben der Anlagenhersteller (falls die Technologieunterschiede groß sind).
3. Bei gleicher/ähnlicher Technologie können Herstellkosten aufgrund der Anlagengröße eines Herstellers durch einen Vergleich der Skaleneffekte mit den bekannten Kosten einer anderen Anlage abgeschätzt werden. Für Herstellkosten (ohne Material) kann z. B. folgende Formel verwendet werden (Bronner 2008, S. 21 ff.):

$$k_{f2} = k_{f1} \cdot \left(\frac{M_2}{M_1}\right)^{\mu}$$

mit k_{f1}, k_{f2} = Herstellkosten Fabrik 1 bzw. 2

$M_1; M_2$ = Kapazität Fabrik 1 bzw. 2 .

μ = Kostendegressionskoeffizient, typischer Wert 0,3

Wenn ein Hersteller mehrere Anlagen betreibt, müssen diese getrennt behandelt werden. In vielen Branchen ist zu beachten, dass ab einer bestimmten Produktionsmenge eine Grenze der Kostendegression erreicht wird.

4. Durch die Analyse der einzelnen Kostenfaktoren (Herstellkosten: Abschreibung, Kapitalkosten, Personal, Energie, Rohstoffe etc.; übrige Kosten: F&E, Vertrieb und Zentralkosten).
   Für genauere Analysen müssen auf einen Markt bezogen zusätzlich die für die externen Hersteller anfallenden Transportkosten und Zölle berücksichtigt und zu den Herstellkosten addiert werden. Wichtig ist, dass die Abgrenzung der Herstellkosten für alle Wettbewerber in gleicher Weise erfolgt.

Schritt 3: Erstellen einer Liste und Grafik

Die ermittelten Kapazitäten werden aufsteigend nach Produktionsstückkosten in einer Liste zusammengestellt und sortiert. Anschließend werden sie in eine Blockgrafik eingetragen, deren x-Achse die kumulierten Kapazitäten und deren y-Achse die Produktionsstückkosten zeigt (Abb. 5.6).

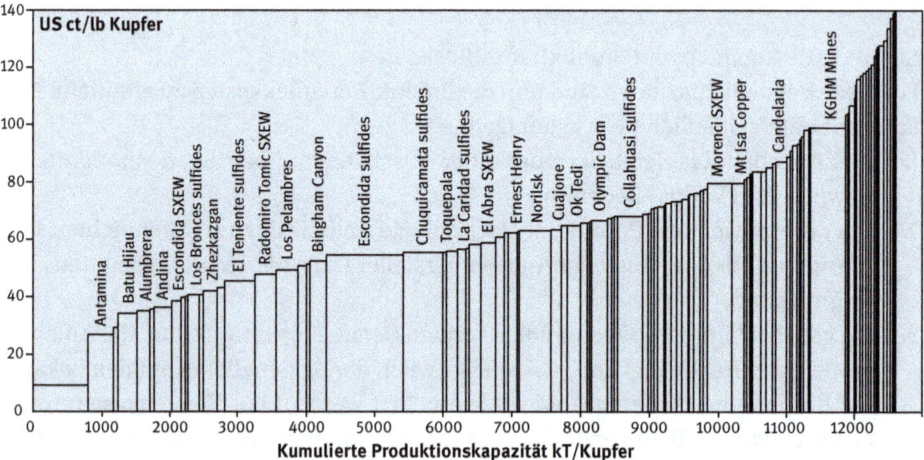

Abb. 5.6: Industriekostenkurve für Kupferminen in 2005 (mit freundlicher Genehmigung von World Mine Cost Data Exchange Inc.)

Das Beispiel zeigt eine große Zahl von Produzenten (Kupferminen) mit unterschiedlicher Kapazität. Die Stückkosten liegen zwischen 10 und 140 USct/lb Kupfer. Zu den Grenzanbietern im oberen Viertel der Industriekostenkurve zählen drei mittlere und sehr viele kleine Produzenten.

Schritt 4: Auswerten im Hinblick auf bestimmte Fragestellungen

Aus der Grafik lässt sich durch Eintragen des Marktpreises die Gewinnsituation bezogen auf die einzelnen Kapazitäten als Differenz zwischen Marktpreis und Selbstkosten bestimmen. Aus der Nachfragegrenze lassen sich der bzw. die Grenzanbieter ermitteln, deren Herstellkosten für die Preisobergrenze ausschlaggebend sind. Für das eigene Unternehmen wird die relative Kosten- und Gewinnposition im Verhältnis zur Konkurrenz deutlich erkennbar.

Die Auswirkungen von Kostenveränderungen können in der Kurve generell für die Branche oder für einzelne Hersteller abgebildet werden. Die Auswertung erfolgt durch den Vergleich zur bisherigen Situation als Veränderung in der Positionierung. Das Gleiche gilt für die Analyse von Kapazitätsveränderungen oder für den Markteintritt neuer Hersteller, wobei auch hier durch den Vergleich der bisherigen mit der erwarteten zukünftigen Situation eine veränderte Positionierung ermittelt werden kann.

Die unterschiedlichen Auswirkungen einer Marktpreisveränderung auf die Hersteller können mit der Kurve abgeschätzt werden. Umgekehrt ist es möglich, die Preiswirkungen einer Nachfrageveränderung über den dann bestimmenden Grenzanbieter (das ist der Anbieter, der sich auf der Achse der kumulierten Produktionskapazitäten an der Nachfragegrenze befindet) zu ermitteln. Würde im Beispiel der Kupferpreis längere Zeit unter 80 USct/lb fallen, wäre z. B. die KHGM Mine von der Schließung bedroht.

Kritik des Instruments

Je nach Zahl der Hersteller und der Verfügbarkeit der Daten kann der Aufwand für die Methode sehr hoch werden. Zudem kann ein Unternehmen mit mehreren Anlagen an mehreren Standorten und mit verschiedenen Technologien produzieren. Die Qualität der Ergebnisse hängt stark von der Genauigkeit ab, mit der die Stückkosten der einzelnen Hersteller ermittelt werden. Die Transparenz der einzelnen Branchen in Bezug auf Stückkosten ist allerdings sehr unterschiedlich. Einfacher ist die Analyse in Branchen, in denen die Kosten stark von den von Lieferanten entwickelten Technologien abhängen und daraus abgeleitet werden können. Können die Ergebnisse dieser Analysen von spezialisierten Brancheninformationsdiensten eingekauft werden, verfügen prinzipiell alle Konkurrenten über die gleichen Informationen.

In vielen Fällen dürfte eine grobe Analyse der Kostenstrukturen ausreichen; ein höherer Detaillierungsgrad wird nicht zu neuen Erkenntnissen führen. Letztendlich geht es um eine Stärken-/Schwächen-Analyse und die Frage, ob das eigene Unternehmen kostengünstiger anbieten kann als andere. Strategisch wäre dann eine genaue interne Analyse möglicherweise bedeutsamer.

Das Verhalten von Wettbewerbern kann mit dieser Methode nur begrenzt vorausgesagt werden, da deren Entscheidungen zu Produktionsmengen durch unterschiedliche Austritts- oder Flexibilitätskosten, den Grad der Vorwärts- und Rückwärtsintegration und den Planungshorizont des Managements und der Eigentümer bestimmt werden. Anbieter mit mehreren Anlagen und unterschiedlichen Produktionsstückkosten können eine Mischkalkulation vornehmen.

Schließlich stellt sich die Frage, ob es in der Realität ideale homogene Güter gibt – neben (geringen) Qualitätsunterschieden können Käufer auch aufgrund der Lieferzuverlässigkeit, möglicher Lieferrisiken oder strategischer Überlegungen im Einkauf Präferenzen entwickeln. Solche Präferenzen schwächen die Aussagekraft der aus der Industriekostenkurve abgeleiteten Ergebnisse.

Auch wenn Güter in großen Unternehmen hergestellt werden oder die Hersteller bei wirtschaftlichen Problemen mit der Unterstützung nationaler Regierungen z. B. durch Subventionen rechnen können, gilt das Modell nur eingeschränkt. Denn dann kann es selbst Herstellern mit Kostennachteilen gelingen, diese auszugleichen, trotzdem eine befriedigende Gewinnsituation zu erreichen oder sogar einen sonst fälligen Marktaustritt zu vermeiden.

Strategische Bedeutung und Nutzen

Die Industriekostenkurve ist ein Analyseinstrument für die strategische Ausgangslage. Sie gibt einen Überblick über die Kapazitätssituation im Verhältnis zur Marktnachfrage, analysiert die derzeitige Kostenposition und die Gewinnsituation – und damit auch die Stärke der einzelnen Anbieter. Die Wirkung branchentypisch zu erwartender Marktschwankungen aufgrund der Lagerhaltung der Kunden und des Investitionsverhaltens der Branche („Schweinezyklus"[1]) lässt sich ebenfalls einschätzen. Für erwartete oder mögliche zukünftige Veränderungen können die Konsequenzen von Kapazitätsveränderungen, Kostenveränderungen, Nachfrageveränderungen und Preisveränderungen abgeschätzt werden.

Für die Strategieformulierung lassen sich Kostenziele definieren, um die Gewinnsituation zu verbessern oder um zu vermeiden, zum Grenzanbieter zu werden. Gleichzeitig können mit ihr Strategien wie z. B. Kapazitätsausbau, Rationalisierungen oder Fusionen in der Branche besser, auch in ihren möglichen Auswirkungen auf Konkurrenten, beurteilt werden. Im Hinblick auf Konzernstrategien werden Investitions- und

---

1 Der Schweinezyklus ist typisch für Branchen mit einem relativ kontinuierlichen Wachstum. Leichte Preisanstiege lösen einen Lageraufbau der Kunden in Erwartung von weiteren Preissteigerungen aus. Sie führen zu Investitionen in neue Kapazitäten. Durch einen Nachfragerückgang aufgrund voller Läger und die Inbetriebnahme neuer Kapazitäten kommt es zu einem länger anhaltenden Preisverfall – bis zum Beginn des nächsten Zyklus.

Desinvestitionsentscheidungen durch genaue Berücksichtigung der wettbewerbsrelevanten Kostenaspekte unterstützt. Die Ergebnisse können dazu führen, dass die Notwendigkeit einer zusätzlichen Differenzierung deutlich wird, um vorhandene Kostennachteile zu kompensieren.

Ähnliche Instrumente

Benchmarking

Benchmarking-Prozesse (vgl. Abschn. 5.2.8) sind ebenfalls ein systematischer Versuch, Unterschiede in den Produktionskosten zu ermitteln und prozessbezogen zu analysieren. Benchmarking geht über die Branche hinaus: Es wird meist versucht, von den Erfahrungen branchenfremder Unternehmen zu profitieren, indem die „Best Practice" für einen Prozess ermittelt wird. Dies beschränkt sich in der Regel auf branchenunabhängige Geschäftsprozesse wie Disposition, Lagerhaltung, Logistik, Qualitätsmanagement etc.

Überschneidungen mit anderen Instrumenten

BCG-Matrix

Die Industriekostenkurve gibt indirekt Informationen zu den aufgrund der vorhandenen Kapazitäten möglichen Marktanteilen und erlaubt eine genauere Beurteilung, ob diese tatsächlich zu Kostenvorteilen geführt haben. Die Industriekostenkurve ermöglicht damit eine Überprüfung der Grundannahme der BCG-Matrix (vgl. Abschn. 7.2.2). Bei günstiger Kostenposition ist ein Geschäft auch bei einem kleinen Marktanteil eine wertvolle Cash Cow und kein Poor Dog, der schnell abgestoßen werden sollte.

Generische Strategietypen

Die Industriekostenkurve gibt Auskunft darüber, ob die Strategie der Kostenführerschaft (vgl. Abschn. 7.3.3) realistisch erscheint. Dabei müssen heutige und zukünftige technologische Möglichkeiten berücksichtigt werden. Die Möglichkeiten der Differenzierung oder Fokussierung sind bei homogenen Produkten kaum gegeben, so dass ohne Kostenvorteile allenfalls mit durchschnittlichen Gewinnen gerechnet werden kann.

5-Kräfte-Modell

Die Industriekostenkurve deckt einen Teil der Kräfte des Wettbewerbs in der Branche ab (vgl. Abschn. 5.2.4). Die Kosten- und Kapazitätssituation wird quantitativ bestimmt. Sie ermöglicht dadurch Aussagen, für welche Unternehmen in der Branche der Eintritt neuer Wettbewerber oder die Einführung von Ersatzprodukten besonders gefährlich sein wird.

5.2.7 Industrielebenszyklus

In Analogie zu Lebenszyklen in Natur und Umwelt kann die Umsatzentwicklung von Industrien in Phasen eingeteilt und beschrieben werden. Die einzelnen Phasen der Marktentwicklung, des Wachstums, der Reife und des Niedergangs halten für die Unternehmen im Wettbewerb spezifische Herausforderungen und Chancen bereit. Durch eine gezielte Anpassung der Unternehmensstrategie an die jeweilige Phase können Wettbewerbsvorteile erzielt werden.

Beschreibung und theoretischer Hintergrund

Grundlage des Lebenszykluskonzepts sind die Arbeiten des französischen Soziologen Gabriel Tarde, der Ende des 19. Jahrhunderts die Verbreitung neuer Verhaltensweisen untersuchte. Er führte sie auf die Imitation von Personen im direkten Umfeld und auf Vorbilder in den Massenmedien und in gesellschaftlich höheren Schichten zurück (Tarde 1890). Tarde formulierte damals bereits die S-Kurve und gilt als Begründer der Diffusionsforschung (Rogers 1995). Sie untersucht die Einführung und Anwendung von Innovationen als sozialen Prozess. Eine Produktdiffusion wurde erstmals von Ryan und Gross (1943) untersucht und dabei das Modell der S-Kurve empirisch bestätigt. Eine breite Anwendung in den Wirtschaftswissenschaften fand das Konzept erst in den 1960er Jahren (Dean 1950, Vernon 1966 und Cox 1967), vor allem im produktbezogenen Marketing (z. B. Levitt 1965 und Day 1981). Im Vordergrund des Interesses standen die Einführung von Innovationen und Produkten oder die Entstehung von Industrien.

Das Lebenszykluskonzept beschreibt die Umsatzentwicklung einer Industrie oder eines Produktes auf der Zeitschiene mit einer S-förmigen Kurve. Die Kurve wird meist in vier Phasen eingeteilt (Abb. 5.7). Dem Marktzyklus (Angebotsperiode) ist bei Produkten und oft auch bei Industrien eine Entstehungsphase vorgeschaltet, in der kein Umsatz erzielt wird. Trotzdem fallen bereits hohe Kosten durch Forschung und Entwicklung oder durch den Aufbau der Produktionskapazitäten an.

Der Lebenszyklus kann auf verschiedenen Aggregationsebenen angewendet werden (Day 1981): auf ganze Industrien (wie die Automobilindustrie), auf bestimmte Produkttypen oder -formen (Kleinwagen mit Benzinmotor) bis hin zu einzelnen Marken und Produktvarianten (Fiat 500, Baujahr 2008). Der Industrielebenszyklus ist lose gekoppelt mit den Lebenszyklen von Produkttypen und -formen (Grant 2019), nicht aber mit einzelnen Produktvarianten oder Marken. Der Lebenszyklus ist eines der populärsten Konzepte im Management und vor allem im Marketing mit einer nahezu unübersehbaren Zahl von Veröffentlichungen präsent. Die treibenden Kräfte des Industrielebenszyklus sind die Nachfrage, die Entstehung und Verbreitung von Wissen, die Dominanz bestimmter Produktkonzepte und die technischen Standards.

Die Lebenslaufphasen von der Adaption bis hin zur Sättigung können daher als gut erforscht gelten. Im Marketing wurde das Modell im Laufe der Zeit um die Reifephase und die Degeneration erweitert. Beschreibung und Erforschung dieser Phasen sind jedoch deutlich schwächer ausgeprägt (Rogers 1995). Der Lebenszyklusan-

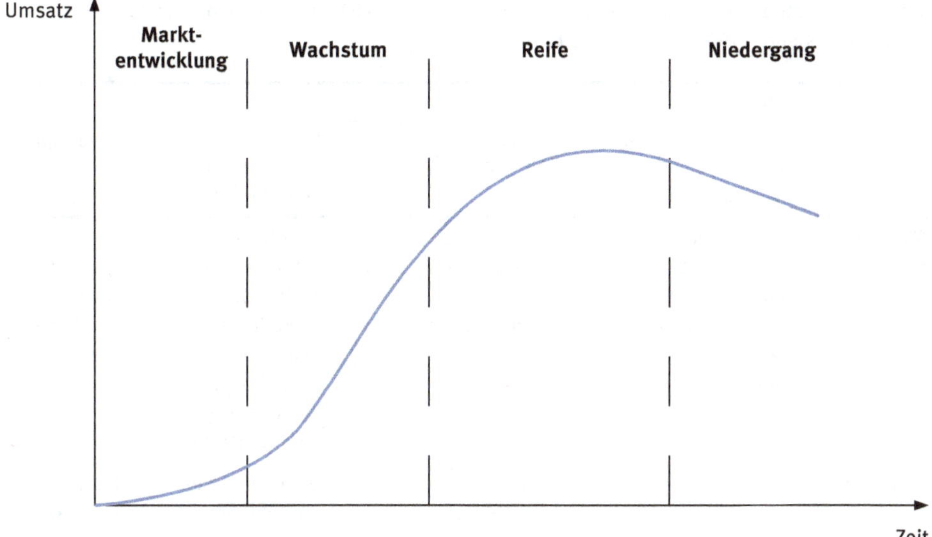

Abb. 5.7: Branchen- und Produktlebenszyklus

satz wurde auch in der Analyse des internationalen Handels (Vernon 1966) und im strategischen Management aufgegriffen (Hofer 1978). Für Grant (2019) ist die jeweilige Phase des Industrielebenszyklus sogar ein entscheidender Faktor für die Strategiewahl. Phasen, treibende Kräfte und ihre Veränderungen sind in der folgenden Tab. 5.9 dargestellt.

Die S-Kurvenform und die beschriebenen Grundannahmen konnten für viele Industrien empirisch bestätigt werden (Klepper 1997). Der Industrielebenszyklus beschreibt somit ein typisches Muster, allerdings ohne Allgemeingültigkeitsanspruch.

Die Lebenslaufphasen einer Industrie können aus der Untersuchung des Umsatzwachstums, des Gewinns und des Cashflows abgeleitet werden. Daraus lassen sich Aussagen zur wahrscheinlichen weiteren Entwicklung und der Veränderung der jeweiligen Wettbewerbsbedingungen ableiten. In der Realität werden gelegentlich auch Phasen übersprungen (Dhalla/Yuspeh 1976). Über die Dauer der einzelnen Lebenslaufphasen einer Industrie kann das Konzept allerdings keine Aussagen treffen. Das gilt besonders für die Reifephase, die extrem lang sein kann. Außerdem können sich Industrien im Gegensatz zu Lebewesen revitalisieren und wieder in eine neue Wachstumsphase eintreten, z. B. aufgrund von Marktveränderungen oder mit eigenen Innovationen, neuen Geschäftsmodellen oder neu entwickelten Technologien. In reifen Industrien suchen viele Unternehmen nach solchen neuen Wachstumstreibern. Insgesamt ist der Industrielebenszyklus aber sehr viel stärker von technologischen, soziokulturellen und ökologischen externen Faktoren abhängig als der Produktlebenszy-

Tab. 5.9: Industrielebenszyklus – Treiber und Veränderungen (Quelle: Anderson/Zeithaml 1984, Grant 2019, Klepper 1997 und Vernon 1966)

Treiber	**Phase**			
	Marktentwicklung Unwissen und Experimente	**Wachstum Unsicherheit**	**Reife klare Verhältnisse und Stabilität**	**Niedergang**
Markt und Kunden	Gering, wenig risikobereite und innovationsbereite Kunden, hoher Preis, langsames Wachstum, uninformierte Käufer	Hohes Wachstum > 10 %, zunehmende Marktdurchdringung, informierte Käufer	Zunehmende Marktsättigung, geringes, kalkulierbares Wachstum, Ersatzbedarf, Preisfokus, gut informierte Käufer	Zurückgehende Nachfrage, sinkende Preise
Technologie und Produkte	Induktion oft durch technische Entwicklung; schnelle und fundamentale Fortschritte, konkurrierende alternative Konzepte, einfaches Design Qualitätsprobleme, ständige Veränderung der Produkte, Produktanforderungen unklar	Noch besteht Wettbewerb zwischen wenigen Produktkonzepten, Qualitäts- und Designverbesserungen, dominantes Design entsteht, Netzwerkexternalitäten haben entscheidende Bedeutung, Prozessinnovationen werden wichtiger	Dominierendes Produktkonzept, Innovation verlagert sich auf Prozesse, Differenzierung über Marke, Qualität, Wissen weit verbreitet, Produkte sind Kunden und Zulieferern bekannt	Keine Innovationen mehr, Industrie ist erstarrt
Produktion und Distribution	Unspezifische, flexible arbeitsintensive Produktionsanlagen, hochqualifizierte Arbeitskräfte, spezialisierte Distribution, verschiedene Marketingansätze, Produktion und Konsum in hochindustrialisierten Ländern	Spezialisierung der Produktion, Kapazitätsprobleme, Massenproduktion, Suche nach Distributionskanälen, Exporte aus hochindustrialisierten Ländern	Erste Überkapazitäten, Produktion mit Standardprozessen rationalisiert und automatisiert, kapitalintensiv, Produktionsver lagerungen in Schwellen- und Niedriglohnländer	Dauernde Überkapazitäten, Produktionsverlagerung in Niedriglohnländer
Finanzen	Negative Cashflows	Hohe negative Cashflows aufgrund hoher Investitionen, höchste Gewinnmarge	Hohe positive Cashflows, geringe Investitionen, höchste absolute Gewinne	Stark abnehmende Cashflows aufgrund Umsatzrückgangs

Tab. 5.9: (Fortsetzung)

Treiber	Phase			
	Marktentwicklung Unwissen und Experimente	**Wachstum Unsicherheit**	**Reife klare Verhältnisse und Stabilität**	**Niedergang**
Wettbewerb in Branche	Wenige Unternehmen, geringe Eintrittsbarrieren, schnelles Wachstum der Unternehmenszahl	Zahlreiche Markteintritte und -austritte, Maximum der Zahl der Unternehmen. Zusammenschlüsse, schnelle Veränderung der Marktanteile, klarere Marktpositionen, Erreichen der Gewinnschwelle bis hohe Gewinnmargen	Auslese bei Anbietern (shake-out), Konsolidierung, Preiswettbewerb. Neueintritte noch in Nischen, hohe Eintrittsbarrieren, Marktanteile stabiler	Preiskriege, Unternehmenskrisen, Restrukturierungen, Geschäftsaufgaben

klus, der in seinem Verlauf und Ergebnis stark durch die Entscheidungen der Akteure beeinflusst werden kann (Anderson/Zeithaml 1984).

Empirische Untersuchungen (Andretsch 1987 und Klepper 1997) lassen den Schluss zu, dass ein sehr früher Markteintritt zu höheren Marktanteilen für das Unternehmen und zu höherer Rentabilität führt (First Mover Advantage). Zudem wurde beobachtet, dass sowohl die früh als auch die spät eintretenden Unternehmen länger überleben. Während die früh eintretenden Unternehmen oft den Markt dominieren, füllen die spät eintretenden Unternehmen präzise ausgelotete Produktnischen (Klepper 1997).

Die Vorteile eines frühen Markteintritts können von Unternehmen, die sich auf Prozess-Know-how spezialisieren, zerstört werden. So konnten die ersten Unternehmen in der Photovoltaikbranche ihre Pioniervorteile nur begrenzt realisieren, da ein Großteil des Know-how bei den Herstellern der Produktionsanlagen liegt und mit dem Kauf dieser Anlagen auch für neu in die Branche eintretende Unternehmen zugänglich wird.

Großunternehmen scheinen in der ersten Phase keine besondere Stärke gegenüber kleineren Unternehmen zu haben, da ihre Vorteile im Bereich Forschung und Entwicklung begrenzt sind (Klepper 1997). In den nachfolgenden Phasen können sie aber aufgrund ihrer Finanzkraft und ihrer Stärke in Produktion und Marketing, die in vielen Branchen entscheidend sind, den Vorsprung des Pioniers, der sich zunächst in höheren Marktanteilen und höherer Profitabilität niederschlägt, wieder aufholen. Dies gilt besonders dann, wenn eine Branche in technische Spezialisten, Marketing- und Produktionsspezialisten unterteilt ist (Klepper 1997). Zum Beispiel haben in der

Windturbinenindustrie die später eingetretenen großen Marketing- und Produktionsspezialisten General Electric und Siemens die etablierten Windenergieanlagenhersteller der ersten Stunde wie Enercon, Repower und Vestas teilweise überholt. Die Unternehmen der ersten Stunde laufen dann Gefahr, verdrängt oder übernommen zu werden.

Weitere Abweichungen von dem typischen Bild des Industrielebenszyklus ergeben sich, wenn die Produkte oder die Produktionstechnologie durch Patente geschützt werden können – dies verhindert oder verzögert den sonst typischen Ausleseprozess in der Reifephase (viele Unternehmen werden insolvent, geben das Geschäft auf oder werden aufgekauft). In hochsegmentierten und -spezialisierten Märkten mit unterschiedlichen Kundenanforderungen findet oft gar kein Ausleseprozess statt – die Industrie (z. B. die Laserindustrie) verharrt in einer Phase ständiger Marktein- und -austritte und kontinuierlicher Innovation (Klepper 1997).

Praktische Anwendung

Schritt 1: Definition der Industrie oder Produktklasse

Für strategische Zwecke kann die Lebenszyklusanalyse sowohl auf eine Industrie, ein Geschäftsfeld oder eine Produktklasse angewendet werden. Der Gegenstand ist im ersten Schritt zu definieren und abzugrenzen. In Branchen, die durch eine sehr starke Spezialisierung auf Kundenwünsche und Teilmärkte gekennzeichnet sind, ist eine Lebenszyklusanalyse aufgrund empirischer Erfahrungen nicht sinnvoll.

Beispiel: Die Einführung von PC hat die Computerbranche seit 1980 völlig verändert und dazu geführt, dass Computer an vielen Arbeitsplätzen und in allen Lebensbereichen eingesetzt werden. Die früheren Branchenriesen für Großcomputer sind verschwunden oder haben sich wie IBM auf Consulting und Dienstleistungen spezialisiert. Die Branche für Mobiltelefone (Handys) konnte seit Mitte der 1990er Jahre mit der Einführung der digitalen Technik (GSM) ein rasantes Wachstum verzeichnen. Der Siegeszug der Smartphones, die die Funktionalität eines Mobiltelefons mit denen eines kleinen Computers mit Internetzugang verbinden, führte ab 2005 zu einer disruptiven Veränderung der Branche der Mobiltelefonhersteller. Neue Anbieter wie der PC-Hersteller Apple, der Mischkonzern und Hersteller von Elektronikkomponenten Samsung und das Technologieunternehmen für Telekommunikation Huawei dominieren den Markt, die traditionellen Mobiltelefonhersteller wie der frühere Weltmarktführer Nokia oder Motorola sind heute fast bedeutungslos. Die Software spielt bei den Smartphones eine entscheidende Rolle, die Geräte und ihre Eigenschaften sind sich mittlerweile recht ähnlich und verlieren dadurch etwas von ihrer bisherigen Bedeutung. Mit den Media Tablet Computern (Notebook-ähnliche kleine Geräte ohne Tastatur wie z. B. der Apple iPad) wurde eine weitere Produktkategorie zwischen Smartphones und PC etabliert.

Schritt 2: Identifizierung der Lebenszyklusphase

Die Umsatzentwicklung der jeweiligen Industrie, aller Unternehmen in einem Geschäftsfeld oder aller Unternehmen in der ausgewählten Produktklasse bis zur Gegenwart ist als zentrales Kriterium auszuwerten. Daraus erfolgt nach Tab. 5.10 eine Einordnung in eine der vier Phasen.

Tab. 5.10: Umsatz als Kriterium der Lebenszyklusphase (Quelle: in Anlehnung an Audretsch 1987)

Lebenszyklus	Umsatz	Umsatzwachstum
Marktentwicklung	Steigend	Steigend
Wachstum	Steigend	Konstant
Reife	Gleichbleibend	–
Niedergang	Zurückgehend	Negativ

Zur Überprüfung können weitere Indikatoren aus der Tab. 5.9 herangezogen werden (Zahl und Art der Innovationen, das Vorhandensein eines dominanten Produktdesigns, Entwicklung der Zahl der Wettbewerber, Entwicklung des Produktpreises oder Wettbewerbskriterien). Wenn auch diese Indikatoren der bereits ermittelten Phase entsprechen, ist das Ergebnis deutlich.

Im Beispiel (Abb. 5.8) sind keine Umsätze verfügbar, sondern nur die Stückzahlen. Sie zeigt die typische Entwicklung des Lebenszyklus für Media Tablet Computer.

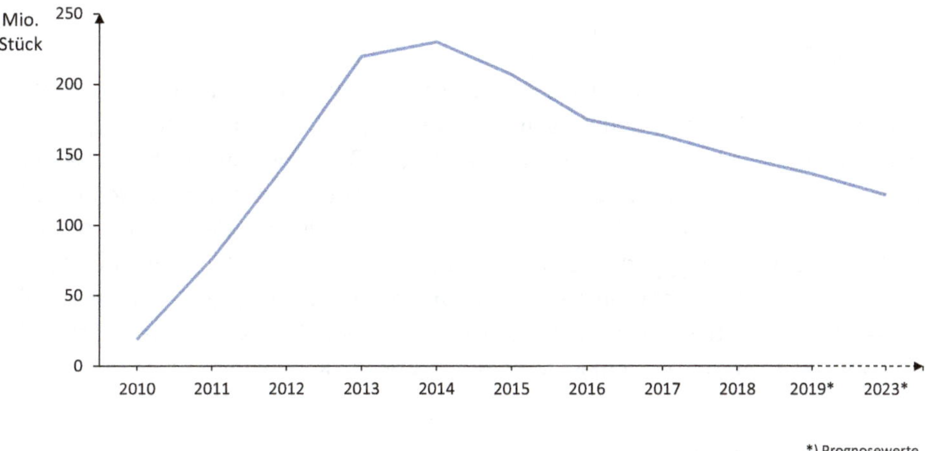

Abb. 5.8: Weltweiter Absatz von Tablets, 2010 bis 2023 (Quelle: in Anlehnung an IDC in Statista 2019)

Schritt 3: Kritische Prüfung und Einordnung

Eine Überprüfung erfolgt über die Prognosen der zukünftigen Umsatzentwicklung. Passen sie in das Bild? So kann bspw. eine Wachstumsphase aus konjunkturellen Gründen unterbrochen werden und so der Reifephase ähneln. Erst nach einer solchen Überprüfung kann die erreichte Lebenszyklusphase plausibel beurteilt werden.

Anschließend sind die eruierten Lebenszyklen daraufhin zu prüfen, ob starke Abweichungen vom Phasenkonzept zu erkennen sind. Sollte dies der Fall sein, ist die Ableitung von weiteren sich darauf stützenden Schlussfolgerungen kaum möglich.

Wichtige Faktoren, die den weiteren Verlauf eines Branchen- oder Produktlebenszyklus beeinflussen, können mit der PEST-Analyse (vgl. Abschn. 5.2.1) ermittelt werden. Dies gilt vor allem für reife Industrien und für Produktklassen, für die Möglichkeiten zur Verjüngung und neues Wachstum gesucht werden.

Beispiel: Für Tablet Computer zeigt Abb. 5.8 ein schnelles Wachstum, einen schnellen Übergang in die Reifephase und bereits eine leichte Degeneration, die entsprechend den Prognosen von IDC in Statista (2019) noch weiter voranschreiten wird. Nach einer anfänglichen Euphorie scheinen die Tablets sich in Zukunft in einer Nische für bestimmte Anwendungen zu etablieren. Auch hat sich kein eindeutiger Standard entwickelt, es gibt unzählige Ausführungen, Größen, Eigenschaften und unterschiedliche technologische Anlehnungen an Smartphones oder an PC. Es werden sowohl Smartphone Betriebssysteme als auch PC-Betriebssysteme eingesetzt. Zurzeit scheinen die sog. Detachables oder Hybrid-Geräte, d. h. Notebook-PC mit abnehmbarer Tastatur oder die Convertibles (auf- bzw. umklappbare Notebooks) die Marktentwicklung der klassischen Tablets stark zu beeinflussen.

Schritt 4: Empfehlungen für die Strategie

Ein Abgleich der phasenspezifischen Schlüsselerfolgsfaktoren (Tab. 5.11) mit den Stärken und Schwächen bzw. den Ressourcen und Fähigkeiten des Unternehmens ermöglicht abschließend Schwerpunktsetzungen in der Strategie. Umgekehrt lassen sich phasenspezifische Bedrohungen erkennen, für die Antworten gefunden werden müssen. In den beiden ersten Phasen besteht beispielsweise die Gefahr, dass sich ein anderes Produktkonzept oder das dominante Design eines Konkurrenten durchsetzt. Den daraus resultierenden Gefahren kann unterschiedlich begegnet werden: mit der massiven Durchsetzung des eigenen Konzepts, mit dem Rückzug in eine Nische oder dem rechtzeitigen Umschwenken auf das erfolgreiche Konzept.

Kritik des Instruments

Verschiedene Autoren bemängeln die unklare Abgrenzung zwischen Produktlebenszyklus und Industrielebenszyklus (Dhalla/Yuspeh 1976 und Kreikebaum 1997). Tatsächlich ist das Lebenszykluskonzept auf Produkte, auf ein neues Produkt, auf Produktklassen, Geschäftsfelder und ganze Industrien anwendbar, wobei der jeweilige Anwendungsbereich klar bezeichnet werden muss.

Das Konzept des Industrielebenszyklus wird weiterhin als oft irreführend kritisiert, weil die Lebenszyklusphasen in der Realität kaum zu erkennen sind. Bei Produkten mit einem sehr langen Lebenszyklus ist es schwierig, langfristige Abwärtstendenzen von konjunkturellen Schwankungen zu unterscheiden (Kreikebaum 1997) – dies kann sich im Industrielebenszyklus als vermeintlicher Phasenübergang widerspiegeln. In der Praxis entfällt außerdem oft die Einführungsphase oder es gibt einen direkten Übergang vom Wachstum in den Niedergang. Auch erfolgt häufig eine Revita-

Tab. 5.11: Schlüsselerfolgsfaktoren in den Lebenszyklusphasen (Quelle: in Anlehnung an Day 1981, Grant 2019, Klepper 1997 und Levitt 1965)

Marktentwicklung	Wachstum	Reife	Niedergang
– Technologie und Produktentwicklung – Vertrauen in Produkt und Unternehmen schaffen – Auswahl einer geeigneten Erstkundengruppe – Bewältigung der „Kinderkrankheiten"	– Produktionsgerechtes Design, Zugang zu Distributionskanälen – Werbung – Marktentwicklung – Schnelle Produktentwicklung – Prozessinnovation – Setzen von Produktstandards oder eines dominanten Designs	– Kosteneffizienz – Skaleneffekte – Niedrige Inputkosten – Prozess-innovation oder Differenzierung/ Fokussierung	– Niedrige Gemeinkosten – Käuferauswahl – Rationali-sierung – Klares Bekenntnis zum Geschäft

lisierung oder die Reifephase erscheint unendlich lange. Zudem sind die vier Phasen nicht eindeutig voneinander abgrenzbar, eventuell entstehen zwischen den Phasen Plateaus, die eine Reifephase vortäuschen.

Tendenziell – so ein weiterer Kritikpunkt – führt der Lebenszyklusansatz zu einer Überbewertung neuer Produkte und Industrien (Dhalla/Yuspeh 1976). Die dot.com-Blase der Jahrtausendwende bietet dafür ein gutes Beispiel.

Neue Technologien und andere externe Umweltveränderungen können eine Industrie so transformieren, dass das Konzept des Industrielebenszyklus ausgehebelt wird. Dies kann auch so interpretiert werden, dass damit zwangsläufig eine neue S-Kurve auf einem höheren Niveau beginnt (Foster 1986). Zudem sind die Grenzen zwischen verschiedenen Industrien schwierig zu identifizieren und können sich dynamisch verändern. Der Produktlebenszyklus (und die verwandte S-Kurve) geben nur begrenzt Auskunft über sinnvolle Reaktionen (McGahan 2000).

Die Orientierung am Lebenszyklus kann überdies dazu führen, dass alle Wettbewerber die gleichen, daraus abgeleiteten Konzepte verfolgen und deshalb keine Wettbewerbsvorteile erzielen können. Dies war Ende des letzten Jahrhunderts zu beobachten, als die Mehrzahl der großen Chemieunternehmen auf das wachsende Geschäftsfeld Life Sciences setzte, in dem sie einen neuen, erfolgversprechenden Industrielebenszyklus sahen. Diese hohen Erwartungen erfüllten sich jedoch nur teilweise. Gleichzeitig waren Unternehmen wie die BASF, die weiterhin die traditionelle chemische Verbundproduktion weiterverfolgten, unerwartet erfolgreich.

Strategische Bedeutung und Nutzen

Das Lebenszyklus-Konzept zwingt das Management, sich mit zu erwartenden Veränderungen auseinanderzusetzen – Produkte, Geschäftsfelder und Industrien durchlaufen verschiedene Lebensphasen und weisen eine beschränkte Lebensdauer auf (auch wenn der Lebenszyklus kein allgemeingültiges Gesetz darstellt und selten genau vorhersehbar ist). Mit ihm werden schwache Signale identifiziert, die auf einen Phasenwechsel oder eine Degeneration hindeuten. Ein solcher Phasenwechsel führt zu einer deutlichen Veränderung der Wettbewerbssituation und zwingt die Unternehmen zu einer strategischen Anpassung.

Der Produktlebenszyklus ist ein Instrument für die Marketingstrategie, vor allem für eine strategische Produkt- und Programmpolitik in Bezug auf die Sortimentszusammensetzung, die Sortimentsstruktur und das produktbezogene Marketing (z. B. Welge et al. 2017). Die Sortimentsstruktur den einzelnen Lebenszyklusphasen zuzuordnen, ist jedoch auch von allgemeiner strategischer Bedeutung. Eine solche Zuordnung liefert Hinweise auf notwendige Ressourcen (Finanzen, F&E, Distributionssysteme), deren Bedeutung stark von der Lebenszyklusphase bestimmt wird, sowie auf die Notwendigkeiten von Markterweiterungen oder Diversifikationen (Kreikebaum 1997).

Eine Identifikation der derzeitigen Phase ermöglicht Aussagen zur voraussichtlichen weiteren Entwicklung der Industrie, der Wettbewerbsbedingungen und der Schlüsselerfolgsfaktoren. Daraus können Empfehlungen abgeleitet werden, wann und in welcher Form ein erfolgreicher Markteintritt erfolgen kann. Aus den empirischen Erkenntnissen lässt sich folgern, ob Vorteile des frühen Markteintritts längerfristig erhalten werden können. Für die Themenbereiche Markt, Technologieentwicklung, Produkte, Produktion, Distribution und Finanzen kann das Konzept Grundaussagen treffen. Es ermöglicht darüber hinaus eine kongruente Abstimmung der einzelnen Bereiche untereinander im Sinne einer strategischen Ausrichtung. Der Industrielebenszyklus gibt über die jeweilige Phase einen Rahmen für die strategischen Optionen vor.

Ähnliche Instrumente

Modelle der industriellen Evolution

McGahan (2000) konzentriert ihre Überlegungen auf die Architektur einer Branche, mit der die Beziehungen einer Branche zu Lieferanten und Kunden beschrieben werden. Sie unterteilt Branchen nach ihren Entwicklungsmustern in solche mit und ohne Veränderung der Architektur. Beide Gruppen werden weiter unterschieden nach der Entwicklung des Geschäfts, den treibenden Kräften und den Erfolgsfaktoren.

Ohne wesentliche Veränderungen der bestehenden Architektur entwickelt sich das *rezeptive Modell* in kleinen Schritten entlang von Effizienzverbesserungen; die Risiken sind relativ gering, Veränderungen oft geografisch und produktspezifisch begrenzt (Beispiel Einzelhandel vor Internet). Das *Blockbuster-Modell* (Filmindustrie, patentgeschützte Pharmazeutika) beruht dagegen auf großen, riskanten Projekten, wobei jeweils nur wenige große Investitionsmöglichkeiten bestehen. Die Architektur ist dabei ebenfalls beständig. Mit einem Wandel der Architektur verbunden ist hingegen das *Modell des radikalen organischen Wandels* (Beispiele: PC, Internetdienstleistungen oder Smartphones.) Getrieben durch Innovation und neue Technologien, verbunden mit hohem Risiko und einem klaren Vorteil für den Ersten am Markt, verändern sich die Beziehungen zu Kunden und Lieferanten, oft auch die Branchengrenzen. Im *Modell der intermediären Entwicklung* (Beispiel: elektronische Marktplätze) erfolgt zunächst eine radikale Veränderung der Transaktionen in der Wertschöpfungskette. Sie wird verursacht durch den Einsatz von Informationstechnologie, der die Handlungsmöglichkeiten der Beteiligten dramatisch verändert. In der Folge entstehen neue Branchen (z. B. elektronische Bezahldienste), alte verschwinden oder schrumpfen. Aus diesem Konzept ergeben sich spezifische Wettbewerbsbedingungen und Ansatzpunkte für die Strategiewahl.

Klassifizierung nach Wettbewerbsdynamik

Williams (1992) wiederum unterscheidet die Wettbewerbsdynamik nach drei Branchentypen:

- *Lokale Monopolmärkte* mit spezialisierten Produkten für kleine Kundengruppen: Skalen- und Lerneffekte spielen eine geringe Rolle, die Wettbewerbsintensität und Nachfrageelastizität sind gering, die vertikale Integration ist hoch und die Lieferantenbeziehungen sind eng.
- *Traditionelle Industriemärkte* mit geringer bis moderater Segmentierung und geringer Innovationsrate: Strategien beruhen auf Kostenvorteilen durch Größe und Lerneffekte sowie Marken- und Produktvielfalt.
- *Dynamische Schumpeter-Märkte* (Grant 2019) sind durch hohe Turbulenz und ständige Produktinnovation gekennzeichnet: Wettbewerbsvorteile beruhen auf Forschung und Entwicklung, schneller Marktumsetzung und Lernkurveneffekten.

Eine Charakterisierung der Wettbewerbsdynamik ermöglicht dem Management eine Konzentration auf sinnvolle Wettbewerbsvorteile.

Technologie-S-Kurve

Ein S-förmiger Kurvenverlauf beschreibt das Ergebnis von Aufwendungen zur Verbesserungen von Technologien – bei reifen Technologien können auch mit hohen Aufwendungen in der Regel nur noch geringe Effizienzsteigerungen erzielt werden. Die Untersuchung dieses Zusammenhangs liefert Hinweise auf den Entwicklungsstand der Technologie, das verbleibende Entwicklungspotenzial, die Effektivität von Investitionen in diese Technologie und die Notwendigkeit und den Zeitpunkt, nach neuen Technologien zu suchen. Mit dem Umstieg auf eine neue Technologie beginnt eine neue S-Kurve – die bisherigen Leistungsgrenzen werden durchbrochen (Foster 1986).

Überschneidungen mit anderen Instrumenten

Blue-Ocean-Strategien

Typisch für eine reife Industrie ist ein gesättigter Markt, in dem Unternehmen mit gleichen Produkten oder Dienstleistungen hart miteinander konkurrieren und nur noch niedrige Margen erreichen können. Blue-Ocean-Strategien (vgl. Abschn. 8.2.1) können eine Revitalisierung ermöglichen, indem neue Märkte mit nachhaltigen und rentablen Geschäftsmodellen entwickelt werden. Mit Hilfe einer Wertkurve werden das derzeitige Angebot analysiert und davon deutlich abweichende Leistungsangebote konstruiert, die dem Kunden einen echten, differenzierten Nutzen bieten (blaue Ozeane). So kann eine Revitalisierung der Industrie mit neuem Wachstum erreicht werden.

5-Kräfte-Modell

Aus dem Lebenszykluskonzept lassen sich Aussagen zum Wettbewerb in der Branche, zur Bedrohung durch neue Wettbewerber und zur Macht der Kunden und Lieferanten ableiten. Substitute können dazu führen, dass eine Industrie in die Phase des Niedergangs gleitet. Wenn eine reife Industrie sich hingegen verjüngt, kann sie die Reifephase verlängern oder sogar wieder in eine Wachstumsphase eintreten – damit verbunden ändern sich erneut auch die Wettbewerbskräfte. Mit der Kombination beider Konzepte ist eine dynamische und systematische Betrachtung der Wettbewerbskräfte in einer Industrie möglich (vgl. Abschn. 5.2.4).

Schlüsselerfolgsfaktoren

Nach dem Lebenszykluskonzept verändern sich die Schlüsselerfolgsfaktoren (vgl. Abschn. 5.2.9) im Laufe des Lebenszyklus. Die Kombination der branchenspezifischen Schlüsselerfolgsfaktoren mit dem Lebenszykluskonzept kann daher wie beim 5-Kräfte-Modell zu einem genaueren und dynamischeren Bild der Schlüsselerfolgsfaktoren führen.

Portfolio-Methoden

Die Portfolio-Methoden (BCG, GE/McKinsey) werden benutzt, um Prioritäten für spezifische Geschäftseinheiten in einem Unternehmen zu setzen (vgl. Abschn. 7.2.2, 7.2.3). In die Marktanteils-/Marktwachstums-Matrix der Boston Consulting Group fließt die Lebenszyklusphase der Geschäftseinheiten indirekt als Marktwachstum mit ein. Die einzelnen Portfolio-Kategorien können den Lebenszyklusphasen zugeordnet werden (Question Mark – Marktentwicklung, Star – Wachstum, Cash Cow – Reife und Poor Dog – Niedergang). Mit diesem Modell lassen sich Aussagen zu den mit den einzelnen Geschäftseinheiten verbundenen Finanzflüssen machen und Investitions- oder Desinvestitionsentscheidungen treffen. In der Wettbewerbspositions-/Marktattraktivitäts-Matrix von GE/McKinsey dagegen fließt die Lebenszyklusphase über das Marktwachstum nur noch beschränkt und indirekt ein, weil die Bewertung der Marktattraktivität aus mehreren Faktoren abgeleitet wird.

5.2.8 Benchmarking

„*Wir müssen das Rad nicht ein zweites Mal erfinden*" (dt. Redensart).

Benchmarking untersucht die Kosten und Leistungen einer strategisch wichtigen Aktivität im eigenen Unternehmen vergleichend zu anderen Unternehmen. Für genau definierte Aktivitäten und deren Leistungen werden aus dem Vergleich mit den leistungsfähigsten Unternehmen quantitative Messgrößen für diese Aktivität und eine Messlatte (Benchmark) für Spitzenleistungen ermittelt. Zugleich werden die Methoden bestimmt, mit denen die Spitzenleistungen erzielt werden. Aus dem Abstand zur Benchmark (Leistungslücke) lassen sich Ziele für die Kosten und Leistungen der untersuchten Aktivität im eigenen Unternehmen ableiten. Die besten Methoden werden an die eigene Unternehmenssituation angepasst und eingeführt, um ebenfalls Spitzenleistungen zu erzielen. Nach den Benchmarks und den besten Methoden kann im eigenen Unternehmen, in der eigenen Branche und in anderen Branchen mit ähnlichen Aktivitäten gesucht werden. Bei generischen Prozessen sind alle Branchen relevant.

Beschreibung und theoretischer Hintergrund

Der Vergleich mit erfolgreichen Konkurrenten und das Kopieren von deren Methoden hat eine lange Tradition in der betriebswirtschaftlichen Praxis. Welge et al. (2017) führen die Beispiele des Autoherstellers Chrysler, der in den 1930er Jahren die Herstellkosten des Konkurrenten Oldsmobile untersuchte, und japanischer Unternehmen an, die in den 1960er und 1970er Jahren Prozesse und Methoden anderer Unternehmen unter dem Begriff „Dantotsu" (Lernen von den Besten) analysierten. General Motors führte auf der Basis von 10 Thesen eine generische Benchmarking-Studie zur Qualität mit 11 Vergleichsunternehmen durch (Watson 1993). Ab dem Jahr 1979 entstand beim Kopiererhersteller Xerox aus einer systematischen Analysepraxis das Benchmarking als eigene Methode. Xerox zerlegte die Konkurrenzprodukte, untersuchte und bewertete die Bauteile und setzte aufgrund der Ergebnisse Zielvorgaben für die eigenen Herstellkosten (Reverse Engineering). Auch die Prozesse im Vertrieb wurden untersucht und schließlich wurden branchenfremde Erfahrungen aus dem Sportartikelversand bei der Lagerverwaltung und der Kommissionierung übernommen (Welge et al. 2017). Die Publikationen von Tucker et al. (1987) und Camp (2006) trugen zu einer weiten Verbreitung der Methode bei, die schließlich in Standards wie dem Baldridge Performance Standards Program mit dem Baldrige Award (NIST 2019) integriert wurden.

Benchmarking ist ein systematisches, standardisiertes Vorgehen zum quantitativen Leistungsvergleich von Technologien, Prozessen, Dienstleistungen und Produkten. Der höchste Leistungsstandard und die ihm zugrundeliegenden Methoden werden häufig als Best Practice bezeichnet. Mit der Übertragung der besten Methoden auf das eigene Unternehmen soll das Spitzenniveau erreicht werden. Es handelt sich um einen Top-Down-Ansatz – Entscheidungen werden aufgrund der Benchmarking-Ergebnisse vom Management gefällt. Entscheidend für das Instrument Benchmarking ist also nicht nur der Vergleich der Leistungen, sondern auch das Verständnis, mit welchen Methoden diese Leistungen zustande gekommen sind.

Mit Benchmarking werden die besten verfügbaren Problemlösungen ermittelt. Daraus folgen eine genaue Definition der Leistungslücke und die Entwicklung von wettbewerbsorientierten Zielvorgaben. Erst ein Erkennen der genauen Gründe für die bessere Leistung der Vergleichspartner ermöglicht Lerneffekte. Die gefundenen Methoden müssen innovativ an die Situation und die spezifische Problemstellung im eigenen Unternehmen angepasst werden. Wenn neue, bessere Methoden ermittelt werden können und es gelingt, diese an die Situation im eigenen Unternehmen anzupassen, ist es im Vergleich zu einer eigenen Entwicklung kostengünstiger, risikoärmer und schneller.

Nach Camp (2006) werden im Benchmarking einzelne Methoden, Prozesse, Produkte und Dienstleistungen bzw. Kostenstellen so überprüft, als ob sie im direkten Wettbewerb stünden – Kostenstellen werden behandelt wie Profit-Center. Diese Definition hat eine besondere Bedeutung im Bereich der öffentlichen Dienstleistungen und des Gesundheitswesens erlangt; das Benchmarking als „simulierter Wettbewerb" soll die leistungssteigernde und kostensenkende Wirkung eines in der Realität fehlenden Wettbewerbs ersetzen.

Benchmarking kann über die herangezogenen Vergleichspartner (Tab. 5.12) typisiert werden. Generische Prozesse im Benchmarking-Kontext werden in jedem Unternehmen durchgeführt (Camp 2006); dies sind z. B. die Auftragserfüllung oder die Be-

Tab. 5.12: Typen von Benchmarking (Quelle: eigene Zusammenstellung in Anlehnung an Camp 2006, S. 57)

Art des Benchmarking	**Intern**	**Branchenbezogen**	**Funktional**	**Generisch**
Vergleich von	Standorten oder Abteilungen	Unmittelbaren Wettbewerbern oder der gesamten Branche	Verschiedenen Branchen mit gleichen Verfahren und Prozessen	Anderen Branchen mit ähnlichen Abläufen
Ermittlung der Vergleichspartner	Einfach	Einfach	Aufwendiger	Aufwendiger
Datenermittlung	Einfach	Wegen Konkurrenz problematisch	Andere Messgrößen und Denkweisen	In der Regel Standardprozesse
Übertragbarkeit	Hoch	Hoch	Anpassung erforderlich	Anpassung erforderlich
Verbesserungspotenzial	Gering	Mittel	Hoch	Hoch

stellung. Schließlich sei noch darauf hingewiesen, dass die Gestaltung zahlreicher generischer Geschäftsprozesse zunehmend durch die Unternehmenssoftware vorgegeben wird. Die Aufgabe der Ermittlung der Benchmarks und der besten Methoden für diese Prozesse geht damit teilweise an die Softwarelieferanten bzw. auf deren Anwendungsberater über.

Bei einem kooperativen Benchmarking erfolgt eine Zusammenarbeit mit anderen Unternehmen, die beim nicht-kooperativen Benchmarking z. B. aufgrund der direkten Konkurrenz unerwünscht ist. Informationen und Daten müssen dann anderweitig beschafft werden. Kooperatives Benchmarking (zwischen direkten Konkurrenten) wird aber oft mit Hilfe von Benchmarking-Agenturen oder Unternehmensberatern durchgeführt, die für ein Filtern und Anonymisieren der Informationen sorgen und somit sensible Daten schützen.

Die Ziele für ein Benchmarkingprojekt listet Camp (2006) auf:

- Ein realistisches Erkennen und Erfüllen der Kundenwünsche.
- Eine objektive Bewertung der eigenen Leistung.
- Die Setzung effektiver Ziele.
- Die Entwicklung aussagefähiger Produktivitätskennzahlen.
- Die gezielte Suche nach den besten Methoden.
- Das Erreichen von Spitzenleistung durch deren Übernahme.

Letztlich geht es immer um den Erhalt und die Steigerung der Wettbewerbsfähigkeit.

Benchmarking als Methode und seine Ergebnisse als Zusammenstellung der besten Methoden werden sehr häufig in Unternehmen der Produktions- und Dienstleistungsindustrie eingesetzt, aber auch im Non-Profit-Sektor, bei Regierungsstellen, in der Erziehung und im Gesundheitswesen (Beispiele in Camp 2006), in der Umweltpolitik und im Umweltmanagement (EU-Kommission 2008) sowie in der Technik (z. B. Messung von Computerleistung). Zahlreiche Institutionen[2] und Unternehmensberatungen unterstützen Benchmarking mit Dienstleistungen oder Berichten – es erscheint sogar eine eigene dem Benchmarking gewidmete elektronische Zeitschrift: Benchmarking: An International Journal (Emerald Publishing Group).

Praktische Anwendung

Das hier vorgeschlagene Vorgehen (Abb. 5.9) orientiert sich an Camp (2006) mit fünf Phasen:

2 APQC (American Productivity & Quality Center), http://www.apqc.org; Global Benchmarking Network, http://www.globalbenchmarking.org; Benchmarking Center Europe, http://www.bmc-eu.com, Deutsches Benchmarking Zentrum, http://www.benchmarkingforum.de.

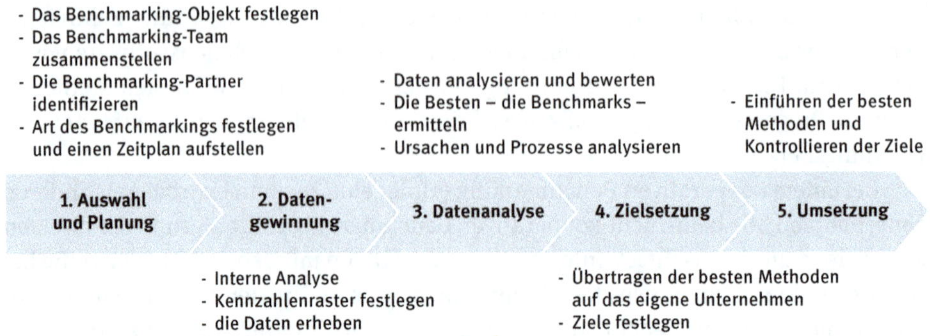

- Das Benchmarking-Objekt festlegen
- Das Benchmarking-Team zusammenstellen
- Die Benchmarking-Partner identifizieren
- Art des Benchmarkings festlegen und einen Zeitplan aufstellen

- Daten analysieren und bewerten
- Die Besten – die Benchmarks – ermitteln
- Ursachen und Prozesse analysieren

- Einführen der besten Methoden und Kontrollieren der Ziele

1. Auswahl und Planung → 2. Daten-gewinnung → 3. Datenanalyse → 4. Zielsetzung → 5. Umsetzung

- Interne Analyse
- Kennzahlenraster festlegen
- die Daten erheben

- Übertragen der besten Methoden auf das eigene Unternehmen
- Ziele festlegen

Abb. 5.9: Ablauf des Benchmarkings (Quelle: in Anlehnung an Camp 2006, S. 17)

1. Auswahl und Planung

Schritt 1: Benchmarking-Objekt festlegen

Das Objekt (d. h. eine Funktion, ein Produkt oder Prozess) des Benchmarkings kann mit folgenden Fragen ausgewählt werden (Camp 2006):

- Wo gibt es die größten Probleme im Unternehmen?
- Was sind die strategischen Probleme?
- Wo sind die größten Verbesserungen zu erwarten?
- Wo ist der Wettbewerbsdruck am stärksten?
- Was sind die größten Kostentreiber?
- Was ist für die Kunden am wichtigsten?
- Was sind die Schlüsselaktivitäten?

Die Bewertung erfolgt aus Kundensicht bzw. im Vergleich zu den Konkurrenten. Eine Auswahl der Benchmarking-Objekte kann zudem theoriegestützt ausgehend von der Mission des Unternehmens (vgl. Abschn. 3.3.2 und Camp 2006), von der gewählten (generischen) Strategie (vgl. Abschn. 7.3.3), von den branchenspezifischen Schlüsselerfolgsfaktoren (vgl. Abschn. 5.2.9) oder den Ergebnissen einer Wertkettenanalyse (vgl. Abschn. 6.2.3) erfolgen.

Aus den Benchmarking-Objekten ergeben sich die Messgrößen für die Leistung. Typischerweise sind dies die Kosten pro Einheit, die Kundenzufriedenheit (Qualität, Service, Zuverlässigkeit), die Zeit (Durchlaufzeit, Reaktionszeit), Input/Output-Relationen (Produktivität) und finanzielle Größen (Kapitaleinsatz).

Schritt 2: Das Benchmarking-Team zusammenstellen

Benchmarking wird im Team als Projekt durchgeführt, so dass organisatorisch ein Projektleiter, ein Projektteam und ein Lenkungsausschuss gebildet werden sollten. Im Benchmarking-Team sollten „Betroffene“, d. h. mit dem Benchmarking-Objekt im Unternehmen befasste Mitarbeiter und Führungskräfte verschiedener Qualifikationen,

Benchmarking-Erfahrene und Mitarbeiter mit Verständnis für die internen Informationskanäle, zusammenarbeiten (Karlöf/Östblom 1994). Im Lenkungsausschuss soll das Topmanagement vertreten sein, um die Bedeutung des Benchmarkings zu unterstreichen und die Unterstützung organisatorisch zu verankern.

Schritt 3: Die Benchmarking-Partner identifizieren

Interne Vergleiche (in Großunternehmen) oder Vergleiche mit direkten Wettbewerbern haben inhaltlich die höchste Relevanz. Die Ergebnisse sind direkt übertragbar, bringen aber oft wenig Innovation. Bei den Wettbewerbern ist es zudem meist sehr schwierig, Daten und Informationen zu beschaffen. Bei Produkten wird oft ein Reverse Engineering durchgeführt (zerlegen, analysieren, ggf. neu montieren, Kosten ermitteln). Bei einer erweiterten Suche nach Benchmarking-Partnern ist zu beachten, dass diese a) gleiche oder ähnliche Probleme lösen müssen, b) gleiche oder ähnliche Aktivitäten durchführen und c) sie dabei Spitzenleistungen erzielen. Bei einem branchenübergreifenden Benchmarking (Branchenführer) und bei generischen Prozessen bestehen die größten Chancen, hohe Verbesserungspotenziale und innovative Lösungen zu entdecken. Im Benchmarking-Team wird diskutiert, ob die Methoden grundsätzlich übertragen werden können und welche Modifikationen erforderlich sind.

Eine Identifizierung der wahrscheinlich besten Unternehmen (Camp 2006) erfolgt auf der Basis von einer Analyse der Finanzdaten, von Branchenveröffentlichungen mit einem Ranking der Leistungen und Ergebnisse, von Aussagen der Unternehmen über sich selbst („Wir sind führend in ... "), von Auszeichnungen durch Verbände oder vom Markterfolg der Anbieter dieser spezifischen Aktivität. Weitere Informationen können öffentlichen Datenbanken, Statistiken und der Fachliteratur entnommen oder über Branchen- und Berufsorganisationen, Kontakte in der Branche, die Befragung von Lieferanten, Kunden, Experten und Beratern oder Kontakte der eigenen Fachkräfte gesammelt werden. Die besten Methoden für generische Prozesse sind heute teilweise in betriebswirtschaftlichen Standardprogrammen (ERP-Software) enthalten, und Anwendungsberater können die angepasste Umsetzung im eigenen Unternehmen unterstützen.

Insgesamt gibt es keine klaren Regeln und Methoden zur Identifizierung der richtigen Benchmarking-Partner. Das Problem ist nur situationsspezifisch lösbar (Macharzina/Wolf 2015), evtl. in Verbindung mit Kreativitätstechniken.

Schritt 4: Art des Benchmarkings festlegen und Zeitplan aufstellen

Aufgrund der Ergebnisse des vorhergehenden Schrittes ist festzulegen, welche Art von Benchmarking durchgeführt werden soll – nur intern, extern, branchenübergreifend oder generisch? Die Entscheidung richtet sich danach, wo die besten Methoden zu finden sind, wie groß der Unterschied zur eigenen Praxis sein wird und welcher Aufwand notwendig ist. Eine weitere Entscheidung betrifft die Durchführung des Benchmarkings – in eigener Regie oder indirekt über Berater oder eine Benchmarking-Agentur. Dies hängt davon ab, ob das Benchmarking-Know-how im Unternehmen vorhanden ist oder aufgebaut werden soll. Viele Aktivitäten sind permanent Gegenstand von Benchmarking, so dass hier schnell auf vorliegende Ergebnisse und Erfahrungen zurückgegriffen werden kann. Dies gilt vor allem für generische Aktivitäten.

Das Standardvorgehen ist ein kooperatives Benchmarking, das die Weitergabe von Informationen über die Leistungen und Methoden im eigenen Unternehmen beinhaltet. Ein Benchmarking im Vergleich zu Konkurrenten wird dagegen meist nicht kooperativ ablaufen, da ein Wissensvorsprung erzielt oder Wissen von den Konkurrenten erlangt werden soll und die Verbesserungen auf den besten Praktiken der Konkurrenten beruhen werden.

Abschließend wird ein grober Zeitplan für die einzelnen Schritte aufgestellt.

Beispiel: Ein Pralinenhersteller nutzte ein branchenübergreifendes Benchmarking zur Verbesserung von Geschäftsprozessen (Mertins/Kohl 2009). Das Unternehmen hatte Schwierigkeiten in der automatisierten Bestückung der Verpackungen in der Produktion. Die Rüstzeiten der Produktionslinien für verschiedene Pralinensorten und Verpackungen waren sehr hoch. Beim Bestücken wurden viele Pralinen beschädigt. Zudem traten zahlreiche Fehler in der Kommissionierung auf, so dass falsche Pralinen verpackt wurden. Dies alles führte zu einem hohen Aufwand für manuelle Nacharbeit und viel teurem Ausschuss. Das Unternehmen entschloss sich deshalb, in einem Benchmarking-Prozess Verbesserungsmöglichkeiten zu finden und Best Practices zu identifizieren.

In einem ersten Schritt wurden Merkmalsausprägungen für den Bestückungsprozess definiert, z. B. hohe Stückzahlen, kleine und empfindliche Teile, automatisierter Prozess und strenge Hygienebestimmungen. Anhand dieser Klassifizierung konnte die Bestückung von elektronischen Leiterplatten als ein ähnlicher Prozess identifiziert werden und so ein Benchmarking-Partner gefunden werden. Den hohen Hygieneanforderungen in der Lebensmittelindustrie entsprechen die hohen Reinheitsanforderungen der Elektronikindustrie.

Als Ergebnis des Benchmarkings, bei dem Ergebnisse und Methoden beim Bestückungsprozess detailliert untersucht und verglichen wurden, konnten effektive Maßnahmen zur Lösung der Probleme gefunden und eingeführt werden. So konnten durch Festrüstung für bestimmte Produktionsprogramme die Rüstzeiten auf Null und die Kommissionierungsfehler deutlich gesenkt werden. Mit der Einführung einer Software zur Wegverkürzung wurde die Bestückung beschleunigt und ein neues Handhabungsverfahren reduzierte die Beschädigung von Pralinen.

---

2. Datengewinnung

Schritt 5: Interne Analyse

Das Benchmarking-Objekt wird zunächst im eigenen Unternehmen (Welge et al. 2017) analysiert, um die Funktion und Leistung zu verstehen und um zu festzustellen, welche Größen und Informationen erhoben werden müssen. Die Frage einer Übertragbarkeit der besten Methoden ist auf diese Weise einfacher zu beantworten; so wird die Produktivität bei der nachfolgenden Datensammlung erhöht und Verbesserungsmöglichkeiten können im Vergleich schnell identifiziert werden. Zudem kann verhindert werden, dass die eigenen Fähigkeiten über- oder unterschätzt werden.

Schritt 6: Kennzahlenraster festlegen

Aus den Ergebnissen der internen Analyse wird ein Kennzahlenraster abgeleitet, dass die eigenen Ergebnisse (in verschiedenen Dimensionen) und deren Ableitung durch die Einzelschritte zur Leistungserstellung messbar macht. Um die Vergleichbarkeit von Ergebnissen und die Übertragbarkeit der besten Methoden zu gewährleisten und das Zustandekommen von Spitzenleistungen zu verstehen, sind die relevanten leistungsbeeinflussenden Größen zu ermitteln.

Beispiel: Ein Benchmarking innerhalb einer Branche führte das Center für kommunale Energiewirtschaft an der Universität Köln 2016 (CKEW 2016) durch. Die Branche geriet durch die Deregulierung des Strom- und Gassektors und die Energiewende in Turbulenzen. Im Benchmarking wurden die 567 größten Energieversorger erfasst, in Größen- und Typenklassen unterteilt und deren Kennzahlen ermittelt. Dabei wurden neben veröffentlichten Daten der Bundesbank, der G&V und der Bilanz des gesamten Unternehmens die der Sparten, Strom und Gas separat erfasst. Für jede Klasse wurden Durchschnittswerte ermittelt, so dass die Unternehmen ihre Stärken und Schwächen erkennen und Handlungsfelder identifizieren können, in denen Veränderungsbedarf besteht. Untersucht wurden die folgenden Kennzahlkategorien: Leistung (z. B. Umsatz, Wachstum, EBIT, Cash-to-Cash-Zyklus), Kostenfaktoren (z. B. Kostenanteile für Mitarbeiter oder Material), Rendite (Gesamt-, Umsatz- und Eigenkapitalrendite), spartenspezifische Daten für die Sparten Gas, Fernwärme, Strom (Umsatz, Absatz und Kundenanzahl) und Struktur (Netzlängen und Spannung für Strom.

Am Beispiel der Eigenkapitalrendite (CKEW 2016) werden die Ergebnisse zusammengefasst:

- Die durchschnittliche Eigenkapitalrendite der Branche betrug im Jahr 2012 19,4 %, im Jahr 2013 12,2 % und im Jahr 2014 13,2 %.
- Jedes zwölfte Unternehmen wies eine negative Eigenkapitalrendite auf. Jedes vierte Unternehmen erreichte eine Eigenkapitalrendite zwischen 0 % und 10 %. Ein Drittel der Unternehmen lag zwischen 10 % und 20 % und etwas mehr als ein Viertel über 20 % Eigenkapitalrendite.
- Von den großen zu den kleineren Versorgern ist ein deutliches Gefälle sichtbar. Die vier großen privaten Versorgungsunternehmen erreichten im Summe eine negative EK-Rendite von 5,9 %. Das niedrigste Ergebnis hatte EnBW mit −13 %; das beste Ergebnis mit +6,7 % erreichte RWE Diese Entwicklung hat sich in 2015 bei den 4 großen privaten Versorgern nur leicht auf −4,7 % verbessert.
- Im Gegensatz dazu haben die kleinen und mittleren Stadtwerke im Durchschnitt eine positive Eigenkapitalrendite von über 15 % erreicht.
- Bei den 8 größten kommunalen Unternehmen haben vor allem die HSE (HEAG Südhessische Energie AG) und die Stadtwerke München eine negative Entwicklung zu verzeichnen. Die Verlustsituation hat sich bei den Stadtwerken München auch in 2015 fortgesetzt, während die HSE eine Umfirmierung in ENTEGA vorgenommen hat und in 2015 eine leichte Verbesserung erreichen konnte.

Schritt 7: Informationen sammeln

Zunächst sind vorhandene interne Quellen auszuwerten, z. B. eigene Produkt- und Serviceanalysen, eigene Studien, Daten über andere Unternehmen, das auf das Benchmarking-Objekt bezogene fachspezifische Wissen der Mitarbeiter, bereits vorhandene Benchmarking-Studien und Informationen eigener Experten. Bei den externen Quellen sind Bibliotheken, Fachzeitschriften, Ergebnisse und Vorträge von Konferenzen, Inhalte von Datenbanken sowie das Wissen von Beratern und externen Experten zu recherchieren.

Oft werden eigene Untersuchungen notwendig sein. Folgende Möglichkeiten kommen in Betracht:

- Paneldiskussionen mit Experten und Fachleuten aus anderen Unternehmen (Benchmarking-Partnern).
- Fragebögen.
- Telefonische oder persönliche Interviews.
- Besuche von anderen Unternehmen mit Besichtigungen (teilweise bei Kongressen im Begleitprogramm).

Die letzten drei Möglichkeiten werden oft kombiniert, um Informationen von Unternehmen, die als Spitzenleister für das Benchmarking-Objekt identifiziert wurden, zu erhalten. Motive für einen Austausch sind die Verbesserung der Reputation, die Nutzung von Erfahrungen aus anderen Branchen und das Lernen aus dem Benchmarking. Für die Mitarbeiter ist es oft ein Motiv, Anerkennung von außen zu erhalten (Karlöf/Ostblöm 1994). Bei der Kontaktaufnahme sollten diese Motive adressiert werden, z. B. durch den direkten Kontakt zwischen Fachleuten. Hilfreich können Kunden/Lieferantenbeziehungen und/oder eine Einführung über Dritte sein.

Das eigene Unternehmen und die Ziele des Benchmarkings werden zunächst vorgestellt. Weiterhin werden die Partner über die Planung des Benchmarkings und die Berichte sowie über die Weitergabe von Ergebnissen an die anderen Beteiligten informiert (Karlöf und Ostblöm 1994).

Für die Erhebung und Verwendung von Daten wurde ein Benchmarking-Kodex entwickelt, der auf den Prinzipien der Rechtmäßigkeit, des gegenseitigen Austauschs, der Wahrung der Vertraulichkeit von Informationen, der Einschränkung auf den vereinbarten Gebrauch, klarer Regeln für Kontakte, guter Vorbereitung, Einhaltung von Vereinbarungen und auf gegenseitigem Verständnis beruhendes Handeln basiert (APQC/BCE 2010).

Für intensive Kontakte mit möglichen Spitzenleistungsunternehmen werden Fragebögen, Interviews und Besichtigungen kombiniert. Zur Vorbereitung wird ein Fragebogen zugesandt. Fragen können offen, geschlossen (ja/nein), als Auswahl (multiple choice), als verbale Bewertung oder absolut (Zahlangabe) formuliert werden. Ziel ist es, qualitative Benchmarks (wie wird es gemacht) und quantitative Benchmarks (Inputs und Ergebnisse) zu erhalten. Wünschenswert ist ein Austausch von technischen Unterlagen oder Prozessbeschreibungen. Rückfragen können in telefonischen Interviews geklärt werden.

Ein Besuch durch ein Team von 2–3 Fachleuten (Camp 2006) dient zur Bestätigung, der Überprüfung der Daten und der weiteren Klärung. Er beginnt mit persönlichen Interviews, es folgt die Begehung und direkte Inaugenscheinnahme des Benchmarking-Objekts und anschließend ein Abschlussgespräch mit der Klärung noch offener Fragen. Der zusammenfassende Bericht wird dem Benchmarking-Partner übermittelt. Es wird empfohlen, einen Gegenbesuch anzubieten (Camp 2006).

3. Analyse

Schritt 8: Informationen analysieren und bewerten

Ein Vergleich der eigenen Leistung mit der besten Leistung kann zu drei Ergebnissen führen (Camp 2006):

1. Die externe Leistung ist deutlich besser – ein detailliertes Benchmarking untersucht die externen Methoden mit dem Ziel, sie auf das eigene Unternehmen zu übertragen.
2. Die Leistungen sind in etwa vergleichbar – kleinere Unterschiede, Ursachen und Verbesserungsmöglichkeiten werden detailliert analysiert.
3. Die eigene Leistung ist überlegen – Verbesserungen können am besten aus einem internen Benchmarking abgeleitet werden.

Für ein Benchmarking-Objekt kann eine klare Überlegenheit einer bestimmten Methode bereits aufgrund quantitativ belegter Ergebnisse, einer eindeutigen Bewertung durch Experten oder die immer wieder beobachtete Praxis in Spitzenunternehmen deutlich erkennbar werden.

Andernfalls müssen für einen analytischen Vergleich die gesammelten Daten geordnet und zusammengestellt werden. Unterschiede in der Art, wie der Prozess durchgeführt wird, müssen dargestellt und genau benannt werden. Diesen Prozessen werden die quantitativen Daten zum Input, den Kosten und den Ergebnissen gegenübergestellt. Das Zwischenergebnis ist auf Widerspruchsfreiheit und Konsistenz zu prüfen, die Qualität der Daten sollte eingeschätzt werden.

Aus den erhobenen Daten, Berichten und Prozessbeschreibungen werden die wichtigsten Einflussfaktoren auf die Ergebnisse, z. B. Leistungsumfang, die Marktbedingungen, die spezifische Kostensituation und bei internationalen Vergleichen länderspezifische Unterschiede, ermittelt und beschrieben.

Schritt 9: Ursachen und Prozesse analysieren

Zur Identifizierung der Best Practices werden die Prozesse beschrieben, die Abläufe in Diagrammen dargestellt und bei physischen Prozessen das Layout dargestellt. Zudem ist die verwendete Technologie zu analysieren und zu beschreiben. Vor allem bei einem funktionalen und generischen Benchmarking sind die Objekte und die Prozessanforderungen zu berücksichtigen, um die Anwendbarkeit auf das eigene Unternehmen beurteilen zu können und die notwendige Anpassung der Methoden zu ermöglichen. Das Ergebnis ist eine genaue Definition und Darstellung der besten Methode(n).

Beispiel: Produktivität in der Automobilindustrie – Arbeitsstunden pro Auto (Weyer 2011)

In der Automobilindustrie werden die in den Montagefabriken notwendigen Arbeitsstunden pro Fahrzeug als eine zentrale Produktivitätskennzahl mit strategischer Bedeutung verwendet. Die Kennzahl beinhaltet die bezahlten Arbeitsstunden der Mitarbeiter für die Produktion und die tägliche Wartung der Anlagen. Die Intralogistik, die Vormontage und Werksdienstleistungen werden nur einbezogen, wenn sie durch eigene Mitarbeiter ausgeführt werden. Viele Unternehmen beteiligen sich an einem regelmäßigen Benchmarking. Im Jahr 2005 veröffentlichte Werte ergaben eine Bandbreite von 12,4 (Nissan Micra) bis zu 101,1 Arbeitsstunden pro Fahrzeug (Audi A8).

Die Kennzahl wird stark beeinflusst durch das Ausmaß der vertikalen Integration, die Phase im Produktlebenszyklus, die Komplexität und Qualität des möglichen Produktes, die Produktvariationen und saisonalen Einflüsse in den Fabriken. Insgesamt wurden 50 Einflussgrößen identifiziert.

Einen starken Einfluss üben das Design und die Konstruktion des Fahrzeugs aus. Die besten Ansätze zur Förderung der Produktivität werden zusammenfassend als „Design for Manufacturing" bezeichnet. Ein einfaches Beispiel für beste Methoden in der Produktion selbst ist die Verringerung der notwendigen Entfernungen, die ein Monteur an einer Arbeitsstation zurücklegen muss. Durch mehrere kleine Teilebehälter nahe am Einbauort der Teile statt eines entfernteren großen Teilebehälters muss der Mitarbeiter weniger Schritte gehen. Für die Umsetzung ist eine Zusammenarbeit zwischen verschiedenen Abteilungen – Produktion und Intralogistik – erforderlich.

Eine Zielsetzung für die Verringerung der Arbeitsstunden pro Auto aufgrund der Benchmark-Ergebnisse muss die Übertragbarkeit aufgrund der verschiedenen Einflussfaktoren berücksichtigen und dann in der Folge auf Unterziele für verschiedene Abteilungen oder Produktionsschritte heruntergebrochen werden.

Die Ergebnisse und Fakten werden in Berichten dokumentiert. Sie dienen der Information der Auftraggeber, der Benchmarking-Partner und der Stakeholder des Benchmarkings und als Basis für eine zukünftige Aktualisierung und als Beispiel für weitere Benchmarking-Projekte.

4. Zielsetzung

Schritt 10: Übertragen der besten Methoden auf das eigene Unternehmen

Die Benchmarking-Ergebnisse werden auf das eigene Unternehmen übertragen. Dies ist relativ einfach bei einem internen oder branchenbezogenen Benchmarking mit geringen Unterschieden zwischen den Aktivitäten. Bei einem generischen oder funktionalen Benchmarking sind die Unterschiede in den Betriebsinhalten, Arbeitsabläufen und Prozessen zu beachten. Bis zu welchem Grad können die besten Methoden übertragen werden und welche Auswirkungen wird dies auf die Leistungen haben?

Aus dem direkten Vergleich oder im Vergleich des heutigen Zustandes zu einem optimierten Zustand unter Anwendung der besten Methoden ergibt sich die Leistungs- und Kostenlücke. Diese wird mit Hilfe von Tabellen und Grafiken (z. B. kumulierte Balkendiagramme, Zeitreihen, x-y-Diagramme) quantifiziert und veranschaulicht.

Schritt 11: Ziele ableiten

Aufgrund der festgestellten Leistungs- und Kostenlücken werden unter Berücksichtigung der Bedeutung der Aktivität, der notwendigen Zeit und der Kosten neue Ziele für die Aktivität aufgestellt, die erreicht werden sollen.

5. Umsetzung

Schritt 12: Einführen der besten Methoden und Kontrollieren der Leistungs- und Kostenziele

Wichtig für die Umsetzung ist die Akzeptanz im eigenen Unternehmen als Voraussetzung für einen erfolgreichen Veränderungsprozess (Welge et al. 2017). Dazu müssen die Betroffenen (das mittlere Management, die Mitarbeiter, der Betriebsrat) durch das Benchmarking-Team informiert werden und sie erhalten die detaillierten Berichte. Zudem kann eine Beteiligung bei der Zielsetzung erfolgen. Für die Umsetzung sind Aktionspläne auszuarbeiten, bei der Umsetzung wird das Benchmarking-Team für den Wissenstransfer eingebunden. Nachdem die besten Methoden eingeführt und die Ziele kontrolliert wurden, wird in regelmäßigen Abständen überprüft, ob sich die Benchmarks verändern – also ob die Methoden verbessert oder ob neue Methoden entwickelt wurden. Ein kontinuierliches Benchmarking wird als Lernprozess (Welge et al. 2017) verstanden oder, darüberhinausgehend, soll es das Unternehmen zu einer lernenden Organisation (Karlöf/Oström 1994) verändern.

Kritik der Methode

Porter (1996) erkennt zwar die Verbesserung der operativen Effektivität durch ein Benchmarking an, weist aber auf die große Gefahr hin, dass die neuen Methoden und Technologien von Wettbewerbern schnell kopiert werden können (z. B. durch die Hilfe von Beratern). Dann kann nur ein kurzfristiger Wettbewerbsvorteil entstehen, mittelfristig sogar ein destruktiver Wettbewerb, von dem nur die Kunden der Branche profitieren. Eine strategische Ausrichtung erfolgt nach Porter durch Unterschiede in der Art, wie die Aktivitäten durchgeführt werden bzw. durch ein Set von aufeinander und auf die Strategie abgestimmten Aktivitäten, dass sehr viel schwerer durch Wettbewerber zu kopieren ist als die besonders effektive Durchführung einzelner Aktivitäten. Die Aktivitäten selbst sollten allerdings kontinuierlich verbessert werden.

Ähnlich argumentieren Leinwand/Mainardi (2010): Benchmarking ohne strategische Ziele kann als Ersatz für eine Strategie dienen. Wenn lediglich die Strategien anderer Unternehmen kopiert werden, baut das Unternehmen keine Wettbewerbsvorteile auf. Es folgt dem Herdentrieb, kann sich nicht differenzieren und setzt Ressourcen an der falschen Stelle ein. Capozzi et al. (2012) betonen den strategischen Kontext der besten Methoden, z. B. wären die Innovationspraktiken von Apple bei einem Unternehmen, das nicht wie Apple daraufsetzt, mit neuen Technologien völlig neue Märkte zu kreieren, unangebracht und möglicherweise sogar schädlich.

Nach Wheelen und Hunger (2018) kann Benchmarking vor allem bei bereits „guten“ Unternehmen eine Verbesserung bewirken, während Unternehmen mit schlechter Leistung dazu tendieren, von der Leistungsdiskrepanz überwältigt zu werden und die Spitzenleistung als unerreichbar anzusehen.

Unternehmen, die stark konkurrenzorientiert sind, deren Mitarbeiter und Fachkräfte die Entwicklung in ihrem funktionalen Bereich ständig verfolgen und dieses Wissen in Verbesserungsprozesse einbringen, werden nur einen geringeren Nutzen aus systematischen und aufwendigen Benchmarking-Prozessen ziehen können.

Ein oberflächliches Benchmarking liefert keine Erklärungen, wie bessere Leistungen zustande kommen und kann in der Folge zur Wahl von ineffektiven Methoden führen. Eine weitere Gefahr besteht in der Auswahl von falschen Messgrößen, die zu unerwarteten oder dysfunktionalen Veränderungen im Unternehmen führen. Als Beispiel nennen Johnson et al. (2017) das Benchmarking von Universitäten über die Zahl von Veröffentlichungen in Fachzeitschriften, die kaum etwas direkt mit der Qualität der Lehre zu tun hat.

Ein grundsätzliches Problem des Benchmarkings besteht darin, dass die Unternehmen, die Spitzenleistungen erbringen, oft nicht bereit sind, Details über ihre Leistungen und die dahinterstehenden Methoden offenzulegen (Fleisher/Bensoussan 2015). Dies gilt insbesondere dann, wenn sie sich im Gegenzug keinen eigenen Informationsgewinn aus dem Benchmarking erhoffen. Ein erhoffter Reputationsgewinn in der Branche, in Fachkreisen oder Medien kann nicht immer ausreichend Anreize bieten (Fleisher/Bensoussan 2015).

Benchmarking ist aufwendig. Deshalb muss der zu erwartende Nutzen eines Benchmarkings sorgfältig abgeschätzt und für eine effiziente Durchführung gesorgt werden. Da Unternehmen meist nur in einem Bereich Spitzenleistungen erbringen (Fleisher/Bensoussan 2015), müssen für jede untersuchte Aktivität unter Umständen andere Benchmarking-Partner ausgewählt werden – was den Aufwand weiter erhöht. Für eine Reihe von Prozessen und Aktivitäten wurden Benchmarks und beste Methoden veröffentlicht (z. B. für das Umweltmanagement die branchenspezifischen Referenzdokumente, die das gemeinsame Forschungszentrum (JRC) der EU-Kommission ausarbeitet), von Non-Profit-Organisationen ermittelt (z. B. für Supply Chain Management vom der Association of Supply Chain Management ASCM) oder sind über Unternehmensberatungen zugänglich.

Strategische Bedeutung und Nutzen

Benchmarking ist ein Mittel zur Analyse (Stärken und Schwächen des eigenen Unternehmens und des Konkurrenten) und liefert Hinweise, welche Schwächen abgebaut werden sollten und auf welchen Stärken aufgebaut werden kann. Nach Watson (1993) befasst sich strategisches Benchmarking mit Schlüsselerfolgsfaktoren (vgl. Abschn. 5.2.9), mit Kernkompetenzen und dem Wettbewerbsverständnis. Es unterscheidet sich grundsätzlich nicht vom operativen (Prozess-) Benchmarking, sondern nur in der Reichweite und den Untersuchungsgegenständen. Während ein operatives Prozess-Benchmarking in der Linie erfolgt, wird ein strategisches Management typischerweise in Stabsabteilungen durchgeführt, die dann zusammen mit dem Topmanagement und dem mittleren Management Ziele definieren.

Zugleich kann Benchmarking als ein Mittel zur Strategieimplementierung angesehen werden, da die mit ihm erhaltenen Informationen über die besten verfügbaren Methoden direkt in Verbesserungen umgesetzt werden können. Im Sinne einer rationalen Strategieentwicklung können über die Wertkette Schlüsselaktivitäten für die gewählte Strategie identifiziert werden, für die dann über ein operatives Benchmarking die besten Methoden ausgewählt werden, um so Spitzenleistungen zu erzielen. Bei einer emergenten Strategieentwicklung kann ein Unternehmen durch Benchmarking grundsätzlich wettbewerbsfähig bleiben und auf dieser Basis allmählich eine erfolgreiche Differenzierung zur Entwicklung von Wettbewerbsvorteilen erreichen.

Einen übergeordneten strategischen Nutzen des Benchmarkings sehen Leibfried und McNair (1992) in einer Revitalisierung des Unternehmens, seiner ständigen Verbesserung oder Entwicklung hin zu einer lernenden Organisation. Karlöf und Östblom (1994) betonen die stärkere Orientierung des Unternehmens an der Leistung statt an Macht und Beziehungen. Dies gilt vor allem für große Unternehmen und Organisationen, in denen Tendenzen zur Abschottung von der Außenwelt und Selbstzufriedenheit bestehen.

Schließlich weisen Fleisher/Bensoussan (2015) darauf hin, dass Benchmarking den Unternehmen helfen kann, Trends früher zu erkennen und proaktiv zu handeln.

Ähnliche Instrumente

Wettbewerberanalyse

Eine noch weitere Dekomposition der strategischen Gruppe erfolgt mit der Wettbewerberanalyse (z. B. Grant 2019). Die Zielsetzung besteht hier in einer detaillierten Analyse eines einzelnen, direkten Konkurrenten, um dessen Stärken/Schwächen und strategische Absichten besser verstehen zu können. Dies ist besonders interessant für Branchen mit wenigen großen Konkurrenten wie z. B. im Flugzeugbau.

Six-Sigma-Modell

Das Six-Sigma-Modell (vgl. Abschn. 9.2.3) untersucht Prozesse intern genau und verbessert sie auf dieser Grundlage – ohne Bezug auf externe Vergleiche oder Methoden. Noch stärker als beim Benchmarking stehen genaue quantitative Messungen verbunden mit einer statistischen Auswertung im Vordergrund.

Überschneidungen und Zusammenhänge mit anderen Methoden

Erfahrungskurve

Benchmarking kann als Versuch verstanden werden, sich die Erfahrungen anderer Unternehmen zu eigen zu machen und damit Effizienzgewinne und Kostensenkungen schneller als aus eigenen Erfahrungen möglich zu erreichen (vgl. Abschn. 7.3.5).

Schlüsselerfolgsfaktoren

Eine Analyse der Schlüsselerfolgsfaktoren (vgl. Abschn. 5.2.9) liefert Hinweise, welche Prozesse einem Benchmarking unterworfen werden sollten und wo die Nutzung der besten Methoden einen wesentlichen Beitrag zur Wettbewerbsfähigkeit der Unternehmen erreichen kann.

SWOT-Analyse

Die Analyse der Stärken und Schwächen in SWOT-Analyse (vgl. Kapitel 4) entspricht einem groben Benchmarking, die Identifizierung der besten Methoden liefert Hinweise darauf, wie Schwächen behoben werden können.

5.2.9 Schlüsselerfolgsfaktoren

„*If we wish to increase the yield of grain in a certain field and on analysis it appears that the soil lacks potash, potash may be said to be the strategic (or limiting) factor*" (Chester Barnard, 1938, S. 203).

Die Suche nach den Schlüsselerfolgsfaktoren hat das strategische Management vor allem in den 1980er Jahren sehr stark geprägt. Erfolgsfaktoren sind direkte Steuerungsgrößen für das strategische Management und beeinflussen unmittelbar die Wettbewerbsposition eines Unternehmens oder einer Geschäftseinheit und damit den Erfolg der Strategie. Meistens gibt es nicht einen singulären Schlüsselerfolgsfaktor, sondern eine Kombination von Faktoren mit unterschiedlicher Bedeutung und Wirkungsweise.

Beschreibung und theoretischer Hintergrund

Den Grundgedanken der strategischen Erfolgsfaktoren hat Chester Barnard (1938) zum ersten Mal in das strategische Management eingeführt. Barnard argumentierte, dass es für die Führungskräfte eines Unternehmens unmöglich ist, alle Faktoren zu steuern, die den Erfolg beeinflussen. Das Management sollte sich stattdessen auf die strategischen Faktoren konzentrieren. Zu Beginn der 60er Jahre schlug der McKinsey-Berater Ron Daniel vor, Managementinformationssysteme einzurichten, die Auskunft über kritische Erfolgsfaktoren geben sollten (Daniel 1961).

Die Begriffe Schlüsselerfolgsfaktoren, strategische Erfolgsfaktoren oder kritische Erfolgsfaktoren werden in der Literatur synonym benutzt; im Folgenden wird der Begriff Schlüsselerfolgsfaktoren benutzt. Aufgrund der unterschiedlichen technischen und wirtschaftlichen Charakteristika einer Branche und den in dieser Branche genutzten Wettbewerbsinstrumenten unterscheiden sich die Schlüsselerfolgsfaktoren von Branche zu Branche und Unternehmen zu Unternehmen. „Strategische Erfolgsfaktoren bilden aus theoretischer Sicht die Ursachen für die positive oder negative Entwicklung eines Unternehmens. Sie geben Antwort auf die Frage, welche Kriterien einen wesentlichen Einfluss auf das Erfolgspotenzial von strategischen Geschäftseinheiten haben" (Fischer 1993, S. 18).

Erfolgspotenziale umfassen dabei im Sinne von Gälweiler (2005, S. 26) „... das gesamte Gefüge aller jeweils produkt- und marktspezifischen erfolgsrelevanten Voraussetzungen, die spätestens dann bestehen müssen, wenn es um die Erfolgsrealisierung geht." Vereinfacht ausgedrückt wird zum Beispiel das strategische Erfolgspotenzial Mitarbeiter von den Erfolgsfaktoren Motivation der Mitarbeiter, Qualifikation der Mitarbeiter und Partizipationsgrad bei der Entscheidungsfindung gebildet.

Ohmae (1982) weist darauf hin, dass es eine Vielzahl von scheinbaren Erfolgsfaktoren gibt, von denen aber nur eine Handvoll tatsächlich für den Erfolg verantwortlich ist. Diese Handvoll gilt es zu identifizieren. Aufgrund von unterschiedlichen Wirkungsintensitäten hat allerdings nicht jeder Faktor die gleiche Bedeutung. So wird z. B. dem relativen Marktanteil eine dominierende Rolle zu gebilligt. Weiterhin bestehen zwischen den Faktoren spezifische Wirkungsinterdependenzen; der Marktanteil kann bspw. von der Qualität beeinflusst werden. Außerdem verändern sich die Schlüsselerfolgsfaktoren im Zeitablauf (zu weiteren Ausführungen zur Wirkungsrelation und Kausalstruktur von Erfolgsfaktoren vgl. insbesondere Wilde 1989 und Welge et al. 2017).

Zur Bestimmung der Schlüsselerfolgsfaktoren können die folgenden Strömungen in der Erfolgsfaktorenforschung unterschieden werden (Fischer 1993 und Welge et al. 2017):

- Nutzung von analytisch-deskriptiven Modellen mit einem ausgeprägten heuristischen Charakter, wie z. B. die Erfahrungskurve (Kostendegression). Aus ihr können zwei wichtige Erfolgsfaktoren abgeleitet werden, nämlich das Marktwachstum und der Marktanteil.
- Auswertung von umfangreichen empirischen Untersuchungen und Daten, wie z. B. die PIMS-Studie (Profit Impact of Market Strategy). Ziel dieser Studie ist die branchenübergreifende Identifizierung der Faktoren, die den Erfolg eines Unternehmens, gemessen am ROI (Return on Investment) oder ROS (Return on Sales), bestimmen. Zum Beispiel wurde nachgewiesen, dass ein hoher relativer Marktanteil signifikant zur Rentabilität beiträgt (vgl. zu PIMS insbesondere Buzzell/Gale 1987).
- Durchführung von Studien, die das Erfahrungswissen von Unternehmen und Praktikern erfassen und systematisieren. Aus solchen Studien werden oft strategische Grundsätze abgeleitet. Die bekannteste Arbeit aus den 80er Jahren dürfte das 7-S-Konzept von Peters und Waterman (1982) sein. In den 90er Jahren ermittel-

ten Collins und Porras (2004) die Erfolgsfaktoren der visionären Unternehmen. Simon (2012) analysierte die Schlüsselerfolgsfaktoren deutscher Mittelständler (Hidden Champions), die in Marktnischen Weltmarktführer wurden.

Diese Arbeiten geben einen guten Überblick über die Schlüsselerfolgsfaktoren. Für die praktische Anwendung als Steuerungsgrößen des strategischen Managements innerhalb eines Unternehmens waren sie bisher aufgrund ihres allgemeinen Charakters nur sehr beschränkt nutzbar. Mittlerweile verfügen eine Reihe von Unternehmen über große Datenbanken und können mit Hilfe von speziellen Softwarepaketen Korrelationen und Muster zwischen verschiedenen Faktoren analysieren und so Erfolgsfaktoren ermitteln. Diese Fähigkeit zur Datenanalyse selbst kann in verschiedenen Branchen (z. B. Online-Handel, Kreditgewerbe) als ein Schlüsselerfolgsfaktor angesehen werden und dürfte bereits mittelfristig zu einer Grundvoraussetzung des Geschäftsmodells werden (Provost/Fawcett 2013).

Praktische Anwendung

Grant (2019) schlägt zwei pragmatische Verfahren zur Ermittlung der Schlüsselerfolgsfaktoren vor: (1) Interviews und Fragen und (2) Rentabilitätsanalysen. Beide Verfahren können sowohl auf der Ebene Unternehmen, Geschäftseinheit oder sogar Marktsegment angewandt werden.

Bestimmung der Schlüsselerfolgsfaktoren über Interviews und Fragen

Schritt 1: Festlegen der Bezugsbasis und der Interviewpartner

Zunächst ist in Abhängigkeit von der zu entwickelnden Strategie die Bezugsbasis (z. B. Gesamtunternehmen, Geschäftsbereich, Produktsegment) zu definieren. Dabei werden die Ergebnisse auf der Geschäftsbereichs- oder Segmentebene natürlich konkreter ausfallen als auf der Unternehmensebene. Als geeignete Interviewpartner werden Führungskräfte aus den verschiedenen Funktionsbereichen ausgewählt, die mit dem operativen Geschäft sehr gut vertraut sind.

Schritt 2: Durchführen der Befragung

Ohmae (1982, S. 84) geht relativ allgemein vor und beginnt mit der Frage: „What is the secret of success in this industry?" Darauf aufbauend wird unstrukturiert aus verschiedenen Blickwinkeln weiter gefragt. Auf diese Weise können Hypothesen über Schlüsselfaktoren entwickelt werden. Grant (2019) schlägt zwei zentrale Fragen vor (Abb. 5.10):

- Was wollen die Kunden?
- Wie kann das Unternehmen im Wettbewerb überleben?

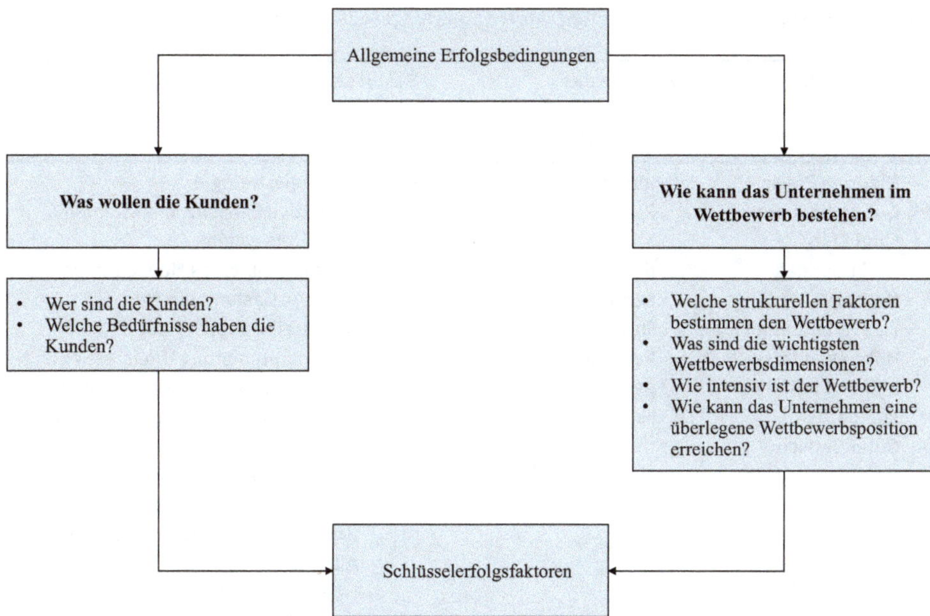

Abb. 5.10: Bestimmung der Schlüsselerfolgsfaktoren (Quelle: in Anlehnung an Grant 2019, S. 78)

Die Kunden stellen die raison d'être für die Branche und die Erzielung von Gewinnen dar. Dementsprechend muss definiert werden, wer die Kunden sind und welche Bedürfnisse sie haben. Die zweite Frage bezieht sich auf den Wettbewerb und untersucht die Wettbewerbsstruktur, die Wettbewerbsintensität und die Möglichkeiten zur Verbesserung der Wettbewerbsposition.

Antworten auf diese Fragen liefern die Interviews. Weiter können aus der Branchen- und der Wettbewerberanalyse, aus Marketing- und Kundenanalysen, sowie aus einer Analyse der Ressourcen und Kernkompetenzen Informationen über Schlüsselerfolgsfaktoren abgeleitet werden. Tabelle 5.13 zeigt einige Schlüsselerfolgsfaktoren für Fluggesellschaften.

Schritt 3: Gewichten und Bewerten der Schlüsselerfolgsfaktoren

Mit dem beschriebenen Vorgehen werden keine Aussagen über die Wichtigkeit der einzelnen Faktoren gemacht. Hofer und Schendel (1978) schlagen hierzu eine Gewichtung und nachfolgende Bewertung vor. Die Gewichtung kann bspw. aufgrund der Bedeutung der Schlüsselerfolgsfaktoren für die Rentabilität erfolgen. Die Summe der Gewichte ergibt 1. Für die Bewertung ist eine Skala von 1 bis 5 sinnvoll (1 = schwach im Vergleich zum Wettbewerb und 5 = stark im Vergleich zum Wettbewerb (hierzu auch Wheelen/Hunger 2018). Die Gewichtung und nachfolgende Bewertung sollte von den in Schritt 1 erwähnten Interviewpartnern vorgenommen werden. Bei unterschiedli-

Tab. 5.13: Beispiele für Schlüsselerfolgsfaktoren von Fluggesellschaften

Was wollen die Kunden?	**Wie kann das Unternehmen im Wettbewerb überleben?**	**Schlüsselerfolgsfaktoren**

– Niedrige Preise
– Gut erreichbare Flughäfen
– Umfassendes Netz an Flugverbindungen
– Hohe Qualitäts- und Sicherheitsstandards
– Guter Service
	– Intensität des Preiswettbewerbs abhängig von der Zahl der Wettbewerber
	– Reputation der Fluggesellschaften
	– Verhandlungsmacht gegenüber den Flugzeugherstellern
		– Niedrigpreisstrategie
		  – Operative Effizienz im gesamten Geschäftssystem
		  – Nutzung nur eines Flugzeugtyps
		  – Hohe Auslastung pro Flug
		  – Ausgefeilte Systeme zur Ertragsoptimierung (Preisfestlegung in Abhängigkeit von der Auslastung)
		  – Nutzung von kleineren Flughäfen
		  – ...
		– Differenzierung
		  – Umfassendes, weltweites Flugnetz (Drehkreuze und Zusammenarbeit mit Allianzen
		  – Hohe Investitionen in die Sicherheit
		  – Maßnahmen zur Erhaltung der Kundenloyalität durch guten Service und Vielfliegerprogramme
		...

chen Ergebnissen hinsichtlich der Bewertung muss ein Konsens zwischen den Interviewpartnern herbeigeführt werden.

Wenn die Schlüsselerfolgsfaktoren auf diese Weise identifiziert werden, entstehen schnell lange Listen mit 15, 20 oder noch mehr Faktoren. Hofer und Schendel (1978) weisen darauf hin, dass der Fokus weniger auf der Ermittlung einer vollständigen Liste liegen sollte, sondern vielmehr auf der Identifikation der fünf wichtigsten Schlüsselerfolgsfaktoren.

Bestimmung der Schlüsselerfolgsfaktoren über Rentabilitätsanalysen

Die Schlüsselerfolgsfaktoren können ebenfalls über eine Analyse der Rentabilität identifiziert werden (Grant 2019). Dabei ist das Ziel, die wichtigsten Faktoren, welche die relative Rentabilität eines Unternehmens in seiner Branche bestimmen, zu erfassen. Die Gesamtrentabilität (ROCE oder Return on Capital Employed) muss in einzelne operative Faktoren und Kennzahlen (Rentabilitätstreiber) disaggregiert werden. Diese grundsätzlichen Rentabilitätstreiber sind den Führungskräften oft bekannt und werden als operative Leistungsziele genutzt. Das folgende Beispiel (Abb. 5.11) zeigt eine solche Disaggregation und die daraus folgenden Schlüsselerfolgsfaktoren für eine Niedrigpreisfluggesellschaft (EasyJet) und im Vergleich dazu das Geschäftsfeld Lufthansa Network Airlines (Lufthansa, SWISS und Austrian Airlines). Die Ergebnisse

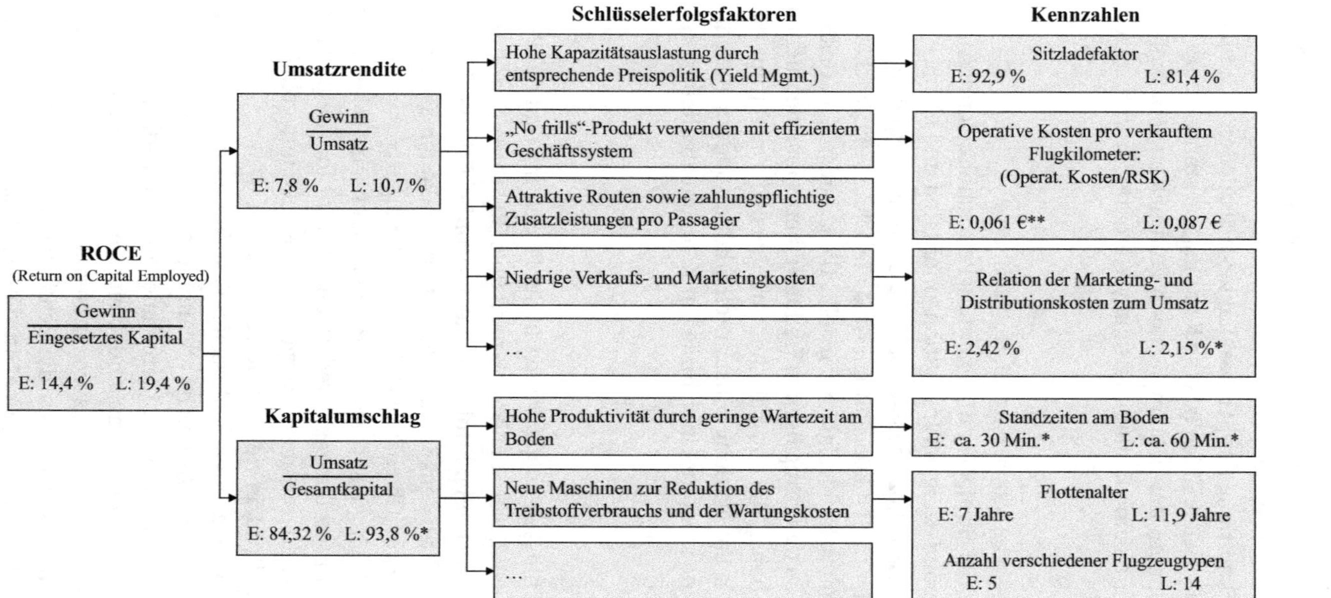

Abb. 5.11: Ableitung von Schlüsselerfolgsfaktoren auf der Basis einer Rentabilitätsanalyse am Beispiel von Lufthansa und EasyJet (Quelle: EasyJet (2019), Lufthansa Group (2019) und Schätzungen der Autoren)

beziehen sich auf das Geschäftsjahr 2018 und zeigen die Bedeutung der Schlüsselerfolgsfaktoren für unterschiedliche Geschäftsmodelle.

Lufthansa Network Airlines schneidet beim ROCE in dem betreffenden Jahr besser ab als EasyJet – dies lässt sich vermutlich mit der weitgehenden Ausgliederung des Kurz- und Mittelstreckengeschäfts in Eurowings und Zusatzgeschäfte aufgrund des Zusammenbruchs von Air Berlin begründen.

Die beiden Verfahren zur Ermittlung der Schlüsselfaktoren schließen sich nicht gegenseitig aus. Im Gegenteil, in vielen Fällen ist eine Kombination sinnvoll. Es wird mit dem Fragenverfahren begonnen, um sich einen ersten Eindruck zu verschaffen. Die Ergebnisse werden dann durch eine Rentabilitätsanalyse erhärtet und verfeinert bzw. widerlegt.

Schritt 4: Ausrichten der Strategie auf die Schlüsselerfolgsfaktoren

Eine konsequente Ausrichtung der Strategie auf die ermittelten Schlüsselerfolgsfaktoren zieht in der Regel eine Veränderung der Investitionsprioritäten und häufig eine Veränderung wichtiger betrieblicher Prozesse nach sich. So erkannten bspw. die großen europäischen Autohersteller in den 80er Jahren, dass die schnelle Entwicklung von neuen Modellen einen Schlüsselerfolgsfaktor darstellt. Die japanischen Konkurrenten hatten hier im Vergleich zu den europäischen Wettbewerbern einen deutlichen Vorsprung. Dementsprechend haben die europäischen Autohersteller nicht nur die Investitionen in die Forschung & Entwicklung substanziell erhöht, sondern auch die Entwicklungsprozesse durch eine stärkere Einbindung der Komponentenlieferanten verändert und deutlich verkürzt.

Kritik der Methode

Obwohl die Suche nach den Schlüsselerfolgsfaktoren in der Forschung und der Praxis sehr großen Anklang fand, ist dieser Suche auch nach über 30 Jahren Forschung und Diskussionen immer noch kein großer Erfolg beschieden worden (Nicolai/Kieser, 2002). Sehr treffend wird die Kritik an dem Konzept der Schlüsselfaktoren als Grundlage für die Strategieentwicklung von Ghemawat (1991, S. 11) formuliert:

„But the whole idea of identifying a success factor and then chasing it seems to have something in common with the ill-considered medieval hunt for the philosopher's stone, a substance that would transmute everything it touched into gold."

Ghemawat (1991) fasst seine Kritik in vier Punkten zusammen:

- Zunächst ist es schwierig die relevanten Schlüsselerfolgsfaktoren in einer spezifischen Situation zu identifizieren. Wie bereits erwähnt, diese Faktoren sind von Branche zu Branche und Unternehmen zu Unternehmen unterschiedlich.
- Selbst wenn diese Faktoren erkannt worden sind, bleibt ihr Wirkungsmechanismus oft unklar. Dies gilt vor allem für die sogenannten ‚weichen Faktoren' wie bspw. den Führungsstil. Manchmal werden die Schlüsselerfolgsfaktoren auch sehr schwammig definiert. Ghemawat spricht in diesem Zusammenhang von

einer ‚Black Box' zwischen Schlüsselerfolgsfaktoren und der Leistung des Unternehmens.

- Strategische Ansätze, die auf den Schlüsselerfolgsfaktoren aufbauen, unterstellen, dass die erkannten Faktoren nicht ausreichend mit Ressourcen ausgestattet sind. Dies ist nicht immer korrekt. So stellt die PIMS-Studie die positive Korrelation zwischen relativem Marktanteil und Rentabilität heraus. Aber in einer oligopolistischen Marktsituation dürfte es wenig Sinn machen, wenn alle Wettbewerber mit hohen Investitionen sich plötzlich auf eine Erhöhung ihrer Marktanteile konzentrieren.
- Das Konzept der Schlüsselerfolgsfaktoren als Strategiebasis basiert nicht auf einer strategischen Argumentation oder Theorie. Wenn dieses Konzept richtig wäre, dann würden strategische Theorien und Ansätze nicht länger gebraucht. Die Strategiearbeit würde sich dann lediglich auf die Identifikation der Schlüsselerfolgsfaktoren und der Ausrichtung des Unternehmens auf diese Faktoren beschränken.

Die Konzentration auf die Schlüsselerfolgsfaktoren als Grundlage einer Strategie ist nach Ansicht der Kritiker zu einfach. Dieser Ansatz verleitet dazu, originäres strategisches Denken und Handeln zu vernachlässigen. Auf diese Weise entstehen generische Strategien, die oft von erfolgreichen Konkurrenten kopiert werden. Sie eignen sich nicht dazu, einen echten Wettbewerbsvorteil gegenüber den Konkurrenten aufzubauen.

Strategische Bedeutung und Nutzen

Die Untersuchung von Schlüsselfaktoren hat das strategische Management vor allem in den 80er und 90er Jahren stark geprägt. Dies hat niemand besser ausgedrückt als Ohmae (1982, S. 84): „A strategic thinker never allows himself to lose sight of the key factors in the business or operation for which he is responsible."

Der Nutzen der Schlüsselerfolgsfaktoren ist darin zu sehen, dass Unternehmen verstehen, was im Hinblick auf die Marktentwicklung, die Kundenwünsche und den Wettbewerb eigentlich besonders wichtig ist. Aufgrund der Kritik lässt sich jedoch feststellen, dass die Ermittlung der Schlüsselfaktoren kein Ersatz für die Strategieentwicklung ist. Das Unternehmen muss vielmehr gut überlegen, wie es die Schlüsselerfolgsfaktoren erfüllt und spezifisch nutzt. Wenn ein bspw. ein Autohersteller sich auf den Schlüsselerfolgsfaktor kurze Entwicklungszeiten konzentriert, so macht dies allein noch keinen Sinn. Der Hersteller muss sich trotzdem spezifisch im Markt positionieren und eine sinnvolle Modellentwicklung betreiben.

Die Einhaltung der Schlüsselerfolgsfaktoren kann als notwendige, aber nicht als hinreichende Basis für den Unternehmenserfolg bezeichnet werden. Nur wenn die Schlüsselerfolgsfaktoren, sowohl im Hinblick auf externe Marktanforderungen als auch die intern bereitzustellenden Ressourcen beherrscht werden, kann das Unternehmen am Markt erfolgreich sein. Ein Unternehmen, dass seine strategischen

Schlüsselerfolgsfaktoren versteht und seine Strategie auf einen oder mehrere dieser Faktoren konsequent ausrichtet, kann so klare Wettbewerbsvorteile aufbauen: „... being distinctively better than rivals on one or more key success factors presents a golden opportunity for gaining competitive advantage“ (Thompson/Strickland, 2003, S. 108).

Als Ergebnis ist festzuhalten, dass Schlüsselerfolgsfaktoren einen wichtigen Ausgangspunkt für die individuelle Strategie des Unternehmens darstellen. Sie dürfen auf keinen Fall vernachlässigt werden – allerdings muss das Unternehmen individuell überlegen, wie es die Schlüsselerfolgsfaktoren erfüllen und nutzen will.

Ähnliche Instrumente

Shareholder-Value-Ansatz

Zielgröße dieses Ansatzes ist die Erhöhung des Unternehmenswerts. Auf diese Zielgröße werden die Strategien ausgerichtet und anhand dieser Größe auch bewertet. Für Rappaport (1998) spielen der betriebliche Cashflow, der Diskontsatz und das Fremdkapital eine zentrale Rolle für die Entwicklung des Unternehmenswerts. Hinter diesen Faktoren stehen die eigentlichen Werttreiber (Value Drivers) oder Schlüsselerfolgsfaktoren, auf denen aufbauend eine Prognose der zukünftigen Cashflows erfolgt. Für den betrieblichen Cashflow sind dies bspw. die Dauer der Wertsteigerung, das Umsatzwachstum, die Gewinnmarge, der Gewinnsteuersatz sowie die Investitionen in Umlauf- und Anlagevermögen. Führungsentscheidungen zu diesen Wertreibern bestimmen letztlich die Höhe des erreichten Unternehmenswerts. Die Berechnung des Shareholder Value ist also davon abhängig, wie gut die Schlüsselerfolgsfaktoren ermittelt und bewertet wurden.

Balanced Scorecard (BSC)

Die Balanced Scorecard (Kaplan/Norton, 1996) liefert ein umfassendes Konzept der Strategieumsetzung. Die Definition der strategischen Ziele innerhalb der vier Perspektiven (Finanzen, Kunden, interne Prozesse und Lernen und Entwickeln) und ihre Überprüfung mittels Ursache- Wirkungsbeziehungen entsprechen der Bestimmung der Schlüsselerfolgsfaktoren. Die Balanced Scorecard geht über die Ermittlung der Schlüsselfaktoren hinaus, verknüpft diese stärker mit der individuellen Strategie und ermöglicht die Operationalisierung durch geeignete Kennzahlen, Vorgaben und Maßnahmen.

Überschneidungen und Zusammenhänge mit anderen Methoden

Methoden der externen Analyse

Die verschiedenen anderen Methoden zur Analyse der externen Situation eines Unternehmens oder eines strategischen Geschäftsfelds können wichtige Hinweise für die Identifikation der Schlüsselerfolgsfaktoren liefern. In diesem Zusammenhang sind vor allem das 5-Kräfte-Modell von Porter, die Analyse der strategischen Gruppen und die Wettbewerberanalyse (Benchmarking) interessant.

Methoden der internen Analyse

In gleicher Weise können die Methoden der internen Analyse (Abschn. 6) für ein Unternehmen oder ein strategisches Geschäftsfeld zur Ermittlung von Schlüsselerfolgsfaktoren genutzt werden. Dazu zählen zunächst einmal die klassischen Methoden der Finanzanalyse und die daraus abgeleiteten Rentabilitäts-, Produktivitäts- und weiteren finanzwirtschaftlichen Kennziffern (z. B. Reichmann 2017). Das DuPont-Schema liefert in diesem Zusammenhang ebenfalls wichtige Informationen. Weiter helfen die Methoden zur Analyse der Ressourcen und Kompetenzen Schlüsselerfolgsfaktoren zu ermitteln. Ein enger Zusammenhang besteht zur Wertkette von Porter, wobei dieses Instrument vor allem dazu eingesetzt werden kann, einen unternehmens- und strategiespezifischen Umgang mit den ermittelten Schlüsselerfolgsfaktoren zu finden.

6 Analyse des Unternehmens

6.1 Überblick

Interne Faktoren bestimmen, ob und wie ein Unternehmen auf externe Veränderungen reagiert, um Wettbewerbsvorteile aufzubauen. Auf die große Bedeutung der internen Faktoren für die zukünftige Unternehmensentwicklung weist Penrose (2009) bereits Ende der 1950er Jahre hin. Während sich die Strategiediskussion in den 1960er und 1970er Jahren zunächst auf den Markt und die Unternehmensumwelt als Erfolgsfaktoren konzentrierte, wurde in der Folge mit den Arbeiten von Wernerfelt (1984) und Barney (1986) und Anderen den unternehmensinternen Faktoren unter dem Stichwort des Resource Based View (RBV) wieder mehr Aufmerksamkeit geschenkt.

Ressourcen sind materielle oder immaterielle Vermögensgegenstände, über die ein Unternehmen längerfristig verfügen kann, wie z. B. Marken, Technologien, qualifiziertes Personal, Verträge, Rechte, Maschinen, Prozesse, Rohstoffe und Kapital. Wettbewerbsvorteile ergeben sich daraus aber nur, wenn sich die Unternehmen entweder in der Ressourcenausstattung oder in der Ressourcennutzung unterscheiden. Wenn Ressourcen auf funktionierenden Märkten erworben werden, wird der Preis der Ressourcen ihrem wertschaffenden Potenzial entsprechen (Barney 1986). Deshalb ist es schwierig, aus einfachen, handelbaren Ressourcen Wettbewerbsvorteile oder überdurchschnittliche Gewinne zu generieren. Erkennt ein Unternehmen jedoch aufgrund von Informationsasymmetrien den Wert einer nicht oder wenig genutzten Ressource oder eine neue Anwendung für eine Ressource frühzeitig und sichert sich diese preisgünstig im erforderlichen Umfang, kann es damit einen Wettbewerbsvorteil gegenüber den Konkurrenten erlangen.

Eine Unternehmensübernahme bietet die Möglichkeit, schnell in den Besitz besonderer Ressourcen zu gelangen. Die erhofften Wettbewerbsvorteile und Gewinne stellen sich dann jedoch oft nicht ein (Denrell 2003), was einfach daran liegt, dass der Wert der Ressourcen des übernommenen Unternehmens meist auch den Konkurrenten bekannt ist und sich im Unternehmenswert widerspiegelt. Steigt als Folge einer Bieterschlacht der Preis noch weiter an, werden die Wettbewerbsvorteile zu teuer erkauft und die Akquisition rentiert sich nicht.

Komplexe Unternehmensressourcen ergeben sich aus der Kombination von einfachen und gehandelten Ressourcen mit eingespielten, erfahrenen Arbeitsteams, einem kreativen Management oder spezialisierten Fabrikanlagen und Distributionsnetzen. Solche komplexen Ressourcen können von Konkurrenten nur mit erheblichem Zeit- und Geldaufwand selbst aufgebaut, gegen Bezahlung mitbenutzt oder gekauft werden. So entsteht für komplexe Ressourcen ein begrenzter Schutz – der darauf beruhende Wettbewerbsvorteil bleibt zumindest für eine gewisse Zeit erhalten. Komplexe Ressourcen können quantitativ nur schwer bewertet werden, weil sie in hohem Maße prozessabhängig und unternehmensspezifisch ausgeprägt sind. Unterneh-

https://doi.org/10.1515/9783110579567-006

men können historisch gewachsene Ressourcenkombinationen verändern und strategische Chancen schaffen, wenn sie als Erste die neuen Möglichkeiten erkennen und realisieren (Denrell 2003). Beispielsweise zwang Kapitalmangel – also fehlende Ressourcen – Toyota schon sehr frühzeitig, ein Produktionssystem mit Einbindung der Lieferanten und Just-in-Time-Logistik zu entwickeln. Dieses aus der Krise geborene Produktionssystem ermöglichte unter anderem eine schnellere Produktentwicklung, die sich später als entscheidender Wettbewerbsvorteil erweisen sollte.

Die Autoren des ressourcenorientierten Ansatzes verwenden beträchtliche Anstrengungen darauf, neue Begriffe und Definitionen einzuführen oder bestimmten Ressourcen eine jeweils entscheidende Bedeutung zuzuweisen. Aufgrund der uneinheitlichen Terminologie bleiben die theoretischen Grundlagen der internen Analyse dennoch sehr unübersichtlich (Übersichten in Lynch 2015 oder Welge et al. 2017). Trotz großer Anstrengungen sind viele Begriffe unscharf definiert; sie bleiben theoretisch und können in der Praxis nur schwer angewendet werden.

Problematisch ist z. B. der Begriff der Ambiguität der Ressourcen – danach ist eine Unternehmensressource unter anderem dann besonders wertvoll, wenn die Konkurrenten sie aufgrund ihrer Komplexität nicht sicher identifizieren können (Barney 1986). Hier stellt sich allerdings die Frage, ob dies den Inhabern dieser Ressource tatsächlich besser gelingt als Dritten wie bspw. Börsenanalysten. So wird Undurchschaubarkeit zu einer tautologischen Erklärung, die nicht überprüfbar ist (Anonymus 2003).

Die neuere Theoriediskussion konzentriert sich stärker auf die Dynamik von Fähigkeiten, ihren Einfluss auf den Unternehmenserfolg (Ringov 2017) und die Bedingungen im Unternehmen, um seine Fähigkeiten dynamisch an die Umwelt anpassen zu können (z. B. Fainshmidt/Frazier 2015 und Teppo/Powell 2016). Weiterhin hat auch das Thema Digitalisierung und vor allem die Fähigkeit, große Datenmengen zu sammeln und zu analysieren (vgl. Abschn. 1.3) seinen Niederschlag in der ressourcenbasierten Strategiediskussion gefunden. Eine Einordung von Big Data und Data Analytics in die Ressourcentheorie erörtern Mikalef et al. (2018). Diese digitalen Fähigkeiten führen zu besseren Entscheidungen (McAfee/Brynjolfsson 2012) und können Wettbewerbsvorteile verstärken oder begründen. Auswirkungen auf die Praxis des strategischen Managements z. B. in Form von neuen Werkzeugen hatte diese Diskussion aber bisher nicht.

Ebenfalls zu Beginn der 1980er Jahre entstanden umfassende Ansätze zur Ressourcentheorie (Bower 1973, Gluck 1980 und Porter 1985), die nicht mehr die einzelnen Ressourcen oder deren Kombinationen, sondern die Konfiguration der Wertschöpfungskette insgesamt analysieren. Die prozessorientierte Sichtweise dieser wertkettenorientierten Ansätze ermöglicht eine systematische Analyse von Kosten und Quellen der Differenzierung. Wertkettenorientierte Ansätze betrachten Ressourcen als Voraussetzung für die erfolgreiche Durchführung von einzelnen Aktivitäten oder für die erfolgreiche Zusammenführung mehrerer Unternehmensaktivitäten.

Als Beispiele für die interne Analyse werden in diesem Buch die folgenden Instrumente vorgestellt:

- Der *VRIO-Rahmen* zur Bewertung von spezifischen Ressourcen und Fähigkeiten.
- Das *Ressourcen- und Fähigkeiten-Portfolio* zur Erfassung und Beurteilung wichtiger Ressourcen und Fähigkeiten für die Strategieentwicklung eines Unternehmens oder Geschäftsbereichs.
- Die *Wertkette* als Instrument zur umfassenden Analyse von Ressourcen innerhalb eines Unternehmens oder Geschäftsbereichs.

6.2 Instrumente für die interne Analyse

6.2.1 VRIO-Rahmen

Der VRIO-Rahmen bewertet die Ressourcen und Fähigkeiten eines Unternehmens sowohl als mögliche Grundlage für Wettbewerbsvorteile als auch in ihrer strategischen Bedeutung. Dazu werden Ressourcen und Fähigkeiten den vier Kriterien 1. Bedeutung für die Wertschöpfung (**V**alue), 2. Seltenheit (**R**areness), 3. **I**mitierbarkeit durch die Wettbewerber und 4. Nutzbarkeit durch das eigene Unternehmen (**O**rganization) unterzogen. Nur wenn eine Ressource oder Fähigkeit alle vier Kriterien erfüllt, lässt sich auf ihr ein nachhaltiger Wettbewerbsvorteil aufbauen.

Beschreibung und theoretischer Hintergrund

Mit dem VRIO-Rahmen (Barney 1995) werden interne Faktoren (Ressourcen und Kompetenzen) identifiziert, auf denen ein dauerhafter Wettbewerbsvorteil aufgebaut werden kann. Das VRIO-Konzept bezieht sich ursprünglich auf die SWOT-Analyse (Barney 1995). Die Stärken und Schwächen eines Unternehmens beruhen letztlich auf seinen Ressourcen und Kompetenzen.

Der Wert einer Ressource ergibt sich aus ihrer Bedeutung für den Kunden, wenn damit für ihn ein Mehrwert geschaffen wird. Das Unternehmen kann mit den verfügbaren Ressourcen Chancen in der Unternehmensumwelt ergreifen oder externe Bedrohungen abwehren (Barney 1995). Der Wert von Ressourcen wird also durch Veränderungen der Unternehmensumwelt, z. B. Konsumentenpräferenzen, Industriestrukturen oder Technologien, beeinflusst und kann nicht statisch gesehen werden. Er hängt zudem von deren Dauerhaftigkeit ab (Wheelen/Hunger 2018). So haben z. B. Patente nur eine begrenzte Laufzeit.

Die Seltenheit einer Ressource bestimmt, ob sich aus ihr Wettbewerbsvorteile entwickeln lassen. Sie ist dann nicht selten zu nennen, wenn die meisten Wettbewerber ebenfalls über sie verfügen. Möglicherweise ist der Besitz bestimmter Ressourcen einfach eine Grundvoraussetzung, um überhaupt in einer Branche langfristig erfolgreich tätig sein zu können; dann bietet sie keine Wettbewerbsvorteile.

Die Imitierbarkeit gibt Auskunft, ob und zu welchen Kosten die Wettbewerber die Ressource kopieren oder imitieren können. Ein Schutz vor Imitationen kann in Eigentumsrechten, hohen Lern- und Entwicklungskosten oder einer kausalen Ambiguität bestehen. Der Begriff der kausalen Ambiguität bezeichnet die fehlende Transparenz nach außen – es besteht Unklarheit darüber, worauf besondere Ressourcen und Fähigkeiten eines Unternehmens beruhen. Die Wettbewerber sind nicht in der Lage, Zusammenhänge bei der Kombination von Ressourcen und Fähigkeiten vollständig zu verstehen (Wheelen/Hunger 2018). So gilt bspw. das Toyota-Produktionssystem als wichtige Ressource des Unternehmens, dessen einzelne Bestandteile allgemein bekannt sind und oft eingesetzt werden. Als Ganzes lässt es sich jedoch nur schwer kopieren, da den Wettbewerbern das Verständnis der Zusammenhänge seiner einzelnen Bestandteile und die praktische jahrzehntelange Erfahrung fehlen.

Je höher die Kosten des Erwerbs sind oder je länger es dauert, die Ressource selbst aufzubauen, desto schwerer ist sie nachzuahmen. Dies gilt vor allem für komplexe soziale Ressourcen wie Wissensnetzwerke oder sehr gut eingespielte Arbeitsabläufe und Organisationen, die das Resultat vieler kleiner Entscheidungen sind. Allerdings können Ressourcen auch substituiert werden. Dies ist immer dann der Fall, wenn z. B. bestehende Patente durch neue Technologien oder Verfahren umgangen werden können.

Um eine Ressource nutzen zu können, muss das Unternehmen entsprechend organisiert sein. Die Informations-, Entscheidungs-, Berichts- und Kontrollsysteme, die Kultur und die Struktur des Unternehmens müssen auf die Nutzung der Ressource zugeschnitten sein oder dürfen ihre Nutzung zumindest nicht erschweren. Die klassischen negativen Beispiele zeigen die Unfähigkeit vieler Unternehmen, Erfindungen und Innovationen aus dem eigenen Haus aufzugreifen, erfolgreich umzusetzen oder zu vermarkten. So verdankt z. B. der SAP-Konzern sein Entstehen der Tatsache, dass IBM damals nicht in der Lage oder willens war, die im eigenen Haus entwickelten Ansätze für integrierte betriebswirtschaftliche Softwareprogramme aufzugreifen.

Praktische Anwendung

Schritt 1: Zusammenstellen der Ressourcen und Fähigkeiten

Als Grundlage für die Anwendung des VRIO-Konzepts sind die ermittelten Stärken, Schwächen, Ressourcen oder Fähigkeiten aufzulisten, zu definieren (und damit genauer abzugrenzen und ggf. einzuschränken), zu lokalisieren (wo im Unternehmen sind sie angesiedelt?) und nach Möglichkeit zu quantifizieren. Bei einfach strukturierten Ressourcen kann das Ausmaß meist bestimmt werden (z. B. wie viele Experten mit einer bestimmten Qualifikation sind vorhanden?). Komplexe Ressourcen lassen sich über ihren Output oder ihre Ergebnisse näher beschreiben (z. B. wie viele neue Produkte kann eine Abteilung pro Jahr entwickeln, wie lange ist die Durchlaufzeit?).

Schritt 2: Bewertung nach den vier Kriterien

Anhand der vier Kriterien erfolgt dann eine qualitative Beurteilung der Ressourcen. Ggf. können weitere Einzelkriterien aufgestellt und mit einer Nutzwertanalyse aggregiert werden.

Analyse des Werts (Value)

Für die einzelnen Faktoren muss ermittelt werden, ob sie dazu beitragen, für den Kunden einen höheren Wert zu schaffen. Dieser Wert kann in geringeren Kosten, in einer besseren Qualität des Produkts oder der Art der Produktbereitstellung liegen – es muss also ein Wettbewerbsvorteil ableitbar sein. Sinnvoll ist dazu die Bestimmung des Zusammenhangs zwischen Kaufentscheidungen und Leistungsmerkmalen; diese erfolgt mit Hilfe der Marktforschung und der Conjoint-Analyse (z. B. Gustafson et al. 2007). Bei Nischenstrategien muss dazu unbedingt das richtige Kundensegment befragt werden.

Analyse der Seltenheit (Rareness)

Die bekannten Wettbewerber sind daraufhin zu prüfen, ob sie ebenfalls über die identifizierten Ressourcen und Fähigkeiten verfügen. Quellen hierfür können die veröffentlichten Geschäftsberichte der Konkurrenzunternehmen, Medienberichte über diese oder Branchenanalysen sein. Indirekt können aus dem Organigramm, den Eigenschaften der Produkte oder den Geschäftsberichten Rückschlüsse auf die Ressourcen gezogen werden. Darüber hinaus ist zu prüfen, in welchem Umfang die Wettbewerber die Ressourcen und Fähigkeiten besitzen, wobei hier nur sehr große Unterschiede von Belang sind. Die Bewertung der Seltenheit hängt auch von der Zahl der Mitbewerber ab. Bei ganz entscheidenden Ressourcen kann es sinnvoll sein, nach Unternehmen zu suchen, die im Besitz solcher Ressourcen sind und daher in Zukunft als Mitbewerber auftreten können. Aus praktischen Gründen wird dies auf ähnliche Branchen beschränkt bleiben.

Analyse der Imitation durch die Wettbewerber (Imitability)

Für die einzelnen Ressourcen und Fähigkeiten sind nacheinander folgende Aspekte zu prüfen:

- Sind die *Ressourcen in ausreichender Menge* verfügbar und werden sie gehandelt? Dies trifft vor allem für einfache handelbare Ressourcen wie Marken, Lizenzen, Patente, Grundstücke, Maschinen und Personal zu. Eine mangelnde Verfügbarkeit wird in der Regel dazu führen, dass die Ressource im Wert steigt und Investitionen in deren Bereitstellung erfolgen. Somit wird dieser Mangel mittel- bis langfristig abgestellt werden. Die Ressourcen müssen darüber hinaus auch ausreichend mobil sein.

  Bei einfachen Ressourcen ist zu prüfen, ob sie durch Eigentumsrechte vor den Wettbewerbern gesichert werden können und wie lange der Schutz anhält. Die Frage der Substituierbarkeit ist oft schwer zu beantworten, weil neue Wertketten oder Geschäftsmodelle schwer vorherzusehen sind. Eine Substitution kann erfolgen, indem Unternehmen bestimmte Leistungen und Ressourcen einkaufen, z. B. Entwicklungsarbeiten (Know-how) oder einzelne Produktionsschritte von spezialisierten Unternehmen durchführen lassen.

- Bei *komplexeren Fähigkeiten* stellt sich nicht die Frage nach dem Erwerb, sondern nach der Imitation und den damit verbundenen Kosten. Die notwendigen Lern- und Entwicklungskosten können aus den eigenen Aufwendungen und dem Vergleich der eigenen ehemaligen Startposition, mit der der heutigen Konkurrenten abgeschätzt werden. Wenn die Fähigkeit auf explizitem Wissen beruht, stellt sich die Frage, wie viel davon frei verfügbar ist oder indirekt bei Zulieferern, Kunden oder Branchenfachleuten abgefragt werden kann. Dies können die Lern- und Entwicklungskosten deutlich senken.
  Implizites Wissen kann ein Wettbewerber vor allem durch die Abwerbung von Personal erhalten. Die Schutzmaßnahmen für komplexe Fähigkeiten bestehen vor allem in deren Geheimhaltung, einer Aufteilung der Fähigkeiten, des Wissens und der Zusammenhänge und einer engen Bindung der Träger der Fähigkeiten an das Unternehmen. Die kontinuierliche Weiterentwicklung komplexer Fähigkeiten vermag zwar nicht vor der Imitierung durch die Wettbewerber zu schützen, kann aber einen permanenten Vorsprung gegenüber den Wettbewerbern ermöglichen, weil diese zwar imitieren können, aber immer wieder neu aufholen müssen. Schließlich stellt sich die Frage, ob die komplexen Ressourcen und Fähigkeiten für die Wettbewerber transparent genug sind, um sie kopieren zu können. Um die wirklichen Ursachen von Wettbewerbsvorteilen zu verschleiern, kann ein Unternehmen versuchen, in scheinbaren Aktivitäten, Verlautbarungen oder mittels Marketings andere Ressourcen oder Fähigkeiten in den Vordergrund zu stellen.

Analyse der Nutzbarkeit im bestehenden Unternehmen (Organisation)

Zuletzt ist zu prüfen, ob die Organisation in der Lage ist, die vorhandenen Ressourcen und Fähigkeiten umfassend zu nutzen. Dazu sind meist komplementäre Ressourcen wie bspw. der Zugang zu Kapital oder zu Vertriebskanälen notwendig. Die Organisationsstruktur, die Management- und Kontrollsysteme sowie die Anreizsysteme innerhalb des Unternehmens spielen ebenfalls eine wichtige Rolle hinsichtlich der Nutzbarkeit. Schwerer und nur langfristig zu beeinflussen ist die Unternehmenskultur, wenn sie der Nutzung bestimmter Ressourcen im Wege steht.

Schritt 3: Gesamtbewertung

Die Auswertung erfolgt in einer tabellarischen Übersicht (Tab. 6.1). Die Kriterien werden darin lediglich als zutreffend bzw. nichtzutreffend mit einem „X“ markiert. „X“ für alle vier Kriterien steht für eine nachhaltige Stärke oder „distinctive competency“, die dem Unternehmen längerfristig einen deutlichen Vorteil gegenüber der Konkurrenz verschaffen kann.

Im Beispiel (Tab. 6.2) werden die Ressourcen der Advanced Risc Machines (ARM), eines britischen Mikroprozessortechnologie-Anbieters, analysiert (ARM 2020 und Wedel 2011). ARM bietet stromsparende Prozessoren für mobile Geräte in einem Ge-

Tab. 6.1: VRIO-Bewertung und Schlussfolgerungen

Ressource	Wert	Seltenheit	Imitierbarkeit	Organisation	Kommentar
A	x				Standardressource der Branche
B	x	x			Kein dauerhafter Wettbewerbsvorteil ableitbar, schnelles Aufholen der Konkurrenz zu erwarten
C	x	x	x		Derzeit nicht nutzbar: Ist eine Veränderung der Organisation möglich? Was ist für die Nutzung der Ressource notwendig?
D	x	x	x	x	Grundlage für langfristige Wettbewerbsvorteile, muss in den Strategieoptionen berücksichtigt werden
E		x	x	x	Neue Geschäftsfelder, Geschäftsmodelle oder Kunden suchen, bei denen die Ressource Wertschaffung ermöglicht
F					Offensichtlich wertlose Ressource – nicht weiter in sie investieren

Tab. 6.2: Bewertung der Ressourcen am Beispiel der ARM

Ressource	Wert	Seltenheit	Nicht-Imitierbarkeit	Organisation	Kommentar
Technologieplattform RISC	✔	✔	✔	✔	Stromsparend und kostengünstig für mobile Geräte, eingeführte Technologie außer für PC
Standorte UNI/IT-Cluster	✔			✔	Nützlich, aber nicht selten und imitierbar
Kooperation mit 230 Halbleiterherstellern	✔	(✔)	(✔)	✔	Nur langfristig aufzubauen, Branche verfügt über Standards, spezifisch für das Geschäftsmodell
Wissenspotenzial der Mitarbeiter	✔	✔	✔	✔	1.100 von 1.700 Mitarbeitern in Forschung und Entwicklung tätig
Know-how und Management für kurze Entwicklungszeiten	✔	(✔)		✔	Braucht Zeit zum Aufbau, hängt stark mit einer besonderen Unternehmenskulturzusammen
Unternehmensstruktur	✔	✔	(✔)	✔	Braucht Zeit zur Entwicklung und Veränderung abhängig von Unternehmensgröße
Personalmanagement	✔	✔		✔	Teilweise Wissen in forschungsintensiven Branchen, grundsätzlich imitierbar
Teamarbeit	✔	✔	(✔)	✔	Langwieriger Lern- und Entwicklungsprozess
Lizenzmodell für langfristige Erträge	✔	✔		✔	700 Lizenzen, sichert langfristig Erträge, spezifisch für Geschäftsmodell

schäftsmodell mit Lizenzierung, kundenspezifischem Design und ohne eigene Produktion an.

Aus der VRIO-Analyse lässt sich ablesen, dass die Technologieplattform und das Wissen der Mitarbeiter langfristig die entscheidenden Ressourcen sind. Alle anderen Ressourcen können zumindest mittel- und langfristig von Wettbewerbern erworben, aufgebaut oder imitiert werden.

Kritik des Instruments

Das Konzept eignet sich gut zur Erklärung bereits erreichter Wettbewerbsvorteile von Unternehmen, aber weniger gut zur Beantwortung der Frage, wie und mit welchen der vorhandenen Ressourcen Wettbewerbsvorteile erzielt werden können. Das liegt möglicherweise daran, dass Ressourcen und Fähigkeiten sehr stark branchen- und technologiespezifisch begründet sind. Managementkonzepte können solche Zusammenhänge mit übergreifenden und allgemeinen abstrakten Kriterien nur schwer erfassen und voraussagbar machen.

Priem und Butler (2001) betrachten das VRIO-Konzept als Tautologie. Wertvolle Ressourcen sind die Basis für Effizienz und Effektivität und ermöglichen damit den Aufbau von Wettbewerbsvorteilen, die wiederum selbst als Effizienz und Effektivität definiert sind. Daher sind eine empirische Überprüfung und Ableitung von Voraussagen nicht möglich.

Ein weiterer Kritikpunkt betrifft die Subjektivität der Bewertung einer Ressource anhand der vier Kriterien. Barney (2001) selbst räumt ein, dass deren Erfassung mit genaueren Messgrößen verbessert werden müsste.

Bei der Beurteilung des Werts einer einzelnen Ressource ist zu bedenken, dass eine neue Konfiguration von Ressourcenkombinationen den gleichen Wert ergeben kann, so dass die Bewertung unrealistisch wird. Auch ist die Substituierbarkeit von Ressourcen schwer vorherzusehen. Konkurrenten, die den Wert einer seltenen und schwer duplizierbaren Ressource erkannt haben, werden sich darauf konzentrieren, ein einfaches Substitut zu finden, z. B. durch neue Geschäftsmodelle, Technologien oder Vertriebswege. Solche Innovationen sind selten vorauszusagen und können bei der Beurteilung von Ressourcen kaum berücksichtigt werden. Die Einschätzung der eigenen Organisation zur Nutzbarkeit vorhandener Ressourcen schließlich wird in der Praxis unter der gewöhnlich vorhandenen Betriebsblindheit leiden – das Management hat Schwierigkeiten, Unzulänglichkeiten in der Organisation und Unternehmenskultur zu erkennen und zu beseitigen.

Strategische Bedeutung und Nutzen

Das VRIO-Konzept ermöglicht eine Einschätzung der Ressourcen nicht nur in Bezug auf die externen Faktoren, sondern vor allem im Hinblick auf ihre Bedeutung für die Schaffung langfristiger Wettbewerbsvorteile. Daraus kann abgeleitet werden, auf welche Ressourcen eine Strategie langfristig abgestellt werden soll. Gleichzeitig wird verhindert, dass eine Strategie auf Ressourcen beruht, die keine Grundlage für nachhaltige Wettbewerbsvorteile bieten. Sollten vorhandene Ressourcen kein derartiges Potenzial bergen, kann nach Strategien gesucht werden, sie durch ein darauf abgestelltes neues Geschäftsmodell aufzuwerten. Der VRIO-Ansatz ist eher bei der Neuentwicklung einer Strategie als bei ihrer Weiterentwicklung einsetzbar, da er zu wenig differenziert ist.

Eine VRIO-Analyse liefert Anhaltspunkte dafür, wie die Ressourcen und Fähigkeiten geschützt werden können – durch Eigentumsrechte, Erhöhung der Kosten der Imitation oder Verringerung der Transparenz; und auch dafür, welche Ressourcen geschützt, erhalten oder weiter ausgebaut werden müssen. Das Management der internen Ressourcen wird somit zwangsläufig Bestandteil der strategischen Planung. Falsche Entscheidungen durch ein kurzfristiges Kostendenken werden damit zwar nicht unterbunden, zumindest aber erschwert.

Ein besonderer Wert des VRIO-Ansatzes ist darin zu sehen, dass er bei stringenter Umsetzung das Unternehmen dazu zwingt, sich mit internen Hemmnissen bei der Nutzung von Ressourcen auseinanderzusetzen und diese zu überwinden.

Ähnliche Instrumente

Ressourcen- und Fähigkeiten-Portfolio

Hier steht der Wert der Ressource im Vordergrund (vgl. Abschn. 6.2.2). Seine Bestimmung erfolgt methodisch. Grant (2019) bewertet die Ressourcenstärke im Verhältnis zum Branchendurchschnitt, das Kriterium Seltenheit fließt damit nur implizit ein, wie auch die anderen Kriterien des VRIO-Konzeptes bei Grant nur implizit berücksichtigt werden. Insgesamt liefert das Ressourcen-/Fähigkeits-Portfolio ein zwar differenzierteres, aber eher statisches Bild. Aus den Ergebnissen lassen sich relativ direkt strategische Optionen ableiten, so dass der Ansatz über die Analyse hinausreicht und zur Strategieformulierung genutzt werden kann.

Überschneidungen mit anderen Instrumenten

SWOT-Analyse

Die VRIO-Analyse kann benutzt werden, um die in einer SWOT-Analyse (vgl. Abschn. 4.2.1) ermittelten Stärken hinsichtlich ihrer Bedeutung für die Erlangung von Wettbewerbsvorteilen und als mögliche Ausgangsbasis für eine Strategie zu bewerten.

Wertkette

Die Wertkette (vgl. Abschn. 6.2.3) bewertet Ressourcen indirekt über ihre Bedeutung für den Wertschöpfungsprozess des Unternehmens. Die Bewertung ist funktional orientiert, konkret und erfolgt direkt über den Kundennutzen durch Kosten- und Differenzierungsvorteile. Sie wird dadurch zielgerichteter. Allerdings ist die Bewertung stets an eine bestimmte Konfiguration der Wertkette gebunden.

6.2.2 Ressourcen- und Fähigkeiten-Portfolio

Notwendige Ressourcen und Fähigkeiten eines Unternehmens können aus branchenspezifischen Schlüsselerfolgsfaktoren abgeleitet werden. Damit wird eine gezielte Suche und wettbewerbsorientierte Bewertung der Ressourcen und Fähigkeiten des Unternehmens ermöglicht. Die Darstellung der Ergebnisse in einer Matrix mit den Achsen „strategische Bedeutung der Ressource" und „relative Ressourcenstärke" verdeutlicht übersichtlich die Stärken und Schwächen des Unternehmens. Das ermöglicht begründete Entscheidungen für das Management der Ressourcen und eine ressourcenorientierte Strategieentwicklung.

Beschreibung und theoretischer Hintergrund

Grant (2019) schlägt als Vorgehensweise für die Analyse der Ressourcen und Fähigkeiten einen kausalen Ansatz auf Basis der Schlüsselerfolgsfaktoren einer Branche vor. Die Suche nach den relevanten internen Faktoren erfolgt somit gezielt. Sie knüpft an die Stärken und Schwächen der SWOT-Analyse an: „The history of strategic management research can be understood as an attempt to 'fill the blanks' created by the SWOT-framework; i. e. to move beyond suggesting that strengths, weaknesses are important for understanding competitive advantage to suggest models and frameworks that can be used to analyze and evaluate these phenomena" (Barney 1995, S. 49).

Die internen, strategisch relevanten Faktoren (Grant 2019) werden unterschieden in:

- *Materielle Ressourcen* wie Fabriken, Kapital, Bodenschätze oder Standorte. Hart (1995) ergänzt die Systematik um die natürlichen Ressourcen, da die Ökosysteme den Unternehmen zunehmend Grenzen setzen.
- *Immaterielle Ressourcen* wie Wissen, Fähigkeiten, Technologie, Rechte oder Marken.
- *Humanressourcen* wie individuelles Wissen, Qualifikation, Motivation und die Fähigkeit zur Zusammenarbeit sowie die Unternehmenskultur.
- *Komplexe organisatorische Fähigkeiten* des Unternehmens in Führung und Management sowie in Prozessen und in Routinen, um die Unternehmensressourcen gezielt einzusetzen und miteinander zu kombinieren. Diese Fähigkeiten beziehen sich auf einzelne Funktionen wie auch auf das ganze Unternehmen.

Komplexe Fähigkeiten werden auch als Kompetenzen bezeichnet. Sie werden definiert als funktionenübergreifende Integration und Koordination von Fähigkeiten zur Nutzung der vorhandenen Ressourcen (Wheelen/Hunger 2018). Das Konzept der Kompetenzen verlagert die Sichtweise von einer statischen Ressourcenausstattung des Unternehmens hin auf eine dynamische Betrachtung der Ressourcennutzung und der dazu erforderlichen Fähigkeiten. Das Konzept der Kernkompetenzen (Hamel/Prahalad 1990) geht dann über eine strategische Geschäftseinheit hinaus und bezieht sich auf Konzerne mit mehreren strategischen Geschäftseinheiten, die aus den dort vorhandenen Kernkompetenzen und Kerntechnologien Kernprodukte entwickeln und diese immer wieder neu kombinieren, um erfolgreich neue Geschäftseinheiten zu entwickeln. Um eine Kernkompetenz handelt es sich nur dann, wenn sie Zugang zu mehreren Märkten eröffnet, wesentlich zum Kundennutzen beiträgt und nur langsam aufgebaut werden kann.

Grant (2019) leitet aus Schlüsselerfolgsfaktoren Aktivitäten ab, die notwendig sind, um diese zu erfüllen. Für derartige Aktivitäten benötigt das Unternehmen wiederum bestimmte Ressourcen. So kann z. B. das Produktdesign einer der Schlüsselerfolgsfaktoren einer Branche sein. Ein Unternehmen kann diese Aktivität aber auch auslagern, so dass es keine Designkompetenz und fähigen Produktdesigner benötigt. Für die Ressourcen selbst macht das Modell keine Vorgaben, d. h., es lässt sich auf einfache physische Ressourcen bis hin zu komplexen Kernkompetenzen anwenden. Im nächsten Schritt wird die Ausprägung der notwendigen Ressourcen hinsichtlich ihrer Stärke im Verhältnis zur Konkurrenz geprüft. Darüber hinaus werden weitere, besonders ausgeprägte Ressourcen im Unternehmen ermittelt, die nicht im direkten Zusammenhang mit den Schlüsselerfolgsfaktoren stehen. Anschließend erfolgt eine Bewertung aller Faktoren in ihrer Bedeutung für den Unternehmenserfolg. In einer Matrix mit den Achsen Ressourcenstärke und Bedeutung für den Unternehmenserfolg werden sie dann in die vier Gruppen Schlüsselstärken, Schlüsselschwächen, überflüssige Stärken und irrelevante Ressourcen eingeteilt (vgl. Abb. 6.1). Daraus können Strategieoptionen abgeleitet und Maßnahmen zum Umgang mit den Ressourcen ergriffen werden.

Praktische Anwendung

Zur Vorbereitung sind für eine Geschäftseinheit oder das Unternehmen die Schlüsselerfolgsfaktoren zu ermitteln (vgl. Abschn. 5.2.9).

Schritt 1: Ableitung notwendiger Ressourcen und Fähigkeiten

Jeder der ermittelten Schlüsselerfolgsfaktoren wird anhand einer Wertkette (oder noch konkreter: der realen Prozesskette) für Leistungserstellung und -absatz auf einzelne, miteinander verbundene Aktivitäten zurückgeführt. Weiterverfolgt werden nur diejenigen Aktivitäten, die im Unternehmen selbst stattfinden. Für sie wird nun geprüft, welche Fähigkeiten zu ihrer erfolgreichen Durchführung erforderlich sind und welche Ressourcen dabei benötigt werden. Grant (2019) weist darauf hin, dass dabei neben den physischen, menschlichen und finanziellen Ressourcen auch das notwendige Wissen, die Eignung der Organisation und die Reputation bei den Kunden zu berücksichtigen sind. Zusätzlich wird die Liste um Ressourcen und Fähigkeiten des Unternehmens ergänzt, die stark ausgeprägt sind oder aus anderen Gründen als wichtig eingeschätzt werden. Sowohl die für die Schlüsselerfolgsfaktoren notwendigen als auch die unabhängig davon ermittelten Ressourcen und Fähigkeiten werden in einer Liste zusammengestellt. Grant unterscheidet dabei einerseits Ressourcen und andererseits Fähigkeiten oder Kompetenzen.

Grant gibt keine expliziten Auswahlprinzipien für Ressourcen und Fähigkeiten vor. Implizit kann jedoch aus der Orientierung an Schlüsselerfolgsfaktoren abgeleitet werden, dass nur die grundsätzlich notwendigen Ressourcen und Fähigkeiten zur Tätigkeit in der Branche zu erfassen sind. Aus praktischen Gründen sollten insgesamt nicht mehr als 20 Ressourcen und Fähigkeiten erfasst werden.

Schritt 2: Bewertung der Bedeutung und der relativen Stärke der Ressourcen und Fähigkeiten

Zunächst wird die strategische Bedeutung der einzelnen Ressourcen für den Unternehmenserfolg auf einer Skala von 1 (unwichtig) bis 10 (sehr wichtig) bewertet. Diese Bewertung orientiert sich an den Entscheidungskriterien der Kunden und an der Bedeutung für die Rentabilität des Unternehmens und ist methodisch eine qualitative Beurteilung.

Danach wird die Stärke jedes Faktors geprüft, und zwar relativ zur Stärke der Ausprägung der Ressourcen und Fähigkeiten bei den Wettbewerbern. Die Bewertung sollte sich auf messbare Kenngrößen (z. B. aus Benchmarking-Prozessen) oder gut nachvollziehbare Beurteilungen stützen. Sie erfolgt wiederum auf einer Skala von 1 bis 10, wobei eine 5 dem Durchschnitt aller Wettbewerber entspricht, die 1 dem schlechtesten und die 10 dem besten Wert der Branche.

Die Bewertungen können überprüft werden, wenn die Analyse für mehrere Unternehmen erfolgt. Für jeden Faktor werden die Werte für Bedeutung und Stärke miteinander multipliziert. Anschließend werden alle so entstandenen Werte addiert. Die Gesamtwerte sollten in der Reihenfolge der relativen Wettbewerbsfähigkeit und dem relativen Erfolg der Konkurrenten entsprechen. Ist dies nicht der Fall, wurden entweder nicht die richtigen Faktoren identifiziert oder die jeweilige Ausprägung in jedem Unternehmen unzutreffend bewertet. In solchen Fällen müssen die Faktoren und deren Bewertung noch einmal kritisch hinterfragt werden.

Diese beispielhafte Analyse der internen Ressourcen wurde für den Kugellagerhersteller SKF zu Beginn der 1990er Jahre vorgenommen (Tab. 6.3).

Schritt 3: Auswertung

Aus den Werten kann für jede Ressource in einer Matrix mit den Achsen strategische Bedeutung und relative Stärke eine Position ermittelt und eingetragen werden. Auf diese Weise entsteht eine Matrix mit vier Feldern (Abb. 6.1).

Die Entwicklung und Formulierung von Strategien lässt sich nun aus dem Verteilungsmuster der Ressourcen und Fähigkeiten ableiten. Schlüsselressourcen und -fähigkeiten sollten optimal genutzt werden – die strategischen Optionen sind auf das jeweilige Verteilungsmuster abzustellen. Zusätzlich sind weitere Einsatzmöglichkeiten und Geschäftsfelder, in denen diese Schlüsselressourcen und -fähigkeiten einsetz-

Tab. 6.3: Stärke und Bedeutung von Ressourcen/Fähigkeiten am Beispiel der SKF (Quelle: in Anlehnung an Grant 2019, S. 119–127 und Collis 1991)

	Bezeichnung	Relative Stärke	Strategische Bedeutung
Ressourcen	1. Weltweites Kundennetzwerk	8	7
	2. Globale Produktions-, Distributions- und Servicenetzwerke	8	8
	3. Kosteneffiziente Fertigung	5	7
Fähigkeiten	4. Konstruktion und Fertigung der Produkte	6	6
	5. Konstruktion für kundenspezifische Anforderungen	9	6
	6. Metallurgie	8	2
	7. Anwendungs-Know-how	9	7
	8. Just-in-time-Logistik	9	7
	9. Anpassung an wechselnde Bedingungen im internationalen Geschäft	9	7

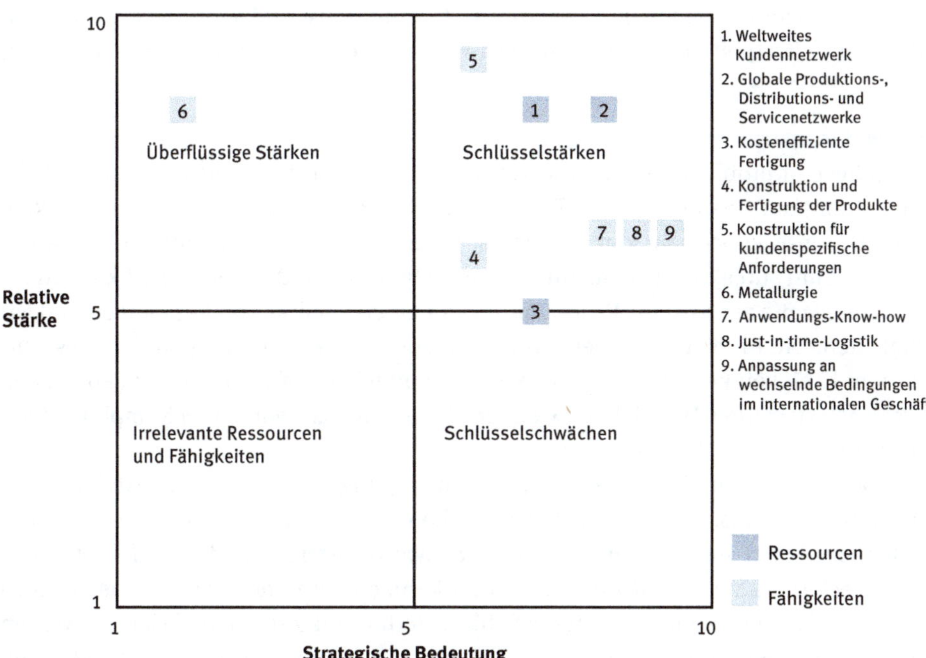

Abb. 6.1: Ressourcenportfolio am Beispiel der SKF (Quelle: in Anlehnung an Grant 2019, S. 119–127 und Collis 1991)

bar sind, zu ermitteln und zu prüfen. Schlüsselressourcen und -fähigkeiten müssen erhalten, gepflegt und weiterentwickelt werden.

Für die ermittelten Schwächen bei Schlüsselressourcen und -fähigkeiten bestehen mehrere grundlegende Optionen: Sie können eventuell durch Outsourcing kompensiert oder kurzfristig eingekauft werden (z. B. durch den Erwerb eines anderen Unternehmens, das über derartige Ressourcen verfügt). In diesem Fall müssen neue organisatorische Voraussetzungen zur Nutzung der neuen Ressourcen geschaffen werden. Andernfalls sind solche Schwächen meist nur mittel- bis langfristig und kostspielig zu kompensieren.

Nur in wenigen Fällen können Marketingmaßnahmen Schwächen in Stärken verwandeln – in der Regel gelingt das nur in Marktnischen. Ein gutes Beispiel dafür bietet die alte Technik der Motorradmarke Harley-Davidson, die aber wesentlich zum Kultcharakter beiträgt.

Finden sich überflüssige Schlüsselressourcen und -fähigkeiten, ist zu prüfen, inwieweit diese in neuen Geschäftsfeldern verwendet oder für neue Differenzierungsmerkmale genutzt werden können. Andernfalls sollten sie abgestoßen und verwertet werden.

Im Beispiel SKF (Abb. 6.1) entsprechen die Ressourcen der Differenzierungsstrategie eines globalen Technologieführers. Die überflüssige Stärke im Bereich Metallurgie wurde in eine Kooperation mit einem Stahlhersteller eingebracht. Aus heutiger Sicht sind die Ressource 2 (Globale Produktions-, Distributions- und Servicenetzwerke) und die Fähigkeit 8 (Just-in-Time-Logistik) zu Grundanforderungen der Branche geworden.

Kritik des Instruments

Grundlegend problematisch an diesem Ansatz ist die Bestimmung der strategischen Bedeutung der Ressourcen und Fähigkeiten. Maßgeblich sollten dabei zwar Fakten sein. Da diese jedoch sehr komplex und schwierig zu messen sind, muss hier zwangsläufig oft mit subjektiven Schätzungen gearbeitet werden. Die gleiche Kritik gilt in geringerem Maße auch für die Bestimmung der relativen Stärke von Ressourcen und Fähigkeiten. Die Probleme hierbei können mit spezifischen, auf die jeweilige Ressource oder Fähigkeit bezogenen Messgrößen für einfachere Ressourcen und Fähigkeiten meist gelöst werden. Deutlich schwieriger wird dies mit zunehmender Komplexität der Ressourcen und Fähigkeiten.

Der Ansatz von Grant geht von allgemeingültigen Schlüsselerfolgsfaktoren in einer Branche aus. Die Wahl von generischen Strategien (Kostenführerschaft oder Differenzierung) setzt gleichzeitig einen Schwerpunkt im Hinblick auf spezifische Schlüsselerfolgsfaktoren (Grant 2019). Hier kann eingewendet werden, dass je nach verfolgtem Strategietyp ganz andere Schlüsselerfolgsfaktoren berücksichtigt werden müssen und eine unterschiedliche Schwerpunktsetzung innerhalb eines gleichen Sets von Schlüsselerfolgsfaktoren nicht ausreicht. Die Analyse der internen Faktoren auf der Basis der Schlüsselerfolgsfaktoren führt zwar zu einem gezielteren Vorgehen, aber auch zu einer Einengung des Blickwinkels. Ausgehend von den aktuellen Schlüsselerfolgsfaktoren ergibt sich ein statisches Bild des Wettbewerbs. Schlüsselerfolgsfaktoren können sich aber verändern. Werden Stärken und Schwächen des Unternehmens zunächst ohne Vorbedingungen wie in SWOT analysiert, können besondere Ressourcen und Fähigkeiten identifiziert werden, die in der Branche bisher keine Rolle spielen, aber als Basis für neue Strategien und Geschäftsmodelle dienen können.

Die Stärke der Ressourcen und Fähigkeiten ist nicht eindeutig und kann weiter differenziert werden. Brownlie (1989) nennt neben dem bloßen Vorhandensein einer Ressource als weitere Bewertungskriterien die Effizienz (Output-/Input-Verhältnis) und die Effektivität (Erreichbarkeit von unternehmensspezifischen Zielen) der Ressource. Die Bewertung kann außer im Vergleich zum Wettbewerb auch in der zeitlichen Entwicklung oder normativ am Erreichen selbst- oder fremdgesteckter Ziele gemessen werden (Brownlie 1989). Diese Beispiele zeigen, dass die Messung der Ressourcenstärke selbst ein komplexes Problem darstellt.

Strategische Bedeutung und Nutzen

Grant beschreibt die Auswahl der Ressourcen und Fähigkeiten und den dabei zu wählenden Detaillierungsgrad methodisch nicht genauer. Der Fortschritt gegenüber der SWOT-Analyse besteht vorwiegend in einer Eingrenzung auf erfolgsrelevante Faktoren und deren Unterteilung in Ressourcen und Fähigkeiten. Das ermöglicht einen zielgerichteten Blick auf die internen Faktoren. Die Einordnung in die Matrix klassifiziert die internen Faktoren und fördert ein strukturierteres Vorgehen und eine strukturierte Diskussion.

Das Ressourcen- und Fähigkeiten-Pportfolio lenkt die Aufmerksamkeit auf die internen Voraussetzungen für den Unternehmenserfolg. Das Management des Unternehmens kann aus den Analyseergebnissen notwendige und sinnvolle Maßnahmen zum Aufbau, zur Pflege und zum Ausbau innerer Stärken ableiten, die Potenziale der vorhandenen Ressourcenausstattung erkennen und sie dann im Wettbewerb optimal einsetzen. Schließlich können durch den Abgleich der externen Anforderungen mit den Möglichkeiten des Unternehmens Erkenntnisse zu erfolgversprechenden Strategien gewonnen werden. Mit Hilfe des Ressourcen- und Fähigkeiten-Portfolios lassen sich bezüglich In- und Outsourcings strategisch begründete Entscheidungen treffen.

Das Instrument eignet sich vor allem für bestehende Geschäfte und Branchen, in denen die Schlüsselerfolgsfaktoren genau bekannt sind und die Wettbewerber über eine prinzipiell ähnliche Ressourcenausstattung bei gleichzeitig deutlich unterschiedlichen Ressourcenstärken verfügen.

Ähnliche Instrumente

SWOT-Analyse

Interne Faktoren des Unternehmens werden in der SWOT-Analyse (vgl. Abschn. 4.2.1) anhand von Checklisten systematisch überprüft und Besonderheiten festgestellt. Die Bedeutung dieser Stärken und Schwächen ergibt sich erst in Bezug auf die externen Faktoren (vgl. Abschn. 4.2.2).

VRIO-Rahmen zur Bewertung von Ressourcen und Fähigkeiten

Im VRIO-Rahmen für Ressourcen und Fähigkeiten (vgl. Abschn. 6.2.1) ist der Wert der Ressource nur ein Kriterium unter anderen, die Ressourcenstärke wird nicht gemessen – eine Ressource ist entweder vorhanden oder nicht. Die Kriterien Imitierbarkeit durch Wettbewerber und Nutzbarkeit in der eigenen Organisation werfen eher grundsätzliche Fragen auf und geben Hinweise auf die Dynamik der Ressourcenausstattung.

Kernkompetenz-Management-Kreislauf

Krüger und Homp (1997) entwickelten einen Managementansatz für Kernkompetenzen, der den Kundennutzen in den Vordergrund stellt. Der Kreislauf beginnt hierbei mit der Identifikation jener Kompetenzen, aus denen sich Kernkompetenzen entwickeln lassen. Diese werden integriert, in den Unternehmensprozessen genutzt und schließlich auf neue Bereiche transferiert. Die Bestandteile des Kreislaufs sind zugleich Indikatoren zum Controlling des Kernkompetenzmanagements.

Wissensbilanz

Im Auftrag des Bundesministeriums für Wirtschaft und Technologie wurde die Methode Wissensbilanz entwickelt, um das intellektuelle Kapital eines Unternehmens systematisch zu erfassen, zu managen und nach außen darstellen zu können (BMWi 2008). Unterschieden wird nach Human-, Struktur- und Beziehungskapital; die Erfassung erfolgt mittels Checklisten und die Bewertung orientiert sich am Geschäftsmodell des Unternehmens. Bewertungskriterien sind z. B. Quantität, Qualität, Systematik und Einfluss auf das Geschäft. Das für KMU entwickelte Modell wird durch ein Programm (Toolbox) unterstützt (http://www.akwissensbilanz.org/toolbox.htm).

Überschneidungen mit anderen Instrumenten

Balanced Scorecard (BSC)

Die BSC (vgl. Abschn. 9.2.2) arbeitet wie die Ressourcenanalyse mit Kausalketten. In der BSC werden aus der Vision und Strategie Werttreiber abgeleitet und in Kennzahlen verdichtet. Die Perspektiven interne Prozesse und Wissen (z. T. auch Kunden) entsprechen dem Ressourcenansatz; die BSC zielt also darauf ab, notwendige Ressourcen zu identifizieren und sie messbar, steuerbar und kontrollierbar zu machen.

Wertkette

Die Wertkette (vgl. Abschn. 6.2.3) stellt die Ressourcen des Unternehmens in den internen Wertschöpfungszusammenhang. Die Wertkette kann einerseits die Ergebnisse der Ressourcenanalyse als Input nutzen, andererseits kann sie selbst als Instrument der Ressourcenanalyse dienen. Sie gibt hierfür einen Rahmen vor und analysiert nicht nur die Stärke und Ausprägung, sondern verknüpft diese mit der Organisation des Unternehmens, der Leistungserstellung, der spezifischen Strategie und vor allem mit den Kosten – die Effizienz ist integraler Bestandteil.

6.2.3 Wertkette

Mit der Wertkette nach Porter kann ein Unternehmen systematisch seine Stärken und Schwächen und letztlich die internen Quellen von Wettbewerbsvorteilen analysieren. Die Analyse bezieht sich sowohl auf Kosten- als auch auf Differenzierungsvorteile. Das Unternehmen wird hierzu nach einem allgemeingültigen Schema in Bereiche unterteilt: in fünf Primäraktivitäten zur Leistungserstellung und zum Leistungsabsatz und in vier Unterstützungsaktivitäten. Sie werden einzeln auf ihre Kostenanteile und ihre Wertbeiträge für die Produkte des Unternehmens untersucht. Diese Analyse macht Kosten- oder Differenzierungsvorteile kenntlich und nutzbar. Sie ermöglicht Maßnahmen, um die einzelnen Aktivitäten und ihr Zusammenwirken zu verbessern. Damit sollen Kosten gesenkt oder ein höherer Wert für den Kunden geschaffen werden.

Beschreibung und theoretischer Hintergrund

Porter (1985) leitete seine Wertkette aus den Ansätzen von Bower (1973) und Gluck (1980) ab, welche Unternehmen als ein System miteinander verbundener Aktivitäten betrachten, die zusammen die relative Kostenposition und die Differenzierung bestimmen. In der Wertkette stehen Aktivitäten im Vordergrund und nicht Funktionen. Deshalb wird das Unternehmen auch nicht anhand der gegebenen Organisationsstruktur, sondern mittels eines eigenen Modells der Unternehmensaktivitäten analysiert (Abb. 6.2).

Das Modell unterscheidet fünf primäre Aktivitäten, mit denen operativ die Kundenaufträge erfüllt werden: Eingangslogistik, physische Herstellung (oder Erstellung einer Dienstleistung), Marketing und Verkauf, Ausgangslogistik und Kundendienst. Diese bestimmen unmittelbar die Kosten für das Unternehmen und den Wert des Produktes für den Kunden. Die vier sekundären, unterstützenden Aktivitäten Beschaffung, Technologieentwicklung, Personalmanagement und Unternehmensinfrastruktur (Unternehmensleitung, Finanzierung, Rechnungswesen, Controlling usw.) schaffen die Voraussetzungen für die Auftragserfüllung bzw. unterstützen sie. Sie verursachen weitere indirekte Kosten und beeinflussen Kosten und Leistungen der primären Aktivitäten. Jede auf Kunden gerichtete Aktivität besteht also aus der Aktivität selbst und den indirekten, sekundären Aktivitäten.

Die Wertkette ist weder mit einem Unternehmen noch einem Produkt- oder Geschäftsbereich gleichzusetzen, da sie über Aktivitäten definiert wird. Wertketten wer-

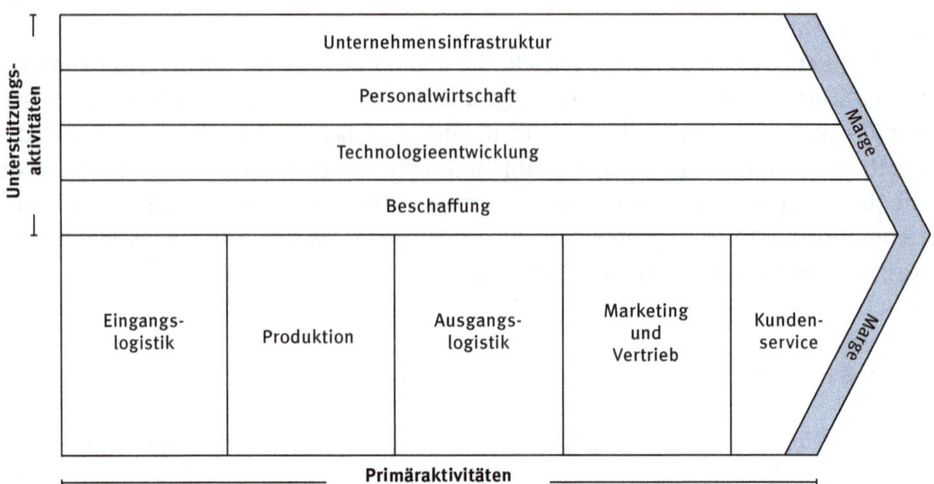

Abb. 6.2: Wertkette (Quelle: in Anlehnung an Porter 1985, S. 36)

den nach Produkten, eingesetzten Technologien und den ökonomischen Spielregeln unterschieden. Das gleiche Produkt kann also in unterschiedlichen Wertketten des Unternehmens auftauchen (z. B. bei unterschiedlichen Vertriebswegen und in der Folge unterschiedlichen Kostenstrukturen). Zuerst müssen die einzelnen Wertketten identifiziert und definiert werden. Sie sind wiederum verbunden mit den Wertketten der Lieferanten und der Kunden. Die verschiedenen Wertketten eines Unternehmens bilden sein Wertsystem.

In der einzelnen Wertkette werden die Kosten jeder Aktivität und ihr Beitrag für den Kundenwert untersucht. Weiterhin werden die Verflechtungen zwischen den einzelnen Aktivitäten und zu den Wertketten der Zulieferer und Kunden analysiert. Die Marge als Ergebnis der Wertkette ergibt sich aus der Differenz zwischen dem Wert für den Kunden (dieser bestimmt die erzielbaren Preise) und den akkumulierten Kosten für das Unternehmen. Umgekehrt können Anforderungen an die Leistungen und Prioritäten für jede Aktivität aus bekannten Kundenanforderungen abgeleitet werden. Ein Vergleich mit den Anforderungen der Kunden und den Wertketten der Konkurrenten ermöglicht eine direkte Bewertung des Istzustands.

Die Analyseergebnisse können im Sinne des ressourcenbasierten Ansatzes genutzt werden, um aus den Eigenschaften des Unternehmens eine geeignete Strategie zu entwickeln. Steht diese bereits fest, können Maßnahmen für die einzelnen Aktivitäten abgeleitet sowie Ansatzpunkte für die Umgestaltung der Wertkette gewonnen werden. So könnte z. B. ein höherer Aufwand für die Qualitätssicherung in der Produktion die Aufwendungen für den Service verringern und gleichzeitig den Kundenwert steigern. Bei kostensenkenden Maßnahmen ist deren Einfluss auf den Wert des Produktes für den Kunden zu berücksichtigen, umgekehrt gilt dies für Maßnahmen zur Steigerung des Werts für den Kunden.

Porter und Heppelmann (2014a und 2015) zeigen auf, wie smarte, vernetzte Produkte[1] den Wettbewerb und die internen Unternehmensstrukturen verändern. Unternehmensintern entstehen neue zentrale Aktivitäten, wie z. B. ein einheitliches Management und eine einheitliche Organisation der Daten, die Integration der Entwicklung von Produkten und Dienstleistungen und deren Herstellung bzw. Bereitstellung (was nicht mehr voneinander zu trennen ist) und ein Kundenerfolgsmanagement (Marketing, Verkauf, Service und Support) (Porter/Heppelmann 2015). Eine an diese Veränderungen angepasste generische Struktur der Wettkette und mit Berücksichtigung dieser neuen Aktivitäten liegt aber bisher nicht vor. Anwender dieses Instruments müssen dies demnach selbst leisten.

Praktische Anwendung

Schritt 1: Definition der Wertkette

Der Ausgangspunkt für die Definition einer Wertkette ist das Produkt oder eine Produktgruppe. Eine Wertkette bezieht sich in der Regel auf die Aktivitäten, die zu einem Kundenangebot führen. Sie ist weitgehend einheitlich bezüglich der jeweiligen Kostenanteile der einzelnen Aktivitäten, der Differenzierungspotenziale, der eingesetzten Technologie und der wirtschaftlichen Spielregeln. Beispielsweise muss ein Produzent, der die gleichen Produkte sowohl an Händler liefert als auch direkt ab Werk verkauft, zwei Wertketten definieren, weil die ökonomischen Spielregeln und Kostenanteile einzelner Aktivitäten (Marketing, Logistik) für beide Vertriebswege sehr unterschiedlich ausfallen können. Informationsgrundlagen hierfür liefern interne und externe Berichte, Marktanalysen, interne Prozessbeschreibungen und ergänzend Interviews mit Führungskräften.

Für eine Wertkette sind in jedem der neun Felder die wichtigsten Unteraktivitäten zu ermitteln. Die realen Aktivitäten können manchmal mehreren Feldern zugleich zugeordnet werden. Eine Zuordnung zu einer der neun Modellaktivitäten erfolgt in diesem Fall aufgrund der Wettbewerbsrelevanz der Aktivität. Dabei wird zunächst entlang der primären Aktivitäten, also den Prozessen zur Leistungserstellung und zum Leistungsabsatz, vorgegangen. Diese sind naturgemäß oft branchenspezifisch geprägt. Anschließend sind die unterstützenden Aktivitäten zu identifizieren, die meist sehr viel stärker unternehmensindividuell geprägt sind. Besonders wichtige Aktivitäten können bei Bedarf noch weiter untergliedert werden. Für eine effektive Anwendung ist es notwendig, das generische Modell der Wertkette an die reale Unternehmenssituation anzupassen oder neue strategische wichtige Aktivitäten zu berücksichtigen, wie z. B. die strategische Bedeutung der IT oder des Datenmanagements.

---

1 Smarte, vernetzte Produkte werden in Systeme eingebunden und mit Hilfe von Sensoren überwacht, über das Internet gesteuert, optimiert kontrolliert oder automatisiert, können also (teil)autonom werden – z. B. ein selbstfahrendes Auto, das Staus ausweichen kann und eine optimale Route findet.

An dieser Stelle ist eine Verknüpfung mit der bestehenden Organisation hilfreich: Im Schema (Abb. 6.3) wird festgehalten, welche Aktivitäten in welchen Organisationseinheiten durchgeführt werden. Grundlagen dafür sind Organigramme, Prozessbeschreibungen und Abteilungsberichte, die ebenfalls durch die Befragung von Führungskräften ergänzt werden können.

Unternehmensinfrastruktur		- Hohe Eigenkapitalquote von 44% - Straffe Kostenkontrolle - Risikocontrolling
Personal	- Personalwirtschaft	- Mitarbeiterbindung - Laufende Mitarbeiterqualifikation
Technologieentwicklung		- Weiterentwicklung der Produktionsprozesse in Richtung Qualität, Effizienz und Umweltschutz
Beschaffung	- Auswahl von Lieferanten und Komponenten - Preisverhandlungen - Abstimmung bedarfsgerechte Lieferung	- Einzelne Konstruktionsarbeiten durch spezialisierte Ingenieurbüros

Eingangslogistik	**Produktion**	**Ausgangslogistik**	**Marketing/Vertrieb**	**Kundenservice**
- Transport durch Lieferanten - Zuführung zur Produktion - Kurze Bevorratung	- Anpassung Konstruktion an Aufträge - Produktion Rahmen - Lackierung - Montage	- Verpackung - Transport zu Kunden- und Distributionszentren	- Akquisition von Großkunden - Beratung der Großkunden - Produktkonfiguration - Unterstützung durch Geschäftsführung	Reklamationen

Abb. 6.3: Wertkette mit Aktivitäten – Beispiel eines Fahrradherstellers

Schritt 2: Kosten, Umlauf- und Anlagevermögen zuordnen

Für die im ersten Schritt definierten Aktivitäten werden nun die Kosten ermittelt. Die interne Kostenrechnung untergliedert nach Kostenstellen, Kostenarten und Konten (z. B. Gemeinkosten, Fixkosten und Lohneinzelkosten) bietet meist nur grobe Anhaltspunkte im Sinne einer Kostenschätzung der einzelnen Aktivitäten, vor allem dann, wenn diese sich auf mehrere Abteilungen verteilen oder die Kostenrechnung des Unternehmens große Gemeinkostenanteile enthält. Die Kosten der einzelnen Aktivitäten werden einmalig oder ggf. aus einer bereits vorhandenen Prozesskostenrechnung (Wilde 2004) ermittelt. Dazu werden die Kosten über die jeweiligen Aufwendungen (z. B. spezifischer Arbeitsaufwand, Zahl der Vorgänge, Arbeitskosten) benötigt. Betriebskosten müssen in zugekaufte Inputs, spezifische Aufwendungen und Gemeinkosten differenziert werden – einheitlich für alle Aktivitäten. Einmalige Anlagekosten können separat betrachtet oder nach verschiedenen Verfahren in laufende Kosten umgerechnet werden – hier können sich Verzerrungen ergeben. Gleiche Rechenverfahren und die Wahl passender Zeiträume sind deshalb entscheidend. Auf diese Weise werden die Gesamtkosten der Wertkette auf einzelne Aktivitäten aufgeteilt und der Gewinn wird transparent. Zusätzlich können den einzelnen Aktivitäten Anlage- und Umlaufvermögensbestandteile zugeordnet werden, um die Rendite und Unternehmenswertbeiträge zu erkennen.

Die folgende Darstellung (Abb. 6.4) zeigt die Kostenstruktur eines Fahrradherstellers mit 80 Mio. € Umsatz p. a., der eine Strategie der Kostenführerschaft verfolgt.

Unternehmensinfrastruktur	- Geschäftsführung - Controlling - Allgemeine Verwaltung	500.000 € 500.000 € 600.000 €	0,6% 0,6% 0,8%
Personalwirtschaft	- Personalauswahl und -einstellung - Personalbetreuung - Personalqualifikation	400.000 € 4.000.000 € 600.000 €	0,5% 5,0% 0,8%
Technologieentwicklung	- Nur Produktentwicklung mit wenig Konstruktionsarbeiten	1.000.000 €	1,25%
Beschaffung	- Auswahl von Lieferanten - Bestellungen	300.000 € 300.000 €	0,4% 0,4%

Eingangslogistik	**Produktion**	**Ausgangslogistik**	**Marketing/Vertrieb**	**Kundenservice**
- Lager 150.000 € 0,2% - Eingangsprüfung 500.000 € 0,6% - Material 30.000.000 € 37,5%	- Rahmen 7.000.000 € 8,8% - Lackierung 4.000.000 € 5,0% - Montage 15.000.000 € 18,8%	- Lager 1.000.000 € 1,3% - Verpackung 1.000.000 € 1,3% - Transport 1.600.000 € 2,0%	1.000.000 € 1,3%	2.000.000 € 2,5%

Marge 11%

Marge 11%

Abb. 6.4: Kostenstruktur in der Wertkette – Beispiel eines Fahrradherstellers

Eine Zuordnung des Umlauf- und Anlagevermögens kann zusätzliche Hinweise in Bezug auf den Kapitalbedarf, Kostentreiber oder In- und Outsourcing-Entscheidungen liefern.

Schritt 3: Kostenanalyse in der Wertkette

Dann werden die Kosten im Hinblick auf Kostentreiber und mögliche Wechselwirkungen zu anderen Aktivitäten und Wertketten analysiert, wobei das Augenmerk auf den größten Kostentreibern liegen sollte. Porter (1985) nennt als Ansatzpunkte für die Untersuchung des Kostenverhaltens der Aktivitäten und der Wertkette sechs Kategorien:

- *Strukturfaktoren* wie größenbedingte Kostenprogression oder -degression: Welchen Einfluss hat die Quantität der Aktivität auf die Kosten?
- *Lernvorgänge* (vgl. Erfahrungskurve, Abschn. 7.3.5): Wie groß ist die kumulierte Erfahrung in der jeweiligen Aktivität; ergeben sich dadurch Kostensenkungen; welches Niveau ist bereits erreicht?

- *Struktur der Kapazitätsauslastung:* Wie stark schwankt die Kapazitätsauslastung der Aktivität über einen längeren Zeitraum; welche Auswirkungen hat dies auf die Kosten pro Aktivitätseinheit?
- *Verknüpfungen innerhalb und außerhalb der Wertkette:* Interne Verknüpfungen ergeben sich zwischen primären und sekundären Aktivitäten (Auftragserfüllung und IT), koordinationsbedürftigen Tätigkeiten (Eingangslogistik und Produktion) und alternativen Aktivitäten (Direktverkauf oder Versand). Externe Verknüpfungen ergeben sich zu den Wertketten der Lieferanten und Kunden; Lösungen erfordern oft die Bildung von Kooperationen. Beispielsweise bestehen kostenrelevante Verknüpfungen zwischen der eigenen Beschaffung und Eingangslogistik sowie der Ausgangslogistik und der Produktion des Lieferanten.
- *Zeitwahl:* Wie beeinflussen die Wahl des Zeitpunkts, die zeitliche Dimension der Planung oder die Schnelligkeit der Durchführung die Kosten einer Aktivität?
- *Standortspezifische Kosten und außerbetriebliche Faktoren* wie z. B. gesetzliche und steuerliche Rahmenbedingungen.

Übergreifend werden die wichtigsten Auswirkungen der Ermessensentscheidungen des Unternehmens (Unternehmenspolitik) auf die Kosten betrachtet, z. B. die Wahl einer bestimmten Vertriebsform. Um über eine rein statische Betrachtung hinauszugehen, ist die zukünftige Kostenentwicklung für spezifische Aktivitäten abzuschätzen. Die Abb. 6.5 zeigt Ansatzpunkte in der Wertkette für eine Strategie der Kostenführerschaft.

Schritt 4: Differenzierungsanalyse in der Wertkette

Für die einzelnen Aktivitäten sind vorhandene oder mögliche Differenzierungstreiber zu ermitteln (Abb. 6.6). Die Differenzierung muss sich auf den Kundennutzen beziehen, der sich aus der Leistung des Produkts für den Kunden, den Gesamtkosten für das Produkt über den Lebenszyklus hinweg, den Produktrisiken, der Beziehung zwischen Kunde und Lieferant und der Produktanmutung zusammensetzt (Welge et al. 2017). Sie kann bei einer Aktivität oder alternativ bei mehreren Aktivitäten erfolgen; meist wird jedoch eine Verflechtung mehrerer Aktivitäten erforderlich sein. Wie bei der Kostenanalyse werden auch bei der Differenzierungsanalyse die externen Verknüpfungen zu den Wertketten der Lieferanten und Kunden untersucht. Grant (2019) nennt als Beispiel für die Differenzierung zwischen Wertketten einen Dosenhersteller, der dank besonderer Fähigkeiten in der Entwicklungsaktivität seiner Wertkette in der Lage ist, besondere Designs für Verpackungsdosen zu entwickeln. Damit differenziert er seine Produkte mittels der Aktivität Produktentwicklung. Er schafft so wiederum eine Verknüpfung zur Marketingaktivität in der Wertkette des Kunden. Denn auch der Kunde, ein Abfüller von Getränken oder Lebensmitteln, kann seine Produkte nun über die Verpackung differenzieren.

Unternehmensinfrastruktur	- Niedrige Kapitalkosten aufgrund hoher Eigenkapitalquote - Einfache Prozesse und schlankes Management senken Overhead - Straffe Kostenkontrolle erhöht Controllingkosten
Personalwirtschaft	- Personalauswahl, -einstellung und -einarbeitung: niedrige Kosten aufgrund niedriger Fluktuation - Personalbetreuung erhöht Kosten, senkt Fluktuation - Personalqualifikation erhöht Kosten - Personalkosten regional günstig - Personalqualifikation regional hervorragend
Technologieentwicklung	- Nur Produktentwicklung mit wenig Konstruktionsarbeiten - Überwiegend Produktmodifikationen, geringe Kosten - Aufwand für Effizienzsteigerung der Produktionsprozesse
Beschaffung	- Lieferantenauswahl unter begrenzter Zahl von großen Zulieferern - Große Bestellmengen senken Bestellkosten und Einstandspreise - Günstige Einkaufspreise durch große Einkaufsmengen für Großaufträge

Eingangslogistik	Produktion	Ausgangslogistik	Marketing/Vertrieb	Kundenservice
- Skaleneffekte bei Transport - Aufwand für sorgfältige Eingangsprüfung - Begrenzte Lagermengen durch auftragsgesteuerte Produktion	- Skaleneffekte - Geringe Rüstkosten durch Großserienfertigung - Automatisierung kostengünstig möglich	- Geringe Lagerkosten durch Auftragsfertigung - Skaleneffekte bei Verpackungen - Kurze Transportwege zu europäischen Kunden	- Wenige Großkunden verringern Marketingaufwand	- Geringer Aufwand durch Outsourcing - Käufer: Gelegenheitsnutzer - Hohe Qualität verringert Reklamationen

Marge

Abb. 6.5: Ansatzpunkte für eine Strategie der Kostenführerschaft – Beispiel eines Fahrradherstellers

Unternehmensinfrastruktur	- Hohe Eigenkapitalquote von 44% ermöglicht problemlose Vorfinanzierung der Großaufträge
Personalwirtschaft	- Geringe Fluktuation wegen Mitarbeiter-Bindung und Tradition erhält Erfahrung - Hohe Qualifikation der Mitarbeiter erhöht Qualität
Technologieentwicklung	- Übernahme hochwertiger Technologie der Komponentenfertiger - Schnelle Entwicklung aktueller Designs/optische Anpassung der Produkte
Beschaffung	- Aktuelle Technologie von führenden Komponentenherstellern - Gutes Preis-Leistungsverhältnis aufgrund des hohen Beschaffungsvolumens

Eingangslogistik	Produktion	Ausgangslogistik	Marketing/Vertrieb	Kundenservice
Genaue Eingangsprüfung senkt Reklamationsquote	- Langjährige Erfahrung erhöht Qualität - Schnelle Lieferung aufgrund hoher Kapazität - Made in Germany - Top Markenkomponenten	- Schnelle Lieferung aufgrund Nähe zu Absatzmarkt - Effektive Verpackungslinie reduziert Transportschäden	- Kenntnis der Bedürfnisse der Großkunden - Direkter Internetverkauf geplant - Direkter Werksverkauf als Zusatzgeschäft - Direkter Kontakt Großkunden - Geschäftsführung	Schnelle Erledigung von Reklamationen

Marge

Abb. 6.6: Ansatzpunkte für eine Differenzierungsstrategie – Beispiel eines Fahrradherstellers

Zu unterscheiden ist zum einen ein notwendiges Mindestniveau bei einer Aktivität, damit der Wert für den Kunden dem Standardangebot der Branche entspricht, und zum anderen der Differenzierungsgrad, der darüber hinausgeht.

Schritt 5: Vergleich mit Wertketten der Konkurrenten

Durch einen Vergleich mit der Wertkette von Konkurrenten kann das Unternehmen ermitteln, wie sich die Wertketten ihrer Struktur und Verknüpfung nach unterscheiden, wie die Konkurrenten die Kostenantriebskräfte nutzen und wie sich dies auf die Kosten einzelner Aktivitäten, der Wertkette insgesamt und den Gewinn auswirkt. In diesem Zusammenhang wird auch ermittelt, bei welchen Aktivitäten die Konkurrenten differenzieren und wie sich dies auf die Kosten auswirkt. Weil Informationen über die Wertkette von Konkurrenten meist nur begrenzt zugänglich sind, werden daher oft Schätzungen vorgenommen – z. B. können die Kosten der Aktivität „Produktion" über die Zahl der Beschäftigten, die verwendete Technologie, die Fertigungstiefe sowie die Produktionsmenge und Umsatzzahlen abgeschätzt werden (Benchmarking).

Schritt 6: Strategie ableiten

Die Ergebnisse lassen sich für die Wahl einer generischen Strategie nutzen – verfügt das Unternehmen über allgemeine oder segmentspezifische Kosten- oder Differenzierungsvorteile oder Ansatzpunkte dafür in seiner Wertkette? Dann wird eine entsprechende Strategie gewählt und die Wertkette entsprechend optimiert. Auch kann eine bereits gewählte Strategie überprüft und verfeinert werden. Für kostenbasierende Strategien sind Einsparungen bei den einzelnen Aktivitäten unter Berücksichtigung der spezifischen Kostentreiber, eine vertikale Integration (Zusammenfassen von Aktivitäten, z. B. Integration einer Qualitätssicherung in die Produktion statt einer nachgelagerten Kontrolle), eine horizontale Integration durch die Verknüpfung von Wertketten (z. B. Plattformstrategie von Volkswagen) oder die Kooperation mit anderen Unternehmen bei einzelnen Aktivitäten, z. B. F&E, Produktion, Vertrieb, zu prüfen. Potenzielle Synergien zwischen Wertketten für verschiedene Produktlinien sind zu ermitteln. Zudem kann die Wertkette neu strukturiert werden, indem vor- und nachgelagerte Aktivitäten nach innen oder außen verlagert werden oder die Art der Verknüpfung verändert wird. Bei Maßnahmen zur Senkung der Kosten ist stets zu berücksichtigen, welche Auswirkungen sie auf den Wert der Produkte für den Kunden haben; die erwartete Leistung muss nach wie vor sichergestellt sein.

Für Differenzierungsstrategien gilt das gleiche Vorgehen, wobei die Erbringung besonderer, für den Kunden wertvoller Leistungen im Vordergrund steht.

Kritik des Instruments

Die Wertkette stellt vor allem ein Rahmenkonzept dar, allerdings mit mehreren Ansatzpunkten für das Vorgehen (Welge et al. 2017). Eine Analyse der Wertkette erfordert einen hohen Aufwand für die Kostenzuordnung, da das Analyseraster oft nur wenig mit der Organisation des Unternehmens und der Systematik der Kostenrechnung übereinstimmt. Die Betrachtung der einzelnen Aktivitäten, deren Differenzierungspotenzial und Kosten kann außerdem dazu führen, dass die Grenzen zwischen strategischer Analyse und operativer Umsetzung zu stark verwischen und statt strategischer Aspekte Einzelheiten von Aktivitäten in den Vordergrund rücken.

Bea und Haas (2016) kritisieren die zu starke Ausrichtung der Wertkette an klassischen betrieblichen Funktionen und messen der Unternehmensinfrastruktur nicht nur eine dienende, sondern eine eigenständige strategische Funktion zu. Ihnen zufolge ist die Wertkette konzeptionell auf klassische physische Produkte ausgerichtet – für Dienstleistungsunternehmen ist die Übertragung des Modells nicht immer einfach.

Die Wertkette ist auf die generischen Strategien von Porter ausgerichtet. Neben Kosten und Differenzierung werden andere Aspekte wie die Beziehung zum Kunden nicht explizit betrachtet. Weiterhin wird die Wertkette statisch betrachtet – Porter (1985) diskutiert ursprünglich nur die Zeitwahl z. B. in Bezug auf Investitionen, die zu Kostenvor- oder -nachteilen führen kann. Die Gestaltung der Kette in Bezug auf ihre zeitlichen Aspekte kann indirekt als Kostenfrage oder generell als Differenzierungsmerkmal erfolgen, die zeitlichen Aspekte werden jedoch nicht explizit berücksichtigt.

Der Einsatz betriebswirtschaftlicher Standardsoftware führt tendenziell zu Standardprozessen in vielen Branchen und bei vielen Aktivitäten – damit verliert die Analyse der internen Wertkette an Bedeutung im Hinblick auf ihre Beiträge für die Schaffung von Wettbewerbsvorteilen. Für die Analyse und Gestaltung von externen Verknüpfungen von Wertketten stehen inzwischen in Teilbereichen leistungsfähigere und spezifischere Methoden zur Verfügung (z. B. Supply Chain Management).

Das Modell muss schließlich in Hinblick auf die Veränderungen durch die Digitalisierung überprüft werden. Merchant (2012) hält die Wertkette als Instrument nur für Unternehmen in Massenmärkten mit einem starken Kostenfokus für geeignet. Für Plattformunternehmen, die agil über das Internet mit den Kunden kommunizieren und kundenspezifische Produkte anbieten, sei das Modell einer quasi-linearen Wertkette (der „Pipeline“) nicht länger anwendbar. In ähnlicher Weise argumentieren auch Parker et al. (2017) (vgl. Abschn. 7.3.4). Nach Ansicht der Autoren ist es deshalb fraglich, ob das Modell geeignet ist, unter solchen neuen Randbedingungen und Fragestellungen noch sinnvolle Ergebnisse zu liefern. Das volle Potenzial dieses Instruments kann vermutlich nur in den klassischen Branchen mit wenig Veränderungen ausgeschöpft werden.

Strategische Bedeutung und Nutzen

Die Wertkette vermittelt ein besseres Verständnis für die Bedeutung der einzelnen Aktivitäten und ihre gegenseitigen Abhängigkeiten – sie trägt somit zu einem ganzheitlichen Verständnis des Unternehmensgeschehens bei. Die Analyse kann aufzeigen, in welchen Aktivitäten Kosten- oder Differenzierungsvorteile erreicht werden oder erreicht werden könnten. Möglichkeiten zur Umgestaltung der Wertkette sowie mögliche Verbindungen von mehreren Wertketten und Verknüpfungen zu externen Wertketten können erkannt und bewertet werden. Wettbewerbsvorteile werden systematisch und strukturell in Aktivitäten gesucht und begründet (Welge et al. 2017).

Der Wert des Ansatzes liegt in der Möglichkeit einer konsequenten Ausrichtung jeder Aktivität auf die Strategie des Unternehmens. So werden beispielsweise für eine Strategie der Kostenführerschaft nicht nur in jeder Aktivität die Kostensenkungspotenziale geprüft, sondern auch die Verknüpfungen mit anderen Aktivitäten und deren Kostenwirksamkeit. Gleichzeitig kann untersucht werden, welche Leistungsmerkmale bei jeder Aktivität aus Sicht des Kunden erforderlich sind und auf welche verzichtet werden kann, so dass weitere Kostensenkungen erschlossen werden können. Der Ansatz ist branchenunabhängig und flexibel und lässt sich daher an die Unternehmenssituation anpassen. Diese Flexibilität beruht auch auf der ungenau definierten Methodik. Die Wertkette verknüpft Kostenaspekte mit Qualitätsaspekten und interpretiert sie unmittelbar ökonomisch über den Kundenwert als Marge, was allerdings nur retrospektiv oder als Prognose erfolgen kann. Das Management wird mit dieser Methode gezwungen, bei Kostensenkungen die Auswirkungen auf den Kundenwert zu berücksichtigen.

Die Wertkette kann schließlich mit der Frage der Wertarchitektur und Business Migration (Heuskel 1999) verknüpft werden. Unternehmen können diesem Konzept zufolge verschiedene Rollen in einer Wertkette einnehmen (Abb. 6.7). Schichtenspezialisten sind in mehreren Wertketten auf der gleichen Stufe tätig, z. B. ein Auftragsfertiger. Die Integratoren hingegen halten die Wertkette weitgehend unter der eigenen Kontrolle, um Transaktionskosten zu minimieren und Differenzierungsmöglichkeiten zu maximieren – ein bekanntes Beispiel dafür ist das Textilunternehmen Zara,

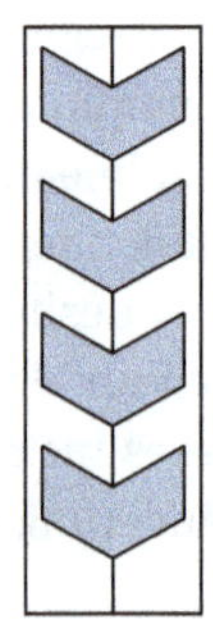

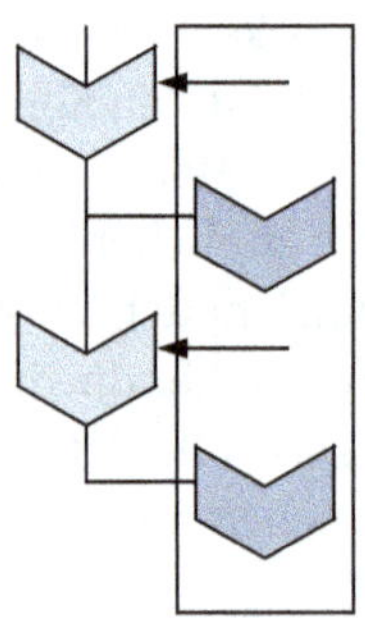

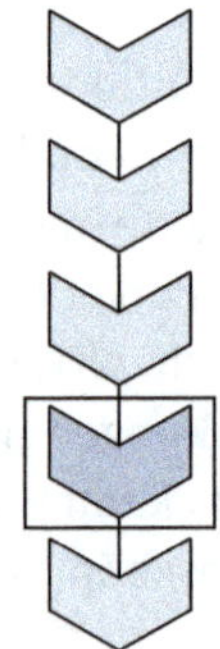

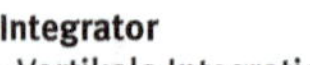

Abb. 6.7: Wertarchitekturen (Quelle: in Anlehnung an Heuskel 1999, S. 57 ff.)

das Design, Fertigung und Vertrieb von Mode in der eigenen Wertkette integriert. Orchestratoren hingegen, die sich auf entscheidende Stufen der Wertkette konzentrieren und die restlichen Stufen koordinieren, sind typisch für große Sportartikelunternehmen wie Nike und Adidas. Ein Pionier fügt neue Wertschöpfungsstufen in bestehende Wertketten ein und versucht diese mit seinem Standard zu besetzen, z. B. die Online-Auktionsplattform eBay.

Jacobides und MacDuffie (2013) beschäftigen sich ebenfalls mit der Wertkettenarchitektur und zeigen am Beispiel der Computer- und Autoindustrie, dass die Positionierung eines Unternehmens in der gesamten Wertschöpfungskette eine große strategische Bedeutung hat, um nicht Wertschöpfung und Gewinnpotenzial an andere Stufen zu verlieren. Der Computerindustrie ist es nicht gelungen, bei der Einführung der PC-Technologie den Markteintritt neuer Konkurrenten und die Wertmigration zu Softwareunternehmen (Microsoft), oder Halbleiterherstellern (Intel), zu verhindern. Die Automobilindustrie hingegen konnte bis heute sowohl neue Markteintritte (bis auf Hyundai und Tesla, dessen Erfolg noch nicht sicher ist) als auch eine Wertmigration zu den Zulieferern trotz deren sehr hohen Wertschöpfungsanteil von etwa 70 Prozent verhindern. Sie kommen zum Schluss, dass eine erfolgreiche Positionierung in der gesamten Wertschöpfungskette auf vier Faktoren beruht:

- Die Rolle als unersetzliches Element in der Wertschöpfungskette übernehmen, z. B. als Systemintegrator die Leistungen verschiedener Zulieferer und Partner koordinieren.
- Den Kunden gegenüber als starker Qualitätsgarant auftreten.
- Kundenwünsche erkennen und rasch auf sie reagieren, vor allem im Verhältnis zu neu in den Markt eintretenden Wettbewerbern, die neue Bedürfnisse, Marktnischen oder Geschäftsmodelle nutzen.
- Das Marktwachstum im Spannungsfeld von möglichen Umsatzsteigerungen durch z. B. Standardisierungen im Gegensatz zu eigenen proprietären Lösungen steuern, um so den Markteintritt neuer Mitbewerber zu kontrollieren.

Für das Instrument Wertkette bedeutet dies zumindest in komplexeren Wertschöpfungsketten, dass diese übergeordneten Gesichtspunkte von Jacobides und MacDuffie (2013) zuerst zu berücksichtigen und zu definieren sind. Erst daraus können sich effektive Anforderungen für die Gestaltung der internen Wertkette ergeben, eine Orientierung nur an Kosten oder Differenzierungsmerkmalen reicht nicht aus, z. B. wenn es um die Frage des Erhalts von Kompetenzen beim Outsourcing geht.

Ähnliche Instrumente

McKinsey-Geschäftssystem

Im Geschäftssystem wird die logische Abfolge der Schlüsselaktivitäten in der Wertschöpfung als Flussdiagramm dargestellt (Gluck 1980), wobei der Fokus auf den Kosten liegt. Die Wertschöpfungskette beginnt mit der Technologie, es folgen Produktentwicklung, Herstellung, Marketing, Distribution und Service. Der Ansatz korrespondiert bereits von der Begrifflichkeit her stärker mit der Organisation von Unternehmen und ist damit deutlich einfacher zu handhaben und zu verstehen. Die Zuordnung von Kosten und Differenzierungsmerkmalen erfolgt dann wie bei der Wertkette von Porter.

Activity Maps und Value Networks

Activity Maps, gelegentlich auch als Value Networks bezeichnet, stellen zentrale interne und externe Aktivitäten, deren Kosten und dazu notwendigen Vermögensgegenstände sowie Optimierungsmöglichkeiten oder zentrale Erfolgsfaktoren als Netzwerke dar (Porter 2008). Damit stehen nicht mehr einzelne, zwar miteinander verbundene, aber dennoch getrennte unternehmensspezifische Wertketten im Vordergrund, sondern die gesamte Wertschöpfung für ein Produkt oder eine Dienstleistung mit einem bestimmten Kundennutzen. Die damit verwandte Methode der Landkarte der Aktivitäten zeigt die Zusammenhänge und Abhängigkeiten zwischen bestimmten Aktivitäten und der Art, wie sie ausgeführt werden, sowie den daraus resultierenden Eigenschaften der Leistungserbringung und Wettbewerbsvorteilen (Johnson et al. 2017). Die Methode eignet sich sehr gut zur Analyse, Diskussion und Visualisierung der Verknüpfungen in der Wertkette (Abb. 6.8).

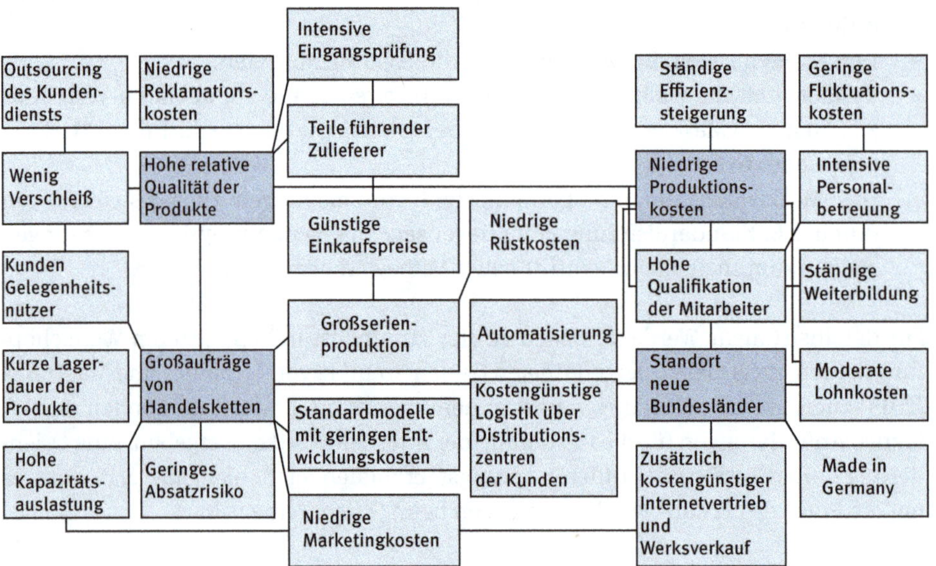

Abb. 6.8: Value Network eines Fahrradherstellers

Value Shop

Der Value Shop stellt die Lösung eines Kundenproblems in den Vordergrund und nicht die Transformation von Inputs wie die Wertkette (Thompson 1967). Somit eignet sich diese Methode besonders für Dienstleistungsunternehmen. Nach Stabell und Fjeldstad (1998) sind fünf generische Aktivitäten zu durchlaufen:

- Finden und Definieren eines Problems.
- Lösen des Problems.
- Auswahl der Problemlösung.
- Anwendung der Problemlösung.
- Bewertung und Kontrolle.

Die Probleme werden individuell mit spezifischen Aktivitäten und Ressourcen behandelt, Wettbewerbsvorteile ergeben sich aus einem Informationsvorsprung, aus einer besonderen Methodenkompetenz oder dem Zugriff auf Experten.

Überschneidungen mit anderen Instrumenten

Benchmarking

Ein branchenbezogenes Benchmarking (vgl. Abschn. 5.2.8) ermöglicht den Vergleich mit den Konkurrenten bezüglich der Kosten und Leistungen einer Aktivität und ergibt Bewertungsmaßstäbe für die Ergebnisse der Wertkettenanalyse. Ein branchenübergreifendes Benchmarking zeigt das Verbesserungspotenzial von einzelnen Aktivitäten als Best Practice auf.

Blue-Ocean-Strategien

Die Wertkurven im Rahmen des Blue-Ocean-Modells (vgl. Abschn. 8.2.1) stellen in Form eines Profils dar, wie Unternehmen oder Branchen ihre Wertangebote an den Kunden gestalten. Die Wertkurve verbindet Markt- und Kundenanforderungen, die Angebotsmerkmale des Unternehmens und die Wertkette. Sie formuliert damit Anforderungen an Kosten und Differenzierungsmerkmale, die mit der Wertkette systematisch umgesetzt werden können.

Profit Pools

Die Profit-Pool-Methode analysiert die Gewinnverteilung entlang der gesamten Wertschöpfungskette eines Produkts, um Entscheidungen für die Gestaltung der Kette abzuleiten – deutliche Ähnlichkeiten zur Wertarchitektur sind vorhanden (Gadiesh/Gilbert 1998a und b).

Supply Chain Management

Der Ansatz des Supply Chain Managements stellt die externen Verknüpfungen in kooperierenden Wertschöpfungsketten in den Vordergrund. Der Supply Chain Council, ein Verband mit über 700 Mitgliedsunternehmen, hat ein detailliertes Referenzmodell für das Supply Chain Management entwickelt, das über die Wertkette weit hinausgeht und bis in den operativen Bereich und das Prozessmanagement hineinreicht (APICS 2017). Nur die ersten drei von insgesamt fünf Ebenen des Modells haben strategische Relevanz.

Value Stream Mapping

Der Begriff des Value Stream Mapping (Nash/Poling 2008) bezeichnet Analysen von Produktions- und Transaktionsprozessen mit dem Ziel einer umfassenden Prozessoptimierung auf Basis unternehmenseigener Zielsetzungen. Das Value Stream Mapping bezieht sich bereits auf die operative Ebene. Mit ihm können aus der Wertkette abgeleitete Strategien operativ verfeinert werden. Umgekehrt können damit erzielte Erfolge bei der Verbesserung einzelner Prozesse und Aktivitäten mit der Wertkettenanalyse erkannt und zur Grundlage neuer Strategien auf der Basis besonderer Kosten oder Differenzierungsvorteile gemacht werden.

7 Instrumente zur Strategieentwicklung und -auswahl

7.1 Überblick

Die externe und interne Analyse bilden die Grundlage für die Strategieentwicklung. Deren Ergebnisse werden in der SWOT-Übersicht zusammengefasst. Die Umwandlung der SWOT- in eine TOWS-Übersicht liefert erste generische Ansätze für die Identifizierung von Strategieoptionen. Diese Optionen wiederum können mit Hilfe der QSPM-Methode bewertet werden (vgl. Abschn. 4.2.3).

Zur Sicherstellung des Überlebens und darüber hinaus einer erfolgreichen Unternehmensentwicklung sind zwei grundsätzliche Entscheidungen zu treffen: (1) Wo, in welchen Märkten, will das Unternehmen konkurrieren und (2) wie kann in den ausgewählten Märkten ein Wettbewerbsvorteil aufgebaut werden (Grant 2019)? Die erste Frage ist Gegenstand der Unternehmensstrategie; die zweite wird von der Geschäftsfeld- oder Geschäftsbereichsstrategie beantwortet (vgl. Abb. 1.2 in Abschn. 1.2.1).

Zwischen beiden Strategieebenen bestehen enge Beziehungen. So lassen sich die Instrumente zur Entwicklung einer Unternehmensstrategie auch auf der Geschäftsbereichsebene nutzen. Die Bezugsbasis ist dann nicht mehr das Gesamtunternehmen, sondern die Geschäftseinheit. So können z. B. die diversen Portfolio-Instrumente sowohl für das Management der Geschäftseinheiten als auch für das Management der Produktfelder innerhalb einer Geschäftseinheit angewandt werden.

Unternehmensstrategie

Der Begriff Unternehmensstrategie oder Unternehmensgesamtstrategie (Welge et al. 2017) bezieht sich auf das gesamte Tätigkeitsfeld des Unternehmens. Piskorski (2005, S. 2) definiert Unternehmensstrategie als „... a set of choices that a corporation makes to create value through configuration and coordination of its multimarket activities“. Im Mittelpunkt steht also die langfristige Entwicklung und Veränderung des Geschäftsportfolios. Das Tätigkeitsfeld eines Unternehmens (Grant 2019) kann mit Hilfe der folgenden Fragen bestimmt werden:

- *Märkte bzw. Kunden.* Wer sind die Kunden des Unternehmens? Welche ihrer Bedürfnisse will das Unternehmen befriedigen?
- *Geografischer Raum.* Ist das Unternehmen regional, national, international oder global tätig?
- *Vertikale Integration.* Welche Aktivitäten der Wertschöpfungskette führt das Unternehmen selbst aus und welche werden von anderen Unternehmen erledigt?

Eine solche Eingrenzung des Tätigkeitsfelds fokussiert die Aktivitäten des Managements und macht zugleich deutlich, in welchen Feldern das Unternehmen nicht tätig

https://doi.org/10.1515/9783110579567-007

wird; so können unnötige Diskussionen auf den mittleren und unteren Managementebenen im Ansatz vermieden werden (Collis/Rukstad 2008).

Zur Entwicklung einer Unternehmensstrategie können die folgenden Instrumente genutzt werden:

- Die *strategische Segmentierung* in Geschäftsfelder und Geschäftseinheiten ist eine zentrale strategische Entscheidung, mit der die Arbeitsgebiete eines Unternehmens definiert werden.
- Portfolio-Instrumente wie die *Marktwachstums-/Marktanteils-Matrix (BCG)* und die *Marktattraktivitäts-/Wettbewerbsstärken-Matrix (GE/McKinsey)* werden häufig genutzt zur Ableitung von Normstrategien, zur Verteilung von Ressourcen zwischen den Geschäftseinheiten sowie zur Schaffung einer ausgewogenen Portfolio-Balance.
- Das *Restrukturierungshexagon* unterstützt die Strategieentwicklung im Sinne einer wertorientierten Unternehmensführung.
- Der *Realoptionsansatz* ermöglicht eine explizite Berücksichtigung der Flexibilität in der Strategieentwicklung.
- *Szenarioanalysen* unterstützen die Identifikation von strategischen Optionen und ihre Bewertung im Hinblick auf alternative Umweltentwicklungen.

Geschäftsfeldstrategien

Die Geschäftsfeldstrategie konzentriert sich auf eine spezifische Geschäftseinheit und verfolgt das Ziel, innerhalb eines Geschäftsfelds nachhaltige Vorteile gegenüber der Konkurrenz zu etablieren. Porter (1996, S. 64) verwendet in diesem Zusammenhang den Begriff Wettbewerbsstrategie und formuliert treffend: „Competitive strategy is about being different. It means deliberately choosing a different set of activities to deliver a unique mix of values." Umfang und Stärke solcher Wettbewerbsvorteile beeinflussen die Rentabilität und damit den Beitrag einer Geschäftseinheit zum gesamten Unternehmenswert.

Für die Entwicklung einer Geschäftsstrategie stehen die folgenden Instrumente zur Verfügung:

- Das *Geschäftsmodell* erklärt, wie die Mission erfüllt, wie ein klarer Mehrwert für den Kunden erzielt und wie das Geschäft rentabel betrieben werden kann.
- Die *Ansoff-Matrix* oder Produkt-Markt-Matrix ist ein absatzmarktorientiertes Instrument zur Konzeption einer Wachstumsstrategie.
- Die *generischen Strategietypen* und das *Delta-Modell* bieten interessante Ansatzpunkte für den Aufbau von Wettbewerbsvorteilen.
- Die *Plattformstrategien* als neuer Typ von Wettbewerbsstrategie nutzen Netzwerkeffekte und verbinden Anbieter von Produkten und Dienstleistunge mit Nachfragern über digitale Technologien.

- Das Instrument der *Erfahrungskurve* stellt Informationen zur Bestimmung der Produktionskosten bereit und unterstützt so die Ableitung von Wettbewerbsstrategien.
- Die *Spieltheorie* hilft, das Verhalten von Wettbewerbern zu analysieren, zu prognostizieren und Strategieoptionen zu entwickeln und zu evaluieren. Die Spieltheorie kann durchaus auch auf der Ebene der Unternehmensstrategie eingesetzt werden, aber aufgrund ihres klaren Wettbewerberfokus erfolgt hier eine Zuordnung zu den Geschäftsfeldstrategien.

7.2 Unternehmensstrategien

7.2.1 Strategische Segmentierung

Mit der Geschäftsfeldsegmentierung oder strategischen Segmentierung wird das Umfeld eines Unternehmens in verschiedene Bereiche aufgeteilt, die mit spezifischen Strategien bearbeitet werden können. Diesen strategischen Geschäftsfeldern (SGF) entsprechen die internen strategischen Geschäftseinheiten (SGE), die als Organisations- oder Planungseinheiten die Formulierung der Strategien übernehmen. Eine SGE enthält eng verbundene Produkt-Marktbereiche und liefert einen eigenständigen Ergebnisbeitrag. Die Bildung von SGE ist eine zentrale Voraussetzung für den Einsatz der Portfolio-Methode.

Beschreibung und theoretischer Hintergrund

Vorläufer der strategischen Geschäftseinheiten sind die klassischen Geschäftsbereiche, wie sie in einer divisionalen oder Geschäftsbereichsstruktur zu finden sind. Diese Organisationsform wurde in den 1920er Jahren zuerst bei DuPont und General Motors eingeführt (Chandler 1962). Die bis dahin dominante zentralistisch angelegte funktionale Struktur hatte sich als ungeeignet erwiesen, heterogene Tätigkeitsfelder effizient zu führen. Bei großen Unternehmen sind die Geschäftsbereiche oft sehr große und breit zugeschnittene Einheiten wie z. B. Chemie oder Kunststoffe bei der BASF. Diese Geschäftsbereiche werden daher weiter in ergebnisverantwortliche Profit-Center unterteilt.

Das Konzept der strategischen Segmentierung entstand 1970 als Fred Borsch, damals CEO von General Electric, auf der Basis eines Beratungsprojekts von McKinsey & Company den GE-Konzern in autonome strategische Geschäftseinheiten (im Englischen Strategic Business Unit oder SBU) aufteilte. Mit einer feineren Segmentierung und einer darauf aufbauenden Strategieformulierung für die einzelnen Segmente versuchte der Konzern, der Heterogenität der verschiedenen Geschäftsaktivitäten und der damit verbundenen hohen Komplexität besser Rechnung zu tragen. Jede SGE sollte unabhängig von anderen Einheiten im Konzern geführt werden können. Deshalb bekam jede SGE einen klar definierten Markt und die notwendigen Ressourcen zur Bearbeitung dieses Marktes zugewiesen (Hax/Majluf 1996).

Die meisten Unternehmen operieren heute in mehreren Märkten gleichzeitig. Jeder Markt hat eigene Regeln; um erfolgreich zu konkurrieren, werden unterschiedliche Wettbewerbsstrategien eingesetzt. Deshalb werden Kunden-, Markt- oder Produktsegmente (Geschäftseinheiten) definiert. Jedes Segment bildet einen möglichst autonomen Ausschnitt aus dem gesamten Tätigkeitsfeld des Unternehmens ab, für das spezifische Ertragsaussichten sowie Chancen und Risiken existieren und für das eine eigene Strategie formuliert und realisiert werden kann (Müller-Stewens/Lechner 2016 und Kreilkamp 1987). Müller-Stewens und Lechner (2016) definieren die folgenden strategischen Fragen, die sich aus einer solchen Segmentierung ergeben:
- In welchen Geschäftsfeldern will das Unternehmen tätig sein?
- Wie attraktiv sind ein Geschäftsfeld und seine zukünftige Entwicklung für das Unternehmen?
- Wer sind in diesem Feld die wichtigsten Anspruchsgruppen?
- Welche Position nimmt das Unternehmen gegenüber diesen Gruppen ein?
- Wie will das Unternehmen diese Position in der Zukunft einnehmen?

Mit der Segmentierung wird die komplexe Unternehmensumwelt in überschaubare Felder aufgeteilt, wobei Überlappungen vermieden werden sollten. Der externen Segmentierung des Marktumfelds in mehrere SGF steht die interne Segmentierung der Unternehmensaktivitäten in SGE gegenüber. Die Begriffe SGF und SGE werden im praktischen und im akademischen Sprachgebrauch nicht immer sauber unterschieden. Müller-Stewens und Lechner (2016) zum Beispiel trennen klar zwischen SGF und SGE. Hungenberg (2014) hingegen verzichtet auf eine sprachliche Unterscheidung. In den folgenden Ausführungen werden die Begriffe getrennt verwendet. Hax und Majluf (1996) nennen die folgenden Kriterien für die Definition von SGE:
- Eine SGE muss sich am externen Markt auf eine spezifische Kundengruppe konzentrieren; die Rolle als interner Lieferant für andere SGE ist nicht ausreichend.
- Eine SGE hat klar definierte Wettbewerber, denen gegenüber nachhaltige Wettbewerbsvorteile aufgebaut werden sollen.
- Die SGE-Führung muss über strategische Entscheidungsautonomie verfügen. Dies kann durchaus bedeuten, dass eine SGE Ressourcen mit anderen Einheiten teilt; die SGE-Führung muss die entsprechende Entscheidung aber selbst treffen können.
- Treffen diese Kriterien zu, kann aus der SGE ein Profit-Center werden, das die volle Gewinn- und Verlustverantwortung für die zugewiesenen Geschäftstätigkeiten übernimmt.

Für die organisatorische Einordnung der SGE in die Gesamtstruktur eines Unternehmens bestehen die folgenden Varianten: (1) Die SGE ist identisch mit einem Unternehmensbereich. (2) Mehrere SGE werden in einem Unternehmensbereich zusammengefasst. (3) Mehrere Unternehmensbereiche bilden eine SGE. In diesen drei Fällen sind die SGE Bestandteile der Linien- oder Primärorganisation. (4) Sie sind dann lediglich ein Planungskonstrukt und überlagern als Sekundärorganisation die Linienorganisation. Eine solche Lösung ist manchmal in kleineren und mittelständischen Unternehmen zu finden. Aus praktischen Erwägungen ist eine Zusammenfassung von SGE und organisatorischen Einheiten erstrebenswert, um so eine effektive Strategieumsetzung und eine effiziente Führung zu gewährleisten (z. B. Hungenberg 2014 oder Müller-Stewens/Lechner 2016). In diesen Fällen entspricht die Struktur weitgehend den organisatorischen Merkmalen einer klassischen divisionalen Struktur.

Giordano und Wenger (2008) fordern in einer Neukonzeption des SGE-Konzepts das Aufbrechen von größeren Geschäftseinheiten oder Divisionen in sog. Value Cells. Darunter sind kleinere Geschäftseinheiten zu verstehen, die sich auf ein homogenes Marktsegment oder einen bestimmten geografischen Markt konzentrieren und über alle notwendigen Ressourcen zur Leistungserstellung verfügen. Damit würde deutlich, welche Einheiten tatsächlich zur Steigerung des Unternehmenswerts beitragen. Die strategische Diskussion würde dann eine andere Qualität gewinnen. Entscheidungen, welche die Balance von kurzfristigen Ergebnisverbesserungen und langfristigen Investitionsvorhaben beeinflussen, wären einfacher zu treffen.

Praktische Anwendung

Das folgende Vorgehen basiert im Wesentlichen auf den Überlegungen von Müller-Stewens und Lechner (2016) und Grant (2019).

Schritt 1: Entwickeln der strategischen Geschäftsfeldstruktur

Für eine Segmentierung können viele Kriterien genutzt werden, wie z. B. Kundengruppen, Produkte, Kundenbedarfe, Technologien, räumliche Grenzen oder Kostenstrukturen. Um die Zahl der Kriterien überschaubar zu halten, ist zu prüfen, ob einzelne Kriterien aufgrund von Korrelations- bzw. Substitutionsbeziehungen eliminiert werden können. Müller-Stewens und Lechner (2016) schlagen vor, die Kriterien ihrer strategischen Bedeutung nach in eine Rangordnung zu bringen. Hierzu ist eine Einschätzung des Managements erforderlich. Die folgenden Fragen können dabei helfen:

Kundengruppen: Unterscheiden sich die Anforderungen und Verhaltensweisen unterschiedlicher Kundengruppen deutlich?

- Gibt es verschiedene Produkte/Dienstleistungen und Preise für unterschiedliche Kundengruppen?
- Hat sich ein Wettbewerber auf eine bestimmte Kundengruppe spezialisiert?
- Gibt es Kundengruppen mit einem spezifischen Einkaufs- und Konsumverhalten?
- Ist der (Vertriebs-)Zugang zu verschiedenen Kundengruppen unterschiedlich?
- Gibt es Anforderungen an das Produkt/die Dienstleistung, die nur eine Kundengruppe stellt?

Kundenbedürfnisse: Gibt es bestimmte Bedürfnisse nur bei ausgewählten Kundengruppen?
- Haben die unterschiedlichen Bedürfnisse, die mit dem Produkt befriedigt werden, einen Einfluss auf die Gestaltung der Produkte, die Preisfindung, den Vertriebsweg, die Kommunikationsinhalte und/oder die begleitenden Zusatzleistungen?
- Gibt es spezifische Anforderungen der verschiedenen Bedarfe an die Produkte/Dienstleistungen?
- Haben sich die Wettbewerber auf bestimmte Bedarfe spezialisiert?
- Befriedigt das Unternehmen mit seiner Leistung für dieselben Kunden mehrere Bedürfnisse?

Technologien: Differenziert die verwendete Technologie aus Sicht der Kunden den Markt?
- Sind die Technologien aus Sicht der Kunden substituierbar?
- Lassen sich bestimmte Kunden/Kundengruppen klar einer Technologie zuordnen? Segmentieren die Wettbewerber ebenfalls nach Technologien?
- Gibt es dauerhafte, signifikante Unterschiede (z. B. Kosten) zwischen den Technologien?
- Gibt es Technologien, die nur ein Anbieter beherrscht?

Geografische Kriterien: Ist der relevante Markt lokal, regional, national oder global?
- Auf welchen Märkten ist das Unternehmen mit seinen Produkten vertreten?
- Aus welchen Regionen/Ländern kommen die direkten Wettbewerber?
- Sind die Konkurrenten nur im Stammmarkt oder in mehreren Ländern tätig?
- Sind die Kunden vorwiegend national, regional oder global tätig?
- Gibt es natürliche Barrieren zwischen den Märkten (z. B. Gesetze, Normen und Standards)?

Die Zahl der Kriterien wird aus Gründen der Übersichtlichkeit und Verständlichkeit meist auf zwei oder drei beschränkt (Grant 2019). Die Nutzung von zusätzlichen Kriterien verfeinert zwar die Segmentierung, ist aber nicht mehr überschaubar.

Für das Vorgehen bei der Segmentierung werden zwei Verfahren unterschieden: Die Inside-out-Segmentierung geht von den im Unternehmen bestehenden Produkt- und Abnehmergruppen aus und bildet auf dieser Grundlage die strategischen Geschäftseinheiten. Die Outside-in-Segmentierung bezieht sich unmittelbar auf Marktverhältnisse und Kundenbedürfnisse und definiert zuerst strategische Geschäftsfelder, denen dann strategische Geschäftseinheiten zugeordnet werden (z. B. Lombriser/Abplanalb 2018 und Müller-Stewens/Lechner 2016).

Inside-out-Segmentierung

Auf der Basis der vorhandenen Produkt- und Kundengruppen wird eine zweidimensionale Produkt-/Marktmatrix aufgestellt. Die Beschaffung der notwendigen Daten ist relativ einfach; dazu können die folgenden Quellen genutzt werden: Produktkataloge, Verkaufsstatistiken, Marktstudien, strategische Gruppenanalysen, Profit-Pool-Analysen, Organigramme, Branchenberichte und Gespräche mit der Marktforschung sowie dem Marketing- und Verkaufsmanagement.

Das folgende Beispiel zeigt eine solche Matrix für einen Hersteller von Plastikkarten (Abb. 7.1). Dabei wurde die Dimension Kunden durch Länder ersetzt. Die grau hinterlegten Felder kennzeichnen die bearbeiteten Geschäftsfelder; in den weißen Feldern ist das Unternehmen bisher nicht aktiv.

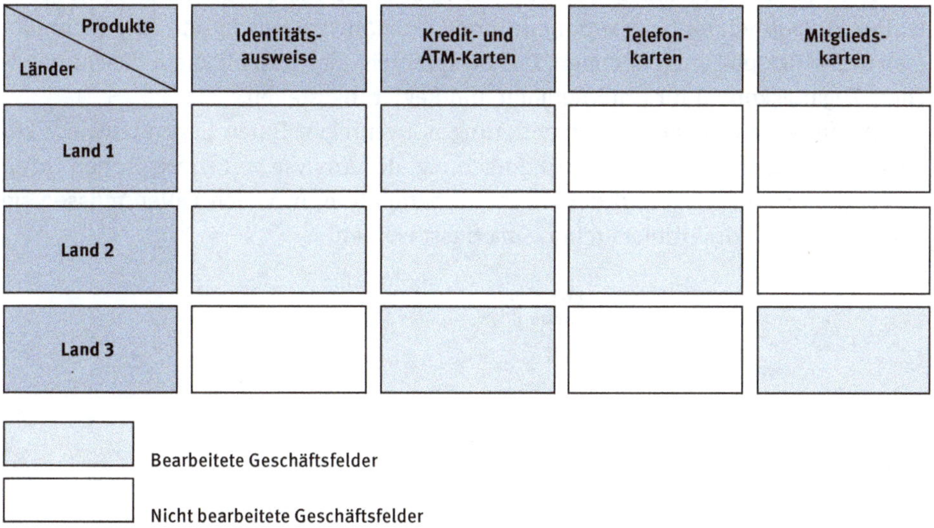

Produkte / Länder	Identitäts-ausweise	Kredit- und ATM-Karten	Telefon-karten	Mitglieds-karten
Land 1				
Land 2				
Land 3				

Bearbeitete Geschäftsfelder

Nicht bearbeitete Geschäftsfelder

Abb. 7.1: Segmentierung des Markts für Plastikkarten in strategische Geschäftsfelder

Die Matrix zeigt auch, welche Geschäftsfelder bisher nicht bearbeitet werden. Der Vorteil einer solchen Darstellung besteht darin, ein pragmatisches und an den derzeitigen Bedürfnissen des Unternehmens orientiertes Ergebnis aufzuzeigen, das schnell und sinnvoll mit Strategien und Organisationskonzepten umzusetzen ist. Nachteilig ist, dass dieses Verfahren sich an vorhandenen Produkt-/Marktkombinationen orientiert; neu entstehende Felder werden nicht erkannt, also im Beispiel des Kartenherstellers neue Kartenanwendungen oder andere Länder. Weiterhin werden Markt- und Kundenbedürfnisse nur indirekt berücksichtigt.

Outside-in-Segmentierung

Hier setzt die Segmentierung direkt an den Bedürfnissen der Kundengruppen an. Das Unternehmen beginnt sozusagen neu auf der grünen Wiese. Abell (1980) hat hierzu einen dreidimensionalen Ansatz entwickelt. Er unterscheidet drei Kriterien, die eng mit den Wünschen und Ansprüchen der Kunden verbunden sind:

- *Kundenbedürfnisse:* Welchen Nutzen stiftet das Produkt für den Kunden?
- *Potenzielle Zielgruppen:* Welche Zielgruppen können diesen Nutzen in Anspruch nehmen?
- *Unterschiedliche Technologien:* Mit welchen Methoden wird der Kundennutzen bereitgestellt?

Mit Hilfe dieser Dimensionen kann ein dreidimensionaler Würfel aufgebaut werden, in dem jede Zelle für ein spezifisches Geschäftsfeld steht. Die folgende Abb. 7.2 zeigt, wie eine solche Segmentierung für einen Hersteller von Plastikkarten aussehen könnte. Der Einfachheit halber wurden nur drei Kartenanwendungen und drei Technologien in das Beispiel aufgenommen. Das Beispiel zeigt das Geschäftsfeld fälschungssichere Zugangskonten für Unternehmen und Regierungsstellen.

Die für eine Outside-in-Segmentierung notwendigen Daten liegen teilweise bereits vor; sie stammen aus der Marktforschung, der Analyse von strategischen Gruppen (vgl. Abschn. 5.2.4) und der Wettbewerberanalyse. In vielen Fällen müssen sie allerdings über Primäruntersuchungen erfasst werden.

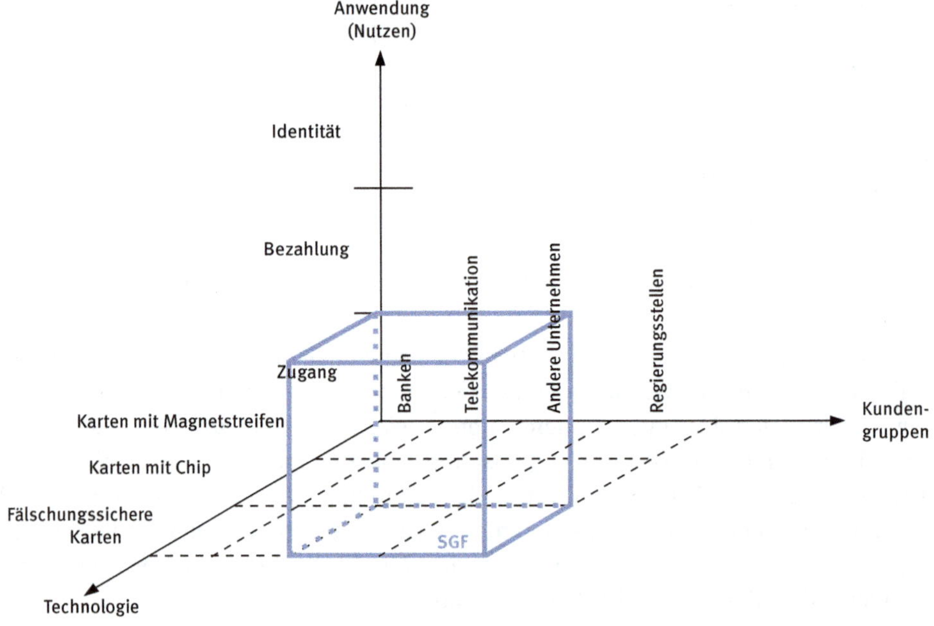

Abb. 7.2: Dreidimensionale Segmentierung für einen Hersteller von Plastikkarten

Das Endergebnis der Inside-out- bzw. der Outside-in-Segmentierung ist eine Segmentierungsmatrix mit zwei Dimensionen oder ein Segmentierungswürfel mit drei Dimensionen. Aus einer Marktperspektive ist die Outside-in-Segmentierung eindeutig zu bevorzugen.

Schritt 2: Analysieren der Attraktivität der Segmente

Die Rentabilität der einzelnen Segmente wird von den strukturellen Kräften innerhalb der Segmente bestimmt – analog zu den strukturellen Kräften in einer Branche. Damit kann die 5-Kräfte-Analyse von Porter (vgl. Abschn. 5.2.3) auch für die Bewertung der Attraktivität eines Segments genutzt werden (Grant 2019). Zu beachten ist, dass bei der Anwendung des 5-Kräfte-Modells auf der Segmentebene die Substitute von anderen Segmenten kommen können; ebenso sind neue Wettbewerber in Bezug auf andere Segmente zu definieren.

Schritt 3: Ermitteln der Schlüsselerfolgsfaktoren pro Segment

Unterschiedliche Wettbewerbsstrukturen und Kundenpräferenzen in den einzelnen Segmenten führen zu spezifischen Schlüsselerfolgsfaktoren (vgl. Abschn. 5.2.9). Im Beispiel des Plastikkartenherstellers bilden günstige Preise, Qualität und die Beziehungen zum Kunden die strategisch wichtigen Faktoren für das Geschäft mit den Bank- und Telefonkarten. Im Geschäft mit Identitätsausweisen hingegen ist ein sehr hoher Sicherheits- und Qualitätsstandard der entscheidende Erfolgsfaktor. Bei den Mitgliedskarten ist ein niedriger Preis ausschlaggebend.

Schritt 4: Zuordnen der strategischen Geschäftsfelder zu strategischen Geschäftseinheiten

Sollen mehrere Geschäftsfelder abgedeckt werden, stellt sich die Frage der Zuordnung dieser Felder zu bestimmten strategischen Geschäftseinheiten. Dabei spielen die Ähnlichkeit der Schlüsselerfolgsfaktoren und eventuell vorhandene gemeinsame Ressourcen- und Kostenstrukturen eine große Rolle. Im Beispiel des Kartenherstellers (Abb. 7.3) wird das Bank- und Telefonkartengeschäft in den Ländern 1 und 2 in einer SGE zusammengefasst, weil die Schlüsselerfolgsfaktoren dieser Geschäftsfelder in beiden Ländern ähnlich sind; außerdem können Ressourcen gemeinsam genutzt werden. Das Segment Identitätsausweise indes bildet aufgrund der besonders hohen Sicherheitsstandards eine eigene SGE.

Nach Müller-Stewens und Lechner (2016) sind Kosten-Nutzen-Überlegungen bei der Dimensionierung der SGE zu berücksichtigen. Wenn die SGE sehr klein ausgelegt sind, entsteht ein hoher Aufwand für die Entwicklung und Umsetzung von segmentspezifischen Strategien. Die Analyse zur Attraktivität eines Geschäftsfelds (Schritt 2) gibt in diesem Zusammenhang Entscheidungshilfen. Andreae und De Bodinat (1981) sind der Ansicht, dass die Durchschlagskraft und Effizienz einer strategischen Planung vollständig von der Qualität der Segmentierungsarbeit abhängen. Wurden die Segmente bzw. Einheiten zu groß oder zu eng definiert, ist die ganze strategische Analyse wertlos.

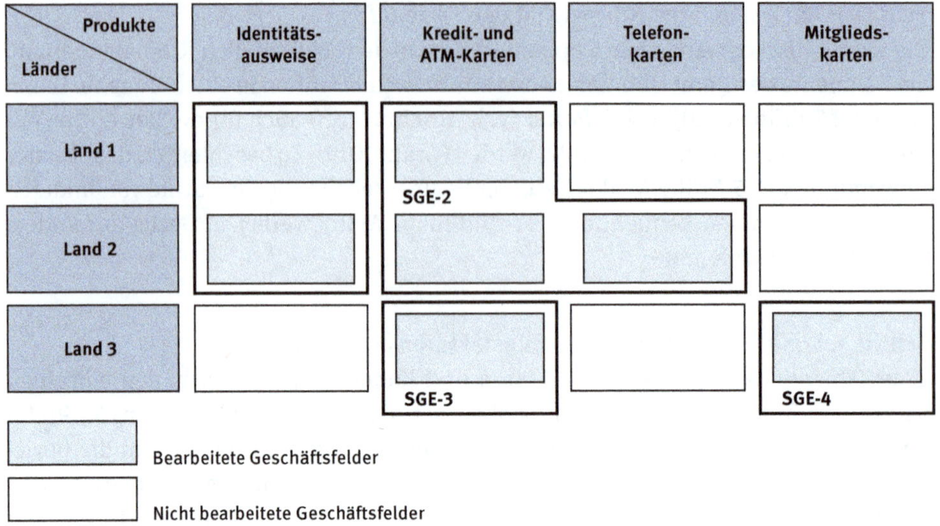

Abb. 7.3: Strategische Geschäftseinheiten für einen Hersteller von Plastikkarten

Kritik des Instruments

Die Kritik an der Geschäftsfeldsegmentierung bezieht sich auf drei Aspekte: (1) die mit der Segmentierung verbundene grundsätzliche strategische Ausrichtung, (2) die mit der SGE-Organisation verbundenen organisatorischen Konsequenzen und (3) das Verfahren an sich und seine Ergebnisse.

Die Bildung von SGE wurde in den 1990er Jahren beispielsweise von Hamel und Prahalad (1990) heftig angegriffen, die sogar von einer „Tyrannei der strategischen Geschäftseinheiten" sprechen. Hamel/Prahalad nehmen an, dass die Wettbewerbsfähigkeit eines Unternehmens von der Entwicklung unternehmensweiter Kernkompetenzen abhängt, auf deren Grundlage die Geschäftseinheiten Chancen in ihren Märkten nutzen. Eine Zergliederung des Unternehmens in autonom agierende Geschäftseinheiten mit eigenen Strategien erschwert aus ihrer Sicht die Schaffung und Nutzung unternehmensbezogener Kompetenzen.

Diese Argumentation fordert also eine stärkere Fokussierung des Managements auf Unternehmensstrategien anstatt auf Geschäftsfeldstrategien (Hax/Majluf 1996). Derzeit wird für den Unternehmenserfolg aber ein integrierter Ansatz als sinnvoll angesehen: Während die Unternehmensstrategie sich auf die Entwicklung des Portfolios und die Schaffung von Synergien zwischen den Geschäftseinheiten konzentriert, zielen die Geschäftsfeldstrategien auf eine bestmögliche Nutzung der Marktchancen innerhalb des von der Unternehmensstrategie vorgegebenen Rahmens ab.

Auf die negativen organisatorischen Konsequenzen, die aus dem Spartenegoismus in einer divisionalen Struktur resultieren, weisen Müller-Stewens und Lechner (2016) unter dem Stichwort „Eigensinn" der strategischen Geschäftseinheiten hin.

Sie beschreiben eine Reihe von Nachteilen einer SGE-Organisation: eine mangelnde Bereitschaft zur Kooperation der einzelnen Einheiten, politisch geprägte Auseinandersetzungen bei der Zuteilung von Ressourcen und Widerstände, wenn die Gesamtstruktur des Unternehmens neu geordnet werden soll. Gerade wenn zu viele Geschäftseinheiten gebildet werden, tendieren die SGE dazu, ihre Eigeninteressen über das Gesamtinteresse des Unternehmens zu stellen. Zur Lösung dieser Problematik muss die Unternehmensführung dann zusätzliche Managementkapazitäten aufwenden.

Ein weiterer Kritikpunkt richtet sich gegen das Verfahren selbst. „Segmentation is more an art than a science, because there are no clear guidelines to be provided that assure a proper outcome for this task" (Hax/Majluf 1996, S. 3). Die Geschäftsfeldsegmentierung ist ein komplexer, multidimensionaler Prozess, der in hohem Maße durch Veränderungen in der Umwelt geprägt wird. Dies kann dazu führen, dass ein bestimmtes Segmentierungskriterium im Laufe der Zeit seine Relevanz verliert. Daraus ergibt sich die Notwendigkeit, die Segmentierung als dynamischen Prozess aufzufassen, sie immer wieder zu überprüfen und gegebenenfalls anzupassen (Müller-Stewens/Lechner 2016).

Strategische Bedeutung und Nutzen

Die Geschäftsfeldsegmentierung bezieht sich auf eine der wichtigsten strategischen Fragen: „What businesses are we in, and what businesses do we want to be in?" (Hax/Majluf 1996). Die Antwort auf diese Fragen erlaubt nicht nur, das Marktumfeld des Unternehmens in verschiedene Felder aufzuteilen, sondern diese Felder auch im Innenverhältnis zu strukturieren, wenn die SGE einen Teil der Primärorganisation bilden. Mit anderen Worten, das Spielfeld des Unternehmens wird mittels der Segmentierung eingezäunt. Die Segmentierung und Bildung von strategischen Geschäftseinheiten bilden die Grundlage der Portfolio-Methoden, die wiederum wichtige Ergebnisse für die SGE im Sinne der Prioritätensetzung und der Allokation von Ressourcen liefern.

Das SGE-Konzept bietet eine Reihe von Vorteilen (Welge et al. 2017 und Link 1985). Mit der Aufteilung des Unternehmens in kleine, marktnahe SGE gewinnt das Unternehmen insgesamt an Flexibilität und Innovationskraft. Die SGE können viel schneller und konkreter auf veränderte Kundenbedürfnisse und neue Strategien der Wettbewerber reagieren als das Gesamtunternehmen. Weiterhin werden Aufgaben, Kompetenzen und Verantwortlichkeiten klar definiert und spezifischen SGE-Leitungen zugeordnet. Aus der Eigenständigkeit ergeben sich größere Freiräume für das Management einer SGE, die verbunden mit der Ergebnisverantwortung zu einer besseren Motivation und höheren Leistungsbereitschaft in einem Großunternehmen führen können (Müller-Stewens/Lechner 2016). Weiterhin bilden die SGE gute Ausbildungs- und Entwicklungsmöglichkeiten für zukünftige Spitzenführungskräfte.

Letztlich wird mit der Bildung von SGE Komplexität reduziert. Über die SGE werden die Märkte innerhalb des Unternehmens abgebildet. Damit bestimmt die Auseinandersetzung mit den Kundenanforderungen und dem spezifischen Wettbewerb die Strategiediskussion.

Ähnliche Instrumente

Divisionale Struktur und Profit-Center

Die klassischen Geschäftsbereiche und ihre Unterteilung in Profit-Center können als Vorläufer einer SGE-Struktur betrachtet werden. Beim Profit-Center-Konzept stehen eine Innensicht (vergleichbar mit der Inside-out-Segmentierung) und die Ergebnisorientierung (Welge et al. 2017) im Vordergrund.

Im Vergleich zu Geschäftsbereichen und Profit-Center basieren SGE auf einer feineren und vor allem marktorientierten Segmentierung im Sinne eines Outside-in-Verfahrens. Bei den SGE dominiert die Marktorientierung. Sie sind in eine übergeordnete Portfolio-Strategie als Teil der Unternehmensstrategie eingebunden. Beide Konzepte überlappen sich freilich in dem Sinne, dass mit der Bildung von SGE als Teil der Primärorganisation Einheiten geschaffen werden, die in ihren Wirkungen denen der Profit-Center entsprechen.

Profit Pools

Mit diesem Instrument wird die Wertschöpfungskette vertikal in verschiedene Segmente unterteilt (Gadiesh/Gilbert 1998a und b). Außerdem gibt das Profit-Pool-Konzept einen Überblick über die Rentabilität der einzelnen Segmente. So ist es z. B. denkbar, dass ein Unternehmen der Tourismusbranche seine Geschäftseinheiten entsprechend den wichtigsten Segmenten der Wertschöpfungskette im Tourismus bildet: Reisebüros, Flug, Services am Zielort und Hotel.

Überschneidungen mit anderen Instrumenten

Wertkette

Die Wertkettenanalyse (vgl. Abschn. 6.2.3) untersucht interne Quellen von Wettbewerbsvorteilen. Sie macht die Verflechtungen von Ressourcen und Kompetenzen innerhalb des Unternehmens und im Hinblick auf Kunden und Lieferanten deutlich. Diese Informationen sind neben den Schlüsselfaktoren wichtig für die Bildung von SGE. Das Ziel besteht darin, jede SGE mit ihrer eigenen Ressourcenbasis auszustatten. Soweit Ressourcen von mehreren SGE gemeinsam genutzt werden können, sollten die SGE die entsprechenden Entscheidungen autonom treffen.

Blue-Ocean-Strategien

Kim und Mauborgne (2015) empfehlen für die Entwicklung einer neuen Wertkurve auch die Suche nach neuen Segmentierungsmöglichkeiten. Dazu zählt u. a. eine über die eigene Branche hinausgehende Perspektive, um Substitutionsprodukte zu erfassen oder ein neues übergreifendes Angebot zu definieren (vgl. Abschn. 8.2.1). Ein kreativer Ansatz der Segmentierung kann die Grundlage für einen blauen Ozean darstellen.

7.2.2 Marktanteils-/Marktwachstums-Matrix (BCG-Matrix)

Das Marktanteils-/Marktwachstumsportfolio der Boston Consulting Group (BCG) ist ein Instrument zur Steuerung von strategischen Geschäftseinheiten auf der Grundlage des Cashflows. Die Umweltdimension wird über das Marktwachstum und die Unternehmensdimension über den Marktanteil dargestellt. Auf dieser Basis werden die strategischen Geschäftseinheiten vier Feldern (Question Marks, Stars, Cash Cows und Poor Dogs) zugeordnet. Für jedes Feld wird eine Normstrategie abgeleitet. Mit Hilfe des BCG-Konzepts lassen sich strategische Prioritäten innerhalb eines Portfolios setzen und Überlegungen zur Ausgewogenheit des Portfolios anstellen.

Beschreibung und theoretischer Hintergrund

Die BCG-Matrix entstand in der zweiten Hälfte der 1960er und zu Beginn der 1970er Jahre. In dieser Zeit entwickelte die Boston Consulting Group eine Diversifikationsstrategie für die Mead Corporation (Papierbranche) und untersuchte das Geschäftsportfolio von Union Carbide, einem bereits stark diversifizierten Unternehmen. In beiden Fällen ordneten die Berater die Geschäftseinheiten verschiedenen Kategorien zu und leiteten Empfehlungen für die zukünftige strategische Ausrichtung dieser Einheiten und das Gesamtportfolio ab. Im Fall von Union Carbide wurden zudem die Geschäftsportfolios der wichtigsten Wettbewerber untersucht und die Ergebnisse in die Strategieempfehlungen eingebracht (Kiechel 2010). Seit dieser Zeit zählt die BCG-Matrix zu den populärsten Strategiekonzepten, die in vielen Unternehmen genutzt wird und in keinem Strategielehrbuch fehlen darf.

Für die Analyse und Beurteilung eines Portfolios werden die Portfolio-Modelle aus der Finanzwirtschaft herangezogen, die zu einer optimalen Zusammenstellung von Anlagen unter Risiko- und Ertragsgesichtspunkten entwickelt wurden (Markowitz 1952 und 1959). Ein ausgewogenes Portfolio von Geschäftseinheiten soll ein weiteres Wachstum und eine rentable Entwicklung des Unternehmens gewährleisten.

Die BCG-Matrix ist ein absatzmarktorientiertes Strategiekonzept. Zwei Parameter sind bestimmend: das Marktwachstum und der relative Marktanteil. Bezugsobjekt sind die strategischen Geschäftseinheiten (vgl. Abschn. 7.2.1). Im Mittelpunkt der Portfolio-Analyse steht die Frage, welche strategischen Geschäftseinheiten zusätzliche finanzielle Mittel brauchen und welche Einheiten solche Mittel bereitstellen können. Daraus folgen Überlegungen zur Ausgewogenheit des finanziellen Gleichgewichts bzw. der Schaffung eines solchen Gleichgewichts durch die Akquisition neuer Einheiten, Investitionen in bestehende Einheiten bzw. den Verkauf oder die Liquidierung von Einheiten (Henderson 1977).

Die Verwendung des Parameters Marktwachstum wird mit dem Branchenlebenszyklus (vgl. Abschn. 5.2.7) begründet. Er unterstellt, dass die Märkte eines Unternehmens einem idealtypischen Lebenszyklusmodell folgen. Demzufolge verfügen junge Märkte über hohe und reife Märkte über niedrige Wachstumsraten.

Die Verwendung des relativen Marktanteils als Bezugsgröße wird mit der Erfahrungskurve (vgl. Abschn. 7.3.5) begründet. Sie postuliert, dass die Stückkosten sinken, wenn die kumulierte Produktionsmenge (und Absatzmenge) steigt. Ein Unternehmen kann also Kostenvorteile gegenüber Konkurrenten entwickeln, wenn es seinen Marktanteil und damit seine Produktionsmenge erhöht. Das Unternehmen mit dem größten Marktanteil hat demnach relativ größere Erfahrungen und relativ niedrigere Kosten als andere Unternehmen mit weniger Erfahrungen und kleineren Marktanteilen. Mit anderen Worten: Die Wettbewerbsstärke wird über den relativen Marktanteil erfasst.

Aus den beiden Dimensionen Marktwachstum und relativer Marktanteil kann die folgende Matrix (Abb. 7.4) abgeleitet werden.

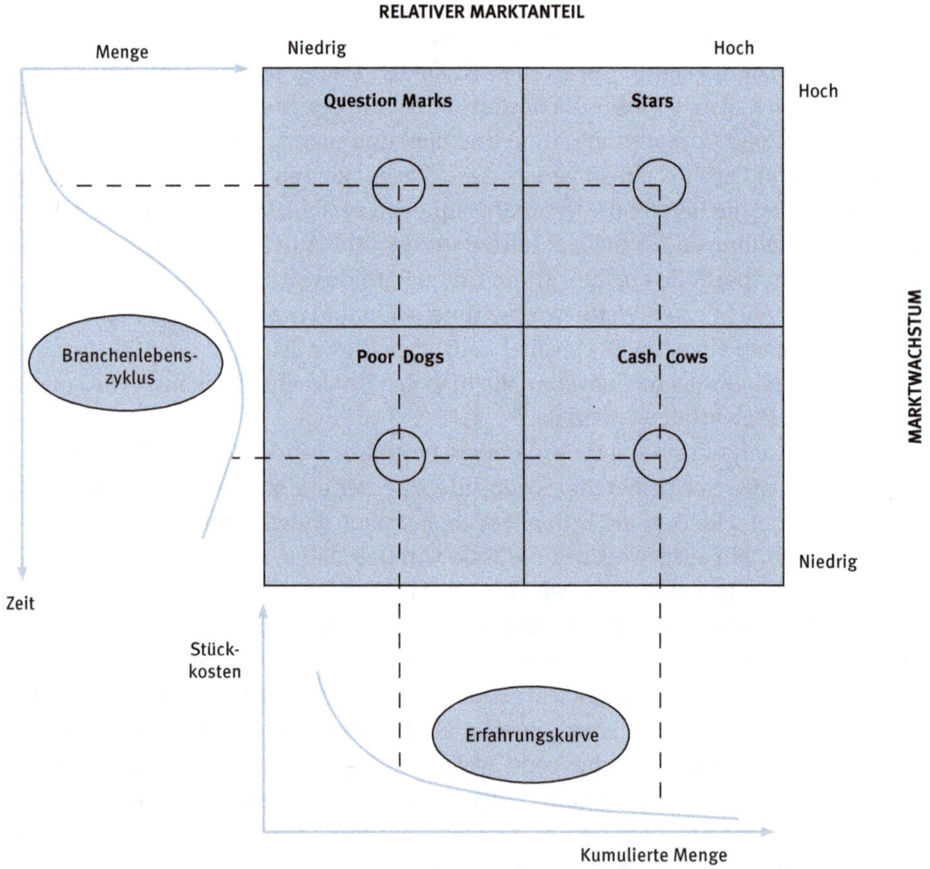

Abb. 7.4: Schematische Darstellung der BCG-Matrix (Quelle: in Anlehnung an Hungenberg 2014, S. 433)

Einheiten in der Kategorie *Question Marks* beziehen sich auf neue Geschäfte und Nachfolgeprodukte, die sich in einer frühen Phase des Branchenlebenszyklus (Einführung oder beginnendes Wachstum) befinden. Sie sind in der Regel durch ein hohes Marktwachstum und einen niedrigen Marktanteil charakterisiert.

Die *Stars* bezeichnen die gut laufenden Geschäfte. Ihr Marktwachstum ist hoch (Wachstumsphase im Lebenszyklus), ebenso ihr relativer Marktanteil. Hier handelt es sich um den Marktführer.

Als *Cash Cows* werden Geschäfte bezeichnet, deren Märkte nur noch wenig wachsen (Reifephase im Lebenszyklus). Cash Cows haben einen hohen relativen Marktanteil. Diese Geschäfte sind interessant aufgrund ihres hohen Marktvolumens.

Die Kategorie *Poor Dogs* umfasst Geschäfte mit einem geringen Marktwachstum und einem niedrigen relativen Marktanteil. Es handelt sich in der Regel um Auslaufprodukte oder Problemgeschäfte, die im Lebenszyklus die Sättigungs- oder Degenerationsphase erreicht haben. Diese Einheiten erwirtschaften keinen oder einen nur sehr niedrigen Gewinn und nehmen Ressourcen in Anspruch, die anderweitig besser genutzt werden können.

Dieses Modell wurde, um das BCG-Portfolio-Konzept auch in einer Rezession nutzen zu können, um negative Marktwachstumsraten ergänzt (Macharzina/Wolf 2015). Zwei zusätzliche Quadranten kamen hinzu: (1) Underdogs mit einem negativen Marktwachstum und einem geringen relativen Marktanteil. Die Underdogs können dann interessant sein, wenn anzunehmen ist, dass andere Wettbewerber aus dem Markt aussteigen. (2) Auch die Buckets haben ein negatives Marktwachstum, allerdings bei einem hohen relativen Marktanteil. Solche Geschäftseinheiten haben oft hohe Cashflow-Rückflüsse. Deshalb sind sie interessant. In beiden Fällen dürfte es sich um Übergangsstrategien handeln. Nach der Krise ist eine erneute Analyse notwendig.

Praktische Anwendung

Vorbedingung für die Erstellung einer Marktwachstums-/Marktanteilsmatrix ist die Bildung von strategischen Geschäftseinheiten (vgl. Abschn. 7.2.1). Die Gesamtheit dieser Einheiten bildet das Geschäftsportfolio eines Unternehmens.

Schritt 1: Bestimmen der Dimensionen

Das Marktwachstum wird als reales (inflationsbereinigtes) Wachstum in Prozent ausgedrückt. Interessant ist hier die Trennlinie zwischen hohem und niedrigem Wachstum. Hierzu schlagen Hax und Majluf (1996) verschiedene Möglichkeiten vor: die erwartete Wachstumsrate der Branche, das erwartete Wachstum des Bruttosozialprodukts, der gewichtete Durchschnitt aus den erwarteten Wachstumsraten aller Branchen, in denen das Unternehmen tätig ist, oder eine Zielvorstellung des Managements. Bei einem stark diversifizierten Unternehmen empfehlen Müller-Stewens und Lechner (2016) die Nutzung der Wachstumsrate des Bruttosozialprodukts; ansonsten sollte die Wachstumsrate der Branche gelten.

Der relative Marktanteil ergibt sich aus der Division des eigenen Umsatzes durch den Umsatz des größten (von mehreren) Konkurrenten. Wenn ein Unternehmen einen Umsatz von 20 Mio. Euro erwirtschaftet und der größte Konkurrent einen von 40 Mio. Euro, beträgt der relative Marktanteil für das zu untersuchende Unternehmen 0,5. Erreicht der Umsatz des Unternehmens 60 Mio. Euro und der des nächstgrößten Konkurrenten 20 Mio. Euro, resultiert daraus ein relativer Marktanteil von 3. Auf der x-Achse der BCG-Matrix wird der relative Marktanteil in Einklang mit der dieser Achse konzeptionell zugrunde liegenden Erfahrungskurve (vgl. Abschn. 7.3.5) auf einer logarithmischen Skala abgetragen. Die Unterteilung in hoch und niedrig erfolgt bei einem relativen Marktanteil von 1. Auf dieser Position ist der eigene Marktanteil genauso groß ist wie der des größten Konkurrenten (Hedley 1977).

Schritt 2: Einordnen der strategischen Geschäftseinheiten in die Matrixkategorien

Aus dem Ergebnis kann eine Matrix mit vier Feldern abgeleitet werden. In diese Matrix werden die Geschäftseinheiten des Portfolios je nach Wachstumsrate und relativem Marktanteil in eine der vier Matrixkategorien eingeordnet. Die Größe des Kreises für eine Geschäftseinheit kann sich am Umsatz, am Deckungsbeitrag oder an den eingesetzten Ressourcen orientieren. In der Regel wird der Umsatz verwendet. Der Durchmesser eines Kreises für eine Geschäftseinheit entspricht dabei dem Umsatzanteil dieser Geschäftseinheit am Gesamtumsatz des Unternehmens.

Zusätzlich zur Darstellung der eigenen strategischen Geschäftseinheiten können die Einheiten wichtiger Konkurrenten in die Matrix eingetragen werden. Aus Gründen der Übersichtlichkeit sind das nur die wichtigsten Wettbewerber.

Mit einer solchen Matrix lässt sich sowohl eine bestimmte Situation des Portfolios zu einem bestimmten Zeitpunkt darstellen (Istposition) als auch eine vom Management gewünschte Sollposition.

Schritt 3: Ableiten der Strategieempfehlungen

Aus der Matrix werden für jeden Quadranten die klassischen Normstrategien abgeleitet. Diese Normstrategien zielen auf eine Ressourcenzuteilung ab, die ein längerfristiges Gleichgewicht der Zahlungsströme und eine ausgewogene Investitionspolitik erwarten lässt (Müller-Stewens/Lechner 2016). Die folgende Tab. 7.1 enthält eine Zusammenfassung.

Weiterhin kann die BCG-Matrix genutzt werden, um die Ausgewogenheit des Geschäftsportfolios zu überprüfen und ggfs. durch geeignete Strategien anzupassen. Bei einem Unternehmen in der Reifephase liegt der Schwerpunkt des Portfolios vermutlich auf den Cash Cows und Dogs. Entsprechend dem Konzept der BCG-Matrix sollten solche Unternehmen verstärkt auf neue Geschäftseinheiten setzen. Umgekehrt wird ein junges Unternehmen mit einer Reihe von Question Marks, aber ohne Cash Cows möglicherweise die Unterstützung eines reifen Unternehmens suchen. Dies ist in der

Tab. 7.1: BCG-Matrix und Normstrategien (Quelle: in Anlehnung an Hax/Majluf 1996, S. 186)

Portfolio-Kategorie	Marktanteil	Rentabilität	Benötigte Investitionen	Netto-Cashflow
Stars	Halten/Erhöhen	Hoch	Hoch	Null oder leicht negative
Cash Cows	Halten	Hoch	Niedrig	Sehr positive
Question Marks	a) Erhöhen	Break-even oder negativ	Sehr hoch	Sehr negativ
	b) Ernten/Desinvestieren	Niedrig oder negativ	Desinvestieren	Positiv
Poor Dogs	Ernten/Desinvestieren	Niedrig oder negativ	Desinvestieren	Positiv

Pharmaindustrie im Hinblick auf Kooperationen zwischen etablierten Pharmakonzernen und jungen Biotechnologieunternehmen gut zu beobachten.

Das folgende Beispiel (Abb. 7.5) für ein fiktives Unternehmen aus der Lebensmittelbranche zeigt ein ausgewogenes Portfolio.

In dieser Abbildung wird für jede Einheit der Umsatz in 2010 und mit einem Pfeil die Zielpositionierung für 2013 gezeigt. Die Größe der Kreise entspricht dabei dem gegenwärtigen bzw. dem geplanten Umsatz. Für das Gewürzgeschäft ist eine Desinvestition vermutlich sinnvoll. Investiert werden sollte in Bio-Lebensmittel und Tiefkühlfeinkost. Für die Fertiggerichte ist eine deutliche Marktanteilssteigerung geplant. Bei der Tiefkühlkost wird eine geringe Umsatz- und Marktanteilssteigerung erwartet. Die Backwaren bleiben unverändert. Das Portfolio erscheint relativ ausgewogen.

Kritik des Instruments

Spezielle Kritik an der BCG-Matrix

Die BCG-Matrix war lange Zeit ein sehr populäres Strategiekonzept; entsprechend intensiv war auch die Kritik:

- *Definition der Branche.* Marktwachstum und relativer Marktanteil können nur gemessen werden, wenn die relevante Branche eindeutig abgegrenzt ist. Wird der Markt zu eng gefasst, dann kann beinahe jede strategische Geschäftseinheit Marktführer in ihrem Segment sein. Umgekehrt werden bei einer sehr breiten Marktdefinition durchaus erfolgversprechende Geschäftseinheiten unzutreffend schwach positioniert (Hungenberg 2014). Beschränkt z. B. BMW das Untersuchungsfeld auf den europäischen Markt, werden die strategischen Geschäftseinheiten 3er, 5er oder 7er Serie im Portfolio sehr viel stärker positioniert sein, als wenn das Unternehmen die globale Automobilbranche zugrunde legt. Da eine Branchenabgrenzung auf subjektiven Einschätzungen beruht, ist sie nicht nur eine Fehlerquelle, sondern bietet auch Möglichkeiten, eine Portfolio-Planung zu manipulieren.

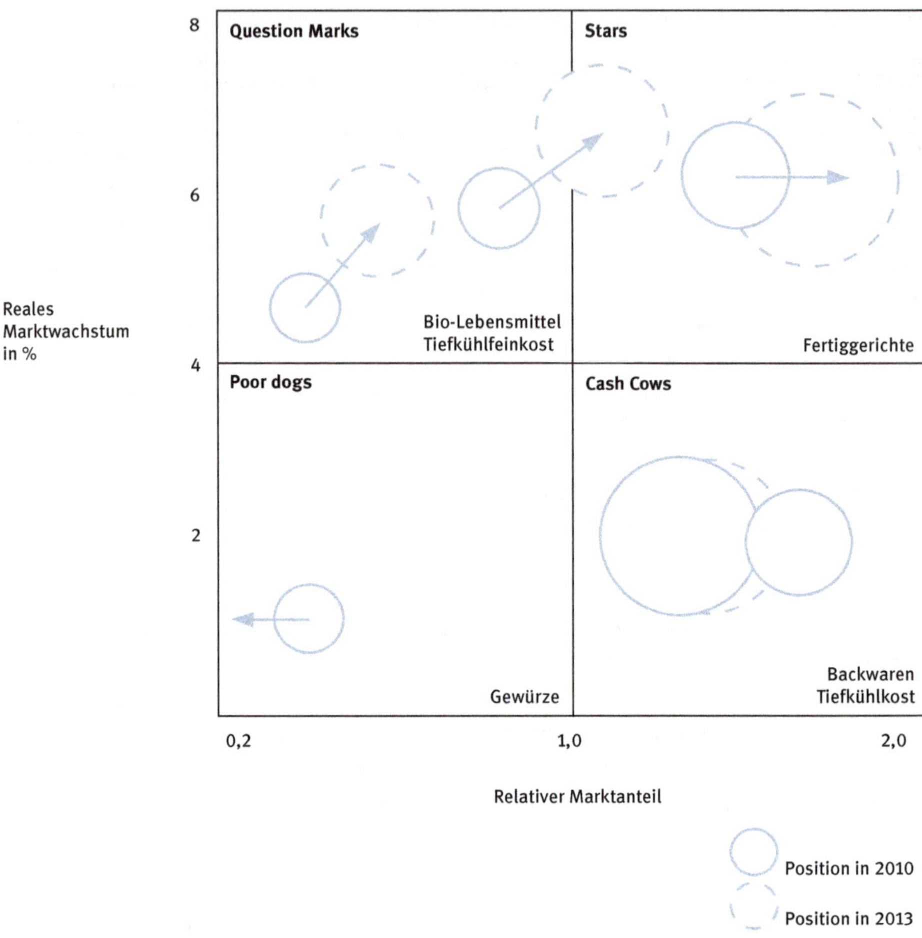

Abb. 7.5: Beispiel für ein BCG-Portfolio für einen Lebensmittelhersteller

- *Beschränkung auf Marktwachstum und relativen Marktanteil.* Hier stellt sich die Frage, ob das Marktwachstum tatsächlich die Attraktivität eines Markts wiedergibt. So können bspw. die Größe oder die Rentabilität einer Branche durchaus wichtiger sein als das Wachstum. Ebenso ist kritisch zu hinterfragen, ob ein hoher Marktanteil wirklich etwas aussagt über Wettbewerbsstärke und Geschäftserfolg. So operieren bspw. kleinere Unternehmen oft sehr erfolgreich mit geringen Marktanteilen.
- *Sprachliche Implikationen.* Vor allem bei der BCG-Matrix sind die wertenden Bezeichnungen kritisch zu sehen, weil sie das Verhalten und die Einstellung der Entscheidungsträger in eine bestimmte Richtung lenken können (Drews 2008 und Wheelen/Hunger 2018). Begriffe wie Cash Cow oder Poor Dog vermitteln nicht unbedingt eine positive Sicht auf die Geschäftsentwicklung. Dies kann auch das In-

teresse ambitionierter Führungskräfte an solchen Einheiten beeinflussen, da nun einmal mit der Führung einer Einheit der Cash-Cow-Kategorie weniger Reputation verbunden ist als mit der Führung einer Einheit der Star-Kategorie.
- *Anwendbarkeit der Normstrategien.* Die BCG-Matrix bezieht sich auf Geschäftseinheiten mit standardisierten Massenprodukten, die in vielen großen Konzernen in den 1960er Jahren dominierten. Für solche Geschäftsaktivitäten ist dieses Modell durchaus geeignet. Allerdings ergibt sich dann auch eine Tendenz zu einer Strategie der Kostenführerschaft. Für Nischenanbieter oder Unternehmen, die eine Differenzierungsstrategie verfolgen, liefert die BCG-Matrix ein unvorteilhaftes Bild.
- Kritisch zu bewerten sind auch Desinvestitionsempfehlungen für Einheiten in der Kategorie Poor Dogs. Hier kann es sich um Einheiten handeln, die aus bestimmten strategischen Überlegungen im Portfolio verbleiben müssen, weil sie bspw. unverzichtbare Dienstleistungen für andere Einheiten erbringen oder zum gewachsenen Kern des Unternehmens gehören, von dem die Eigentümer sich nur schwer trennen können.
- Weiter ist anzumerken, dass die mit einer bestimmten Matrix-Position erwarteten Cashflows nicht zwangsweise der Realität entsprechen (Drews 2008). Dies ist im Zeitablauf zu überprüfen.
- Reeves et al. (2014 und 2019) weisen darauf hin, dass die Regeln für ihre Anwendung sich verändert haben (vgl. Abschn. 2.3). In Zeiten schneller Veränderungen muss die BCG-Matrix häufiger überprüft werden.

Für Macharzina und Wolf (2015, S. 373) ist die BCG-Matrix problembehaftet: „... diese Konzeption muss als theoretisch brüchig, empirisch offen, konzeptionell reduktionistisch und die realen Einflussfaktoren unzulässig vereinfachend beurteilt werden.“ Zu einem negativen Urteil kommt auch Drews (2008), der neben anderen Punkten die unzureichende empirische Fundierung beklagt.

Allgemeine Kritik an den Portfolio-Konzepten

Die folgenden allgemeinen Kritikpunkte beziehen sich auf die BCG-, die ADL- und die GE/-McKinsey-Matrix. Die Kritik konzentriert sich auf die Grundlagen der Portfolio-Konzepte (Achsendimensionen und Skalierung), die mangelnde Berücksichtigung des Unternehmenswertes sowie die Umsetzung der Normstrategien.
- *Branchenlebenszyklus.* Die am Lebenszykluskonzept geübte Kritik gilt auch hier (vgl. Abschn. 5.2.7). Nicht alle Branchen durchlaufen notwendigerweise einen Lebenszyklus. Eine Reihe von Branchen verharrt für längere Zeit in einer bestimmten Phase, wie z. B. die Autoindustrie in der Reifephase, oder erfährt eine Wiederbelebung, wie bspw. die Motorrad- oder die Fahrradbranche. Bei geringem Wachstum und hohem Marktanteil (Cash Cow) wäre die Empfehlung, nicht zu investieren und Mittel freizusetzen – etwa im Falle der Autoindustrie – sicherlich ein wenig

plausibles Vorgehen. Andere Branchen entwickeln sich sehr dynamisch mit einem hohen Wachstum, haben aber bis dato eine relativ schlechte Rentabilität wie z. B. die Solar- oder die Windenergie.

- *Erfahrungskurve.* Ein hoher Marktanteil ist nicht immer eine Erfolgsvoraussetzung (vgl. Abschn. 7.3.5). Die Innovationsdynamik mancher Branchen lässt eine Orientierung des strategischen Denkens am Erfahrungskurveneffekt als wenig sinnvoll erscheinen. Die Substitution der traditionellen Glühbirnen durch die Energiesparlampen und dieser wiederum durch LED macht die hohen Erfahrungskurveneffekte der Glühbirnenhersteller als Wettbewerbsvorteil irrelevant.
- *Skalierung der Achsen.* Die Festlegung der Trennlinie zwischen den Matrixkategorien ist häufig von subjektiven Einschätzungen geprägt. Damit wird offensichtlich die Positionierung der einzelnen Geschäftseinheiten beeinflusst. Die BCG-Matrix unterscheidet nur in „hoch" und „niedrig"; es besteht die Gefahr eines „Schwarz-Weiß-Denkens", das den spezifischen Gegebenheiten der einzelnen Geschäftseinheiten nicht oder nur unzureichend Rechnung trägt (Drews 2008).
- *Beitrag zum Unternehmenswert.* Die Ableitung von Normstrategien birgt die Gefahr, diese Strategien als Patentrezepte zu verstehen und ihnen blind zu folgen (Müller-Stewens/Lechner 2016). Sie treffen keine Aussage, ob mit einer Investition in ein Geschäftsfeld zusätzlicher Unternehmenswert geschaffen oder vernichtet wird. Renditen werden nicht oder nicht korrekt (fehlende Kapitalkosten) berücksichtigt. Die Portfolio-Konzepte berücksichtigen keine Abhängigkeiten und Synergien zwischen den strategischen Geschäftseinheiten. Jede strategische Geschäftseinheit wird für sich betrachtet. Damit werden letztlich auch die Rolle der Unternehmenszentrale und ihr Beitrag zur Steigerung des Unternehmenswerts im Sinne der Schaffung von Synergien außer Acht gelassen.
- *Mangelnde Detaillierung der Normstrategien.* Die Normstrategien sind im Hinblick auf die strategische Stoßrichtung in einer Branche relativ allgemein formuliert. Weitere Analysen sind notwendig, um z. B. zu definieren, wie denn das Melken einer strategischen Geschäftseinheit erfolgen soll oder wie neue Geschäftseinheiten im Quadranten Question Marks geschaffen werden können. Macharzina/Wolf (2015) und ähnlich auch Hungenberg (2014) warnen vor einer unkritischen und schematischen Anwendung, die den Eindruck entstehen lässt, die Entscheidungsträger hätten mit der Formulierung von Normstrategien ihre strategischen Überlegungen abgeschlossen.

Strategische Bedeutung und Nutzung

Spezielle Bedeutung und spezieller Nutzen der BCG-Matrix

Die Bedeutung der BCG-Matrix beschreibt Henderson (1970, S. 1): „To be successful, a company should have a portfolio of products with different growth rates and different market shares. The portfolio composition is a function of the balance between the cash-flows." Als Gründe für die enorme Popularität der BCG-Matrix werden in der Regel die folgenden Vorteile aufgeführt:

- *Konzentration auf das Wesentliche.* Die Matrix reduziert die Umweltkomplexität auf zwei zentrale Variablen: das reale Marktwachstum und den relativen Marktanteil.
- *Einfache Erstellung.* Die BCG-Matrix kann relativ schnell erstellt werden; die notwendigen Informationen zu Marktwachstumsraten und Marktanteilen dürften in den meisten Unternehmen schnell zu beschaffen sein.
- *Relativ objektive Maßstäbe.* Marktwachstums- und Marktanteilsdaten sind eher objektiv und damit weniger angreifbar als die subjektive Einschätzung qualitativer Kriterien, die zur Erstellung der McK/GE-Matrix und der ADL-Matrix genutzt werden.

Allgemeine Bedeutung und allgemeiner Nutzen der Portfolio-Konzepte

Die Anwendung der Portfolio-Modelle bietet eine Reihe von Vorteilen (z. B. Müller-Stewens/Lechner 2016 oder Hax/Majluf 1996), die letztlich auch ihre Verwendung als Strategieinstrument begründen:

- *Einheitlicher Maßstab.* Die Portfolio-Modelle ermöglichen einem diversifizierten Unternehmen, unterschiedliche strategische Geschäftseinheiten mit einem einheitlichen Maßstab (z. B. dem Cashflow) zu analysieren und zu vergleichen.
- *Analyse und Strategiefindung.* Die Portfolio-Ansätze dienen nicht nur der Analyse einer Ausgangssituation, sondern leisten über die Normstrategien auch einen Beitrag zur strategischen Ausrichtung der einzelnen strategischen Geschäftseinheiten und des Gesamtunternehmens.
- *Ressourcenallokation.* Sie liefern eine Grundlage für die Allokation von Ressourcen und die Setzung von Prioritäten, ohne dabei das Gesamtportfolio aus den Augen zu verlieren.
- *Visualisierung.* Letztlich eignen sich Portfolio-Konzepte sehr gut zur Visualisierung und übernehmen damit auch eine wichtige Moderationsfunktion im Hinblick auf die Definition der zukünftigen Unternehmensentwicklung. Dies ist besonders wichtig in komplexen, stark diversifizierten Unternehmen.
- *Vielseitigkeit.* Die Portfolio-Modelle bieten vielseitige Anwendungsmöglichkeiten. Sie werden zwar in der Regel zur Analyse und Strategiefindung für Produkte oder Geschäftseinheiten genutzt, können aber gleichermaßen auch auf Kundengruppen, Distributionskanäle, Personal, Technologien, Kompetenzen oder Länder bezogen werden. Dementsprechend verändern sich dann auch die Dimensionen.

Hax und Majluf (1996, S. 194) fassen den Nutzen der Portfolio-Modelle folgendermaßen zusammen: „Portfolio approaches were most significant in raising the strategic alertness of most managers." Die Portfolio-Modelle haben zwar im Zuge einer zunehmend wertorientierten Unternehmensführung als Mittel der Strategiefindung an Bedeutung verloren; sie sind aber weiterhin von erheblichem Nutzen für die Analyse der Ausgangslage und die Schaffung eines strategischen Problembewusstseins.

Ähnliche Instrumente

Marktattraktivitäts-/Wettbewerbsstärken-Matrix (GE-/McKinsey-Matrix)

Dieses Portfolio-Modell (vgl. Abschn. 7.2.3) liefert im Grunde genommen die gleichen Aussagen wie die BCG-Matrix. Der wesentliche Unterschied besteht in einer detaillierteren Auffächerung der externen (Marktattraktivität) und der internen Dimension (Geschäftsfeldstärke oder Wettbewerbsstärke) durch jeweils mehrere Faktoren. Die Festlegung dieser Faktoren ist indes teilweise subjektiv geprägt; die Ableitung der Matrix erfolgt mit Hilfe eines Scoring-Modells. Aufgrund der Dreiteilung der beiden Achsen entsteht eine 9-Felder-Matrix, die im Vergleich zur BCG-Matrix detailliertere Strategieempfehlungen erlaubt.

Wettbewerbs-/Lebenszyklusphasen-Matrix (ADL-Matrix)

Diese Matrix der Unternehmensberatung Arthur D. Little unterstützt in Unternehmen mit mehreren Geschäftsfeldern strategische Entscheidungen über die Allokation von Ressourcen (Osell/Wright 1980). Als absatzmarktorientiertes Portfolio-Modell macht es die finanziellen Leistungen und Erfordernisse sowie die erreichbaren Ziele der Geschäftsfelder von der Lebenszyklusphase des Geschäfts und der jeweiligen Wettbewerbsposition abhängig. Neben dem Vergleich von realer Leistung der Geschäftsfelder mit der nach der Position in der Matrix zu erwartenden Leistung bietet das Instrument ebenfalls die Möglichkeit, eine Gesamtsicht des Unternehmens und eine Entscheidung über die Ressourcenallokation im Kontext der Ziele des Gesamtunternehmens zu erarbeiten. Ressourcen werden hierbei als finanzielle Mittel, als in physische Vermögensgegenstände investiertes Kapital, als Bestände und Forderungen sowie Humankapital definiert. Ziel ist es, die Ressourcenallokation vollständig und als Teil der strategischen Planung zu vollziehen, wobei eine Abwägung zwischen den finanziellen Zielen des Gesamtunternehmens und den Zielen der strategischen Geschäftseinheiten getroffen werden muss.

In diesem Ansatz misst die y-Achse die Wettbewerbsposition einer Geschäftseinheit und die x-Achse die Stellung dieser Einheit im Produkt- oder Branchenlebenszyklus (vgl. Abschn. 5.2.7). Dabei umfasst die Wettbewerbsposition sowohl die externe als auch die interne Dimension, die bei der BCG- und der GE-/McKinsey-Matrix separate Achsen bilden. Dieses Instrument folgt der Erkenntnis, dass Investitionen in unterschiedlichen Geschäftseinheiten unterschiedliche Resultate in unterschiedlichen Zieldimensionen erbringen. Die ADL-Matrix führt aufgrund der detaillierten Aufteilung beider Achsen zu insgesamt 20 strategischen Empfehlungen. Schwerpunkt dieses Modells ist die Schaffung einer Balance von jungen Geschäftseinheiten mit einem hohen Investitionsbedarf und von reifen Geschäftseinheiten, welche diesen Bedarf finanzieren müssen.

Überschneidungen mit anderen Instrumenten

Parenting-Fit-Matrix

Diese Matrix, nach ihrem Entstehungsort, dem Ashridge Strategic Management Centre, auch als Ashridge-Matrix benannt, ist ein Instrument zur Formulierung von Strategien auf der Unternehmensebene (Campbell et al. 2014). Es handelt sich ebenfalls um ein Portfolio-Konzept, das aber eine andere Zielsetzung verfolgt als die BCG-Matrix. Im Mittelpunkt steht die Rolle der Unternehmenszentrale für die Steigerung des Unternehmenswerts.

Deren Zielsetzung besteht darin, den Wert des gesamten Unternehmens über die Summe der „stand-alone"-Werte aller im Portfolio befindlichen Geschäftseinheiten hinaus zu steigern. Dazu wird eine Parenting-Fit-Matrix erstellt. Die horizontale Achse bildet den Nutzen ab, der auf der Basis tatsächlicher Wertsteigerungsmöglichkeiten der Geschäftseinheiten und den von der Unternehmenszentrale wahrgenommenen Wertsteigerungsmöglichkeiten entstehen kann. Die vertikale Achse erfasst den Nutzen, der aus dem Ressourceneinsatz und den Kompetenzen der Zentrale einerseits und den Charakteristika der strategischen Geschäftseinheiten entstehen könnte. Auf diese Weise lassen sich die Geschäftseinheiten in fünf Kategorien einteilen:

- *Heartland:* Der Parenting-Vorteil kommt voll zum Tragen; diese Einheiten arbeiten integriert und realisieren substanzielle Synergieeffekte.
- *Edge of the Heartland:* Diese Kategorie entspricht dem Heartland; die Synergiemöglichkeiten sind aber geringer.
- *Value Trap:* Die Zentrale erkennt die *Wertsteigerungspotenziale*, kann sie aber nicht oder nur schwer umsetzen, bspw. aufgrund völlig unterschiedlicher Unternehmenskulturen.
- *Ballast:* Im Hinblick auf das Management dieser Einheiten richtet die Zentrale keinen Schaden an, vermag aber auch keinen Nutzen zu stiften.
- *Alien Territory:* Diese Geschäftseinheiten sind weit vom Kern des Unternehmens entfernt; Wertsteigerungsmöglichkeiten bestehen nicht.

Der Schwerpunkt der Unternehmensentwicklung ist auf Einheiten in den Kategorien Heartland bzw. Edge of the Heartland zu legen. Wenn es nicht gelingt, die gewünschten Synergieeffekte von Value-Trap-Geschäften über ein geeignetes Veränderungsmanagement zu realisieren, ist eine Joint-Venture-Lösung oder unter Umständen der Verkauf dieser Einheiten zu überlegen. Bei den Alien-Territory-Geschäften gibt es bessere Eigentümer („Eltern"), deshalb ist hier ein Verkauf sinnvoll.

Unternehmenswertorientierte Portfolio-Konzepte

Im Zuge der Entwicklung wertorientierter Konzepte der Unternehmensführung entstammen mehrere wertbasierte Portfolio-Modelle, z. B. die Wertbeitrags-Matrix von BCG (Lewis 1995), die Value-Creation-Matrix von Reimann (1990) oder die Performance-Matrix von Günther (2000). Jedes dieser Modelle verwendet unterschiedliche Wertmaßstäbe und eignet sich zur Ableitung von Strategien für die strategischen Geschäftseinheiten – immer mit dem Ziel, eine Wertsteigerung zu erreichen. Im Folgenden wird die Wertbeitrags-Matrix (Abb. 7.6) kurz vorgestellt.

CFROI	Marktwachstum: – Unterdurchschnittlich	Marktwachstum: + Überdurchschnittlich
+ Positiver CFROI-Spread	**Typ II** Positiver CFROI-Spread/ unterdurchschnittliches Wachstum **Strategie:** Externes Wachstum (Akquisitionen); u.U. Verkauf, wenn kein Wachstum möglich	**Typ I** Positiver CFROI-Spread/ überdurchschnittliches Wachstum **Strategie:** Schwerpunkt für Investitionen
– Negativer CFROI-Spread	**Typ IV** Negativer CFROI-Spread/ unterdurchschnittliches Wachstum **Strategie:** Verkauf; u.U. Herauslösen profitabler Bestandteile als Basis neuer Einheiten (Zerschlagung)	**Typ III** Negativer CFROI-Spread/ überdurchschnittliches Wachstum **Strategie:** Prüfung, ob die Rentabilität gesteigert werden kann (Kostensenkung); u.U. Verkauf, wenn Rentabilitätssteigerung nicht möglich

Abb. 7.6: Wertbeitrags-Portfolio von BCG (Quelle: in Anlehnung an Welge et al. 2017, S. 498)

Diese Matrix misst auf der horizontalen Achse das Marktwachstum und auf der vertikalen die Rentabilität (siehe zur folgenden Beschreibung z. B. Welge et al. 2017). Das Marktwachstum bildet den zentralen Hebel zur Steigerung des Shareholder Value. Wachstum hat aber nicht automatisch eine Steigerung des Unternehmenswerts zur Folge. Der Wert des Unternehmens steigt nur dann, wenn jene strategischen Geschäftseinheiten wachsen, deren Renditen über den Kapitelkosten liegen. In diese Einheiten ist zu investieren – sie schaffen Wert. Die Rentabilität wird dabei gemessen über den CFROI, genauer gesagt über die Differenz zwischen dem erwirtschafteten CFROI und den realen Kapitalkosten – diese Differenz wird als CFROI-Spread bezeichnet. Der CFROI ist definiert als der von einer Geschäftseinheit erwirtschaftete Brutto-Cashflow in Relation zum investierten Kapital.

Mit diesem Modell werden Geschäfte gefördert, die bei hoher Rentabilität Wachstumspotenzial eröffnen oder eine deutliche Verbesserung der Rentabilität erwarten lassen (Lewis 1995). Letztlich führt die Anwendung wertorientierter Portfolio-Instrumente zu einer stärkeren Orientierung der Portfolio-Planung an der klassischen Finanzplanung und dem Controlling.

7.2.3 Marktattraktivitäts-/Wettbewerbsstärken-Matrix (GE-/McKinsey-Matrix)

Die Marktattraktivitäts-/Wettbewerbsstärken-Matrix gehört ebenso wie die Marktwachstums-/Marktanteils-Matrix der Boston Consulting Group zu den Portfolio-Methoden. Sie basiert auf zusammengesetzten Größen eines Scoring-Modells. Damit können in den beiden Dimensionen „Marktattraktivität" und „Wettbewerbsstärke" auch qualitative Aspekte berücksichtigt werden. Auf Basis der Marktattraktivitäts-/Wettbewerbsstärken-Matrix lassen sich Normstrategien und Empfehlungen zur Schaffung eines ausgewogenen Portfolios ableiten.

Beschreibung und theoretischer Hintergrund

Die Marktattraktivitäts-/Wettbewerbsstärken-Matrix entstand in den 1970er Jahren bei General Electric in Zusammenarbeit mit McKinsey & Company. GE hatte seine 170 Profit-Center zu 43 strategischen Geschäftseinheiten zusammengefasst und suchte nach einem Ansatz zur Positionierung und Strategieentwicklung für diese Einheiten (Welge et al. 2017). Diese Neun-Felder-Matrix Matrix ist deshalb auch bekannt unter den Namen McKinsey-Matrix, GE-Matrix oder GE Business Screen.

Um der Komplexität externer wie interner Aspekte Rechnung zu tragen, werden sowohl für die Marktattraktivität als auch die Wettbewerbsstärke unterschiedliche Faktoren (quantitativ und qualitativ) in einem Scoring-Modell (dt. Nutzwertanalyse) miteinander verbunden. Aufgrund der Skalierung beider Achsen in niedrig-mittel-hoch ergeben sich neun Felder und differenziertere Aussagen für die Normstrategien (Abb. 7.7). Diese Normstrategien können in drei grobe Kategorien eingeteilt werden:

- *Investitions- und Wachstumsstrategien* (Felder 1, 2 und 4): Hier gilt es, die Wettbewerbsstärken aus- und aufzubauen, weil die Geschäftseinheiten in diesen Quadranten über gute Zukunftsaussichten verfügen.
- *Selektive Strategien* (Felder 3, 5 und 7): Für Geschäftseinheiten in solchen Feldern ist abzuwägen, ob eine Wachstums-, eine Abschöpfungs- oder eine Übergangsstrategie (Status quo erhalten) infrage kommt. Je nach Ausrichtung bestimmt sich hieraus die notwendige Investitions- oder Desinvestitionstätigkeit.
- *Abschöpfungs- und Desinvestitionsstrategien* (Felder 6, 8 und 9): Diese Erntestrategien beziehen sich auf Geschäftseinheiten, die einen guten Cashflow aufweisen, aber langfristig über keine oder nur sehr begrenzte Wachstumschancen verfügen.

Gastbeitrag von **Prof. Dr. Randolf Schrank, Hochschule Mainz**

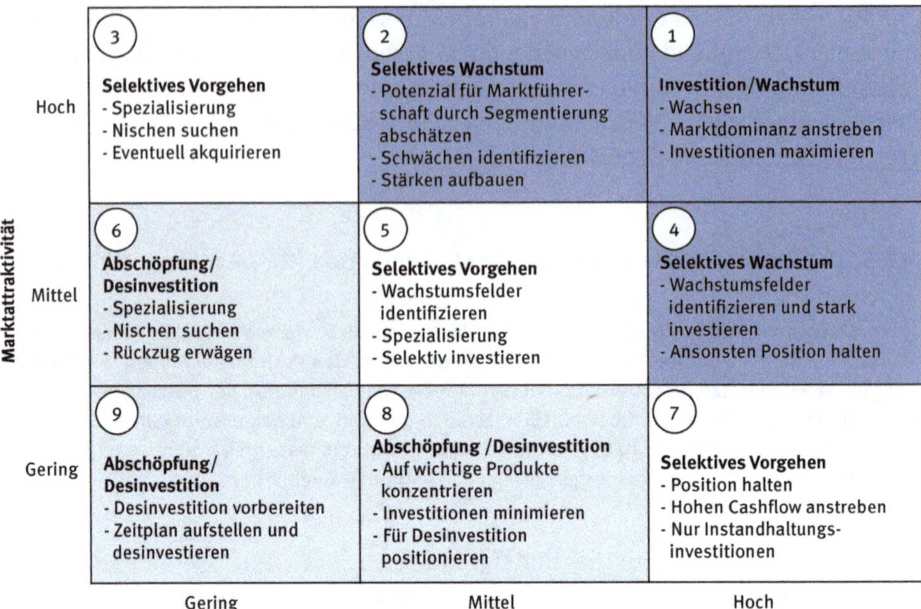

Abb. 7.7: Strategieempfehlungen auf der Basis der GE-/McKinsey-Matrix (Quelle: in Anlehnung an Hax/Majluf 1996, S. 186 und Müller-Stewens/Lechner 2016, S. 284)

Praktische Anwendung

Für die Erstellung einer GE-/McKinsey-Matrix kommt die Nutzwertanalyse oder ein Scoring-Modell zum Einsatz.[1]

Sie ist notwendig, um die beiden Dimensionen der GE-/McKinsey-Matrix messbar zu machen. Zunächst werden für jede Dimension Einzelkriterien definiert. Die Dimension Marktattraktivität kann z. B. durch Kriterien wie Marktvolumen, Marktwachstum und Wettbewerbsintensität ausgedrückt werden. Für die Dimension Wettbewerbsstärke sind dies Kriterien wie Marktposition, Entwicklungskompetenz oder Logistikleistung. Die Operationalisierung dieser Dimensionen erfolgt über quantitative Daten, soweit diese verfügbar sind, oder qualitative Beurteilungen, die durch Punktebewertungen quantifiziert werden. Weitere Ausführungen zur Ableitung der Kriterien für beide Dimensionen sind in Schrank und Giesa (2010) enthalten. Die Erstellung einer GE-/McKinsey-Matrix erfolgt in drei Schritten:

1 Eine detaillierte Beschreibung der Scoring-Methode findet sich z. B. in Nagel/Mielke (2014) oder Herbig (2016).

Schritt 1: Ermitteln von Kriterien für Marktattraktivität und Wettbewerbsstärke

In der Praxis folgt die Ermittlung der Kriterien der strategischen Ausrichtung des Unternehmens. Rendite, Wachstum, Marktvolumen und die Wettbewerbsintensität werden als klassische Kriterien für die Marktattraktivität fast immer angewendet, die Synergien mit anderen Geschäftsfeldern sind eine sinnvolle Ergänzung. Die Wettbewerbsstärke ist hingegen in vielen Fällen nur anhand qualitativer Aussagen zu ermitteln. Diese werden in Form von Punktwerten quantifiziert. Eine Hilfestellung dabei können die PIMS-Untersuchungen geben, die empirische Daten über den Zusammenhang zwischen strategischen Erfolgsfaktoren und dem Erfolgspotenzial liefern (zur PIMS-Studie siehe Buzzell/Gale 1987).

Die Auswahl der Kriterien beeinflusst das Gesamtergebnis entscheidend. Sie sollten daher interaktiv in Workshops mit den an der Strategiefindung Beteiligten ermittelt werden. Um den Einsatz bewährter Kriterien sicherzustellen und die Datenlage zur späteren Messung richtig abzuschätzen, empfiehlt sich zudem die Unterstützung durch Mitarbeiter aus Planung und Controlling oder externer Berater. Die Zahl der Kriterien sollte auf vier bis acht Kriterien je Achse begrenzt werden. Grunddaten wie Wachstum, Größe und Profitabilität des Marktes sowie der Marktanteil sollten in jedem Fall berücksichtigt werden. In Ausnahmefällen können durch die Heterogenität eines Portfolios oder die Aufnahme noch nicht existenter, aber geplanter neuer Geschäftseinheiten Zusatzkriterien notwendig werden. Mehr Kriterien führen jedoch zu einer Vervielfachung der notwendigen Bewertungen und damit zu einer erheblichen Komplexitätssteigerung. Tendenziell werden dadurch die Ergebnisse nivelliert und eindeutige Schlussfolgerungen sind kaum mehr möglich.

Marktattraktivität

Das folgende Beispiel entstammt einem realen Unternehmen, das Schalter und Schaltanlagen für die Industrie anbietet. Die Daten wurden leicht verändert. Es zeigt Kriterien, mit denen die Marktattraktivität der einzelnen strategischen Geschäftsfelder des Unternehmens gemessen wurde. Die Bewertungsskala wurde auf Punkte von 1 (schlechtestes Ergebnis) bis 5 (bestes Ergebnis) festgelegt. Bei der Festlegung der Skalierung werden zuerst die Extremausprägungen, also der günstigste und der ungünstigste Fall definiert (bei der Marktrendite < 30 % und > 60 %). Anschließend werden die Bewertungsskalen für die einzelnen Kriterien in 5 gleiche Schritte unterteilt (bei der Marktrendite je 10 %).

Die Marktrendite über alle Marktteilnehmer hinweg ist schwer abschätzbar. Daher ist es gängige Praxis, die Rendite des Markts anhand der bislang erzielten Rendite des eigenen Unternehmens abzuschätzen. Hier kann der Deckungsbeitrag I herangezogen werden. Dieser stellt nur eine grobe Orientierung dar, ist aber im Branchenumfeld verlässlicher als die durch Kostenverrechnungen beeinflussten weiteren Deckungsbeiträge II und III. Beim Marktwachstum muss notwendigerweise mit Prognosen gearbeitet werden. Eine Orientierung an Vergangenheitswerten ist nur mit Einschränkungen sinnvoll.

Das Kriterium Synergien mit anderen Segmenten bringt neben den fundamentalen ökonomischen Aussagen eine stärker strategisch geprägte Komponente mit ein. Geschäftsfelder, die Synergieeffekte mit dem Gesamtportfolio aufweisen, werden so bessergestellt. Synergien sind bspw. die Realisierung von Cross-Selling-Potenzialen, die gemeinsame Nutzung zentraler Ressourcen oder eine Austauschbarkeit qualifizierter Mitarbeiter zwischen Geschäftseinheiten. Da diese Effekte allerdings schwer direkt zu quantifizieren sind, erfolgt meist eine qualitative Bewertung.

Weiterhin muss festgelegt werden, wie wichtig ein einzelnes Kriterium für die Bestimmung der Marktattraktivität ist. Eine einfache Gewichtungsmöglichkeit bietet die direkte Abfrage im Team, die Darstellung kann z. B. als Prozentwert erfolgen.

Die folgende Tabelle (Tab. 7.2) enthält die einzelnen Kriterien der Marktattraktivität als Daten oder qualitative Skalen sowie die Gewichtung der Kriterien.

Tab. 7.2: Aufgliederung des Punktwerts zur Marktattraktivität

Kriterien für Marktattraktivität	Punktwert					Gewichtung des Kriteriums
	1	2	3	4	5	
Umsatzrendite (%)	< 30	31–40	41–50	51–60	> 60	26 %
Marktwachstum bis 2018 (%)	< 0	0	> 0–5	5,1–10	> 10	20 %
Wettbewerbsintensität	Sehr hoch	Hoch	Mittel	Gering	Sehr gering	18 %
Marktvolumen (Mio. Euro)	< 15	16–40	41–80	81–120	> 120	23 %
Synergien mit anderen Segmenten	Sehr gering	Gering	Mittel	Hoch	Sehr hoch	13 %

Einige weitere praxisbewährte Kriterien für die Bewertung der Markattraktivität sind in Tab. 7.3 aufgeführt.

Wettbewerbsstärke

Bei der Ermittlung der Wettbewerbsstärke wird analog vorgegangen. Die Wettbewerbsstärke als zweite Dimension der GE-/McKinsey-Matrix kann meist besser über qualitative Skalen abgebildet werden, denn die Quantifizierung der entsprechenden Kriterien gestaltet sich oft schwierig. Letztlich hängt dies von der Datenlage in der entsprechenden Branche ab. So ist im vorliegenden Falle des Komponentenherstellers der Marktanteil nur sehr schwer zu quantifizieren, da die entsprechenden Daten nicht vor-

Tab. 7.3: Zusätzliche Kriterien zur Messung der Marktattraktivität

Marktattraktivität	Erklärung
Historisches Marktwachstum	Durchschnittliches Wachstum des Marktvolumens über die letzten 5 Jahre (historisches Wachstum alsl ein Indikator für das zukünftige Wachstum)
Marktpreisniveau	Z. B. bei mehreren Ländern in der GE-/McKinsey-Matrix: Marktpreisniveau im Verhältnis zum Europa-Durchschnitt (in % des europäischen Durchschnittswerts)
Geschätzte Veränderungen des Marktpreisniveaus	Einschätzung des Managements (% p.a. für die nächsten 5 Jahre)
Verfügbares Marktpotenzial	100 % minus Marktanteil der relevanten Wettbewerber (Logik: Der Marktanteil kleiner Konkurrenten ist einfacher angreifbar.)
Phase im Marktlebenszyklus	Entstehung, Wachstum, Reife, Abschwung
Wettbewerbsintensität	Allgemeine Einschätzung von sehr niedrig bis sehr hoch auf der Basis aktiver Wettbewerber etc.
Marktakzeptanz des Produktnutzens	Sieht der Markt die angebotene Lösung überhaupt als relevant an?
Markteintrittsbarrieren	Notwendige Ressourcen, um im Markt erfolgreich zu agieren

liegen. Eine Einschätzung entlang von Kategorien wie „keine Bedeutung" und „Nr. 1 oder Nr. 2" wird jedoch den Vertriebsmitarbeitern relativ leichtfallen. Auch bei den anderen Kriterien müssen qualitative Bewertungen ausreichen. Tabelle 7.4 gibt einen Überblick über die Kriterien und ihre Messung mit Hilfe von Daten oder qualitativen Skalen.

Hier wird neben den Marktdaten Gewicht auf die Bereiche der Wertschöpfungskette und deren relative Stärke im Wettbewerbsvergleich gelegt. Dafür werden oft Benchmarking-Daten eingesetzt. Alternativ ist die Nutzung des Branchenwissens der Mitarbeiter eine erfolgversprechende Variante. Bei aller Kritik an subjektiven Einschätzungen bleibt festzuhalten, dass viele der notwendigen Daten von der Größenordnung her bereits in den Köpfen der Mitarbeiter vorhanden sind (Schrank 2000). Insofern braucht vor qualitativen Einschätzungen nicht zurückgeschreckt werden, allerdings sind diese immer kritisch zu hinterfragen.

Auch zur Bewertung der Wettbewerbsstärke lassen sich weitere Kriterien heranziehen. Einen Auszug geeigneter Kenngrößen zeigt Tab. 7.5.

Schritt 2: Bewertung der einzelnen Kriterien einer strategischen Geschäftseinheit

Tabelle 7.6 zeigt das Ergebnis einer Auswahl und Gewichtung der Kriterien für die Marktattraktivität der Geschäftseinheit Sensorik eines Komponentenzulieferers. Aus

Tab. 7.4: Aufgliederung des Punktwerts zur Wettbewerbsstärke

Kriterien für Wettbewerbsstärke	Punktwert					Gewichtung
	1	2	3	4	5	
Marktposition bzw. Marktanteil	Keine Bedeutung	Geringe Bedeutung	Im Mittelfeld	Im vorderen Feld	Nr. 1 oder Nr. 2	17 %
Umsatzwachstum im Vergleich zum Marktwachstum	Viel schwächer	Schwächer	Gleich	Stärker	Viel stärker	19 %
Entwicklungskompetenz/ Entwicklungsstärke	Viel schwächer	Schwächer	Gleich	Stärker	Viel stärker	21 %
Marketingkompetenz/ Vertriebskompetenz	Viel schwächer	Schwächer	Gleich	Stärker	Viel stärker	21 %
Logistikleistung/ Servicequalität	Viel schwächer	Schwächer	Gleich	Stärker	Viel stärker	21 %

Tab. 7.5: Zusätzliche Kriterien zur Messung der Wettbewerbsstärke

Wettbewerbsstärke	Erklärung
Relativer Marktanteil (%)	Umsatz Unternehmen/Umsatz größter Konkurrent. Aussagekraft: Der relative Marktanteil gibt in % an, wie groß das Unternehmen im entsprechenden Markt im Vergleich zum größten Konkurrenten ist.
Rentabilität (%)	Bruttogewinn oder EBIT-Rendite
Bedarfskenntnis (%)	Anteil der Nachfrage im Markt, die bekannt und somit für den weiteren Akquisitionsprozess zugänglich ist
Abschlussquote (%)	Anteil des bekannten Bedarfs, der erfolgreich zu Umsatz führt
Vertragsquote (%)	Anteil der abgeschlossenen Verträge bei verkauften Maschinen, z. B. im Servicegeschäft
Verfügbarkeit der Produkte/Lieferzeit	Anteil der Produkte, die innerhalb der vereinbarten Lieferzeiten ausgeliefert werden konnten
Ressourcen	Finanzielle Reserven sowie verfügbare Personalressourcen
Intellectual Property	Geistiges Eigentum für neue Produkte als zukünftiger Wettbewerbsvorteil
Erfahrung und Qualität hinsichtlich der Geschäftsbereiche	Entwicklung, Vertrieb/Marketing, Markenimage, Partnernetzwerk etc.
Marke	Bekanntheitsgrad, Verbreitung und Marktgeltung der Marke der eigenen Produkte

der Summe der Produkte von Bewertung und Gewichtung jedes Einzelkriteriums ergibt sich ein Wert von 3,49. Als schlechteste Bewertung wäre eine 1, als beste ein 5 möglich, eine durchschnittliche Marktattraktivität wäre mit 3,0 zu bewerten. Die Geschäftseinheit Sensorik weist also eine leicht überdurchschnittliche Marktattraktivität als Ergebnis auf.

Tab. 7.6: Beispiel Bewertung Marktattraktivität der Geschäftseinheit Sensorik

Kriterien für Marktattraktivität	Bewertung der Geschäftseinheit Sensorik (Punktwert)	Gewicht des Kriteriums	Gewichteter Punktwert
Umsatzrendite (%)	4	26 %	1,04
Marktwachstum bis 2024 (%)	3	20 %	0,6
Wettbewerbsintensität	1	18 %	0,18
Marktvolumen (Mio. Euro)	5	23 %	1,15
Synergien mit anderen Segmenten	4	13 %	0,52
∑ Gesamtergebnis		100 %	3,49

Das Ergebnis der Messung der Wettbewerbsstärke für das Beispiel zeigt die folgende Tabelle in der Übersicht (Tab. 7.7). Mit einem Ergebnis von 1,62 wird deutlich, dass das Unternehmen in diesem Segment wenig wettbewerbsfähig ist.

Tab. 7.7: Beispiel Bewertung Wettbewerbsstärke der Geschäftseinheit Sensorik

Kriterien für Wettbewerbsstärke	Bewertung der Geschäftseinheit Sensorik (Punktwert)	Gewicht des Kriteriums	Gewichteter Punktwert
Marktposition bzw. Marktanteil	1	17 %	0,17
Umsatzwachstum im Vergleich zum Marktwachstum	1	19 %	0,19
Entwicklungskompetenz/ Entwicklungsstärke	1	21 %	0,21
Marketingkompetenz/Vertriebskompetenz	2	21 %	0,42
Logistikleistung/Servicequalität	3	21 %	0,63
∑		100 %	1,62

Die Geschäftseinheit Sensorik weist im Beispiel mit einem Wert von 3,59 eine leicht überdurchschnittliche Marktattraktivität als Ergebnis auf, jedoch mit einem Wert von 1,62 eine niedrige Wettbewerbsstärke.

Diese Bewertungen werden nun für alle strategischen Geschäftseinheiten mit den gleichen, zuvor festgelegten Kriterien untersucht und wie zuvor beschrieben mit den Gewichtungsfaktoren in ein Gesamtergebnis überführt.

Nachdem alle Geschäftseinheiten untersucht wurden (im Beispiel 11 Geschäftseinheiten), werden sie den Ergebnissen entsprechend in die Matrix eingetragen. Die Größe der Kreise je Geschäftseinheit entspricht, ähnlich wie bei der BCG-Matrix, dem Umsatz der Geschäftseinheit.

Daraus ergibt sich ein Überblick über die Aktivitäten des Unternehmens als Positionierung aller strategischen Geschäftseinheiten, wie es die folgende Abb. 7.8 zeigt.

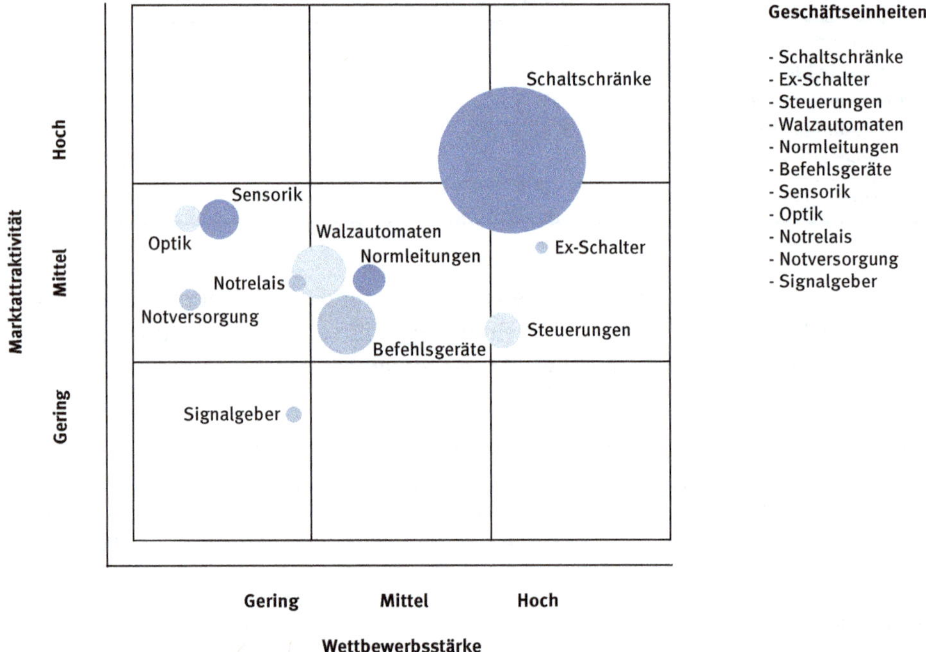

Abb. 7.8: Beispiel einer GE-/McKinsey-Matrix für einen Komponentenzulieferer

Schritt 3: Interpretation der Ergebnisse und Ableitung von Strategien

Das Portfolio wird im dritten Schritt anhand der strategischen Einordnung und den Handlungsempfehlungen der Abb. 7.8 genauer untersucht und diskutiert.

Das Portfolio lässt auf den ersten Blick die dominante Position der Schaltschränke erkennen. Hier ist zu fragen, ob die starke Abhängigkeit des Unternehmens von dieser Geschäftseinheit ein Risiko darstellt. Die Signalgeber hingegen führen ein Schattendasein. Bei gleichermaßen geringer Marktattraktivität und Wettbewerbsstärke bietet sich hier wohl eine Desinvestition an. Eine solche Entscheidung kann jedoch kein Automatismus sein. Auch die Geschäftseinheit Signalgeber besitzt gegebenenfalls Potenziale, welche es zu heben gilt. Deshalb sollte das Management sich mit der anscheinend prekären Situation in dieser Einheit auseinandersetzen.

Die Mehrzahl der Geschäftsfelder des Unternehmens liegen im Bereich mittlerer Marktattraktivität bei unterschiedlicher Wettbewerbsstärke, erfordern also eine selektive Betrachtung. Hier ist zu entscheiden, welche Einheiten sich eventuell als zweites Standbein eignen, um die Schaltschränke zu ergänzen – dies dürfte am ehesten bei den bereits etwas größeren Einheiten mit mittlerer oder hoher Wettbewerbsstärke möglich sein. Denn das ist die wesentliche Aussage bei der Interpretation dieses Portfolios: Die Position der Schaltschränke ist zwar hervorragend, die strategische Zukunft des Unternehmens hängt aber zu stark von nur einer Einheit ab. Insofern ist das gegenwärtige Portfolio mit Risiken behaftet und bedarf gegebenenfalls einer Diversifikation.

Kritik des Instruments

Die speziellen Kritikpunkte an der GE-/McKinsey-Matrix als Instrument zur Analyse und Entwicklung von Strategien zielen vor allem auf die Auswahl der Kriterien, das Scoring-Modell und die Verfügbarkeit von Daten:

- *Relevanz und Unabhängigkeit der Kriterien.* Die GE-/McKinsey-Matrix unterstellt, dass ein kausaler Zusammenhang zwischen den ausgewählten Kriterien und dem Erfolgspotenzial der strategischen Geschäftseinheit besteht (Macharzina/Wolf 2015). Dieser Zusammenhang ist nicht immer klar und kann oft nur vermutet werden. Auf die fehlende Unabhängigkeit der Achsenkriterien weisen Welge et al. (2017) hin. Die multiplikativ-additive Bildung des Gesamtwerts für eine Dimension unterstellt diese Unabhängigkeit und ignoriert funktionale Interdependenzen.
- *Scoring-Modell.* Die Übersetzung von realen Sachverhalten in ein Punktwertverfahren ist subjektiv geprägt. Grundsätzlich sollte so weit wie möglich eine Orientierung an Daten erfolgen. Wichtige qualitative Informationen werden zusätzlich über das Scoring-Modell erfasst (zur Diskussion der grundsätzlichen entscheidungstheoretischen Probleme von Scoring-Modellen siehe z. B. Weber et al. 1995).
- *Verfügbarkeit von Daten.* Ein weiterer Kritikpunkt betrifft die Datenverfügbarkeit bzw. den Kenntnisstand der Bewertenden sowie die Kosten für die Datenbeschaffung. Obgleich dies ohne Frage ein praktisches Problem darstellt, folgt die Anwendung der GE-/McKinsey-Matrix einem vergleichsweise pragmatischen Lösungsansatz, denn vollständige Information lässt sich im Strategieprozess schwerlich herstellen. Auch daher erklärt sich der Erfolg dieser umsetzungsorientierten Lösung.

Die allgemeinen Kritikpunkte zur Anwendung von Portfolio-Konzepten sind in Abschnitt 7.2.1 aufgeführt.

Strategische Bedeutung und Nutzen

Die GE-/McKinsey-Matrix ist in vielen Aspekten vergleichbar mit der BCG-Matrix. Die speziellen Vorteile dieser Portfolio-Technik beziehen sich auf drei Aspekte:

- *Differenzierte Analyse und Empfehlungen.* Mit der Einbeziehung mehrerer Kriterien zur Messung der Marktattraktivität und der Wettbewerbsstärke wird ein realistischeres Bild der Lage einer Geschäftseinheit gezeichnet. Strategisch wichtige qualitative Größen können mit diesem Modell in den Prozess der Strategieanalyse und -findung integriert werden. Weiterhin ermöglicht die Verwendung von neun Feldern im Vergleich zur BCG-Matrix, die mit vier Feldern arbeitet, die Ableitung von detaillierteren Strategieempfehlungen.
- *Bessere Basis zur Konsensbildung.* Vor einer Strategiesitzung sollten die Daten für das jeweilige Portfolio bereits vorbereitet sein. Schritt für Schritt werden dann die einzelnen Kriterien des Portfolios besprochen bzw. evaluiert. Wie bereits erwähnt, liegt der große Vorteil hierbei darin, dass ein Wechselspiel zwischen vorhandenen Daten, persönlichen Einschätzungen des Managements und einer abschließenden Konsensbildung eine gemeinsame Ausgangsbasis schafft.
- Der Moderator der Strategiesitzung kann durch die visuell eingängige Darstellungsweise über Abteilungsgrenzen hinweg einen Konsens einfordern. Die Frage, ob sich jeder mit dieser Darstellung einverstanden erklären kann, gehört zwar zum Standardrepertoire bei Präsentationen, hat in diesem Fall aber erhebliche Auswirkungen. Kommt kein Konsens zustande, wird auf die Daten bzw. Bewertungsskalen Rückgriff genommen, um verschiedene Einschätzungen zu klären und auszuräumen. Wird das Portfolio schließlich verabschiedet, stellt es einen zentralen Meilenstein der Strategieentwicklung dar, welcher sich visuell und inhaltlich in die Köpfe der Mitglieder des Strategieteams einprägt und in den folgenden Phasen des Prozesses immer wieder verfügbar ist.

Alles in allem stellt die GE-/McKinsey-Matrix ein wichtiges strategisches Instrument der Strategiefindung dar. Dieses Matrixmodell kann insbesondere als Kommunikations- und Moderationsinstrument über Bereichs- und Unternehmensebenen hinweg genutzt werden.

Für die Darstellung von **ähnlichen Instrumenten** sowie **Überschneidungen mit anderen Instrumenten** wird auf Abschnitt 7.2.2 (BCG-Portfolio-Konzept) verwiesen, der entsprechende Ausführungen zu diesen Themen enthält.

7.2.4 Restrukturierungshexagon

Dieses Konzept dient der Restrukturierung von Unternehmen und ganz besonders der Steigerung des Unternehmenswerts. In mehreren Schritten werden Wertsteigerungspotenziale und die zu ihrer Realisierung notwendigen strategischen, operativen und finanziellen Maßnahmen ermittelt. Alle Aktivitäten des Unternehmens – sowohl die vorhandenen als auch die geplanten zukünftigen

Aktivitäten – werden an ihrem Beitrag zur Erhöhung des Unternehmenswerts gemessen. Der Unternehmenswert (Shareholder Value) ist das grundlegende Entscheidungskriterium für die Unternehmensführung und das Unternehmen wird konsequent auf seine Steigerung ausgerichtet.

Beschreibung und theoretischer Hintergrund

Das Restrukturierungshexagon beruht auf dem Shareholder-Value-Konzept, das in den 1980er Jahren in den USA entwickelt wurde (Fruhan 1979, Rappaport 1981 und 1998 und Koller et al. 2015). Die Aktivitäten des Unternehmens führen zu Zahlungen, deren ökonomischer Wert auf Grundlage der Kapitalwertmethode als Barwert der zukünftigen Cashflows zu berechnen ist (Koller et al. 2015 oder Günther 2000 zur Erklärung des Berechnungsverfahrens). Kann der Barwert der zukünftigen Cashflows durch gezielte Maßnahmen der Unternehmensführung gesteigert werden, erhöht sich der Marktwert des Eigenkapitals und damit das Vermögen der Aktionäre. Dieser Ansatz berücksichtigt andere Entscheidungskriterien und die Interessen anderer Anspruchsgruppen nicht.

Die Entwicklung des Restrukturierungshexagons ist im Zusammenhang mit den zahlreichen Akquisitionen in den 1980er Jahren in den USA zu sehen. Dabei wurden sanierungsbedürftige oder wenig rentable Unternehmen zu einem günstigen Preis übernommen und anschließend saniert. Bei der Übernahme durch Finanzinvestoren (LBO-Funds) wurden die übernommenen Unternehmen oft zerschlagen und nur attraktive Unternehmensteile restrukturiert. Dazu gehören auch weitere Akquisitionen, um eine kritische Größe zu erreichen. Auf der Unternehmensebene wurden unrentable Geschäftseinheiten verkauft und in den Geschäftseinheiten wurden Investitionsprojekte, die nicht ihre Kapitalkosten decken, aufgegeben (Müller-Stewens/Lechner 2016). Vor diesem Hintergrund ist die Frage, welche zusätzlichen Gewinnpotenziale vom neuen Eigentümer mit dem aufzukaufenden Unternehmen realisiert werden können, von eminenter Bedeutung. Zu ihrer Klärung haben Koller et al. (2015), alle Berater bei McKinsey & Company, ein methodisches Instrument entwickelt, das explizit auf die Ermittlung und Bewertung von Ansatzpunkten zur Steigerung des Unternehmenswerts ausgerichtet ist (Abb. 7.9).

Ausgehend vom Marktwert des Unternehmens wird in mehreren Schritten das Wertsteigerungspotenzial ermittelt. Koller et al. (2015) gehen in ihrem Modell von einer Diskrepanz zwischen dem gegenwärtigen Marktwert und dem möglichen Unternehmenswert, gemessen als Shareholder Value, aus. Diese Lücke kann mit entsprechenden Restrukturierungsmaßnahmen geschlossen werden, etwa durch eine bessere Information der Aktionäre, durch Verbesserungen strategischer und operativer Art, durch Akquisitionen und Abspaltungen und finanzielle Maßnahmen. Klafft zwischen dem gegenwärtigen und dem potenziellen Marktwert eine sehr große Lücke, dann sind zwei Konklusionen denkbar: (1) Wenn andere Unternehmen dies ebenfalls erkennen, wird das Unternehmen zu einem interessanten Übernahmeobjekt. (2) Das Unterneh-

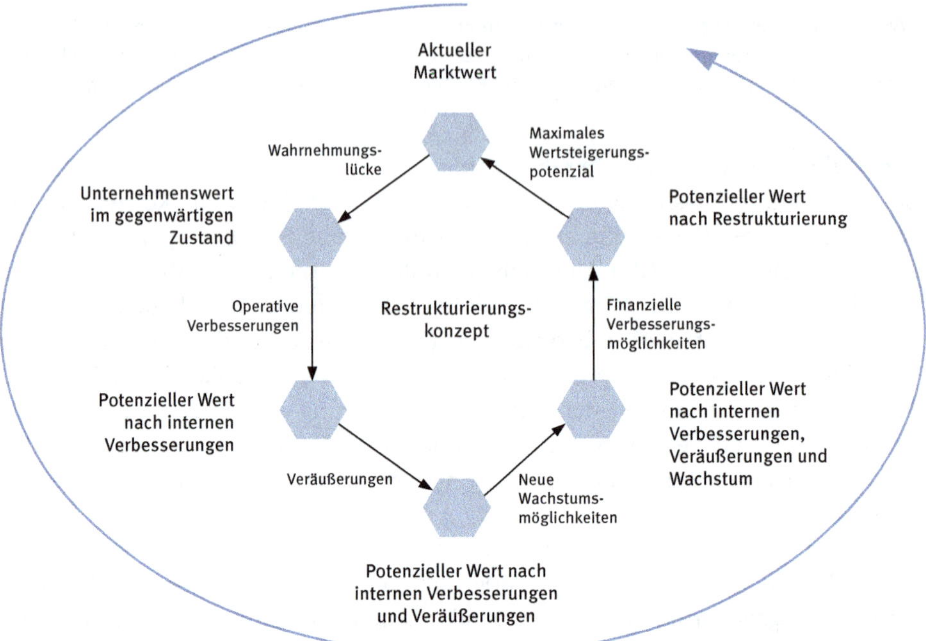

Abb. 7.9: Restrukturierungshexagon (Quelle: in Anlehnung an Koller et al. 2015, S. 570)

men besitzt ein großes Wertsteigerungspotenzial, daß es aus eigener Kraft realisieren muss, um damit die Gefahr einer Übernahme abzuwenden.

Praktische Anwendung

Das Modell kann auf Gesamtunternehmensebene oder auf Geschäftsbereichsebene angewandt werden. Für die Umsetzung ist ein Team aus Mitgliedern der Unternehmensleitung, der Geschäftsbereichsleitungen und des Finanzbereichs zu bilden. Eine Vorgehensweise in sechs Schritten bietet sich an:

Schritt 1: Ermittlung des aktuellen Marktwerts

Dieses Instrument ist in erster Linie für an der Börse notierte Aktiengesellschaften gedacht. Bei ihnen entspricht der gegenwärtige Marktwert dem Börsenwert. Es lässt sich aber auch auf der Geschäftsbereichsebene oder für nicht-börsenorientierte Unternehmen bzw. deren Geschäftsbereiche einsetzen. Dann bezieht man sich auf das durchschnittliche Kurs-/Gewinnverhältnis der Branche und die aktuelle Ergebnislage des Geschäftsbereichs bzw. des Unternehmens und schätzt so den gegenwärtigen Marktwert.

Schritt 2: Ermittlung des Unternehmenswerts im gegenwärtigen Zustand

Auf der Basis der erwarteten zukünftigen Cashflows wird für die zu untersuchende Einheit der Wert berechnet. Die zukünftigen Cashflows ergeben sich aus den Geschäftsplänen dieser Einheit. Sodann sind die Kapitalkosten zu berechnen (siehe z. B. zur Berechnung der Kapitalkosten Koller et al. 2015 oder Watson/Head 2016). Auf Basis der Barwertmethode wird der Wert der Einheit im gegenwärtigen Zustand ermittelt. Zuvor sind noch die Verbindlichkeiten abzuziehen.

Günther (2000, S. 8) spricht in diesem Zusammenhang vom Wert des Unternehmens, „wie es steht und liegt". Auch bei einer an der Börse notierten Aktiengesellschaft entspricht dieser Wert oft nicht dem Markt- oder Börsenwert, weil die derzeitigen und auch die potenziellen Anleger über unzureichende Informationen verfügen bzw. vorhandene Informationen im Markt nicht richtig verarbeitet werden. Diese Wahrnehmungslücke kann über eine Verbesserung der Investor Relations geschlossen werden. Wenn also die Investoren über bessere Informationen verfügen, wird die Nachfrage nach Aktien für das betreffende Unternehmen steigen. Im umgekehrten Fall, wenn der Börsenwert über dem berechneten Unternehmenswert liegt, ist allerdings damit zu rechnen, dass der Börsenwert sinken wird.

Schritt 3: Potenzieller Wert nach operativer Verbesserung

Hier wird der Wert der zu untersuchenden Einheit unter der Annahme offensiver operativer Maßnahmen ermittelt. Koller et al. (2015) schlagen zunächst eine Analyse der Werttreiber vor, z. B. eine Erhöhung des Umsatzwachstums und der Gewinnspanne und die Verringerung der Kapitalintensität. Dabei ist zu beachten, dass die Werttreiber sich je nach Einheit durchaus deutlich unterscheiden können.

Anschließend ist zu überlegen, wie die zentralen Werttreiber operativ genutzt werden können. Operative Maßnahmen beinhalten bspw. Kostensenkungsprogramme (auch im Hinblick auf Verwaltung und Zentralfunktionen) oder Outsourcing. Über Sinn und Zweck bestimmter Maßnahmen kann ein Benchmarking mit den führenden Wettbewerbern oder die Umsetzung von Best Practices Aufschluss geben. Die neu entwickelten operativen Maßnahmen sind im Hinblick auf ihre Cashflow-Konsequenzen zu erfassen und mit Hilfe der Barwertmethode als Wertsteigerung zu berechnen.

Schritt 4: Potenzieller Wert nach operativer Verbesserung und Veräußerung

Nachdem der Wert des Geschäftsportfolios der zu untersuchenden Einheit aus operativer Sicht optimiert worden ist, wird nun überprüft, ob der Wert der Einheit durch eine Bereinigung des Portfolios, also durch Abspaltungen und Desinvestitionen, verbessert werden kann.

Dabei ist zu prüfen, ob eine einzelne Geschäftseinheit zu einem Preis verkauft werden kann, der ihren Wert nach Nutzung aller operativen Verbesserungen übersteigt. Koller et al. (2015) schlagen vier verschiedene Szenarien vor: (1) Verkauf an einen strategischen Investor, (2) Liquidation und Verkauf der Vermögensgegenstände,

(3) Verselbständigung als eigene Gesellschaft und (4) Verkauf an einen Finanzinvestor (LBO-Fund). Für jedes Szenario ist ein erzielbarer Preis zu ermitteln.

Für jeden Geschäftsbereich sind unterschiedliche Szenarien relevant. Diese Szenarien ergeben sich aus der Ausgangssituation des Geschäftsbereichs und werden von dem für die Umsetzung des Restrukturierungshexagons zuständigen Team definiert und berechnet. Dieses Team beurteilt die Ergebnisse und entscheidet, welches Szenario in die Berechnung der Wertsteigerung integriert wird. Das Ergebnis ist der potenzielle Wert nach operativen Verbesserungen und Veräußerungen. In besonderen Fällen kann diese Analyse auch zu dem Ergebnis kommen, dass aus ökonomischer Sicht eine Aufspaltung des gesamten Unternehmens oder ein Verkauf den größten Vorteil für die Aktionäre bietet.

Schritt 5: Potenzieller Wert nach operativer Verbesserung, Veräußerung und Wachstum

Nun werden für die im Portfolio verbleibenden Geschäftseinheiten Wachstumsmöglichkeiten erschlossen. Dazu zählen bspw. die Expansion in internationale Märkte oder eine grundlegende Neuausrichtung des Geschäfts auf neue Zielgruppen und Wettbewerber. Gleichermaßen wird untersucht, ob der Wert der Einheit über geeignete Akquisitionen oder Joint Ventures und Allianzen gesteigert werden kann.

Danach fließen die notwendigen Investitionen zur Realisierung der Wachstumsmöglichkeiten bzw. für den Kauf von anderen Unternehmen sowie die Integrationskosten und die sich aus den Wachstumsmöglichkeiten ergebenden Umsätze und Kosten in die Berechnung des Unternehmenswertes ein.

Schritt 6: Potenzieller Wert nach Restrukturierung

Zu guter Letzt wird die Kapitalstruktur durchleuchtet. Mit einer höheren Fremdfinanzierung lassen sich häufig erhebliche Steuervorteile erzielen. Auch eine internationale Steueroptimierung oder der Rückkauf eigener Aktien sind in Betracht zu ziehen, denn beim Rückkauf der eigenen Aktien steigt die Nachfrage nach Aktien für das Unternehmen und damit auch der Börsenwert. Alle diese Wertänderungen sind in die Berechnung des Unternehmenswerts zu integrieren. Als Ergebnis steht ein maximaler Unternehmenswert, der sich nach Nutzung aller Potenziale zur Wertsteigerung ergeben würde. Die Differenz zwischen diesem Wert und dem aktuellen Marktwert markiert das mögliche Gewinnpotenzial, das ein Unternehmenskäufer realisieren könnte. Die in diesem Prozess ermittelten Maßnahmen und die damit verbundenen Wertsteigerungen sind abschließend in einem Restrukturierungsplan zusammenzufassen.

Kritik des Instruments

Das Restrukturierungshexagon entspringt dem Shareholder-Value-Denken. In diesem Zusammenhang ist auf die folgenden beiden Kritikpunkte hinzuweisen: (1) Wenn unternehmerische Entscheidungen ausschließlich unter dem Aspekt einer Steigerung des Shareholder Value getroffen werden, dann ist dies natürlich eine sehr einseitige Betrachtungsweise, welche die Interessen der übrigen Stakeholder eines Unternehmens nicht berücksichtigt. (2) Am Ziel einer möglichst hohen Bewertung des Unternehmens an den Aktienmärkten werden die Unternehmensstrategien ausgerichtet; die Spitzenführungskräfte werden über Bonussysteme belohnt. Aber haben die Finanzmärkte und deren Akteure wirklich einen besseren Einblick als Branchenkenner und das Management?

Kritisch ist weiter anzumerken, dass die Cashflow-Projektionen für das Unternehmen und die einzelnen Geschäftseinheiten relativ genau projiziert werden müssen, um als Basis für sinnvolle strategische Entscheidungen dienen zu können. Hinzu kommt die Bestimmung des Restwerts am Ende der Planperiode. Eine solche Prognose gestaltet sich oft sehr schwierig. Welge et al. (2017) weisen explizit darauf hin, dass bei diesen Prognosen gerne unterstellt wird, dass die Entwicklung der Vergangenheit sich auch in der Zukunft fortsetzt. Schwache Signale und Diskontinuitäten werden ignoriert. Das Hexagon-Modell bietet keine spezifischen Vorgehensweisen, wie mit Risiken, die sich aus der Prognose ergeben, umzugehen ist.

Wechselwirkungen zwischen den einzelnen Geschäftseinheiten innerhalb eines Unternehmensverbunds werden nicht berücksichtigt. Die Analysen beziehen sich immer nur auf das Gesamtunternehmen bzw. die einzelnen Geschäftseinheiten. Heute sind es in vielen Unternehmen gerade diese Synergieeffekte, die aus strategischer Sicht eine zentrale Rolle für den Unternehmenserfolg spielen.

Im Rahmen der Analysen des Restrukturierungshexagons werden verschiedene Wertsteigerungspotenziale rein rechnerisch ermittelt. Damit steht aber noch lange nicht fest, ob diese Wertsteigerungen tatsächlich erreicht werden können. Niemand weiß, ob bspw. ein potenzieller Käufer für eine Geschäftseinheit tatsächlich bereit ist, den vom verkaufenden Unternehmen berechneten Verkaufspreis zu bezahlen.

Aufgrund dieser Kritikpunkte kommen Müller-Stewens und Lechner (2016) letztlich zu dem Schluss, dass das Potenzial eines solchen wertorientierten Ansatzes mehr in der kurzfristigen, effektiven Nutzung von Vermögenswerten und weniger in der Entwicklung langfristig angelegter Strategien zu sehen ist.

Strategische Bedeutung und Nutzen

Während die 1970er Jahre eng verbunden sind mit Konzepten der Diversifikation und Portfolio-Modellen, dominiert in den 1990er Jahren eine Gegenbewegung mit der Konzentration auf Kernkompetenzen und die Beurteilung von Unternehmensstrategien im Hinblick auf ihren Beitrag zum Shareholder Value (Grant 2019). Das Restrukturierungshexagon liefert hierzu die entsprechende Methodik. Das Modell bietet folgende Vorteile:

- Das Restrukturierungshexagon zwingt die Unternehmen bzw. Geschäftseinheiten zu einer wesentlich stringenteren Investitionspolitik. Alle Investitionsprojekte, die nicht mindestens ihre vollen Kapitalkosten erwirtschaften, sollen unterbleiben, weil sie den Shareholder Value mindern. Die Analyse der operativen Verbesserungsmaßnahmen im Hinblick auf den potenziellen Wert danach vermag solche Projekte aufzudecken.

- Das Restrukturierungshexagon liefert einen wesentlichen Beitrag zu einer Restrukturierung des Geschäftsportfolios. Eine Geschäftseinheit hat nur dann eine Existenzberechtigung im Unternehmen, wenn der Unternehmenswert mit dieser Einheit größer ist als ohne sie. Ist dies nicht der Fall und sind mit beabsichtigten strategischen und operativen Maßnahmen keine wesentlichen Wertsteigerungen zu erwarten, muss diese Einheit verkauft oder als selbstständiges Unternehmen ausgegliedert werden. Nach dieser Maßgabe haben viele Unternehmen ihre Geschäftsaktivitäten in den 1990er Jahren grundlegend neu strukturiert.
- Das Restrukturierungshexagon kann ebenfalls genutzt werden, um Unternehmensakquisitionen und die damit oft verbundene Diversifikation zu beurteilen. Grant (2019) argumentiert, dass die Mehrzahl der Unternehmensübernahmen im Rahmen der Diversifikation Aktionärsvermögen vernichtet, weil die Übernahmeprämien höher ausfallen als der zusätzliche Wert des akquirierten Unternehmens. Der Shareholder-Value-Gedanke wird bei solchen Transaktionen, gerade wenn es zu Bietergefechten oder Übernahmeschlachten kommt, nicht ausreichend berücksichtigt. Eine Analyse von Akquisitionen im Rahmen des Restrukturierungshexagons sollte solche Fehlentscheidungen verhindern.

Das Modell liefert einen systematischen Ansatz, um alle Unternehmensaktivitäten mit dem Ziel der Steigerung des Shareholder Value zu überprüfen und die entsprechenden Entscheidungen zu treffen.

Ähnliche Instrumente

Portfolio-Modelle

Im Hinblick auf ihren Nutzen für das strategische Management sind der BCG- und der GE-/McKinsey-Portfolio-Ansatz (vgl. Abschn. 7.2.2 und 7.2.3) mit dem Restrukturierungshexagon vergleichbar. Auch sie wurden entwickelt, um strategische Prioritäten in stark diversifizierten Unternehmen zu setzen. Das Restrukturierungshexagon und die Portfolio-Ansätze dienen dem gleichen Zweck, nämlich einer integrierten Unternehmenssteuerung, verwenden aber unterschiedliche Zielgrößen. Bei den Portfolio-Modellen werden die Geschäftseinheiten eines Portfolios im Hinblick auf ihren Beitrag zum Cashflow (BCG) und Return on Investment (GE/McKinsey) überprüft. Investitionsprioritäten werden ermittelt mit dem Ziel, eine ausgeglichene Struktur von wachsenden und stabilen Geschäftseinheiten zu schaffen. Das Restrukturierungshexagon wiederum entwickelt solche Prioritäten im Rahmen der Analyse der internen und externen Verbesserungen. Zielgröße ist hier allerdings der Beitrag einer Geschäftseinheit zum Shareholder Value. Die Portfolio-Modelle geben klare Normstrategien vor; dagegen bleibt das Restrukturierungshexagon offen. Doch während die Portfolio-Ansätze sich ausschließlich auf die Bestimmung von strategischen Prioritäten beziehen, ist das Restrukturierungshexagon wesentlich umfassender und integriert auch operative Aspekte.

Überschneidungen mit anderen Instrumenten

Capital-Asset-Pricing-Methode und Kapitalkosten

Zentrale Bedeutung für die Diskontierung der zukünftigen Cashflows hat die Capital-Asset-Pricing-Methode zur Ermittlung der Kapitalkosten (siehe z. B. in Watson/Head 2016). Diese Methode berechnet die Kosten des Eigen- und Fremdkapitals unter Berücksichtigung des üblichen Zinssatzes für risikofreie Anleihen, der durchschnittlichen Rendite am Aktienmarkt und eines unternehmensspezifischen Risikofaktors (Beta). Immer dann, wenn die Eigenkapitalrendite höher ausfällt als der mit der Capital-Asset-Pricing-Methode errechnete Kapitalkostensatz, wird im Sinne des Shareholder-Value-Konzepts ein ökonomischer Wert für die Aktionäre geschaffen.

Benchmarking und Best Practice

Benchmarking und Best Practices (vgl. Abschn. 5.2.8) spielen eine große Rolle bei der Ermittlung sinnvoller operativer Verbesserungen. Das Benchmarking ist ein systematischer Prozess, in dem eigene Produkte/Dienstleistungen und Prozesse anhand spezifischer Parameter mit dem stärksten Wettbewerber verglichen werden, um wesentliche Unterschiede zwischen dem eigenen Unternehmen und dem Benchmark-Unternehmen zu erfassen. Auf dieser Grundlage können dann Verbesserungsmöglichkeiten für das eigene Unternehmen entwickelt werden. Handelt es sich um Best Practices, stammt das Vergleichsunternehmen nicht aus der eigenen Branche, wird aber im Hinblick auf spezielle, auf das eigene Unternehmen anwendbare Parameter als exzellent angesehen.

Lückenanalyse und Ansoff-Matrix

Die Lückenanalyse geht von der Lücke zwischen dem geplanten Wert einer Zielgröße (in der Regel dem Umsatz) und dem gegenwärtigen Level dieser Zielgröße aus. Ansoffs Produkt-Markt-Matrix (vgl. Abschn. 7.3.2) liefert vier strategische Stoßrichtungen, um die Lücke zu schließen und die geplante Zielgröße zu erreichen. Das Restrukturierungshexagon geht ebenfalls von einer Lücke aus, nämlich dem Unterschied zwischen dem aktuellen Marktwert eines Unternehmens und dem potenziellen Wert nach seiner Restrukturierung. Diese Lücke wird in weitere Teillücken aufgespalten. Das Restrukturierungshexagon liefert ein gestuftes Vorgehen mit einem speziellen Entscheidungskriterium zur Schließung der Lücke.

7.2.5 Realoptionen

„*Chance favors the prepared mind*“ (Louis Pasteur 1933, S. 348).

In der wertorientierten Unternehmensführung wird das Konzept der Realoptionen zur Unterstützung von strategischen Entscheidungen in sehr unsicheren Situationen genutzt. Realoptionen sind Handlungsalternativen, die sich auf einzelne Investitionsvorhaben, ein Bündel von Vorhaben oder das ganze Unternehmen beziehen können. Strategische Entscheidungen schränken – je nach gewählter Option – zukünftige Handlungsmöglichkeiten unterschiedlich stark ein und reduzieren damit die Flexibilität des Managements, die Strategien des Unternehmens an veränderte Rahmenbedingungen anzupassen. Diese Flexibilität besitzt jedoch einen eigenen Wert, der mit der Realoptionstheorie identifiziert, gemessen und zur Auswahl der strategischen Optionen herangezogen werden kann.

Beschreibung und theoretischer Hintergrund

Der Begriff Real Option taucht erstmals bei Myers (1977, S. 163) auf: „Real options are opportunities to purchase real assets on possibly favorable terms.“ Heute werden Realoptionen als zukünftige Handlungsspielräume und Investitionsmöglichkeiten eines Unternehmens in Verbindung mit der Fähigkeit, Entscheidungen an veränderte Umweltbedingungen anzupassen, verstanden. Es handelt sich dabei um ein ganzes Bündel von Handlungsoptionen hinsichtlich der Verwendung und Nutzung realer Güter und Dienstleistungen, d. h., sie umfassen sämtliche materiellen und immateriellen Unternehmensressourcen (Hommel/Pritsch 1999 und Hungenberg et al. 2005).

Das Grundkonzept der Realoptionen erklärt Grant (2019) mit einem Beispiel: Der Shell-Konzern investiert kleinere Beträge in Joint-Venture-Projekte, um Wasserstoff für Brennstoffzellen herzustellen, obwohl die Renditen aus diesem Geschäft deutlich unter denen aus dem Öl- und Gasgeschäft liegen. Aus einer wertorientierten Perspektive heraus scheint dies auf den ersten Blick wenig Sinn zu machen. Doch entscheidend hierfür ist der Optionswert. Mit der Entwicklung einer Technologie, dem Knowhow und Patenten zur Herstellung von Wasserstoff kann Shell eine Option entwickeln. Wenn Wasserstoff in Zukunft in größerem Umfang als Energiequelle genutzt werden sollte, hat Shell das Know-how, kann diese Option ausüben und größere Investitionen tätigen, um große Mengen Wasserstoff herzustellen.

Die Theorie der Realoptionen wurde aus einer Analogie zu einer Kauf- bzw. Verkaufsoption auf dem Finanzmarkt entwickelt (z. B. Hommel et al. 2003 und Macharzina/Wolf 2015). Realoptionen ähneln Finanzoptionen in den Merkmalen Flexibilität,

---

Gastbeitrag von **Dr. Nils Teschner**

Unsicherheit und Irreversibilität (zu Finanzoptionen siehe z. B. Brealey et al. 2017 oder Hull 2019). Der Inhaber einer Option hat das Recht, jedoch nicht die Verpflichtung, einen bestimmten Basiswert (Underlying) innerhalb einer festgelegten Zeitspanne zu einem fixierten Kurs (Ausübungspreis) zu kaufen (Call Option) oder zu verkaufen (Put Option). Im Beispiel hat BP eine Option auf zukünftige Umsatz- und Gewinnmöglichkeiten durch alternative Energien erworben. Die Vorteile dieser Entscheidung sind in den erwarteten Umsätzen und Renditen zu sehen; aber diese Entscheidung ist unsicher und hängt von der Marktentwicklung ab. Außerdem fallen Kosten für die Entwicklung neuer Technologien und die Markterschließung an – diese Kosten sind irreversibel. Mit Hilfe des Realoptionsansatzes wird es möglich, einer Option einen monetären Wert zuzuordnen.

Praktische Anwendung

In Anlehnung an den strategischen Managementprozess schlagen Hungenberg et al. (2005) drei Schritte (Abb. 7.10) vor.

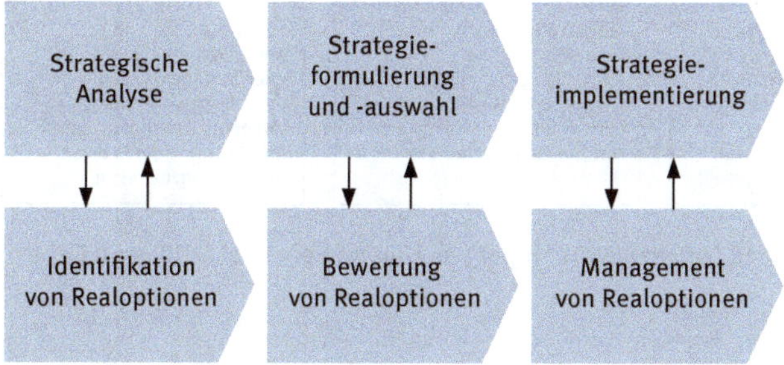

Abb. 7.10: Zusammenhang zwischen strategischem Management und Realoptionen (Quelle: in Anlehnung an Hungenberg et al. 2005, S. 308 ff.)

Schritt 1: Identifikation der Realoptionen

Zunächst gilt es, die mit einer Strategiealternative verbundenen Handlungsoptionen zu definieren. Dabei hilft die Realoptionstheorie nicht. Ausgangspunkt für die Identifikation von Optionen ist die Ressourcenanalyse des Unternehmens. Grundsätzlich lassen sich Realoptionen im strategischen Management drei verschiedenen Typen zuordnen (Abb. 7.11).

Wachstumsoptionen eröffnen dem Unternehmen die Möglichkeit, Folgeprojekte zu initiieren. Zukünftige Gewinnpotenziale können mit Hilfe von Reinvestitionen realisiert werden. Unter den Begriff der Wachstumsoptionen fallen bspw. *Erweiterungsoptionen* und *Verlängerungsoptionen*. Eine *Erweiterungsoption* ist die Option, bei günstigen Rahmenbedingungen weitere Investitionen zu tätigen (bspw. eine weitere Produktionsanlage zu kaufen) und so die Produktionsleistung zu steigern. Technisch handelt

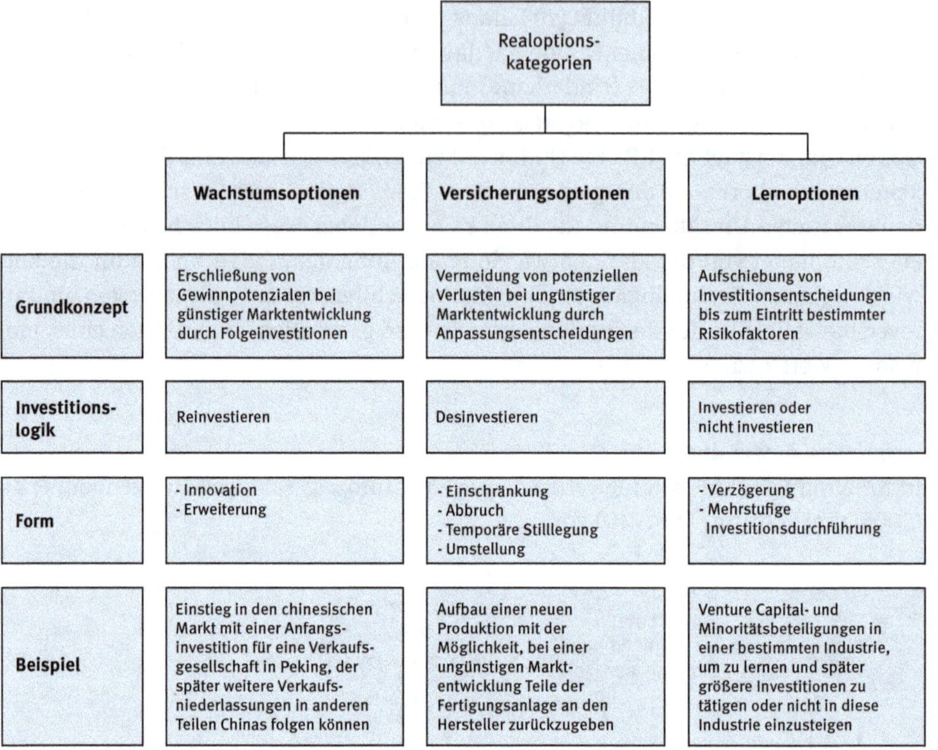

Abb. 7.11: Kategorien von Realoptionen (Quelle: in Anlehnung an Hungenberg et al. 2005 und Copeland/Keenan 1998a)

es sich hierbei um eine amerikanische Kaufoption[2] auf den Wert der zusätzlichen Kapazitäten, wobei der Basispreis den diskontierten Kosten für die Bereitstellung der zusätzlichen Kapazitäten entspricht. Eine *Verlängerungsoption* ist die Option, den Lebenszyklus eines Assets durch Zahlung eines festen Betrags zu verlängern. Es handelt sich hierbei um eine europäische Kaufoption auf den zukünftigen Wert des Assets.

Versicherungsoptionen umfassen vor allem *Abbruchoptionen* und *Reduktionsoptionen*. Sie geben dem Unternehmen die Gelegenheit, Verluste zu vermeiden oder zu verringern. *Abbruchoptionen* eröffnen dem Unternehmen die Möglichkeit, ein Projekt zu schließen oder zu verkaufen. Der Einfluss einer schlechten Geschäftsentwicklung kann so abgemildert werden, wodurch sich der initiale Wert eines Projekts erhöht. Es handelt sich hierbei um eine amerikanische Verkaufsoption auf den Wert des Projekts, wobei der Basispreis dem Liquidationswert des Projekts abzüglich aller Erschließungskosten entspricht. *Reduktionsoptionen* dienen der Reduzierung des

2 Während europäische Optionen lediglich am Fälligkeitstag ausgeübt werden können, können amerikanische Optionen jederzeit während der Laufzeit der Option ausgeübt werden.

Projektumfangs und stellen eine amerikanische Verkaufsoption auf den Wert der durch die Reduktion verlorenen Kapazitäten dar. Der Basispreis wird durch die eingesparten zukünftigen Aufwendungen dargestellt. Versicherungsoptionen sind vor allem in der Produktion und im Kapazitätsmanagement zu finden. Das Unternehmen kann mit Desinvestitionen und/oder operativen Anpassungen (z. B. der Stilllegung von Anlagen) auf eine schlechte Marktentwicklung reagieren. Weitere Beispiele sind Ausstiegsoptionen aus Verträgen im Miet-, Leasing- oder Hypothekengeschäft.

Lernoptionen, auch *Aufschuboptionen* genannt, sind aus Managementsicht eine der wichtigsten Optionen und stellen die Option dar, ein Projekt zu einem späteren Zeitpunkt durchzuführen. Die Option entspricht einer amerikanischen Kaufoption auf den Wert des Projekts. Während des Aufschiebens können weitere Informationen berücksichtigt werden. Damit wird das mit hohen Investitionen unter großer Unsicherheit verbundene Risiko reduziert. Im Falle einer schlechten Geschäftsentwicklung oder von negativen Umweltentwicklungen müssten diese Investitionen abgeschrieben werden. Beispiele sind der Kauf von Rechten für Bauland oder von Bohr- und Abbaurechten für natürliche Ressourcen. Mit Marktanalysen für das Bauland oder Untersuchungen über die Ressourcenvorkommen können zusätzliche Informationen erhoben und damit die Unsicherheiten reduziert werden, bevor das Unternehmen größere finanzielle Verpflichtungen eingeht.

Sind die Optionen erst einmal identifiziert worden, müssen deren Eintrittswahrscheinlichkeiten und die Höhe der irreversiblen Investitionen untersucht werden. Unter Umständen wird die Zahl der Optionen durch Priorisierung eingegrenzt, um den Analyseaufwand in Grenzen zu halten. Dafür sind der Input und die Mitwirkung der für die Strategie verantwortlichen Führungskräfte unabdingbar.

Schritt 2: Bewertung der Realoptionen

Will ein Unternehmen bspw. den Einstieg in einen neuen Markt bewerten, erfolgt dies meist über den prognostizierten diskontierten Cashflow (DCF). Übersteigt der Gegenwartswert der erwarteten Rückflüsse aus diesem Markt die Erschließungskosten, so wird die Investitionsentscheidung positiv ausfallen; im umgekehrten Fall nicht. Nun ist es aber denkbar, den Markteinstieg um ein Jahr zu verzögern (Aufschuboption). In dieser Zeit kann das Management durch zusätzliche Informationen weitere Sicherheit über die Geschäftsentwicklung in dem neuen Markt gewinnen. Es entsteht also ein Flexibilitätswert, der für die Investitionsentscheidung von großer Bedeutung sein kann, der aber mit der DCF-Methode nicht erfasst wird. Solche Flexibilitätswerte können mit Hilfe des Realoptionsansatzes bewertet werden.

Zur Bewertung von Realoptionen sind zwei Methoden bekannt: das Black-Scholes-Modell (z. B. Black/Scholes 1973 und Brealey et al. 2017) und das Binomial-Modell (z. B. Brealey et al. 2017). Das Black-Scholes-Modell ist relativ einfach anzuwenden und liefert eine exakte Lösung, berücksichtigt allerdings nur einen Risikofaktor. Aufgrund seiner rigiden Annahmen eignet sich dieses Modell nicht für die Bewertung von

Entscheidungen mit komplexen Wahlmöglichkeiten. Hierfür ist das Binomial-Modell besser geeignet (Hungenberg et al. 2005 und Grant 2019). Im folgenden Abschnitt wird zunächst das Binomial-Modell in Anlehnung an Hull (2019) anhand eines Aktienbeispiels eingeführt; anschließend wird die Methodik dann auf ein konkretes Beispiel zur Bewertung eines Investitionsvorhabens angewendet.

Einführung in das Binomial-Modell zur Optionsbewertung anhand eines einstufigen Verfahrens

Das Binomial-Modell stellt die verschiedenen Pfade, denen ein Basiswert (bspw. eine Aktie, bei Realoptionen aber auch andere Vermögenswerte) während der Laufzeit der Option folgen kann, dar. Die Grundannahme dabei ist, dass der Preis des Basiswerts über die Laufzeit einem *Random Walk*[3] folgt. In jedem Zeitintervall gibt es eine bestimmte Wahrscheinlichkeit, dass sich der Preis des Basiswerts um einen bestimmten Prozentsatz auf- oder abwärts bewegt. Geht die Anzahl der Zeitintervalle gegen unendlich, d. h., die Zeitintervalle werden immer kleiner, gleicht dieses Modell dem Black-Scholes-Modell.

Als Beispiel soll die Option auf den Kauf einer Aktie (europäische Call Option) anhand eines einstufigen Binomialbaumes bewertet werden: Der aktuelle Kurs der Aktie S_0 sei gegeben mit 120 €. In einem Jahr wird der Aktienkurs entweder um den Faktor u auf 160 € gestiegen ($u = 4/3$) oder um den Faktor d auf 80 € gesunken sein ($d = 2/3$). Nun soll die Option des Kaufs einer Aktie in einem Jahr zum Preis von 126 € bewertet werden, d. h., die Option wird am Ende des Jahres entweder einen Wert von 34 € (Aktienkurs steigt auf 160 €) oder einen Wert von 0 € (Aktienkurs sinkt auf 80 €, Option wird nicht ausgeübt) besitzen. Der Sachverhalt ist in Abb. 7.12 veranschaulicht.

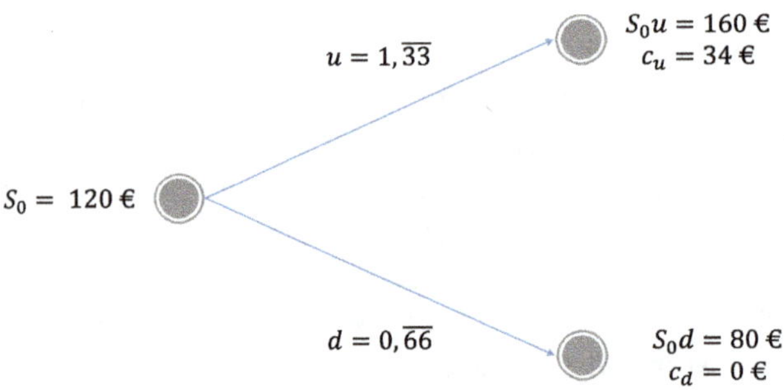

Abb. 7.12: Mögliche Aktienpreise und Optionswerte im Einperioden-Beispiel

3 Der Begriff Random Walk erklärt den Kursverlauf des Basiswerts (bspw. einer Aktie) als Abfolge zufälliger Schritte, wobei die Kursbewegungen in den einzelnen Schritten unabhängig und identisch verteilt sind.

Unter der Annahme von Arbitragefreiheit kann jetzt ein Portfolio bestehend aus der Aktie und der Option so gebildet werden, dass keine Unsicherheit hinsichtlich des Portfoliowerts am Ende des Jahres besteht. Da das Portfolio kein Risiko aufweist, muss die Rendite des Portfolios dem risikolosen Zins entsprechen. Dies wiederum ermöglicht, die Kosten für die Bildung des Portfolios und damit den Optionspreis zu bestimmen. Dazu wird ein Portfolio aus einer Long-Position in Δ (Delta) Aktien und einer Short-Position in einer Kaufoption gebildet. Nun wird der Wert von Δ berechnet, der das Portfolio risikolos macht. Dazu muss Δ so gewählt werden, dass der Wert des Portfolios im Falle eines Anstiegs des Aktienkurses auf 160 € dem Wert des Portfolios bei einem Sinken des Aktienkurses auf 80 € entspricht.

$$160\,€ \cdot \Delta - 34\,€ = 80\,€ \cdot \Delta - 0$$
$$\Delta = 0{,}425$$

Das risikolose Portfolio bestünde in diesem Beispiel aus 0,425 Aktien und einer Short-Position in einer Kaufoption und hätte somit sowohl im Falle eines Anstiegs als auch im Falle eines Sinkens des Aktienkurses einen Wert von 34 €. Da risikolose Portfolios unter der zuvor gemachten Annahme von Arbitragefreiheit den risikolosen Zins verdienen müssen, muss der Wert des Portfolios noch mit diesem Zinssatz diskontiert werden. Unter der Annahme eines risikolosen Zinssatzes r_f von 5 % beträgt der Wert des Portfolios bei stetiger Verzinsung heute

$$34\,€ \cdot e^{-0{,}05} = 32{,}34\,€\,.$$

Der Optionspreis c_0 kann nun über den ermittelten Barwert des Portfolios bestimmt werden.

$$120\,€ \cdot 0{,}425 - c_0 = 32{,}34\,€$$
$$c_0 = 18{,}66\,€$$

Dieser Prozess kann nun verallgemeinert werden. Dazu sei der aktuelle Wert der Aktie gegeben mit S_0 und der aktuelle Wert einer Option auf diese Aktie mit c_0. Der Wert der Aktie kann nun über ein Zeitintervall T entweder auf den Wert $S_0 u$ steigen oder auf den Wert $S_0 d$ sinken, wobei u und d die Steigungsfaktoren mit $u > 1$ und $d < 1$ beschreiben. Der Wert der Option beträgt dann entsprechend c_u oder c_d. Wie bereits zuvor wird ein Portfolio bestehend aus einer Long-Position in Δ Aktien und einer Short-Position in einer Kaufoption betrachtet. Der Wert des Portfolios ist im Falle einer Aufwärtsbewegung gleich dem Wert des Portfolios im Falle einer Abwärtsbewegung und damit risikolos, wenn

$$S_0 u\Delta - c_u = S_0 d\Delta - c_d$$

gilt, d. h.

$$\Delta = \frac{c_u - c_d}{S_0 u - S_0 d}\,.$$

Der heutige Wert der Portfolios ergibt sich aus dem mit dem risikolosen Zins r_f diskontierten Wert des Portfolios am Ende der Laufzeit T und ist gegeben als

$$(S_0 u\Delta - c_u)e^{-r_f T}\,.$$

Die Kosten für die Bildung des Portfolios sind bekannt als

$$S_0\Delta - c_0 \,.$$

Daraus ergibt sich nun der Wert der Option als

$$S_0\Delta - c_0 = (S_0 u\Delta - c_u)\mathrm{e}^{-r_\mathrm{f}T}$$

bzw.

$$c_0 = S_0\Delta\left(1 - u\mathrm{e}^{-r_\mathrm{f}T}\right) + c_u\mathrm{e}^{-r_\mathrm{f}T} \,.$$

Ersetzt man Δ durch den zuvor ermittelten Term, ergibt sich für den Optionswert die Gleichung

$$c_0 = S_0\left(\frac{c_u - c_d}{S_0 u - S_0 d}\right)\left(1 - u\mathrm{e}^{-r_\mathrm{f}T}\right) + c_u\mathrm{e}^{-r_\mathrm{f}T} \,,$$

was

$$c_0 = \frac{c_u\left(1 - d\mathrm{e}^{-r_\mathrm{f}T}\right) + c_d\left(u\mathrm{e}^{-r_\mathrm{f}T} - 1\right)}{u - d}$$

bzw.

$$c_0 = \mathrm{e}^{-r_\mathrm{f}T}\left(qc_u + (1 - q)c_d\right)$$

mit

$$q = \frac{\mathrm{e}^{-r_\mathrm{f}T} - d}{u - d}$$

entspricht.

Wendet man die ermittelte Gleichung für den Optionswert auf das zuvor betrachtete Beispiel mit den Parametern $u = 1{,}\overline{33}$, $d = 0{,}\overline{66}$, $r_\mathrm{f} = 5\,\%$, $T = 1$, $c_u = 34\,€$ und $c_d = 0\,€$ an, kommt man zum selben Ergebnis. Zunächst wird q mit

$$q = \frac{\mathrm{e}^{0{,}05} - 0{,}\overline{66}}{1{,}\overline{33} - 0{,}\overline{66}} = 0{,}577$$

berechnet, anschließend kann der Optionswert mit

$$c_0 = \mathrm{e}^{-0{,}05}\left(0{,}577 \cdot 34\,€ + (1 - 0{,}577) \cdot 0\,€\right) = 18{,}66\,€$$

ermittelt werden. Die Situation ist in Abb. 7.13 dargestellt.

Es fällt auf, dass für die Berechnung des Optionswerts keine Wahrscheinlichkeiten für die positive oder negative Entwicklung des Aktienkurses notwendig sind. Dies führt zum Konzept der *sogenannten risikoneutralen Bewertung*. Zwar kann nicht davon ausgegangen werden, dass es sich bei der realen Welt um eine risikoneutrale Welt handelt, jedoch zeigt sich, dass das Konzept der risikoneutralen Bewertung sowohl in einer risikoneutralen als auch in der realen Welt den korrekten Optionspreis liefert. In einer risikoneutralen Welt entspricht sowohl die Höhe der erwarteten Rendite aller Assets als auch der Diskontierungssatz dem risikolosen Zins. So kann der Faktor q aus der obigen Gleichung als die Wahrscheinlichkeit einer Aufwärtsbewegung

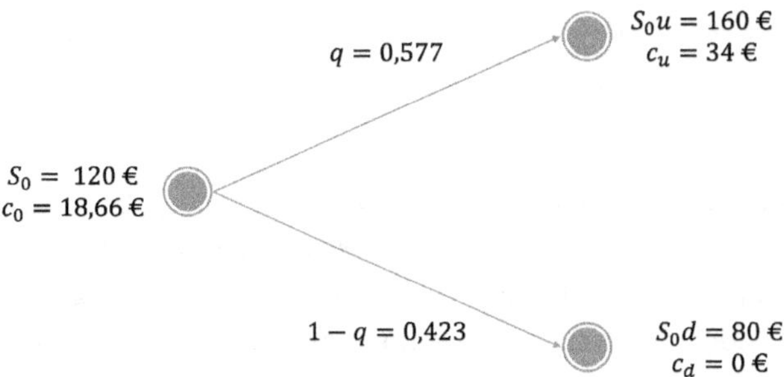

Abb. 7.13: Optionspreisermittlung im Einperioden-Beispiel mit Hilfe der risikoneutralen Bewertung

der Aktie in einer risikoneutralen Welt verstanden werden, d. h., der zuvor ermittelte Optionswert entspricht dem erwarteten zukünftigen Wert der Option in einer risikoneutralen Welt, diskontiert mit dem risikolosen Zinssatz. Dabei wird angenommen, dass der Steigungsfaktor u größer als e^{rT} ist und q somit zwischen 0 und 1 liegt.

Folgendes Beispiel zeigt, dass das Konzept der risikoneutralen Bewertung auch in der realen Welt den korrekten Optionspreis ermittelt. Angenommen, die erwartete Rendite der Aktie im Beispiel zuvor beträgt in der realen Welt 8 % und p ist die objektive Wahrscheinlichkeit einer Aufwärtsbewegung in der realen Welt, dann ist

$$S_0u \cdot p + S_0d \cdot (1 - p) = S_0e^{rT}$$

bzw.

$$p = \frac{S_0e^{rT} - S_0d}{S_0u - S_0d}$$

und damit

$$p = \frac{120e^{0,08} - 80}{160 - 80} = 0{,}625\ .$$

Die erwartete Auszahlung der Option in der realen Welt beträgt damit $34\,€ \cdot 0{,}625 + 0\,€ \cdot 0{,}375 = 21{,}25\,€$. Da eine Position in der Kaufoption allerdings risikoreicher als eine Position in der der Option zugrunde liegenden Aktie ist, kann die erwartete Rendite der Aktie nicht als Diskontierungszinssatz verwendet werden. Vielmehr muss ein risikoadjustierter Zinssatz, der über dem Diskontierungszins für die Aktie liegt, angewandt werden. Die genaue Größe des Diskontierungssatzes kann ohne Kenntnis des Optionswerts allerdings nicht berechnet werden, weshalb man sich wiederum das Konzept der risikoneutralen Bewertung zunutze macht und den so ermittelten Optionswert verwendet, um den risikoadjustierten Diskontierungszins r_i zu berechnen. Der Optionspreis ergibt sich aus

$$c_0 = e^{-r_\mathrm{i}T}\left(c_up + c_d(1 - p)\right)\ .$$

Daraus folgt für r_i

$$r_\mathrm{i} = \frac{-\ln\left(\frac{c_0}{c_up + c_d(1-p)}\right)}{T}$$

und damit ein risikoadjustierter Diskontierungszins bei gegebenem Optionswert von

$$r_\text{i} = \frac{-\ln\left(\frac{18{,}66\,€}{34\,€\cdot 0{,}625+0\,€\cdot 0{,}375}\right)}{1} = 13\,\%\,.$$

Dieses Beispiel des einstufigen Binomialmodells kann in derselben Art und Weise auf den Mehrperiodenfall angewendet werden, bei dem periodisch neue Entscheidungen unter Unsicherheit getroffen werden müssen. Die möglichen Entscheidungen in den folgenden Perioden sind jedoch durch die vorangegangenen Entscheidungen begrenzt. Zum Bestimmen des Optionswertes in t_0 geht man in diesem Fall von der letzten Periode aus rückwärts und bestimmt den Optionswert an jedem Knoten, bis man schließlich am Ausgangspunkt (t_0) angelangt ist.

Beispiel: Mehrstufiges Verfahren

Für ein mehrstufiges Binomial-Modell wird zunächst ein Zustandsbaum (Abb. 7.14) konstruiert, der den Wert des Projekts nach jeder Periode für zwei unterschiedliche Entwicklungen anzeigt. Das folgende Beispiel zeigt einen solchen Zustandsbaum für den Bau einer chemischen Fabrik.[4] Das Projekt verursacht Kosten in Höhe von

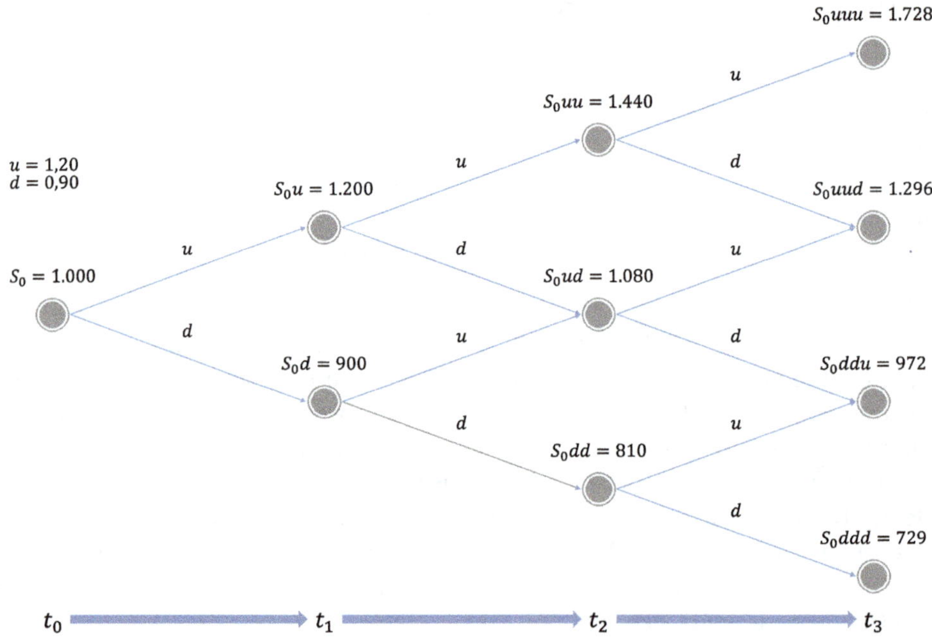

Abb. 7.14: Zustandsbaum für das Mehrperioden-Beispiel – Projektwerte in Mio. €

4 Leicht abgewandeltes Beispiel in Anlehnung an Copeland/Tufano (2004). Zum Zweck des besseren Verständnisses wurden einige Annahmen vereinfacht.

15 Mio. € für erste Planungen und Baugenehmigungen in t_0. Am Ende des ersten Jahres sind weitere 400 Mio. € zu investieren, um die Designphase abzuschließen. Danach besteht ein Zeitfenster von zwei Jahren, in denen das Management entscheiden kann, ob die Fabrik tatsächlich gebaut werden soll. In diesem Fall sind weitere 800 Mio. € in t_2 oder t_3 zu investieren. Dies ist ein Beispiel für eine Wachstumsoption mit eingebetteter Aufschuboption. Mit der Investition von 15 Mio. € erwirbt das Unternehmen die Möglichkeit, in einem Jahr weitere 400 Mio. € zu investieren. Damit wiederum ist die Option verbunden, nach einem oder zwei weiteren Jahren die Fabrik zu bauen.

Zum Ausgangszeitpunkt t_0 wird angenommen, dass die Fabrik einen Wert von 1 Mrd. € hat. Für die Preise der in dieser Fabrik erzeugten Produkte werden ein Steigungsfaktor von 20 % ($u = 1{,}2$) und ein Senkungsfaktor von –10 % ($d = 0{,}9$) angenommen. Die Steigungsfaktoren spiegeln die geschäftliche Entwicklung wider. Dementsprechend ändert sich der Wert der Fabrik im Zeitablauf. Der für die Bewertung verwendete risikolose Zins r_f beträgt 3 %.

Der Zustandsbaum wird zu einem Entscheidungsbaum (Abb. 7.15) umgewandelt, sobald wichtige Entscheidungspunkte integriert werden, wie bspw. die Freigabe von weiteren Investitionsmitteln oder die Möglichkeit, die Option weiter offenzuhalten.

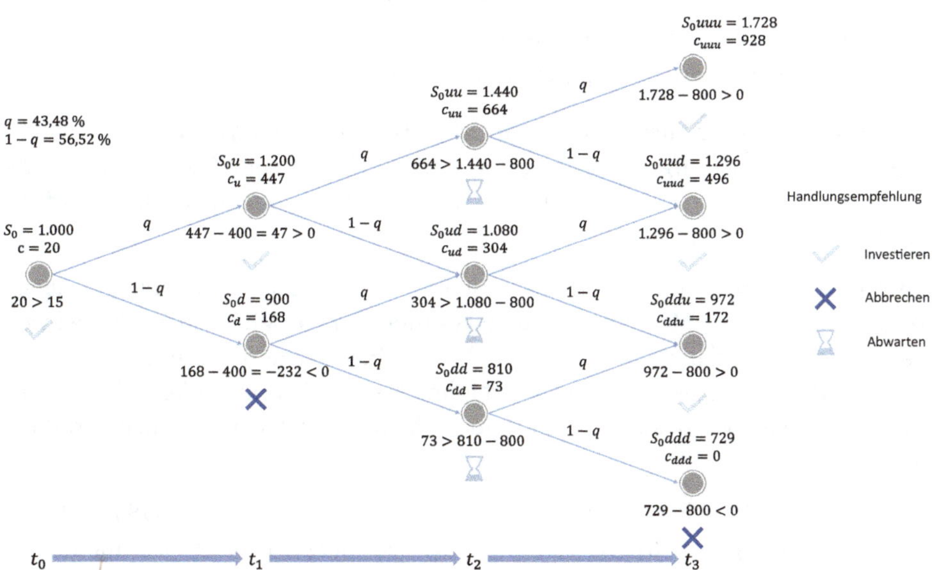

Abb. 7.15: Entscheidungsbaum für das Mehrperioden-Beispiel – Projektwerte in Mio. €

Der Entscheidungsbaum wird rekursiv, also von t_3 nach t_0, in vier Schritten bearbeitet:

Berechnung 1: Um die Optionswerte in t_3 zu bestimmen, werden von den erwarteten Projektwerten (siehe Zustandsbaum) die Baukosten in Höhe von 800 Mio. € abgezogen. In den drei oberen Knoten macht die Investition Sinn, weil der Projektwert über den Baukosten liegt und der Optionswert damit positiv ist. Im untersten Fall sind die Investitionen höher als der Projektwert; das Vorhaben würde also nicht weitergeführt werden.

Berechnung 2: Am Ende von t_2 wird dieser Vorgang wiederholt. Zunächst werden die Optionswerte an den einzelnen Knoten mit Hilfe des Binomial-Modells berechnet. Dazu wird in einem ersten Schritt die erwartete Wahrscheinlichkeit einer Aufwärtsbewegung in einer risikoneutralen Welt berechnet mit

$$q = \frac{e^{0,03} - 0,90}{1,2 - 0,90} = 0,435\,.$$

In einem zweiten Schritt können nun die Optionswerte an den einzelnen Knoten bestimmt werden.

$$c_{uu} = e^{-0,03}(0,435 \cdot 928 \text{ Mio.} € + 0,565 \cdot 496 \text{ Mio.} €) = 663,64 \text{ Mio.} €$$
$$c_{ud} = c_{du} = e^{-0,03}(0,435 \cdot 496 \text{ Mio.} € + 0,565 \cdot 172 \text{ Mio.} €) = 303,64 \text{ Mio.} €$$
$$c_{dd} = e^{-0,03}(0,435 \cdot 172 \text{ Mio.} € + 0,565 \cdot 0 \text{ Mio.} €) = 72,58 \text{ Mio.} €$$

Da der Optionswert in allen Fällen positiv ist und er außerdem an allen drei Knoten die Projektwerte bei sofortiger Ausübung der Option, d. h. den sofortigen Bau der Fabrik zu Kosten in Höhe von 800 Mio. €, überschreitet, sollte die Option in allen drei Fällen offengehalten werden.

Berechnung 3: Zum Ende des Jahres t_1 ist eine Ausübung der Option nicht möglich. Die Option kann nur mit einer weiteren Investition von 400 Mio. € offengehalten werden. Wenn der Wert, die Option offenzuhalten, geringer ist als die Investitionssumme, wird das Projekt aufgegeben. Umgekehrt lohnt es sich, die Option offenzuhalten. Die Optionswerte an den beiden Knoten werden ebenfalls nach dem gleichen Verfahren ermittelt.

$$c_u = e^{-0,03}(0,435 \cdot 663,64 \text{ Mio.} € + 0,565 \cdot 303,64 \text{ Mio.} €) = 446,59 \text{ Mio.} €$$
$$c_d = e^{-0,03}(0,435 \cdot 303,64 \text{ Mio.} € + 0,565 \cdot 72,58 \text{ Mio.} €) = 167,94 \text{ Mio.} €$$

Am oberen Knoten ist der Optionswert mit 446,59 Mio. € größer als die Investitionssumme in Höhe von 400 Mio. €. Der Projektwert ist also mit 46,59 Mio. € positiv; die Option sollte durch die Investition offengehalten werden. Am unteren Knoten übersteigt die notwendige Investitionssumme den Optionswert, was zu einem negativen Projektwert (–232,06 Mio. €) führt. Die Investition sollte in diesem Fall abgebrochen werden.

Berechnung 4: Zuletzt wird der Optionswert im Zeitpunkt t_0 berechnet. Dazu wird auf die Projektwerte zum Ende des Jahres t_1 (46,59 Mio. €) für den oberen Knoten und 0 € für den unteren Knoten zurückgegriffen. Das Ergebnis ist ein Optionswert von 19,66 Mio. €, der größer ist als die Anfangsinvestition von 15 Mio. €. Es ist also sinnvoll, die Anfangsinvestition zu tätigen und so die Option offenzuhalten.

$$c_u = e^{-0{,}03}(0{,}435 \cdot 46{,}59 \text{ Mio.} € + 0{,}565 \cdot 0 €) = 19{,}66 \text{ Mio.} €$$

Schritt 3: Management von Realoptionen

Nachdem eine Realoption definiert und bewertet worden ist, wird abschließend untersucht, ob und wie der Wert der Option beeinflusst werden kann. Die Werttreiber entsprechen denen einer Finanzoption: also der Basiswert der zugrunde gelegten Investition (Underlying), der Ausübungspreis (irreversible Kosten), die Laufzeit der Option, der Wertverlust und die Unsicherheit (Hungenberg et al. 2005). Zur Erklärung wird auf das Beispiel eines geplanten Einstiegs eines Unternehmens in den chinesischen Markt zurückgegriffen. Das Unternehmen könnte durch eine Investition entweder sofort in den Markt eintreten oder aber mit der Investition ein Jahr abwarten, um weitere Informationen über die Marktentwicklung zu sammeln und dann je nach Informationslage entscheiden, ob die Investition durchgeführt werden sollte oder nicht. Währenddessen könnten die Investitionsmittel profitabel angelegt werden.

Der *Basiswert* kann über die klassischen Einflussgrößen des Cashflows beeinflusst werden. Das Unternehmen könnte bspw. über eine Erhöhung der Preise oder zusätzliche Marketingmaßnahmen versuchen, höhere Rückflüsse aus der Investition zu erreichen. Auf der Kostenseite könnte der Zahlungsausgang über größere Mengen und entsprechende Skaleneffekte reduziert werden.

Der *Ausübungspreis* bezieht sich auf die Einstiegskosten. Hier ist es denkbar, dass über eine Zusammenarbeit mit einem Partner die Kosten des Aufbaus eines Distributionsnetzes reduziert werden.

Die *Laufzeit* der Option wird in hohem Maße durch die Marktentwicklung und das Verhalten der Wettbewerber beeinflusst. Zusätzliche Marktuntersuchungen können bspw. dazu führen, mit der Einstiegsentscheidung zu warten, also die Laufzeit zu verlängern.

Der *Wertverlust* ist analog zur Finanzoption wie eine entgangene Dividende zu betrachten. Für die Zeitdauer der Option verliert das Unternehmen auch den Cashflow, der bei einem Einstieg in t_0 im ersten Jahr hätte erzielt werden können. Dieser Wertverlust kann z. B. durch vorgezogene Produkteinführungen der Wettbewerber entstehen. Die Wettbewerber schaffen damit Markteintrittsbarrieren, die den Cashflow des Neueinsteigers verringern. Der Wertverlust einer Option steht in enger Verbindung mit der Laufzeit.

Die *Unsicherheit* einer Option bezieht sich auf ihren Spezialisierungs- und Neuheitscharakter (Hungenberg et al. 2005). Je größer der Grad der Spezialisierung bzw. der Grad der Innovation, desto höher ist auch die Unsicherheit.

Insgesamt steigern eine Erhöhung des Basiswerts, eine Verlängerung der Laufzeit und eine Erhöhung der Unsicherheit den Wert der Option. Durch eine Erhöhung des Ausübungspreises wird der Wert negativ beeinflusst.

Letztlich ist der Ausübungszeitpunkt festzulegen. Nach einem Jahr hat das Management folgende Möglichkeiten: (1) die Option aufzugeben; dann entsteht ein Verlust in Höhe der Erschließungskosten, (2) die Option auszuüben, d. h. den Markteinstieg zu realisieren, oder (3) mit der Ausübung der Option weiter zu warten. Diese Entscheidung wird vom jeweiligen Informationsstand und der Risikoneigung des Managements bestimmt (zu weiteren Ausführungen siehe Luehrman 1998 und Copeland/Tufano 2004).

Kritik des Instruments

Der Grundgedanke, dass Unternehmen in einem unsicheren Umfeld versuchen sollten, sich möglichst viele Wege offenzuhalten, ist nicht als revolutionär anzusehen (Hungenberg et al. 2005). Neu ist hingegen die Möglichkeit der Bewertung unterschiedlicher Optionen. Allerdings lässt sich der Realoptionsansatz in der Praxis nur schwer umsetzen (z. B. Hommel/Pritsch 1999). Seine Umsetzung scheitert häufig an den folgenden Punkten:

- *Unzureichende Methodenkenntnis.* Die Bewertung der Realoptionen ist in den meisten Fällen schwierig durchzuführen und setzt entsprechende finanztheoretische Methodenkenntnisse der Führungskräfte voraus, die in der Praxis häufig nicht anzutreffen sind.
- *Mangel an Struktur.* Um den Wert einer Realoption quantifizieren zu können, muss der Nutzen definiert werden. Diese Größe wird wiederum von einer Reihe von weiteren Faktoren bestimmt, z. B. dem Wert der zugrunde gelegten Investition (Underlying) oder der Laufzeit der Option. Hierzu gibt es kein vorgegebenes Verfahren; eine Reihe von Annahmen sind zu treffen (Brealey et al. 2017).
- *Interaktionseffekte.* Wettbewerber verfügen ebenfalls über Realoptionen, die Auswirkungen auf die eigenen Optionen haben. Bei der Bewertung sind diese Interaktionen zu berücksichtigen (Copeland/Keenan 1998b und Müller-Stewens/Lechner 2016). Für solche Fälle gibt es zwar Modelle, die aber in der Anwendung sehr zeitaufwendig und kompliziert sind. Stattdessen wird dann gerne mit vereinfachten Annahmen gearbeitet, die wichtige Einflüsse nicht erfassen und zu keinem exakten Ergebnis führen (Hungenberg et al. 2005).

Obwohl in der wissenschaftlichen Literatur ein weitreichendes Methodenwissen über den Realoptionsansatz zur Verfügung steht, liegt die zentrale Herausforderung in der praktischen Anwendung von Realoptionen (Hommel/Pritsch 1999).

Strategische Bedeutung und Nutzung

In der Praxis wurden Realoptionen zunächst zu Beginn der 1990er Jahre von Rohstoffkonzernen eingesetzt, um Investitionen zu bewerten, z. B. bei Texaco und ExxonMobil für Investitionen in Erdölförderkapazitäten. Später kamen weitere Branchen hinzu, die einem starken Wandel der Rahmenbedingungen unterliegen, wie die Telekommunikation oder die Pharmaindustrie. So nutzte z. B. der US-Pharmakonzern Merck Realoptionen, um seine Forschungs- und Entwicklungsaktivitäten zu bewerten (Geißler 2004).

Der Realoptionsansatz ist auf strategische Probleme, die durch ein hohes Maß an Unsicherheit sowie irreversible Investitionskosten charakterisiert sind, sinnvoll anwendbar. Dies gilt vor allem dann, wenn das Management aufgrund von neuen Informationen flexibel reagieren kann und der Barwert des Cashflows für das Vorhaben ohne Flexibilität in der Nähe des Break-even-Points liegt (Copeland/Keenan 1998a). Dann kann die klassische DCF-Methode zu Fehlentscheidungen führen. Der Einsatz des Realoptionsansatzes ist hingegen weniger sinnvoll bei Projekten mit einem sehr hohen DCF – dann wird das Projekt auf jeden Fall umgesetzt – oder bei Projekten mit einem stark negativen DCF. In diesem Fall dürfte der Wert der Flexibilität den DCF nicht sonderlich verbessern.

Hommel und Pritsch (1999) ordnen Realoptionen in die Kategorie der rationalen Strategieinstrumente ein. Mit der Anwendung werden „strategisch-intuitive“ Entscheidungen entpolitisiert und in analytische Größen überführt. Die Wachstumsoptionen helfen, den Einstieg in neue Märkte zu sichern. Mit Versicherungsoptionen können Investitionsrisiken reduziert und Kapazitäten effizienter ausgelastet werden. Lernoptionen unterstützen die Optimierung von Lernprozessen. Unternehmerische Flexibilität bei unsicheren Bedingungen kann mit diesem Ansatz im Einklang mit einer wertorientierten Unternehmensführung bewertet werden. Mit der Quantifizierung wird die Vergleichbarkeit von Strategiealternativen sichergestellt und Entscheidungstransparenz geschaffen (Luehrman 1998 und Hungenberg 2014).

Leslie und Michaels (1997, S. 105) sehen den größten Nutzen der Methode in einem veränderten Denken des Managements: „The shift in outlook from ‘fear uncertainty and minimize investment’ to ’seek gains from uncertainty and maximize learning’ opens up a wider range of possible actions and is crucial to the usefullness of real options as a strategic rather than a valuation tool.“

Hungenberg et al. (2005) betonen ebenfalls das Denken in Optionen im Zusammenspiel mit deren finanzieller Bewertung als eigentliche Stärke dieses Ansatzes. In diesem Sinne haben möglicherweise die Diskussion und kritische Auseinandersetzung mit Realoptionen und die daraus folgenden strategischen Konsequenzen einen höheren Wert als eine exakte quantitative Bestimmung des Optionswerts, die, wie beschrieben, ohnehin mit Problemen behaftet ist (Bowman/Moskowitz 2001).

Ähnliche Instrumente

Statische Kapitalwertmethode in Verbindung mit einer Sensitivitätsanalyse

Die Sensitivitätsanalyse ist ein allgemeines Instrument, um zu untersuchen, wie sich ein Strategieergebnis verändert, wenn einzelne wichtige Annahmen variiert werden (z. B. Götze 2014). Diese Methode legt das Management auf eine bestimmte Strategie fest. Handlungsflexibilität und damit einhergehende Veränderungen des Risikos werden nicht berücksichtigt (Hommel/Pritsch 1999). Mit der Sensitivitätsanalyse kann die Auswirkung der Veränderung einzelner Werttreiber auf den DCF des Projekts ermittelt werden. Weiter kann die Grenze berechnet werden, bis zu der ein Werttreiber maximal schwanken darf, ohne die Vorteilhaftigkeit des Projekts zu gefährden. Diese Methode ist relativ einfach anzuwenden und liefert einen ersten, wenn auch beschränkten Ansatzpunkt zur Strategiefindung unter unsicheren Bedingungen.

Dynamische Kapitalwertmethode in Verbindung mit einem Entscheidungsbaum

Mit diesem Instrument werden unternehmerische Flexibilität und Unsicherheiten in Entscheidungs- oder Ereignisbäumen abgebildet. Daraus wird in einem rekursiven Verfahren aus allen Entscheidungsalternativen die optimale Strategie für den Entscheider abgeleitet (z. B. Götze 2014). Schwierig in diesem Verfahren ist die zutreffende Ermittlung der Kapitalkosten (Hommel/Pritsch 1999). In komplexen Situationen wird das Verfahren sehr schnell unübersichtlich.

Monte-Carlo-Simulation

Während die Sensitivitätsanalyse pro Durchgang nur eine Variable variiert, können im Rahmen einer Monte-Carlo-Simulation die Interaktionen verschiedener Werttreiber explizit abgebildet werden (z. B. Brealey et al. 2017). Aufbauend auf mathematischen Modellen, welche die Abhängigkeiten zwischen den einzelnen Variablen erfassen, werden Wahrscheinlichkeiten für das Eintreffen sowie die Fehlerrate einzelner Prognosen ermittelt. Mit Hilfe vieler Simulationsläufe kann eine Wahrscheinlichkeitsverteilung für die Höhe des Cashflows errechnet werden. Diese Methode ist besonders geeignet zur Entwicklung und Beurteilung von Strategien, die durch einen hohen Komplexitäts- und Unsicherheitsgrad gekennzeichnet sind. Allerdings ist eine Monte-Carlo-Simulation anspruchsvoll, aufwendig und kompliziert. Die Schwierigkeiten beziehen sich auf die Erfassung der richtigen Kausalitäten zwischen den Variablen und die Definition von nicht verzerrten Wahrscheinlichkeitsverteilungen (Müller-Stewens/Lechner 2016).

Überschneidungen mit anderen Instrumenten

Szenarioanalyse

Die Szenarioanalyse entwickelt in erster Linie alternative Zukunftsbilder für die Unternehmensumwelt. Sie ist sehr breit angelegt und arbeitet überwiegend mit qualitativen

Daten und Einschätzungen der externen Umweltentwicklung. Die Szenarien können konkrete Hinweise für die Identifikation, die Beurteilung und den richtigen Zeitpunkt möglicher Optionen liefern. Mit dem Realoptionsansatz können eine detaillierte finanzielle Bewertung und ein Management dieser Optionen vorgenommen werden. Eine enge Verbindung zwischen Szenarien und Realoptionen zeigen Cornelius et al. (2005) am Beispiel von Shell (vgl. Abschn. 7.2.6).

Ressourcen- und Fähigkeiten-Portfolio

Dieses Modell (vgl. Abschn. 6.2.2) analysiert Ressourcen und Fähigkeiten im Hinblick auf ihre strategische Bedeutung und relative Stärke; das Ergebnis sind Schlüsselstärken und -schwächen. Solche Informationen bilden eine wichtige Basis sowohl für die Identifikation von Optionen als auch für ihr Management. Dies lässt sich am Beispiel einer Lernoption zeigen. Das Ressourcen- und Fähigkeiten-Portfolio hilft bspw. bei der Beurteilung, ob die vorhandenen Ressourcen und Fähigkeiten für einen Einstieg in eine neue Technologie und damit auch einen neuen Markt ausreichen. Ein solcher Einstieg ist oft mit erheblichen Risiken verbunden. In dieser Situation bietet sich eine Lernoption in Form von Kooperationen mit kleineren Forschungsunternehmen über Minoritätsbeteiligungen (Venture Capital) an. Zu einem späteren Zeitpunkt kann die Eintrittsentscheidung erneut beurteilt werden.

Wertkette

Die Wertkette (vgl. Abschn. 6.2.3) zeigt systematisch Stärken und Schwächen eines Unternehmens. Sie macht darüber hinaus die Bedeutung der einzelnen Aktivitäten klar und zeigt Abhängigkeiten zwischen den Wertketten innerhalb wie außerhalb des Unternehmens. Diese Informationen können zur Identifikation von Realoptionen genutzt werden, bspw. im Sinne von Versicherungsoptionen im Produktions- und Kapazitätsmanagement oder von Wachstumsoptionen bei einer Umgestaltung der Wertkette.

7.2.6 Szenarioanalyse

„*Prediction is very difficult, especially about the future*“ (Nils Bohr zugeschrieben, Träger des Nobelpreises für Physik, 1922).

Mit der Szenarioanalyse werden mögliche alternative Zukunftsbilder der Unternehmensumwelt entworfen. Sie kann dazu beitragen, schwache Signale in der Gegenwart aufzufangen, um so frühzeitig wichtige Trends zu erkennen. Das Unternehmen kann sich gedanklich mit Brüchen in der Entwicklung und völlig neuen Situationen auseinandersetzen. Unsicherheiten über zukünftige Entwicklungen lassen sich mittels der Szenarioanalyse konkretisieren und eingrenzen. Die Szenarioanalyse unterstützt die Formulierung von Strategien, ermöglicht eine Bewertung der verschiedenen strategischen Optionen und ihrer Robustheit in verschiedenen Umweltsituationen. Die Szenariotechnik beruht auf der Identifizierung von relevanten Trends, der Analyse ihres Zusammenwirkens und der Konstruktion von wahrscheinlichen und konsistenten alternativen Szenarien für einen mittleren oder langfristigen Zeithorizont. Szenarien können sich auf allgemeine Entwicklungen oder auf ganz bestimmte Themen beziehen.

Beschreibung und theoretischer Hintergrund

Das Fortschreiben von einzelnen Trends über einen kurzen Zeitraum hinaus hat sich im strategischen Management nicht bewährt – allzu oft trifft die Prognose nicht zu. Die Unternehmensumwelt als Quelle unternehmerischer Risiken und Chancen entwickelt sich außerdem nicht linear, sondern durch das Zusammenwirken verschiedener, in der Gegenwart bereits angelegter, aber nicht eindeutig absehbarer Entwicklungen, die zu Diskontinuitäten und neuartigen Situationen führen können (Ansoff 1979 and Hamel 2002). Hier setzt die Szenarioanalyse an. Sie untersucht relevante und sich andeutende Trends und das Zusammenwirken der verschiedenen Trends im Hinblick auf eine gegebene Fragestellung. Aufgrund dieser Analyse werden unterschiedliche, aber in sich konsistente Szenarien entwickelt.

Als Szenario wurde ursprünglich ein grobes Bild für Ereignisse in Bühnenstücken bezeichnet, das in Form eines Librettos oder des Textes genauer ausgearbeitet wurde. Das Militär entwickelte Kriegsspiele und verwendete Szenarien als Grundlage der strategischen Planung. Die moderne Szenarioanalyse entwickelte sich aus einer Kombination von Computersimulationen, Spieltheorie und Kriegsspielen bei der Rand Corporation, einer militärischen Denkfabrik in den USA. Kahn und Wiener (1967), die daran maßgeblich beteiligt waren, übertrugen die Technik am Hudson-Institut auf soziale und politische Themen und entwarfen intuitive und nicht formalisierte Szenarien. Andere Experten entwickelten am Stanford Research Institute (SRI) die Techniken für Planungszwecke weiter (Mandel 1982 und Bradfield et al. 2005).

In Frankreich entwarf zur gleichen Zeit Gaston Berger am Centre d'Études Prospectives normative Szenarien für Zwecke der öffentlichen Planung. Die Methode La Prospective wurde in den 1960er Jahren für die ökonomische Planung und den vierten Nationalplan eingesetzt sowie ab Mitte der 1970er Jahre in den Konzernen ELF (Mineralöl) und EdF (Elektrizität). Sie setzt stark auf die beteiligten Akteure, auf eine Quantifizierung und externe Experten (Bradfield et al. 2005).

Die Mineralölfirma Shell systematisierte und formalisierte den intuitiven Ansatz von Kahn/Wiener (1967) und SRI mit einer deduktiven Logik und wendete sie ab 1972 im strategischen Management auf Konzernebene an (Zentner 1982, Wack 198 und Cornelius et al. 2005). So wurde 1972 eine Ölverknappung mit hohen Preisen als ein mögliches Szenario beschrieben, das dann 1974 tatsächlich eintrat und als „Ölkrise" der westlichen Welt einen Schock versetzte. Seit dem Jahr 2000 werden die Szenarien (z. B. Shell 2019) für Geschäftsfeldstrategien und einzelne Projekte eingesetzt (Cornelius et al. 2005). Der General Electric-Konzern entwickelte 1971 vier Szenarien der globalen ökonomischen und soziopolitischen Entwicklung (Bradfield et al. 2005).

Die folgende Darstellung (Abb. 7.16) stellt das Trichter-Modell für die Entwicklung von Szenarien dar. Dabei wird mit unterschiedlichen Alternativszenarien und einem Trendszenario gearbeitet.

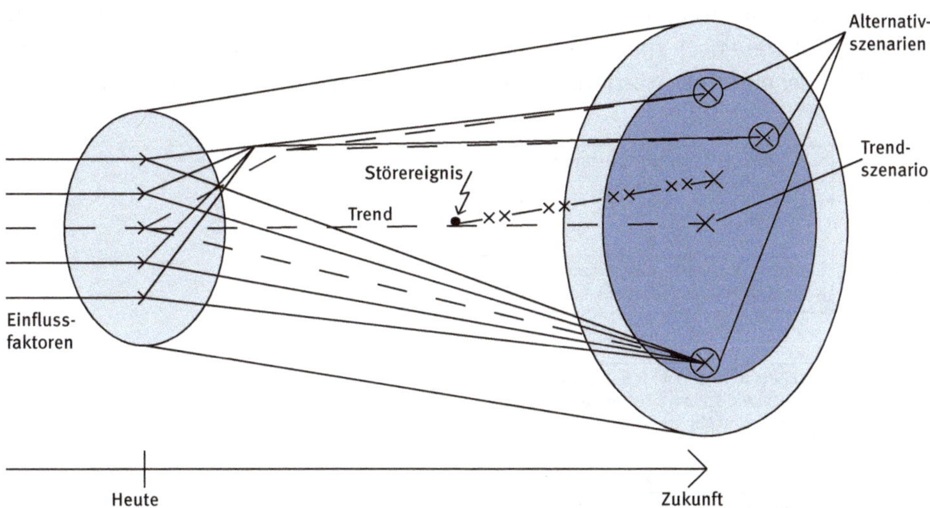

Abb. 7.16: Trichtermodell für Szenarien (Quelle: in Anlehnung an Fink et al. 2002, S. 75)

Die weitere Entwicklung brachte aufwendigere und modellgestützte Ansätze (z. B. am Batelle-Institut) hervor (Heinicke 2006), die aufgrund ihrer Komplexität meist den Einsatz von Computerprogrammen erfordern. Sehr früh auch wurde mit „harten" Szenarien auf Basis von quantitativen Daten und Computersimulationen gearbeitet – zu den bekanntesten gehören die Szenarien des Club of Rome (Meadows et al. 1972) oder die Energieszenarien der internationalen Energieagentur IEA (2019).

Der Aufwand für derartige Computersimulationsmodelle ist sehr hoch und dürfte nur für große Unternehmen und nur in speziellen Fällen sinnvoll sein. Sie berücksichtigen sehr viele Einflussfaktoren und deren komplexe Wechselwirkungen. Die Nutzung erfordert eine intensive Unterstützung durch Spezialisten (weitere Information z. B. in Balin 2006, Götze 2006 und Heinecke 2006).

Anhand der Zielsetzung lassen sich drei unterschiedliche Szenariotypen unterscheiden:

- Umfeldszenarien: Wie entwickeln sich Randbedingungen?
- Lenkungsszenarien: Wie wirkt sich die eigene Gestaltung der Situation aus?
- Systemszenarien: Wie wirkt sich die eigene Gestaltung der Situation im Zusammenspiel mit der Entwicklung der Randbedingungen aus?

Im Folgenden wird eine intuitiv-systematische Szenarioanalyse in Anlehnung an den SRI-Ansatz für Umfeldszenarien (Ralston/Wilson 2006) vorgestellt (Abb. 7.17). Bezüglich methodischer Varianten und Alternativen der Methodik sei auf die umfangreiche Fachliteratur verwiesen (Übersichten in EEA 2009 und Bradfield et al. 2005). Der Aufwand für die Datenerhebung und -verarbeitung ist dabei begrenzt; es sind weder eine spezielle Software noch spezielle Techniken erforderlich. Die Wahrscheinlichkeit des Zutreffens der einzelnen Szenarien wird dabei nicht bestimmt oder bewertet.

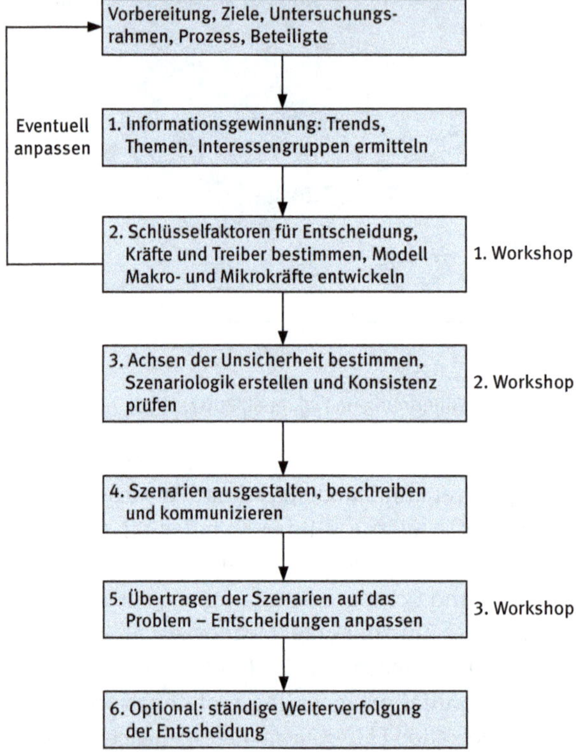

Abb. 7.17: Vorgehen bei der intuitiv-systematischen Szenariomethode (Quelle: in Anlehnung an Ralston/Wilson 2006, S. 61)

Praktische Anwendung

Vorbereitung:

Die intuitiv-systematische Methode ist flexibel einsetzbar. Sie kann genutzt werden für die einmalige Analyse einer Situation (Was bedeutet Cloud-Computing langfristig für unser Unternehmen?), eines Problems (Liegt die Zukunft des Buchs im e-Book?) oder die Entwicklung einer Strategie (Strategie eines Internetunternehmens). Bei regelmäßiger Anwendung kann sie die Entwicklung zu einem lernenden und anpassungsfähigen Unternehmen unterstützen.

Als *Ziel* (Gestaltungsfeld) wird entweder die Unterstützung bestimmter definierter Entscheidungen festgelegt (z. B. Investitionen in neue Produktionsanlagen oder in Forschung und Entwicklung), die Überprüfung einer existierenden Strategie oder die Entwicklung von Strategien.

Der *Untersuchungsrahmen* (Szenariofeld) wird durch die Wahl des Zeithorizonts abgesteckt. Ralston und Wilson (2006) gehen von 10 bis 20 Jahren aus; Fink et al. (2002) unterstellen 2 bis 20 Jahre. Auch der geografische Bezug wird festgelegt. Weiterhin sollte beschrieben werden, welche betrieblichen Funktionen und ob das gesamte Unternehmen oder nur bestimmte strategische Geschäftseinheiten einbezogen werden. Um Missverständnisse zu vermeiden, ist eindeutig auszuschließen, was im Rahmen des Szenarios nicht betrachtet werden soll.

Prozessgestaltung: Das Vorgehen ist innerhalb des Unternehmens zu kommunizieren, um Verständnis und Akzeptanz für die Analyse zu schaffen und später die Ergebnisse breit nutzen zu können. Allerdings sollte die Unbeeinflussbarkeit des Szenarioprozesses sichergestellt werden, um zu verhindern, dass unternehmenspolitisch nicht erwünschte Ergebnisse von vorneherein unterdrückt werden. Wie immer bei solchen Aktivitäten sind Verständnis, eine eindeutige Unterstützung und die Partizipation des Topmanagements hierfür Voraussetzung.

Besteht das Ziel darin, eine schnelle Veränderung und einen Gruppenkonsens über mögliche Entwicklungen herbeizuführen, bieten sich Szenariokonferenzen über zwei bis drei Tage an. Teilnehmer sind 10–16 Führungskräfte, die bereits über ein umfangreiches Wissen zu den Themen verfügen. Der Prozess wechselt zwischen Arbeitsphasen in Kleingruppen und Diskussionsrunden im Plenum. Am ersten Tag werden Trends, Themen und Unsicherheiten ermittelt, am zweiten Tag die Achsen der Unsicherheit definiert und die Konsistenz geprüft und am dritten Tag die Szenarien aufgestellt (Ralston/Wilson 2006).

Zur Ausarbeitung gut untermauerter, komplexer Szenarien, die direkt in die strategische Planung integriert werden sollen, empfiehlt sich eine Projektorganisation. Die Dauer des Prozesses kann einige Wochen bis Monate betragen. Die eigentliche Arbeit erledigt ein Kernteam, das Workshops (5–8 Tage) mit dem erweiterten Szenarioteam durchführt. Das Kernteam formuliert die Meilensteinergebnisse und gestaltet den Transformationsprozess (Ralston/Wilson 2006).

Die Szenarioentwicklung kann aber auch als ständiger Prozess gestaltet werden. Virtuelle Kommunikations- und Arbeitsinstrumente ermöglichen ein zeitversetztes Arbeiten an verschiedenen Orten.

Moderatorenauswahl und Teamzusammenstellung: Die Aufgabe des Moderators besteht in der Leitung der Prozesse; er muss kein Experte für die Zukunft sein. Das Team wird nach Alter, Ausbildung, Funktion im Unternehmen, der sozialen Herkunft und nach der kulturellen Identität heterogen zusammengesetzt, um unterschiedliche

Blickwinkel zu erhalten (Fink et al. 2002). Das Team muss kreativ werden und eine Balance zwischen intuitivem und rationalem Vorgehen finden. Die Teammitglieder verfügen idealerweise über Vorstellungskraft und sind vom Typ her Impulsgeber, aber keine Propheten, die Modeprognosen ihrer jeweiligen Bezugsgruppen von sich geben (Gausemeier 2010). Das Team muss in der Lage sein, bisherige Annahmen infrage zu stellen. Es kann um externe Teilnehmer ergänzt werden; infrage kommen beispielsweise Kunden, Lieferanten oder Experten für bestimmte Themenkreise. Die Mitwirkung kann locker über einzelne Vorträge, die Teilnahme an einzelnen Diskussionen oder intensiver als Beteiligung an der gesamten Szenarioentwicklung erfolgen.

Schritt 1: Gewinnen von Informationen und Ermitteln von Themen und Trends

In einem ersten Schritt werden erkennbare, sich andeutende und denkbare Themen und Trends in der allgemeinen externen Umwelt des Unternehmens und in der engeren Unternehmensumwelt der Branche und der Märkte ermittelt. Letzteres erfolgt anhand der PEST-Methode (vgl. Abschn. 5.2.1). Ralston und Wilson (2006) empfehlen folgende Untersuchungsbereiche:

- Demografische Faktoren.
- Soziale Faktoren und Lebensstile.
- Mikro- und makroökonomische Faktoren.
- Natürliche Ressourcen.
- Physische Umwelt (Ökosysteme und Infrastruktur).
- Politische und regulatorische Anforderungen.
- Technologische Faktoren.
- Internationale Randbedingungen.

Wichtig ist dabei nicht die Identifizierung eines generellen, plausiblen Trends als „Mainstream“, sondern das Aufgreifen verschiedener und zueinander widersprüchlicher Trends. Anschließend werden Themen und Trends in zwei Kategorien unterschieden: solche, bei denen die Entwicklung aufgrund bekannter Einflussfaktoren und Gesetzmäßigkeiten eindeutig bestimmt werden kann, und solche, bei denen aufgrund der vielen Einflussfaktoren erhebliche Unsicherheiten bestehen. So ist bspw. die natürliche demografische Entwicklung in einem Land für die nächsten 30 Jahre relativ genau bestimmbar. Die reale Bevölkerungsentwicklung mit Zu- oder Abwanderungen ist jedoch unsicher, weil sie von Faktoren wie gesetzlichen Restriktionen oder Anreizen, der relativen Attraktivität der Lebensverhältnisse, der öffentlichen Meinung und dem Verhalten gegenüber Zuwanderern oder den Möglichkeiten zur Auswanderung abhängen.

Zusätzlich sollte eine Stakeholder-Analyse (vgl. Abschn. 5.2.3) durchgeführt werden. Welche Gruppen haben Interesse an dem untersuchten Thema, den Trends und den treibenden Kräften für einen Trend? Welche Gruppen werden davon stark betroffen? Welche Gruppen können diese Themen stark beeinflussen? Dabei sind die Veränderungen in der Vergangenheit und mögliche zukünftige Entwicklungen zu berücksichtigen (Schoemaker 1995).

Als Datenquellen können dienen: Interne Daten und Berichte, Markt- und Geschäftsstudien, Regierungsberichte, wissenschaftliche Reports, Reden von Politikern und Vertretern von Interessengruppen, Interviews mit Managern, Vertretern der Stakeholder, Berichte von Institutionen, die sich mit bestimmten Trends befassen (z. B. das Statistische Bundesamt zum Thema Demografie, das International Panel on Climate Change (IPCC) zum Thema Klimawandel) und Interviews mit internen oder externen Vordenkern zum jeweiligen Thema. Für die weitere Bearbeitung ist die Bildung von Kategorien sinnvoll, um Themen und Trends nach Ähnlichkeiten bzw. gemeinsamen zugrundeliegenden Kräften zusammenzufassen und so übersichtlicher und unter einem Oberbegriff zu behandeln.

Schritt 2: Ermitteln der Schlüsselfaktoren für die Entscheidung und Verbindung mit treibenden Kräften

Zunächst sind diejenigen Faktoren zu bestimmen, welche die anstehende Entscheidung direkt beeinflussen. Da langfristige Entscheidungen getroffen werden sollen, müssen zwangsläufig viele Faktoren prognostiziert werden – oder sie werden als konstant angenommen und nicht hinterfragt. Typische Entscheidungsfaktoren für Unternehmensentscheidungen sind die generelle ökonomische Situation, die rechtlichen Rahmenbedingungen, das Käuferverhalten und die Kundenwünsche, der Markt und die Situation der Branche (Lebenszyklus, Konkurrenz, Verhandlungsstärke von Kunden und Lieferanten, Bedrohungen durch Substitute und neue Wettbewerber). Typischerweise werden hier bis zu 20 zentrale Entscheidungsfaktoren ermittelt, die wiederum zu 4–6 Entscheidungsfeldern zusammengefasst werden.

Die Obergrenze für die zu berücksichtigenden Trends und Themen sollte bei 10–20 liegen (Ralston/Wilson 2006 und Fink et al. 2002). Allerdings sind computergestützte Methoden in der Lage, wesentlich mehr Trends zu verarbeiten. Für jedes Thema ist eine treffende Bezeichnung zu wählen und eine etwa zweiseitige, zusammenfassende Beschreibung zu erstellen, mit der die folgenden Fragen beantwortet werden: Warum ist das Thema wichtig? Was sind die Schlüsseltrends? Welche Unsicherheiten bestehen? Was ist die Bandbreite möglicher Entwicklungen und Ergebnisse? Welche Wechselwirkungen bestehen zu anderen Themen? Welche Konsequenzen ergeben sich für das festgelegte Ziel?

Die Kräfte, welche die Entscheidungsfaktoren beeinflussen, müssen ermittelt und gezielt untersucht werden. So identifizierte bspw. Shell als entscheidende Kraft für die Ölfördermenge den Finanzbedarf der Ölförderländer und deren Möglichkeiten, die Fördererlöse sinnvoll zu verwenden. Daraufhin wurden die einzelnen Ölförderländer in dieser Hinsicht genauer untersucht.

Für das weitere Vorgehen ist ein dreistufiges Modell der Beeinflussung der Entscheidungsfaktoren notwendig. Im ersten Schritt werden Kräfte und Treiber in der allgemeinen externen Unternehmensumwelt ermittelt. Im zweiten Schritt müssen die Kräfte in der Branchenumwelt identifiziert werden, im dritten Schritt dann die Einflüsse: Die Kräfte in der allgemeinen Unternehmensumwelt und in der Branchenumwelt können sowohl direkt wie indirekt auf die Entscheidungsfaktoren einwirken. Die Abb. 7.18 zeigt dies für eine Szenarioanalyse zur Marktentwicklung von Elektrofahrrädern.

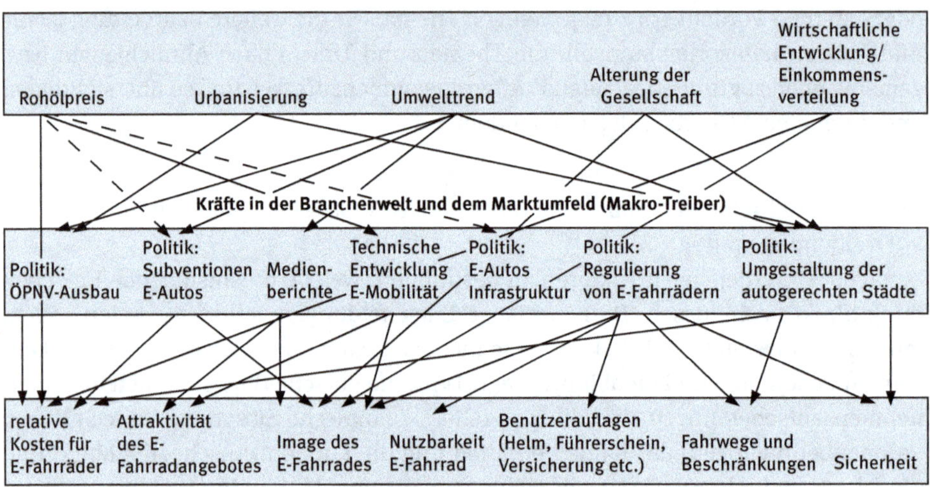

Abb. 7.18: Drei-Stufen-Modell (Quelle: in Anlehnung an Ralston/Wilson 2006, S. 89)

Für die ermittelten Kräfte müssen nun geeignete qualitative oder quantitative Deskriptoren gewählt werden. Die mögliche Bandbreite der Entwicklung und die Unsicherheiten darin sind abzuschätzen und ihre Bedeutung für die Entscheidungsfaktoren zu bewerten. Anschließend werden sie aufgrund dieser Einstufung in ein Diagramm (Tab. 7.8) eingetragen.

Mit Hilfe dieses Diagramms können die wichtigsten Kräfte (hohe Unsicherheit und hoher Einfluss) bestimmt werden. Gegebenenfalls kann für die ermittelten Schlüsselkräfte und -treiber eine vertiefte Untersuchung erfolgen. Pillkahn (2007) empfiehlt, auch unvorhersehbare Ereignisse (Unfälle mit großen Auswirkungen, Kriege, Anschläge, Naturkatastrophen) als „Joker" mit einzubeziehen.

Sollte sich an dieser Stelle herausstellen, dass bei den vorab getroffenen Festlegungen implizit Annahmen über die Zukunft getroffen wurden, die jetzt als unsicher erscheinen, oder dass die ermittelten Kräfte der Rahmensetzung nicht entsprechen, muss eine Anpassung von Zielsetzung und/oder Untersuchungsrahmen erfolgen.

Tab. 7.8: Bewertung der Schlüsselfaktoren am Beispiel von Elektrofahrrädern (Quelle: in Anlehnung an Ralston/Wilson 2006, S. 104)

Unsicherheit	Bedeutung für Ziel		
	Gering	**Mittel**	**Hoch**
Gering		Urbanisierung Umwelttrend Alterung der Gesellschaft Rohölpreis	
Mittel	Politik: ÖPNV-Ausbau	Politik: Subventionen E-Autos Politik: E-Autos Infrastruktur Politik: Regulierung von E-Fahrrädern Medienklima	
Hoch		Wirtschaftliche Entwicklung/Einkommensverteilung Produktangebot Elektrofahrräder Image Elektrofahrräder	Technische Entwicklung: E-Mobilität Politik: Umgestaltung der autogerechten Städte

Schritt 3: Achsen der Unsicherheit festlegen und nach Logik selektieren und kombinieren

Je nach Zahl der ermittelten relevanten Kräfte müssen diese zunächst in einem weiteren Schritt zu einem Oberthema zusammengefasst werden, das dann als Unsicherheit mit zwei entgegengesetzten Ausprägungen eine „Achse der Unsicherheit" bildet. Im einfachsten Fall gibt es nur eine Achse. Mehr als vier Achsen sollten aus Gründen der Handhabbarkeit jedoch nicht gewählt werden. Aus der Kombination der Ausprägungen ergeben sich viele Kombinationen. Um deren Zahl zu reduzieren, gibt es zwei Ansätze:

Konsistenzprüfung: Bestimmte Ausprägungen auf unterschiedlichen Achsen können sich logisch oder aufgrund gemeinsamer Kräfte widersprechen. Um dies herauszufinden, werden jeweils zwei Achsen der Unsicherheit mit ihren vier kombinatorischen Zustandsmöglichkeiten verglichen; durch Herausstreichen der inkonsistenten Kombinationen wird die Zahl der zu berücksichtigenden Kombinationen reduziert (Tab. 7.9). Diese Prüfung sollte doppelt erfolgen, um Fehlurteile und Voreingenommenheit zu minimieren.

Auswirkungen auf Schlüsselfaktoren der Entscheidung: Verschiedene Kombinationen von Zuständen auf den Achsen der Unsicherheit (Kräfte) können zu einer gleicharti-

Tab. 7.9: Konsistenzmatrix am Beispiel von Elektrofahrrädern (Quelle: in Anlehnung an Schoemaker 1995)

Image	**Staatliche Regulierung**	
	Nutzerfreundlich	**Restriktiv**
Trendy, grün, für alle Bevölkerungsgruppen	Konsistent	Konsistent
Negativ, für Einkommensschwache und Alte	Konsistent	Konsistent

gen Wirkung auf die Schlüsselentscheidungsfaktoren führen. Gleichartige Ergebnisse können dann mit einem typischen Szenario abgebildet werden.

Das Ergebnis dieser zwei Schritte ist eine Reduktion möglicher Umweltzustände; aus ihnen sollten drei bis fünf charakteristische Szenarien gebildet werden, die die Bandbreite der möglichen Umweltentwicklung beschreiben und damit die Auswirkungen auf die Entscheidungsfaktoren weitgehend abdecken. Einfache Größen können ggf. auch berechnet werden. Die Szenarien müssen sich deutlich unterscheiden: Es dürfen keine Variationen des gleichen Themas vorkommen. Denn sie beschreiben keinen kurzfristigen Übergangszustand, sondern einen Zustand, den das betrachtete System für längere Zeit einnehmen kann (Schoemaker 1995). Zusätzlich könnten auch das als am wahrscheinlichsten bewertete Szenario oder die bisherigen Erwartungen als Referenzszenario (Fortschreibung der bisherigen Trendentwicklung) herangezogen werden. Dies bietet den Vorteil, die Unterschiede deutlicher zu machen. Es entsteht jedoch die Gefahr, dass die jetzt als weniger wahrscheinlich eingestuften Szenarien nicht mehr ernst genommen werden und damit die Notwendigkeit einer Auseinandersetzung mit diesen Ergebnissen sinkt.

Schritt 4: Entwickeln und Beschreiben von detaillierten Szenarien

Typisch für die Szenariotechnik ist eine narrativ-visuelle Präsentation, die die Imagination der Adressaten anregt und ihr Verständnis weckt. Gleichzeitig werden damit die impliziten Annahmen, wie sich die Welt weiterentwickeln wird, offengelegt. Die „Geschichte" muss daher an den Interessen und den Entscheidungsnotwendigkeiten der Adressaten ansetzen. Die Szenarien werden nun im Detail entwickelt und plausibel beschrieben – wie wird die jeweilige konkrete Situation aussehen? Hilfreich kann eine Übersichtstabelle mit den wesentlichen Unterschieden zwischen den Szenarien sein. Wichtig sind dabei treffende Überschriften für jedes Szenario. Eine Kurzbeschreibung fasst die Situation in einem Szenario zusammen.

Das Szenario selbst beschreibt die folgenden Aspekte:
- Die Implikationen für die Entscheidungsfaktoren.
- Die Entwicklung, die zu diesem Szenario geführt hat.
- Die angenommenen Ursache-Wirkungsketten.

- Kritische Ereignisse und Stakeholder, die dabei eine wichtige Rolle gespielt haben.
- Wie in der Entwicklung Konflikte gelöst oder nicht gelöst wurden.
- Welche Konflikte, Gegensätze und Interessen den Inhalt des Szenarios bestimmen.

Die Szenarien können in Form einer Erzählung wie „Ein Tag im Leben von ...", in Form von fiktiven Zeitungsartikeln, TV/Radio-Nachrichten der Zukunft, Theaterszenen oder auch in Form eines Briefes oder Memorandums veranschaulicht werden (O'Brien 2004). Die Szenarien müssen an die mentalen Landkarten, Interessen und Befürchtungen der Adressaten, in diesem Fall der oberen und mittleren Führungskräfte, anknüpfen (Schoemaker 1995). Anschließend sind die Szenarien allen Beteiligten und weiteren Adressaten im Unternehmen zu kommunizieren.

Schritt 5: Übertragen auf das strategische Problem

Die Übertragung auf das strategische Problem kann in unterschiedlicher Weise erfolgen:

- Zur Überprüfung einer Strategie werden deren Erfolgsaussichten und Risiken in den einzelnen Szenarien analysiert – wie robust ist die Strategie gegenüber den Umweltveränderungen? Gegebenenfalls ist die Strategie durch Anpassungen zu modifizieren, um sie gegenüber den Umweltveränderungen robuster zu machen. Alternativ kann geprüft werden, ob die Strategie rechtzeitig und erfolgreich verändert werden kann, wenn eine Entwicklung in Richtung eines für diese Strategie ungünstigen Szenarios eintritt. Wenn weder eine Anpassung noch eine schnelle Umstellung der Strategie als Reaktion auf eintretende Umweltveränderungen möglich ist, müssen die damit verbundenen Risiken diskutiert und bewertet und ggf. eine neue Strategie entwickelt werden. An dieser Stelle werden die Einschätzungen der Wahrscheinlichkeit der Szenarien, über die die Methode selbst keine Auskunft gibt, eine Rolle spielen.
- Sofern noch keine Strategie festgelegt wurde, kann für jedes Szenario eine geeignete Strategie entwickelt oder umgekehrt bereits entwickelte Strategieoptionen auf ihre Erfolgsaussichten und Risiken in den einzelnen Szenarien geprüft werden. Sodann ist wie oben eine geeignete Strategie auszuwählen oder zu entwickeln.

Schritt 6 (optional): Verfolgen

Optional wird die Entwicklung der Schlüsselfaktoren regelmäßig beobachtet und damit geprüft, ob eine Veränderung erfolgt und in Richtung welchen Szenarios sich die Unternehmensumwelt entwickelt. Da die Szenarioanalyse im strategischen Management zur Entwicklung von Strategien genutzt wird, ist dieser Schritt als Prämissenkontrolle üblicherweise im strategischen Controlling angesiedelt. Die in der Szenarioanalyse ermittelten Schlüsselfaktoren müssen dazu in das strategische Controlling integriert werden.

Kritik des Instruments

Die Szenariomethode ist recht aufwendig in der Durchführung. Die Unterscheidung von Trends und Themen ist in der Praxis schwierig und begrifflich nicht ganz einfach. Die riesige methodische Vielfalt bei der Erstellung von Szenarien und die unterschiedlichen Begrifflichkeiten machen die Methodenauswahl zu einem eigenen Problem.

O'Brien (2004) kommt zu dem Ergebnis, dass in der Praxis die ökonomischen Faktoren übergewichtet werden. Die Themenwahl ist oft gut vorhersehbar und beruht im Wesentlichen auf gerade aktuelle Faktoren. Implizite Annahmen werden den Teammitgliedern nicht bewusst. Insgesamt werden oft wenig neue Einsichten gefunden. Eine uninspirierte und unanschauliche Präsentation der Szenarioergebnisse vermindert ihren Nutzen.

Negativen Szenarios wird meist eine geringere Aufmerksamkeit geschenkt als den positiven (Harries 2003), oft werden sie ganz ausgeblendet. Der Zusammenhang zwischen der Technologie, der Organisationsstruktur und den Entscheidungsmechanismen der jeweiligen Industrie beeinflusst die Szenarienerstellung erheblich (Harries 2003). Ein weiteres Problem liegt in der Nutzung der Szenarien für konkrete Pläne und Aktionen. Aus Sicht der Skeptiker handelt es sich ja lediglich um Gedankenspiele (Harries 2003).

Strategische Bedeutung und Nutzen

Die Szenariomethode ist heute in ihren unterschiedlichen Formen ein Standardinstrument des strategischen Managements. Empirischen Erhebungen zufolge wendete bereits Mitte der 1980er Jahre die Hälfte großer Unternehmen in den USA und in Europa derartige Methoden an (Bradfield et al. 2005).

Die Szenarioanalyse kann wichtige Entscheidungsgrundlagen für Unternehmen mit langen Planungszyklen und hohen Investitionen liefern, besonders wenn die zukünftigen Unsicherheiten hoch sind. Das Gleiche gilt für M&A, für Strategien in reifen Industrien, für Investitionen in neue Geschäfte, über die keine Erfahrungen vorliegen, für Investitionen in Forschung und Entwicklung oder für die Ermittlung und Bewertung politischer Risiken in instabilen Regionen (Ralston/Wilson 2006). Die Methode lässt die Kombination harter und weicher Daten zu, was vor allem für die langfristige Planung sehr wichtig sein kann.

Szenarioanalysen sensibilisieren Manager für Unsicherheiten der Umweltentwicklung und konfrontieren sie mit ihrer eigenen Voreingenommenheit, was die zukünftige Entwicklung betrifft. Zugleich macht die Methode die Unsicherheit über zukünftige Entwicklung zumindest teilweise handhabbar. Sie fördert kreatives Denken über die Zukunft (Harries 2003), ermöglicht deren teilweise Antizipation und führt zu einem anpassungsfähigen, organisatorischen Lernen (Bradfield et al. 2005).

Die Szenarioanalyse identifiziert mögliche Entwicklungen und wie das Unternehmen darauf reagieren kann und bildet so ein Frühwarnsystem. Eine Unterscheidung von unbestimmtem „Rauschen“ und tatsächlicher langfristiger Veränderung wird aufgrund der Identifizierung von relevanten Kräften erleichtert.

„Scenarios are frameworks for structuring executive's perceptions about alternative future environments in which their decisions might be played out“ (Ralston/Wilson 2006, S. 46). Sie erweitern die Wahrnehmung der möglichen Bandbreite von Chancen und Bedrohungen und führen zu einem besseren Verständnis der Umweltdynamik. Die Triebkräfte für Umweltveränderungen werden für das Management transparenter. Die Gesamtsituation wird aus einzelnen Trends abgeleitet, Widersprüche und Wechselwirkungen zwischen diesen können erkannt und untersucht werden. So lassen sich Diskontinuitäten in der Entwicklung antizipieren.

Indem Szenarien Situationen verständlicher machen, unterstützen sie die Entwicklung passender Strategien. Die Robustheit von Strategien gegenüber Umweltveränderungen kann geprüft und es können Aktionen vorausgeplant werden für den Fall, dass ein anderes Szenario eintritt. Ein Hauptnutzen besteht darin, jene Veränderungen zu erkennen, die eine Strategie völlig obsolet machen können (Cornelius et al. 2005). So kann die Szenarioanalyse die Verletzlichkeit des Unternehmens verringern. Schließlich ermöglicht sie auch eine situationsgerechte Anpassung von Zielen (Harries 2003). Mit Hilfe von Szenarien können die Ideen des Managements verständlich übersetzt werden, das Erkennen von Unsicherheit kann zur Veränderung genutzt werden (Harries 2003). Die Erkenntnisse der Szenarioanalyse können in der Folge für die gezielte Kontrolle der strategischen Prognosen und zur systematischen Umweltbeobachtung genutzt werden.

Ähnliche Instrumente

Forecast/Prognose

Prognosen (Forecasts) werden durch Auswerten von Vergangenheitsdaten mit statistischen Methoden erstellt (Mertens/Rässler 2012). Sie können durch die Entwicklung von Kausalmodellen unterstützt werden, andere Größen außer der Zeit beeinflussen dann die Ergebnisse. Bei größeren Unsicherheiten werden Expertenschätzungen hinzugefügt (z. B. mit der Delphi-Methode). Im Unterschied zur Szenarioanalyse wird aber fast immer eine weitere kontinuierliche Entwicklung unterstellt – es kommt daher zu einem Ergebnis als Planungsgrundlage und nicht zu mehreren alternativen Entwürfen.

Überschneidungen mit anderen Instrumenten

PEST-Analyse

Der PEST-Rahmen (vgl. Abschn. 5.2.1) dient zur Ermittlung von Trends; er ermöglicht ein systematisches Vorgehen und eine Klassifikation von Trends in politische, ökonomische, soziokulturelle und technologische, ergänzend ökologische und gesetzliche Trends. Sie dienen als Input für die Szenarioerstellung.

Realoptionen

Cornelius et al. (2005) schlagen eine Verbindung von Realoptionen (vgl. Abschn. 7.2.5) und Szenarioanalyse vor und erläutern dies am Beispiel von Explorationsvorhaben in der Gas- und Ölindustrie. Der Barwert von Investitionen und die sich daraus ergebenden Handlungsmöglichkeiten werden sehr stark von den angenommenen zukünftigen Rahmenbedingungen beeinflusst. In der Erdgasindustrie hat die Entwicklung von neuen Fördermethoden für Schiefergas in den USA (technologische Unsicherheit!) den dort zukünftig erwarteten hohen Importbedarf verschwinden lassen. Damit verbundene Investitionen in Gasverflüssigungsanlagen, Terminals und Flüssiggastanker wurden unattraktiv.

SWOT-Normstrategien/TOWS-Matrix

In der TOWS-Matrix (vgl. Abschn. 4.2.2) werden interne Stärken und Schwächen des Unternehmens den externen Chancen und Bedrohungen gegenübergestellt und daraus strategische Handlungsoptionen abgeleitet. Mit der TOWS-Matrix können die Szenarien überprüft werden, ihre Bedeutung für die Organisation, welche Chancen sie bieten oder welche Bedrohungen sie darstellen und welche grundsätzlichen Optionen daraus abgeleitet werden können (O'Brien 2004).

7.3 Geschäftsfeldstrategien

7.3.1 Geschäftsmodell

Geschäftsmodelle (Business Models) beschreiben die Kunden, deren Bedürfnisse und die ökonomische Logik des Unternehmens, d. h. wie mit der Erfüllung der Kundenbedürfnisse Gewinne zu erzielen sind. Geschäftsmodelle können verbal erklärt oder in Zahlen formuliert werden. Sie machen die Grundannahmen des unternehmerischen Erfolgs deutlich.

Beschreibung und theoretischer Hintergrund

Das Internet versprach zum Ende des letzten Jahrhunderts schier unendliche neue Möglichkeiten für Unternehmen. Hohe Beträge wurden in neugegründete Unternehmen investiert – bis der Internetboom zur Internetblase wurde und 2000 platzte. Die zahlreichen insolventen Internetunternehmen hatten den Kunden keinen eindeutigen Nutzen und kein klares Konzept zur Erzielung von Erlösen geboten. Ein tragfähiges Geschäftsmodell fehlte.

Seitdem ist der Begriff Geschäftsmodell zu einem der wichtigsten Modewörter in der Unternehmensführung avanciert. Die Zahl von Veröffentlichungen zum Thema ist exponentiell angestiegen, trotzdem gibt es für den Begriff bis heute keine einheitliche Definition (Zott et al. 2010). Für Afuah (2004) bilden Geschäftsmodelle den Rahmen für das Erzielen von Gewinnen und umfassen daher alle finanziellen Aspekte, die sich aus Strategien auf Unternehmens- und Geschäftsfeldebene, aus den Funktionsstrategien und der operativen Effizienz ergeben. Dieser sehr umfassende Anspruch widerspricht aber dem Charakter eines Modells, das die Realität repräsentativ und vereinfachend darstellen sollte.

Aus der Sicht des strategischen Managements ist der Begriff des Geschäftsmodells als eine Zusammenfassung der ökonomischen Logik zu verstehen, die aus einem unternehmerischen Zweck oder einer Mission abgeleitet wird (Magretta 2002). Folgende Aspekte sind in einem Geschäftsmodell sinnvoll aufeinander zu beziehen:
- Die angesprochenen Kunden.
- Die Produkte und deren Wertarchitektur.
- Das Wertangebot an die Kunden.
- Der Nutzen für andere Beteiligte.
- Die Erlösgenerierung.
- Die grundlegenden Unterschiede zur Konkurrenz.

Nicht nur in der Internetwirtschaft bieten technische Innovationen (z. B. das Elektroauto) immer wieder neue unternehmerische Möglichkeiten, bei denen aber häufig noch unklar ist, ob und wie sie geschäftlich erfolgreich genutzt werden können. Als Folge des Technologiemanagements sind daher oft auch Geschäftsmodelle neu zu definieren.

Die Mission eines Automobilherstellers, effiziente Autos zu entwickeln und zu produzieren und individuelle Mobilität zu ermöglichen, kann beim Umstieg auf Elektroautos unverändert bleiben, aber in unterschiedlichen Geschäftsmodellen umgesetzt werden: traditioneller Verkauf von Autos, Verkauf von Autos, aber mit Leasing der Batterien, nur noch Leasing der Fahrzeuge oder weitergehende Konzepte analog zum Car-Sharing, bei dem kein individueller Fahrzeugbesitz mehr vorgesehen ist und die Kunden nur für die Nutzungszeit bezahlen.

Die Strategie ist dann die erfolgreiche Umsetzung des Geschäftsmodells im Wettbewerb mit anderen Unternehmen mit dem gleichen Geschäftsmodell oder im Wettbewerb mit anderen Geschäftsmodellen in der Branche (Magretta 2002). Das Geschäftsmodell dient der Motivation von und der Kommunikation mit Mitarbeitern, Geldgebern und Partnern. Gegenüber den Kunden wird normalerweise immer das Nutzenversprechen, selten aber das Geschäftsmodell kommuniziert.

Geschäftsmodelle als Standardmodelle oder Archetypen

Nach Wheelen und Hunger (2018) können Geschäftsmodelle ähnlich wie generische Strategien in verschiedenen Branchen und geschäftlichen Situationen angewandt werden. Der Nutzer kann eine Auswahl unter den Geschäftsmodellen treffen und prüfen, ob sie für seine Branche und Situation geeignet sind; einzelne ihrer Elemente können angepasst oder miteinander kombiniert werden.

Auf diese Weise wurde beispielsweise das Geschäftsmodell des Discounters im Lebensmitteleinzelhandel entwickelt und in der Folge auf andere Sortimente (Textilien, Schuhe, Unterhaltungselektronik oder Tierfutter) übertragen, teilweise in Kombination mit einem Franchise-Modell. Unternehmen beschäftigen sich mit dem Entwerfen, Erstellen, Verkaufen, Vermieten, Vermitteln und Finanzieren von Produkten und Dienstleistungen. Durch die Konzentration auf bestimmte Aktivitäten oder die Art, wie daraus Erlöse generiert werden, entstehen die allgemeinen Geschäftsmodelle (Tab. 7.10).

Weit verbreitete grundlegende Geschäftsmodelle sind das „All Inclusive"-Prinzip, bei dem die Kunden das Basisprodukt und alle Komplementärprodukte ohne Zusatzkosten nutzen können (z. B. im Tourismus). Im Gegensatz dazu bieten Aufpreis-Modelle ein günstiges Basisprodukt. Der Kunde nimmt nach der grundsätzlichen Kaufentscheidung meistens noch weitere Komplementärprodukte hinzu, z. B. beim Neuwagenkauf die Sonderausstattungen, die mit hohen Margen verbunden sind.

Internetbasierte Geschäftsmodelle

Das Internet hat in vielen Branchen zu neuen oder stark veränderten Geschäftsmodellen beigetragen. Für internetbasierte Geschäftsmodelle (Tab. 7.11) sind hohe Fixkosten und geringe variable Kosten typisch. Daher wurden mit der Werbefinanzierung, dem Abonnementsmodell und dem Nutzermodell zunächst Geschäftsmodelle für Zeitungen, Rundfunk, Fernsehen und die Telekommunikation übertragen. Für die neueren Internet-Geschäftsmodelle sind vor allem das Nutzenversprechen, die Kostenstruktur, die Herkunft der Inhalte, die Erlösgenerierung, die Kundensegmentierung, die Beziehungen zu den jeweiligen Beteiligten, die Netzwerk-Externalitäten und die erforderlichen Fähigkeiten relevant (Zott et al. 2010).

Praktische Anwendung

Entwicklung und Prüfung eines Geschäftsmodells

Der Aufbau eines neuen Geschäfts erfordert immer die Wahl eines Geschäftsmodells (die nicht unbedingt bewusst erfolgt). In einem bestehenden Geschäft können massive Veränderungen dazu führen, dass das Nutzenversprechen an den Kunden mit der bisherigen Ertragsformel nicht mehr rentabel erfüllt werden kann, völlig andere Schlüsselressourcen und -prozesse benötigt werden und neue Messgrößen, Regeln und Standards angewendet werden müssen. Dann kann ein bislang erfolgreiches Geschäftsmodell nicht mehr weiterverfolgt werden. Ein klassischer Fall ist die als Reaktion auf einen veränderten Wettbewerb benötigte Einführung neuer paralleler Geschäftsmodelle zur Abwehr von Billigkonkurrenten.

Zu bedenken ist, dass in einer Branche das Geschäftsmodell von vielen Faktoren im Hinblick auf Kunden, Produkte und Märkte beeinflusst werden kann. Einige dieser

Tab. 7.10: Allgemeine Geschäftsmodelle (Quelle: in Anlehnung an Wheelen/Hunger 2018, S. 171)

Modell	Beispiel	Beschreibung	Erfolgsvoraussetzungen
Problemlösungen	IBM	Dem Kunden werden nicht prioritär Produkte, sondern spezifische Problemlösungen verkauft. Die Beratung und das Consulting sind entscheidend.	Lösungskonzept, das Vorliegen individueller Probleme und Ansprüche des Kunden
Rasierer-Klingen-System	Gilette: Rasierer und Klingen HP: Druckerpatronen Nestlé: Nespressokapseln	Ein Teil des Produktionssystems wird sehr günstig oder umsonst angeboten. Verbrauchsmaterial, Betriebsstoffe oder Ersatzteile sind teuer und bringen die Erlöse. Als Variante wird das Produkt umsonst abgegeben; die Erlöse entstehen aus der Wartung und anderen Serviceleistungen (Open-Source-Ansatz).	Monopol oder Quasi-Monopol bei Nachkaufprodukten durch rechtlichen oder technischen Schutz (entfällt bei Open Source)
Gewinnpyramide	General Motors	Das Unternehmen deckt das ganze Produktsortiment ab. Der Kunde soll mit günstigen, margenschwachen Einstiegsprodukten an die Marke gebunden werden, um ihn dann zum Kauf von teureren und margenstarken Produkten zu bewegen.	Breite Produktpalette, Kundenbindung z. B. über Händler
De-facto-Standard	Microsoft Windows, Apple i-Phone mit Apps	Das Unternehmen schafft einen De-facto-Standard, der eine monopolartige Stellung für das Unternehmen ermöglicht. Die Kontrolle über den Standard und dessen Nutzung liegt beim Unternehmen.	Hohe Netzwerkexternalitäten, nichtöffentliche Standards, Inkompatibilität mit anderen Standards
Gewinn-Multiplikator-System	Filme, Medienbranche	Generieren von Gewinnen mit Merchandising, Zusatzprodukten und Lizenzierung	Attraktive Inhalte, Urheberrechte
Blockbuster-Modell	Filme, Musik, Medikamente	Eine risikoreiche Produktentwicklung führt bei Erfolg zu einem sprunghaften Gewinnanstieg.	Schutz vor Kopien durch Patente oder Urheberrechte
Gewinn-Multiplikations-Modell	Biotechnologie, Software	Neugegründete Unternehmen werden bis zur Erfolgsschwelle entwickelt und dann mit hohem Gewinn an Großunternehmen verkauft, die das Geschäft weiterentwickeln.	Schutz vor Kopien durch Patente, Urheberrechte oder Know-how, neue Ideen und Technologien
Schaltzentrale	eBay, Finanzberater	Der Kunde erhält Angebote von Dritten und muss dafür Provisionen zahlen (im Internet z. B. die Preisvergleichsportale).	Große Probleme für den Kunden, einen Überblick über die Angebote zu erhalten

Tab. 7.11: Geschäftsmodelle für das Internet (Quelle: eigene Zusammenstellung in Anlehnung an Zott et al. 2010)

Modell	Beispiel	Beschreibung	Erfolgsvoraussetzungen
Werbe-finanzierungen	Google Suchmaschine, E-Mail-Dienste, YouTube	Inhalt und Dienste sind für den Kunden kostenlos. Dieser muss jedoch Werbung in Kauf nehmen, die Erlöse über Werbebanner und -einblendungen generiert. Eine Alternative ist die Erlösgenerierung über die Platzierung der Ergebnisse.	Attraktive Seite mit vielen Nutzern
Abonnement-Modell	Informations-dienste, Netflix, Spotify	Für ein zeitbezogenes Entgelt erhält der Nutzer Informationen oder Dienste.	Preis-Leistungs-verhältnis, Zahlungsbereitschaft, viele Nutzer
Nutzer	Informations-dienste, Bloomberg	Für einzelne Informationen oder Nutzungszeit wird ein Entgelt erhoben.	Messbarkeit der Nutzung, weniger häufige Nutzung, hoher Wert für Kunden, Mikro-Payment-Angebot
Community	Wikipedia, Open Source Software, spezielle Wissensnetz-werke und Foren	Eine engagierte und loyale Gemeinschaft investiert Zeit und Fähigkeiten für Betrieb, Pflege und Inhalte. Erlöse entstehen durch Spenden oder Anzeigen.	Erreichbarkeit der Nutzer, Internetaffinität, emotionale Bindung, Möglichkeit zur Selbstverwirklichung (Hobby)
Web-Shop	amazon.de, Internet-banking	Oft Direktvertrieb, reine Web-Shops oder e-Ergänzung klassischer Händler, Direktvertrieb von Herstellern, oft auch Web-Mall mit verschiedenen Shops unter einem Markennamen	Günstige Preise, logistische Infrastruktur, standardisierte (unpersönliche) Waren, Bestell- und Zahlungssysteme
Web-Auktionen	eBay	Auktionsplattform, Erlös über Angebotseinstellung und/oder Anteil am Verkaufserlös	Schutz vor Kopien durch Patente oder Urheberrechte
Treuhand-dienste, Bezahldienste	Zertifikate, PayPal	Erlöse aus Zertifikaten, Zahlungs-abwicklung oder Garantie-leistungen bei Transaktionen	Zuverlässigkeit und Sicherheit vor Missbrauch
Virtuelle Gemeinschaften, soziale Netzwerke	Facebook	Ermöglicht Mitgliedern einfachen Informationsaustausch und Kommunikation, Erlöse kommen aus Werbung, Datennutzung oder Mitgliedsgebühren	Bekanntheitsgrad, Vertrauen, Bedienbarkeit, Zugriffe

Faktoren sind für das Geschäftsmodell dieser Branche bedeutsam, in einer anderen aber nicht so wichtig.

In der Pharmaindustrie erforderte die Einführung biotechnologischer Forschungsmethoden als Teilersatz für die klassische chemische Forschung den Aufbau oder die Akquisition neuer Schlüsselressourcen, ohne das grundlegende Geschäftsmodell zu verändern, das durch eine hohe Regulierungsdichte und definierte Patentlaufzeiten bestimmt wird. Dagegen steht die Pharmaindustrie in Schwellenländern wegen der niedrigen Margen, die dort zu realisieren sind, und wegen der hohen Kosten bei der Entwicklung von Medikamenten gegen Krankheiten wie Malaria, die sie zu Kooperationen zwingt, vor Herausforderungen, für die neue Geschäftsmodelle erforderlich sind.

In der Elektronikbranche hingegen sind De-facto-Standards eine entscheidende Ressource, deren Verfügbarkeit oder Durchsetzbarkeit die Geschäftsmodelle in erheblichem Maße beeinflusst. Im klassischen Maschinenbau sind die Standards über ISO und DIN quasi vorgegeben. Ein Unternehmen in dieser Branche kann solche Standards nur begrenzt und langfristig verändern oder neu entwickeln, sondern muss sich anpassen.

Immer dann, wenn Veränderungen von für das Geschäftsmodell entscheidenden Faktoren nicht mehr mit Anpassungen bewältigt werden können, muss ein neues Geschäftsmodell entwickelt (oder eines aus dem bekannten Repertoire ausgewählt und angepasst) werden. Die Entwicklung und Prüfung eines Geschäftsmodells erfolgt in vier Schritten (Magretta 2002).

Schritt 1: Definition des Nutzenversprechens für den Kunden

Ausgangspunkt sind die Bedürfnisse der Kunden: Können diese durch neue Lösungen besser befriedigt werden? Zu hohe Preise, Schwierigkeiten beim Zugang zu den Angeboten, das Fehlen benötigter Fähigkeiten beim Kunden oder der Zeitbedarf für die Nutzung des Produkts können dem entgegenstehen. Auch für eine neue Technologie oder für die Einführung einer bereits bestehenden Technologie in ein neues Anwendungsfeld sind die Kundenbedürfnisse in den Vordergrund zu stellen. Eine konsequente Analyse der Probleme vermag neue Geschäftsmöglichkeiten zu eröffnen. Als Analyseinstrument ist hierfür die Wertkette (vgl. Abschn. 6.2.3) geeignet. Weiterhin können eine Spezialisierung oder Fokussierung neue Geschäftsmodelle erforderlich machen.

Beispiel: Der Händler Teekampagne hat 1985 ein neues Nutzenversprechen für die Kunden entwickelt, indem „hochwertigste Qualität zu einem günstigen Preis unter Einhaltung hoher sozialer Standards für die indischen Produzenten und ökologischer Qualität von Produktion und Produkt" angeboten wird. Diese Nutzenkombination war damals neu. Der Anbieter konzentrierte sich zunächst auf nur eine Teesorte für den deutschen Markt (Teekampagne 2017 und 2019).

Schritt 2: Gewinnformel, Ressourcen und Prozesse gestalten und prüfen

Für die gewinnbringende Bereitstellung des Nutzenversprechens sind auf der Ebene des Geschäftsmodells drei Bereiche maßgeblich:

- Das *Erlösmodell* definiert, wer für welche Leistungen zu welchem Zeitpunkt zahlt und damit Erlöse generiert.
- Die *Schlüsselressourcen* beinhalten das Personal, die Technologie und die Produkte, notwendige Ausrüstungen, Informationen, Kanäle, Partnerschaften und Allianzen sowie Marken. Ihre Verfügbarkeit bestimmt einerseits die Kosten, andererseits die Prozessgestaltung und schließlich die mögliche Wertschöpfungsarchitektur. Die Schlüsselressourcen lassen sich mit dem Modell der Wertkette analysieren.
- Das *Prozessmodell* bestimmt, wie die Kernprozesse durchgeführt werden, welchen Regeln sie unterliegen und mit welchen Messgrößen sie gesteuert und kontrolliert werden und schließlich, welche Normen und Standards sie einzuhalten haben.

Als Ergebnis ist für das Geschäftsmodell dann eine Wertschöpfungsarchitektur festzulegen, in der die Wertschöpfungskette gestaltet wird. Weiterhin ist zu entscheiden, wo sich das Unternehmen innerhalb der Wertschöpfungskette positioniert und welche Aktivitäten es selbst durchführt (vgl. Abschn. 6.2.3).

Die Erlöse im Beispiel Teekampagne (2017 und 2019) entstehen durch den Verkauf von Tee. Das ist nichts Neues. Neu war hingegen die Gewinnformel, die Kosten stark zu senken durch Beschränkung auf ein Produkt, wenige Packungsgrößen und Großpackungen, Direktvertrieb und Postversand. Die Ausschaltung des Zwischenhandels, das Kampagnenprinzip (das Produkt ist nicht immer verfügbar) und Marketing durch Mund-zu-Mund-Propaganda wirken ebenfalls kostensenkend. Zusätzliche Kosten für die Rückstandskontrollen, die Qualitätssicherung und die an die Erzeuger gezahlten höheren Einkaufspreise konnten damit kompensiert werden. Allianzen wurden mit den Produzenten und dem Tea Board of India eingegangen. Damit wird das Nutzenversprechen an die Kunden – Produktqualität sowie ökologische und soziale Qualität der Produktion – ermöglicht und glaubhaft. Die Rückverfolgbarkeit des Tees schützt Kunden vor gefälschten Produkten. Damit wurden neue Standards gesetzt, die die bislang verborgenen ökologischen und sozialen Qualitäten des Produkts glaubhaft garantieren und kommunizieren. Da die erzeugte Menge Darjeeling-Tee begrenzt ist, stellt der direkte Kontakt zu den indischen Produzenten eine Schlüsselressource dar.

Schritt 3: Vergleich mit bestehenden Modellen

Anschließend wird der Entwurf mit den existierenden Geschäftsmodellen verglichen – wo liegen die Unterschiede und welche deutlichen Vorteile und Nachteile ergeben sich daraus? Unterscheidet sich das Nutzenversprechen deutlich und wahrnehmbar für die Kunden? Können die existierenden Geschäftsmodelle dieses Nutzenversprechen nicht oder nur mit einem sehr großen Zusatzaufwand bereitstellen?

Unternehmensintern ist bei der Entwicklung eines neuen Geschäftsmodells zu prüfen, ob es in die bestehende Organisation, Wertschöpfungsketten und Prozesse integriert werden kann. Davon ist auszugehen, wenn eine Identität oder große Ähnlichkeit des Erlösmodells, der Kostenstruktur, der Gewinnformel, der Schlüsselressourcen und -prozesse und der verwendeten Kennzahlen, Regeln und Normen vorliegt. Ist dies nicht der Fall, muss das neue Geschäftsmodell in einer separaten Organisationseinheit realisiert werden, wobei an einzelnen Punkten der Wertschöpfungsketten Synergien genutzt werden können. So verfolgt ein Markenartikler, der im Auftrag von Discountern ähnliche Handelsmarkenprodukte produziert, zwei unterschiedliche Geschäftsmodelle, die in unterschiedlichen Organisationseinheiten umgesetzt werden. Gewinnformel, Vertrieb und Marketing unterscheiden sich deutlich – Synergien innerhalb der Organisation im Einkauf und der Produktion werden jedoch selbstverständlich genutzt.

Im Beispiel Teekampagne könnte die wahrnehmbare Qualität und der Nutzen für den Kunden durch andere Geschäftsmodelle kaum ohne zusätzliche Kosten bereitgestellt werden. Das Geschäftsmodell ist aufgrund des notwendigen Zugriffs auf die beschränkte Primärproduktion schwierig. Fraglich ist, ob bei einer Kopplung mit anderen Produkten oder Vertriebswegen vergleichbare Kostensenkungen erreichbar wären, die eine ähnlich hohe Produktqualität und ähnlich hohe Erlöse für die Teeproduzenten ermöglichen würden.

Schritt 4: Zusammenfassung

Bei der Formulierung des Geschäftsmodells kommt es darauf an, dass sich eine verständliche, logische und plausible Geschichte ergibt. Ist die ökonomische Logik einfach nachvollziehbar und überzeugend? Ist dies der Fall, ist das Geschäftsmodell gut durchdacht und wird möglicherweise funktionieren.

Zuvor muss das Geschäftsmodell jedoch noch einen groben Zahlentest bestehen, wobei Erlöse und Kosten gegenübergestellt werden. Die ökonomische Logik muss quantifiziert werden können; eine qualitative Abschätzung von Erlösen und Kosten reicht nicht aus.

Das Geschäftsmodell der Teekampagne ist auf Anhieb plausibel und enthält eine klare ökonomische Logik. Tee ist im Vergleich zu Kaffee relativ leicht und ergiebig (Verhältnis Rohstoffmenge zu resultierender Getränkemenge), das Kampagnenprinzip und der Direktversand sind somit realisierbar. Das Versandgewicht und die als Ergebnis des Kampagnenprinzips beim Kunden benötigte Lagermenge sind handhabbar. Der Marktanteil für losen Tee liegt insgesamt bei 60 %, so dass mit einer ausreichend großen Kundengruppe gerechnet werden darf, die potenziell einen hohen Qualitätsanspruch stellt.

Der von der Teekampagne vertriebene Darjeeling-Tee wird in Deutschland besonders geschätzt, er erreicht heute einen Marktanteil von etwa 3 % am losen Tee. Der Kilogrammpreis für einen hochwertigen Darjeeling-Tee liegt mit 24 € meist deutlich unter dem Kilogrammpreis im Handel für offenen Tee und weit unter dem Preis für nur durchschnittliche Teequalitäten in Beuteln. Die offengelegte Kalkulation weist die hohen an die Erzeuger gezahlten Preise nach und belegt mit dem günstigen Endverkaufspreis die Tragfähigkeit des gesamten Geschäftsmodells (Teekampagne 2017 und 2019).

Kritik des Instruments

Der Begriff des Geschäftsmodells ist sehr unklar definiert. Dies zeigt sich vor allem in der Überlappung zwischen Strategien und operativen Prozessen. Die verschiedenen Autoren, die den Begriff nutzen, haben ein sehr unterschiedliches Verständnis (Zott et al. 2010). Erschwerend kommt hinzu, dass im praktischen Sprachgebrauch die Begriffe Geschäftsmodell und Strategie teilweise als Synonyme genutzt werden. In Großunternehmen bildet die Konzernstrategie den Rahmen, innerhalb dessen für einzelne Geschäftsfelder oder neue Produkte das Geschäftsmodell geprüft wird.

Wird der Modellcharakter ernst genommen, ist erst bei deutlich unterschiedlichen Nutzungsversprechen, Erlösmodellen, Gewinnformeln, Schlüsselressourcen und Schlüsselprozessen von spezifischen Geschäftsmodellen auszugehen. Marginale Unterschiede können mit den bekannten Instrumenten und Theorien wie den generischen Strategien, Wertkette oder Wertarchitektur besser gehandhabt werden. Der modisch verwendete Begriff des Geschäftsmodells führt oft zu einem Verlust an Präzision.

Weiterhin gaukelt der Begriff vor, jederzeit mit etwas Kreativität neue Geschäftsmodelle entwickeln zu können. Kennzeichnend für ein neues Geschäftsmodell ist jedoch seine Neuartigkeit in der bisherigen Branchenpraxis, die bei einem Erfolg zur Entstehung einer neuen Branche oder einer starken Veränderung der bestehenden Branche führen kann. Damit wird deutlich, dass erfolgreiche neue Geschäftsmodelle eher selten zu finden sind.

Strategische Bedeutung und Nutzen

Ein neues Geschäftsmodell stellt die Kombination eines veränderten Nutzenversprechens und einer neuen Gewinnformel dar und basiert auf anderen Ressourcen als die bisher gängigen Modelle. Dies kann eine Branche stärker verändern und den Wettbewerb nachhaltiger beeinflussen als eine neue Strategie, die am zugrundeliegenden Geschäftsmodell ja wenig ändert. Technologische, gesellschaftliche oder politische Veränderungen liefern Anlässe dafür, die Chancen systematisch zu entwickeln und zu prüfen. Dies gilt besonders für Investoren, welche die Plausibilität eines Geschäftsmodells anhand seiner Formulierung wie auch der Zahlentests prüfen können. Dagegen ist eine Strategie, die auf einem bestehenden Geschäftsmodell basiert, grundsätzlich bereits plausibel. Allerdings sind die einzelnen Annahmen, die der Strategie zugrunde liegen, und deren Verknüpfung kritisch zu prüfen.

Der Ansatz des Geschäftsmodells ermöglicht die Analyse von Grundstrukturen eines bestehenden erfolgreichen Geschäfts. Viele unternehmerische Erfolge beruhen darauf, dass erfolgreiche Geschäftsmodelle kopiert und auf andere Branchen übertragen wurden. Geschäftsmodelle liefern nämlich einen sehr viel genaueren Plan zur Gestaltung des Geschäfts als bspw. die generischen Strategien. Aus ihnen lassen sich Hinweise für die operative Umsetzung und Gestaltung der Prozesse ableiten. Sie sind damit einfacher umsetzbar und für die Praxis recht wertvoll.

Der Ansatz des Geschäftsmodells ist sinnvoll für die Nutzung neuer Technologien. Statt zu überlegen, wie neue Technologien zu Produkten werden und für welche Märkte sie geeignet sind, bildet im Geschäftsmodell das Nutzenversprechen für den Kunden den Ausgangspunkt, dem dann die Frage nach einer erfolgreichen wirtschaftlichen Umsetzung folgt.

Geschäftsmodelle als Kommunikationsinstrument vermitteln dem Unternehmen intern ein gemeinsames Verständnis für die Gewinnerzielung und die zugrundeliegenden Annahmen. Sie bieten einen Plausibilitätstest für neue Ideen. Gewinne sind letztlich der Realitätstest für ein Geschäftsmodell.

Ähnliche Instrumente

Blue-Ocean-Strategien

Bei der Blue-Ocean-Strategie steht ebenfalls das Nutzenversprechen an den Kunden im Vordergrund. Mit Hilfe des Analyseinstruments Wertkurve wird die relative Leistungsfähigkeit des Unternehmens innerhalb einer Branche untersucht und dann ein andersartiges Nutzenversprechen und Leistungsangebot konstruiert (blaue Ozeane). Auf diese Weise soll der Wettbewerb in gesättigten Märkten mit gleichen Produkten und Dienstleistungen und niedrigen Margen (rote Ozeane) umgangen werden. Dabei steht die Innovation stärker im Vordergrund, während der Geschäftsmodellansatz den Aspekten Nutzenversprechen, Leistungserstellung und Erlösgenerierung die gleiche Aufmerksamkeit widmet (vgl. Abschn. 8.2.1).

Überschneidungen mit anderen Instrumenten

Plattformstrategien

Die Entwicklung von Plattformstrategien (vgl. Abschn. 7.3.4) kann im Grunde genommen als ein neuartiges Geschäftsmodell bzw. eine neue Wettbewerbsstrategie betrachtet werden. Es entstehen neue Wettbewerber, die auf der Basis einer Internet-basierten Plattform mit niedrigen Transaktionskosten Netzwerkeffekte nutzen und den vorhandenen Wettbewerb in einer Branche erheblich beeinflussen können.

Business Case und Business Plan

Mit dem Begriff Business Case wird allgemein die Begründung von Projekten oder Aufgaben aus geschäftlicher Sicht bezeichnet – ein Geschäftsmodell ist sehr viel umfassender. Ein Business Plan umfasst die geschäftlichen Ziele, eine Begründung, warum diese erreichbar sind, und die Planung zur Erreichung der Ziele (z. B. McKinsey & Company 2016). Basierend auf einem bestimmten Geschäftsmodell werden die Strategie, das operative Geschäft und die Finanzierung für 2–5 Jahre geplant. Der Business Plan ist somit eine über das Geschäftsmodell hinausgehende umfassende Planung eines konkreten Geschäfts, oft eine Unternehmensneugründung.

Marktsegmentierung

Eine Marktsegmentierung (Pepels 2014) liefert Hinweise auf bestimmte Teilmärkte und Kundengruppen. Nach der Analyse der dort bestehenden spezifischen Werterwartungen und Restriktionen kann ein neues Wertangebot formuliert und zum Ausgangspunkt für ein neues Geschäftsmodell werden.

Profit Pools

Die vertikale Analyse der Wertschöpfungskette mit den Gewinnanteilen pro Wertschöpfungsstufe kann zum Ausgangspunkt für ein neues Geschäftsmodell werden – wenn es gelingt, eine neue Gewinnformel zu entwickeln (Gadiesh/Gilbert 1998a, 1998b). Eine neue Wertarchitektur ohne weitere Veränderung ist noch nicht als ein neues Geschäftsmodell zu sehen.

Wertkette

Die Wertkette (vgl. Abschn. 6.2.3) bietet als Analyse- und Gestaltungsinstrument Unterstützung bei der Entwicklung eines Geschäftsmodells für die Schlüsselressourcen, Prozesse und Kostenstruktur. Zuvor muss jedoch das Wertangebot an den Kunden definiert werden (oder aus den potenziellen Möglichkeiten einer bestehenden Wertkette abgeleitet werden).

7.3.2 Produkt-Markt-Matrix (Ansoff-Matrix)

Die Ansoff-Matrix typologisiert die Wachstumsstrategien eines Unternehmens durch die Kombination bestehender und neuer Produkte und Märkte. Die Felder der Matrix zeigen vier strategische Stoßrichtungen auf: Marktpenetration, Produktentwicklung, Marktentwicklung und Diversifikation. Aus den grundsätzlich möglichen Strategietypen muss das Unternehmen die am erfolgversprechendsten auswählen.

Beschreibung und theoretischer Hintergrund

Das ursprünglich von Ansoff (1965 und 1988) entwickelte Produkt-Markt-Modell ist eines der bekanntesten Instrumente der Strategieentwicklung und wird auf der Geschäftsbereichsebene und im strategischen Marketing eingesetzt. Die Matrix beinhaltet die zwei Dimensionen Produkt und Markt, die wiederum in bestehend und neu unterschieden werden (Tab. 7.12).

Die Strategie der Marktpenetration (I) oder Marktdurchdringung zielt auf einen Ausbau der vorhandenen Marktposition. Dazu wird das absatzpolitische Instrumentarium genutzt. Die Strategie der Produktentwicklung (II) bezieht sich auf eine Verbesserung und Erweiterung der Produktpalette, die aber weiter auf den bestehenden Märkten abgesetzt wird. Bei der Strategie der Marktentwicklung (III) wird das vorhandene Produktprogramm beibehalten. Es wird nach neuen, bisher nicht bearbeiteten Märk-

Tab. 7.12: Ansoff-Matrix (Quelle: in Anlehnung an Ansoff 1995, S. 99)

Märkte	**Produkte**	
	Bestehend	**Neu**
Bestehend	Marktpenetration (I)	Produktentwicklung (II)
Neu	Marktentwicklung (III)	Diversifikation (IV)

ten für die vorhandenen Produkte gesucht. In einer Diversifikationsstrategie (IV) werden neue Produkte mit neuen Märkten kombiniert.

Für die Auswahl einer Strategie schlägt Ansoff (1965) die Regel vom Gesetz der abnehmenden Synergie vor: Wenn ein Unternehmen in verwandte Produktfelder expandiert, entstehen Synergieeffekte durch Einsparungen sowohl bei der Investitionssumme als auch bei den laufenden Herstellungskosten. Die größten Synergien stammen aus der Marktpenetration, die geringsten entstehen bei einer Diversifikation. Unternehmen, die Wettbewerbsvorteile (z. B. Skaleneffekt) in der Produktion aufweisen, realisieren daher größere Synergieeffekte, wenn ihre Produkte auf neuen Märkten angeboten werden. Das Synergiegefälle zwischen den verschiedenen Wachstumsstrategien erstreckt sich für ein solches Unternehmen von I über III zu II und dann zu IV. Für ein Unternehmen mit Wettbewerbsvorteilen im Absatz hingegen lautet die Reihenfolge: I, II, III und IV (Macharzina/Wolf 2015). Dem Synergiegefälle entsprechend ist auch das damit verbundene Risiko zu beurteilen. Je geringer die mit einer bestimmten Option verbundenen Synergien ausfallen, desto größer dürfte auch das Risiko dieser Option sein.

Die ursprüngliche zweidimensionale Matrix hat Ansoff (1988) zu einer dreidimensionalen Darstellung erweitert. Als dritte Dimension wird die geografische Marktabdeckung hinzugefügt. Auf diese Weise können internationale Expansionsaspekte in das Ansoff-Modell integriert werden. Perlitz und Schrank (2013) haben diesen Gedanken ebenfalls aufgegriffen und die klassische Ansoff-Matrix auf einfache Weise abgeändert (Tab. 7.13).

Die Ansoff-Matrix lässt sich zu einem generischen Modell zur Entwicklung von strategischen Optionen erweitern, indem Rückzugs- oder Konsolidierungsstrategien einbezogen werden (Johnson et al. 2017 und Müller-Stewens/Lechner 2016). Für die Dimensionen bestehende Märkte und bestehende Produkte gibt es nun zusätzlich die Option Rückzug. Ein solcher Rückzug kann zum einen eine Marktverdichtung bedeuten, d. h. eine Verringerung der Zahl der Märkte, die bedient werden, oder eine Produktverdichtung, d. h. eine Reduzierung der angebotenen Produkte und Dienstleistungen.

Das Ansoff-Modell kann auch auf der Ebene der Unternehmensstrategie genutzt werden (Tab. 7.14). Eine entsprechende Modifikation stammt von Knoll (2008). Hierbei wird unterstellt, dass mehrere Geschäftsbereiche bei der Entwicklung und Umsetzung von Wachstumsoptionen eng zusammenarbeiten.

Tab. 7.13: Ansoff-Matrix im internationalen Geschäft (Quelle: in Anlehnung an Perlitz/Schrank 2013, S. 239)

Märkte	Produkte			
	Bestehend		Neu	
	Inland (I)	Ausland (A)	Inland (I)	Ausland (A)
Bestehend	Marktpenetration (I)	Marktpenetration (A)	Produkt-entwicklung (I)	Produkt-entwicklung (A)
Neu	Marktentwicklung (I)	Marktentwicklung (A)	Diversifikation (I)	Diversifikation (A)

Müller-Stewens/Brauer (2009) erklären die einzelnen Wachstumsoptionen: Die koordinierte Marktdurchdringung kann die folgenden Aktivitäten mehrerer Geschäftsbereiche umfassen: Cross-Selling, Bundling, koordinierte Marketingaktivitäten oder eine Dachmarkenstrategie. Die gemeinsame Produktentwicklung bezieht sich auf das Angebot integrierter Lösungen, die Entwicklung von Technologie- und Produktplattformen oder die innovative Kombination von Ressourcen verschiedener Geschäftsbereiche. Die koordinierte Marktentwicklung beinhaltet die Zusammenarbeit verschiedener Geschäftsbereiche mit dem Ziel, neue geografische Märkte oder neue Kundensegmente zu erschließen. Die kombinatorische Diversifikation hat die Zielsetzung, in für das Unternehmen neue Märkte zu expandieren bzw. völlig neue Märkte zu schaffen – auch wieder durch die Kooperation verschiedener Geschäftsbereiche.

Tab. 7.14: Ansoff-Matrix zur Entwicklung von Unternehmensstrategien (Quelle: in Anlehnung an Knoll 2008, S. 160 ff. und Müller-Stewens/Brauer 2009, S. 369)

Märkte	Produkte/Dienstleistungen	
	Bestehende Produkte/Dienstleistungen	Neue Produkte/Dienstleistungen
Bestehende Märkte	Koordinierte Marktdurchdringung	Gemeinsame Produktentwicklung
Neue Märkte	Gemeinsame Marktentwicklung	Kombinatorische Diversifikation

Praktische Anwendung

Die folgenden Ausführungen zeigen die Anwendung der Ansoff-Matrix auf die Entwicklung von Wachstumsoptionen für die Geschäftsbereichsebene.

Schritt 1: Beschreibung und Ausgangslage

Um brauchbare Wachstumsoptionen zu entwickeln, sind drei Vorarbeiten notwendig: Erstens sollte eine klare Beschreibung der derzeitig bearbeiteten Märkte und der angebotenen Produkte und Dienstleistungen vorliegen. Zweitens ist es sinnvoll, mit Hilfe des SWOT-Modells (vgl. Kapitel 4) Stärken und Schwächen der zu analysierenden Geschäftseinheit zu erfassen. Drittens ist ein gutes Verständnis der Formalziele der Geschäftseinheit (z. B. Umsatz- und Gewinnziele) für die nächsten Jahre notwendig.

Schritt 2: Brainstorming der Optionen

Nun gilt es, die Optionen für die einzelnen Felder der Matrix zu entwickeln (Tab. 7.15). Gut eignet sich hierfür ein Workshop mit Vertretern aus den verschiedenen Funktionsbereichen (z. B. Marketing, F&E, Produktion, Controlling, Unternehmensentwicklung). Durch die funktionsübergreifende Zusammensetzung können alle relevanten Gesichtspunkte in die Analyse und die Vorschläge einfließen. Die folgende Tabelle enthält eine Reihe von Ansatzpunkten, die zur Entwicklung von Optionen genutzt werden können (Kotler/Keller 2005, Pearce II/Robinson 2007 und Macharzina/Wolf 2015).

Tab. 7.15: Entwicklung von Optionen mit der Ansoff-Matrix

Marktpenetration
– **Produktnutzung durch den Kunden erhöhen** – Variation der Verpackungsgrößen – Werbung für neue/veränderte Nutzungsmöglichkeiten – „Künstliche“ Alterung – Preisnachlässe – **Kunden von Konkurrenten überzeugen** – Bessere Differenzierung im Vergleich zur Konkurrenz – Fokussierung der Verkaufsförderung – Preisnachlässe – **Neukunden akquirieren, die das Produkt noch nicht kennen** – Testkäufe und Proben – Preisaufschläge oder -abschläge – Zusätzliche Werbemaßnahmen
Marktentwicklung
– **Neue geografische Märkte erschließen** – Regional – National – International – **Neue Marktsegmente erschließen** – Neue Produktvarianten – Neue Distributionskanäle

Tab. 7.15: (Fortsetzung)

Produktentwicklung

– **Neue Produkteigenschaften entwickeln**
  – Anpassung an neue Umwelt- und Marktentwicklungen
  – Äußerliche Veränderung der Produkte (Form, Farbe, Verpackung etc.)
– **Qualität verändern**

Diversifikation

– **Vertikal: Das Unternehmen bewegt sich entlang der Wertschöpfungskette in neue Tätigkeitsfelder**
  – Vorwärtsintegration in Richtung Kunden
  – Rückwärtsintegration in Richtung Zulieferer
– **Konzentrisch: Das Unternehmen erschließt eine neue Branche und kann vorhandene Kompetenzen in der neuen Branche nutzen**
– **Lateral oder Bildung eines Konglomerates: Das Unternehmen bewegt sich mit völlig andersartigen Produkten in neue Märkte**

Schritt 3: Bewertung der Optionen

Sodann sind Zielkriterien für die Bewertung festzulegen. Die Optionen sind anhand dieser Kriterien zu beurteilen. Mögliche Zielkriterien sind: Synergiepotenziale, Risiko, Rendite, Ressourcenaufwand oder Wettbewerbsvorteile. Nach der Bewertung und Auswahl der Optionen wird die Expansionsstrategie formuliert.

Kritik des Instruments

Die Kritik am Ansoff-Modell setzt an den folgenden Punkten an.

- Das Ansoff-Modell entspricht der Grundhaltung, dem Bewährten treu zu bleiben (Macharzina/Wolf 2015). Weiter kritisieren Macharzina/Wolf, dass dieses Modell keine konkreten Strategieempfehlungen, sondern nur generelle Leitlinien liefert. Pearce II/Robinson (2007) sprechen in diesem Zusammenhang von „Grand Strategies“. Zusätzliche detaillierte Analysen sind erforderlich, um konkrete Handlungsstrategien zu erhalten.
- Die Ansoff-Matrix weist keinen expliziten Bezug zur Konkurrenz und zum Markt auf. Im Hinblick auf Kunden und Wettbewerber werden Strategieoptionen nur im Sinne der Certeris-paribus-Bedingung entwickelt. Die Gegenreaktionen von Wettbewerbern z. B. bei der Marktpenetration dürfen aber nicht vernachlässigt werden.
- Die Abgrenzung bestehend und neu ist problematisch. Bezieht sich neu auf eine Produktneuheit, also etwas, das bisher noch nicht existiert, oder existiert dieses Produkt bzw. dieser Markt bereits und ist lediglich neu für das Unternehmen? In der Praxis wird neu meist auf das Unternehmen bezogen.

Strategische Bedeutung und Nutzen

Die Ansoff-Matrix ist ein sehr einfaches und plausibles Instrument, um strategische Handlungsoptionen zu ermitteln. In Verbindung mit der Lückenanalyse lassen sich recht schnell pragmatische Wachstumsstrategien entwickeln. Dieses Modell dürfte wohl zu den bekanntesten und vermutlich zu den am meisten genutzten Instrumenten der Strategieentwicklung zählen.

Ansoff stellt in seinen Überlegungen zur Strategieauswahl ganz bewusst auf die Synergieunterschiede zwischen verschiedenen strategischen Handlungsoptionen ab. Damit bilden die Nähe zum Kerngeschäft, also der Ressourcen- und Kompetenzbasis des Unternehmens, sowie Risikoaspekte, die sich aus einer relativen Ferne zum Kerngeschäft ergeben, wichtige Kriterien für die Strategieauswahl.

Die Ansoff-Matrix ist die erste systematische Erfassung von wachstumsrelevanten Strategieoptionen und liegt mehr oder weniger deutlich vielen später folgenden Verfeinerungen und Modifikationen zugrunde (z. B. Johnson et al. 2017 und Müller-Stewens/Lechner 2016).

Ähnliche Instrumente

Strategie als Revolution

Hamel (1996 und 2002) entwickelt ein ähnliches Konzept. Aus strategischer Sicht teilt er Unternehmen in drei Kategorien ein: (1) Unternehmen, welche die Branche aufgebaut haben (Rule Makers), (2) Unternehmen, die der ersten Kategorie folgen (Rule Takers) und (3) Unternehmen, die neue Regeln schaffen (Rule Creators). Interessant ist dabei offensichtlich die dritte Kategorie. Diese Unternehmen verfolgen revolutionäre Strategien und definieren nicht allein Produkte auf neue Weise, sondern auch Dienstleistungen, Markt- und Branchengrenzen und können so aus vorhandenen Wettbewerbsstrukturen ausbrechen. Dazu liefert Hamel eine Reihe von Strategieempfehlungen. Sein Modell eignet sich ebenfalls zur Strategiefindung, stellt aber im Unterschied zum Ansoff-Ansatz auf den Wettbewerb und die Suche nach völlig neuen Wachstumsfeldern ab.

Blue-Ocean-Strategien

Kim und Mauborgne (2015) haben den gleichen Ausgangspunkt, nämlich die Suche nach neuen Wachstumsfeldern (vgl. Abschn. 8.2.1). Sie kommen in ihrem Ansatz zu sechs verschiedenen Strategieoptionen: (1) Einstieg in Substitutionsprodukte, (2) Expansion in neue strategische Gruppen innerhalb der Branche, (3) Weiterentwicklung entlang der Wertkette der Kunden, (4) Angebot von komplementären Produkten und Dienstleistungen, (5) Verbesserung der funktionalen oder emotionellen Attraktivität des Produkts bzw. der Dienstleistung und (6) Nutzung von Trends.

Überschneidungen mit anderen Instrumenten

SWOT-Analyse

Die SWOT-Analyse (vgl. Abschn. 4.2) enthält wichtige Ausgangsinformationen, die für die Entwicklung von Optionen mit Hilfe des Ansoff-Modells gut genutzt werden können. Die Fortentwicklung der SWOT-Analyse zur TOWS-Matrix zeigt eine gewisse Überlappung mit der Ansoff-Matrix. Beide eignen sich zur Ableitung von strategischen Optionen, wobei der SWOT-/TOWS-Ansatz systematischer und fundierter ist. Während sich der ursprüngliche Ansoff-Ansatz in erster Linie auf Wachstumsstrategien bezieht, deckt TOWS alle möglichen Strategievarianten ab.

Lückenanalyse

Diese Analyse (vgl. Abschn. 3.2.2) liefert einen guten Startpunkt für die Ansoff-Matrix. Sie beschreibt die strategische Lücke, die mit Hilfe des Ansoff-Modells geschlossen werden muss, wenn das Unternehmen seine langfristigen Ziele erreichen will.

Portfolio-Modelle

Die BCG-Matrix (vgl. Abschn. 7.2.2) oder die GE-/McKinsey-Matrix (vgl. Abschn. 7.2.3) können ebenfalls zur Entwicklung von Strategien genutzt werden. Im Unterschied zur Ansoff-Matrix berücksichtigen diese Modelle explizit sowohl die externe (über das Marktwachstum bzw. die Marktattraktivität) als auch die interne Perspektive (über den Marktanteil bzw. die Stärke des Wettbewerbsvorteils). Außerdem geben die Portfolio-Modelle ein klares Zielkriterium zur Bewertung der Optionen vor (Cashflow bzw. Return on Investment).

7.3.3 Generische Strategietypen

„*In Gefahr und großer Not bringt der Mittelweg den Tod*" (Friedrich von Logau, dt. Schriftsteller, 1605–1655).

Generische Strategietypen sind unabhängig von Unternehmen und Branchen und damit universell anwendbar. Im klassischen Modell von Porter müssen Unternehmen, um Wettbewerbsvorteile aufzubauen und damit überdurchschnittliche Gewinne zu erzielen, entweder in einem weiten Wettbewerbsfeld die Kostenführerschaft anstreben oder ihr Angebot klar von dem der Wettbewerber differenzieren. Alternativ können sie sich auf bestimmte Marktsegmente und Kunden fokussieren und dort ebenfalls einen Kosten- oder Differenzierungsschwerpunkt setzen.
Auf der Grundlage der Porter-Strategien haben Hax und Wilde das Delta-Modell entwickelt. Zu der Produktlogik wird als zweite Stufe eine Kundenlogik hinzugefügt; der Kunde wird fest an das Unternehmen gebunden. In der letzten Stufe wird eine Systemlogik entwickelt, die durch Netzwerkeffekte eine Abhängigkeit der Kunden vom Netzwerk schafft.

Beschreibung und theoretischer Hintergrund der generischen Porter-Strategien

Porter beschreibt drei (eigentlich vier) grundlegende Strategietypen, mit deren Hilfe Unternehmen im Wettbewerb längerfristig überdurchschnittliche Gewinne erzielen können (Porter 1980 und 1985). Sein Konzept (Abb. 7.19) wird in erster Linie auf der Ebene der strategischen Geschäftseinheiten angewandt. Das Unternehmen kann seine Produkte auf einem breiten Markt dem Kunden zu einem günstigeren Preis aufgrund niedrigerer eigener Kosten oder zu einem höheren Preis aufgrund besonderer Leistungen (z. B. in der Produktqualität) anbieten. Unternehmen können sich aber auch auf kleinere Marktsegmente mit besonderen Kundenbedürfnissen beschränken, um sich auch hier wiederum über niedrige eigene Kosten oder besondere Leistungen der Produkte von den Wettbewerbern zu unterscheiden. Auf diese Weise versuchen Unternehmen, in der Preis-/Angebotskurve einen monopolistischen Bereich zu schaffen (Besanko et al. 2010) und damit überdurchschnittliche Gewinne zu realisieren.

Produktumfang	Wettbewerbsvorteile: Niedrige Kosten	Wettbewerbsvorteile: Differenzierung
Branchenweit	**Kostenführerschaft**	**Differenzierung**
Segmentspezifisch	**Kostenschwerpunkt**	**Differenzierungsschwerpunkt**

Abb. 7.19: Generische Strategien (Quelle: in Anlehnung an Porter 1985, S. 12)

Breite Marktabdeckung: Kostenführerschaft oder Differenzierung

Als Kostenführer bieten Unternehmen branchenweit Standardprodukte an und versuchen, bei einer vergleichbaren Qualität (paritätische Differenzierung) Kostenvorteile über Skaleneffekte, die Erfahrungskurve, Technologie, günstigere Rohstoffe etc. aufzubauen. Der Preis für die Produkte des Kostenführers liegt meistens etwas unter dem üblichen Marktpreis. Überdurchschnittliche Gewinne und ein Wettbewerbsvorteil entstehen nur dann, wenn die Kostendifferenz zum Wettbewerb deutlich größer ausfällt als die Preisdifferenz.

Unternehmen können ihr Angebot im Vergleich zu den Wettbewerbern mit Merkmalen differenzieren, für welche die Kunden höhere Preise zu bezahlen bereit sind (Produktqualität, Marketing oder Service). Wenn die erzielbaren Preisaufschläge höher sind als die Kosten der Differenzierung, lassen sich damit Wettbewerbsvorteile und überdurchschnittliche Gewinne erzielen.

Enge Marktabdeckung – Kosten- oder Differenzierungsfokus

Ein Unternehmen kann sich auf eine bestimmte Kundengruppe mit besonderen Bedürfnissen konzentrieren und – quasi unter Ausschluss der Konkurrenz – maßgeschneidert die Bedürfnisse dieser Kundengruppe zufriedenstellen. Erfolgsvoraussetzung ist ein spezielles Produktions- oder Liefersystem für dieses Segment, das Wettbewerber mit einer breiten Marktabdeckung nicht effizient aufbauen bzw. betreiben können. Ist das Segment strukturell attraktiv, kann ein Unternehmen für dieses Segment kostengünstiger (Kostenfokus) oder besondere und bessere Leistungen anbieten (Differenzierungsfokus).

Nach Porter (1980) kann ein Unternehmen in einer Kombination von Kostenführerschaft und Differenzierung nur dann erfolgreich sein, wenn die Konkurrenten ebenfalls keine der generischen Strategien verfolgen, sich also „zwischen den Stühlen" positionieren, wenn die Kosten maßgeblich von Marktanteilen oder Verflechtungen abhängen oder wenn das Unternehmen bahnbrechende Innovationen umgesetzt hat.

Praktische Anwendung

Die generischen Strategien von Porter werden nicht wie andere Methoden des strategischen Managements in einer Schrittfolge beschrieben und angewendet. Eine Entscheidung für einen der Strategietypen kann mit Hilfe der folgenden Kriterien getroffen werden:

Breite Marktabdeckung

Zunächst ist die Ausgangslage des Unternehmens zu prüfen: die Breite seines Angebotes, sein Marktanteil, seine Kostenposition und seine Qualitäts- und Leistungsposition. Verfügt das Unternehmen über allgemeine Wettbewerbsvorteile und bietet Produkte für einen großen Kundenkreis, wird es einen Strategietyp mit einer breiten Marktabdeckung, also ein weites Wettbewerbsfeld, wählen.

Für Unternehmen mit einem breiten Angebot, einem hohen Marktanteil und Kostenvorteilen bei branchendurchschnittlicher Qualität der Produkte kommt die Kostenführerschaft als Strategie in Frage. Mit einer strategischen Kostenanalyse lassen sich weitere Kostenvorteile erschließen. Erforderlich sind schlanke, straffe Lenkungsstrukturen, Gemeinkostenminimierung, Skalen- und Lernkurveneffekte in der Organisation und eine sparsame, disziplinierte und detailfokussierte Unternehmenskultur (Porter 1985). Der südkoreanische Autohersteller Hyundai bietet eine breite Modellpalette vom Kleinwagen bis zum Kleintransporter mit einer guten Qualität an. Mit einem modularen Plattformdesign, einer effizienten Produktionsstruktur und einer raschen Internationalisierung konnten erhebliche Skaleneffekte erreicht werden und das Unternehmen als Anbieter mit niedrigen Kosten in der Branche etabliert werden. Im deutschen Markt werden Autos von Hyundai primär wegen der relativ niedrigen Preise gekauft.

Unternehmen mit einem breiten Angebot, einem nicht so hohen Marktanteil und ohne besondere Kostenvorteile sollten mögliche Differenzierungsmerkmale ermitteln. Entscheidend sind die Zahlungsbereitschaft der Kunden für besondere Produkt- und Leistungsmerkmale und das Marktpotenzial dafür. Nach einem Abgleich der Kosten für das Herstellen solcher Merkmale mit den dafür erzielbaren Preisaufschlägen können die Differenzierungsmerkmale gewählt werden. Zu berücksichtigen ist, ob sie leicht von den Konkurrenten nachgeahmt werden können, ob sie langfristig für die Abnehmer von Bedeutung sind oder ob Wettbewerber mit einer Schwerpunktsetzung in den wichtigen Marktsegmenten eine stärkere Differenzierung anbieten. Die notwendigen Ressourcen und Kompetenzen zur Bereitstellung der Differenzierungsmerkmale müssen im Unternehmen vorhanden sein, das eine differenzierte Organisation und eine Unternehmenskultur der Innovation, Individualität, Kundenleistung und Risikobereitschaft aufweisen muss. Ein bekanntes Beispiel liefern in der Autobranche die deutschen Premiumhersteller Audi, BMW und Mercedes, die ein breites Angebot mit besonderen Merkmalen (Qualität, Leistung, Ausstattung, Marke) zu deutlich höheren Preisen als die Konkurrenz anbieten.

Enge Marktabdeckung

Für eine enge Marktabdeckung (oder Schwerpunktsetzung) wird der Markt nach Kunden, Regionen, Produktanforderungen, Lieferungsanforderungen usw. segmentiert. Langfristig attraktive Markt- oder Kundensegmente mit spezifischen Leistungsanforderungen werden identifiziert. Anschließend ist zu prüfen, ob das Unternehmen über die Ressourcen und Fähigkeiten verfügt, um diese spezifischen Leistungsanforderungen zu erfüllen.

Der Kostenfokus sollte immer dann gewählt werden, wenn das Unternehmen in der Lage ist, die besonderen Leistungsanforderungen des Segments aufgrund seines Standorts, seines Produktions- oder Liefersystems oder aufgrund von Ressourcen und Fähigkeiten kostengünstiger zu erfüllen als die Wettbewerber. Ein Beispiel dafür ist das Berliner Unternehmen Kaplan Döner, das als Marktführer europaweit Imbissbuden mit Döner-Fleischspießen beliefert. Das Produktprogramm ist beschränkt auf Döner und eine Kundengruppe mit speziellen Bedürfnissen und hohem Preisdruck.

Die Segmentanforderungen in Verbindung mit dem Standort, dem Produktions- und Liefersystem sowie Ressourcen und Fähigkeiten bestimmen auch, ob ein Differenzierungsfokus relevant ist. In diesem Fall erhalten die Kunden einen deutlichen Mehrwert und sind bereit, dafür einen Aufpreis gegenüber dem Angebot der Wettbewerber zu zahlen. Das amerikanische Unternehmen Weber-Stephen Products ist spezialisiert auf die Entwicklung und Herstellung von hochwertigen Grillgeräten im oberen Preissegment und verkauft diese Geräte sehr erfolgreich in Deutschland unter der Marke Weber Grill an Privatkunden.

Strategische Bedeutung und Nutzen

Die generischen Strategietypen sind branchenübergreifend anwendbar. Sie ermöglichen eine starke Reduktion der Komplexität und zwingen das Management, sich mit grundsätzlichen, gegensätzlichen Strategieoptionen auseinanderzusetzen und zwischen ihnen eine eindeutige Wahl zu treffen. Diese kann dann aufgrund ihrer grundsätzlichen Natur gut in die Vision oder das Leitbild integriert werden. Das Modell von Porter ist zudem leicht nachvollziehbar und unmittelbar verständlich. Dies erleichtert die Kommunikation der Strategie, auch gegenüber den Kunden. Aus der Wahl des Strategietyps lassen sich Anforderungen an die Organisation, die Unternehmenskultur, das Personal sowie in allgemeiner Form die Programme der Strategieumsetzung formulieren, so dass sich daraus relativ einfach Schlussfolgerungen für die Implementierung der Strategie ableiten lassen.

Porter hat mit seinem Modell eine fruchtbare Diskussion entfacht. Wie die kritische Würdigung zeigt, steht den genannten Vorteilen jedoch eine zu starke und deshalb gefährliche Vereinfachung gegenüber: Die Möglichkeiten der hybriden Strategien werden ignoriert. Das Modell sollte daher trotz seines Bekanntheitsgrades, seiner scheinbaren Plausibilität und historischen Verdienste nur vorsichtig und unter Berücksichtigung seiner Mängel eingesetzt werden. In vielen Fällen dürfte der Einsatz der strategischen Uhr trotz ihrer höheren Komplexität zu besseren Ergebnissen führen (Abb. 7.22).

Beschreibung und theoretischer Hintergrund des Delta-Modells

Hax und Wilde (2001a) legen ein Rahmenkonzept für strategisches Management in der neuen (durch IT und das Internet geprägten) Ökonomie vor. Aus ihrer Sicht sollen sich Unternehmen die Kundensicht zu eigen machen, statt sich ständig mit den Wettbewerbern zu vergleichen. „Strategy is not war with our competitor, it is love with our customer“ (Hax/Wilde 2001b, S. 382). In der Strategie muss es darum gehen, Kunden anzuziehen, zufriedenzustellen und zu behalten – Kundenbindung ist das zentrale Anliegen. Die Autoren beginnen mit einer Neuinterpretation des Modells von Porter (Hax/Wilde 2003) und bezeichnen seine beiden grundsätzlichen Optionen als „Beste-Produkt-Strategie“. Aus ihrer Sicht sind aber Kosten- oder Differenzierungsvorteile leicht zu imitieren, die Wettbewerbsvorteile gehen dadurch schnell verloren, denn der Kunde kann ohne Nachteile zu einem Wettbewerber wechseln. Sie konzentrieren sich deshalb auf eine stärkere Bindung der Kunden (durch Lock-in-Effekte – entspricht in etwa den Wechselkosten des 5-Kräfte-Modells). Langfristigere Wettbewerbsvorteile verspricht die Strategie der besten Kundenlösung. Die Bindungskräfte können weiter verstärkt werden durch Netzwerkeffekte und den Einbezug von Komplementoren und Kunden, die dadurch in ein für sie vorteilhaftes System eingebunden werden (System Lock-in).

Die folgende Abb. 7.20 gibt einen Überblick über das Delta-Modell.

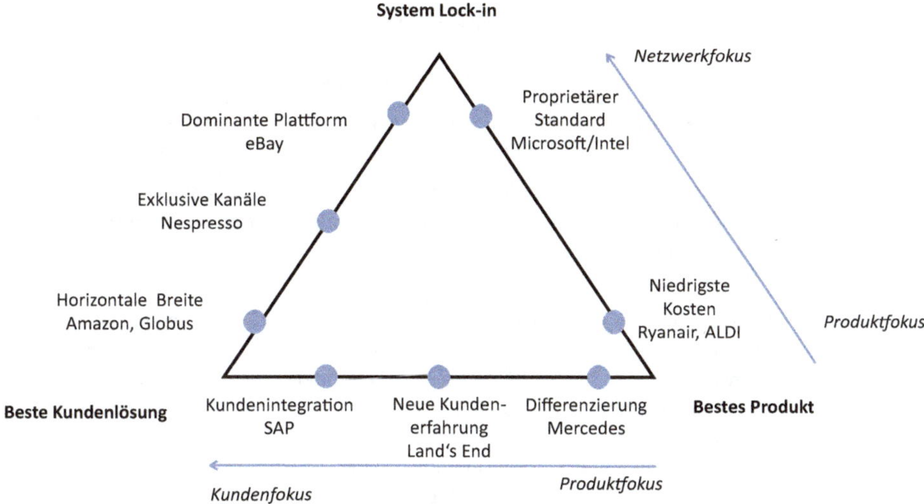

Abb. 7.20: Delta-Modell (Quelle: in Anlehnung an Hax/Wilde 2001a, S. 41)

Die folgende Tab. 7.16 zeigt für die drei Optionen den inhaltlichen Fokus, wie jeweils Bindung geschaffen wird, wie operative Effektivität definiert wird, wie die Kunden erreicht werden können und welche Rolle Innovationen spielen.

Praktische Anwendung

Hax und Wilde (2001) geben eine Anwendung in sechs Schritten vor:

Schritt 1: Segmentierung der Kunden

Untersucht werden möglich Unterschiede zwischen Kundengruppen, deren Größe, Kaufkraft, Ansprüche und Bedürfnisse. Welche Prioritäten bestehen bei den Kunden? Wie groß ist die Variabilität? Die Analyse soll auf detaillierten Kennzahlen beruhen.

Schritt 2: Analyse der Branche des Kunden

Die Analyse der Kunden wird erweitert auf deren Branche und deren spezifische ökonomische Bedingungen. Wichtige Lieferanten und Komplementoren sowie ggf. Kunden der Kunden werden einbezogen. Auch diese Analyse soll auf detaillierten Kennzahlen beruhen, z. B. der Zahl und Größe der Lieferanten, den Anteil der Lieferanten an der Wertschöpfung, das Umsatzpotenzial für die Produkte der Komplementoren,

Tab. 7.16: Unterschiede zwischen den Strategien (Quelle: in Anlehnung an Hax/Wilde 2001a, S. 9 ff.)

	Bestes Produkt	**Beste Kundenlösung**	**System Lock-in**
Fokus	Kostengünstiges oder differenziertes Produkt	Breites Sortiment: – Bündeln, gemeinsame Entwicklung mit Kunden, ggf. Outsourcing zur gezielten Optimierung	Fördern der Komplementoren: – Zahl und Heterogenität – Offenheit des Systems
Ziel	Marktanteil bezogen auf Produkte	Marktanteil bezogen auf Kunden	Marktanteil bezogen auf Komplementoren
Bindung	Produktbindung: – Erster am Markt oder dominantes Design	Kundenbindung: – Lernen und Anpassung – Customization	Ausschluss von Wettbewerbern: – Proprietäre Systeme
Operative Effektivität	Niedrige Kosten/ Differenzierung: – Treiber identifizieren und verbessern	Höchster Wert für den Kunden: – Wirtschaftlichkeit für den Kunden verbessern – Horizontale Verbindungen in der Kundenlösung erkennen und verbessern	Beste Systemleistung: – Systemleistung verbessern – Komplementoren integrieren
Auswahl und Ansprache von Kunden	Distributionskanäle: – Maximale Reichweite durch unterschiedliche Kanäle – Niedrige Kosten der Distribution – Optimierung der Distributionskanäle und ihrer Profitabilität	Auswahl und Ansprache von Kundengruppen: – Schnittstellen zum Kunden verbessern – Strategische Allianzen für gebündelte Lösungen untersuchen – Vertikale Schlüsselmärkte auswählen – Analyse der Eigentumsverhältnisse der Distributionskanäle	Systemarchitektur: – Identifikation der wichtigsten Komplementoren – Schnittstellen verbessern – Systemarchitektur vereinheitlichen – Zahl und Heterogenität der Komplementoren erhöhen
Innovation	Produktinnovation: – Produktfamilien auf einer Plattform entwickeln – Pionieranbieter oder Imitator auf dem Markt – Stetige Neuentwicklung von Produkten	Kunden als Quelle der Innovation: – Gemeinsame F&E – Ausdehnen des Angebots in der Wertkette des Kunden, um dessen Wirtschaftlichkeit zu steigern – Innovation in Kundenbeziehungen – Kundenspezifische Produkte und Lernen	Systeminnovation: – Betonung der Bindungsaspekte – Vermehrung und Wachstum der Komplementoren – Proprietäre Standards mit offener Architektur, komplexen Schnittstellen, schneller Weiterentwicklung, Rückwärtskompatibilität

den Beitrag von komplementären Produkten zur Wirtschaftlichkeit des Kunden und die Profitabilität von Kunden des Kunden.

Schritt 3: Auswahl einer passenden Zielstrategie

Wenn die Analysen ergeben, dass es sich um einen Massenmarkt handelt, kommt die „Bestes Produkt"-Option infrage. Zu entscheiden ist dann zwischen den geringsten Kosten oder dem besten Produkt. Dafür können die Auswahlkriterien und Voraussetzungen von Porter für die Kostenführerschaft bzw. Differenzierung direkt übertragen werden.

Wenn die Analyse spezifische oder bisher ungedeckte Bedürfnisse der Kunden und verschiedene Kundengruppen ermittelt, ist die Strategie der „Besten Kundenlösung" möglich. Dem Kunden werden maßgeschneiderte Produkte und Servicebündel angeboten, die einen optimalen ökonomischen Nutzen bieten. Dies ist mit drei Optionen möglich:

- Neudefinition der Kundenerfahrung (vgl. Blue-Ocean-Strategie, Abschn. 8.2.1): Ein gutes Beispiel dafür ist das amerikanische Unternehmen Land's End, das Freizeitkleidung über einen Direktvertrieb mit einer unbegrenzten Rücknahmegarantie verkauft.
- Sehr große horizontale Breite des Sortiments: Dies ist der Fall bei Würth mit Schrauben und anderen Befestigungselementen für die Industrie oder bei Amazon mit seinem riesigen Sortiment von Konsum- und Gebrauchsartikeln.
- Integration des Kunden in die Geschäftsprozesse des Herstellers: So ist z. B. SAP eng mit den Kunden über die IT oder sogar die Übernahme von IT-Funktionen verbunden. National Starch, ein amerikanischer Klebstoffhersteller, erreicht dies mit der kundenspezifischen Entwicklung von Klebstoffen (in Deutschland mit der Klebstoffsparte von Henkel vergleichbar).

Ergibt die Analyse Hinweise auf Netzwerkeffekte, steigende marginale Gewinne aufgrund hoher Fixkosten und Möglichkeiten der Einbeziehung von Lieferanten, Komplementoren und neuen Marktteilnehmern, dann kann die System Lock-in-Strategie gewählt werden. Ein Vorteil ist, dass andere Marktteilnehmer einen Teil der Investitionen, der Entwicklung und des Risikos übernehmen. Gleichzeitig werden sie so an das entstehende System gebunden. Auch hier stehen wieder drei Varianten zur Verfügung:

- *Proprietärer Standard:* In Branchen mit komplexen Technologien, die sich ständig weiterentwickeln oder die durch Patente geschützt werden können, kann ein eigener Standard gesetzt werden, der in gewissen Grenzen für Komplementoren und andere Anbieter zugänglich ist. Dies ist zum Beispiel Microsoft und Intel mit ihrer PC-Technologie („Wintel") gelungen. Intel bietet immer wieder verbesserte Chips mit einer größeren Kapazität und Geschwindigkeit an, die Microsoft für neue Software-Funktionen nutzen kann. Es besteht eine Komplementärfunktion zwischen beiden Unternehmen. Für diesen Standard haben weitere Hard- und Softwarehersteller eine große Zahl von Produkten entwickelt und damit für eine fast monopolartige Marktposition der beiden Unternehmen gesorgt.

- *Dominante Plattform:* In bestimmten Märkten kann es gelingen, sich als Plattform (Hax und Wilde verwenden den Begriff Clearing House) für den Austausch von Informationen, Geld oder physischen Produkten zu etablieren und Kunden und Lieferanten fest an das System zu binden. Als Beispiele nennen sie die Auktionshäuser Christie's und Sotheby's, die Kreditkartensysteme Visa und Mastercard sowie eBay.
- *Exklusive Kanäle:* Als dritte Variante identifizieren Hax und Wilde die Möglichkeit, Konkurrenten den Zugang zu bestimmten Märkten zu verwehren. Coca-Cola ist dies weltweit gelungen, indem in einem Franchisesystem Abfüller und Distributoren an das Unternehmen gebunden wurden und der knappe Regalplatz in Läden und anderen Vertriebsstellen für Konkurrenten blockiert wurde.

Schritt 4: Formulierung einer Mission

Die grundsätzliche Strategie wird in eine Mission des Unternehmens übersetzt (vgl. Abschn. 3.3.2). Die Mission soll realistisch, aber herausfordernd sein und formuliert die gewählte Strategie und zusätzlich die gewählte Option. Die dafür notwendigen Fähigkeiten des Unternehmens werden beschrieben und definiert. Die Märkte, auf denen man tätig sein will, und die angestrebte Wettbewerbssituation werden festgelegt. Ein gutes Beispiel ist die beste Kundenlösung von Lands' End: „Extraordinary service, an excellent product at a fair price, integrity and caring for people in a way that makes calling, clicking or visiting Lands' End feel a little like coming home" (Lands' End 2019).

Schritt 5: Ableitung der strategischen Agenda

Aus der Mission wird eine strategische Agenda abgeleitet. Sie umfasst die wesentlichen strategischen Herausforderungen, die Verantwortung des Managements, die Gestaltung der zentralen Geschäftsprozesse und die Definition der strategischen Leistungsindikatoren. Hax und Wilde betonen die Bedeutung dieser Indikatoren – mit den aggregierten Messgrößen wird das erreichte Leistungsniveau gemessen und überwacht, es wird also festgelegt, welche Leistungen relevant sind.

Schritt 6: Festlegung von Kennzahlen

Im letzten Schritt werden Kennzahlen für die operative Effektivität, die Auswahl und Ansprache der Zielkunden (Customer Targeting) und die Innovation festgelegt. Sie dienen zur Anpassung des Unternehmens an die gewählte Strategie und deren Implementierung. Die folgende Tab. 7.17 zeigt, dass die verwendeten Kennzahlen sich an der jeweiligen Strategie ausrichten müssen.

Tab. 7.17: Beispielhafte Kennzahlen für die drei Strategietypen des Delta-Modells (Quelle: in Anlehnung an Hax/Wilde 2001a, S. 19)

	Bestes Produkt	Beste Kundenlösung	System Lock-in
Operative Effektivität	Produktleistung: – Produktstückkosten – Auslastung Produktionsanlagen – Materialkosten – Relativer Qualitätsindex Produktbeurteilungen	Leistung für Kunden: – Lebenszykluskosten für Kunden – Auswirkungen des Produkts auf Gewinn des Kunden im Vergleich zum Wettbewerb	Systemleistung: – Kosten/Gewinne Gesamtsystem – Gewinne und Investments der Komplementoren – Kosten der Komplementoren für den proprietären Standard
Kundenauswahl und Ansprache	Marktanteil der Produkte: – Kosten der Distributionskanäle – Gewinn nach Produkt – Angebot und Kanal	Marktanteil bei Kunden in Segmenten: – Kundenretention – Profitabilität der Kunden – Wechselkosten für Kunden	Marktanteil des Systems: – % Investitionen der Komplementoren in den proprietären Standard – Anzahl von Komplementoren nach Segmenten
Innovation	Produktinnovation: – Time-to-Market für Neuprodukte – Einführungsrate – Erfolgsquote – Umsatzanteile – F&E-Kosten als % des Umsatzes	Innovation durch Kunden: – Anteile an der Produktentwicklung durch Customization und Kooperation mit Kunden	Systeminnovation: – Zahl neuer Systemfunktionen – Wechselkosten für Kunden und Komplementoren – Zahl der Produktentwicklungen/Jahr – Kosten für Wettbewerber, das System zu imitieren

Strategische Bedeutung und Nutzen

Das Delta-Modell schlägt eine Brücke von den traditionellen generischen Strategien zu den aktuellen Plattformstrategien und ordnet diese anhand der Stärke der Kundenbindung ein. Gleichzeitig gibt das Modell wichtige Kriterien für die Wahl einer der drei grundsätzlichen Strategien bzw. der jeweiligen Untervarianten vor. Indem das Modell von der Wettbewerbsorientierung auf eine Kundenbindung umschwenkt, ist es weniger abhängig von der Branchendefinition, die zunehmend verschwimmt. Gleichzeitig wird in Grenzen die Kritik an Porter's Modell aufgegriffen und hybride Strategien als Strategiemöglichkeit werden nicht kategorisch ausgeschlossen.

Insgesamt greift das Delta-Modell neuere Entwicklungen im Hinblick auf IT und Internet auf und bildet die heutige Unternehmensrealität besser ab. Vor diesem Hintergrund werden drei grundlegende Strategiealternativen und jeweils mehrere Gestaltungsoptionen definiert. Zudem lenkt es die Aufmerksamkeit der Unternehmensführung stärker auf den Kunden und stellt ihn in den Mittelpunkt der Strategieüberlegungen. Es geht nicht nur um die Anwerbung von Kunden, sondern auch um deren Zufriedenheit und ihre Bindung an das Unternehmen.

Kritik der Instrumente

Porter's Modell ist keine Methode, die mit einer spezifischen Schrittfolge abgehandelt werden kann. Es ist vielmehr als ein grundlegender Denkansatz zu verstehen, der in der Literatur umfangreich und anhaltend diskutiert wird. Das Delta-Modell hingegen hat eine klare Abfolge von Schritten, für die im Einzelnen aber keine genaue Methodik existiert (ähnlich der SWOT-Analyse). Das Modell geht über die Auswahl einer Strategie hinaus, indem es Elemente der Strategieumsetzung, Steuerung und Kontrolle mit Kennzahlen integriert. In der Literatur wurde das Delta-Modell kaum rezipiert. Dies mag daran liegen, dass die rasante Entwicklung neuer Geschäftsmodelle und insbesondere der Plattformen (vgl. Abschn. 7.3.4) eine eigene Diskussion und neue Geschäftsmodellansätze hervorbrachte.

Porter's Modell

Porter (1980) fasst Differenzierung und Kostenvorteile als entgegengesetzte Pole auf einer Achse auf – dafür gibt es aber keine allgemeine theoretische Begründung. Zwar sind beim Marktführer in einer Branche aufgrund der produzierten Mengen Kostendegressionseffekte zu erwarten, diese sind aber nicht immer relevant. Umgekehrt kann nicht zwingend abgeleitet werden, dass eine Differenzierung zu höheren Kosten führen muss. Relative Differenzierung und relative Kostenposition können mit gleicher Berechtigung als unterschiedliche Dimensionen aufgefasst werden (White 1986). Porter nimmt weiterhin eine grundsätzliche Unvereinbarkeit der Umsetzung von Strategien zur Differenzierung einerseits und Kostenführerschaft andererseits an und postuliert, dass sich ein Unternehmen nie gleichzeitig auf Differenzierung und Kostenführerschaft konzentrieren kann. Diese Annahmen erscheinen zunächst plausibel, die Unvereinbarkeit von Kosten- und Differenzierungsvorteilen kann aber als empirisch und theoretisch widerlegt gelten.

Ein weiteres Problem liegt in den zunehmend verschwimmenden Branchengrenzen. Wenn aber die Branchengrenze unklar ist, kann das Wettbewerbsfeld im Sinne der generischen Strategien nicht korrekt bestimmt werden, ebenso schwierig wird dann die Festlegung der Kosten- oder Differenzierungsvorteile. Eonsoo et al. (2004) ziehen daraus den Schluss, dass bei unklaren Branchengrenzen (z. B. im e-Business) eine Verbindung von Differenzierung und Kostenführerschaft die dritte Strategiealternative darstellt, wobei die Fokussierung entfällt. Fraglich ist zudem, ob es heute überhaupt noch die Massenmärkte mit Commodity-Produkten gibt, bei denen eine Differenzierung keine wesentliche Rolle spielt und ein Kostenführer ein undifferenziertes Standardprodukt anbieten kann – was eine Voraussetzung für das Konzept ist. Die von Porter (1980) als „Stuck in the Middle" bezeichnete Position eines Unternehmens ohne wesentliche Differenzierungs- oder Kostenvorteile könnte durchaus Wettbewerbsvorteile in Bezug auf Flexibilität oder auf ein geringeres Risiko bieten (Fleck 1995). Deshalb versuchen heute viele Unternehmen, für ihre Kunden ein attraktives Preis-Leistungsverhältnis auf der Basis von niedrigen Kosten und besonderen Leistungsmerkmalen anzubieten (Grant 2019).

Delta-Modell

Ebenso wie bei Porter's Modell wird die Anwendung des Delta-Modells für den Produktfokus durch die zunehmend verschwimmenden Branchengrenzen erschwert. Das Delta-Modell ist durch seine Fokussierung auf die Kundenbindung allerdings viel weniger branchenbezogen, die Kritik trifft auf eine Strategie der Kundenbindung kaum zu und der System Lock-in ermöglicht das Überwinden von Branchengrenzen.

Die Option System Lock-in als grundsätzliche Option wird im Vergleich zu den neueren Ansätzen, die sich mit Plattformstrategien beschäftigen, wenig detailliert behandelt und bietet nur beschränkte Ansätze für die Analyse und Gestaltung.

Im Modell selbst sind die drei grundsätzlichen Optionen Produkt-, Kunden- und Netzwerkfokus verständlich und begründet abgeleitet, während die Verbindung mit den Achsen zu einem Dreieck nicht genauer spezifiziert wird. Achsen suggerieren eine genaue Messgröße und eine bestimmbare Position. Dies leistet das Modell nicht – eine Positionierung einer Strategie auf einer der drei Achsen ist immer eine subjektive Ermessensfrage. Es fehlen klare Kriterien für die Strategieauswahl. Hax und Wilde (1999, 2001a, 2001b und 2003) wählen in verschiedenen Veröffentlichungen für ähnliche Strategien unterschiedliche Positionen auf den Achsen, ohne dass dies begründet wird. Beispielsweise sind in Hax und Wilde (2001a) niedrigste Kosten je nach Beispiel mehr in Richtung beste Kundenlösung oder System Lock-in positioniert.

Ähnliche Instrumente

SWOT-Normstrategien/TOWS-Matrix

Wie die generischen Strategietypen von Porter umfassen auch die TOWS-Normstrategien (vgl. Abschn. 4.2.2) vier grundsätzliche Strategietypen. Sie zielen jedoch nicht auf die Positionierung des Unternehmens im Markt, sondern auf die Handlungsrichtung des Unternehmens – Nutzen von Stärken, um Chancen zu ergreifen oder Bedrohungen abzuwehren oder die Überwindung von Schwächen, um Chancen ergreifen zu können oder Bedrohungen abzuwehren.

Disziplin der Marktführer

Treacy und Wiersema (1997) legen ebenfalls ein Konzept zur Entwicklung von Strategieoptionen vor. Sie unterscheiden drei Strategietypen: Produktexzellenz, operative Stärke, Kundenvertrautheit (Abb. 7.21).

Strategien mit dem Fokus auf Produktexzellenz setzen auf hohe Produktqualität, Innovation und Markenmanagement im Sinne der von Porter beschriebenen Differen-

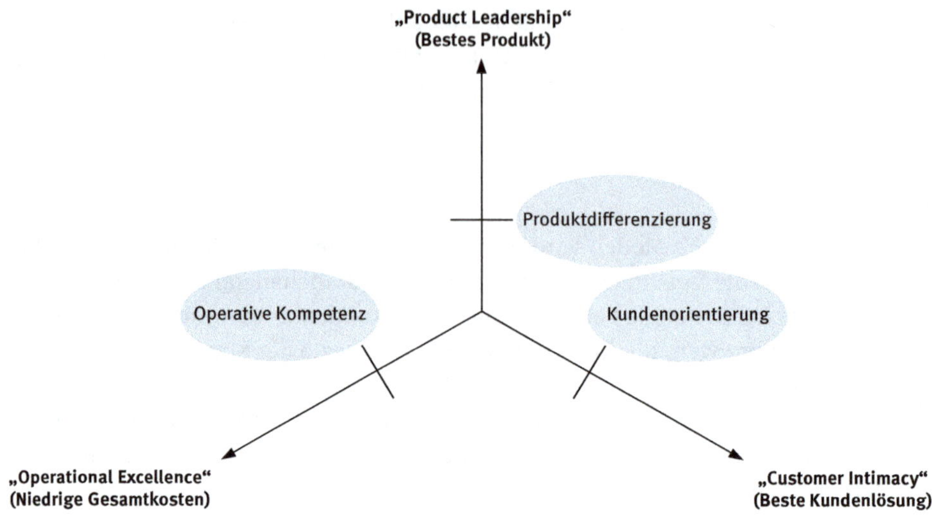

Abb. 7.21: Strategietypen der Marktführer (Quelle: in Anlehnung an Treacy/Wiersema 1997, S. 45)

zierung. Die Strategie der operativen Stärke entspricht weitgehend der Kostenführerschaft bei Porter. Die Kundenvertrautheit zielt auf die gesamthafte Lösung von Kundenproblemen und eine besonders intensive Beziehung zu den Kunden. Treacy und Wiersema haben damit eine dritte, alternative Strategieoption geschaffen, die allerdings gewisse Ähnlichkeiten mit der Fokussierung bei Porter aufweist. Sie haben damit die ersten beiden Stufen des Delta-Modells – das beste Produkt (Preis oder Qualität) und die beste Kundenlösung – in ihrem Konzept vereinigt. Sie sehen im Eingehen auf bestimmte Kundenanforderungen keine grundsätzlich andere Strategie, sondern es ist eine Möglichkeit der Positionierung wie Preis und Qualität.

Jedes Unternehmen muss im Hinblick auf diese Dimensionen seine spezifische Positionierung suchen. Dabei gilt es, für zwei Dimensionen einen Mindeststandard zu erreichen. Die dritte Dimension bildet dann den zentralen Strategiefokus, der das Unternehmen deutlich von seinen Konkurrenten unterscheidet.

Strategische Uhr

Die strategische Uhr von Bowman und Faulkner (1997) ermöglicht ebenfalls eine differenzierte Betrachtung von Wettbewerbsstrategien (Abb. 7.22). Sie basiert auf den Dimensionen wahrgenommener Kundennutzen und Preis. Bowman und Faulkner entwickeln acht verschiedene Strategieansätze, die in drei Gruppen eingeteilt werden: Differenzierungsstrategien, Niedrigpreisstrategien und gefährliche Strategien. Gefährliche Strategien führen nur in besonderen Marktsituationen wie z. B. in monopolistischen Märkten zum Erfolg. Wie in den generischen Strategien von Porter identifizieren auch Bowman und Faulkner Niedrigpreisstrategien und Differenzierungsstrategien als erfolgreiche Strategieansätze. Sie ergänzen den „No Frills"-Ansatz und führen, basierend auf der Kritik an Porter's Modell, die hybride Strategie ein.

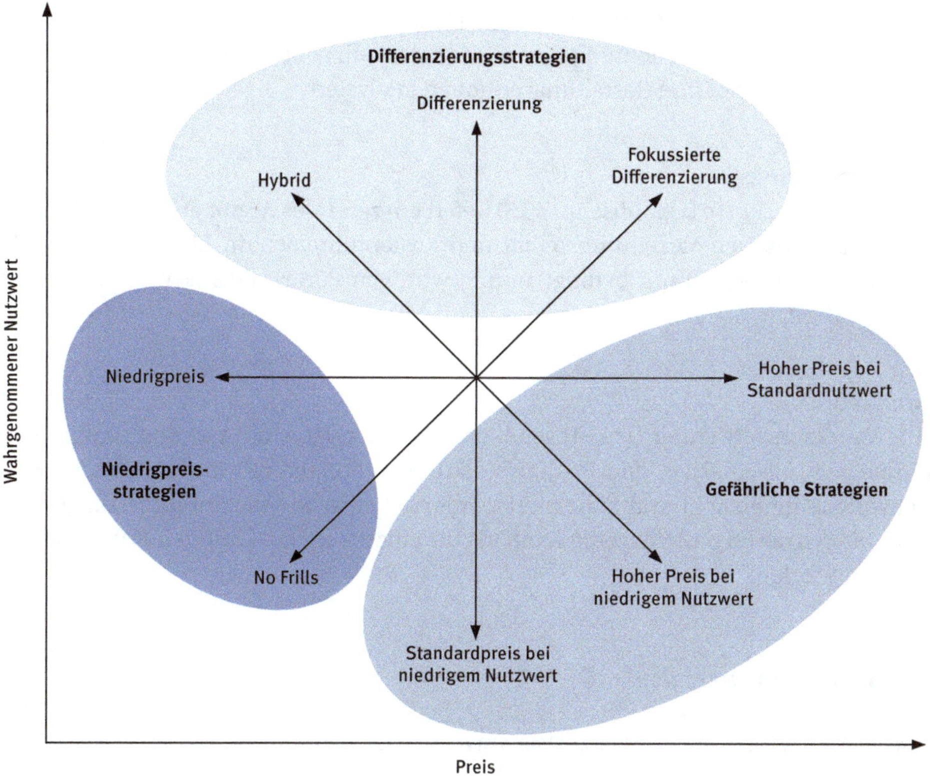

Abb. 7.22: Strategische Uhr (Quelle: in Anlehnung an Bowman/Faulkner 1997, S. 414 ff.)

Die „No Frills"-Strategie ist der Kostenschwerpunkt-Strategie von Porter ähnlich. Sie verbindet niedrige Kosten mit minimalem Zusatznutzen und bedient ein besonders preissensitives Marktsegment. Mit einem Basisprodukt werden grundlegende Bedürfnisse erfüllt, der wahrgenommene Nutzenwert ist geringer als bei einem Standardangebot. Jede Leistung, die über den Basisnutzen hinausgeht, wird zusätzlich bezahlt. Ein typisches Beispiel dafür ist die Strategie der Fluggesellschaft RyanAir.

Im Rahmen der Differenzierungsstrategien von Bowman und Faulkner besteht die wichtigste Ergänzung zu Porter's generischen Strategien im hybriden Strategieansatz. Dieser Ansatz widerspricht allerdings dem ursprünglichen Konzept von Porter, das besagt, dass Unternehmen ohne eindeutige strategische Ausrichtung schlechte Erfolgsaussichten haben. Bowman und Faulkner (1996) argumentieren, dass Unternehmen sowohl niedrige Herstellungskosten und damit relativ günstige Preise als auch eine Differenzierung vom Wettbewerb erreichen können. Dieses Konzept wird in der Praxis zum Beispiel durch Toyota und Ikea bestätigt.

Überschneidungen mit anderen Instrumenten

Plattformstrategien

Das Delta-Modell berücksichtigt schon frühzeitig Netzwerkeffekte über die System Lock-in Option. Für die Plattformstrategien (vgl. Abschn. 7.3.4) haben diese Netzwerkeffekte eine wichtige Bedeutung und werden deshalb sehr viel genauer beschrieben und im Hinblick auf ihre Gestaltungsoptionen analysiert.

Erfahrungskurve

Die Erfahrungskurve (vgl. Abschn. 7.3.5) liefert ein zentrales Argument für den Zusammenhang zwischen Marktführerschaft und Kostenführerschaft. Ein solcher Zusammenhang trifft jedoch nur bedingt zu und wird von Porter selbst kritisch diskutiert (Porter 1985).

Wertkette

Die Wertkette von Porter (vgl. Abschn. 6.2.3) ist eng verwandt mit den generischen Strategien. Als Analyse- und Planungsinstrument können mit ihr strategische Kostenvorteile untersucht und konzipiert werden, ebenso wie die Voraussetzungen für die Differenzierung. Gleichzeitig kann sie für einen Vergleich mit den Konkurrenten genutzt werden.

7.3.4 Plattformstrategien

„*Platforms are eating pipelines*“ (Parker/Van Alstyne/Choudary 2017, S. 63).

Die derzeit wertvollsten und am schnellsten wachsenden Unternehmen betreiben internet-basierte Plattformen, um Anbieter und Nutzer und weitere unterstützende Partner zusammenzubringen. Plattformen können Produkte und Dienstleistungen vermitteln wie Amazon oder Alibaba, Informationen bereitstellen (z. B. Google), als soziale Netzwerke Menschen zusammenbringen (z. B. Facebook) oder für die Suche nach Ideen (z. B. Kickstarter) genutzt werden. Plattformstrategien haben innovative, schnellwachsende und in ihren Märkten dominante Unternehmen wie Google oder Facebook hervorgebracht. Der Erfolg dieser Unternehmen beruht wesentlich auf Netzwerkeffekten, die von der Unternehmensführung erkannt und gesteuert werden müssen. Die neuen Plattformunternehmen stellen eine große Herausforderung für die etablierten Unternehmen in einer Branche dar.

Beschreibung und theoretischer Hintergrund

Das Grundkonzept der Plattform ist vergleichbar mit einem konventionellen Marktplatz (z. B. ein Floh- oder Wochenmarkt), der von einem Betreiber organisiert wird und auf dem Anbieter und Nachfrager sowie weitere Partner, die unterstützende Leistungen anbieten, zusammentreffen. Dieser Marktplatz wird über das Internet organisiert. Dies bedeutet in der Regel einen Bedarf an zusätzlichen, wertsteigernden Dienstleistungen (z. B. Versand oder Bezahlung). Zusammen bilden alle Akteure auf einem Markt das sog. Ökosystem.

Internetbasierte Marktplätze sind innovative Plattformen mit einem sehr raschen Wachstum, wie dies z. B. bei Google, Apple oder Amazon zu beobachten ist. Cusumano et al. (2019, S. 13) beschreiben Plattformen wie folgt: „… they bring together individuals and organizations so they can innovate or interact in ways not otherwise possible, with the potential for linear increases in utility and value.“ Sie zeichnen sich durch eine hohe Kundenorientierung, die Nutzung der Ressourcen von Marktpartnern und eine rasche Skalierbarkeit aus (Goodwin 2015). Die rasch wachsende Zahl der Marktteilnehmer führt zu Netzwerkeffekten, die wie ein Schwungrad die Expansion vorantreiben.

Aus mikroökonomischer Sicht wird das schnelle Wachstum der Plattformunternehmen mit zwei Faktoren begründet. Zum einen sind dies die relativ geringen Transaktionskosten für die Nutzer. Zum anderen entstehen für den Betreiber zwar hohe Entwicklungs- und Fixkosten (IT-Infrastruktur), aber die marginalen Kosten einer zusätzlichen Transaktion gehen gegen null. Cusumano et al. (2019) unterscheiden zwei grundsätzliche Plattformtypen: Bei den klassischen *Transaktionsplattformen* wie z. B. Uber oder Amazon steht die Vermittlung von Transaktionen im Vordergrund. *Innovationsplattformen* hingegen stellen eine technische Infrastruktur bereit, die andere Unternehmen des Ökosystems zur Entwicklung innovativer, komplementärer Produkte und Dienstleistungen nutzen, z. B. Google Android oder Apple IOS. Ein Blick auf Google Play Store oder Apple App Store zeigt die fast unüberschaubare Zahl an Apps. Im Zeitablauf können Hybridformen entstehen. Facebook war ursprünglich eine Transaktionsplattform; später kamen Plug-ins für Spiele von Drittanbietern hinzu.

Eine Plattform besteht aus vier grundsätzlichen Komponenten, die in Abb. 7.23 am Beispiel von Uber gezeigt werden.

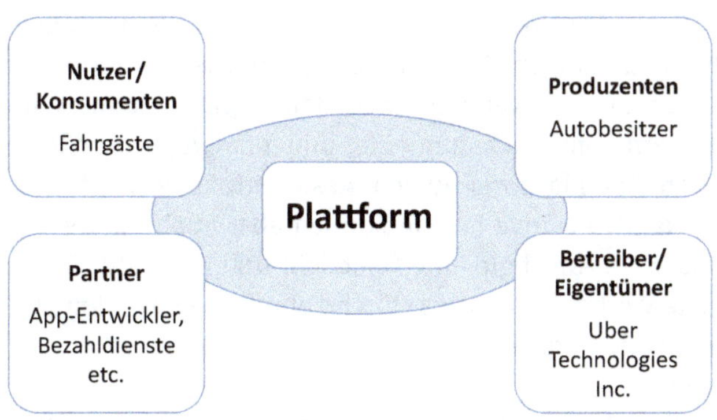

Abb. 7.23: Grundstruktur einer Plattform am Beispiel von Uber

Traditionelle Unternehmen sind als lineare Wertkette (Pipeline) organisiert; sie konzentrieren sich auf die Entwicklung, Herstellung und Vermarktung eines Produkts oder einer Dienstleistung. Ziel der Unternehmensführung ist die Optimierung der Wertkette. Parker et al. (2017) argumentieren, dass Plattformunternehmen den Pipeline-Unternehmen überlegen sind, weil sie ganz neue Möglichkeiten zur Wertschöpfung eröffnen. Ungenutzte Kapazitäten werden über die Plattformen auf den Markt gebracht (Paul/Rosinus 2017). So stellt z. B. Uber mit den privaten Fahrern und ihren Autos große, zusätzliche Beförderungskapazitäten zur Verfügung. Für die Kunden entsteht ein verändertes Nachfrageverhalten aufgrund der einfachen Abwicklung. Und letztlich schafft das digitale Feedback der Nutzer eine neue, effiziente Form der Qualitätskontrolle. Hersteller und Konsumenten können ihre Rollen auch tauschen („Prosument"). So kann z. B. der Uber-Fahrer während seiner Urlaubsreise selbst Kunde von Uber werden. Partner (Komplementoren) bieten unterstützende Produkte und Dienstleistungen an, die den Nutzen der Plattform für andere Marktteilnehmer vergrößern. Ziel der Unternehmensführung ist letztlich die Organisation und Optimierung des gesamten Ökosystems. Die klassische Denkweise geht von der Maximierung des Kundennutzens aus; in der Welt der Plattformen steht die Maximierung des Nutzens, der durch das Ökosystem für die verschiedenen Nutzergruppen geschaffen wird, im Vordergrund.

Maßgeblich für den Erfolg einer Plattform sind die Netzwerkeffekte, die über das Ökosystem entstehen (z. B. Amrit 2014 oder Evans/Schmalensee 2016). Netzwerkeffekte wurden schon früh diskutiert beim Aufbau der Telefongesellschaften in den USA: Der Nutzen für den einzelnen Kunden wächst mit der Zahl von Telefonanschlüssen. Dies ist ein Beispiel für einen direkten Netzwerkeffekt auf einem einseitigen Markt. Netzwerkeffekte können aber auch auf interdependenten Märkten entstehen. So wird z. B. der Erfolg eines Kreditkartensystems bestimmt von der Zahl der Kunden, die eine solche Karte besitzen und nutzen, und der Zahl der Händler, die diese Karte als Zahlungsmittel akzeptieren.

Von zentraler Bedeutung für die Plattformunternehmen sind aber die indirekten Netzwerkeffekte auf zwei- oder mehrseitigen Märkten (Parker/van Alstyne 2000 und Rochet/Tirole 2002). Positive indirekte Netzwerkeffekte entstehen immer dann, wenn eine Gruppe von Marktteilnehmern vom Wachstum einer anderen Gruppe profitiert und umgekehrt. Je mehr Kunden eine Plattform nutzen, desto attraktiver wird diese für die Produzenten und umgekehrt. Positive Effekte können aber auch ins Negative umschlagen, wenn bspw. zu viele Angebote eine Übersicht und Auswahl für die Kunden erschweren oder zu viele Werbeangebote als störend empfunden werden. Auf der Herstellerseite möchten nicht alle Hersteller mit allen anderen Herstellern auf der gleichen Plattform konkurrieren.

Die positiven indirekten Netzwerkeffekte setzen ein Schwungrad (Collins 2019) in Gang. Ziel der Plattformbetreiber muss es sein, diese positiven indirekten Netzwerkeffekte zu fördern und die negativen Effekte zu vermeiden. Ein solches Schwungrad haben große, schnell wachsende Plattformunternehmen wie Amazon oder Uber etabliert. Abbildung 7.24 zeigt dies am Beispiel von Uber.

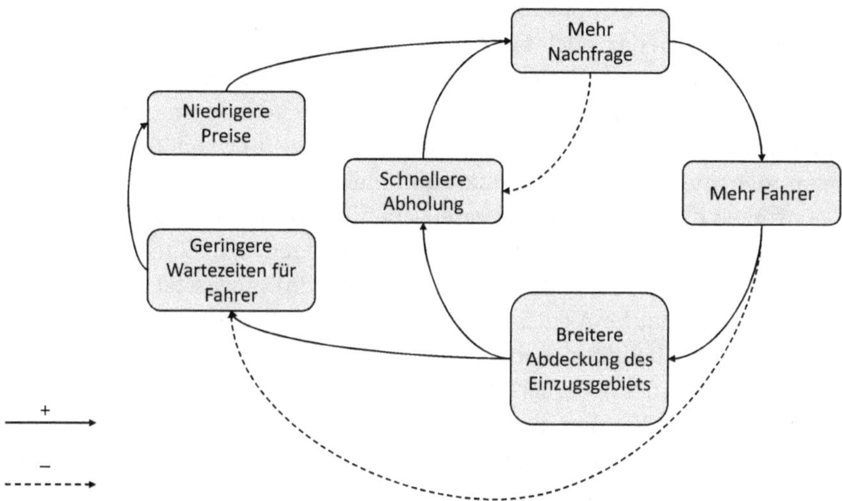

Abb. 7.24: Das Schwungrad am Beispiel von Uber (Quelle: in Anlehnung an Sacks 2014 und Parker et al. 2017, S. 31)

Wenn mehr Uber-Fahrer in einer Stadt zur Verfügung stehen, führt dies zu kürzeren Abholzeiten, was wiederum die Nachfrage antreibt. Dies führt dann zu geringeren Wartezeiten für die Fahrer. Sie können die Preise senken und erhöhen damit die Nachfrage. Letzteres macht Uber für weitere Fahrer attraktiv. Negative Rückkopplungen können entstehen, wenn zu viele Fahrer zur Verfügung stehen und die Wartezeiten für die Fahrer länger werden oder wenn aufgrund der hohen Nachfrage die Abholzeiten für die Fahrgäste länger werden. Die bewusste Steuerung dieser indirekten Netzwerkeffekte in Verbindung mit dem Internet und entsprechenden IT-Systemen unterscheidet die neuen Plattformunternehmen von den traditionellen Plattformen wie bspw. einer Telefongesellschaft.

Der Aufbau einer internetbasierten Plattform erfordert grundsätzliche Überlegungen in vier Bereichen (Parker et al. 2017 und Reillier/Reillier 2017):

- Die *technische Architektur* bezieht sich auf die Entwicklung einer technischen Infrastruktur mit Interaktionsmöglichkeiten für eine große Zahl von Nutzern (Kunden/Lieferanten und Partner). Dazu gehört die Bereitstellung der notwendigen Werkzeuge und Funktionalitäten, die einfach und schnell Nutzen für die Plattformteilnehmer schaffen. Die Architektur muss so angelegt sein, dass eine rasche Expansion der Plattform möglich ist, um positive Netzwerkeffekte voll ausnutzen zu können bei gleichzeitiger Minimierung der negativen Effekte.

- Die *Rollenarchitektur* oder *Offenheit* einer Plattform beschäftigt sich mit der Frage, wer an einer Plattform teilnehmen kann. Dies sind die Betreiber und Eigentümer (Sponsoren), die Nutzer (vor allem die Produzenten) und die Partner (Parker et al. 2017). Im einfachsten Fall fallen Betreiber und Eigentümer zusammen, so ist z. B. Sony sowohl Betreiber als auch Eigentümer der Plattform Playstation. Bei Open-Source-Plattformen wie Android oder Linux hingegen gibt es viele Nutzer und auch mehrere Unternehmen, die als Sponsoren auftreten. So unterstützen z. B. IBM und Intel Linux. Bei den Produzenten, die ihre Leistungen auf der Plattform anbieten, steht die Qualität der Produkte und Dienstleistungen und bei den sozialen Netzwerken die Einhaltung von gesellschaftlichen Normen und Vorschriften im Vordergrund. Hierzu werden verschiedene Methoden, z. B. Screening-Prozesse, das Feedback der Nutzer oder Mitarbeiter (Kuratoren), eingesetzt, die über eine Teilnahme an der Plattform entscheiden. So wendet Wikipedia mittlerweile alle drei Verfahren zur Qualitätssicherung der Veröffentlichungen an. Im Hinblick auf die Entwickler muss der Betreiber überlegen, was er selbst entwickelt, vermutlich Kernfunktionen der Plattform, und wofür externe Entwickler zugelassen werden. Mit einer wachsenden Zahl von Marktteilnehmern wird das Qualitätsmanagement zur Herausforderung und erfordert klare Regeln, an die sich die Teilnehmer zu halten haben. Diese Regeln müssen Plattformbetreiber bzw. -eigentümer vorgeben.
- Für die *Erzielung von Einnahmen* gibt es vier grundsätzliche Ansätze, die unterschiedlich ausgestaltet und kombiniert werden können: (1) Preis für den Zugang (z. B. Subskriptionsmodelle von Xing oder Amazon Prime), (2) Preis für eine Transaktion (z. B. eBay oder Amazon Marketplace Seller), (3) das Angebot einer kostenlosen Basisversion und eines kostenpflichtigen Zusatzangebots („Freemium“-Modelle wie z. B. Dropbox) und (4) Preise auf der Basis von Reichweiten und Aufmerksamkeit (z. B. zielgruppenorientierte Anzeigen auf Amazon). Eine wichtige Rolle spielen die unterschiedlichen Preissensitivitäten der Marktteilnehmer. Rochet und Tirole (2002) haben für das Kreditkartengeschäft festgestellt, dass die Einnahmen von einer Gruppe von Teilnehmern (Kommissionen der Händler) genutzt werden können, um eine andere Gruppe von Marktteilnehmern (Nutzer der Kreditkarten) zu subventionieren. Das Extrembeispiel bildet Google – die Anzeigenerlöse der Unternehmen subventionieren die Google-Nutzer, die für ihre Suchanfragen nichts zahlen.
- Aus einer *Governance-Perspektive* geht es um einen Interessenausgleich zwischen Betreiber/Eigentümer und den verschiedenen Teilnehmergruppen. Transparenz, Datenschutz und wettbewerbskonformes Verhalten spielen eine zunehmend größere Rolle. Dazu gibt es Gesetze und Vorschriften. Zusätzlich definieren einige Unternehmen darüberhinausgehende Leitlinien und Verhaltensbeschränkungen. So hat bspw. Facebook auf 25 Seiten detaillierte „Gemeinschaftsstandards“ definiert, die festlegen, welche Inhalte veröffentlicht werden können, und dabei explizit Regeln für den Umgang mit Themen wie bspw. Gewalt, Kriminalität, Hassreden oder

Rassismus formuliert. Grundsätzlich gilt es, regelkonformes Verhalten zu verstärken und negatives Verhalten zu sanktionieren. Uber hat bspw. Bonusprogramme für Fahrer eingerichtet, die sich regelkonform verhalten. Umgekehrt werden Fahrer, die mehr als 10 % der Fahrten in einer Woche nicht ausführen, verwarnt; im Wiederholungsfall wird der Zugang zur Uber-Plattform deaktiviert.

Praktische Anwendung

Das Platform Innovation Kit (Walter 2015) beruht auf dem Grundkonzept des Business Canvas (vgl. Abschn. 8.2.2) und besteht aus 11 Canvas-Vorlagen. Das praktische Vorgehen kann weiter unterstützt werden durch Cloud-basierte Softwarelösungen zur Visualisierung, um die verschiedenen Canvas-Vorlagen elektronisch darzustellen und auch zu bearbeiten (z. B. https://www.creatlr.com/). Vorlagen und eine Benutzeranleitung stehen unter http://platforminnovationkit.com/kit/ kostenfrei zur Verfügung. Abbildung 7.25 zeigt das gesamte Platform Innovation Kit.

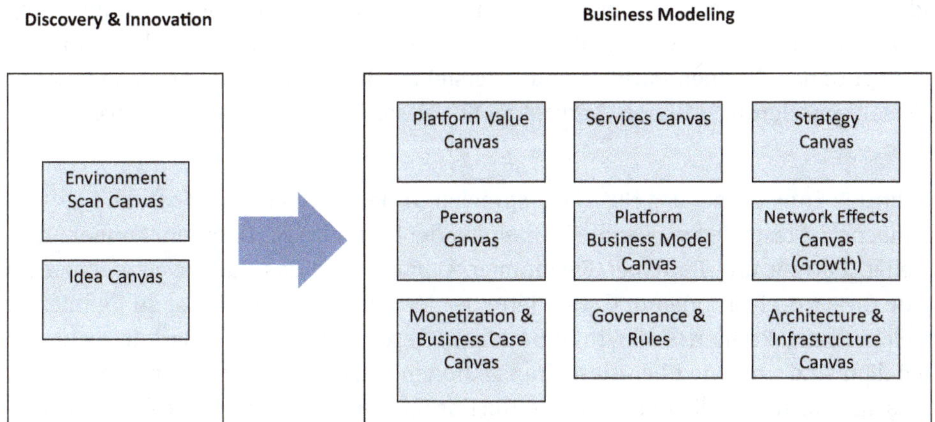

Abb. 7.25: Platform Innovation Kit (Quelle: Walter 2015; Wiedergabe mit freundlicher Genehmigung von Matthias Walter)

Zur Entwicklung der Plattform sollte ein funktionsübergreifendes Team mit kreativen Köpfen gebildet werden. Walter (2017) schlägt fünf Basisschritte mit den Canvas-Vorlagen (Abb. 7.25) Environment Scan, Idea, Platform Value, Services und Strategy Canvas vor. Die übrigen Vorlagen können für spätere vertiefende Analysen genutzt werden.

Schritt 1: Analyse der Umwelt (Platform Environment Canvas)

Im ersten Schritt wird eine klassische Analyse der externen Umwelt durchgeführt mit dem Ziel, Chancen und Risiken zu identifizieren. Untersucht werden Schlüsseltrends (vgl. Analyse von Megatrends; Abschn. 5.2.2), Markt- und Branchenkräfte (vgl. Porter's

5 Kräfte; Abschn. 5.2.4) sowie makroökonomische Entwicklungen (vgl. PEST-Analyse; Abschn. 5.2.1). Der Canvas hilft, weniger wichtige Trends von den wichtigen zu trennen und neue Bedürfnisse von Nutzern zu identifizieren. Die Ergebnisse werden übersichtlich auf dem Platform Environmental Canvas visualisiert.

Schritt 2: Ideenfindung (Platform Idea Canvas)

Plattformen sind in der Regel disruptiv angelegt. Deshalb sollen während eines Brainstormings möglichst viele, auch außergewöhnliche Ideen für neue Plattformgeschäftsmodelle entwickelt werden. Zur Unterstützung des Brainstormings können verschiedene Techniken eingesetzt werden, z. B. Musterkarten mit Kurzbeschreibungen von Plattformmodellen (für Beispiele siehe Walter 2018). Für die Prioritätensetzung können verschiedene Bewertungstools eingesetzt werden, so z. B. ein kartenbasiertes Prioritätspoker, das die Ideen in mehreren Runden im Hinblick auf bestimmte Kriterien bewertet, oder die sog. Eisenhower-Matrix (Covey 2012), die einzelne Ideen nach ihrer Wichtigkeit und Dringlichkeit beurteilt. Abschließend werden ein bis zwei Ideen für Geschäftsmodelle ausgewählt und vertieft weiterbearbeitet. Die Darstellung einer Idee erfolgt wieder über den Platform Idea Canvas mit den Feldern Kunden, Kundentrends, Partner, Partnertrends, Hersteller, Herstellertrends, relevanter Markt, Umsatzgenerierung, Mission, Kernwerte, Schlüsselaktivitäten und -ressourcen.

Schritt 3: Entwicklung des Nutzenversprechens (Platform Value Canvas)

Zunächst ist festzulegen, wer die Teilnehmer der Plattform sein werden: Kunden, Hersteller, Partner und Betreiber/Eigentümer. Danach wird das Nutzenversprechen für jede dieser drei Gruppen und den Betreiber formuliert. Weiterhin ist zu definieren, welche Transaktionen (Güter/Informationen/Werte) zwischen den Marktteilnehmern möglich sind und wie über diese Transaktionen Umsätze erzielt werden können. In diesem Schritt wird die Raison d'Être, die Daseinsberechtigung, für die Plattform entwickelt. Ohne ein adäquates Nutzenversprechen werden die potenziellen Teilnehmer die Plattform nicht besuchen und nutzen. Die folgende Abb. 7.26 zeigt einen solche Platform Value Canvas für Airbnb. Die gelben Felder zeigen Nutzen, die blauen Daten und die roten Umsätze.

Schritt 4: Design der Leistungen und Funktionalitäten (Platform Service Canvas)

In diesem Schritt werden die wichtigsten Dienstleistungen der Plattform, die für die Erfüllung des Nutzenversprechens notwendig sind, detailliert untersucht. Wie werden die Plattform-Teilnehmer passend zusammengeführt? Wie werden die Transaktionen praktisch durchgeführt und welche Unterstützung bietet die Plattform dabei? Außerdem ist zu überlegen, wie die Teilnehmer auf der Plattform gehalten werden. Die Themen sind für den Betreiber der Plattform wichtig, weil diese Aktivitäten, die damit verbundenen Ressourcen und Technologien starken Einfluss auf die Kostenstruktur

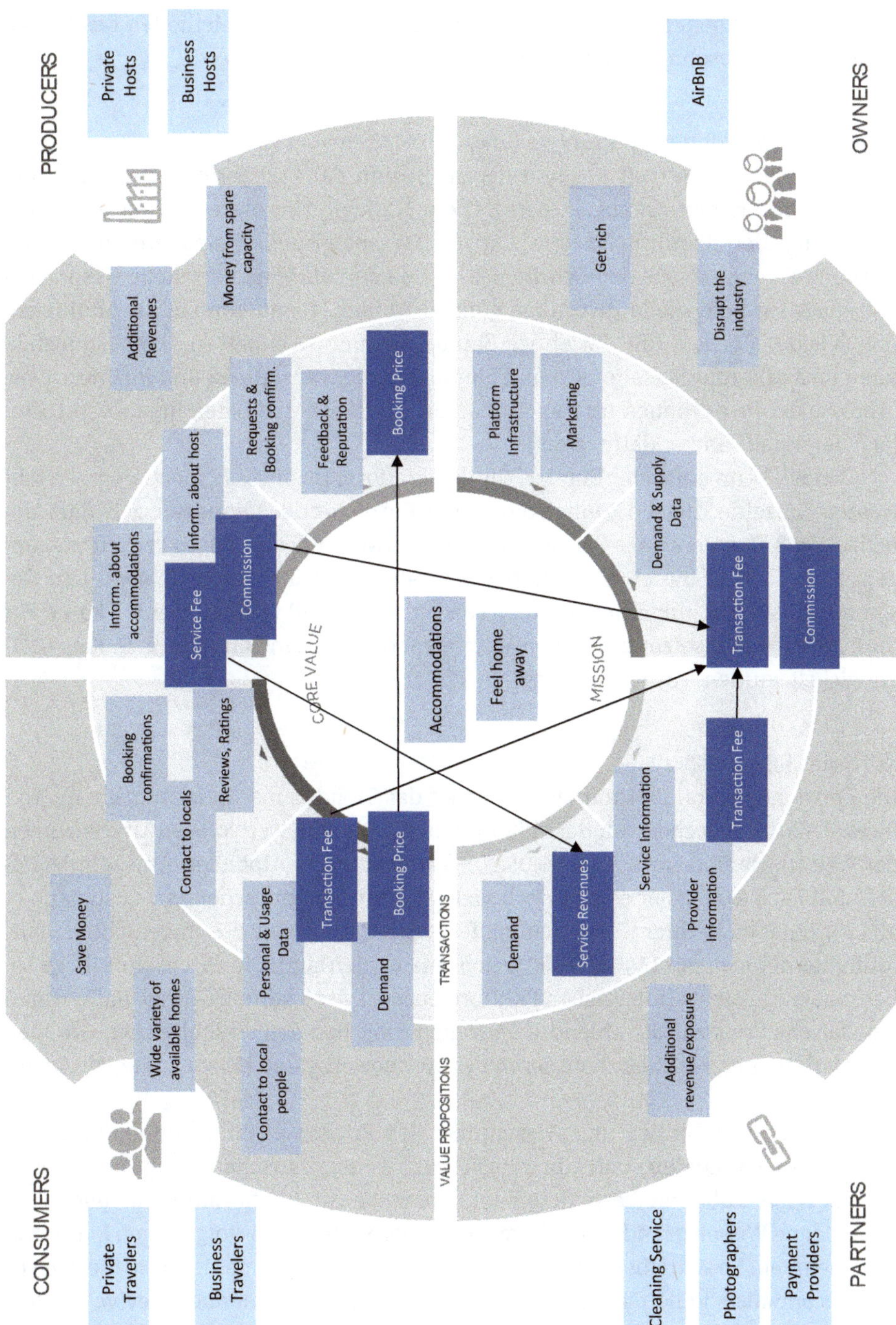

Abb. 7.26: Platform Value Canvas am Beispiel von Airbnb (Quelle: Walter 2015; Wiedergabe mit freundlicher Genehmigung von Matthias Walter)

der Plattform haben. Für die Auswahl der Leistungen können Methoden des Design Thinking (vgl. Abschn. 8.2.3) genutzt werden.

Schritt 5: Entwicklung der Strategie (Platform Strategy Canvas)

Aufgrund der Netzwerkeffekte und der zu Beginn der Etablierung einer Plattform entstehenden hohen Anfangskosten hat die Markteintrittsstrategie eine besondere Bedeutung. Der „Platform Strategy Canvas" ist eine visuelle Darstellung der Brainstorming-Ergebnisse aus den Schritten 1–4 und kann als erste informelle Gesprächsgrundlage für potenzielle Investoren genutzt werden. Damit können die Marktposition (Vision, Mission, USP), wichtige Einflussfaktoren (Wettbewerb, Wachstumsfaktoren im Markt und Stakeholder) und Marktstrategie, Ressourcen und Business Case (Analyse der Investitionen für den Aufbau der Plattform und deren Rentabilität) einfach dargestellt und erklärt werden.

Danach kann ein erster Entwurf für den Platform Business Model Canvas erstellt werden. Einzelne Themen können dann mit Hilfe der übrigen Vorlagen, z. B. dem Monetization & Business Case Canvas oder dem Network Effects Canvas vertieft und angepasst werden. In diesem Sinne bildet der Platform Business Model Canvas eine Gesamtübersicht, die durch weitere Analysen verbessert und validiert werden kann. Für die eigentliche Umsetzung kommen Methoden, die für Lean Start-ups (z. B. Ries 2011) entwickelt wurden, zur Anwendung.

Kritik des Instruments

Die Entwicklung von Plattformen ist zurzeit das Trendthema in der Wirtschaft; Yoffie et al. (2019) sprechen von der „Platformania". Die fünf wertvollsten Unternehmen der Welt (Basis Börsenwert am 30.05.2019) waren Apple, Alphabet, Amazon, Microsoft und Facebook. Aber es gibt auch viele Plattformen, die scheitern. Cusumano et al. (2019) haben in ihrer Untersuchung festgestellt, dass von 252 untersuchten Plattformunternehmen nur 17 % als erfolgreich einzustufen sind. Die durchschnittliche Lebensdauer der nicht erfolgreichen Plattformen lag unter 5 Jahren. Gründe dafür waren eine falsche Preispolitik, fehlendes Vertrauen zwischen den verschiedenen Gruppen von Marktteilnehmern, ein Ignorieren des Wettbewerbs und ein zu später Markteinstieg.

Obwohl viele Studien und Wissen über den Erfolg von Innovationen und Neugründungen vorhanden sind, gibt es bisher nur wenig ausreichend empirisch abgesichertes Wissen über die besondere Funktionsweise von Plattformunternehmen. Das vorhandene Wissen gründet vor allem auf Fallbeispielen von erfolgreichen Plattformunternehmen. So schreibt die New York Times: „Platform companies have themselves hired economists to help conceptualize and manage the economies they've created.

Google, Airbnb, Uber and Amazon have aggressively recruited professors and researchers to help understand what, exactly, they have on their hands, and how to expand, regulate and exploit it“ (Herrman, 2017).

Es gibt bisher nur wenige praktische Ansätze, die Unternehmen beim Aufbau von Plattformen unterstützen können. Das Platform Innovation Kit unterstützt sowohl die Konzeption eines plattformbasierten Unternehmens als auch die Ermittlung und Steuerung seiner Rolle im Ökosystem. Für eine schnelle Umsetzung hat http://www.mirakl.com praktische Vorgehensweisen entwickelt. Weitere Ansätze wurden von Cusumano et al. (2018) und Reillier und Reillier (2017) vorgestellt, die grundsätzliche Schritte zeigen, aber praktisch nur wenig Hilfe geben.

Die von den Plattformunternehmen verfolgten Strategien führen häufig zu quasimonopolistischen Marktpositionen. Das daraus resultierende Machtpotenzial großer Plattformunternehmen gerät zunehmend in die öffentliche Kritik. Der Umgang von Google oder Facebook mit den Daten der Nutzer führt zu einem erheblichen Vertrauensverlust und empfindlichen Strafen wie das Bußgeld in Höhe von 5 Mrd. $, das Facebook für Datenpannen in den USA an die Federal Trade Commission zahlen muss. Weiterhin kann diese Macht erhebliche Wettbewerbseinschränkungen nach sich ziehen. So hat die EU-Kommission mittlerweile innerhalb von drei Jahren in drei verschiedenen Verfahren Strafen in Höhe von 8,25 Mrd. Euro gegen Google verhängt. Die US-Regierung hat Anfang Juni 2019 eine Untersuchung über die Marktmacht und die Praktiken von Facebook, Google, Apple und Amazon angeordnet, die im schlimmsten Fall zur Zerschlagung dieser Unternehmen führen könnte. In Deutschland sieht der Präsident des Ifo-Instituts Clemens Fuest eine zentrale Aufgabe zur Sicherung der sozialen Marktwirtschaft im Schutz des Wettbewerbs in einer von digitalen Plattformen und Netzwerkeffekten geprägten Wirtschaft (Fuest in Plickert 2019).

Soweit die Plattformunternehmen in der Sharing Economy tätig sind, wie bspw. Uber oder Airbnb, wird ihnen der Vorwurf gemacht, soziale Standards und Schutzvorschriften zu unterlaufen. Als Beispiele können die Verdrängung von langjährigen Mietern in Touristenstädten durch Airbnb oder die fehlende Absicherung der Uber-Fahrer durch eine Sozialversicherung genannt werden. Aus ökologischer Sicht sollen mit der Sharing Economy nicht genutzte Ressourcen interessierten Nutzern oder Konsumenten zur Verfügung gestellt werden. Dies ist z. B. der Fall, wenn ein Autobesitzer sein Auto bei Uber anmeldet und in seiner freien Zeit dazu nutzt, um Fahrgäste zu befördern. Allerdings verleiten die günstigeren Kosten nicht selten zu einem Anstieg der Nutzung (Rebound-Effekt); die Kostenersparnis wird für zusätzliche Fahrten verwendet (Hawkins 2019).

Strategische Bedeutung und Nutzen

Die modernen Plattformunternehmen haben über das Internet und die Digitalisierung einen hocheffizienten Mechanismus geschaffen, um die Funktionen eines klassischen

Marktplatzes abzubilden – allerdings mit drastischen Konsequenzen für Wettbewerb und Gesellschaft. Die disruptive Wirkung von Plattformunternehmen auf traditionelle Branchen lässt sich an vielen Beispielen festmachen. So hat Uber in vielen Ländern die Taxibranche massiv verändert. Zurzeit steht das Thema Plattformen und deren Konsequenzen für das traditionelle Geschäft ganz oben auf der Strategieagenda vieler Banken und Versicherungen.

Der Erfolg der Plattformunternehmen wird im Wesentlichen durch zwei Faktoren angetrieben: (1) marginale Grenzkosten und (2) positive indirekte Netzwerkeffekte. Das schnelle Wachstum führt nicht immer, aber oft im Ergebnis zu sog. „the winner takes it all"-Märkten, in denen ein großes Unternehmen wie z. B. Google oder Facebook dominiert. In diesem Sinne sind die Plattformunternehmen den traditionellen Pipeline-Unternehmen überlegen. Im Hinblick auf den Aufbau von Plattformgeschäftsmodellen in vielen Branchen stellt sich für Pipeline-Unternehmen die strategisch wichtige Frage, wie auf die Plattformunternehmen reagiert werden kann. Reillier und Reillier (2017) beschreiben verschiedene Verhaltensweisen:

Reaktive Verhaltensweisen bieten keine strategischen Vorteile und zielen bestenfalls auf einen Zeitgewinn ab. Dazu gehört das Verneinen oder das Herunterspielen der Herausforderung (z. B. in der Taxi- und Hotelbranche), das Abschrecken und Verzögern der neuen Konkurrenz durch Lobbying der Politik und das Einschlagen des juristischen Wegs (z. B. Taxibranche).

Proaktive Verhaltensweisen beziehen sich auf eine sorgfältige Analyse der Konsequenzen, die sich aus der neuen Konkurrenz ergeben. In der Regel führen der Aufbau einer Plattform und der Einstieg eines Plattformunternehmens in eine Branche zu einer deutlichen Verschärfung des Wettbewerbs. Die traditionellen Unternehmen haben proaktiv gesehen zwei Möglichkeiten: (1) Sie können sich als Marktteilnehmer an einer oder mehreren Plattformen beteiligen und ihr Angebot dort einstellen. Kritisch ist in einer solchen Situation die Kontrolle über die Kundenbeziehungen und die Kundendaten sowie deren Auswertung – dies muss vertraglich geregelt werden. McAfee und Brynjolfsson (2017) weisen darauf hin, dass die disruptiven Effekte einer Plattform auf ein bestehendes Unternehmen geringer ausfallen werden, wenn dieses Unternehmen eine starke Marken- und Kundenbindung aufbaut. (2) Pipeline-Unternehmen könnten eine eigene Plattform aufbauen, bspw. als Spezialist für eine Branche. Dann sind entsprechende Ressourcen, insbesondere für die Entwicklung der notwendigen Kompetenzen, bereitzustellen. Diesen Weg hat beispielsweise der deutsche Werkzeugmaschinenhersteller Trumpf beschritten, der eine Plattform für die Nutzung des Konzepts Industrie 4.0 geschaffen hat (https://axoom.com).

Überschneidungen mit anderen Instrumenten

Delta-Modell

In seinem Strategiedreieck (vgl. Abschn. 7.3.3) hat Hax bereits 2003 das Konzept des Plattformunternehmens mit seiner Strategieoption System Lock-in als Option für eine

Geschäftsstrategie neben den Optionen bestes Produkt und umfassende Kundenlösung verankert. System Lock-in bedeutet den Aufbau eines engen Netzwerks aus Unternehmen, Lieferanten, Kunden und Komplementoren. Ein solches Netz bildet hohe Austrittsbarrieren für die Kunden und gleichzeitig hohe Eintrittsbarrieren für den Wettbewerb. Dabei verweist Hax auch auf die dominante Marktstellung, die Netzwerkunternehmen rasch aufbauen können.

Generische Porter-Strategien

Die Porter-Strategien (vgl. Abschn. 7.3.3) sind grundsätzlich auf eine Plattformstrategie übertragbar. Im Hinblick auf die Marktabdeckung gibt es sowohl Plattformen, die spezielle Nischen abdecken (z. B. Kloeckner-i.com im Stahlhandel), als auch die großen Plattformen wie z. B. Amazon oder Alibaba, die nicht nur eine, sondern mehrere Branchen oder Marktarenen abdecken. Was die Wettbewerbsvorteile Differenzierung und Kostenführerschaft angeht, verfolgen Plattformunternehmen in der Regel Hybridstrategien. Die Breite des Angebots, die zielgruppenorientierte Werbung, die effiziente und bequeme Abwicklung sowie verschiedene unterstützende Leistungen sprechen für eine Differenzierung. Niedrige Kosten (Fixkostendegressionseffekte und marginale Grenzkosten) entstehen durch die Netzwerkeffekte und die damit verbundene schnelle Skalierung. Hier setzen die Plattformen jeweils eigene strategische Schwerpunkte. So verfolgt Vimeo, eine Hosting-Plattform für Videos, eine Differenzierung mit einer besseren Videoqualität, keiner Werbung und einer sehr engagierten Community, während die größere Hosting-Plattform Youtube stärker auf einen Low-Cost-Ansatz (schlechtere Wiedergabequalität und Werbung) setzt.

Business Model Canvas

Für die Entwicklung einer Plattformstrategie, so wie oben beschrieben, kann der von Osterwalder und Pigneur (vgl. Abschn. 8.2.2) entwickelte Canvas-Ansatz genutzt werden. Die Visualisierung über verschiedene Leinwände erleichtert die Formulierung von kreativen Ideen in einem funktionsübergreifenden Team. Die grundsätzliche Struktur des Business Model Canvas im Hinblick auf die Bereitstellung von Leistungen (Value Delivery), die Schaffung der Leistungen (Value Generation) und die Abschöpfung von Werten (Finanzen) bleibt erhalten, wird aber an die besondere Situation von Plattformgeschäftsideen angepasst.

Blue-Ocean-Strategien

Ziel dieser Strategie (vgl. Abschn. 8.2.1) ist die Suche nach innovativen und nachhaltig rentablen Geschäftsideen für neue Märkte. Diese reichen von disruptiven Geschäftsmodellen, die in einer Branche den Wettbewerb stark beeinflussen, bis hin zu nicht-disruptiven Modellen, die einen völlig neuen Markt erschließen. In diesem Spektrum dürften die Plattformstrategien eher auf der disruptiven Seite zu finden sein.

Vorhandene Wettbewerbsstrukturen können über den Einstieg von Plattformunternehmen drastisch verändert werden, wie die Beispiele von Amazon oder Uber zeigen. Das schnelle Wachstum und die Dominanz dieser Unternehmen, häufig in mehreren Branchen, soll die Basis für eine hohe Rentabilität schaffen.

Value Network und Value-Capture-Modell

Activity Maps, gelegentlich auch als Value Networks (Wertnetzwerk) bezeichnet, stellen zentrale interne und externe Aktivitäten eines Unternehmens, deren Kosten und dazu notwendigen Vermögensgegenstände sowie Optimierungsmöglichkeiten oder zentrale Erfolgsfaktoren als Netzwerke dar (Porter 2008). Christensen (2016, S. 296) definiert ein Wertnetzwerk als „The collection of upstream suppliers, downstream channels to market, and ancillary providers that support a common business model within an industry“. Die Analyse des Wertnetzwerks kann auch genutzt werden, um eine Plattform zu beschreiben und Beziehungen und Interaktionen zwischen den verschiedenen Marktpartnern zu visualisieren. So wird verständlich, wie in diesem Plattformnetzwerk Wert geschaffen wird. In diesem Zusammenhang schlägt Ryall (2013) ein weitergehendes Value-Capture-Modell vor, das generell für Netzwerke gilt, aber noch in den Anfängen steckt. Mit Hilfe der Spieltheorie wird versucht, strategische Investitionsentscheidungen zu begründen, die den Wert eines Netzwerks für ein Unternehmen beeinflussen.

7.3.5 Erfahrungskurve

„*Übung macht den Meister*“ (dt. Sprichwort).

Die Erfahrungskurve gehört zu den analytischen Strategieinstrumenten. Anhand von Daten zu kumulierten Produktionsmengen und Stückkosten können aufgrund empirischer Erfahrungen Aussagen zu zukünftigen Produktionskosten oder zu Produktionskosten von Konkurrenten getroffen werden. Somit lässt sich die eigene Kostenposition im Wettbewerb bestimmen, eine wichtige Information für die Ableitung zukünftiger Wettbewerbsstrategien. Die Erfahrungskurve führt zum Streben nach hohen Marktanteilen – größere Produktionsmengen bilden die Basis für sinkende Stückkosten und damit auch die Basis für einen Wettbewerbsvorteil.

Beschreibung und theoretischer Hintergrund

Erstmals beschrieben wurde ein ökonomischer Lernkurveneffekt bei wiederholten Tätigkeiten in der Flugzeugproduktion (Wright 1936). Der Arbeitsaufwand in Stunden (und damit die Kosten) zur Herstellung eines Flugzeuges verringerte sich empirisch um eine konstante Rate (etwa 10–15 %) bei jeder Verdoppelung der kumulierten Produktionsmenge. Eine grafische Darstellung ergibt eine degressiv fallende Kostenkurve

(Abb. 7.27). Die Lernkurve wurde und wird in der Produktionstheorie zur Planung von Kapazitäten und Kosten genutzt.

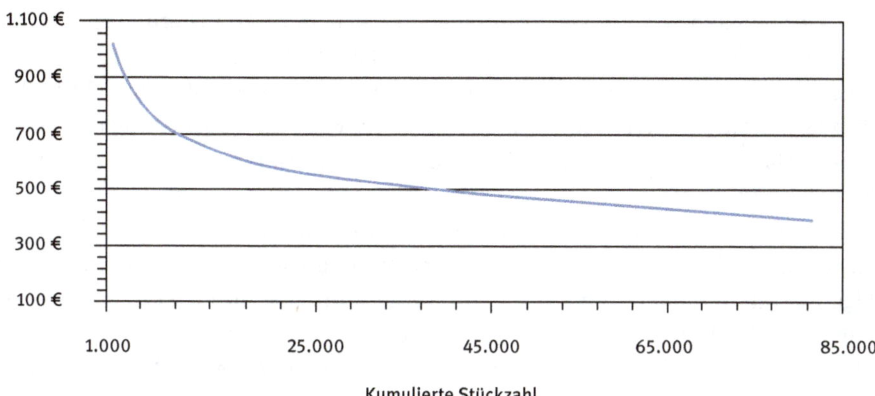

Abb. 7.27: Lernkurve

Werden Kosten und Stückzahlen logarithmiert, entsteht eine Gerade mit einer konstanten negativen Steigung (Abb. 7.28). Die absolute Verringerung der Stückkosten ist zu Beginn der Produktion bzw. des Produktlebenszyklus am stärksten und nimmt immer weiter ab. Diese empirische Erfahrung konnte in zahlreichen Fällen bestätigt werden.

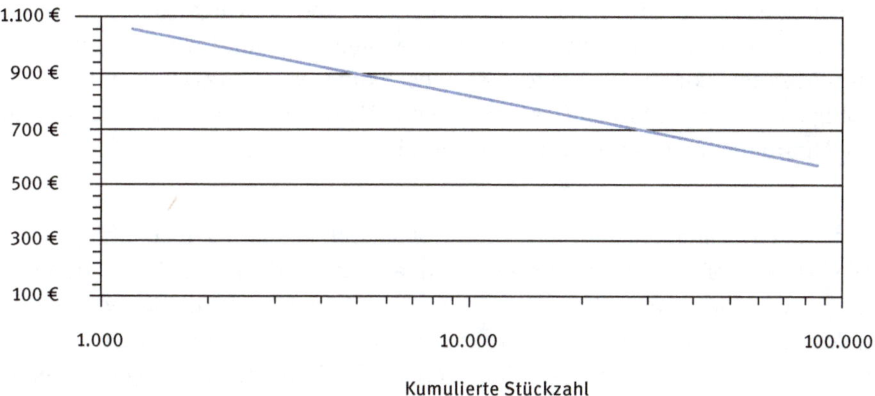

Abb. 7.28: Lernkurve (logarithmiert)

Auf Basis des Lernkurveneffekts untersuchte die Boston Consulting Group ab 1966 in einer Reihe von Unternehmen die Produktionsstückkosten und stellte fest: „Costs of value added decline approximately 20 to 30 percent in real terms each time accumulated experience is doubled“ (Henderson 1968). Dieser deutlich stärkere Effekt geht über die Lernkurve hinaus und wird als Erfahrungskurve bezeichnet. Neben den Lerneffekten werden weitere Ursachen dafür in Spezialisierungsmöglichkeiten aufgrund größerer Produktionsmengen und -kapazitäten sowie in allgemeinen Skaleneffekten gesehen. In der aktuellen Literatur werden ebenfalls Fortschritte bei der Prozessgestaltung, den Beschaffungskosten, der Kapazitätsauslastung und sonstigen Effizienzfaktoren wie Management, Motivation und Unternehmenskultur angeführt (Grant 2019).

Die Erfahrungskostenkurve macht das Sinken der Produktionsstückkosten voraussagbar und damit kontrollierbar. Die Ergebnisse können für Entscheidungen über Eigenproduktion oder Fremdbezug, für Verhandlungen mit Lieferanten, zur Bestimmung des Marktpotenzials, zur Preissetzung und zu strategischen Entscheidungen über Marktanteile, Wachstum und Produktlinien genutzt werden. Die mathematische Formulierung ermöglicht es, aus den derzeitigen Stückkosten mit einer bekannten kumulierten Produktionsmenge die zu erwartenden Stückkosten bei einer zukünftig erreichten kumulierten Produktionsmenge zu errechnen. Weiterhin können Stückkostenvor- und -nachteile gegenüber Konkurrenten aus dem Vergleich kumulierter Produktionsmengen beziffert werden.

Praktische Anwendung

Schritt 1: Produkt und vorhandene Erfahrung bestimmen

Wird die Erfahrungskurve auf ein Produkt oder einen Produktionsprozess angewendet, ist zunächst abzuschätzen, wie stark das neue Produkt bzw. der Prozess sich von den vorher hergestellten Produkten oder benutzten Produktionsprozessen unterscheidet. Ist die Ähnlichkeit sehr groß, dann sind die Vorgänger zum Teil als Produktionserfahrung zu werten; das Unternehmen beginnt also nicht ganz vorne auf der Erfahrungskurve. Die weitere Kostensenkung wird langsamer eintreten als bei völlig fehlender Erfahrung. Das verbleibende Verbesserungspotenzial ist geringer, da die Mitarbeiter bereits über Erfahrung verfügen.

Schritt 2: Bestimmung der Produktionskosten (nur eigene Wertschöpfung)

Die Erfahrungskurve kann streng genommen nur auf die eigene Wertschöpfung und deren Kosten angewendet werden. Die Kosten für eingekaufte Leistungen und Vorprodukte unterliegen zwar auch Erfahrungskurven, diese können aber eine andere Steigung aufweisen; auch unterscheidet sich die Produktionserfahrung des Lieferanten von der des eigenen Unternehmens. Bei Lieferanten muss ermittelt werden, an welcher Stelle der Erfahrungskurve sich die Zulieferer befinden. Vereinfachend können neue Produkte mit der Erfahrungskurve unter Berücksichtigung der gesamten Produktionskosten analysiert werden.

Schritt 3: Daten ermitteln

Berechnungen mit der Erfahrungskurve sind sehr einfach, da nur wenige Daten erforderlich sind (Tab. 7.18).

Tab. 7.18: Datengrundlagen für die Ermittlung von Erfahrungskurven

Derzeitige kumulierte Produktionsmengen	Stückkosten bei derzeitigen kumulierten Produktionsmengen	Kumulierte Zielproduktionsmenge	Erfahrungskurveneffekt
– Eigene Produktionsstatistik	– Eigene Kostendaten – Abschätzungen oder Veröffentlichungen	– Aus Prognosen – Aus Marktwachstum oder -potenzial – Veröffentlichungen der Konkurrenzunternehmen – Aus Marktanteilen und Marktgröße der Konkurrenzunternehmen seit Produktionsbeginn	– Allgemeine Durchschnittswerte: 10 %–30 % – Branchenwerte/veröffentlichte spezifische Durchschnittswerte (z. B. Stewart et al. 1995, Gottfredson 2008) – Eigene Erfahrungen/fremde Erfahrungen – Berechnen aus Kostendaten und Produktionsmenge

Schritt 4: Berechnung[5]

Die Erfahrungskurve wird charakterisiert durch ihre Steigung b, aus der sich die Kosten in Abhängigkeit von der kumulierten Stückzahl ergeben.

$$k_n = k_1 n^b$$

$$\text{mit} \quad k_n = \text{Kosten bei Stückzahl } n$$
$$k_1 = \text{Kosten bei Stückzahl } 1$$
$$n = \text{Stückzahl}$$

Die Steigung b kann beschrieben werden durch eine konstante Kostenreduktionsrate R in Prozent (typischerweise 10–30 %), die bei jeder Verdoppelung der kumulierten Produktion auftritt.

$$b = \frac{\ln\left(1 - \frac{R}{100}\right)}{\ln 2}$$

5 Ableitungen der Formeln bei Ehrmann (2007, S. 117 ff.); Stump (2002).

Schritt 4.a: Berechnung von Einzelstückkosten

Aus bekannten Einzelstückkosten bei einer bestimmten kumulierten Produktionsmenge können so zukünftige Einzelstückkosten bzw. Stückkostenvor- oder -nachteile gegenüber Konkurrenten bei einer bestimmten kumulierten Produktionsmenge berechnet werden:

$$k_n = k_{n_1} \left(\frac{n_x}{n_1}\right)^{-b}$$

oder

$$k_n = k_{n_1} \left(\frac{n_x}{n_1}\right)^{\left(\frac{\ln\left(1-\frac{R}{100}\right)}{\ln(2)}\right)}$$

Schritt 4.b: Bestimmung des Erfahrungskurveneffekts aus Einzelstückkosten

Auf einfache Weise kann die Steigung aus der logarithmierten Form der Gleichung bestimmt werden, bei mehreren Datenpunkten entsprechend über eine lineare Regression:

$$b = \frac{[\ln K_n - \ln K_m]}{[\ln n - \ln m]}$$

Kritik des Instruments

Die Erfahrungskurve ist empirisch zwar gut belegt, aber nicht wirklich kausal erklärt und steht theoretisch auf eher schwachen Füssen. Sie wird mit einer Reihe von Effekten begründet, deren jeweilige Rolle unklar bleibt. Zudem werden sowohl dynamische als auch statische Effekte beschrieben. Die Skaleneffekte sind statisch und nur vom jeweiligen Ausstoß bzw. der Kapazität abhängig und nicht von der kumulierten Produktion. Ein neuer Konkurrent kann die Skaleneffekte durch Aufbau einer großen Kapazität auch ohne hohe kumulierte Produktionsmengen für sich nutzbar machen.

Der Erfahrungskurveneffekt beschreibt ein Kostensenkungspotenzial, das aber nicht automatisch und in jedem Fall eintreten wird. Ein gutes Management muss die einzelnen Potenziale der Erfahrungskurve nutzbar machen.

Die Wettbewerber können von fremden Erfahrungen profitieren, indem sie technische Entwicklungen übernehmen (über die Lieferanten von Anlagen, Teilen und Materialien, durch Reverse Engineering der Produkte) oder die Erfahrung bspw. durch das Abwerben von Mitarbeitern erlangen. Der Wettbewerbsvorteil durch größere kumulierte Produktionsmengen kann so verloren gehen. Neue, effektivere Technologien können ebenfalls die Wettbewerbsvorteile aufgrund einer hohen kumulierten Produktionserfahrung entwerten: Mit einer neuen Technologie beginnt eine neue Erfahrungskurve, aber auf einer niedrigeren Stückkostenbasis.

Das Streben nach hohen Erfahrungskurveneffekten kann dazu führen, dass die Produktion weniger flexibel wird und trotz geringerer Stückkosten Wettbewerbsfähigkeit verloren geht. Umgekehrt können durch eine hohe Variantenvielfalt negative Erfahrungskurveneffekte auftreten, so dass die Stückkosten mit zunehmender Variantenvielfalt steigen (Ehrmann 2007). Bei Produktionsunterbrechungen kann ein Teil der Erfahrungen verloren gehen. In der Serienproduktion ist damit zu rechnen, dass immer wieder ein Teil der Erfahrungen abhandenkommt und mit jeder neuen Serie auf der Erfahrungskurve bei Stückkosten, die einer geringeren kumulierten Produktionsmenge entsprechen, begonnen wird.

Der Erfahrungskurveneffekt kann dem unbegrenzten Fortschrittsglauben der 1960er Jahre zugeschrieben werden. Material und Energie waren unbegrenzt verfügbar, die Rationalisierung in der physischen Produktion wurde ständig vorangetrieben. Im 21. Jahrhundert werden voraussichtlich Energie- und Rohstoffkosten wieder sehr viel mehr an Bedeutung gewinnen. Möglicherweise wird der Erfahrungskurveneffekt damit in vielen Branchen als Basis für einen Wettbewerbsvorteil erheblich an Bedeutung verlieren.

Nach Kimura et al. (2019) verliert die Erfahrungskurve mit ihren statischen Effekten an Bedeutung, weil sich die Produktlebenszyklen stark verkürzen. Längerfristige Prognosen und Planungen auf der Basis der Erfahrungskurve verlieren an Bedeutung. Für die Unternehmen werden Fähigkeiten zur Neuentdeckung von Produkten und Dienstleistungen und deren ständige Anpassung an eine dynamische Umwelt wichtiger. Das erfordert ein beschleunigtes organisatorisches Lernen und die Nutzung künstlicher Intelligenz.

Strategische Bedeutung und Nutzen

Das Instrument trifft quantitative Aussagen auf einer breiten empirischen Basis, wobei die Genauigkeit begrenzt ist. Es leitet Aussagen ab aus einer spezifischen Ressource des Unternehmens, der Produktionserfahrung, die mit den Marktanteilen in Verbindung steht. Mit Hilfe von sehr wenigen Daten können langfristige Abschätzungen getroffen werden, ohne dass Kostenfaktoren genauer analysiert werden müssen.

Die Stückkosten sind ein wesentlicher Erfolgsfaktor und entscheiden mit über die Wettbewerbsfähigkeit eines Unternehmens. Höhere Marktanteile ermöglichen einem Unternehmen, zunehmend Kosten- und Wettbewerbsvorteile zu realisieren und damit höhere Renditen. Die Erfahrungskurve eignet sich gut zur Anwendung für Standardprodukte in kapitalintensiven Produktionsindustrien. Für Dienstleistungen und sehr spezialisierte Branchen mit einem hohen Anteil an kundenspezifischen Produkten ist dieses Konzept weniger geeignet, um Wettbewerbsvorteile aufzubauen (Simon/von Gathen 2010).

Wenn die kumulierte Produktion die Stückkosten wesentlich bestimmt, dann ist es strategisch sinnvoll, hohe Marktanteile anzustreben. Dies kann durch ein breites, an der Erfahrungskurve orientiertes Sortiment und durch eine internationale Expansion erfolgen (Grant 2019). Unter Berücksichtigung der Erfahrungskurve können Preise auf Basis zukünftig zu erwartender Stückkosten festgelegt werden (Penetrationspreise), womit gleichzeitig die Voraussetzung für das Erreichen hoher zukünftiger Stückzahlen geschaffen wird. Dabei ist jedoch die Marktgröße, das Verhalten der Konkurrenten und die Preiselastizität der Nachfrage im Auge zu behalten, denn das

Streben nach hohen Marktanteilen in einer Branche kann zu einer höheren Wettbewerbsintensität mit sinkenden Renditen oder zu ruinösen Preiskämpfen führen.

Die Erfahrungskurve wird auch intensiv genutzt, um die langfristige Kostenentwicklung neuer Technologien nach der Markteinführung abzuschätzen und die Frage zu beantworten, wann mit deren Konkurrenzfähigkeit zu rechnen ist, z. B. im Bereich der erneuerbaren Energien. So beruhte das deutsche Gesetz zur Förderung Erneuerbarer Energien (EEG 2009) mit seinen garantierten, aber jährlich sinkenden Einspeisevergütungen für den erzeugten Strom auf der Erfahrungskurve.

Ähnliche Instrumente

Technologie-S-Kurve

Ein S-förmiger Kurvenverlauf (z. B. Welge et al. 2017) beschreibt das Ergebnis von Aufwendungen zur Verbesserung von Technologien – bei reifen Technologien können auch mit hohen Aufwendungen in der Regel nur noch geringe Effizienzsteigerungen erzielt werden. Die Untersuchung dieses Zusammenhangs liefert Hinweise auf den Entwicklungsstand der Technologie, das verbleibende Entwicklungspotenzial, die Effektivität von Investitionen in diese Technologie und die Notwendigkeit und den Zeitpunkt, nach neuen Technologien zu suchen. Mit dem Umstieg auf eine neue Technologie beginnt eine neue S-Kurve – die bisherigen Leistungsgrenzen werden durchbrochen.

Industriekostenkurve

Die Industriekostenkurve (vgl. Abschn. 5.2.5) beschreibt für eine Branche oder ein Produkt die Stückkosten der einzelnen Hersteller (diese können durch Faktorpreise, durch Skaleneffekte, durch Technologien oder eben durch die Erfahrungskurve bedingt sein). Aus ihr lässt sich ablesen, welche Hersteller bei einer Marktschrumpfung bzw. bei Preiskämpfen in welcher Reihenfolge bzw. bei welchem Preisniveau keine Gewinne mehr machen.

Überschneidungen mit anderen Instrumenten

BCG-Matrix

Die Erfahrungskurve bildet zusammen mit dem Produktlebenszyklus (vgl. Abschn. 5.2.7) den Rahmen für die Portfoliomethode der BCG (vgl. Abschn. 7.2.2). Die Einschränkungen der Erfahrungskostenkurve müssen also auch bei deren Anwendung beachtet werden.

Generische Strategietypen

Die Erfahrungskurve ist eine wesentliche Begründung für die Strategie der Kostenführerschaft (vgl. Abschn. 7.3.3) – das Unternehmen mit dem größten Marktanteil hat einen schwer angreifbaren Wettbewerbsvorteil. Wettbewerber können nicht direkt konkurrieren, sondern müssen sich differenzieren oder auf einen Teilmarkt fokussieren.

Benchmarking

Benchmarking-Prozesse können als systematischer Versuch verstanden werden, prozessbezogen von den Erfahrungskurveneffekten in anderen Unternehmen und Branchen zu profitieren und ähnliche Optimierungen im eigenen Unternehmen einzuführen (vgl. Abschn. 5.2.8).

5-Kräfte-Modell

Die Erfahrungskurve kann genutzt werden, um im Rahmen des 5-Kräfte-Modells von Porter den Wettbewerb in der Branche, die Eintrittsbarrieren in einer Branche und vor allem die Bedrohung durch Ersatzprodukte näher zu analysieren (vgl. Abschn. 7.3.5). Große Erfahrungskurveneffekte stellen eine erhebliche Eintrittsbarriere für neue Wettbewerber dar.

7.3.6 Spieltheorie

Das Ziel der Spieltheorie ist es, das Verhalten von Spielern (hier: Unternehmen), die im Wettbewerb stehen und wechselseitig voneinander abhängig sind, zu prognostizieren und Strategieoptionen zu evaluieren. Dabei wird angenommen, dass die Spieler stets rational handeln und an erster Stelle daran interessiert sind, ihren eigenen Nutzen zu maximieren. Die Spieltheorie erkennt jedoch auch die Wichtigkeit der Kooperation zwischen den Spielern an.

Beschreibung und theoretischer Hintergrund

Als Teildisziplin der Mathematik wird die Spieltheorie heute in vielen Bereichen angewandt. Schon zu Beginn des Zweiten Weltkrieges nutzte die britische Marine Erkenntnisse der Spieltheorie, um die Züge des Gegners abzuschätzen. Sie konnte ihre militärischen Erfolge erhöhen, indem sie intuitive Entscheidungen durch eine systematische und rationale Modellierung und Analyse ihrer Wechselbeziehung zum Gegner ersetzte (Waddington 1973).

Die theoretische Formulierung der Spieltheorie und die Anwendung auf ökonomische Sachverhalte erfolgte 1944 durch den Mathematiker von Neumann und den Ökonomen Morgenstern (1944) in ihrem Buch Theory of Games and Economic Behavior. Sie erkannten eine Analogie zwischen Gesellschaftsspielen und Märkten. Diese Analogie besteht darin, dass die Spieler stets bemüht sind, ihren Nutzen zu maximieren und dabei zugleich in einer wechselseitigen Abhängigkeit zu anderen Spielern stehen. Somit sind die Akteure gezwungen, das Verhalten anderer Spieler zu prognostizieren und bei ihren Entscheidungen zu berücksichtigen. Die Arbeiten von von Neumann und Morgenstern bildeten die Basis für viele Forschungsarbeiten in Ökonomie, Recht, Politik, Biologie und anderen Bereichen (Hungenberg 2014).

Eine zentrale Fragestellung der Spieltheorie befasst sich damit, wie aus einer Ausgangssituation unter Beachtung der strategischen Spielzüge aller Akteure eine Gleichgewichtslösung gefunden werden kann. Das bekannteste klassische Gleichgewichtskonzept ist das Nash-Gleichgewicht, benannt nach dem Nobelpreisträger und Mathematiker John Nash. Es beschreibt eine Strategiekombination, bei der keiner der Akteure einen Anreiz hat, von diesem Gleichgewicht abzuweichen, weil er ansonsten seinen Nutzen schmälern würde (Nash 1950 und 1951).

Ein beliebtes spieltheoretisches Modell, das häufig zur Erklärung des Nash-Gleichgewichts verwendet wird, ist das Gefangenendilemma. Es beschreibt die Situation von zwei Gefangenen, die gemeinsam ein Verbrechen begangen haben und ohne jede Kontaktmöglichkeit in getrennten Zellen sitzen. Die Höhe ihrer Strafe hängt nun davon ab, ob sie gestehen (defektieren) oder schweigen (kooperieren) und wie der andere sich verhält. Das Dilemma besteht darin, dass es dem einzelnen Gefangenen vorteilhaft erscheint, zu defektieren, weil er dann auf einen höheren Nutzen hoffen kann. Würden – und könnten – die Gefangenen jedoch beide kooperieren, würde sich die Haftstrafe für beide deutlich verkürzen (Axelrod 2000). Bei einem einmaligen Spiel stellt die Defektion das Nash-Gleichgewicht dar.

Dieses Modell lässt sich auf viele Situationen in Unternehmen übertragen und wird im Folgenden am Beispiel einer strategischen Allianz veranschaulicht. Zwei Unternehmen (A und B) beginnen eine Partnerschaft mit dem Ziel des Wissenstransfers im Bereich der Forschung und Entwicklung. Allianzen bergen erhebliches Konfliktpotenzial, da der Erfolg nicht nur von den Fähigkeiten und den Bemühungen der Kooperationspartner abhängt, sondern auch davon, inwieweit diese nur ihre eigenen Interessen verfolgen (Jost 2001). Nach der nichtkooperativen Spieltheorie versuchen beide Unternehmen, ihren eigenen Nutzen zu maximieren, indem sie das Wissen des anderen Unternehmens abschöpfen und möglichst wenig vom Eigenen preisgeben. Abbildung 7.29 zeigt den Ablauf dieses simultanen und statischen Spiels. Die Pay-offs werden in Nutzeneinheiten gemessen.

Mit der Cell-by-Cell-Methodik können Quadrant für Quadrant alle Strategiekombinationen analysiert werden. Wenn beide Unternehmen (Spieler) eine kooperative Strategie verfolgen (Quadrant I), dann beträgt der Nutzen sechs Einheiten für jeden Spieler. Allerdings stellt diese Kombination kein stabiles Gleichgewicht dar, denn für beide Unternehmen gibt es Anreize, von der Strategie abzuweichen. Zum einen können sie ihren eigenen Nutzen maximieren, wenn sie defektieren. Zum anderen ist ihr Nutzen höher, falls der Partner ebenfalls rational handelt und defektiert. Unternehmen A versucht also, Quadrant II zu erreichen, um seinen Nutzen zu maximieren. Der Nutzen beträgt in Quadrant II für Unternehmen B allerdings nur eine Einheit, somit wird es ebenfalls defektieren. Quadrant III bildet die gleiche Situation mit umgekehrten Rollen ab. Unternehmen A und B befinden sich also in der gleichen Situation, deshalb kooperiert keines der beiden Unternehmen. Erst in Quadrant IV finden sie

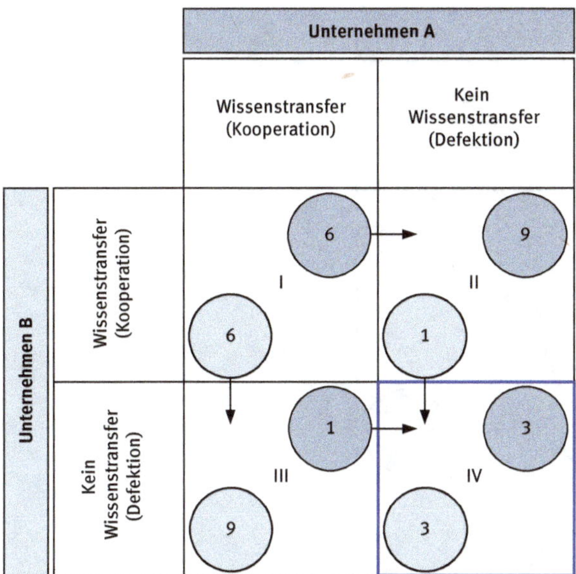

Abb. 7.29: Nash-Gleichgewicht in einer strategischen Allianz

ein stabiles Gleichgewicht (Nash-Gleichgewicht) und erhalten jeweils nur drei Nutzeneinheiten.

Es gibt verschiedene Wege, dieses Dilemma aufzulösen und ein stabiles Gleichgewicht in der optimalen Strategiekombination (Quadrant I) zu erreichen. Im vorliegenden Beispiel könnte das optimale Ergebnis möglicherweise durch Sanktionszahlungen erreicht werden, die zu Beginn der Allianz vertraglich festgelegt werden. Das können zum Beispiel Vertragsstrafen für das Nichteinhalten von Vereinbarungen zum Informationsaustausch sein. Diese Sanktionszahlungen führen dazu, dass die ursprüngliche Auszahlungshöhe von neun Nutzeneinheiten bei einer einseitigen Defektion so stark reduziert wird, dass die Unternehmen keinen Anreiz mehr haben, von Quadrant I abzuweichen. Die Sanktionszahlung entspricht in diesem Beispiel vier Nutzeneinheiten, so dass beide Spieler ihren Nutzen optimieren können, indem sie kooperieren. Somit bildet Quadrant I ein stabiles Gleichgewicht (Abb. 7.30).

Wie das Beispiel zeigt, können Spieler das Ergebnis durch Signale beeinflussen. Jenkins und Ambrosini (2016) unterscheiden drei Arten von Signalen, mit denen die Spieler explizit oder implizit kommunizieren und Informationen übermitteln. Die erste Art nennen sie „Cheap Talk“ (leeres Gerede) – leere Versprechungen oder Drohungen. Die zweite Art beruht auf der Reputation, die das Unternehmen durch sein konsequentes Handeln über einen längeren Zeitraum aufbaut. Sie lässt den Partner/Gegenspieler erkennen, wie sich ein Unternehmen in bestimmten Situationen verhält. Die dritte Art ist das „Commitment“ (eine Verpflichtungserklärung). Im Gegensatz zum „Cheap Talk“ sind diese Versprechen oder Drohungen unwiderruflich. Oft werden sie,

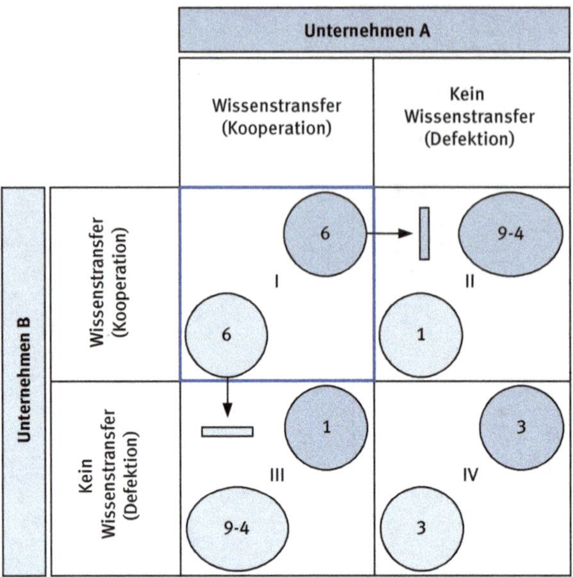

Abb. 7.30: Gleichgewicht bei Kooperation in einer strategischen Allianz

wie in dem eben erklärten Beispiel aus der Forschung und Entwicklung, durch Verträge rechtsverbindlich formuliert.

Im Modell der sequenziellen Spiele (Abb. 7.31) treffen die Akteure mehrmals nacheinander Entscheidungen und reagieren auf ihre Gegner. Im Gegensatz zu den simultanen Spielen sind sequenzielle Spiele durch einen sich ständig ändernden Informationsstand gekennzeichnet. Die dynamischen Spiele lassen sich am besten mit Hilfe eines Spielbaums darstellen (Welge et al. 2017).

Praktische Anwendung

Zur Anwendung der Spieltheorie bietet sich ein methodisches Vorgehen in fünf Schritten an (in Anlehnung an Lynch 2015 und Papayoanou/Goldman 2003). Die spieltheoretischen Überlegungen werden anhand eines konstruierten Beispiels aus der Waschmittelindustrie in Deutschland veranschaulicht (Abb. 7.32). Der Konsumgüterhersteller Henkel steht dabei vor der Herausforderung, seine Marke Persil durch gezielte Marketingaktivitäten gegen den steigenden Wettbewerb zu behaupten.

Schritt 1: Spieler und Strategieoptionen identifizieren

Zunächst werden sowohl die aktuellen als auch die potenziellen Spieler identifiziert, um den Rahmen des Spiels abzugrenzen. Mitspieler können beispielsweise Lieferanten, Kunden, Wettbewerber oder Kooperationspartner sein. Als Nächstes werden alle Strategieoptionen und Ziele zusammengetragen, die sich den Spielern bieten könn-

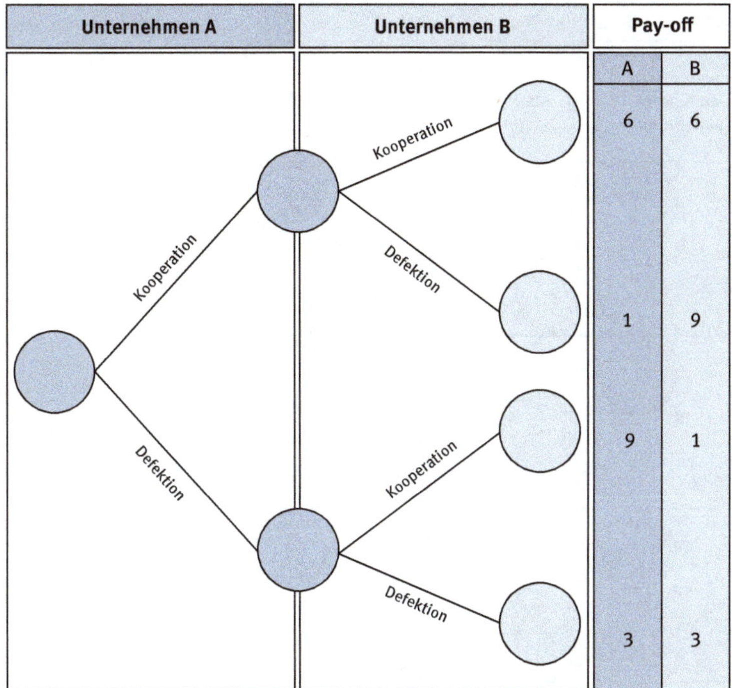

Abb. 7.31: Spielbaum für ein Unternehmensbeispiel

ten. Strategieoptionen können aus strategischen Planungsanalysen abgeleitet werden. Aus der strategischen Planung ergeben sich Stärken und Schwächen bzw. Chancen und Risiken des Unternehmens. Diese haben Rückwirkungen auf die Strategieoptionen der Wettbewerber.

Persil ist die Nummer eins auf dem Waschmittelmarkt in Deutschland. Der größte Teil der Wettbewerber verfolgt eine Niedrigpreisstrategie und besteht zum Teil aus Handelsmarken von Discountern. Konkurrent von Persil im Hochpreissegment ist die Marke Ariel von P&G. Der Henkel-Konzern hat nun mehrere Optionen, seinen Marktanteil auf dem Heimatmarkt gegen Ariel zu behaupten bzw. auszubauen:

- Einen Preiskampf mit P&G.
- Eine kostenintensive, aggressive Marketingkampagne.
- Unveränderte Marketingaktivitäten.

Schritt 2: Stärken und Schwächen sowie Signale der Spieler analysieren

Um die Signale der Spieler zu verstehen, müssen die Stärken und Schwächen der Spieler sorgfältig analysiert werden. Auch das erweiterte Netzwerk des Gegners, zum Beispiel Kooperationen mit anderen Unternehmen oder die Nähe zu politischen Ent-

		Persil		
		Unveränderte Marketing-aktivitäten	Große Marketing-kampagne	Preiskampf
Ariel	Unveränderte Marketing-aktivitäten	5 I 5	7 II 1	7 III 1
	Große Marketing-kampagne	1 IV 7	2 V 2	2 VI 2
	Preiskampf	1 VII 7	2 VIII 2	2 IX 2

Abb. 7.32: Entscheidungsmatrix für die Marketingstrategie am Beispiel von Persil

scheidern, können das Spiel beeinflussen. Mögliche Signale des Gegenspielers müssen analysiert werden.

Henkel und P&G stehen für ein exzellentes Marketing; Persil und Ariel gehören weltweit zu den stärksten Marken. Auch die Forschung und Entwicklung hat einen hohen Stellenwert in beiden Unternehmen. P&G sendet seit seinem Markteintritt klare Signale auf dem deutschen Markt. Das Unternehmen attackiert den Marktführer mit einer aggressiven Marketingstrategie und nimmt hierfür auch Preissenkungen in Kauf. Henkel betont in der Außendarstellung die Innovationsführerschaft und signalisiert damit, dass es sich nicht auf einen dauerhaften Preiskampf einlässt.

Schritt 3: Pay-offs festlegen und sequenzielle sowie simultane Spielzüge bestimmen

Zunächst werden, basierend auf den Analyseergebnissen aus Schritt 1 und den ermittelten Strategieoptionen, Pay-offs (Auszahlungen) für alle Strategiekombinationen festgelegt. Diese Zahlenwerte spiegeln den erwarteten Nutzen der Strategiekombination für die Spieler wider. In den meisten Fällen handelt es sich um Schätzwerte, die beispielsweise mögliche Absatzsteigerungen, Kosteneinsparungen oder Auswirkungen auf das Image des Unternehmens beziffern.

Bei mehrperiodischen Spielen muss in der Praxis unterschieden werden, welche Spielzüge simultan und welche sequenziell erfolgen. Dabei sind die Spielzüge getrennt zu betrachten und folgende Unterschiede in der Lösungsmethodik zu beachten:

Simultane Spielzüge werden in einer Auszahlungsmatrix dargestellt. Hierfür werden die Pay-offs der Strategiekombinationen für beide Spieler in die jeweiligen Quadranten eingetragen. Zunächst gilt es, zu klären, ob es eine dominante Strategie gibt, d. h. eine Strategie, die dem Spieler, unabhängig von der Entscheidung des Gegenspielers, immer einen höheren Nutzen bringt. Falls es keine gibt, können dominierte Strategien, d. h. Optionen, die im Vergleich zu anderen Optionen für den Spieler immer unvorteilhaft sind, ausgeschlossen und ein Gleichgewicht gesucht werden (Jost 2001). Um ein Spiel in Matrixdarstellungsform in einen Gleichgewichtszustand zu überführen, bietet sich die Lösungsmethodik der „Cell-By-Cell Inspection" an. Jede Zelle wird daraufhin geprüft, ob ein Strategiewechsel bei ihr mit Vorteilen für mindestens einen der Spieler verbunden ist. Besteht für keinen der Spieler in einer Zelle ein Anreiz zum Strategiewechsel, so ist ein Gleichgewichtszustand (Nash-Gleichgewicht) erreicht. Dabei sind auch mehrere Gleichgewichtslösungen (Zellen) denkbar.

Sequenzielle Spielzüge werden in einem Spielbaum dargestellt. In einem rückwärtsgerichteten Vergleichsverfahren werden die jeweiligen Strategiepfade paarweise gegenübergestellt. Dabei werden die Auszahlungspaare, also die Pay-offs für beide Spieler, jeder Strategiekombination verglichen. Ausgehend von den Endknotenpunkten werden unterlegene Strategiekombinationen nach und nach gestrichen, um letztendlich eine oder mehrere überlegene Strategiepfade zu identifizieren. Auch bei dieser Methode sind mehrere Gleichgewichte möglich.

Für die kurzfristige Planung kann die Frage zur Marketingstrategie von Henkel als simultanes Spiel beantwortet werden. Aus den Informationen und Strategieoptionen ergibt sich folgende Entscheidungsmatrix (Abb. 7.32) für die Marken Persil und Ariel:

Den maximalen Gesamtertrag würden die Unternehmen erreichen, wenn beide unveränderte Marketingmaßnahmen ergreifen (Quadrant I). Henkel muss allerdings davon ausgehen, dass P&G entweder mit niedrigeren Preisen oder mit einer großen Kampagne versuchen wird, Marktanteile zu gewinnen. Wenn Henkel in diesem Fall nichts unternimmt, so würde der Ertrag von Henkel auf eine Einheit sinken, während der Konkurrent sieben Einheiten erreichen würde. Deshalb startet Henkel eine große, kostspielige Kampagne und die Unternehmen treffen sich in Quadrant V oder VIII.

Schritt 4: Signale senden

Aus der Analyse kann abgeleitet werden, ob durch Signale an die anderen Spieler ein Ergebnis mit einem höheren als dem sonst erwarteten Nutzen erzielt werden kann. Weiterhin muss entschieden werden, welche Art von Signalen gesendet werden sollen.

Zwischen Henkel und P&G kann keine explizite Kommunikation erwartet werden, denn Kooperationen sind in der Waschmittelindustrie zwischen direkten Konkurrenten unüblich. In der Vergangenheit hat Henkel durch sein Verhalten implizit gezeigt, dass es sein Image als innovativer Konsumgüterhersteller pflegt, nämlich hohe Qualität zu hohen Preisen zu bieten. Damit entfallen die Strategiekombinationen des Preiskampfs (Quadrant III, VI, IX).

Schritt 5: Strategiewahl und -umsetzung

In mehrperiodischen Spielen ist es ratsam, den Spielverlauf regelmäßig zu überprüfen und neu zu bewerten, denn auch bei sorgfältiger Analyse kann es vorkommen, dass das Verhalten des Gegners nicht den Erwartungen entspricht.

Henkel muss seinen stärksten Konkurrenten genau beobachten. Sollte P&G eine größere Kampagne starten, muss das Unternehmen in der Lage sein, zeitnah zu reagieren. Auch potenzielle neue Konkurrenten in dem Hochpreissegment müssen ständig beobachtet werden, denn sie könnten die gesamte Struktur des Spiels ändern.

Kritik des Instruments

Die Spieltheorie ist ein sehr abstraktes Modell. Deshalb fällt der Transfer ihrer Erkenntnisse in die Praxis häufig schwer. Die Simulation der Auswirkungen von Strategiealternativen erfordert Annahmen über die Art und die Regeln des Spiels. Oft weichen diese restriktiven Annahmen stark von der Realität ab. Zudem funktioniert das Modell nur mit wenigen externen Variablen, also mit einem geringen Detaillierungsgrad. Das Ergebnis ist somit zwar mathematisch durchdacht, aber aufgrund des hohen Abstrahierungsgrads und unrealistischer Annahmen kann es dennoch zu falschen Ergebnissen kommen. Des Weiteren wird in spieltheoretischen Modellen in den meisten Fällen nur eine Größe für die Entscheidungsfindung berücksichtigt. Tatsächlich werden strategische Spielzüge allerdings von mehreren Faktoren und über mehrere Kanäle beeinflusst (Grant 2019 und Hungenberg 2014). Die Spieltheorie kann deshalb strategische Fragen nicht umfassend beantworten.

Auch die Tatsache, dass die Spieler nur wenige vordefinierte Handlungsalternativen haben und über ihre Situation sowie die genauen Konsequenzen ihres Handelns vollkommen informiert sind, wird oft kritisiert. Zudem unterstellt die Spieltheorie, dass die Akteure stets rational handeln. Diese Annahme lässt sich indes in der Realität selten beobachten (Welge et al. 2017; Rappaport 2008).

Ein zunehmender Komplexitätsgrad führt im Modell wiederum oft zu keinem oder zu mehreren Gleichgewichten, oder man erhält kein stabiles Gleichgewicht. Daher eignet sich die Spieltheorie nicht für die detaillierte Beschreibung der Auswirkungen einer Strategiealternative (Grant 2019).

Bei klassischen spieltheoretischen Untersuchungen wird von einem duopolistischen bzw. oligopolistischen Markt ausgegangen, denn mit der Anzahl an Spielern steigt auch der Komplexitätsgrad. Nur unter solchen Marktbedingungen kann bei strategischen Entscheidungen mit einer direkten Reaktion des Gegenspielers gerechnet werden (Welge et al. 2017; Hungenberg 2014). Am Beispiel der Flugzeugbauer Airbus und Boeing kann man die spieltheoretischen Überlegungen bei Entscheidungen über neue Flugzeugtypen deutlich nachvollziehen. Das Verhalten der beiden Hauptkonkurrenten zeigt auch eine Gefahr – neue heranwachsende Konkurrenten außerhalb des Spielfelds beispielsweise aus China, Brasilien, Japan oder Kanada erhalten zu wenig Aufmerksamkeit.

Strategische Bedeutung und Nutzen

Spieltheoretische Modelle haben ihren festen Platz in der strategischen Planung vieler Unternehmen, vor allem dann, wenn es um einfache, klar unterscheidbare Entscheidungen geht und nur ein oder wenige Unternehmen „mitspielen" – was typisch für konsolidierte Branchen oder Infrastrukturunternehmen ist. Beispiele dafür sind Entscheidungen über die Übernahme von Unternehmen, den Eintritt in einen Markt, Kapazitätsaufstockungen etc.

Ein weiterer Nutzen der spieltheoretischen Modelle liegt darin, dass sie dazu beitragen, die Struktur des Wettbewerbs und rationale Hintergründe der Wechselbeziehung zwischen den Akteuren zu verstehen (Grant 2019). Sie zwingen das Management des Unternehmens, die Reaktionen der Konkurrenten auf das eigene Verhalten zu berücksichtigen. Zudem werden systematisch Strategieoptionen generiert, die aus der eigenen Perspektive und aus der Perspektive des Wettbewerbers evaluiert werden. Aus den Analyseergebnissen können theoretisch fundierte Prognosen erstellt werden, die beispielsweise bei der Planung von Vertragsverhandlungen, Unternehmenskooperationen oder größeren Marketingkampagnen hilfreich sein können. Die Spieltheorie hilft Managern, Spielzüge und Sequenzen von Spielzügen zu durchdenken und sich auf die Handlungsweisen und Reaktionen ihrer Wettbewerber einzustellen (Welge et al. 2017).

Eine zentrale Erkenntnis aus der Spieltheorie lässt sich in dem Begriff „Co-opetition" zusammenfassen (Brandenburger/Nalebuff 1996). Die Spieltheorie erkennt die Dialektik von Geschäftsbeziehungen. Häufig lässt sich beobachten, dass auch heftig konkurrierende Unternehmen kooperieren, um ihren Nutzen gemeinsam zu maximieren. Von Interesse für die strategische Unternehmensführung sind besonders die mehrperiodischen Spiele, in denen angenommen wird, dass es den Akteuren um eine langfristige Optimierung geht. Weiter sind Spiele interessant, die sich zur Analyse von kooperativen und kompetitiven Strategien eignen (Brandenburger/Nalebuff 1996 und Müller-Stewens/Lechner 2016).

Ähnliche Instrumente

System Dynamics

System Dynamics simuliert die Auswirkungen einer Strategiealternative (Hungenberg 2014). Zunächst werden möglichst ganzheitliche Modelle mit Annahmen erstellt, beispielsweise über die Preis-/Absatz-Funktion, die Produktionskosten einzelner Anbieter, das Konkurrenzverhalten oder die Wirkung von Werbemaßnahmen auf die Nachfrage. Aufbauend auf den Modellen werden die Auswirkungen der Strategieoptionen auf diese Einflussgrößen untersucht und ihre Entwicklung und deren Konsequenzen abgeschätzt. Die Vorgehensweise des System Dynamics findet man häufig in Unternehmensplanspielen wieder. Die Qualität der Ergebnisse hängt allerdings sehr stark von den Annahmen ab, die im Vorhinein getroffen werden müssen.

Business Wargaming

Mit Business Wargames simuliert ein Unternehmen die zukünftige Entwicklung eines Marktes und kann so unterschiedliche Fragestellungen untersuchen, wie beispielsweise die Auswirkungen von Strategieänderungen oder den Einfluss externer Änderungen (Hungenberg 2014 und Horn 2011). Wargames werden als mehrtägige Planspiele ausgeführt. Die Manager des Unternehmens arbeiten in Teams, welche die Rolle von unterschiedlichen Marktteilnehmern übernehmen (wie z. B. das eigene Unternehmen, Wettbewerber oder Kunden) und gegeneinander antreten. Der wesentliche Nutzen dieser Methode liegt darin, dass die Führungskräfte ein besseres Verständnis für die Struktur und die Zusammenhänge des eigenen Marktes gewinnen und neue Perspektiven entwickeln.

Principal-Agent-Theorie

Die Principal-Agent-Theorie untersucht ebenfalls die Wechselbeziehung zwischen mehreren Akteuren. Im Zentrum der Untersuchungen steht das Verhaltensmuster des Auftragnehmers (Agent), der von dem Auftraggeber (Principal) Entscheidungskompetenz übertragen bekommt. Das Verhältnis der Akteure ist durch Informationsasymmetrien gekennzeichnet. Es wird angenommen, dass der Agent seinen Informationsvorsprung ausnutzt und, ähnlich wie in der Spieltheorie, eigene Interessen vertritt, anstatt im Sinne des Principals zu handeln. Ziel der Methode ist es hier, Informationsasymmetrien aufzudecken und Anreize zu schaffen, den Interessenkonflikt zu lösen (Welge et al. 2017). Ein Beispiel für die Principal-Agent-Problematik in Unternehmen ist das Verhältnis zwischen Topmanagement und untergeordneten Managementebenen bei der Strategieimplementierung.

Überschneidungen mit anderen Instrumenten

SWOT-Analyse

Die SWOT-Analyse generiert aus wichtigen Einflussfaktoren (Stärken, Schwächen, Chancen und Risiken) eine Vielzahl strategischer Optionen (vgl. Abschn. 4.2.2). Man kann sie als komprimierte Zusammenfassung der Ergebnisse einer Unternehmens- und Umweltanalyse sehen. Die SWOT-Analyse ist in der Regel deutlich umfangreicher als die Untersuchungen bei spieltheoretischen Fragestellungen. Die Spieltheorie hat einen klaren Fokus auf der Interdependenzproblematik. Jedoch können Erkenntnisse aus der SWOT-Analyse als Entscheidungsgrundlage in der Spieltheorie genutzt werden (Jenkins/Ambrosini 2016).

5-Kräfte-Modell

Das 5-Kräfte-Modell von Porter (vgl. Abschn. 5.2.3) analysiert die Attraktivität einer Branche. Obwohl die zentrale Zielsetzung der Spieltheorie von der Industrieanalyse abweicht, können die Ergebnisse zum Verhältnis des Unternehmens zu den fünf Kräften auch für die Identifizierung und die Evaluation strategischer Optionen verwendet werden. Im Gegensatz zum 5-Kräfte-Modell von Porter werden in der Spieltheorie aber auch die Chancen durch eine Kooperation untersucht (Grant 2019).

8 Instrumente zur strategischen Innovation

8.1 Überblick

In einer VUCA-Welt[1], die gekennzeichnet ist durch unbeständige, unsichere, komplexe und mehrdeutige Rahmenbedingungen, spielt das Thema strategische Innovation, auch als Geschäftsinnovation bezeichnet, eine zentrale Rolle in der Unternehmensführung. Dazu wurde eine Reihe von Theorien und Konzepten entwickelt. Bahnbrechend waren die Forschungen von Clayton Christensen zu disruptiven oder bahnbrechenden Innovationen, z. B. The Innovator's Dilemma Ende der 1970er Jahre (Christensen 2016). Der Begriff disruptive Innovation ist heute zum Schlagwort geworden.

Die kritische Frage für viele Spitzenführungskräfte lautet: Ist unser Geschäftsmodell von heute in fünf Jahren noch zukunftsfähig? Die folgenden sehr praktisch angelegten Instrumente können helfen, innovative Ideen zu entwickeln und zum Aufbau neuer Wettbewerbsvorteile oder ganz neuer Geschäftsmodelle beizutragen.

Blue-Ocean-Strategien. Dieser Ansatz hat das Ziel, Geschäftsmodelle für neue Märkte zu entwickeln. In diesen Märkten gibt es keinen oder nur wenig Wettbewerb.

Business Model Canvas. Der Canvas ist ein Mittel, um ein neues Geschäftsmodell für ein Start-up zu entwickeln und zu visualisieren. Dieser Ansatz kann aber auch zur Überprüfung und Verbesserung eines bereits bestehenden Geschäftsmodells genutzt werden.

Design Thinking. Dies ist ein allgemeiner Ansatz, um Probleme zu lösen und dabei innovative Ideen zu entwickeln. Er kann in Unternehmen für die Entwicklung und Umsetzung von Strategien auf verschiedenen Ebenen genutzt werden.

8.2 Strategische Innovationsinstrumente

8.2.1 Blue-Ocean-Strategien

Blue-Ocean-Strategien und das damit verbundene Innovationskonzept sollen helfen, neue Märkte mit nachhaltigen und rentablen Geschäftsmodellen zu entwickeln. Zentral dafür ist die Wert- oder Nutzenkurve, mit der die relative Leistungsfähigkeit des Unternehmens innerhalb einer Branche analysiert wird. Mit ihrer Hilfe wird ein andersartiges Leistungsangebot konstruiert, das den Kunden einen spezifischen, differenzierten Nutzen bietet. Damit wird der Wettbewerb in gesättigten, oft hart umkämpften Märkten mit gleichen Produkten oder Dienstleistungen und niedrigen Margen (roten Ozeanen) umgangen und ein blauer Ozean erreicht, auf dem noch keine Wettbewerber unterwegs sind.

---

1 VUCA = Volatility, Uncertainty, Complexity, Ambiguity. Dieser Begriff wurde in den 90er Jahre im US Army War College geprägt, um die veränderten Rahmenbedingungen in der Welt nach dem Ende des Kalten Kriegs zu beschreiben.

https://doi.org/10.1515/9783110579567-008

Beschreibung und theoretischer Hintergrund

Für die Entwicklung von innovativen Produkten zur Erschließung neuer Märkte wurden im Laufe der Jahre verschiedene Instrumente entwickelt. Hamel und Prahalad (1994) fordern etablierte Unternehmen auf, weiße Flecken auf der Wettbewerbslandkarte zu entdecken. Strategieinnovationen können die Grundlagen des Wettbewerbs in bestehenden Branchen neu gestalten oder zur Erfindung völlig neuer Branchen führen. Dies bedeutet, Regeln zu brechen und innerhalb des Unternehmens eine „Revolution" zu initiieren (Hamel 2002). In ähnlicher Form argumentiert Christensen (2016). Seine disruptiven (oder bahnbrechenden) Innovationen entstehen auf der Basis einer neuen Technologie oder eines neuen Geschäftsmodells. Während sich die Marktführer auf die Weiterentwicklung ihrer Kernprodukte konzentrieren und ein Angebot bereitstellen, das über die Kundenbedürfnisse weit hinausgeht, entstehen neue Anbieter, die sich mit einfachen, preiswerten Produkten im unteren Marktsegment positionieren (z. B. die Billigflieger) oder neue Kunden mit einem neuartigen Angebot ansprechen (z. B. eBay im Auktionsgeschäft).

Die Blue-Ocean-Strategie verfolgt eine ähnliche Zielsetzung und wurde von Kim und Mauborgne, Professoren an der INSEAD Business School, entwickelt. Ihr Buch wurde zum Managementbestseller (Kim/Mauborgne 2015). Das Konzept basiert auf empirischen Untersuchungen zur Einführung von neuen Produkten in 100 Unternehmen (Kim/Mauborgne 1997). 86 % der Neueinführungen waren Produktverbesserungen, die nur kleine Unterschiede zum vorhandenen Angebot aufwiesen und 62 % des Umsatzes und 39 % des Gewinns der untersuchten Unternehmen generierten. Nur 14 % der Neueinführungen konnten als wirklich innovativ im Sinne der Schaffung neuer Märkte klassifiziert werden; mit ihnen konnten die Unternehmen jedoch 38 % der Umsätze und 61 % der Gewinne erzielen.

Warum konzentrieren sich Unternehmen nicht viel stärker auf Wertinnovationen? Kim und Mauborgne (2015) erklären dies mit der in vielen Branchen und Unternehmen dominanten strukturalistischen Strategieperspektive, die einem deterministischen Weltbild entspricht. In ihm sind die externen Bedingungen und Strukturen vorgegeben, an die sich das Management anpassen muss. Diese Denkweise ist zwar in bestimmten Branchen und Situationen durchaus adäquat, fokussiert aber das Denken der Unternehmensführung sehr einseitig auf die Branche, in der das Unternehmen tätig ist. Ein größerer Kundennutzen kann entweder mit höheren Kosten für eine Produktdifferenzierung oder mit niedrigen Preisen und niedrigeren Kosten erreicht werden. Mit anderen Worten: Strategie ist im Wesentlichen eine Entscheidung über Differenzierung oder niedrige Kosten (vgl. Abschn. 7.3.3). Das Ergebnis ist dann eine Red-Ocean-Strategie – die Wettbewerber konkurrieren mit den gleichen Best-Practice-Regeln.

Kim und Mauborgne propagieren dagegen eine rekonstruktivistische Strategiesicht, die unterstellt, dass Unternehmen das Branchenumfeld verändern können. „Our analysis of industry history shows that the strategic move, and not the company or the industry, is the right unit of analysis for explaining the root of profitable growth" (Kim/Mauborgne 2005, S. 25). Die Zielsetzung einer solchen Strategieinitiative besteht darin, neue Märkte mit neuen Wettbewerbsregeln zu finden. Das Schaffen eines blauen Ozeans bedeutet, Kosten zu senken und gleichzeitig den Nutzen für die Kunden zu erhöhen – also eine hybride Strategie zu verfolgen, um so den vorhandenen Wettbewerb zu umgehen. „Success comes not from battling competitors, but from making the competition irrelevant by creating 'blue oceans' of uncontested market space" (Kim/Mauborgne 2005, S. 24).

Tabelle 8.1 enthält eine Übersicht der wichtigsten Annahmen für die Red-Ocean- und die Blue-Ocean-Strategie.

Tab. 8.1: Annahmen zur Red-Ocean- und Blue-Ocean-Strategie (Quelle: in Anlehnung an Kim/Mauborgne 2015, S. 18)

„Red Ocean"	**„Blue Ocean"**
Konkurrieren auf existierenden Märkten	Schaffen eines noch nicht besetzten Marktes
Den Wettbewerb bekämpfen	Den Wettbewerb unwichtig machen
Bestehende Nachfrage nutzen	Neue Nachfrage schaffen und nutzen
Kompromiss zwischen Kosten und Kundennutzen finden	Kompromiss zwischen Kosten und Kundennutzen überflüssig machen
Sämtliche Unternehmensaktivitäten sind entweder auf Differenzierung oder Kostenführerschaft ausgerichtet	Sämtliche Unternehmensaktivitäten sind auf Differenzierung und Kostenführerschaft ausgerichtet

Kim und Mauborgne (2017) haben ein weiteres Buch mit dem Titel „Blue Ocean Shift" publiziert. Die wesentlichen Erkenntnisse zur Entwicklung von Blue-Ocean-Strategien werden darin aufgrund der langjährigen Erfahrungen der beiden Autoren bestätigt. Weiterhin wird die strategische Bedeutung der Schaffung neuer Märkte betont, die durch disruptive und nicht-disruptive Innovationen geschaffen werden können (Mauborgne 2017). Eine disruptive Innovation versucht, ein Problem in einem existierenden Markt zu lösen, z. B. Streaming-Dienste wie Spotify ermöglichen einen einfachen, bequemen Zugang zu Musik im Vergleich zum MP3- oder CD-Player und ersetzen diese dann weitgehend. Als Beispiele für nicht-disruptive Innovationen nennen Kim und Mauborgne (2017) die Anbieter von Klingeltönen oder die Entwicklung von Viagra. In beiden Fällen wurden keine existierenden Märkte zerstört, sondern ganz neue Märkte geschaffen.

Praktische Anwendung

Kim und Mauborgne (2017) haben die Entwicklung von Blue-Ocean-Strategien umfassend und detailliert dargestellt. Jeder Schritt wird eingehend erörtert und mit weiteren Instrumenten und Vorgehensweisen unterstützt. Die folgende Website liefert weitere Hinweise und praktische Beispiele: https://www.blueoceanstrategy.com/what-is-blue-ocean-strategy/ (Kim & Mauborgne 2014–2019). Nachfolgend werden die fünf wesentlichen Schritte zusammenfassend dargestellt.

Schritt 1: Startpunkt wählen

Um Ansatzpunkte für den Blue-Ocean-Prozess zu definieren, werden die verschiedenen Geschäftsfelder eines Unternehmens nach ihrem Innovationspotenzial in eine Pioneer-Migrator-Settler Map eingetragen. Pioneer sind solche Felder, die ein hohes Innovationspotenzial besitzen, um einen neuen Markt zu schaffen. Migrators haben ein kleineres Innovationspotenzial, das aber zu einer Wert- oder Nutzenverbesserung für den Kunden führt. Settlers sind Me-too-Produkte ohne Innovationspotenzial. Das Unternehmen ermittelt einen Ist- und einen Sollzustand. Aus dem Sollzustand ergeben sich dann die Pionierfelder für die Entwicklung neuer Märkte. Außerdem wird ein Blue-Ocean-Team bestimmt. Dazu werden engagierte und kreative Teammitglieder aus unterschiedlichen Unternehmensfunktionen ausgewählt. Es können mehrere Teams gebildet werden, die sich mit unterschiedlichen Geschäftsfeldern aus der Pionier- oder Migratorkategorie beschäftigen.

Schritt 2: Ausgangslage analysieren

Zentrales Analyseinstrument sind die Wert- oder Nutzenkurven. Sie beziehen sich auf ein Geschäftsfeld. Werden mehrere Wertkurven für miteinander konkurrierende Geschäftsfelder in einem Chart abgebildet, entsteht die Strategiekarte (Strategy Canvas), die visuell einen Vergleich unterschiedlicher Geschäftsfelder von Wettbewerbern ermöglicht.

Die horizontale Achse einer Wertkurve wird über die Schlüsselerfolgsfaktoren (vgl. Abschn. 5.2.9) oder Leistungsfaktoren bestimmt. In vielen Fällen sind solche Faktoren in der Marktforschung, im Marketing oder aus Strategieunterlagen verfügbar. Andernfalls müssen diese Faktoren mit Hilfe von Markt- und Wettbewerbsuntersuchungen ermittelt werden. Die vertikale Achse beschreibt das Leistungsniveau innerhalb einer Branche, das mit einer Skala von niedrig bis hoch erfasst wird. Die zu untersuchende Einheit wird nun auf der Wertkurve eingeordnet. Erhält diese Einheit einen hohen Wert für einen Faktor, bedeutet dies eine bessere Leistung im Vergleich zu Wettbewerbern (und umgekehrt). Für diese Beurteilungen können Wettbewerbsanalysen und Benchmarking-Ergebnisse herangezogen werden. Letztlich ist hier auch die Einschätzung des Managements von Bedeutung.

Zusätzlich sind die Wertkurven wichtiger Konkurrenten oder relevanter strategischer Gruppen zu ermitteln. Zur Beurteilung der Leistungsstärke der einzelnen Leistungsdimensionen für die Vergleichseinheiten sind ebenfalls Wettbewerbsanalysen und Benchmarking-Studien heranzuziehen.

Schritt 3: Wachstumsbeschränkungen und Marktpotenzial erkennen

Die Kunden und ihre Erfahrungen werden mit einer Kunden-Nutzen-Matrix genauer betrachtet. Dabei werden auf der vertikalen Achse die für den Kunden nutzenstiftenden Faktoren und auf der horizontalen Achse die Kundenerfahrungen für die wichtigsten Stufen des Kauf- und Nutzungsprozesses erfasst. In die dann entstehende Übersicht kann eingetragen werden, wo das eigene Geschäftsfeld konkurriert, d. h. welche Nutzenfelder es abdeckt und wo Schwachstellen oder wachstumslimitierende Faktoren bestehen. Letztere werden als Chancen betrachtet, um neues Wachstum zu generieren. Dabei spielt ein profundes Verständnis des Kundennutzens und der Kundenerfahrungen eine zentrale Rolle. Das enorme Wachstum der Streaming-Dienste für Musik wie z. B. Spotify ist ein gutes Beispiel. Der bis zur Einführung der Streaming-Dienste populäre iPod hatte eine Reihe von wachstumslimitierenden Faktoren wie z. B. den Kauf von Musikstücken, die große, aber letztlich doch begrenzte Auswahl und das separate Gerät zum Musikhören. Und genau diese Faktoren begründen den Erfolg der Streaming-Dienste. Gegen eine Monatsgebühr wird Zugang zu einer riesigen Musikbibliothek gewährt. Das Musikhören geht einfach und bequem über das Smartphone oder jedes andere internetbasierte Abspielmedium.

Ebenso wichtig ist das Verständnis der Nichtkunden, die nach ihrem Käuferverhalten in verschiedene Kategorien eingeteilt werden können. Als Beispiel nennen Kim und Mauborgne (2017) den Besuch von Konzerten mit klassischer Musik. Der erste Level sind Personen, die sehr selten, vielleicht einmal im Jahr, ein solches Konzert besuchen. Der zweite Level umfasst Nichtkunden, die solche Konzerte nicht besuchen, weil sie diese als prätentiös oder altmodisch betrachten. Der dritte Level bezieht sich auf Nichtkunden, die klassische Musik nicht kennen oder glauben, dass diese Musik nur höheren Gesellschaftsschichten vorbehalten sei. Durch Entwicklung einer Blue-Ocean-Option, die den Zugang zu Nichtkunden ermöglicht, erhöht sich das Marktpotenzial deutlich.

Schritt 4: Ermitteln von Blue-Ocean-Optionen

Zunächst werden die Branchengrenzen bzw. der Markt definiert. Kim und Mauborgne (2015) empfehlen sechs Suchpfade, die bei der Rekonstruktion der Wertkurve eingesetzt werden können:

- *Die Perspektive systematisch auf weitere Branchen richten.* Unternehmen konkurrieren nicht nur mit den direkten Wettbewerbern, sondern oft auch mit Unternehmen aus benachbarten Branchen, die Substitute anbieten. Zum Beispiel konkurrieren Fluggesellschaften auf kurzen und mittleren Strecken mit Bahn und Auto. Billigflieger wie RyanAir oder EasyJet bieten eine Leistung an, welche die Schnelligkeit des Flugs mit dem regelmäßigen Fahrplan der Bahn und den niedrigen Kosten des Autos verbindet (Müller-Stewens/Lechner 2016).
- *Übergreifende Angebote in einer Branche definieren.* Die meisten Branchen lassen sich in verschiedene strategische Gruppen aufteilen. Jede Gruppe hat eigene Pro-

duktangebote und bedient spezifische Käufersegmente. Deshalb ist zu überlegen, ob ein hybrides Produktangebot geschaffen werden kann, welches die Vorteile der Produkte aus zwei strategischen Gruppen miteinander verbindet. POLO RALPH LAUREN bspw. ist es gelungen, eine Marke zu schaffen, die einerseits über einen Designernamen sowie elegante Einkaufsgeschäfte und wertvolle Stoffe Nähe zur Haute Couture vermittelt, andererseits jedoch mit einer moderaten Preisgestaltung und einem zeitlosen Stil die Vorzüge traditioneller Modeanbieter aufweist (Müller-Stewens/Lechner 2016).

- *Neue Zielgruppen in der Käuferkette finden.* Hier geht es um die Frage, wie eine scheinbar einheitliche Zielkundengruppe weiter differenziert und mit einem besseren Angebot bedient werden kann. Kim und Mauborgne (2015) nennen in diesem Zusammenhang Novo Nordisk, den dänischen Insulinhersteller. Ursprünglich konzentrierte das Unternehmen sich auf die Ärzte als Zielgruppe und entwickelte Insulin mit einem immer höheren Reinheitsgrad. In den frühen 1980er Jahren erkannte Novo Nordisk dann die Möglichkeit, aus diesem engen Wettbewerbsfeld auszubrechen. Das Unternehmen konzentrierte sich fortan mehr auf die Patienten und entwickelte eine Reihe von einfach zu handhabenden Injektionssystemen für Insulin. So konnte Novo Nordisk sich einen eigenen Markt schaffen.
- *Komplementäre Produkte und Dienstleistungen zu einer Gesamtlösung zusammenfassen.* Die Wertinnovation liegt im Angebot einer Gesamtlösung. Das ist bspw. Tetra Pak mit seinen integrierten Verpackungssystemen für Milch oder Obstsaft sehr erfolgreich gelungen. Die Gesamtlösung von Tetra Pak besteht aus der Abfüllanlage, der Bereitstellung des Verpackungsmaterials sowie einem umfassenden Dienstleistungsangebot (Schulung und Wartung, Finanzierung und Marketingberatung).
- *Funktionale oder emotionale Ausrichtung der Branche überprüfen.* Bestimmte Branchen entwickeln im Laufe der Zeit entweder eine überwiegend funktionale oder eine überwiegend emotionale Orientierung. So dominiert bspw. in technischen Branchen eine funktionale Ausrichtung. Die Kosmetikindustrie hingegen appelliert in erster Linie an Gefühle. Werden nun die Anreizfaktoren der jeweils anderen Argumentationslinie in das eigene Angebot integriert, können sich daraus interessante Wertinnovationen ergeben. Ein klassisches Beispiel hierfür liefert SMH mit der Swatch. Die Uhrenindustrie war ursprünglich sehr funktional ausgerichtet. Mit der Swatch kamen Design und Mode mit ins Spiel.
- *Veränderungen im Zeitablauf erkennen.* Branchenentwicklungen müssen beobachtet werden, um Veränderungen frühzeitig erkennen und an ihrer Gestaltung mitwirken zu können. Kim und Mauborgne (2015) zeigen dies am Beispiel von Apple und iTunes. Apple hatte den iPod entwickelt und sah die große Nachfrage nach MP3-Geräten und auch die zunehmende Nutzung des Internets für illegale Downloads von Musikstücken. Dies führte zur Einführung von iTunes online mit der Möglichkeit für die Nutzer, individuell ausgewählte Musikstücke zu einem relativ niedrigen Preis, sehr schnell, bequem und legal zu erwerben.

Mit Hilfe der Suchpfade werden dann Optionen für neue Wertkurven generiert. Dazu geben Kim und Mauborgne (2015) vier Schlüsselfragen vor (Abb. 8.1).

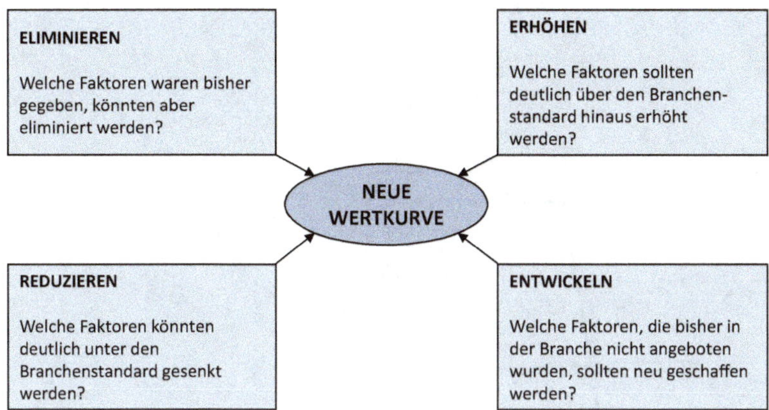

Abb. 8.1: Schlüsselfragen zur Ermittlung einer neuen Wertkurve (Quelle: in Anlehnung an Kim/Mauborgne 2015, S. 31)

Mit diesen Fragen werden die grundsätzlichen Branchenannahmen reflektiert und infrage gestellt. Dazu gehört auch die komplette Eliminierung einzelner Dimensionen, die aus Kundensicht keine große Rolle mehr spielen, und die Reduktion der Standards für andere Dimensionen, die im Zuge einer in der Vergangenheit verfolgten Differenzierungsstrategie weit über die Kundenbedürfnisse hinaus verbessert wurden. Bei weiteren Dimensionen ist eine deutliche Verbesserung bestimmter Leistungsdimensionen bzw. die Schaffung zusätzlicher Dimensionen denkbar. Letztlich zwingen diese Fragen die Führungskräfte, die klassische Dichotomie zwischen Differenzierung und niedrigen Kosten aufzulösen und so ein neues, attraktives Angebot für die Kunden zu definieren.

Das folgende Beispiel zeigt, wie der Hotelkonzern Accor mit Hilfe dieses Modells den erfolgreichen Einstieg in das Billigmarktsegment schaffte (Kim/Mauborgne 1997). Abbildung 8.2 enthält eine Strategiekarte für 1- und 2-Sterne Hotels in Frankreich zu Beginn der 1990er Jahre. Die beiden Kurven zeigen ein gleichförmiges Profil; die Leistungsdimensionen liegen alle auf einem niedrigen Bewertungslevel. Eine Befragung von Nichtkunden zeigt, dass deren Anforderungen an ein Billighotel von den branchenüblichen Standards erheblich abweichen. Restaurants, große Eingangshallen und eine 24-Stunden-Rezeption waren nicht notwendig. Diese Ausprägungen des Angebots wurden also entweder ganz eliminiert oder deutlich reduziert. Hingegen legen die Nichtkunden großen Wert auf die Qualität der Betten und Hygiene. Die Standards wurden erhöht. Außerdem konnte mit einer Lärmisolierung der Gebäude und einer Standortverlegung an Ausfallstraßen eine neue Leistungsdimension für diese Hotelkategorie etabliert werden. So entstand eine neue, dem Wettbewerb überlegene Wertkurve für die Formule 1-Kette, die Accor zum Marktführer in der Kategorie der Billighotels machte. Weitere praktische Beispiele sind enthalten in Barsch et al. (2019).

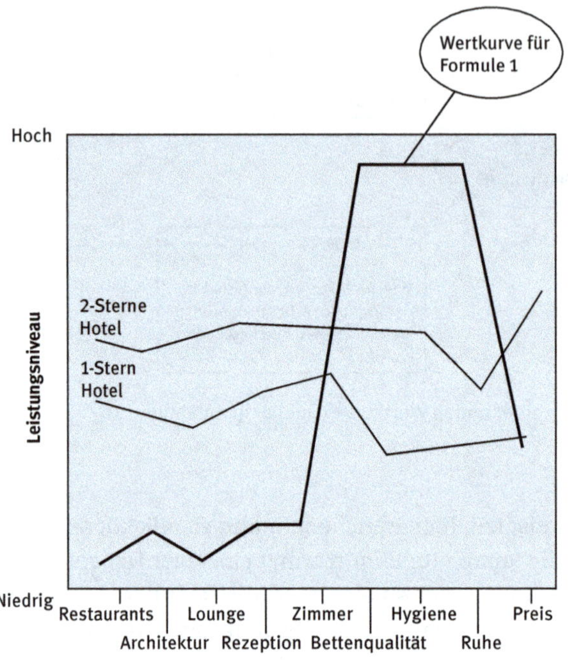

Abb. 8.2: Die Strategiekarte für 1- und 2-Sterne Hotels in Frankreich (Quelle: in Anlehnung an Kim/Mauborgne 1997 und Westermann 2005)

Schritt 5: Auswahl der Blue-Ocean-Option

Kim und Mauborgne (2017) schlagen als letzten Schritt vor, die verschiedenen Optionen in eine spezifische Präsentationsform zu bringen und im Rahmen eines Blue-Ocean-Forums (Blue Ocean Fair) zu präsentieren. An diesem Forum nehmen Vertreter der Unternehmensführung, die Mitglieder des Blue-Ocean-Teams, evtl. Käufer, Nutzer und andere wichtige Stakeholder teil. Jede Option wird von Mitgliedern des Blue-Ocean-Teams an einer Station betreut. Die Besucher können Rückfragen stellen und Feedback geben. Die Entscheidung erfolgt mit Hilfe eines Abstimmverfahrens. Danach erfolgen weitere Markttests und bei positiven Ergebnissen werden die notwendigen Maßnahmen zur Markteinführung geplant und umgesetzt.

Kritik des Instruments

Der Begriff Blue Ocean ist zum Modewort geworden. Dass ein Unternehmen mit einem neuartigen Produkt am Markt erfolgreich ist und für einige Zeit eine quasi-monopolistische Marktstellung innehat, ist hingegen gar nicht so neu. In diesem Sinne verpacken Kim und Mauborgne nur längst vorhandenes Managementwissen in neue, plakative Begriffe.

Aus methodischer Sicht ist zu kritisieren, dass Kim und Mauborgne zahlreiche Einzelbeispiele verwenden, die sie sehr interessant und gelungen darstellen. Dabei werden die Marktabgrenzungen zum Teil sehr eng vorgenommen. Diese Fallbeispiele bestätigen die Blue-Ocean-Strategie sozusagen im Nachhinein. Allerdings gibt es auch eine Reihe von Fällen, in denen Unternehmen sehr erfolgreich über einen langen Zeitraum hinweg in roten Ozeanen konkurrieren, wie z. B. Wal-Mart im Einzelhandel. Genauso gibt es Beispiele für Unternehmen, die in blauen Ozeanen versunken sind, wie Iridium Inc. mit dem ersten System zur weltweiten Sprach- und Datenübertragung mit Hilfe von Satellitentelefonen.

Blaue Ozeane können nur dann entstehen, wenn der mit einer Wertinnovation beabsichtigte Kundenwert vom Kunden auch geschätzt wird. Gerade diese Schnittstelle zwischen beabsichtigter Wertinnovation und Markt wird aber in vielen Projekten vernachlässigt.

Eine erfolgreiche Blue-Ocean-Strategie soll einen intensiven Konkurrenzkampf überflüssig machen. Das ist sicherlich nur temporär möglich; jede erfolgreiche Strategie zieht irgendwann Wettbewerber nach sich. Burke et al. (2010) kommen in ihrer Studie des niederländischen Einzelhandels zu dem Ergebnis, dass eine Blue-Ocean-Strategie durchaus nachhaltig sein kann, aber der zunehmende Wettbewerb nach einiger Zeit zu einem Rückgang der Gewinne aus der Wertinnovation führt. Die Autoren schlagen eine Kombination aus Blue-Ocean-Strategie und traditioneller Wettbewerbsstrategie vor. Ihnen zufolge kann nach der erfolgreichen Einführung einer Blue-Ocean-Strategie eine effiziente traditionelle Wettbewerbsstrategie helfen, die Gewinnerosion zu verringern und so finanzielle Mittel zu sichern, um Investitionen in weitere neue Blue Oceans zu tätigen.

Der Blue-Ocean-Ansatz kann helfen, Innovationsprojekte voranzutreiben. Aber blaue Ozeane entstehen nicht in Workshops. Zur Umsetzung braucht es sehr viel Zeit, Ausdauer und strategischen Willen. Dies wird in der Praxis oft unterschätzt. Dieser Ansatz ist kein Allheilmittel, das für jedes Geschäftsfeld Anwendung finden kann. Kim und Mauborgne (2017) weisen selbst auf das unterschiedliche Innovationspotenzial von Geschäftsfeldern hin.

Strategische Bedeutung und Nutzung

Das Blue-Ocean-Konzept versucht, ein grundsätzliches Problem üblicher Wettbewerbsstrategien zu lösen. Diese Strategien verfolgen das Ziel, Marktanteile zu steigern und den Wettbewerbern im Hinblick auf Differenzierungs- oder Kostenmerkmale immer einen Schritt voraus zu sein. So entstehen Leistungen, die weit über das hinausgehen, was der Kunde eigentlich verlangt und führen zu hohen Kosten für die Unternehmen, während gleichzeitig der Preiswettbewerb die Margen verringert. Das Ergebnis ist ein roter Ozean.

Es gibt unterschiedliche Möglichkeiten, um innovative Produktideen für neue Märkte zu entwickeln – diese reichen vom Zufall bis hin zu methodischen Anleitungen, wie dies bei der Blue-Ocean-Strategie der Fall ist. Voraussetzung für den Erfolg ist allerdings, dass die Führungskräfte sich von den bisherigen Vorstellungen und Praktiken in einer Branche lösen können.

Kim und Mauborgne haben ein gut durchdachtes Instrumentarium entwickelt, das sich durch praktische Vorgehensweisen auszeichnet und für die Entwicklung von blauen Ozeanen eine Reihe von wichtigen Konzepten bereitstellt. Weiter gelingt es Kim und Mauborgne mit zahlreichen Fallbeispielen und guten Metaphern wie bspw. den blauen und roten Ozeanen, ihr Konzept verständlich und interessant zu vermitteln.

Ähnliche Instrumente

Bottom-of-the-Pyramid-Konzept und „Gandhi-Strategien"

Prahalad (2009) zeigt auf, wie westliche Unternehmen in der Dritten Welt mit innovativen Geschäftsmodellen rentabel wachsen können und gleichzeitig einen wichtigen Beitrag zur Bekämpfung der Armut leisten. Die Grundfrage lautet: „Was wäre, wenn wir unsere betrieblichen Abläufe ändern und die Preise so weit senken, dass sich auch Menschen mit geringem Einkommen unsere Produkte leisten können?" Unternehmen mit Aktivitäten in Schwellenmärkten müssen neue Strategien („Gandhi-Strategien") entwickeln mit dem Ziel, die bisher unerfüllbare Nachfrage durch erschwingliche Produkte mit einem besonders guten Preis-Leistungsverhältnis zu befriedigen (Prahalad/Mashelkar 2010). Dazu müssen die in vielen Schwellenländern vorhandenen Beschränkungen mit kreativen Ideen überwunden werden.

Design Thinking

Seit einigen Jahren wird dieses Instrument propagiert, um innovative Ideen für komplexe Problemstellungen zu entwickeln (vgl. Abschn. 8.2.3). Ebenso wie bei der Blue-Ocean-Strategie wird für die Anwendung des Design Thinking ein Vorgehen in mehreren Schritten vorgeschlagen. Die Anwendung erfolgt durch eigenständige, multidisziplinäre Innovationsteams, um Innovationsprozesse möglichst barrierefrei zu gestalten und nicht an Konventionen und starre betriebliche Vorgaben gebunden zu sein. Das frühe Arbeiten an Prototypen kann der Produktentwicklung ebenfalls schon früh eine Richtung geben, um so die Erfolgschancen der Markteinführung des neuen Produkts zu erhöhen. Während der Blue-Ocean-Ansatz in erster Linie strategisch ausgerichtet ist, hat das Design Thinking breitere Anwendungsmöglichkeiten und kann in vielen Bereichen zur Lösung von Problemen eingesetzt werden.

Überschneidungen mit anderen Instrumenten

Externe Analysen

Die verschiedenen Instrumente der externen Analyse (vgl. Abschn. 5.2) können wichtige Ausgangsinformationen für die Erstellung der eigenen Wertkurve und der Wertkurven von Wettbewerbern (Strategy Canvas) liefern. Dabei sind die strategische Gruppenanalyse, Wettbewerbsanalysen und Benchmarking-Analysen von großem Interesse. Weiter sind externe Analysen hilfreich bei der Rekonstruktion der Wertkurve und der Beurteilung der geplanten Veränderungen.

Interne Analysen

Die Ergebnisse der internen Analyse (vgl. Abschn. 6.1) sind bei der Implementierung einer Wertinnovation wichtig. Sie zeigen, wo das Unternehmen im Hinblick auf Ressourcen und Kompetenzen steht und welcher Veränderungsbedarf notwendig ist, um die Wertinnovation zu implementieren und erfolgreich am Markt zu platzieren.

Schlüsselerfolgsfaktoren

Eine Analyse der Schlüsselerfolgsfaktoren (vgl. Abschn. 5.2.9) kann genutzt werden, um die horizontale Achse der Wertkurve zu beschreiben, allerdings nur, wenn die bereits vorhandene Analyse der Schlüsselerfolgsfaktoren der Definition des Geschäfts entspricht, auf die das Blue-Ocean-Modell angewandt werden soll.

8.2.2 Business Model Canvas

Der Business Model Canvas ermöglicht die systematische Visualisierung einer Geschäftsidee, um die Entwicklung eines innovativen und erfolgversprechenden Geschäftsmodells zu unterstützen. Ursprünglich wurde dieses Konzept bei Start-ups eingesetzt, später aber auch zur Überarbeitung der Geschäftsmodelle von existierenden Unternehmen oder Geschäftseinheiten in größeren Unternehmen. Der Business Model Canvas setzt sich aus neun Dimensionen zusammen: Schlüsselaktivitäten, Schlüsselpartner, Schlüsselressourcen, Kostenstruktur, Kundenbeziehungen, Kundensegmente, Wertangebote, Vertriebskanäle und Einnahmequellen.
Dieses Modell wird ergänzt durch den Value Proposition Canvas, der zwei Elemente aus dem Business Model Canvas, das Wertangebot und das Kundensegment, herausgreift und mit Hilfe eines Kundenprofils und eines Nutzenversprechens genauer betrachtet und analysiert. In der Gegenüberstellung wird geprüft, ob das Produkt oder die Dienstleistung mit den Kundenwünschen übereinstimmt.

Beschreibung und theoretischer Hintergrund

Der Business Model Canvas (oder Business Model Generation Canvas) geht zurück auf die Dissertation von Alexander Osterwalder (2004) an der Universität Lausanne, die von Yves Pigneur betreut wurde. Die Forschungsarbeiten begannen nach der geplatzten Spekulationsblase der dot.com-Unternehmen in 2000 und zielten darauf ab, eine Ontologie von Geschäftsmodellen und geeignete Grundlagen für die Entwicklung von Geschäftsmodellen zu schaffen. Aus dieser Arbeit gingen zwei sehr populäre, praxisorientierte Bücher hervor: Business Model Generation (Osterwalder/Pigneur 2010) und Value Proposition Design (Osterwalder et al. 2014). Die Website der Autoren (Strategyzer AG 2019) schätzt die Zahl der Nutzer des Business Model Canvas auf über fünf Millionen. Die Popularität dieses Instruments beruht sicherlich auf der einfachen Modellstruktur verbunden mit der Visualisierung über den Canvas (dt. Leinwand).

Osterwalder und Pigneur (2010) definieren ein Geschäftsmodell als Grundprinzip, das beschreibt, wie ein Unternehmen Werte schafft, bereitstellt und nutzt (vgl. Abschn. 7.3.1). Zur Darstellung eines Geschäftsmodells schlagen Osterwalder/Pigneur (2010) neun Bausteine vor (Abb. 8.3, oberer Teil). Die Bausteine lassen sich in zwei Kategorien einteilen: zum einen die Infrastruktur (Back Stage) und zum anderen die Kunden (Front Stage) (Garner 2015). Die Back Stage umfasst Schlüsselressourcen, Schlüsselpartner, Schlüsselaktivitäten und die Kosten. Die Front Stage bezieht sich auf Kundenbeziehungen, Kundensegmente, den Vertriebskanal und Umsätze. Das Wertangebot verbindet beide Kategorien. Das Grundmodell von Osterwalder/Pigneur wurde später für verschiedene Zwecke abgewandelt, z. B. der Lean Start-up Canvas von Maurya (2012).

Der Value Proposition Canvas wird aus dem Business Model Canvas abgeleitet (Osterwalder et al. 2014) und liefert eine Verfeinerung der Bausteine Wertangebot und Kundensegment aus dem Business Model Canvas (Abb. 8.3, unterer Teil). Die Value Proposition bezieht sich auf das Nutzenversprechen des Unternehmens und das Kun-

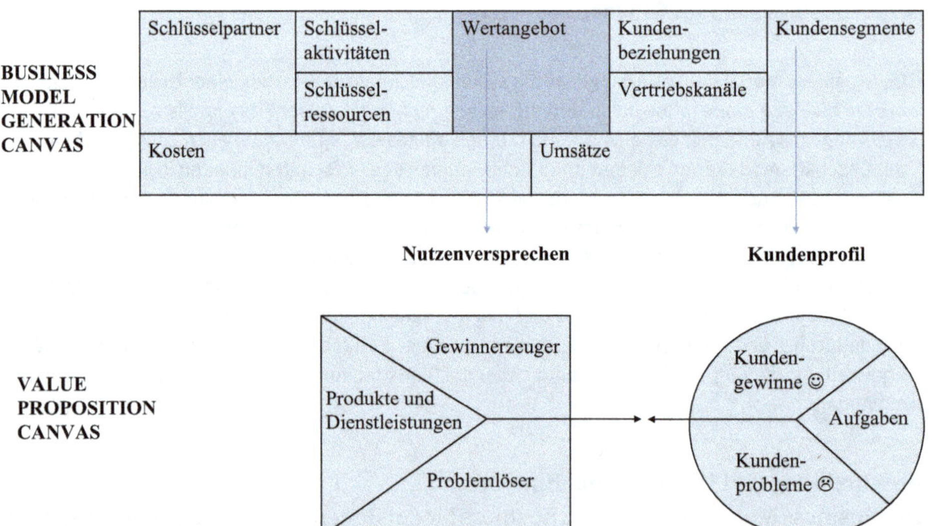

Abb. 8.3: Business Model Generation und Value Proposition Canvas (Quelle: in Anlehnung an Osterwalder/Pigneur 2010, S. 18 f. und Osterwalder et al. 2014, S. 8 f.)

denprofil. Dieser Canvas soll sicherstellen, dass die Produkte und Dienstleistungen des Unternehmens genau auf die spezifischen Kundenbedürfnisse ausgerichtet werden.

Praktische Anwendung

Business Model Canvas

Das folgende Vorgehen basiert auf Osterwalder und Pigneur (2010). Das Buch bietet eine genaue Anleitung für die Entwicklung eines Business Model Canvas mit vielen weiteren Hilfestellungen und Tipps. Mustervorlagen und umfangreiches Trainingsmaterial sind verfügbar unter http://www.strategyzer.com.

Schritt 1: Mobilisieren

Die Entwicklung des neuen Geschäftsmodells wird vorbereitet durch die Bildung eines Teams, dessen Motivation, das Schaffen eines Bewusstseins für Veränderungen und daraus folgend für die Notwendigkeit eines neuen Geschäftsmodells. Die einzelnen Schritte des Projekts sind zu planen; ein geeigneter Moderator muss gefunden werden. Für die Ideenfindung sollte das Team heterogen (häufig auch funktionsübergreifend) zusammengesetzt werden.

Schritt 2: Verstehen

Im zweiten Schritt wird das Umfeld für die Neugestaltung des Geschäftsmodells sorgfältig recherchiert. Dazu gehören bspw. die Sammlung von Informationen über die Kunden, den Markt, die Wettbewerber, aber auch die Ressourcen und Kompetenzen im Unternehmen. Hier kann auf die klassischen Instrumente der externen und der internen Analyse zurückgegriffen werden (vgl. Kapitel 5 und 6). Zu diesen Themen können interne und externe Experten befragt werden. In der Regel entstehen bereits in diesem Schritt schon erste Ideen und Meinungen für ein neues Geschäftsmodell.

Schritt 3: Gestalten

Im dritten Schritt werden im Team mögliche Geschäftsmodelloptionen entwickelt und gestaltet. Hier spielt das Brainstorming im Team eine große Rolle. Auf Basis der Ansatzpunkte von Osterwalder und Pigneur (2010) lässt sich die folgende Anleitung skizzieren:

- Zuerst werden viele Ideen ausgehend von zentralen Elementen des Business Model Canvas (z. B. die verfügbaren Ressourcen und Kompetenzen, das Versprechen eines bestimmten Kundenangebots, spezifische Bedürfnisse der Kunden oder finanzielle Überlegungen) generiert.
- Zur Ideengenerierung können „was wäre, wenn"-Fragen genutzt werden, in unserem Beispiel die Frage: „Was wäre, wenn wir einen Lieferservice und eine feste Verkaufsstelle anbieten würden?"

- Die Überlegungen werden in den Canvas eingetragen, um visuell die Kreativität anzuregen.
- Die Ideen und Überlegungen werden zu unterschiedlichen Geschäftsmodellprototypen verdichtet und in Canvas-Entwürfen zur Diskussion gestellt.
- Die Entwürfe werden auf Basis eines profunden Kundenverständnisses zur Nutzung der Produkte oder Dienstleistungen mit den Kundenbedürfnissen abgeglichen. Dazu kann der Value Proposition Canvas genutzt werden.
- Das mit einem Entwurf verbundene Kundenerlebnis kann durch das Erfinden von Geschichten anschaulich dargestellt werden.
- Es werden unterschiedliche Szenarien für die Kunden- und Wettbewerbssituationen entwickelt, um das Umfeld besser zu verstehen und die Robustheit der Geschäftsmodelle einschätzen zu können.

Die Entwürfe werden mit dem Business Model Canvas zu schlüssigen Geschäftsmodellen ausgearbeitet. Abschließend werden diese Geschäftsmodelloptionen bewertet und verglichen, und es wird eine Entscheidung getroffen, ob eine und wenn ja, welche Option praktisch umgesetzt werden wird.

Schritt 4: Implementieren

Für die Implementierung schlagen Osterwalder und Pigneur Methoden des Projektmanagements vor, mit denen geeignete Formen der Kommunikation, die Reihenfolge und Zeitdauer der Aktivitäten, die Aufwände und Kosten, die wichtigen Meilensteine usw. geplant werden. Als Erfolgselemente nennen Osterwalder und Pigneur den proaktiven Umgang mit Hindernissen, die Unterstützung durch einen starken Projektsponsor, die Anpassung der Organisationsstruktur und eine Aufmerksamkeit erzeugende Kommunikationskampagne innerhalb des Unternehmens.

Schritt 5: Steuern

In diesem letzten Schritt wird das Geschäftsmodell in die operative Struktur eingegliedert. Die Reaktion des Markts wird beobachtet und, falls erforderlich, werden im Sinne einer kontinuierlichen Verbesserung Anpassungen des Geschäftsmodells vorgenommen. Dazu gehören auch die Abstimmung mit anderen Geschäftsmodellen innerhalb des Unternehmens und der Umgang mit entstehenden Synergien und Konflikten.

Abbildung 8.4 zeigt einen Business Model Canvas für ein regionales Unternehmen, das nachhaltig angebautes Obst und Gemüse verkauft.

Value Proposition Canvas

Auf der Grundlage des Business Model Canvas kann in drei Schritten der Value Proposition Canvas abgeleitet werden (Osterwalder/Pigneur et al. 2014). Das Buch enthält weitere unterstützende Methoden und Tipps für das Arbeiten mit dem Value Proposition Canvas. Verschiedene Mustervorlagen und Trainingsmaterial sind unter http://www.strategyzer.com zu finden.

Schlüsselpartner	Schlüsselaktivitäten	Wertangebot	Kundenbeziehungen	Kundensegmente
• Obst- und Gemüsebauern in der Region • Großhandelspartner • Vermieter für Lager und Verkaufsräume • Werbe-/Marketing-agentur	• Einkauf von Obst und Gemüse • Marketing und Verkauf in der Region	Qualitativ hochwertiges und nachhaltiges Obst-/Gemüseangebot mit Frischegarantie	• Kundenorientierung (persönlicher Verkauf, Mailings/Newsletters) • Website mit Angeboten und informativen Inhalten zur Ernährung • Einfache, schnelle Bestellabwicklung über die Website	• B2C in der Region • Kunden, die großen Wert auf eine gesunde Ernährung legen
	Schlüsselressourcen		**Vertriebskanäle**	
	• Marktüberblick über Bezugsquellen • Einkaufs-Know-how • Einschätzung des Abverkaufs		• Eigene Verkaufsräume an mehreren zentralen Standorten • Marktstände in der Region • Eigene Auslieferung an Einzelkunden ab Bestellwert 30 Euro	
Kosten			**Umsätze**	
• Einkauf von Obst und Gemüse • Personalkosten • Miete für Verkaufsräume • Investitionen (Lager, Einrichtung Verkaufsräume und Fuhrpark) • Marketing und Verwaltungskosten • Kosten für verdorbene Waren			Verkauf von Obst und Gemüse (regulärer Ladenverkauf, Hauslieferung, Obstkörbe in unterschiedlichen Größen und „Abo"-Lieferungen von Obst/Gemüse)	

Abb. 8.4: Business Model Canvas für einen regionalen Obst-/Gemüsehandel (Quelle: in Anlehnung an Osterwalder/Pigneur 2010, S. 18 f.)

Schritt 1: Kundenprofil festlegen

Ausgangspunkt ist eine Beschreibung der Erwartungen (Aufgaben), die der Kunde an das Produkt bzw. die Dienstleistung hat. Sie können anhand der folgenden Fragen erfasst werden: Welche Aufgaben möchte der Kunde erfüllen? Diese Aufgaben können funktionale, soziale (z. B. Status) oder emotionale (z. B. Sicherheit) Inhalte aufweisen. Zu klären ist, welche unerwünschten Schwierigkeiten, Hindernisse oder Risiken bei der Lösung einer Aufgabe auftreten können. Abschließend ist zu fragen, welche Vorteile der Kunde hat, wenn er das Produkt/die Dienstleistung nutzt.

Schritt 2: Nutzenversprechen definieren

Dazu wird das konkrete Produkt, die Dienstleistung oder das Produktbündel beschrieben. Produkte und Dienstleistungen selbst schaffen noch keinen Wert. Dies geschieht erst, wenn ein Kunde mit ihnen Aufgaben lösen, Probleme überwinden und Vorteile für sich generieren kann. Als Problemlöser werden besondere Eigenschaften des Produkts, z. B. niedrige Kosten oder höhere Leistung, bezeichnet. Vorteile für den Kunden entstehen ebenfalls aus den Produkteigenschaften, z. B. nicht erwartete Leistungen oder ein höherer sozialer Status.

Schritt 3: Übereinstimmung von Kundenprofil und Nutzenversprechen prüfen

Dem Nutzenversprechen wird das Kundenprofil gegenübergestellt in einem Value Proposition Canvas. Eine Übereinstimmung ist erreicht, wenn das Wertangebot des Unternehmens auf eine Problemstellung für den Kunden trifft und dieses Problem löst bzw. einen großen Nutzen für ihn schafft.

Osterwalder und Pigneur betrachten die Schaffung dieser Übereinstimmung als einen kontinuierlichen Prozess. Diese Übereinstimmung kann in drei Stufen geprüft werden: Zunächst kann man auf dem Papier (in der Planungsphase) prüfen, ob Problem und Lösung zusammenpassen. Nach der Markteinführung lässt sich feststellen, ob das Wertangebot einen Markt findet, d. h. ob es Käufer und Umsätze gibt. In der dritten Stufe kann die Übereinstimmung mit den übrigen Elementen des Geschäftsmodells überprüft werden. Diese liegt dann vor, wenn das Wertangebot zu Gewinnen und weiterem Wachstum führt. An der Übereinstimmung von Wertangebot und Kundenprofil muss immer wieder von Neuem gearbeitet werden.

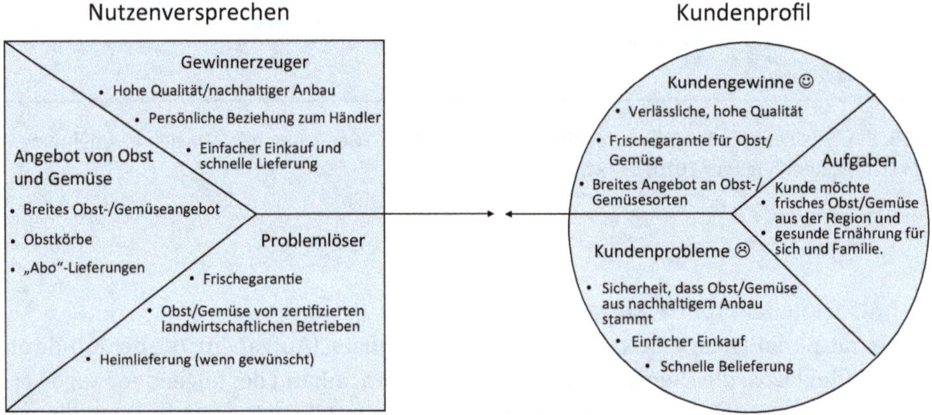

Abb. 8.5: Value Proposition Canvas für einen regionalen Obst- und Gemüsehandel (Quelle: in Anlehnung an Osterwalder et al. 2014, S. 8 f.)

Bedeutung und Nutzen

Der Business Model Canvas ist eine sehr übersichtliche und einfach verständliche, visuelle Form der Darstellung eines Geschäftsmodells (vgl. Abschn. 7.3.1). Der Canvas soll Unternehmen helfen, innovative Geschäftsideen zu entwickeln: „to imagine that which does not exist" (Osterwalder/Pigneur (2010, S. 125). Aus einer organisationstheoretischen Sicht sehen Wirtz et al. (2016) ein Geschäftsmodell als ein Werkzeug zur Abstraktion, das enger oder breiter gefasst sein kann; der Business Model Canvas bezieht sich auf eine breite bzw. umfassende Unternehmensperspektive.

Ursprünglich war der Business Model Canvas für Start-ups gedacht, um die Gründer bei der Entwicklung eines neuen Geschäftsmodells zu unterstützen. Man erkannte dann sehr schnell den Nutzen dieses Konzepts für etablierte Unternehmen oder Geschäftseinheiten in größeren Unternehmen. Die visuelle Darstellung eines vorhandenen Geschäftsmodells bildet die Grundlage für Verbesserungsansätze oder sogar die Entwicklung eines neuen Geschäftsmodells. Die Visualisierung dürfte auch ein wichtiger Grund für die Vielseitigkeit des Business Model Canvas sein, der auch gut in Verbindung mit anderen Methoden, z. B. dem Design Thinking (vgl. Abschn. 8.2.3) oder Lean Start-up (z. B. Ries 2011 oder Maurya 2012) genutzt werden kann.

Der Canvas hat weiter den großen Vorteil, dass er eine gemeinsame Sprache im Team/Unternehmen schafft, um zu verstehen, was mit einem Geschäftsmodell eigentlich gemeint ist. Ohne ein gemeinsames Sprachverständnis dürfte es schwierig sein, die Annahmen für ein Geschäftsmodell kritisch zu hinterfragen und neue Lösungen zu finden (Osterwalder/Pigneur 2010).

Der Nutzen des Value Proposition Canvas ist vor allem darin zu sehen, dass mit diesem Ansatz das Wertangebot an den Kunden und das Kundenprofil geschärft und abgestimmt werden kann. Der Value Proposition Canvas kann in Verbindung mit dem Business Model Canvas genutzt werden. Er kann aber auch auf sich gestellt eingesetzt werden und wertvolle, detaillierte Hinweise für die Produktentwicklung geben.

Für beide Canvas-Ansätze stellen Osterwalder und Pigneur ein einfaches Vorgehen bereit, das zur Praxisorientierung und auch zur Popularität dieser Modelle erheblich beiträgt. Der Business Model Canvas wird in vielen Unternehmen wie SAP, Microsoft oder 3M angewendet. Weitere Beispiele insbesondere für Start-up-Unternehmen finden sich im Internet auf den Websites von Deutsche Startups (2019) und Gattermann/Startplatz (2019).

Kritik des Instruments

Der Business Model Canvas hat einen sehr praktischen Fokus. Übergeordnete Überlegungen zur strategischen Ausrichtung des Unternehmens (z. B. Vision oder langfristige Ziele) sind darin nicht vorgesehen.

Im Business Model Canvas wird der Wettbewerb nicht berücksichtigt. Osterwalder und Pigneur (2010) weisen zwar explizit auf die Notwendigkeit einer Analyse des externen Umfelds einschließlich des Wettbewerbs hin, dies kann aber mit dem Canvas selbst nicht erfolgen. Dazu müssen andere Instrumente herangezogen werden (vgl. Kapitel 5 und 6).

Die verschiedenen Bausteine des Business Model Canvas stehen gleichwertig nebeneinander. Welche Bausteine sind nun wichtig; welche weniger wichtig? Wo sollte der Anwender beginnen? Hier bestimmt die jeweilige Ausgangslage den Startpunkt und den Fokus. Aus einer praktischen Sicht wird man in der Regel mit dem Kunden beginnen und danach das Wertangebot diskutieren. Weiterhin wird die Dynamik zwischen den Bausteinen nicht erklärt und erfasst, z. B. die Frage, wie die Schlüsselaktivitäten zum Wertangebot beitragen oder wie Schlüsselressourcen mit Hilfe der Schlüsselaktivitäten aufgebaut werden (Verrue 2015).

Bei einem neuen Geschäftsmodell geht es nicht nur um das Thema Innovation, sondern auch um die erfolgreiche Implementierung. Der Business Model Canvas enthält zwar Bausteine, die für die Umsetzung relevant sind (Schlüsselressourcen, -aktivitäten und -partner), jedoch gibt es nur wenige, eher allgemeine Aussagen zur eigentlichen Implementierung. Eine Lösung könnte hier der Operating Canvas bieten (Campbell et al. 2018).

Ein kritischer Punkt wird immer die Zusammensetzung des Teams und des Prozesses zur Erstellung des Business Model Canvas sein. Aktionistisch durchgeführte Workshops zur Entwicklung eines neuen Geschäftsmodells dürften wenig Erfolg haben. Gefragt ist vielmehr ein sorgfältig geplanter Workshop-Prozess, der von einem erfahrenen Moderator geleitet wird (Simmert et al 2014). Wichtig ist eine funktionsübergreifende Zusammensetzung des Teams mit Mitgliedern, die offen für Veränderungen sind, ein hohes Abstraktionsvermögen und ausgeprägte soziale Fähigkeiten besitzen (Simmert et al. 2014).

Ähnliche Instrumente

St. Galler Business Model Navigator

Die zentralen Elemente dieses Modells beziehen sich auf (1) den Kunden – wer sind unsere Zielkunden?, (2) das Nutzenversprechen – was bieten wir unseren Kunden?, (3) die Wertschöpfungskette – wie stellen wir die Leistung her?, (4) die Ertragsmechanik – wie wird Wert erzielt (Gassmann et al. 2014). Die Antworten auf diese Fragen konkretisieren das Geschäftsmodell. Für die Entwicklung des Geschäftsmodells wird auch eine Prozessanleitung vorgestellt, die aus vier Schritten besteht: Initiierung (Analyse des Umfelds), Ideenfindung (Muster von Geschäftsmodellen adaptieren), Integration (Geschäftsmodell ausgestalten) und Implementierung (Plan umsetzen).

Lean Start-up Canvas

Ash Maurya (2012) hat den Business Model Canvas abgewandelt, um ihn für die Gründung von Start-ups besser nutzen zu können. Seiner Ansicht nach scheitern viele Start-ups, weil sie nicht oder nicht ausreichend klären, ob die vorgeschlagene Lösung eines Kundenproblems von der Zielgruppe angenommen wird. Der Business Model Canvas von Osterwalder und Pigneur beschreibt relativ detailliert die Leistungserstellung mit den Elementen Schlüsselaktivitäten, Schlüsselpartner und Schlüsselressourcen. Maurya ersetzt diese Bausteine mit einer stärkeren Begründung für die neue Geschäftsidee und verwendet deshalb die Bausteine Problem, Lösung und Schlüsselkennzahlen. Damit ergeben sich Parallelen zum Value Proposition Canvas. Außerdem werden die Kundenbeziehungen durch den „Unfair Advantage“ ersetzt, der erklärt, welche schwer zu kopierenden bzw. mit Hilfe von Geld nicht zu beschaffenden Vorteile der Unternehmer hat. Auch Maurya liefert eine mehrstufige Vorgehensweise zur Entwicklung des Lean Start-up Canvas.

Triple Layered Business Model Canvas

Dieses Modell verfolgt das Ziel, die Entwicklung von nachhaltigen Geschäftsmodellinnovationen zu fördern, um so eine ganzheitliche Unternehmensführung zu unterstützen (Joyce/Paquin 2016). Es besteht aus drei Einzel-Leinwänden: (1) dem ökonomisch orientierten Canvas (entspricht dem Original von Osterwalder/Pigneur), (2) dem umweltorientierten Canvas im Hinblick auf den Lebenszyklus eines Produkts/einer Dienstleistung und (3) dem sozialen Canvas aus einer Stakeholder-Perspektive. Die Visualisierung erlaubt ein besseres Verständnis der Beziehungen zwischen den ökonomischen, ökologischen und sozialen Aspekten eines Geschäftsmodells und kann zu innovativen, gesamtheitlichen Lösungen beitragen.

Überschneidungen mit anderen Instrumenten

Operating Model Canvas

Der Operating Model Canvas wurde von Cambell et al. (2018) entwickelt (vgl. Abschn. 9.2.1). Er stellt die Brücke zwischen einer Strategie bzw. einem Geschäftsmodell und der Implementierung dar. Dieser Canvas knüpft an den Business Model Canvas an und verfeinert und erweitert die Elemente Schlüsselressourcen, Schlüsselaktivitäten und Schlüsselpartner. Der Operating Canvas visualisiert die Implementierung und umfasst die folgenden Elemente: die zentralen Phasen in der Wertkette zur Realisierung des Wertangebots, die Lieferanten, die Standorte, die Organisationsstruktur und die notwendigen Informationen. Er kann erweitert werden um die Zeitplanung und Managementsysteme.

Blue-Ocean-Strategien

Der Business Model Canvas kann als eine Ergänzung des Blue-Ocean-Ansatzes von Kim und Mauborgne genutzt werden (Osterwalder/Pigneur 2010). Die Blue-Ocean-Strategie (vgl. Abschn. 8.2.1) stellt vorhandene Geschäftsmodelle und Wertangebote infrage und versucht, neue Kundensegmente (Nichtkunden) zu erschließen. Der Business Model Canvas kann dazu ein übersichtliches Gesamtbild bereitstellen. Im Business Model Canvas stellt die linke Seite die Kosten und die rechte Seite die Einnahmen bzw. die Wertschöpfung dar. Dies passt zur Blue-Ocean-Logik, die mit ihren Schlüsselfragen zur Entwicklung einer neuen Wertkurve ebenfalls auf eine Wertsteigerung bzw. eine Kostenreduktion abzielt.

Design Thinking

Das Design Thinking ist eine methodische Vorgehensweise zur Lösung komplexer Problemstellungen, die auch für die Generierung von neuen Geschäftsideen genutzt werden kann (vgl. Abschn. 8.2.3). Im Rahmen dieses Ansatzes können der Business Model Canvas und der Value Proposition Canvas für die Darstellung des Istzustands und die Entwicklung von Prototypen für ein neues Geschäftsmodell genutzt werden.

8.2.3 Design Thinking

Beim Design Thinking werden Prinzipien der Gestaltung – d. h. des Designs – auf ökonomische, soziale und gesellschaftliche Kontexte übertragen. Design Thinking ist eine methodische Vorgehensweise zur Lösung komplexer Problemstellungen, zur Generierung von Ideen in Veränderungsprozessen und zur Entwicklung von Innovationen. Es kann auch zur Entwicklung und Umsetzung von Strategien auf verschiedenen Ebenen des Unternehmens angewendet werden. Gleichzeitig wird Design Thinking als Geisteshaltung (sog. Mindset) gesehen, die von Diversität und interdisziplinären Teams, kreativen und intuitiven Prozessen sowie einer ergebnisoffenen und humanzentrierten Vorgehensweise geprägt ist.

Beschreibung und theoretischer Hintergrund

Design im Allgemeinen und die Innovationsmethode Design Thinking im Speziellen erhalten gegenwärtig von Wirtschaft und Management eine hohe Aufmerksamkeit sowohl in der Produkt- und Serviceentwicklung als auch im strategischen Management (Brodnick 2018 und Vehmeier 2017). Zahlreiche große Unternehmen wie z. B. Adobe, Deutsche Bahn, General Electric, IKEA, P&G oder Unilever nutzen Design Thinking einerseits dazu, kundenorientierte Produkte und Dienstleistungen zu entwickeln und verfolgen andererseits mit diesem Instrument das Ziel, traditionelle Unternehmensstrukturen – sowohl Aufbau- als auch Ablauforganisationen – zu hinterfragen und zu verändern. Aus der Perspektive des strategischen Managements handelt es sich um eine Methode, die sowohl die Formulierung als auch die Umsetzung von Strategien umfassen kann.

Der Begriff Design Thinking wurde erstmals 1991 von Nigel Cross (2006) auf einem Forschungssymposium verwendet. Anfänglich wurden damit die kognitiven Denkstrukturen von Designern bezeichnet (Rowe 1994), die auf nahezu alle situativen Kontexte anwendbar sind, von materiellen Objekten bis hin zu immateriellen Systemen (Buchanan 1992). In der gegenwärtigen Literatur wird Design Thinking als Methode, Denkweise, Auffassung und Ansatz zur Problemlösung verstanden (Brown 2009, Plattner et al. 2012, Martin 2009 und Dunne/Martin 2006). Design ist demzufolge nicht auf das ästhetische Gestalten von Produkten beschränkt, sondern wird als Möglichkeit gesehen, mithilfe eines mentalen Modells grundlegende Probleme ökonomischer und gesellschaftlicher Art zu bearbeiten. Wesentliche Aspekte sind dabei der empathische und humanzentrierte Ansatz von Design Thinking sowie das für Designer (dt. Gestalter) typische Problemlösungs- und Planungshandeln, das den Menschen und dessen Bedürfnisse, Wünsche und Verhaltensweisen in den Mittelpunkt jeglicher innovativer Lösungen rückt.

Donald Schön, Professor am MIT, formuliert dies folgendermaßen: „[...] all professions are designlike in some relevant aspects" (Schön in Waks 2001, S. 41). Damit wird angedeutet, dass Designer aufgrund ihrer Arbeitsweise sehr gut mit komplexen, schlecht strukturierten, ergebnisoffenen Problemstellungen zurechtkommen (Brandt

---

Gastbeitrag von **Prof. Dr. Oliver Mauroner, Hochschule Mainz** et al. 2013). Design Thinking bedeutet daher in erster Linie eine Vermittlung von Ansätzen und Herangehensweisen an komplexe Probleme mit unsicheren Parametern (Galindo-Rueda/Millot 2015 und Mareis 2011), sog. bösartige Probleme (Wicked Problems). Die Terminologie der zahmen (tame) und bösartigen (wicked) Probleme wurde von Rittel (1987) bzw. Rittel und Webber (1992) entwickelt, wobei Probleme als Diskrepanz zwischen Sollzustand und Istzustand definiert werden. Bei zahmen Problemen ist die Aufgabenstellung klar und eindeutig, sodass hinterher stets beurteilt werden kann, ob das Problem gelöst werden konnte. Bösartige Probleme sind dadurch gekennzeichnet, dass ihre Ursachen und Grenzen schwer auszumachen sind und deshalb bereits die Formulierung eines Wicked Problem schwierig ist. Daraus resultiert, dass Wicked Problems keine objektiv richtigen oder falschen Lösungen haben, sondern nur bessere oder schlechtere. Das Ziel der Lösung ist dabei nicht, die Wahrheit zu finden, sondern einige Dinge in der Welt zu verbessern (Rittel/Webber 1992). Rittel und Webber (1973) führen als Beispiel für ein zahmes Problem, welches systematisch zerlegt und gelöst werden kann, die Trinkwasserversorgung in Städten an. Im Gegensatz dazu stellt die Bekämpfung der Kriminalität in Städten ein bösartiges, schlecht strukturiertes Problem dar, für das sich keine objektiven Lösungen zeigen, die darüber hinaus noch zeitunabhängig brauchbar wären. Die Behandlung bösartiger Probleme erfordert im Design Thinking ein bestimmtes methodisches Repertoire, das sich von der klassischen Systemanalyse unterscheidet. Sowohl die zahmen als auch die bösartigen Probleme finden sich ebenfalls im strategischen Management. Camillus (2008) beschreibt zum Beispiel den Eintritt des US-amerikanischen Chemieunternehmens PPG Industries in den biomedizinischen Markt als ein schlecht strukturiertes (wicked) Problem, da eine Reihe vorab unbekannter, komplexer und hochgradig interagierender Fragestellungen auf das Unternehmen zu kamen.

Praktische Anwendung

Design Thinking wird häufig in einem Workshop-Format durchgeführt (Abb. 8.6). Typisch sind Tagesworkshops, aber auch ein mehrmonatiger Prozess ist in der Praxis durchaus anzutreffen, mit Phasen unterschiedlicher Intensität. Die praktische Anwendung folgt hier der im deutschen Sprachraum üblichen Unterteilung in sechs Phasen (Plattner et al. 2012). Dabei wechseln sich analytische Phasen, in denen Informationen gesammelt, geordnet und ausgewertet werden, mit synthetischen Phasen, in denen Lösungen entwickelt, erprobt und verbessert werden, ab. Auf diese Weise entsteht ein Wechsel zwischen divergierender und konvergierender Denkweise bzw. eine Bewegung aus der praktischen Realität hinaus in die Wissenssphäre mit ihren abstrakten Ideen, die dann wieder als Lösungen in die Praxis übersetzt werden.

Phase 1: Problem verstehen und definieren

In der ersten Phase kommt es darauf an, sich mit der Problemstellung und dem relevanten Kontext vertraut zu machen. Dabei geht es darum, durch Recherche und

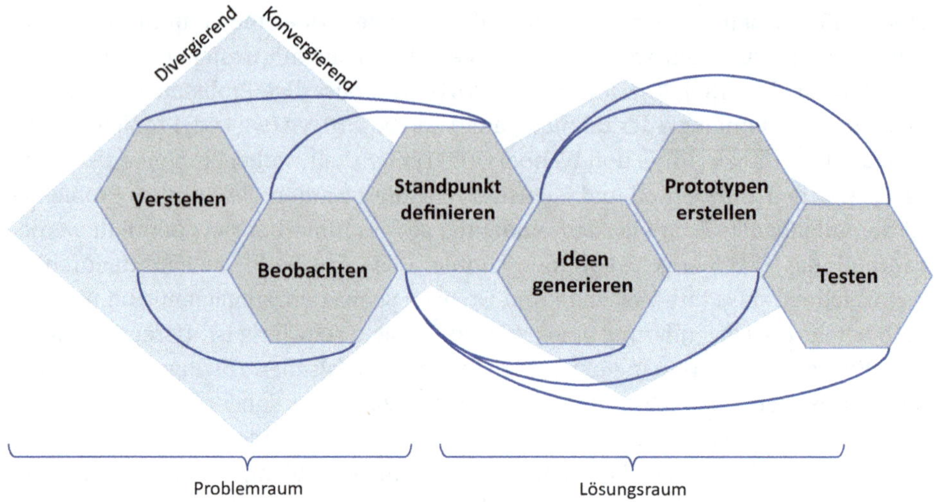

Abb. 8.6: Iterative Phasen des Design-Thinking-Prozesses (Quelle: Lewerick et al. 2018, S. 40)

kritisches Nachfragen zu Geschichte, Kontext, Ökosystem, Zusammenhängen und Abhängigkeiten sowie zu den beteiligten Personen ein ausgeprägtes Gefühl für das Problem und ein tiefes Verständnis für die strategischen Herausforderungen zu entwickeln. Häufig führt dies zu einer Überarbeitung der ursprünglichen Aufgaben- bzw. Problemstellung, ein Vorgang der von Designern als Reframing bezeichnet wird und eine Veränderung des Handlungsrahmens beinhaltet.

Phase 2: Beobachten (Empathie entwickeln)

In dieser Phase geht es darum, sich ein möglichst breites Wissen über die Problemstellung, die Erwartungen und Notwendigkeiten anzueignen, d. h. relevante Fakten, Daten und Beobachtungen zusammenzutragen. Von herkömmlichen Analysen unterscheidet sich diese Phase dadurch, dass der Fokus weniger auf einer quantitativen Vorgehensweise liegt, sondern vielmehr auf der Erhebung qualitativer Informationen. So wird explizit die Bedeutung von Emotionen (z. B. Ängsten, Glücksgefühlen, Unzufriedenheiten) im Zusammenhang mit aktuellen Lösungen bzw. Situationen hervorgehoben. Zudem kommt es auf das „Tiefschürfen" an (engl. Dig Deep), wobei das Ziel ist, durch Nachfragen und Perspektivwechsel ein Thema aus möglichst vielen verschiedenen Perspektiven zu erfassen und damit in seiner Gesamtheit zu verstehen. Sämtliche Einflussfaktoren, Akteure, Prozesse und Beziehungen sollen aus allen denkbaren Perspektiven betrachtet werden, um strategische Handlungsspielräume zu erforschen.

Phase 3: Standpunkt definieren (Synthese)

In der dritten Phase – Point of View – werden die Ergebnisse der ersten beiden Phasen ausgewertet, interpretiert und gewichtet mit dem Ziel, eine gemeinsame Wissensbasis innerhalb des Design-Thinking-Teams herzustellen. Die Phase wird auch als Synthese bezeichnet, was andeutet, dass es auf Verdichtung und Beurteilung der gewonnenen Informationen zu sog. Insights ankommt. Dabei werden verschiedene Methoden und Techniken eingesetzt, wie z. B. Customer Journeys oder Service Blueprints. Plattner et al. (2012) heben die Bedeutung von Personas (verschiedene fiktive Nutzer, die Ziele und Bedürfnisse der Kunden repräsentieren) hervor. Diese stehen stellvertretend für definierte Zielgruppen und dienen dazu, relevante von irrelevanten Fakten zu trennen.

Phase 4: Ideen generieren

Ausgehend von den generierten Insights aus Phase 3, werden möglichst vorbehaltlos und ergebnisoffen verschiedene Ideen zur Lösung der Ausgangsproblemstellung entwickelt. Ganz im Sinne des Kreativitätsmanagements soll zunächst eine möglichst große Zahl an Ideen generiert werden, um im Anschluss die besten herauszufiltern und zu kombinieren. Es gilt also im ersten Teil der Ideation-Phase der Grundsatz, dass Quantität wichtiger ist als Qualität. Speziell in dieser Phase spielen von Diversität und Interdisziplinarität geprägte Teams eine bedeutende Rolle, deren Ideenpotenziale mit Hilfe von Kreativitätstechniken (z. B. Brainstorming, Brainwriting, morphologischer Kasten, visuelle Konfrontation) genutzt werden können.

Phase 5: Prototypen erstellen

Die fünfte Phase – Prototyping – dient dazu, die entwickelten Ideen zu visualisieren, zu verbalisieren und zu vergegenständlichen, z. B. in Form von Click-Dummies, Mockups, Service-Blueprints, Papier-Prototypen oder Rollenspielen. Auf diese Weise können sowohl für physische Produkte als auch für Dienstleistungen und andere immaterielle Prozesse Prototypen entstehen, welche die Basis für eine konstruktive Kritik, Rückmeldungen durch Stakeholder und Nutzertests bilden. Sie legen dabei keine hohen Ansprüche an Perfektion, sondern dienen in erster Linie dazu, Ideen anschaulich zu machen und einer offenen Kritik auszusetzen. Mit Hilfe von Prototypen soll die Umsetzbarkeit von selektierten Ideen überprüft und ein erster Aufwand quasi modellhaft abgeschätzt werden; Schwachstellen und Fehler sollen möglichst frühzeitig erkannt werden. Ziel ist es, mittels wenig Aufwand möglichst schnell und reichhaltig Erkenntnisse über getroffene Annahmen und Hypothesen sowie Stärken und Schwächen der Idee zu erhalten.

Phase 6: Testen

In der sechsten und letzten Phase – Test – werden die Modelle bzw. Prototypen verschiedenen Testgruppen (Kunden, Anwendern, Stakeholdern) zugeführt, um deren

Interaktion zu beobachten, Stärken der Lösungen zu erkennen und Verbesserungspotenziale zu identifizieren. Geeignet dafür sind Beobachtungen, Usability-Tests, Feedback-Grids oder Tests in kleinen, abgegrenzten Organisationseinheiten. Die Testergebnisse werden dann wiederum in die früheren Phasen eingespielt und führen zu weiteren Iterationen und Verfeinerungen. Erst wenn unbeteiligte Personen mit den Ergebnissen des bisherigen Prozesses konfrontiert und dazu befragt werden, kann aufgrund der Ergebnisse entschieden werden, welche Ideen tatsächlich weiterverfolgt werden.

Bei der Betrachtung des Prozesses fällt auf, dass die oben genannten sechs Phasen erhebliche Parallelen zu den Phasen der klassischen Strategieanalyse und -entwicklung erkennen lassen. Die Phasen eins bis drei entsprechen weitestgehend der internen und externen Analyse sowie einer Zusammenfassung der Ergebnisse mit Hilfe einer SWOT-Analyse. Die Ideengenerierung, Phase vier, ist grundsätzlich mit der Entwicklung strategischer Optionen vergleichbar. Auf Basis dieser Optionen können analog zu den letzten beiden Phasen des Design-Thinking-Prozesses Prototypen oder Geschäftsmodelle entwickelt und getestet werden, wie dies beispielsweise mit Hilfe der Business Model Canvas (Osterwalder/Pigneur 2010) oder des Lean-Start-up-Konzepts (Ries 2011) erfolgt.

Grundprinzipien der praktischen Anwendung

Über alle Phasen sind vier Aspekte von herausragender Bedeutung: multidisziplinäre Teams, Experimentieren, Visualisieren und der Faktor Zeit. Design Thinking setzt auf *multidisziplinäre Teams* von mindestens fünf Personen, die unterschiedliche fachliche Hintergründe mitbringen, um möglichst kreative Ansätze zu entwickeln. So könnte ein derartiges Team zum Beispiel aus einer Ingenieurin, einem Vertreter aus dem Controlling, einer Kundendienstbetreuerin, einem Personalreferenten und einem Mitarbeiter aus der Produktion bestehen. Brown (2009) zufolge ist das *Experimentieren*, d. h. die offene, iterative, nichtlineare Vorgehensweise der Design Thinker nicht Ausdruck von deren Desorganisation, sondern beruht vielmehr darauf, dass Design Thinking grundsätzlich ein explorativer Prozess ist. Irrtümer, Fehler, Wiederholungen von Prozessschritten haben einen hohen Wert und sind Voraussetzung für Erkenntnisgewinn und Lernerfolg (Plattner et al. 2012). In diesem Zusammenhang wird auch deutlich, warum die *Visualisierung* der Ideen – Fotos, Videos, Skizzen, Rollenspiele – von hoher Bedeutung ist. Der Fokus der Visualisierung liegt nicht ausschließlich auf sachlich-funktionalen Bestandteilen einer Lösung, sondern auch auf sozialen und emotionalen Komponenten. Schließlich stellt der Faktor *Zeit* ein erfolgskritisches Kriterium im Design-Thinking-Prozess dar. Häufig geht die Anwendung von Design Thinking mit engen zeitlichen Restriktionen einher, und zwar dergestalt, dass einzelne Prozessschritte möglichst schnell durchlaufen werden. Dabei sind Plattner et al. (2012) nicht der Auffassung, dass Zeitknappheit gute Ideen verhindert, sondern vielmehr, dass dadurch Spontaneität und unzensiertes Denken gefördert werden: „Gute Resultate durch knappe Zeit“ lautet der Grundsatz des sog. „Time Boxing“.

Beispiel: Die Mainzer Stadtwerke nutzen Design Thinking, um sich strategisch besser auf die sich verändernden Markterfordernisse einzustellen. Viele Stadtwerke und Versorgungsunternehmen stehen vor enormen Herausforderungen im Zusammenhang mit der Digitalisierung. Die alleinige Befriedigung von Grundbedürfnissen wie Kommunikation, Energie und Mobilität reicht nicht mehr aus, um langfristig Kunden zu binden. Mit Hilfe von Design Thinking können sowohl Kundenbedürfnisse als auch Schnittmengen zu den eigenen Potenzialen sehr gut erkannt und verstanden werden. Dadurch wird es möglich, aufbauend auf den eigenen Ressourcen wie etwa der erheblichen Reichweite, des regelmäßigen Kundenkontakts und der breiten Kundenbasis Strategien für erweiterte Serviceangebote und die Zusammenführung bisher getrennter Geschäftsbereiche zu entwickeln. Aus dem ursprünglichen Ansatz, die Haltestellen des öffentlichen Personennahverkehrs zu verbessern, entwickelte sich im Laufe der sechs Phasen des Design-Thinking-Prozesses die Frage nach zeitgemäßen Konzepten von Mobilität in einer modernen Stadt und eine intensive strategische Auseinandersetzung mit der Rolle der Stadtwerke für die individuelle Mobilität und darüber hinaus. In der Konsequenz stehen für die Stadtwerke mittlerweile nicht mehr einzelne Aspekte der Mobilität oder der Energieversorgung im Fokus, sondern das ganzheitliche Serviceversprechen „des rundum Wohlfühlens in der eigenen Stadt“. Damit geht auch eine Neupositionierung der eigenen Rolle einher, vom zuverlässigen Versorger hin zum integrierten Serviceprovider bzw. zur Smart City Plattform.

Im Internet sind viele Design-Thinking-Projekte dokumentiert, z. B. auf den folgenden Websites: Hasso-Plattner-Institut (2019), The Accidental Design Thinker (2017) und IDEO Design Thinking (2012).

Strategische Bedeutung und Nutzen

Design Thinking wurde und wird in vielen Bereichen eingesetzt, z. B. in der Medizin, den Sozial- und Rechtswissenschaften, im Ingenieurwesen und in der Kunst (Brown/Wyatt 2010 und Duncan/Breslin 2009), den Organisationswissenschaften (van Aken/Romme 2009) und letztlich auch im strategischen Management (Brown 2009 und Martin 2010) – sowohl bei der Formulierung von Strategien als auch bei deren Umsetzung. Doris Krüger, Lufthansa Group, beschreibt den Nutzen von Design Thinking folgendermaßen (Krüger in Roland Berger 2016, S. 16): „Design thinking leads to more openness. Traditional companies often have tanker mentalities that are slow and lack agility. Over time, other firms will overtake the business models of the traditional companies if they don't change.“

Design Thinking ist in der Lage, Strategien unter Einbeziehung der Nutzer- und Anwendersicht zu entwickeln. Aus diesem Grund hat beispielsweise Daimler IT im Jahr 2016 eine Initiative Design Thinking gestartet und zum Bestandteil des Strategieprogramms gemacht (Jordan 2016).

Die Unternehmensberatung Roland Berger (2016) plädiert in der Studie „Design Thinking On Every Level“ dafür, Design Thinking auf allen Ebenen und in allen Bereichen eines Unternehmens zur Grundlage von Entscheidungsprozessen zu machen.

Demzufolge seien 81 % der befragten Unternehmen offen dafür, Design Thinking nicht nur für die Entwicklung und Gestaltung von Produkten und Dienstleistungen, sondern auch in strategischen Fragen anzuwenden. Vor allem für kleine- und mittelständische Unternehmen und Start-ups bietet sich Design Thinking in der Strategieentwicklung und für die Identifikation neuer Geschäftsmodelle an.

Design Thinking bedeutet in erster Linie eine Vermittlung von Ansätzen und Herangehensweisen an komplexe Probleme (Galindo-Rueda/Millot 2015 und Mareis 2011). Auf dieser Basis ist auch die Forderung nach einem „Think Bigger" von Brown (2009) zu verstehen. Design Thinking kann in Zeiten, in denen sowohl in der Ökonomie als auch in anderen gesellschaftlichen Bereichen Innovationen gefordert werden, durch Ideenreichtum und unkonventionelles Handeln Veränderungen herbeiführen. In diesem „Strategic Change by Design", nämlich dem Potenzial zur Transformation von Organisationen, liegt die strategische Bedeutung von Design Thinking über einzelne Innovationsprojekte hinweg. Grots und Creuznacher (2012) beschreiben in ihrer Studie, wie ein Krankenhaus Design Thinking einsetzt und zunächst auf Effizienzsteigerung abzielt. Im Design-Thinking-Prozess zeigte sich dann, wie stark Patienten ihren Aufenthalt als emotionales Erlebnis wahrnahmen. In der Konsequenz wurden alle Abläufe, die Berührungspunkte mit Patienten aufwiesen, neugestaltet und schließlich wurde das gesamte Krankenhaus neu organisiert mit dem Ergebnis, dass die Patienten deutlich zufriedener waren. Die neue Strategie stellte nicht mehr die Effizienz, sondern vielmehr das Patientenerlebnis in den Mittelpunkt. Design Thinking kann einen Paradigmenwechsel einleiten, der etablierte Unternehmen in Richtung zu mehr Start-up-Denken führt.

Brown (2009) begreift Design Thinking als evolutionären Prozess, der von der Kreation von Produkten über die Mensch-Produkt-Beziehung bis hin zur Mensch-Mensch-Beziehung reicht. Bei dieser Form von Design Thinking steht neben multidisziplinären Teams, der Visualisierung und dem Erstellen von Prototypen vor allem ein humanzentriertes Design im Vordergrund. Gleichwohl bleiben Problemlösung und Planungshandeln die Grundlagen des Prozesses, der die kreative Designtätigkeit mit betriebswirtschaftlichen Aspekten zusammenführt. In Anlehnung an Brown (2009) sollen Strategien eine perfekte Balance aus Nutzerwunsch (Desirability), Wirtschaftlichkeit (Viability) und Machbarkeit (Feasibility) schaffen (Abb. 8.7). An der Schnittstelle dieser drei Faktoren wird die sogenannte Design Innovation generiert, die Kundenbedürfnisse optimal erfüllt. Diese holistische und zum Teil utopische Herangehensweise von Design Thinking stellt insbesondere dann einen Mehrwert dar, wenn radikale Innovationen oder gänzlich neue Geschäftsmodelle nötig sind. Dabei gehört die Schaffung von Alternativen angesichts der zunehmenden Komplexität der Probleme von Wirtschaft und Gesellschaft zum Aufgaben- und Definitionsbereich von Design Thinking. Den Fokus legt Brown (2009) dabei weniger auf konkrete Einzelergebnisse als vielmehr auf die Vorgehensweise der Problemlösung (Goldman/Kabayadondo 2017).

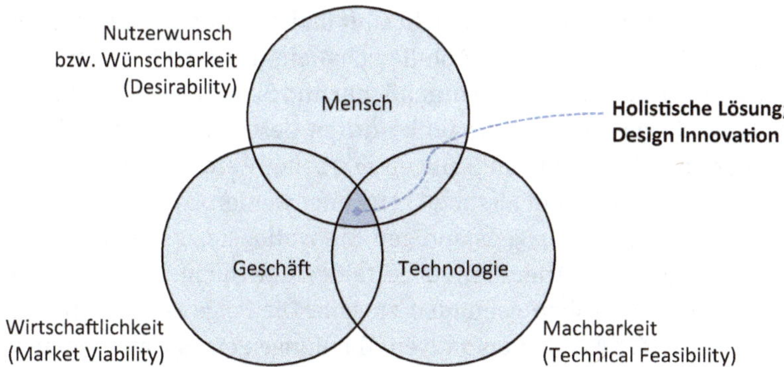

Abb. 8.7: Design Innovation im Schnittpunkt von Nutzerwunsch, Wirtschaftlichkeit und Machbarkeit (Quelle: in Anlehnung an Brown 2009, S. 3)

Kritik des Instruments

Kritiker dieser Methode merken an, dass das Versprechen von Design Thinking, einen neuen Prozess zur Verfügung zu stellen, der zu Innovationen führt und der quasi beiläufig signifikante kulturelle und organisationale Veränderungen nach sich zieht, nicht einlösbar ist (Nussbaum 2011). Es wird dafür plädiert, nicht den innovativen Prozess und die unmittelbaren Ergebnisse, sondern die Befähigung zu kreativem Denken und Handeln in den Vordergrund zu stellen.

Design Thinking legt im Gegensatz zu anderen Innovationsmethoden und Strategiewerkzeugen das Hauptaugenmerk auf eine möglichst schnelle, nutzergerechte und prototypische Entwicklung konkreter Lösungsansätze. Eine systematische Situationsanalyse und eine theoretisch-fundierte Aufarbeitung der Ausgangslage geraten angesichts der Fokussierung auf konkrete Ergebnisse häufig in den Hintergrund. Dadurch erscheint die Methode zuweilen etwas oberflächlich, was sich auf die Durchsetzbarkeit und Akzeptanz der Lösungen im Unternehmensalltag negativ auswirkt.

Beim Design Thinking stehen konkrete Workshops im Vordergrund, in denen ganz gezielt greifbare Ideen und Lösungsansätze entwickelt werden sollen. In der Praxis sind manchmal kurzfristige Lösungen und von Aktionismus geprägte Workshops zu beobachten, die nicht in der Lage sind, das volle Potenzial von Design Thinking zu nutzen. Design Thinking sollte sich nicht auf den Erfolg eines singulären Workshops beschränken, der zudem stark von der Auswahl der beteiligten Personen und deren Kreativität abhängig ist. Design Thinking sollte vielmehr im Alltag eine Rolle spielen, die Innovationskultur stärken und die Agilität von Unternehmen auf allen Ebenen steigern und somit Teil der unternehmerischen Strategie werden (Brown 2015). Nur dann kann Design Thinking wirklich zu einem Wettbewerbsvorteil werden.

Die Praxis zeigt, dass in Design-Thinking-Workshops häufig bemerkenswert unkonventionelle Lösungsansätze verfolgt werden, die zwar eine hohe Begeisterung bei den unmittelbar Beteiligten auslösen, die aber häufig einer Überprüfung an den Realitäten in den Betrieben und Organisationen nicht standhalten. Hier könnte zum Beispiel der Einsatz eines Advocatus Diaboli Abhilfe schaffen, der die Ideen ganz bewusst kritisch hinterfragt, Gegenargumente durchdenkt und Schwächen identifiziert. Im Hinblick auf die wachsende Umweltdynamik dürften Geschwindigkeit und Einfallsreichtum, mit der komplexe Problemlösungen erarbeitet werden können, allerdings zu den wesentlichen Stärken der Methode gerechnet werden.

Design Thinking wird häufig in eigenständigen Innovationsteams etabliert, um Innovationsprozesse möglichst barrierefrei zu gestalten und nicht an Konventionen und starre betriebliche Vorgaben gebunden zu sein. Die Folge ist, dass Design Thinking dadurch oft losgelöst von den operativen Abteilungen eines Unternehmens stattfindet und die Innovationsteams nicht wirklich in die wertschöpfenden Prozesse eingebunden sind. Langfristig sollte diese Kluft überwunden werden, z. B. durch multidisziplinäre und hierarchieübergreifende Teams, damit wettbewerbsrelevante Inspirationen in das gesamte Unternehmen hineinreichen können und ein kultureller Wandel innerhalb der Organisation angestoßen werden kann. Sarah Ilic, Munich Re, zufolge (Ilic in Roland Berger 2016, S. 17) ist Design Thinking in der Lage „... [to] transform our culture towards being more innovative, more open and less hierarchical. Through interdisciplinary teams we could break up silos and develop products that are really based on the needs of the customer“.

Ähnliche Instrumente

Lean Start-up Cycle

Design Thinker arbeiten iterativ und wiederholen einzelne Prozessschritte solange, bis das Ergebnis zufriedenstellend ist. Insofern zielt Design Thinking darauf ab, möglichst schnell herauszufinden, ob man sich auf dem richtigen oder falschen Weg befindet und dann effektiv nach Lösungen zu suchen bzw. ähnlich wie im Lean-Start-up-Ansatz ein Minimum Viable Product (MVP) zu erzeugen und zu testen (Vehmeier 2017). Fehler sollen früh erkannt werden, ganz im Sinne eines „fail often, fail early“, um eine Verschwendung von Ressourcen einzuschränken.

Business Model Canvas

Ähnlich wie Business Model Canvas setzt auch Design Thinking sehr stark auf eine Visualisierung des Denkens und eine kognitive Vernetzung von Sinneseindrücken. Ideen und Erkenntnisse werden visualisiert, um sie zu fassen, zu teilen und Denk- und Diskussionsprozesse in Teams zu fördern. Auch hier steht weniger die Perfektion im Vordergrund, sondern vielmehr eine schnelle Identifikation unterschiedlicher Bausteine des Geschäftsmodells.

Überschneidungen mit anderen Instrumenten

Vision/Mission/Leitbild

Die Formulierung einer unternehmerischen Vision und Mission oder eines Leitbildes kann sowohl Resultat als auch Ausgangspunkt eines Design-Thinking-Prozesses darstellen. Dies gilt insbesondere dann, wenn Design Thinking als Denkhaltung verstanden wird, die der Herangehensweise an komplexe Probleme einen Handlungsrahmen setzt (vgl. Abschn. 3.3).

9 Instrumente zur Strategieumsetzung

9.1 Überblick

Die Strategieumsetzung oder -implementierung umfasst alle Entscheidungen und Aktivitäten, um eine Strategie in die Realität umzusetzen. Wheelen und Hunger (2018) betrachten die Umsetzung von Strategien im Hinblick auf drei Themen:

1. *Welche Aufgaben sind für die Umsetzung zu definieren?* Dazu sind Aktivitäts- oder Projektpläne aufzustellen, Prozesse und Systeme zu definieren und Budgets auszuarbeiten.
2. *Wie wird die Umsetzung organisiert?* Diese Frage bezieht sich auf die Zuweisung von Verantwortlichkeiten und Zuständigkeiten, letztlich auf alle Veränderungen in einer vorhandenen Struktur bzw. den Aufbau einer neuen Organisation.
3. *Welche personellen Konsequenzen zieht die Umsetzung nach sich?* Hier geht es im weitesten Sinne um Personalfragen, die bei der Umsetzung einer neuen Strategie auftauchen, wie z. B. die Management- und Personalkapazitäten oder die Kompetenzen.

Parallel zur Umsetzung sind geeignete Kontrollsysteme aufzubauen, die eine Fortschrittskontrolle der Strategieumsetzung ermöglichen. Solche Systeme sind in der Regel im Controlling angesiedelt (Weber/Schäfer 2016 und Baum et al. 2013).

Die Frage der Implementierung wird im strategischen Management häufig vernachlässigt. Während die Entwicklung einer Strategie oft als spannend und interessant empfunden wird, weil hier „ins Blaue" gedacht werden kann, scheint hingegen die Auseinandersetzung mit Fragen der Umsetzung, z. B. die Beschaffung der notwendigen Ressourcen oder das Veränderungsmanagement, weniger spannend und interessant. Also wird sie kurzerhand an die nachfolgenden Ebenen delegiert. Das mag ein wenig überzeichnet klingen; dennoch stellt im strategischen Management die Implementierung oft die dunkle Seite der Strategie dar, deren Vernachlässigung den Erfolg erheblich beeinträchtigen kann.

Die Unternehmensführung muss ergo sowohl der Entwicklung wie auch der Umsetzung der Strategie die notwendige Beachtung schenken, um Wettbewerbsvorteile aufzubauen und zu erhalten. Beide Phasen des strategischen Managements sind eng miteinander verknüpft. Die Umsetzung von Vorgaben aus der Strategieentwicklung führt zu Lernprozessen, die wiederum neue Impulse für die Strategieentwicklung geben können (vgl. zur lern- und erfahrungsorientierten Perspektive der Strategieentwicklung Abschn. 1.3).

Für die Implementierung gibt es eine Reihe von allgemeinen Managementinstrumenten (wie z. B. das Projektmanagement), deren Darstellung den Rahmen dieses Buchs sprengen würde. Umsetzungselemente sind außerdem in verschiedenen Strate-

https://doi.org/10.1515/9783110579567-009

gieinstrumenten zu finden. In diesem Kapitel werden fünf Instrumente zur Umsetzung vorgestellt:

- *Operating Model Canvas.* Diese Methode unterstützt den Prozess der Strategieumsetzung. Wichtige Bausteine werden entwickelt und übersichtlich dargestellt.
- *Balanced Scorecard (BSC).* Das Modell ist ein umfassender und systematischer Ansatz zur Umsetzung und Kontrolle einer Strategie.
- *Objectives and Key Results (OKR).* Dieses Instrument kann ebenfalls zur Strategieumsetzung und -kontrolle genutzt werden, ist aber wesentlich flexibler zu handhaben im Vergleich zur BSC.
- *Six Sigma.* Dies ist ein System zum Qualitätsmanagement, das auch für die strategische Umsetzung und Kontrolle eingesetzt werden kann.
- *Phasenmodell für das Change Management.* Das Veränderungsmodell von Kotter ist empfehlenswert, wenn mit der neuen Strategie auch eine starke Veränderung der Unternehmenskultur verbunden ist.

9.2 Umsetzungsinstrumente

9.2.1 Operating Model Canvas

Operating-Modelle bilden die Brücke zwischen der Strategie bzw. dem Geschäftsmodell und dem operativen Geschäft und unterstützen eine strategieadäquate Umsetzung. Der Operating Model Canvas (OMC) baut auf dem Business Model Canvas auf und kann auf allen Unternehmensebenen für Implementierungsthemen eingesetzt werden. Im OMC wird aus dem angestrebten Wertangebot für den Kunden die Gestaltung der Wertschöpfungskette abgeleitet, dazu passend werden dann die Grundzüge der Beschaffung, die Standorte, die Organisationsstruktur des Unternehmens, die Gestaltung der Informationsflüsse und der IT sowie das Managementsystem definiert. Die Visualisierung mit Hilfe der Canvas-Methode ermöglicht eine übersichtliche Darstellung der wichtigsten Bausteine für die Implementierung. Mit diesem Instrument kann der Stand der Umsetzung erfasst und mit einem geplanten Sollzustand verglichen werden, um so die Implementierung zielorientiert und effizient zu kontrollieren und zu steuern.

Beschreibung und theoretischer Hintergrund

In allgemeiner Form erfordert die Implementierung von Strategien Entscheidungen bezüglich der notwendigen Ressourcen, der Organisation, des Personals sowie zur Planung von Aktionen und Programmen (Wheelen/Hunger 2018). Die Lücke zwischen diesem allgemeinen Ansatz und den detaillierten Einzelplanungen sollen die Operating-Modelle schließen.

Der Grundgedanke des Operating-Modells stammt aus der Unternehmensstrategie und wurde verwendet, um unterschiedliche Organisations- und Portfoliostrukturen von Unternehmen zu beschreiben. Wrigley (1970) und Rumelt (1974) unterscheiden Unternehmen mit einem einzelnen Geschäftsfeld, mit verwandten Geschäftsfeldern, solche mit diversifizierten Geschäftsfeldern (aktives strategisches Management durch die Zentrale) und Konglomerate (Holding-Unternehmen mit Fokus auf finanzieller Steuerung). Später wurde der Begriff Operating Model in der IT verwendet (Ross et al. 2006). Mit einem Operating Model wird in der IT der Grad der Integration und Standardisierung von Geschäftsprozessen definiert, und daraus werden konkrete Vorgaben für IT-Projekte abgeleitet. In den letzten Jahren wurde der Begriff im strategischen Management zur Beschreibung des grundlegenden Designs für die Umsetzung einer Strategie aufgegriffen. Das Design soll alle zentralen, praktischen Entscheidungen und Veränderungen zur Umsetzung der Strategie in einem Unternehmen erfassen.

Viele Beratungsunternehmen, wie z. B. Bain, Deloitte oder EY, haben Operating-Modelle entwickelt, um ihre Projekte in der Strategieumsetzung konzeptionell zu unterstützen. Beispielsweise leitet das Modell von Mortlock und EY (2016) aus dem Geschäftsmodell die Designprinzipien für das Operating Model ab und ermittelt die kritischen Fähigkeiten und Prozesse. Dieses Operating Model ist auf internationale Großunternehmen ausgerichtet und umfasst die Bereiche Governance und Performance Management, das Supply-Chain-Netzwerk, die Prozesse, Mitarbeiter, die Organisation und Standorte, das Transaktionsmodell, Verrechnungspreise, Steuern und rechtliche Struktur, die IT und unternehmensweite Serviceeinheiten.

Als Instrument wird hier der OMC beschrieben, der aus der akademischen Forschung und den Beratungsaktivitäten der Ashridge Business School entstanden ist. Mit dem gleichnamigen Buch von Campbell, Gutiérrez und Lancelot (Campbell et al. 2018) erreichte der OMC schnell einen hohen Bekanntheitsgrad. Dies liegt nicht nur daran, dass er an ein bereits sehr erfolgreiches Konzept, den Business Model Canvas (vgl. Abschn. 8.2.2), anknüpft, das in vielen bekannten Unternehmen wie z. B. Uber, Zarah oder McKinsey angewandt wird, sondern auch in der einfachen und grafischen Aufmachung des Buches und der Integration bereits bekannter Managementinstrumente. Ausgangspunkt sind zunächst die internen Wertketten (vgl. Abschn. 6.2.3), die den angestrebten Wert für den Kunden liefern. Im Anschluss wird überlegt, welche Lieferanten notwendig sind, wie die geografische Struktur aussehen soll, wie die Organisation aufgebaut werden soll und welches IT-System notwendig ist. Ein Managementsystem mit Kennzahlen ermöglicht die Kontrolle und Steuerung der Umsetzung. Die Grundstruktur des OMC wird in Abb. 9.1 gezeigt. Campbell erklärt die Grundzüge des OMC in einem Youtube Video (Ashridge Executive Education 2017). Eine Website (https://operatingmodelcanvas.com) liefert weitere Informationen über den OMC.

Der OMC liefert ein Operating Model auf einer stark aggregierten Ebene – der Canvas überträgt die Designprinzipien und kritischen Prozesse in die sechs Bereiche, die dann gesondert noch jeweils etwa im Umfang einer Seite weiter detailliert werden. Für die genauere und detaillierte Ausarbeitung und Entwicklung eines Operating Model und seiner Prozesse liefert der OMC die Leitplanken und Grundideen (Campbell et al. 2018).

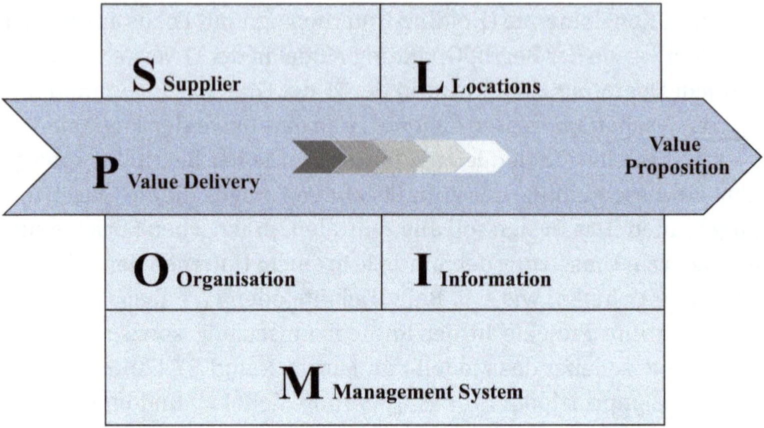

Abb. 9.1: Operating Model Canvas (Quelle: in Anlehnung an Campbell et al. 2018, S. 14)
Bemerkung: P steht für Produktion bzw. die Wertkette, also alle Tätigkeiten, die notwendig sind, um das Wertangebot zu erfüllen.

Praktische Anwendung

Die praktische Anwendung orientiert sich an den Vorschlägen von Campbell et al. (2018). Die Autoren betonen, dass die Entwicklung eines Operating Model keine klare Abfolge von definierten Schritten ist, sondern ein schwieriger, individueller und kreativer Prozess. Anders als bei den meisten Strategieinstrumenten gibt es daher für den OMC kein Ablaufschema. Campbell et al. (2018) geben aber Hinweise für das Vorgehen in den einzelnen Feldern und zahlreiche Anwendungsbeispiele.

Schritt 1: Initiieren

Zu Beginn wird der Bereich abgesteckt (Unternehmen, Geschäftsbereich, Funktionsbereich), der bearbeitet werden soll, die Gründe für ein (neues) OM werden geklärt (warum reicht eine kontinuierliche Verbesserung des Bestehenden nicht aus?) und ein Designteam wird gebildet. Benötigt werden verschiedene Sichtweisen und Erfahrungen und erfahrene Workshop-Teilnehmer. Als Teilnehmerzahl wird eine gut handhabbare Diskussionsrunde mit ca. fünf bis sieben Personen vorgeschlagen. Weitere wichtige (interne) Stakeholder können in einzelne Sitzungen eingebunden werden. Die Arbeit wird geplant und die notwendigen Ressourcen werden bereitgestellt. Für die Erstellung eines Operating Model werden Wochen und nicht Tage benötigt. Ein detailliertes Projektmanagement wird nicht empfohlen, stattdessen lediglich das Setzen von groben Meilensteinen.

Schritt 2: Diagnose

Im Team wird zunächst ein gemeinsames Verständnis der strategischen Ziele und des Front End des Business Model Canvas geschaffen: Kundensegmente und geografische

Märkte, Vertriebskanäle und Kundenbeziehungen und das Wertangebot für Produkte/Dienstleistungen (vgl. Abschn. 8.2.2). Wenn bereits ein Operating Model existiert, ist dieses im Hinblick auf die Gründe für Wettbewerbsvorteile und Spitzenleistungen, aber auch die Defizite zu analysieren. Anschließend werden wichtige Themen und Herausforderungen der Umsetzung identifiziert. Daraus können erste Schlüsse für notwendige Veränderungen gezogen werden.

Falls ein Business Model Canvas erstellt wurde, liefert dieser bereits Aussagen zu den Schlüsselpartnern, den Schlüsselaktivitäten und den Schlüsselressourcen, die im OMC dann weiter ausgearbeitet werden.

Schritt 3: Erarbeiten von Designprinzipien und grundlegenden Optionen

Aus der Diagnose und den Besonderheiten des Geschäftsmodells werden grundlegende Designprinzipien abgeleitet, z. B. im Hinblick auf Effizienz, Qualität, Flexibilität, Kundenorientierung und Besonderheiten der Produkte und des Serviceangebotes. Daraus werden Ideen und Optionen für Operating-Modelle in groben Zügen entwickelt und mit den Designprinzipien verglichen – auch diese sollen dann anschließend erneut überprüft und ggf. weiterentwickelt werden. So erfordert z. B. eine Niedrigpreisstrategie Effizienz in allen Bereichen, die sich im OMC dann in einer schlanken Wertschöpfungskette, in einer stark zentralisierten, funktionalen Organisationsstruktur und in standardisierten, IT-gesteuerten einheitlichen Prozessen niederschlagen könnte. Für die einzelnen Felder eines OMC können unterschiedliche Konzepte angewendet werden. So entstehen mehrere alternative Operating-Modelle.

Die Entwicklung erfolgt an einer großen Tafel oder auf einem Flipchart mit dem Grundmodell des OMC (Abb. 9.1). Die Ideen werden in die einzelnen Canvas-Felder hineingeschrieben oder mit Klebezetteln (Post-its) eingetragen. Dabei können verschiedene Farben verwendet werden, um besonders wichtige oder kritische Aspekte hervorzuheben.

Campbell et al. (2018) schlagen eine mögliche Reihenfolge von Arbeitsschritten vor (siehe Tab. 9.1).

Schritt 4: Entwickeln von detaillierten Designideen

Auf der Basis mehrerer grundlegender Designoptionen erfolgt eine genauere Ausarbeitung der Modelle. Der OMC als ein flexibles Rahmenkonzept macht dafür keine weiteren Vorgaben. In jedem Feld können funktions- und aktivitätsspezifische Instrumente und Konzepte eingesetzt werden. Die Autoren schlagen dazu fünf Kerninstrumente und 13 Zusatzinstrumente vor (Tab. 9.2 und 9.3).

Zur Überprüfung der Optionen schlagen die Autoren abschließend 27 Fragen vor (Campbell et al. 2018), mit denen die Qualität und Konsistenz der Entwürfe beurteilt werden kann.

Tab. 9.1: Mögliche Reihenfolge von Arbeitsschritten zur Entwicklung des OMC (Quelle: in Anlehnung an Campbell et al. 2018, S. 30 f.)

1.	Zeichnen einer Wertschöpfungskette für jedes Kundensegment und Beschreiben des Wertversprechens; Kennzeichnen der Herausforderungen und möglichen Quellen für Wettbewerbsvorteile oder Exzellenz.
2.	Überlegen, welche Aktivitäten in den Wertschöpfungsketten verbunden oder kombiniert werden können, welche separat und welche von externen Partnern durchgeführt werden sollen.
3.	Überführen der Wertschöpfungskette in ein Organisationsmodell (Organigramm).
4.	Einfügen der Unterstützungsfunktionen (HR, IT etc.) in das Organisationsmodell; Kennzeichnen der Herausforderungen und möglichen Quellen für Wettbewerbsvorteile oder Exzellenz.
5.	Festlegen von Verantwortlichkeiten in einer Entscheidungsmatrix: Welche Entscheidungen werden von wem und wo in der Organisation getroffen?
6.	Beschreiben der notwendigen Mitarbeiterprofile und deren Qualifikationen, der Anreize, der Karrieremöglichkeiten und der Unternehmenskultur.
7.	Festlegen der Standorte im Hinblick auf die Verortung der Mitarbeiter und wichtiger Vermögensgegenstände.
8.	Zuordnen der Verantwortlichkeit für Schlüssel- oder Querschnittsprozesse auf bestimmte Personen.
9.	Entwickeln einer grundlegenden IT-Blaupause mit Schlüsselapplikationen und deren Eignern.
10.	Identifizieren der Lieferanten, mit denen eine enge Kooperation notwendig ist.
11.	Überprüfen, ob alle Herausforderungen und Designprinzipien im Modell berücksichtigt wurden.
12.	Definieren einer Management Scorecard mit wichtigen Projekten und zentralen Kennzahlen.
13.	Gestalten eines Managementkalenders mit Planung- und Kontroll-Meetings.

Tab. 9.2: Kerninstrumente zur Ausarbeitung des Operating Model Canvas (Quelle: in Anlehnung an Campbell et al. 2018, S. 96–107)

Canvas-Element	Instrument
P Wertschöpfungskette	Grafische Darstellung der Wertschöpfungskette mit den entscheidenden Stufen
O Organisation	Generische Organisationsmodelle (Funktionen, Geschäftsbereiche, Matrix, Netzwerk) und Organigramm
L Location/Standorte	Karte mit Standorten und Verbindungen (zwischen den Standorten, zu Kunden, zu den Zulieferern)
I Information/IT	IT-Blueprint mit den Designprinzipien für das IT-System: Matrix mit Funktionen der Wertschöpfungskette und den Organisationseinheiten, verwendete Hard- und Software, Integration in das ERP-System oder Einzelanwendung, abteilungsbezogene Verantwortung und Prozesseigner
S Supplier/Zulieferer	Lieferantenmatrix mit den Achsen „strategische Bedeutung der Aktivität" und „eigene Fähigkeiten". Sie unterstützt Entscheidung über In- und Outsourcing sowie die Auswahl und die Beziehungen zu den Lieferanten.

Tab. 9.3: Zusatzinstrumente zur Ausarbeitung des Operating Model Canvas (Quelle: in Anlehnung an Campbell et al. 2018, S. 108–131)

Canvas-Element	Instrument
Übergreifend	*Stakeholder Mapping* (vgl. Abschn. 5.2.3 dieses Buchs)
Übergreifend	*Logik-Diagramm* (vergleichbar mit dem Aktivitätssystem) mit den Auswirkungen von Auswahlentscheidungen im OMC auf die finanziellen Ziele
P	*Capability Map* mit den notwendigen Fähigkeiten in der gesamten Organisation und deren Zuordnung zu bestimmten IT-Bereichen
P	*Entscheidungsmatrix* für wichtige Entscheidungen und Entscheidungsträger, z. B. mit dem RAPID-Modell: **R**ecommends – Vorschlagen, **A**uthorizes – beratend mit Vetorecht, **P**erforms – führt aus, **I**nput – beratend ohne Vetorecht, **D**ecides – entscheidet verantwortlich
P	*Customer Journey Map* mit den Aktivitäten der Kunden, die diese selbst durchführen müssen, um das Produkt zu erhalten bzw. den Service zu nutzen
P	*Aktivitätssystem* mit einer grafischen Darstellung der Verknüpfung der Aktivitäten zur Erreichung des Wertangebots
P, S	*SIPOC-Schema* (Suppliers, Inputs, Processes, Outputs, Customers) mit der Verknüpfung der Input- und Output-Prozesse; ermöglicht ein besseres Verständnis der Prozesse
P, L	*Globalisierungsmatrix* mit den Achsen „Integrationskräfte" und „Reaktionsfähigkeit" zur Festlegung des Zentralisierungs- und Standardisierungsgrades
O	*Mitarbeitermodell* (gewünschte Art der Mitarbeiter, Anreize, Karrieremöglichkeiten und Unternehmenskultur, Vollzeitäquivalente der Bereiche)
O	*Ross-Modell* mit Festlegung des Integrations- und des Standardisierungsgrads von Geschäftsprozessen in der Organisation
O, I	*Prozesseigner-Matrix* mit einer Beschreibung, wer an den Kernprozessen der Wertschöpfungskette beteiligt (in der Regel mehrere Abteilungen) und wer davon verantwortlich ist
M	*Management Scorecard* mit Vision (vgl. Abschn. 3.3.1), Mission (vgl. Abschn. 3.3.2) und Werten, wichtigen Projekten und den zentralen Kennzahlen (vgl. Abschn. 9.2.2)
M	*Managementkalender* mit Festlegung der Planungs- und Kontroll-Meetings und anderer wichtiger Aktivitäten

Schritt 5: Auswahl des Modells aus den Optionen

Aus den detaillierten Optionen muss abschließend eine Option ausgewählt und umgesetzt werden. Dazu bietet das Modell keine Hilfestellung. Die Fragen zum Überprüfen der Optionen sind dafür nicht geeignet, da sie sich auf die Qualität des Erarbeiteten im Sinne der Anforderungen und nicht auf einen Vergleich der unterschiedlichen Optionen im Hinblick auf das optimale Darstellen eines Wertangebotes und das Erreichen der Unternehmensziele beziehen.

Die Auswahl muss also nach anderen Kriterien getroffen werden, z. B. in Anlehnung an die Auswahl strategischer Optionen (Johnson et al. 2017):

1. Eignung: Wie gut ist das Modell geeignet, um das Wertangebot für die Kunden zu erfüllen?
2. Akzeptanz: Wird das Modell von den relevanten internen und externen Stakeholdern akzeptiert?
3. Umsetzbarkeit: Wie schwierig ist das Modell umzusetzen, wie lange wird es dauern und welche Risiken sind erkennbar?

Nach der Auswahl der Option steht ein übersichtliches Modell für die Implementierung der Strategie bzw. des Geschäftsmodells zur Verfügung. Auf dieser Grundlage können weitere Entscheidungen zur Detaillierung getroffen werden. Diese werden dann nur noch teilweise von der Unternehmensführung, sondern überwiegend von den nachfolgenden Bereichen, Abteilungen und Teams getroffen. Das Operating-Modell stellt den angestrebten Soll-Zustand dar. Der Vergleich mit dem Ist-Zustand ermöglicht eine Kontrolle der praktischen Strategieimplementierung.

Das folgende Beispiel (Abb. 9.2) zeigt einen OMC für die Plattform von Uber. Die Teile des OMC, die besonders wichtig für die niedrigen Kosten als Wertangebot sind, werden mit einem $-Zeichen markiert. Diejenigen Elemente, die besonders wichtig für die schnellere und bessere Information als Wertangebot sind, werden mit einem #-Zeichen markiert.

Strategische Bedeutung und Nutzen

Die Operating-Modelle haben in den letzten zehn Jahren stark an Bedeutung gewonnen. Grund dafür ist, dass eine Planung der Implementierung komplex ist und viele Einzelheiten berücksichtigen muss. In einer dynamischen Umwelt steigen die Ansprüche an die Entwicklung von Strategien, genauso aber auch an ihre Umsetzung. Ein Operating-Modell bildet nach Blenko et al. (2014) die Brücke zwischen der Strategie und deren Umsetzung. Atmar et al. (2019) weisen auf die große Bedeutung der Übereinstimmung zwischen Strategie und Operating-Modell hin. Ein solches Modell schafft Übersichtlichkeit, lenkt den Fokus der Unternehmensführung auf entscheidende Voraussetzungen für die Strategieumsetzung und macht diese als Designprinzipien fassbar.

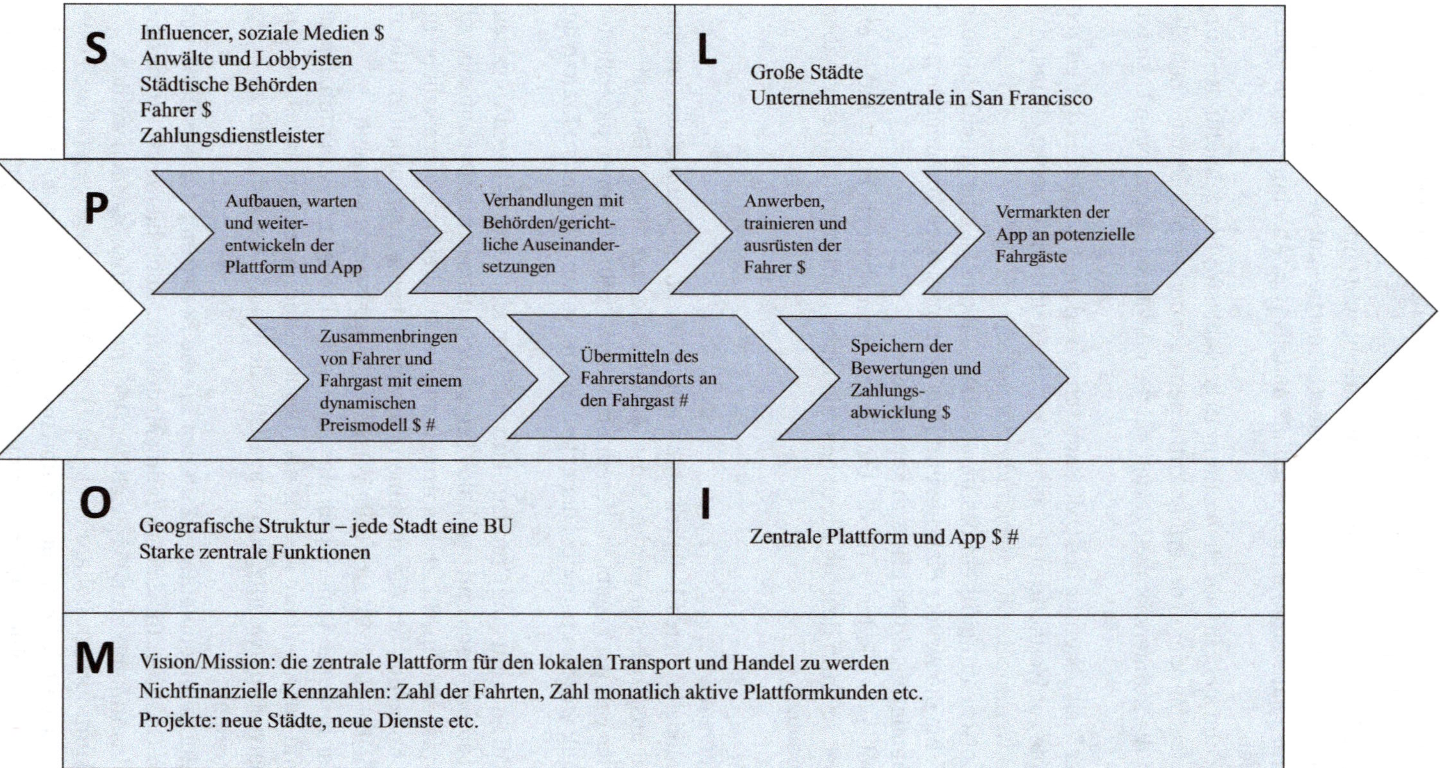

Abb. 9.2: Operating Model Canvas am Beispiel Uber (Quelle: in Anlehnung an Campbell et al. 2018, S. 51 mit eigenen Ergänzungen nach Uber 2019)

Für die Entwicklung eines Operating-Modells kann der OMC genutzt werden. Er bietet eine Reihe von Vorteilen:

- Der Operating Model Canvas ist eine übersichtliche und einfache Darstellung der wesentlichen Elemente zur Umsetzung einer Strategie (auf verschiedenen Ebenen) oder zur Realisierung eines Geschäftsmodells (vgl. Abschn. 7.3.1) in einem Unternehmen.
- Im Vordergrund steht immer ein bestimmtes geplantes Wertangebot für den Kunden. Durch das Markieren der erfolgskritischen oder derzeit problematischen Elemente wird die Aufmerksamkeit gezielt auf die relevanten praktischen Faktoren gelenkt.
- Mit Hilfe der Visualisierung des OMC kann schnell erkannt werden, ob die einzelnen Elemente zur Wertkette und zueinander passen und ob sie geeignet sind, das angestrebte Wertangebot für den Kunden zu realisieren.
- Nach der Entscheidung für ein bestimmtes OMC-Modell ist eine gute Grundlage vorhanden, um die weitere Planung und Detaillierung gezielt vorzunehmen und die Implementierungsfortschritte zu kontrollieren.
- Der OMC stellt einen Rahmen für die Umsetzung einer Strategie bereit und ist extrem flexibel. Er kann deshalb für unterschiedliche Implementierungsvorhaben genutzt werden.

Kritik des Instruments

Die Operating-Modelle bieten lediglich eine Grundstruktur, die dann situationsspezifisch im Detail ausgearbeitet werden muss, ähnlich wie dies für den BMC oder die PEST-Analyse der Fall ist. Es gibt in diesem Sinne auch kein allgemein akzeptiertes Operating-Modell, wie dies bspw. bei der externen Analyse und Porter's 5 Kräften der Fall ist.

Auch der OMC gibt nur eine Grundstruktur vor. Er macht keine weiteren Vorgaben, priorisiert nicht automatisch und beinhaltet keine Mechanismen und Dynamiken (vgl. Bus Model Canvas, Abschn. 8.2.2). Die Arbeit mit dem OMC erfordert zusätzliche Instrumente und Konzepte, um die einzelnen Canvas-Elemente auszuarbeiten. Hierzu machen Campbell et al. (2018) sinnvolle Vorschläge für passende Konzepte.

Der OMC ist in erster Linie ein Brainstorming-Werkzeug; eine Quantifizierung fehlt. Dies betrifft vor allem die Kostenseite. Deshalb sind, wie oben angesprochen, zusätzliche Analysen notwendig, um unrealistische Vorschläge aufgrund zu hoher Kosten zu vermeiden.

Der OMC gibt keine eindeutigen Kriterien für die Bewertung der verschiedenen ausgearbeiteten Optionen für das Operating-Modell vor. Auch hier muss auf andere Konzepte oder Instrumente zum Vergleich der Optionen zurückgegriffen werden.

Für die Zukunft fordern Bollard et al. (2017) ein neues („next generation") Operating-Modell, das digitale Technologien und operative Kompetenzen stärker miteinander verbindet. Unternehmen können nur mit einem integrierten, gut strukturierten

Operating-Modell Wert schaffen und überzeugende Kundenerfahrungen mit niedrigeren Kosten verbinden.

Ähnliche Instrumente

Business Architecture

Unter diesem Begriff wurde eine Reihe von Konzepten entwickelt, um aus dem Geschäftsmodell des Unternehmens und dessen Strategie die notwendigen operativen Funktionalitäten abzuleiten. Ursprünglich sehr stark aus der IT-Architektur abgeleitet, wurde das Konzept auf alle Unternehmensaspekte ausgeweitet. Im Vordergrund stehen ebenfalls die Wertketten, daneben die Fähigkeiten (weiter unterteilt in Mitarbeiter, Prozesse und Technologien), IT und Organisation. Die Business Architecture Guild versucht, dazu ein eigenes Berufsbild eines Business Architect zu entwickeln, zertifiziert Trainings und entwirft Referenzmodelle für spezifische Industrien (Business Architecture Guild 2018). Insgesamt ist dieser Ansatz im Vergleich zum OMC sehr komplex, weniger übersichtlich und lässt eine klare logische Struktur vermissen.

Andere Operating-Modelle

Die Operating-Modelle der großen Beratungsunternehmen wie z. B. Bain, Deloitte oder EY verfolgen alle die Zielsetzung, auf Basis der Strategie ein effizientes Design für die Implementierung zu liefern. Sie unterscheiden sich aber in ihrem jeweiligen Aufbau und ihrem Detaillierungsgrad. In der Regel werden Aussagen getroffen zu Mitarbeitern und deren Kompetenzen, zu Organisationsstrukturen, zu Technologien (insbesondere IT) sowie zu übergeordneten Steuerungs- und Managementverfahren. Eine praktische Vorgehensweise wird immer erwähnt, aber nicht weiter ausgeführt.

Überschneidungen mit anderen Instrumenten

Business Model Canvas

Der Business Model Canvas (vgl. Abschn. 8.2.2) beschreibt mit Schlüsselressourcen, -aktivitäten und -partnern bereits in sehr groben Zügen das Back End bzw. das Operating-Modell und damit, wie das Wertangebot für den Kunden erstellt wird. Der OMC knüpft daran an und gibt detaillierte Hinweise für die Umsetzung, die gezielt auf das Wertangebot ausgerichtet werden müssen. Gemeinsam ist beiden Modellen die Verwendung der Canvas-Methode, die eine Visualisierung von komplexen Zusammenhängen ermöglicht.

Wertkette

Die Wertkette von Porter (vgl. Abschn. 6.2.3) stellt die Verbindung zwischen einer Geschäftsstrategie und den funktionalen Strategien her. Strukturierungsmerkmal sind Aktivitäten, die eng an typische Abteilungen in Unternehmen angelehnt sind. Für eine Differenzierungsstrategie muss geklärt werden, an welchen Stellen der Wertkette die Differenzierung erreicht werden soll und wie trotzdem die aus der Differenzierung resultierenden Kostensteigerungen in Grenzen gehalten werden können. Für eine Strategie der Kostenführerschaft muss untersucht werden, wo große Effizienzpotenziale liegen und wie diese realisiert werden können. Gleichzeitig kann mit der Wertkette überprüft werden, ob die einzelnen funktionalen Strategien zueinander passen, wo Synergien entstehen und ob das Gesamtbild zur Geschäftsfeldstrategie passt. Große Unternehmen können prüfen, ob zwischen den einzelnen Wertketten der Geschäftsbereiche oder SBU's Synergien geschaffen werden können.

Die Wertkette von Porter und der OMC stellen beide die Wertkette in den Vordergrund. Porter's Wertkette zielt auf die Schaffung von Wettbewerbsvorteilen. Der Fokus des OMC bezieht sich auch die Bereitstellung eines besonderen Wertangebots für den Kunden. Die Wertkette deckt im Grunde genommen auch die wesentlichen Elemente des OMC ab. Sie ist aber deutlich komplexer und kann auch gut zur Analyse der Kosten genutzt werden. Der OMC hingegen ist sehr viel praktischer ausgerichtet und spricht zahlreiche wichtige Entscheidungen, z. B. Standorte, IT-System etc. direkt an. Anders als bei der umfassenderen Wertkette können mit dem OMC keine quantitativen Aussagen zu den Kosten abgeleitet werden.

BSC und KPI

Beide Konzepte gehen davon aus, dass alle strategischen Ziele mit Kennzahlen gemessen und gesteuert werden können. Sie beruhen auf dem Grundgedanken des Management by Objectives. Ziele werden gemeinsam von der über- und der nachgeordneten Ebene festgelegt. Für die Zielerreichung bzw. die Umsetzung ist dann die nachgeordnete Ebene verantwortlich. Demnach müssen für die Implementierung einer Strategie die wesentlichen Ziele definiert und auf die einzelnen Abteilungen, Funktionen und Hierarchieebenen heruntergebrochen werden.

Die BSC (vgl. Abschn. 9.2.2) wurde für bestehende Unternehmen entwickelt, die mit etablierten Strukturen arbeiten und mit Hilfe von Kennzahlen gesteuert werden. Wenn mit dem OMC neue Unternehmen, neue Geschäftsmodelle oder deren Veränderung umgesetzt werden sollen, schlagen Campbell et al. (2018) die BSC und KPI als Instrumente im Feld Management des OMC vor.

9.2.2 Balanced Scorecard (BSC)

„*If you can't measure it, you can't manage it*" (zitiert nach Kaplan/Norton 1997, S. 21).

Die Balanced Scorecard (BSC) ist ein System unternehmens- und strategiespezifischer Kennzahlen. Sie leitet aus der Vision und der Strategie Ziele für die vier Perspektiven Finanzen, Kunden, interne Geschäftsprozesse und Lernen und Entwicklung ab. Die Ziele werden über kausale Wirkungsketten miteinander verbunden, begründet und überprüft. Ihnen werden Kennzahlen, Vorgaben und Maßnahmen zugeordnet; diese Größen bilden zusammen die Balanced Scorecard. Sie erlaubt eine umfassende Kommunikation und Realisierung der Strategie. Die BSC unterstützt die

Planung der Strategieimplementierung und die Führung des Unternehmens mit strategischen Zielen. Die Rückkopplung von der Ergebnismessung auf die Strategie ermöglicht ein strategisches Lernen des Unternehmens.

Beschreibung und theoretischer Hintergrund

Zur Leistungsmessung und Unternehmenssteuerung werden traditionell die Finanzkennzahlen herangezogen. Sie führen zwangsläufig zu einer Überbewertung von kurzfristigen Entwicklungen gegenüber der Umsetzung der langfristigen strategischen Planung und zu einem eher reaktiven als proaktiven Verhalten des Unternehmens. Diese Erkenntnis hat in der Vergangenheit zur Entwicklung zahlreicher, unterschiedlicher Systeme zu Leistungsmessung und -management geführt, die mit einem Mix aus finanziellen und nichtfinanziellen Kennzahlen einen umfassenderen Blick auf die Situation des Unternehmens ermöglichen.

In Japan wurde aus dem Total Quality Management (TQM) in den 1960er und 1970er Jahren ein weitverbreiteter Ansatz zur Strategieentwicklung unter dem Namen Hoshin Kanri (Kompass Management, zielgerichtete Entwicklung) entwickelt (Akao 2016). Auf dieser Grundlage wurde in den 1980er Jahren beim US-Unternehmen Analog Devices ein kennzahlenbasierender „Quality Improvement Process" eingeführt, der bereits den Begriff Scorecard enthält (Schneiderman 2001 und Witcher/Chau 2007).

Kaplan und Norton (1992) beschreiben die Scorcard-Entwicklung in Fallstudien und entwickeln sie zu einem eigenen Instrument weiter. Es basiert erkennbar auf Hoshin Kanri, wurde aber stark vereinfacht und schematisiert und an die amerikanische Managementkultur angepasst. Die Balanced Scorecard (am besten übersetzt als ausgewogene Wertungsliste) verwendet neben den vergangenheitsorientierten Finanzkennzahlen kritische Indikatoren für den zukünftigen Unternehmenserfolg (Kaplan/Norton 1992).

Die Balanced Scorecard

Wenn die Zielsetzung der Strategie in der Steigerung des Shareholder Value liegt, stehen finanzielle Steuerungsgrößen im Vordergrund. Diese sind aber keine ausreichende Steuerungsgröße. Für den Unternehmenserfolg werden neben den Finanzkennzahlen deshalb in der BSC drei weitere Perspektiven berücksichtigt: Kunden, interne Prozesse und Lernen und Entwicklung. Abbildung 9.3 zeigt die typische BSC-Darstellung.

Für jede Perspektive werden spezifische, messbare Ziele, Maßnahmen und Indikatoren festgelegt. Die Ausgewogenheit (Balance) verhindert, dass einzelne Ziele auf Kosten anderer erreicht werden. So könnte eine erhöhte Lieferbereitschaft als Verbesserung für die Kunden durch einen erhöhten Lagerbestand und höhere Kosten erkauft oder mit Einsparungen in der Forschung das finanzielle Ergebnis auf Kosten der Entwicklungsfähigkeit erhöht werden. Die BSC kann solche unerwünschten Effekte sicht-

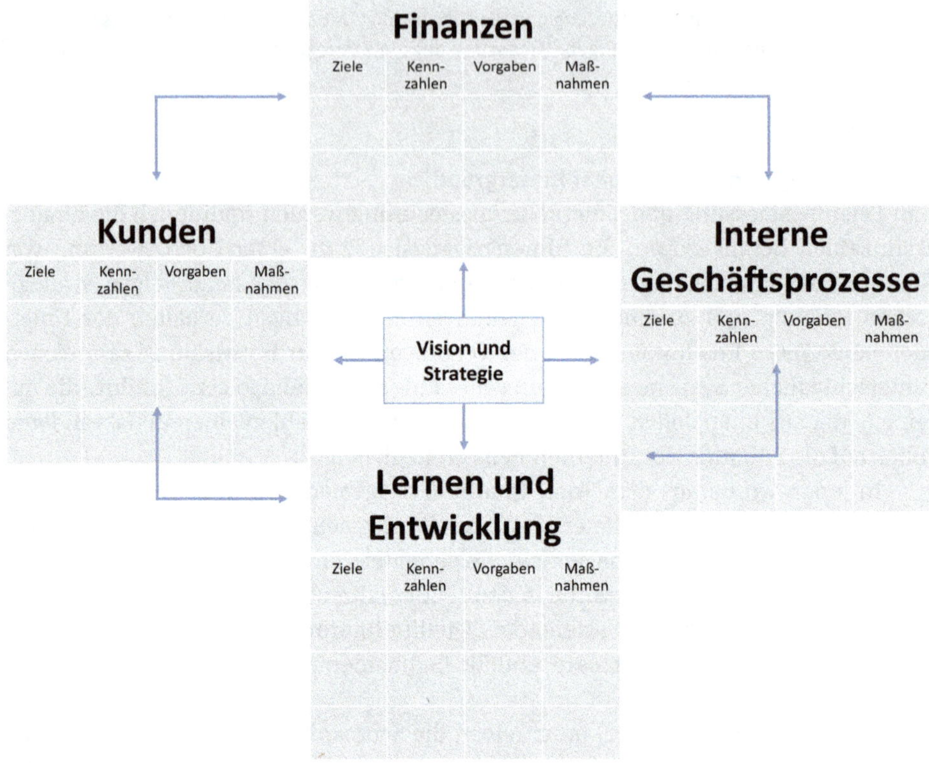

Abb. 9.3: Balanced Scorecard (Quelle: in Anlehnung an Kaplan/Norton 1996, S. 9)

bar werden lassen. Die BSC geht überdies von keinem automatischen Zusammenhang zwischen einem richtigen operativen Handeln und dem finanziellen Erfolg aus. „Not all long-term strategies are profitable strategies" (Kaplan/Norton 1992, S. 77) Grundlegend, wenn auch nicht immer kurzfristig, müssen sich Verbesserungen in den drei nichtfinanziellen Perspektiven auch in einer Verbesserung der finanziellen Ergebnisse niederschlagen. Geschieht das nicht, sind die Grundannahmen zur Strategie und Vision zu überprüfen.

Erst mit der Einbeziehung von Ursache-Wirkungsbeziehungen wurde aus der BSC ein Instrument der Strategieimplementierung, das sich von anderen bereits verwendeten multidimensionalen Kennzahlensystemen unterscheidet. Die zunehmende Bedeutung des Wissens als Wettbewerbsvorteil in vielen Branchen gegenüber materiellen Vermögenswerten stellt die Unternehmen vor das Problem, die Umsetzung von Strategien steuern zu müssen, deren zentrale Aspekte sie nur schwierig beschreiben und messen können. Eine zunehmend dynamischere Umwelt verlangt zudem schnellere Reaktionen und damit eine Ausrichtung aller Ebenen des Unternehmens auf die Strategie (Kaplan/Norton 2001).

Bei der Verknüpfung der Ziele mit Ursache-Wirkungszusammenhängen in einer Strategiekarte gehen Kaplan und Norton (1996 und 2004) von einer festen Zielhierarchie und einer grundlegenden Wirkungslogik zwischen den Perspektiven aus. Etwa in der Art: Lernen und Innovationen führen zu verbesserten internen Prozessen. Verbesserte Prozesse wiederum erhöhen den Wert der Produkte für die Kunden, ein erhöhter Umsatz oder höhere erzielbare Preise sind die Folge, wodurch sich das finanzielle Ergebnis verbessert. Die BSC wurde mit diesen Erweiterungen von einer strategiebegleitenden Leistungsmessung zu einer Methode der Strategieimplementierung und der strategischen Ausrichtung des Unternehmens. Horváth & Partner (2000) fassen zusammen:

1. Die BSC operationalisiert die Strategie durch Analyse und Beschreibung von Ursache-Wirkungszusammenhängen und durch messbare Zielsetzungen in den vier Perspektiven. Die BSC als Kommunikationsinstrument ermöglicht eine genaue Beschreibung und Vermittlung der Strategie im ganzen Unternehmen. Alle Mitarbeiter können sie verstehen und ihre Aktivitäten an ihr ausrichten.
2. Die BSC rückt die Strategie in den Mittelpunkt und richtet das Unternehmen an ihr aus. Die Fokussierung der Organisation auf die strategischen Themen und Prioritäten ermöglicht die Realisierung von Synergien zwischen den Geschäftsbereichen und funktionalen Abteilungen.
3. Strategie wird zur täglichen Angelegenheit aller Mitarbeiter. Die Strategie wird wahrgenommen und in eine persönliche BSC übersetzt. Die Vergütungssysteme sind an der persönlichen BSC orientiert.
4. Die Strategie wird zum kontinuierlichen Prozess. Strategie und Budgetierungsprozess müssen gekoppelt werden. Offene Informations- und Berichtssysteme auf Basis der BSC ermöglichen Führungskräften und Mitarbeitern die Verfolgung der Strategieimplementierung. Führungskräfte diskutieren regelmäßig (monatlich oder vierteljährlich) die Ergebnisse und treffen Entscheidungen zur weiteren Umsetzung. Die der BSC zugrundeliegenden Hypothesen (Ursache-Wirkungszusammenhänge) werden kontinuierlich überprüft und in der BSC entsprechend angepasst. Strategisches Lernen wird ermöglicht.
5. Die Führung muss zusammen mit der BSC einen Veränderungsprozess einleiten, der zu einem neuen, strategisch ausgerichteten Managementsystem führt.

Praktische Anwendung

Vorarbeiten: Organisatorische Einheit definieren, Vision und Strategie als Voraussetzungen für eine BSC überprüfen

Bereits vor der Erstellung einer BSC sollte das Unternehmen als generelle Zielvorstellung eine Vision und eine Strategie als Definition des Angebotsspektrums des Unternehmens, seiner Kostenposition, seiner Differenzierung im Wettbewerb und seiner Wachstums-, Umsatz- und Gewinnziele erarbeitet haben.

Der typische Anwendungsfall ist die BSC für eine strategische Geschäftseinheit (SGE) (Speckbacher et al. 2003). Die einzelnen SGE können anhand ihrer jeweiligen BSC auf Konzernebene diskutiert und bewertet werden. Deshalb ist zunächst die Geschäftseinheit oder Ebene auszuwählen, für die eine BSC erstellt werden soll. Gesamtunternehmen können zwar finanzielle Ergebnisse addieren, nicht aber die einzelnen Wertangebote für die Kunden. Deshalb ist die Erstellung einer BSC für ein Gesamtunternehmen schwierig. Obwohl ihr Nutzen begrenzt ist, werden dennoch Beispiele für Konzern-BSCs diskutiert (Kaplan/Norton 2001).

Aus der Vision und der Strategie ist abzuleiten, wie sich das Unternehmen nach der erfolgreichen Umsetzung von der Konkurrenz unterscheiden wird. Dabei hilft die Identifizierung der kritischen Erfolgsfaktoren, die wichtige Ziele der Strategieumsetzung und Hinweise für Messgrößen liefern können (Kaplan/Norton 1993). Horváth & Partner (2000) schlagen einen Strategiecheck mit Interviews der Führungskräfte und einer SWOT-Analyse (vgl. Abschn. 4.2) sowie die Festlegung einer eindeutigen strategischen Stoßrichtung vor.

Weiter empfehlen Horváth & Partner (2000), die Erstellung einer BSC als Projekt zu organisieren. Dazu werden eine Projektleitung, ein Kernteam, ein Lenkungsausschuss und verschiedene Arbeitsgruppen eingerichtet. Zur Vorbereitung der einzelnen Arbeitsschritte werden die Führungskräfte interviewt und deren Aussagen vom Kernteam ausgewertet und zusammengefasst. Die Ergebnisse der einzelnen Schritte werden jeweils in Workshops mit den Führungskräften diskutiert und überprüft. Dies zielt darauf ab, ein gemeinsames Verständnis und einen Konsens herbeizuführen. Alle Autoren betonen die Bedeutung des Prozesses der Erstellung einer BSC, der wesentlich zum Ziel einer strategischen Ausrichtung des gesamten Unternehmens und seiner Einzelaktivitäten beiträgt. Die Vorgabe einer BSC kann dies nicht leisten. Abbildung 9.4 beschreibt das Vorgehen für die Entwicklung einer BSC.

Schritt 1: Strategische Perspektiven festlegen

Kaplan und Norton (1996) schlagen vier Standardperspektiven (Abb. 9.3) vor:

1. Die *Finanzperspektive*. Sie beinhaltet z. B. Umsatzwachstum, Ertrag, Rendite, Unternehmenswert und Kosten.
2. Die *Kundenperspektive*. Sie fragt nach der Wahrnehmung der Leistung durch den Kunden und welche Kunden das Unternehmen gewinnen will.
3. Die *interne Geschäftsprozessperspektive*. Sie befasst sich mit Leistungen für das Erreichen von Finanz- und Kundenzielen.
4. Die *Lern- und Entwicklungsperspektive*. Sie beinhaltet personen- oder organisationsbezogene Aspekte wie Wissen, Innovationsfähigkeit oder Motivation.

Die BSC lässt sich durch die Auswahl der Perspektiven an die Gegebenheiten des einzelnen Unternehmens anpassen. Für den Handel z. B. könnte eine Lieferantenperspektive sinnvoll sein (Wie sehen uns die Lieferanten? Welche Lieferanten wollen wir

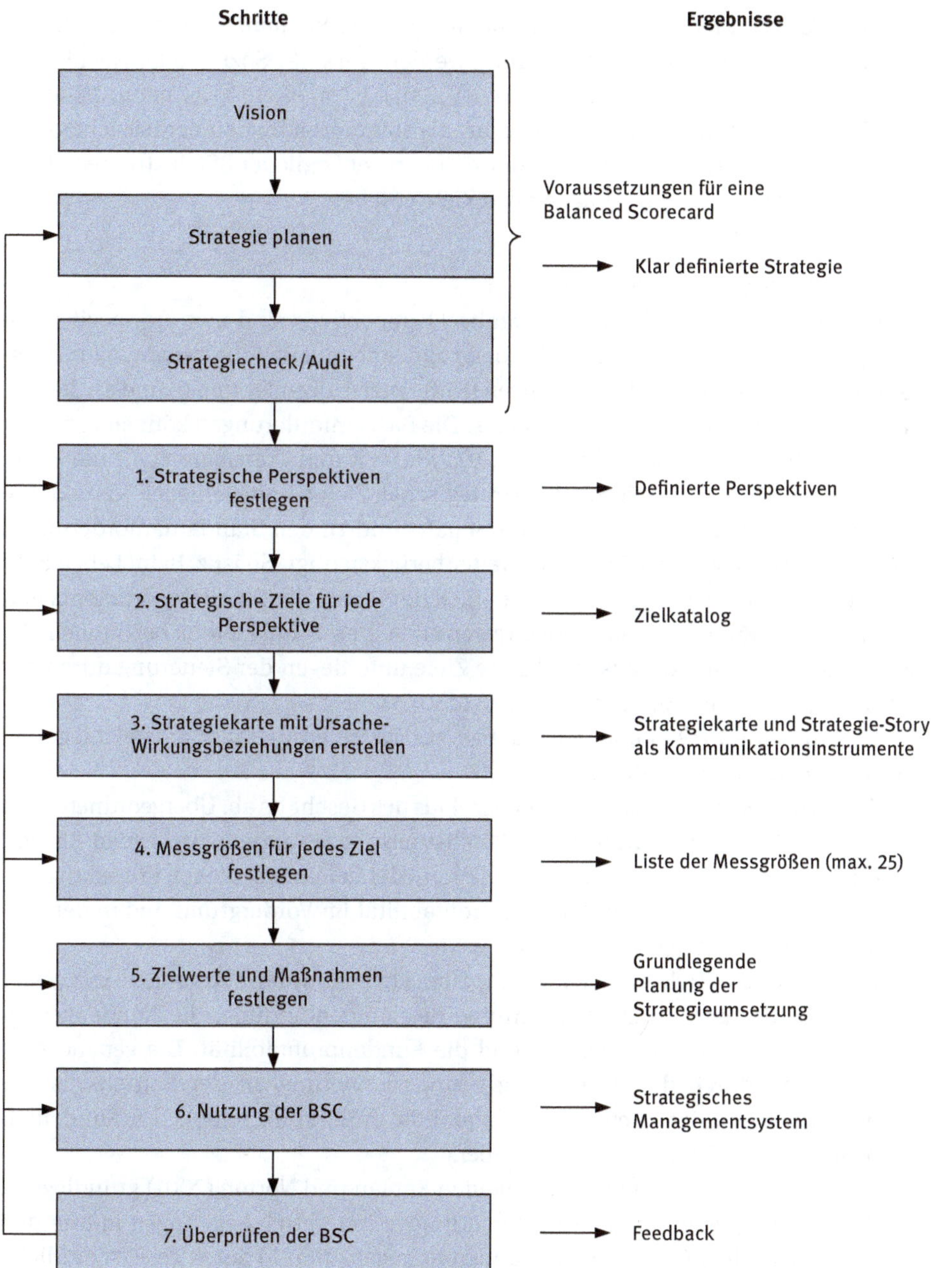

Abb. 9.4: Vorgehen bei der Erstellung einer Balanced Scorecard

haben?). Für die Kreditwirtschaft erscheint z. B. eine Refinanzierungs- oder Risikoperspektive als sinnvoll. Als Erweiterung werden Umwelt-, Sozial- oder Nachhaltigkeitsperspektiven diskutiert (Hahn/Wagner 2001). Parmenter (2015) nennt Mitarbeiterzufriedenheit, Umwelt und Gesellschaft als standardmäßig zu berücksichtigende Perspektiven. Zusätzliche Perspektiven werden in der Logik der BSC instrumentell als langfristige Absicherung der finanziellen Ziele gesehen.

Schritt 2: Strategische Ziele ableiten

Für jede der im ersten Schritt ausgewählten Perspektiven sind nun die spezifischen strategischen Ziele abzuleiten. Im Vordergrund stehen dabei die besonderen Anforderungen der Strategie an die Leistungen (Differenzierungsmerkmale) und an die Effizienz (Kostenposition) des Unternehmens. Die Basisanforderungen können zunächst mit aufgeführt werden, müssen jedoch, um Klarheit und Transparenz für die Beteiligten herzustellen, deutlich von den strategischen Zielen unterschieden werden. Die Basisziele zur Aufrechterhaltung des Geschäfts und zu den Standardanforderungen der Branche werden in der BSC nicht weiter berücksichtigt. So ist z. B. im Lebensmitteleinzelhandel eine hohe Regalverfügbarkeit der Waren des Standardsortiments notwendig, um die Kundenanforderungen zu erfüllen. Dafür sind Ziele zu bestimmen. Basisanforderungen und daraus abgeleitete Ziele unterliegen der Steuerung durch das operative Controlling (Horváth & Partner 2000).

Kaplan/Norton (1996 und 2001) geben zur Orientierung Standardzielkategorien für jede Perspektive vor (Abb. 9.5):

- Finanzielle Ziele hängen vom Lebenszyklus des Geschäfts ab. Übergeordnetes Ziel ist der Unternehmenswert. In der Wachstumsphase werden vorwiegend Risiko-, Gewinn- und Wachstumsziele formuliert, in der Reifephase stehen Produktivitäts- und Kostenziele als Grundlage der Profitabilität im Vordergrund und in der Erntephase die Nutzung der Vermögenswerte.
- Übergeordnete Ziele in der Kundenperspektive sind der Marktanteil insgesamt oder bei der gewünschten Zielgruppe die Kundenbindung, die Kundengewinnung, die Kundenzufriedenheit und die Kundenprofitabilität. Die genaue Auswahl wird durch die strategische Grundorientierung an der Betriebsleistung (wettbewerbsfähige Preise, Produktqualität und Termintreue), der Kundennähe und der Produktqualität vorgegeben.
- In der Prozessperspektive unterscheiden Kaplan und Norton (2001) grundlegend die Schaffung von Kundenwert durch Innovation, durch Leistungen in internen und logistischen Prozessen, im Kundenmanagement und durch gesellschaftliche Verantwortung (Einhalten von Gesetzen und Umweltschutz). Daraus ergeben sich Zielkriterien, die an den Prozessen in der Wertkette orientiert werden können (Kaplan/Norton 1996).

– Die Lern- und Entwicklungsperspektive beinhaltet die Personalqualifizierung, die Technologie, die eingesetzten Systeme und die Unternehmenskultur. Hierzu werden keine genaueren Abhängigkeiten formuliert.

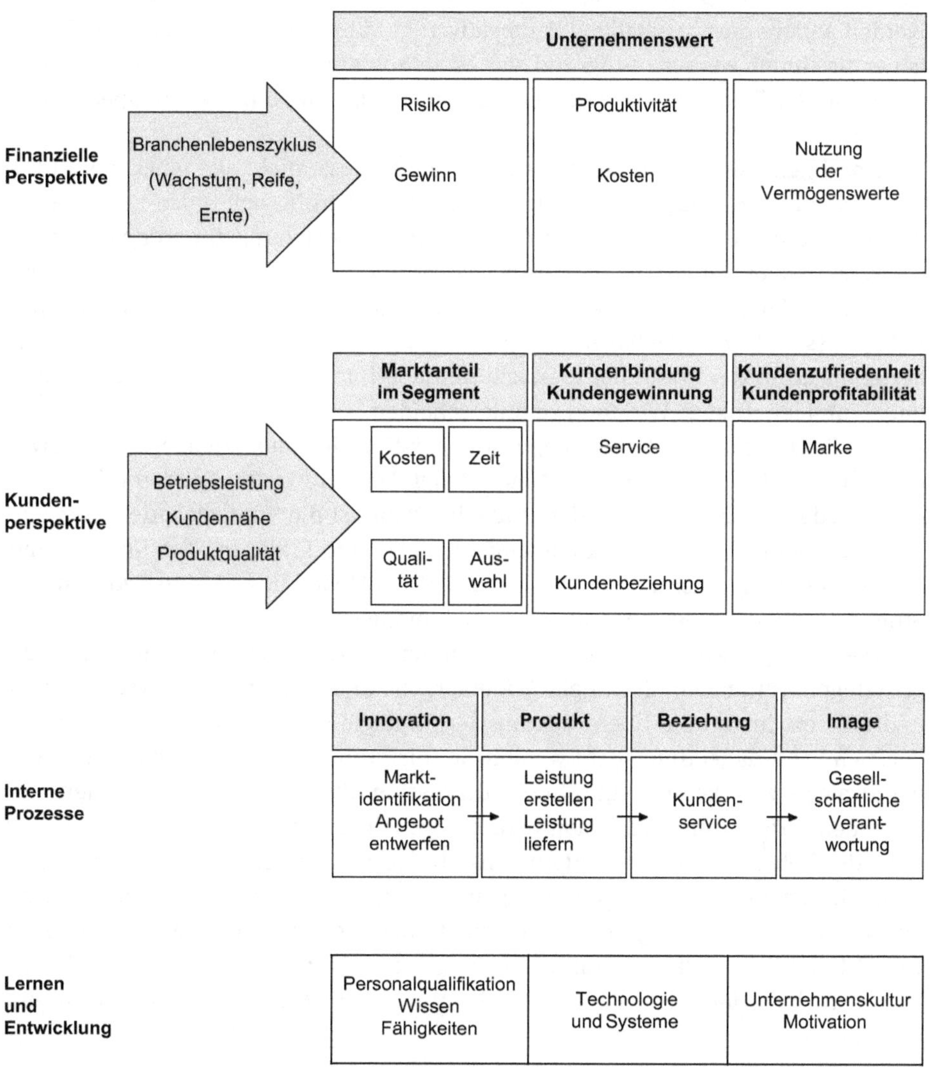

Abb. 9.5: Standardzielkategorien der BSC (Quelle: in Anlehnung an Kaplan/Norton 1996, S. 224 ff. und 2001, S. 179)

Um eine Fokussierung auf die strategisch zentralen Ziele zu erreichen, werden pro Perspektive etwa vier Messgrößen ausgewählt. Im Normalfall werden also etwa 16 bis 25 Messgrößen verwendet.

Schritt 3: Ursache-Wirkungsbeziehungen in einer Strategiekarte analysieren

Die Ziele aus Schritt zwei werden in einer Strategiekarte mit den Ursache-Wirkungsbeziehungen verknüpft. Dazu sind die Perspektiven untereinander anzuordnen: ganz oben die Finanzperspektive, darunter die Kundenperspektive, gefolgt von der internen Prozessperspektive und als Basis die Lern- und Entwicklungsperspektive. Werden andere oder zusätzliche Perspektiven gewählt, muss deren Reihenfolge genauer bestimmt werden. Aufgrund der Shareholder-Value-Logik der BSC sind sie unterhalb der Finanzperspektive und auch meist unterhalb der Kundenperspektive einzufügen.

Anschließend werden die zentralen (und nur diese, nicht alle möglichen) Ursache-Wirkungsbeziehungen, auf denen die Strategie beruht, von unten nach oben in die Perspektiven eingetragen. Die Ursache-Wirkungsbeziehungen werden horizontal (zwischen Zielen innerhalb einer Perspektive) und vertikal (von unten nach oben) untersucht. Zur Vereinfachung werden Rückkopplungen von oben nach unten außer Acht gelassen. Horváth & Partner (2000) schlagen vor, zusätzlich Ursache-Wirkungsbeziehungen in der grafischen Darstellung nach ihrer zeitlichen Einordung (kurz-, mittel- und langfristige Wirkung) zu unterscheiden.

Die Strategiekarte liefert die Begründung dafür, wie immaterielle Vermögenswerte zu finanziellen Ergebnissen und materiellen Werten für den Kunden führen und erläutert damit die Grundzüge der Strategie. Damit ist die Strategiekarte weder eine umfassende Analyse aller Zusammenhänge noch eine Erklärung des Geschäftsmodells oder gar ein deterministisches, quantitatives Modell. Sie ist eine Erklärung der Strategie auf Basis eines gewählten Geschäftsmodells.

Die Strategiekarte dient gleichermaßen der Überprüfung der Strategie und der getroffenen Annahmen. Eventuelle Widersprüche und Zielkonflikte werden deutlich und müssen durch eine Überarbeitung der Strategie korrigiert oder gelöst werden. Zugleich kann dabei untersucht werden, wo die größten Defizite für die Umsetzung der Strategie zu erkennen sind. In der Diskussion über die der Strategie zugrundeliegenden Wirkungsmechanismen wird ein gemeinsames Verständnis der Strategie unter den Beteiligten bzw. im Unternehmen herbeigeführt. Kaplan und Norton (2004) haben in einem weiteren Buch Vorlagen für Strategiekarten für die einzelnen generischen Strategien vorgestellt. Die Inhalte der Strategiekarte werden zusätzlich verbal formuliert (Strategy Story), da die Strategiekarten nicht immer direkt verständlich sind (Horváth & Partner 2000). Abbildung 9.6 zeigt ein Beispiel für eine Strategiekarte.

Schritt 4: Messgrößen für die Zielerreichung definieren und festlegen

Für die im vorausgegangenen Schritt formulierten Ziele werden Messgrößen festgelegt. Die Wahl der Messgrößen beeinflusst sowohl die Schwerpunktsetzung der Aktivitäten als auch die Beurteilung der Zielerreichung. Output- bzw. Ergebnisgrößen sind als Messgrößen zu bevorzugen, da Inputs nicht automatisch zu den gewünschten Er-

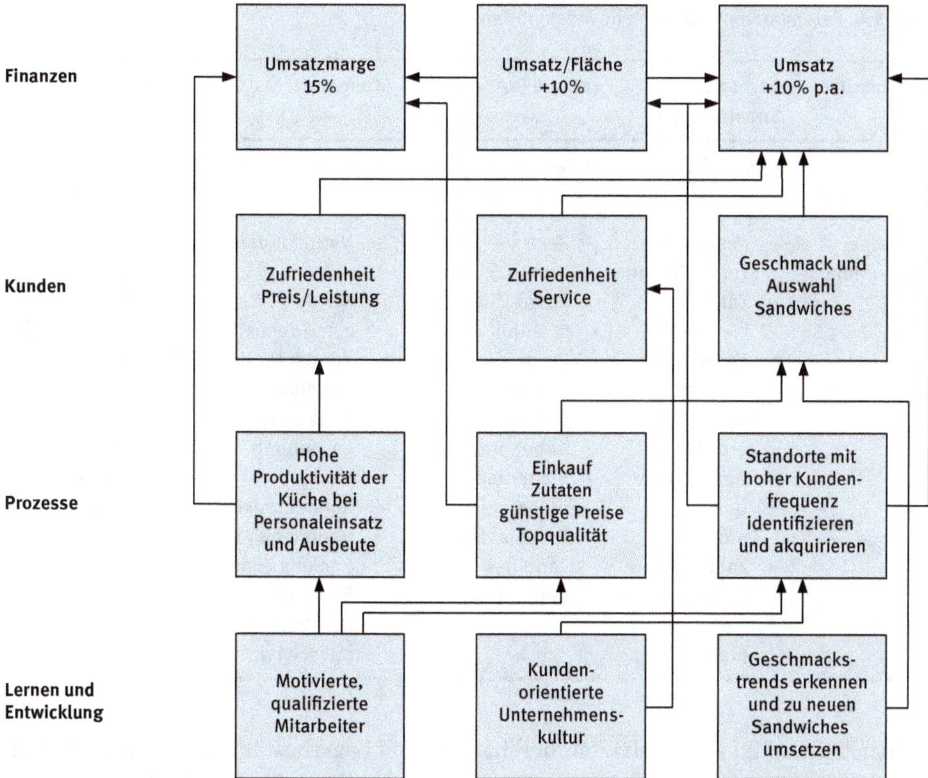

Abb. 9.6: Beispiel einer Strategiekarte für eine Schnellimbisskette für Sandwichs (Quelle: in Anlehnung an Ambrosini et al. 1998, S. 22 ff.)

gebnissen führen. Bei der Auswahl der Messgrößen ist eine sorgfältige Abwägung zwischen den Anforderungen an eine hohe Zuverlässigkeit und Aussagekraft einerseits und dem Aufwand zur Datenerhebung anderseits notwendig. Aus den 16 bis 25 Zielen ergeben sich pro Perspektive etwa vier bis fünf Messgrößen (Horváth & Partner 2000). Die gewählten Messgrößen sind genau zu bezeichnen, Einheiten und Berechnungsmodus sind zu definieren, der Rhythmus der Erhebung und die Datengrundlage sind zu dokumentieren (Tab. 9.4).

Schritt 5: Zielwerte und Maßnahmen festlegen

Für die einzelnen Ziele werden in der BSC Maßnahmen und quantitative Zielwerte festgelegt. Die Zielwerte müssen realistisch und mit den geplanten Maßnahmen erreichbar sein, aber dennoch eine Herausforderung darstellen. Strategische Maßnahmen und Projekte sind somit einzelnen strategischen Zielen genau zugeordnet, ihr Erfolg kann über den Zielbeitrag beurteilt werden. Zielkonflikte müssen über die Zielwerte gelöst werden, so dass eine Balance oder ein Optimum angestrebt wird (vgl. den typi-

Tab. 9.4: Perspektiven und typische Messgrößen

Perspektive	Lernen und Entwicklung	Interne Prozesse	Kunden	Finanzen
Relevante Stakeholder	Mitarbeiter	Organisation (Lieferanten)	Kunden	Eigentümer/ Kreditgeber
Typische Messgrößen	– Mitarbeiterzufriedenheit – Zahl oder Wert der Verbesserungsvorschläge pro MA – Gewinn oder Umsatz pro MA – Zahl der Patentanmeldungen pro Jahr	– Zentrale Produktivitätskennzahlen – %-Anteil neuer Produkte/ Umsatz – % erfolgreiche Angebote – Sicherheitsindex – Durchlaufzeiten – Termineinhaltung	– Nettokundennutzen – Kundenzufriedenheit – Kundenloyalität – Kundenbindung – Neukundengewinnung – Marktanteil – Kundenrankings – Unabhängige Rankings und Bewertungen der Produkte oder Services	– Umsatz – Betriebsergebnis – Umsatzrendite – Cash Value Added – ROCE – Cashflow – Zuverlässigkeit der Gewinnprognosen – Auftragsbestand

schen Zielkonflikt zwischen Lieferbereitschaft und Lagerbeständen). Mit den Zielwerten wird die Grundlage für einen Soll-Ist-Vergleich gelegt. Aus den Maßnahmen können Budgets, Termine und Verantwortlichkeiten abgeleitet werden. All das ist zusammen mit den Zielwerten zu dokumentieren. Anschließend kann entschieden werden, ob die untergeordneten Ebenen oder Organisationseinheiten oder einzelne Mitarbeiter aus der bereits erstellten BSC Ziele für sich ableiten und eine eigene BSC für ihre Ebene erstellen.

Schritt 6: Nutzung der BSC

Die Ergebnisse werden regelmäßig für die einzelnen Perspektiven und Messgrößen im Zusammenhang und im Vergleich zu den Plan- und Zielwerten berichtet. Einführung und Nutzung der BSC sind organisatorisch und informationstechnisch sorgfältig zu planen. Wichtige Fragen sind dabei:

- Auf welche Daten kann zugegriffen werden und welche müssen neu erhoben werden? (Dies wird oft durch die verwendeten IT-Systeme bestimmt und durch den zusätzlichen Aufwand zur Datenerhebung begrenzt.)
- Wer ist für die BSC verantwortlich?
- An wen wird berichtet?
- In welchem Rhythmus wird berichtet?
- Welche Software wird verwendet?

- Wie werden die Ergebnisse aufbereitet (z. B. Ampelsysteme oder Cockpits)?
- Welche Anreize werden mit den Zielen und Kenngrößen verbunden (Integration in Management by Objectives und Vergütungssysteme)?

Schritt 7: Regelmäßige Überprüfung

Die Messwerte der BSC werden laufend zur Steuerung der Strategieumsetzung verwendet. Es wird überprüft, ob Maßnahmen planmäßig umgesetzt und die mit ihnen angestrebten Ziele erreicht wurden. In größeren Abständen (Quartal, Jahr) werden die Messwerte zu einer grundlegenden Bewertung der Strategieimplementierung herangezogen. Jährlich oder zweijährlich muss die BSC selbst überprüft werden. Ziele und Zielwerte sind gegebenenfalls anzupassen. Wird die Strategie selbst verändert, muss auch die BSC sofort angepasst werden, andernfalls bliebe die alte Strategie unbeabsichtigt weiter in Kraft. Eine weitere Rückkopplung ergibt sich aus der Überprüfung der Strategie anhand der Ursache-Wirkungsbeziehungen, die ggf. zu einer Anpassung der Strategie und zu strategischen Lernprozessen führt.

Kritik des Instruments

Als Top-down-Instrument setzt die BSC auf eine äußerliche Steuerung der Mitarbeiter, die dann nicht mehr intrinsisch motiviert aufgrund ihrer Fachkenntnisse das für das Unternehmen Richtige tun, sondern sich – verstärkt durch die Anreizsysteme – auf eine kennzahlendefinierte Zielerfüllung konzentrieren (Nørreklit 2000). Die BSC kann auf diese Weise die Diskrepanz zwischen intendierter und realisierter Strategie im Vergleich zu einer Verwendung von rein finanziellen Kennzahlen sogar vergrößern. Nørreklit (2000) bezweifelt auch, dass ein kennzahlengetriebener Top-down-Ansatz die angestrebte strategische Rückkopplung und das Lernen in der Organisation fördert. Auch Horváth & Partner (2000) kritisieren den Top-down-Ansatz, der zu einer stärkeren Zentralisierung und einer Einschränkung von Entscheidungsspielräumen führt. Um diese negativen Folgen zu verringern, schlägt er ein partizipierendes Vorgehen bei der Erarbeitung der BSC sowie eine Einschränkung der Vorgaben auf die Weitergabe des Zielsystems an die nachfolgende Strategieebene vor. Diese erarbeitet die BSC für ihre Ebene dann eigenverantwortlich.

Kaplan und Norton (2001 und 2004) erwähnen zwar die Möglichkeit zusätzlicher oder anderer Perspektiven, geben aber keine Anleitung, wie diese in das Ursache-Wirkungsdiagramm einzuordnen sind. Das verstärkt die Neigung zur Nutzung der Standardperspektiven. Für die Ursache-Wirkungsbeziehungen enthält die BSC keine Methodik außer der grafischen Darstellung und den grundlegenden Zielkategorien, die auf Porter's generischen Strategien (vgl. Abschn. 7.3.3) und dem Branchenlebenszyklus (vgl. Abschn. 5.2.7) beruhen. Die BSC vereinfacht überdies die Ursache-Wirkungsbeziehungen sehr stark, unterschlägt Rückkopplungen (Nørreklit 2000) und vermittelt ein sehr mechanistisches Bild des Unternehmens (Parmenter 2015). Nørreklit (2000) kritisiert die Vermischung logischer Schlussfolgerungen (aus der Begrifflichkeit – mehr rentable Kunden erhöhen den Gewinn) und kausaler Ursache-Wirkungsbeziehungen – führt Kundenzufriedenheit zu mehr Umsatz? Er schlägt daher vor, die Beziehungen zwischen den Zielen über den jeweiligen Zweck zu definieren.

Weitere Kritik zielt auf den hohen Umsetzungsaufwand der BSC in der Praxis. Neue Messgrößen müssen oft aufwendig erhoben werden, was ein Hindernis für die Anwendung darstellt oder zur Verwendung wenig aussagefähiger, aber leicht zu erhebender Indikatoren führt. Die Perspektive Lernen und Entwicklung ist hierfür ein Beispiel – die Ziele für diese Perspektive sind nur schwierig und meist kaum objektiv zu messen. In der Praxis werden deshalb auch ungeeignete oder wenig aussagekräftige Input-Messgrößen verwendet oder es wird ganz auf diese Perspektive verzichtet (Speckbacher et al. 2003), obwohl gerade sie Kaplan und Norton (1993) zufolge ein zentrales Argument für die BSC darstellt. Offensichtlich wenig geeignete Indikatoren können dazu führen, dass die ganze BSC nicht ernsthaft angewendet wird.

Der Umsetzungsaufwand steigt mit der Ableitung von weiteren BSC's auf untergeordnete Ebenen bis hin zu einzelnen Mitarbeitern. Damit wird eine große Menge von Kennzahlen generiert, die ständig aktualisiert, gemessen und bewertet werden müssen. Für viele Standardaufgaben ist ein Strategiebezug nur sehr schwer herzustellen. In der Praxis kann dies zu großen Datenfriedhöfen führen, die für das Management und die Mitarbeiter nicht relevant sind. Zudem laufen Manager Gefahr, ihre Führungsaufgaben mit der Definition und Messung einer Kennzahl als erledigt zu betrachten. Umsetzungsaufwand entsteht auch bei einer Strategieänderung, der sich dann sofort in der BSC niederschlagen muss.

Fortschritte in der IT und Datenverarbeitung führen inzwischen zu anderen Vorgehensweisen: Viele digitale und datengetriebene Unternehmen konzentrieren sich auf nur wenige strategische Kennzahlen. Die zugrundeliegenden Treibergrößen und weitere funktionale Kennzahlen für das Management werden zunehmend über die Auswertung von großen Datenmengen ermittelt – und nicht von den Führungskräften aufgrund von subjektiver Erfahrung oder wie bei der BSC anhand einer Strategiekarte und aus vorgegebenen Perspektiven (Schrage/Kiron 2018).

Strategische Bedeutung und Nutzen

Die Balanced Scorecard ermöglicht es, die Strategie zu operationalisieren, darzustellen und zu kommunizieren. Die Strategie wird durch die BSC zu einem kontinuierlichen Thema und Prozess im Unternehmen. Prozesse, Ressourcen und Einheiten der Organisation werden auf die Strategie ausgerichtet und koordiniert. Die Balanced Scorecard bezieht vor- und nachlaufende Indikatoren sowie monetäre und nichtmonetäre Ziele ein, was sie zum Instrument eines ganzheitlichen Managementansatzes macht.

Die Vision bzw. Strategie lässt sich durch die Überführung in strategische Initiativen mit definierten Zielen auf operatives Handeln herunterbrechen und führt zu detaillierten Zielsetzungen und Planungen. Die BSC verknüpft also die strategische

Planung mit der Umsetzung und der Kontrolle. Mit der Erstellung einer Strategiekarte werden im BSC-Prozess Unklarheiten und Meinungsverschiedenheiten deutlich und können geklärt werden. Die BSC als Rahmengerüst für die strategische Diskussion kann so ein gemeinsames Strategieverständnis herbeiführen und Ressortegoismen und eine interessengeleitete Wahrnehmung und Interpretation von Ergebnissen vermindern (Kaufmann 2002 und Taylor 2010). Defizite in der strategischen Logik und das Fehlen wichtiger Aufgaben und Zielsetzungen können erkannt und behoben werden. Die einfache Struktur der BSC ermöglicht eine Komplexitätsreduktion in der Steuerung und eine Konzentration auf die strategisch wichtigen Ziele und Faktoren. Die Wirkungszusammenhänge zwischen den einzelnen Unternehmenszielen werden deutlich. Die Balanced Scorecard begründet Maßnahmen und Verantwortlichkeiten. Die Strategie kann mit der Strategiekarte und der „Strategy Story“ wirkungsvoll und nachvollziehbar intern als auch extern (gegenüber Investoren und Kreditgebern) kommuniziert werden.

Dem Nutzen der BSC steht ein hoher Aufwand gegenüber, der dann zu rechtfertigen ist, wenn in Unternehmen tiefgreifende Veränderungen geplant sind. Wenn hingegen prinzipiell alles bekannt ist und wenig verändert wird, ist der Aufwand kaum sinnvoll. Mit der Balanced Scorecard kann die Verantwortung und Motivation der Mitarbeiter gestärkt werden, weil sie damit ihren Beitrag zur Umsetzung der Strategie des Unternehmens verstehen und messen können. Dies gilt aber nur, wenn der eigentliche Top-down-Charakter der BSC durch eine partizipierende Erarbeitung der BSC gemildert wird.

Die BSC ist auf geplante, präskriptive Strategien ausgerichtet. Unternehmen, die flexibel als Reaktion auf Umweltveränderungen und eigene Erfahrungen eine erfahrungs- und lernorientierte Strategie entwickeln, können die BSC zur schnellen Umsetzung und Kommunikation der Veränderungen in der Strategie nutzen.

Ähnliche Instrumente

ZVEI-Kennzahlensystem

Das Kennzahlensystem des deutschen Zentralverbands der Elektrotechnik- und Elektronikindustrie (ZVEI 1998) als Weiterentwicklung des DuPont-Kennzahlensystems enthält Wachstums- und Strukturkennzahlen und dient zur Unternehmenssteuerung. Es stützt sich auf überwiegend finanzielle Kennzahlen, ein direkter Strategiebezug fehlt jedoch.

Hoshin Kanri

Das Hoshin-Kanri-Modell (Akao 2016) verbindet die Vision und Unternehmensziele mit der Strategie und deren Implementierung, Kontrolle und Weiterentwicklung. Die Methode geht über die Implementierung hinaus und beinhaltet auch zahlreiche Elemente der strategischen Analyse und der Strategieformulierung, die beide nicht getrennt von der Implementierung gesehen werden. Die Entwicklung des Unternehmens soll einer klar definierten Politik folgen und sich auf drei bis fünf strategische Ziele konzentrieren. Nach der Festlegung der strategischen Ziele werden die kurz- und langfristigen Ergebnisse, die Umsetzungsstrategie, die Zielwerte, die Maßnahmen und die Verantwortlichkeiten geplant. Die zeitlich gestaffelten Zielwerte werden aus der Analyse des Ist-Zustandes und dem Benchmarking abgeleitet. Den einzelnen Ergebnissen wird weniger Bedeutung beigemessen als den Prozessen, mit denen sie erzielt worden sind. Denn wenn die Prozesse beherrscht werden, können die gewünschten Resultate reproduziert werden und sind kein Zufall.

Das Erreichen der Ziele, geplanter Leistungen und Ergebnisse wird kontinuierlich gemessen. In regelmäßigen Abständen werden im Plan-Do-Check-Act-Zyklus (PDCA) die Umsetzung der Planung überprüft, Abweichungen untersucht und Veränderungen beschlossen, die in die nächste Planung einfließen. Der aus dem TQM übernommene PDCA-Zyklus mit seinen Feedbackmechanismen soll die Strategie und deren Umsetzung laufend anpassen und verbessern. Hoshin Kanri spiegelt die japanischen Managementmethoden und Unternehmenskultur wider.

EFQM

Die aus dem Total Quality Management entwickelte Methode der European Foundation for Quality Management (EFQM 2020) bewertet eine Organisation gesamthaft auf Basis von Standardkriterien mit fester relativer Bedeutung (Dror 2008). Diese Methode beinhaltet fünf Befähigungs- und vier Ergebniskriterien. Anders als beim Shareholder-Ansatz der BSC liegt dem EFQM-Modell ein Stakeholder-Ansatz zugrunde. Wie in der BSC können für die Indikatoren Zielwerte festgelegt werden. EFQM kann die Voraussetzungen für eine strategieorientierte Organisation schaffen, ist aber selbst kein spezifisches Instrument für die Strategieimplementierung wie die BSC.

Überschneidungen mit anderen Instrumenten

Benchmarking

Aus dem Benchmarking (vgl. Abschn. 5.2.8) können die Zielwerte für einzelne Indikatoren der BSC abgeleitet werden – unter Berücksichtigung der Frage, ob es darum geht, einen Vorsprung zu erhalten oder auszubauen oder ob ein Rückstand gegenüber den Wettbewerbern aufgeholt werden muss.

Schlüsselerfolgsfaktoren

Mit der Analyse der Schlüsselerfolgsfaktoren werden direkte Steuerungsgrößen für das strategische Management ermittelt (vgl. Abschn. 5.2.9). Aus ihnen und der Strategie lassen sich die Ziele der BSC für die einzelnen Perspektiven ableiten. Umgekehrt können die ermittelten Schlüsselerfolgsfaktoren mit der Strategiekarte überprüft werden.

Objectives and Key Results (OKR) und Key Performance Indicators (KPI)

Diese Verfahren (vgl. Abschn. 9.2.3) definieren Ziele und Leistungskennziffern. Beide sind wesentlich flexibler; die relevanten Ergebnis- und Leistungsgrößen werden ohne eine starre Gliederungsstruktur direkt aus der Strategie abgeleitet. Sie ersetzen in vielen Unternehmen die BSC.

9.2.3 Objectives and Key Results (OKR)

„*Nur wer sein Ziel kennt, findet den Weg*" (Laotse, vermutlich 6. Jh. v. Chr.).

Für die Implementierung von Strategien in einem agilen Umfeld wurde im Silicon Valley das OKR als Instrument zur Setzung und Erreichung von Zielen entwickelt. Es unterscheidet zwischen wichtigen strategischen Zielen (Objectives – was ist zu tun?) und den Schlüsselergebnissen oder Meilensteinen (Key Results – welche Ergebnisse müssen vorliegen, damit die Ziele erreicht sind?). OKR sollen im Hinblick auf den Unternehmenstyp, die jeweilige Situation und die Strategie flexibel angepasst werden. Ein OKR-System richtet das Unternehmen, Teams und Mitarbeiter auf wenige zentrale Ziele aus und misst den Fortschritt bei der Zielerreichung. Im Sinne eines agilen Managements kann mit sehr kurzen, quartalsbezogenen Planungs- und Kontrollzyklen gearbeitet werden.

Beschreibung und theoretischer Hintergrund

In den 1950er Jahren hat Peter Drucker das Management by Objectives (MbO) entwickelt; ein in der Praxis sehr oft eingesetztes Verfahren zur Führung von Mitarbeitern über individuelle Zielvereinbarungen (Drucker 1955). Das Unternehmensziel wird in Unterziele für die nachgeordneten Bereiche bis auf die Mitarbeiterebene aufgebrochen. Vorgesetzte und Mitarbeiter definieren je nach Führungsstil mehr oder weniger gemeinsam konkrete Ziele, deren Erreichen in der Regel mit finanziellen Anreizen verbunden ist.

Auf dieser Grundlage hat Andy Grove (1983) in den 1970er Jahren bei Intel OKR eingeführt, um schnell und schlagkräftig auf Umweltveränderungen reagieren zu können. Doerr (2018) entwickelte diesen Ansatz weiter und baute zu Beginn des neuen Millenniums ein erfolgreiches OKR-System für Google auf. Mittlerweile hat OKR diesen Vorbildern folgend in der IT- und Internetbranche weite Verbreitung gefunden.

Im Vergleich zum traditionellen MBO arbeiten OKR mit wenigen strategischen Zielen und erreichen so eine stärkere Fokussierung der Führungskräfte und Mitarbeiter. Die Aktivitäten und der Ressourceneinsatz werden auf die Ziele ausgerichtet. Wie ein Ziel erreicht werden kann, wird mit den kritischen Ergebnissen (Meilensteinen) begründet und beschrieben. Weitere Unterschiede zum klassischen MBO bestehen in der Transparenz der OKR (sie sind unternehmensintern bekannt) und dass sie meist nicht mit finanziellen Anreizen verknüpft werden (Doerr 2018). Die Transparenz der Ziele soll eine höhere intrinsische Motivation und eine bessere Zusammenarbeit der Mitarbeiter (auch funktionsübergreifend) ermöglichen. Ziele und Schlüsselergebnisse sind deshalb verständlich, konkret, überprüfbar, messbar und wertbezogen zu formulieren. Ähnlich wie bei der Balanced Score Card (vgl. Abschn. 9.2.2) werden die Ziele und Schlüsselergebnisse auf Abteilungen, Teams und Mitarbeiter heruntergebrochen. Sie sind monatlich zu überprüfen, regelmäßig anzupassen und transparent darzustellen. OKR eignen sich vor allem für Unternehmen, die in einem agilen Umfeld operieren mit hohen Wachstumsmöglichkeiten, für Situationen mit großer Unsicherheit über die zukünftige Entwicklung und für hochqualifizierte Mitarbeiter, die bereit sind, sich mit ehrgeizigen Zielen zu identifizieren.

Praktische Anwendung

Die praktische Anwendung folgt der Darstellung von Doerr (2018). Weitere Beispiele und Erklärungen sind auf der Internetseite http://www.whatmatters.com zu finden. Eine Fallstudie von Teipel und Alberti (2019) zur Einführung von OKR bei einem Energie-Discounter vermittelt neben praktischen Erfahrungen einen guten Überblick. Die folgende Abb. 9.7 zeigt die sechs Schritte zur Entwicklung von OKR in einer typischen zeitlichen Abfolge.

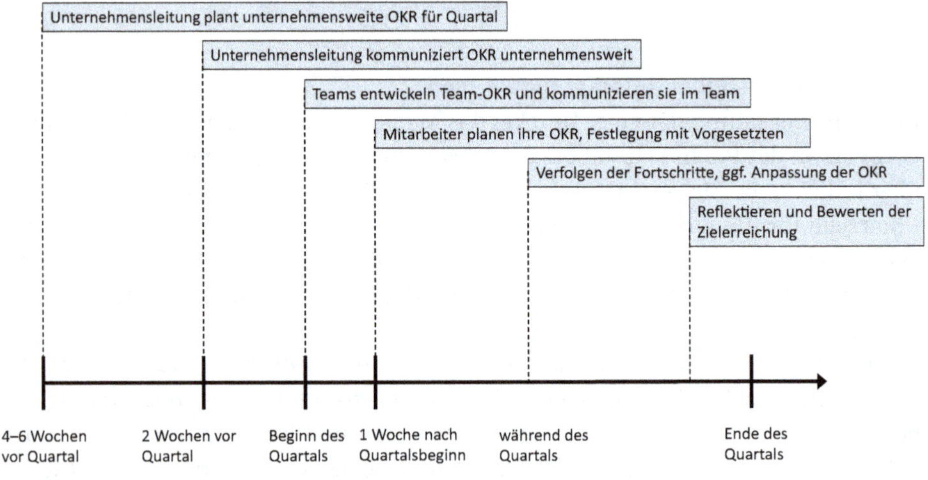

Abb. 9.7: OKR-Zyklus (Quelle: in Anlehnung an Doerr, 2018, S. 267)

Schritt 1: Ziele setzen (O)

Die Ziele werden von der Unternehmensführung aus der Vision/Mission, der Strategie oder spezifischen Plänen und Situationen abgeleitet. Sie können aber auch Vorschläge des Managements oder von Mitarbeitern aufgreifen. Fünf bis sieben wichtige Ziele, in der Regel mit einem Zeithorizont von drei bis fünf Jahren, sind im Sinne einer Prioritätensetzung für ein Unternehmen ausreichend. Für jedes Ziel wird von drei bis fünf Schlüsselergebnissen ausgegangen (Pachadsaram/Prince 2019). Diese allgemeine Regel wird angepasst an die jeweilige Situation. Die Ziele müssen ehrgeizig, objektiv und rational überprüfbar sein; man will mit ihnen bewusst nicht das normale Tagesgeschäft abbilden. Sie müssen einen realen (d. h. wirtschaftlichen) Wert für das Unternehmen darstellen und dürfen keine Widersprüche in sich enthalten. Um negative Auswirkungen einer Zielsetzung zu vermeiden, müssen diese antizipiert und mit eigenen Zielsetzungen bzw. Schlüsselergebnissen verhindert werden. Wenn z. B. ein Ziel zur Kostensenkung zu negativen Auswirkungen auf die Servicequalität des Unternehmens führen könnte, müssen die quantitativen und qualitativen Aspekte der weiterhin mindestens zu erreichenden Servicequalität definiert werden. Das Erreichen der Zielsetzungen erfordert eine kollektive Anstrengung (in der Praxis wird dennoch meist einer Führungskraft die individuelle Verantwortung zugeordnet).

Schritt 2: Ableiten von Schlüsselergebnissen (KR)

Um die Ziele zu erreichen, werden Schlüsselergebnisse als Meilensteine identifiziert. Sie stellen die Ergebnisse von spezifischen Aktivitäten dar. Auch diese müssen messbar (z. B. Kennziffern) und glaubwürdig dokumentiert (Notizen, Berichte) sein; die zu erreichende Zielgröße und der Zeitraum zur Erreichung müssen festgelegt werden. Zur Identifizierung der Schlüsselergebnisse kann auf die Analyse der Schlüsselerfolgsfaktoren zurückgegriffen werden (z. B. Parmenter 2015):

- *Kartierung:* Die für ein Ziel notwendigen Ergebnisse werden kartiert und Verbindungen zwischen ihnen werden mit Pfeilen eingetragen. Schlüsselergebnisse können an der Zahl der Wechselwirkungen und einer zentralen Position erkannt werden.
- *Matrix:* Alle für ein Ziel notwendigen Ergebnisse werden auf den zwei Achsen einer Matrix aufgetragen. Wechselwirkungen zwischen zwei Ergebnissen werden mit einem x markiert. Die Ergebnisse mit der größten Zahl der Wechselwirkungen stellen mit hoher Wahrscheinlichkeit die Schlüsselergebnisse dar. Die folgende Tab. 9.5 zeigt eine solche Matrix für technische Industrieprodukte wie z. B. Prozessoren.

Die ermittelten KR sollen das Erreichen des Ziels sicherstellen. Sind sie sinnvoll festgelegt, müsste bei 100 %iger Erfüllung der KR das Ziel auch zu 100 % erreicht werden. Zu prüfen ist, welche Schlüsselergebnisse notwendig sind, ohne die das Ziel nicht erreicht werden kann. Weiter ist zu prüfen, ob es hinreichende (komplementäre) Schlüsselergebnisse gibt, die auch zum Ziel führen, aber durch andere Schlüsselergebnisse ersetzt werden könnten. So hat Intel (siehe Beispiel unten) zwar eine überlegene Leistung des Intel-Prozessors durch Leistungsindikatoren belegen können (die technische Qualität und deren Nachweis können als eine notwendige Bedingung angesehen werden), jedoch mussten die Kunden auch davon mit Hilfe einer neuen Marketingkonzeption und daraus abgeleiteten Maßnahmen überzeugt werden (dies könnte als ein hinreichendes Schlüsselergebnis angesehen werden, das durch Alternativen ersetzt werden könnte). Für die Schlüsselergebnisse kann eine individuelle Verantwortung auf Manager oder Mitarbeiter übertragen werden.

Tab. 9.5: Ergebnismatrix zur Ermittlung von Schlüsselergebnissen

Ergebnisse	**Technische Eigen-schaften**	**System-eigen-schaften**	**Verfügbarkeit System-komponenten**	**Benchmark-Ergebnisse**	**Aussagefähige Kunden-information**	**Roadmap-Entwicklung**	**Vorserien-muster neuer Produkte**	**Produkt-name**
Technische Eigenschaften		x		x		x	x	x
Systemeigenschaften	x		x	x	x	x	x	x
Verfügbarkeit Systemkomponenten	x	x		x	x		x	
Benchmark-Ergebnisse	x	x	x		x			
Aussagefähige Kunden/ Anwendungsinformation	x	x	x	x			x	x
Roadmap-Entwicklung	x	x	x	x	x		x	
Vorserienmuster neuer Produkte					x	x		
Produktname	x	x			x			
Summe Wechselwirkungen	**7**	**5**	4	**6**	**6**	3	**5**	3

Schritt 3: Festlegen von unternehmensweiten OKR als Ergebnis

Als Ergebnis der ersten beiden Schritte werden die OKR definiert; zwei Typen werden deutlich unterschieden und gehandhabt:

- *Verpflichtende OKR* (z. B. das Erreichen eines bestimmten Servicelevels) sind zu 100 % und zu einem bestimmten Zeitpunkt zu erfüllen. Wenn Probleme mit der Erreichung absehbar sind, müssen diese auf der nächsthöheren Managementstufe diskutiert werden, um steuernd eingreifen zu können. Werden verpflichtende OKR nicht erreicht, dann ist eine Aufarbeitung der Ursachen im Unternehmen zwingend erforderlich: Was waren die Ursachen? Was muss getan werden, um diese abzustellen?
- *Ehrgeizige OKR* (z. B. die Entwicklung und Markteinführung eines technisch überlegenen Prozessors oder einer neuen Software) sind per se mit Unsicherheiten, besonderen Risiken und Schwierigkeiten verbunden. Die OKR müssen realistisch, d. h. erreichbar sein, auch wenn sie keine inkrementelle, sondern nur eine große Verbesserung (Faktor 10!) oder eine völlige Veränderung anstreben. Im Mittel kann eine Erfüllung ehrgeiziger OKR von 70 % erwartet werden. Teipel und Alberti (2019, S. 35) formulieren deshalb treffend: „In der Welt der OKR gilt 70 als die neue 100."

  Die Zielerfüllung kann z. B. in einem Ampelsystem verfolgt werden. Google verwendet dazu die folgende Skala: 0 bis 0,3 rot (d. h., es wurden keine Fortschritte erzielt), 0,4 bis 0,6 gelb (d. h. Fortschritte vorhanden, aber Ziel nicht erfüllt) und 0,7 bis 1 grün (Ziel erfüllt). Wenn die OKR nicht erfüllt werden, bleiben sie weiter auf der Tagesordnung oder sie werden an eine andere Abteilung oder ein Team übergeben, die bessere Erfolgsvoraussetzungen haben.

Es muss daher klar und deutlich formuliert und kommuniziert werden, um welchen Typ es sich bei einem OKR handelt.

Für die OKR ist zu formulieren, wie mit diesem Vorgehen Wert für das Unternehmen geschaffen wird. Die OKR werden anschließend unternehmensweit kommuniziert. Sie haben eine zentrale Bedeutung und sind eine Daueraufgabe für die Führungskräfte.

Beispiel (in Anlehnung an Doerr 2018, S. 35–42, sinngemäße Übersetzung durch die Autoren): 1979 war Intel mit seinem Mikroprozessor 8086 gegenüber der Konkurrenz (Prozessor 68000 von Motorola und Z8000 von Zilog) mit ihren schnelleren und einfacher zu programmierenden Produkten ins Hintertreffen geraten und verlor Marktanteile. Die Mikroprozessoren hatten für die zukünftige Entwicklung von Intel eine strategische Bedeutung. Eine interne Analyse ergab, dass Intel für die Kunden andere wichtige Systemvorteile durch Designhilfen, Co-Prozessoren und eine kontinuierliche Weiterentwicklung der Produkte bieten konnte. Die Entscheidung eines Kunden für den 8086 bildete die Voraussetzung, um die wachstumsstarken, attraktiven Zusatzgeschäfte wahrnehmen zu können. Intel definierte daraufhin als unternehmensweites Ziel, den 8086 als die leistungsfähigste Prozessoren-Familie zu etablieren – die „Operation Crush" wurde mit starker Unterstützung des Topmanagements gestartet. Andy Grove, CEO von Intel, veränderte innerhalb von vier Wochen die strategischen Prioritäten von

Intel. Mehrere Projektteams entwickelten aus der Zielsetzung die notwendigen Schlüsselergebnisse. Das folgende Beispiel zeigt die Zielsetzung (Kategorie ehrgeizige Ziele) und Schlüsselergebnisse für das zweite Quartal 1980.

Zielsetzung: Etablieren des 8086 als die leistungsfähigste Mikroprozessor-Familie (gemessen durch die folgenden)

Schlüsselergebnisse:
1. Fünf Benchmarks zu entwickeln und zu veröffentlichen, die zeigen, dass die 8086-Prozessorenfamilie im Vergleich zum Wettbewerb insgesamt überlegene Leistungen bietet
2. Ein neues Marketingkonzept für die 8086-Prozessorenfamilie zu entwickeln
3. Die Produktion der neuen 8 MHz-Variante zu starten
4. Muster des neuen arithmetischen Ko-Prozessors bis zum 15. Juni bereitzustellen

Schritt 4: Aufgliedern nach Abteilungen, Teams und Mitarbeitern

Die OKR des Unternehmens werden auf die einzelnen Abteilungen und Teams heruntergebrochen. Eine horizontale Integration kann durch übergreifende OKR erfolgen, die für mehrere Teams gültig sind; dabei kann die Verantwortung für einzelne KR auf verschiedene Teams verteilt werden. Dies erfolgt durch die Manager der Abteilungen bzw. durch die Teams. Die Mitarbeiter planen daraufhin ihre OKR und legen sie gemeinsam mit ihren Managern in einem OKR-Gespräch fest. Zu überprüfen ist, ob alle wichtigen Aktivitäten der Teams bzw. der Mitarbeiter mit OKR's abgebildet sind. Wenn dies nicht der Fall ist, sind entsprechende OKR zu entwickeln. Weiterhin ist zu prüfen, ob durch das Erreichen der OKR die Ressourcen der Teams vollständig ausgelastet werden. Ist dies nicht der Fall, sind die OKR ehrgeiziger anzusetzen.

Für die Operation Crush mussten die OKR mit Hilfe von Projektteams auf die nächsten Ebenen heruntergebrochen werden. Im obigen Beispiel arbeitete der technische Bereich für das zweite Quartal 1980 mit den folgenden OKR:

Zielsetzung: Bereitstellung von 500 Stück der Prozessoren in der 8 Mhz-Variante bis 30. Mai (gemessen durch die folgenden)

Schlüsselergebnisse:
1. Entwickeln des finalen Art-to-Foto-Plots bis zum 15. April
2. Liefern der Rev 2.3-Masken an die Produktion bis zum 9. April
3. Fertigstellen der Testbänder bis zum 15. Mai
4. Herstellen der roten Etiketten spätestens bis zum 1. Mai

Schritt 5: Implementieren, regelmäßig verfolgen und anpassen

Alle OKR sollen unternehmensöffentlich und transparent sein. Ausnahmen gelten für besondere OKR von Mitarbeitern und besonders sensitive Aspekte (z. B. rechtliche Themen oder bei M&A-Prozessen). Die Fortschritte werden monatlich oder wöchentlich kontrolliert und kommuniziert. Aufgabe des Managements ist es, Feedback zu geben, zu diskutieren und Anstrengungen und Fortschritte anzuerkennen. Die OKR werden, anders als die Ziele bei einem MbO-System, nicht an die Bezahlung oder andere materielle Belohnungen gekoppelt, um so ein mutiges Verhalten, neue Wege und das Eingehen von Risiken zu fördern. Die Rolle des Managements soll sich von der eines Kontrolleurs in Richtung eines Coaches bewegen. Wenn sich herausstellt, dass sich OKR schneller oder nicht erreichen lassen, ist eine Anpassung, eine zeitliche Streckung oder die Übertragung an andere, besser geeignete Teams notwendig. Ebenso kann es passieren, dass bestimmte OKR ihre Bedeutung verlieren und deshalb zu streichen sind.

Schritt 6: Bewerten und auswerten

Am Ende eines OKR-Zyklus wird die Zielerreichung bewertet (in %). Gleichzeitig wird reflektiert, welche Gründe für das Erreichen oder Nichterreichen maßgeblich waren und welche Schlussfolgerungen daraus für die Zukunft zu ziehen sind.

Für die Operation Crush wurden im zweiten Quartal 1980 die folgenden Ergebnisse erzielt:

Zielsetzung: Etablieren des 8086 als die leistungsfähigste Mikroprozessorfamilie (gemessen durch die)

Schlüsselergebnisse:

1. Fünf Benchmarks zu entwickeln und zu veröffentlichen, die zeigen, dass die 8086-Prozessorfamilie im Vergleich zum Wettbewerb insgesamt überlegene Leistungen bietet (0,6) (drei von fünf Benchmarks wurden entwickelt – fast grün)
2. Ein neues Marketingkonzept für die 8086-Prozessorfamilie zu entwickeln (1,0)
   (neuer Auftritt der 8086-Familie unter der Produktlinie iAPX – grün)
3. Die Produktion der neuen 8 MHz-Variante zu starten (0)
   (der Produktionsbeginn war geplant für Mai, aber aufgrund von Problemen mit Polysilizium musste bis Oktober aufgeschoben werden – rot)
4. Muster des neuen arithmetischen Ko-Prozessors bis zum 15. Juni bereitzustellen (0,9)
   Geplant war die Auslieferung von 500 Einheiten bis 15. Juni, erreicht wurden aber nur 470 – grün)

Damit ergibt sich eine durchschnittliche Zielerreichung von 0,675 oder 67,5 %. Das Intel-Topmanagement beurteilte das Ergebnis als etwas unter den Erwartungen, aber im Hinblick auf die aggressiven Ziele als akzeptabel.

Kritik des Instruments

Das Instrument zielt auf Wachstum und Veränderungen. Es wurde von der agilen Software- und IT-Branche geprägt, für die hohe Entwicklungs- und Veränderungsgeschwindigkeiten und die Notwendigkeit schneller Erfolge typisch sind. Für Unternehmen in reifen und stabilen Branchen kann der OKR-Ansatz weniger passend sein, weil ehrgeizige Wachstums- und Veränderungsziele schwieriger zu definieren sind bzw. die Motivationswirkung vermutlich geringer sein wird. Wenn dies dann häufig zum Nichterreichen von Zielen führt, kann auch ein beträchtliches Frustrationspotenzial innerhalb der Organisation entstehen.

Fraglich ist auch, ob ehrgeizige Ziele in allen Situationen, bei allen Mitarbeitern und in allen Kulturen zu einer hohen intrinsischen Motivation führen. Dies ist eine Grundannahme der Methode, die vor dem Hintergrund des in der amerikanischen Kultur und Wirtschaft stark ausgeprägten Optimismus zu sehen ist. Sie kann nicht ohne Weiteres in andere Wirtschaftsräume übertragen werden. Das Buch von Doerr (2018) zeichnet hier ein überaus optimistisches Bild.

OKR definiert als generischer Ansatz die Begriffe Ziele und Schlüsselergebnisse und erklärt, welche Anforderungen die Ergebnisse erfüllen sollen und welche Fehler dabei gemacht werden können. Der Ansatz enthält aber keine Methodik, wie aus der Strategie Ziele und Schlüsselergebnisse abgeleitet werden können. Dies bleibt den Beteiligten und deren Kompetenzen bzw. Erfahrungen überlassen. Hierzu könnte man bspw. die Strategy Maps von Kaplan und Norton (2004) verwenden.

Die Fokussierung auf wenige Schlüsselergebnisse kann u. U. dazu führen, dass andere, ebenfalls wichtige Faktoren außer Acht bleiben, die aber großen Einfluss auf das Erreichen des Ziels haben können. So wurden OKR bspw. von der Bill & Melinda Gates Stiftung für ein spezielles Programm zur Bekämpfung und Ausrottung von Malaria eingesetzt. Im Rahmen dieses Programms wurden sehr ehrgeizige Ziele gesetzt und immense Mittel bereitgestellt (Doerr 2018). Trotzdem konnte das Ziel, Malaria bis 2015 auszurotten, nicht erreicht werden. Die Forscher machten zwar Fortschritte, aber diese werden durch die zunehmende Resistenz der Erreger gegen Insektizide und Medikamente gefährdet (Bill & Melinda Gates Foundation 2019). Die Vermeidung von Resistenzen als ein Schlüsselergebnis hätte möglicherweise dazu geführt, dass diesem Aspekt mehr Aufmerksamkeit geschenkt worden wäre.

Ein letzter Kritikpunkt bezieht sich auf die Rolle der Führungskräfte und die Kompetenzen der Mitarbeiter. Die Formulierung von Zielen und Schlüsselergebnissen reicht alleine nicht aus. Gerade in einem agilen Umfeld müssen die Führungskräfte als Coach agieren und die Mitarbeiter befähigen, um rasch neue Wege zu finden. Gleichzeitig müssen die Mitarbeiter über gute Problemlösungskompetenzen verfügen (Kudernatsch 2018).

Strategische Bedeutung und Nutzen

OKR sind besonders geeignet für Unternehmen, für die Agilität zu einem zentralen Erfolgsfaktor wird. Das gilt für Unternehmen, die in Branchen agieren, deren Umfeld durch eine hohe Dynamik und Unsicherheit gekennzeichnet ist. Oft ist das auch der Fall bei neugegründeten Unternehmen, schnell wachsenden Unternehmen oder solchen Unternehmen, die einen grundlegenden Transformationsprozess durchlaufen. In einer Untersuchung des Innovationsmanagements von Google sehen Steiber und Alange (2013) OKR als ein geeignetes System zur Leistungsmessung für kontinuierliche Innovationen. Das OKR-Konzept bildet einen wichtigen Baustein im Zusammenspiel mit einer ausgeprägten Innovationskultur, qualifizierten, ehrgeizigen und intrinsisch motivierten Mitarbeitern, einer relativ losen Organisationsstruktur und einem partizipativen Führungsstil. Es erfordert hohe Sorgfalt beim Setzen der ehrgeizigen Ziele, regelmäßiges Feedback für Teams und Mitarbeiter, betont Ziele und Termine (die beide aber aufgrund der Umstände modifiziert werden können) und feiert und anerkennt Erfolge (Doerr 2018).

Der Nutzen von OKR lässt sich konkret wie folgt zusammenfassen (ähnlich Kudernatsch 2018):

- Klarer Fokus und weniger Verzettelung durch eine beschränkte Zahl von Zielen auf der Team- und Mitarbeiterebene.
- Stärkere Entscheidungs- und Handlungsorientierung durch differenzierte Aufteilung in vereinbarte und anspruchsvolle Ziele einerseits und in Schlüsselergebnisse anderseits.
- Bessere horizontale, funktionsübergreifende Koordination durch Transparenz der Ziele und Meilensteine auf allen Ebenen.
- Mehr Engagement und Motivation durch die gemeinsame Entwicklung von Zielen und Meilensteinen (Top-down- und Bottom-up-Prozess) und Transparenz.
- Höhere Risikobereitschaft und Lernen aus Fehlern durch die Abkoppelung von Zielerreichung und finanziellen Anreizen.
- Mehr Flexibilität (Agilität) durch eine kurzfristige (oft quartalsbezogene) Messung, Überprüfung und ggfs. Anpassung von Zielen und Meilensteinen.

OKR ermöglichen eine Verbindung von präskriptiven und emergenten (prozessbezogenen) Strategieformulierungen und -implementierungen (Abschn. 1.4). Im Sinne der Strategieimplementierung wird über die Meilensteine und deren Untergliederung auf die nachgeordneten Ebenen die Brücke zwischen der Strategie und dem operativen Geschäft geschlagen.

Ähnliche Instrumente

Key Performance Indicators

Im Zusammenhang mit OKR werden oft KPI (Key Performance Indicators) genannt. Das sind Leistungskennziffern, die seit vielen Jahren im Controlling eingesetzt werden, um kritische Erfolgsfaktoren in einem Unternehmen zu messen und zu bewerten. Dazu müssen zunächst diese Erfolgsfaktoren identifiziert werden. Parmenter (2015) bezieht sie vor allem auf das Tagesgeschäft – das, „was die Mitarbeiter jeden Tag gut machen sollen“. Die kritischen Erfolgsfaktoren können neben den vier klassischen BSC-Perspektiven zusätzlich die Mitarbeiterzufriedenheit sowie die Gesellschaft und Umwelt umfassen. Die Erfolgsfaktoren sind relevant für das gesamte Unternehmen und sollten nicht auf einzelne Abteilungen oder Teams heruntergebrochen werden; KPI oder PI hingegen werden für Abteilungen und Teams festgelegt.

Parmenter (2015) unterscheidet zwischen Ergebnis- und Leistungsindikatoren. Die Ergebnisindikatoren (KRI = Key Result Indicators) beziehen sich auf die erreichten Ergebnisse, z. B. die Kundenzufriedenheit oder den Return on Capital Employed.

Die Leistungsindikatoren PI (Performance Indicator) liegen eine Ebene tiefer und tragen zum Erreichen der Ergebnisse bei, z. B. die Rentabilität der zehn größten Kunden. PI's mit einem besonders hohen Einfluss auf den Unternehmenserfolg, also die kritischen Erfolgsfaktoren, werden als KPI bezeichnet.

Teipel und Alberti (2019, S. 35) beschreiben die wesentlichen Unterschiede zwischen OKR und KPI: „Anders als bei einer klassischen KPI-Steuerung, in der immerwährende Evergreens wie ‚EBIT steigern' oder ‚Kundenzufriedenheit steigern' als Ziele proklamiert werden, geht es bei OKR darum, das zugrundeliegende Ziel sauber zu identifizieren und zu formulieren [...]."

Sie vertreten ebenfalls die Ansicht, dass Key Results nicht mit KPI gleichgesetzt werden können. Key Results sind die Ursache für das Erreichen eines Ziels; die KPI hingegen messen den Effekt auf die Zielerreichung.

Das OKR-Instrument liefert eine klare Methodik im Hinblick auf die Ursache-Wirkungsbeziehung und eignet sich deshalb gut zur Umsetzung und Kontrolle von Strategien. Es ist sehr flexibel – die Ursache-Wirkungsbeziehungen können in kurzen Abständen hinterfragt und geändert werden. KPI hingegen sind in erster Linie ein Instrument der Strategiekontrolle. Sie orientieren sich an den kritischen Erfolgsfaktoren und werden abhängig von der Unternehmenssituation definiert.

Balanced Scorecard

OKR können ähnlich wie die BSC (vgl. Abschn. 9.2.2) ebenfalls zur Umsetzung von Strategien und zur Kontrolle der Umsetzung genutzt werden. Die Flexibilität der OKR vermeidet den Schematismus der BSC. So können statt simplifizierter, allgemeiner Wirkungszusammenhänge direkte, unmittelbar verständliche Zusammenhänge genutzt werden. OKR können sehr schnell an die jeweilige Unternehmenssituation angepasst werden.

Überschneidungen mit anderen Instrumenten

Benchmarking

Aus dem Benchmarking (vgl. Abschn. 5.2.8) können quantitative Werte für Ziele und Schlüsselergebnisse und deren einzelne Indikatoren abgeleitet werden – unter Berücksichtigung der Frage, ob es darum geht, einen Vorsprung zu erhalten oder auszubauen oder ob ein Rückstand gegenüber dem Wettbewerb aufgeholt werden muss.

Schlüsselerfolgsfaktoren

Mit der Analyse der Schlüsselerfolgsfaktoren werden direkte Steuerungsgrößen für das strategische Management ermittelt (vgl. Abschn. 5.2.9). Aus ihnen können sowohl Ziele als auch Schlüsselergebnisse abgeleitet werden.

Wertkette

Mit der Wertkette (vgl. Abschn. 6.2.3) kann ein Unternehmen nicht nur analysiert werden; es lassen sich auch aus der Strategie Anforderungen an einzelne Schritte in der Wertkette ableiten. Daraus lassen sich zum einen strategische Ziele, zum anderen aber Schlüsselergebnisse zum Erreichen der Ziele ableiten.

9.2.4 Six-Sigma-Modell

Six Sigma ist ein Konzept zur Steigerung von Qualität und Prozessbeherrschung. Das Vorgehen folgt einem systematischen und streng formalisierten Ansatz, der auf Fakten und umfangreichen Datenerhebungen, die statistisch ausgewertet werden, beruht. Six Sigma wurde als Top-down-Ansatz aus dem Total Quality Management und der statistischen Prozesskontrolle entwickelt. Qualität wird in Six Sigma quantitativ gemessen, aus Kundensicht beurteilt und über die Ergebniswirksamkeit bewertet. Grundsätzliches Ziel ist es, die Fehlerhäufigkeit auf 3,6 pro Million Möglichkeiten zu reduzieren. Six Sigma kann als Ansatz zur Strategieumsetzung begriffen werden, wenn die Anwendung konzentriert auf strategisch ausgewählte Ziele und Prozesse erfolgt.

Beschreibung und theoretischer Hintergrund

Der Six-Sigma-Ansatz wurde ab 1979 bei Motorola entwickelt und basiert auf den Total-Quality-Management-Ansätzen. Während diese die ständige Verbesserung nach dem Plan-Do-Check-Act-Ansatz und das damit verbundene Lernen in den Vordergrund stellen, ist Six Sigma ingenieurwissenschaftlich und mathematisch begründet und mit einem stringenten Vorgehen aufgrund von Top-down-Anweisungen verbunden. Six Sigma baut dazu eine strenge Hierarchie der Beteiligten auf.

Die mathematische Definition von Six Sigma (Harry 2000) beruht auf der Standardnormalverteilung (Abb. 9.8), der zufolge die Ergebnisse eines Prozesses statistisch um einen Mittelwert schwanken. Die Breite der Verteilung kann durch die Standardabweichung (Kürzel σ = Sigma) beschrieben werden. Zwischen der unteren und der oberen Spezifikationsgrenze liegt die akzeptable Bandbreite der Ergebnisse. Ein Fehler tritt erst dann auf, wenn die Spezifikationsgrenzen über- bzw. unterschritten werden. Je besser ein Prozess beherrscht wird und die Fehlerursachen durch systematische Datenerfassung und statistische Auswertung identifiziert und abgestellt werden, desto geringer wird die Streuung (ausgedrückt als Standardabweichung) und damit die Häufigkeit einer Überschreitung der Spezifikationsgrenzen. Gelingt es, die Standardabweichung auf ein Sechstel der Differenz zwischen Mittelwert und Spezifikationsgrenze zu verringern, ist das Ziel Six Sigma erreicht. Wenn eine Veränderung des Mittelwertes durch langfristige, schleichende Veränderungen des Prozesses mit der anderthalbfachen Standardabweichung (1,5 Sigma, empirischer Wert) eingerechnet wird, ergeben sich bei Six Sigma noch 3,4 mögliche Fehler pro einer Million Ereignisse.

Bei Motorola stand als Ziel die Verbindung von hoher Qualität mit niedrigen Kosten im Vordergrund. Bei der Halbleiterproduktion führten die einzelnen kleinen Feh-

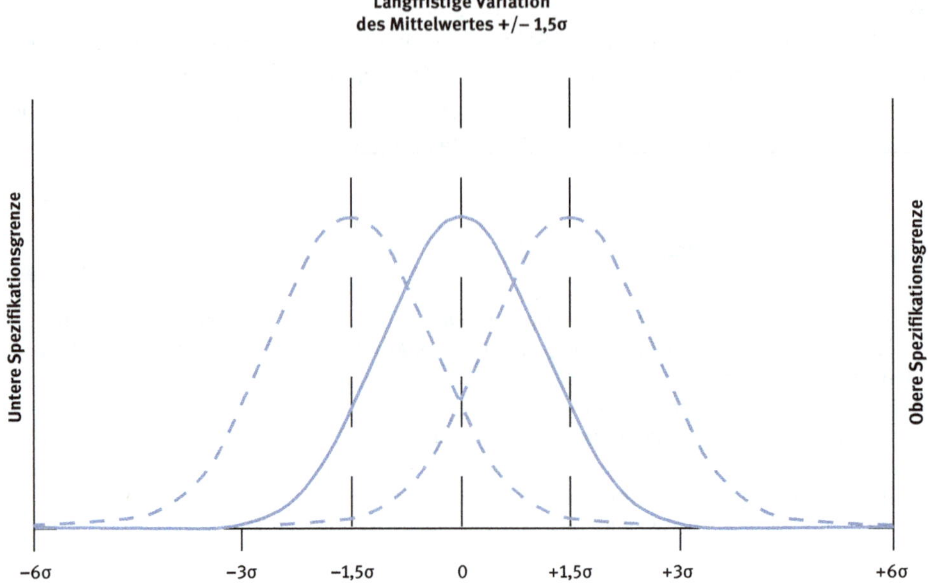

Abb. 9.8: Statistische Definition von Six Sigma über die Normalverteilung

lerraten in vielen aufeinanderfolgenden Prozessschritten in der Summe zu hohen Ausbeuteverlusten. Als das Ziel Six Sigma bei den einzelnen Prozessschritten etwa 1993 erreicht wurde, waren die Kosten deutlich gesenkt und die Gesamtausbeute deutlich gesteigert worden. Eine der Voraussetzungen dafür bot die Verfügbarkeit von PC-Hardware und statistischer Software; damit konnte eine systematische Umsetzung im Unternehmen erfolgen (Goh 2002). Heute ist der Six-Sigma-Ansatz, dessen Bedeutung zur Kostensenkung nachgewiesen wurde (Driel et al. 2004), eine weit verbreitete Methode in amerikanischen und europäischen Unternehmen. In den letzten Jahren wurde Six Sigma zunehmend auf den Dienstleistungssektor übertragen (Töpfer 2004; Guarraia et al. 2009). In Versicherungen, im Handel, in Banken, Callcentern oder Elektrizitätsunternehmen gibt es eine Vielzahl von sich wiederholenden Prozessen. Die Anwendung des Six-Sigma-Ansatzes zur Prozessverbesserung kann Kosten senken, Servicezeiten verringern und die Kundenzufriedenheit steigern (Furterer 2009), allerdings mit der Einschränkung, dass dies wohl nur für hochstandardisierte Dienstleistungen gilt.

Mit Six Sigma werden Aufwendungen zur Behebung von Qualitätsmängeln, die aus unzureichend beherrschten Prozessen resultieren, transparent; die „versteckte Fabrik" (hidden factory) wird sichtbar. So wendet z. B. ein Unternehmen einen Großteil der Produktionszeit für die Prüfung der zugelieferten Teile und der Ergebnisse der einzelnen Montageschritte auf. Je nach Fehlerrate können Qualitätskosten ganz entscheidend für die Wettbewerbsfähigkeit werden; die folgende Tab. 9.6 zeigt die von Harry (2000) ermittelten Zusammenhänge zwischen Fehlerraten und Qualitätskosten.

Tab. 9.6: Qualitätskosten (Quelle: in Anlehnung an Harry 2000, S. 17)

Sigma-Level	Fehler pro Million		Qualitätskosten als % des Umsatzes
2	308.537	(nicht wettbewerbsfähig)	–
4	66.807		25–40
4	6.210	(Industriedurchschnitt)	15–25
5	233		5–15
6	3,4	(Weltklasse)	< 1

Qualität wird in Six Sigma aus Kundensicht definiert, den Produkten oder Dienstleistungen werden kritische Qualitätsmerkmale (QTC – Critical for Quality Characteristic) zugeordnet, die weiter zerlegt werden und schließlich auf exakt messbare Größen zurückgeführt werden. Anschließend werden die einzelnen Prozessschritte untersucht. Ein Prozess besteht aus einer Gruppe von Aktivitäten, in denen ein Input eine Wertschöpfung erfährt. Industrielle Prozesse beruhen zu mehr als 80 % des Werts auf Maschinen; macht menschliche Aktivität einen höheren Anteil aus, werden sie als Geschäftsprozesse bezeichnet. Verhinderungskosten, Ermittlungs- und Bewertungskosten und die eigentlichen Fehlerkosten durch Nacharbeit, Ausschuss etc. als Folge schlechter Qualität sollen verringert werden. Gleichzeitig wird eine höhere Kundenzufriedenheit, eine Steigerung der Marktanteile und eine geringere Preissensitivität erreicht.

Six Sigma ist ein Top-down-Ansatz, bei dem Entscheidungen auf quantitativen Daten beruhen und die Priorität auf der Ergebniswirksamkeit liegt. Die Durchführung erfolgt in einzelnen Projekten auf der operativen und der Prozessebene. Da die Aufwendungen für Six-Sigma-Projekte hoch sind, lohnt sich der Einsatz meistens erst, wenn Wertschöpfungszuwächse aus dem verbesserten Prozess von 50.000 € und mehr zu erwarten sind. Typische Projektlaufzeiten reichen bis zu maximal fünf Monaten. Das Vorgehen folgt dem **DMAIC**-Ansatz (Rath & Strong Management Consultants 2008)):

Definieren (**D**efine): Das zu lösende Problem wird auf Basis der Kundenanforderungen definiert. Die allgemein formulierten Anforderungen des Kunden (VOC – Voice of the Customer) werden als messbare Leistungsstandards formuliert und die dafür relevanten Faktoren identifiziert (CTQ – Critical for Quality). Dazu dienen das Kano-Modell mit einer Unterteilung in Basis-, Leistungs- und Begeisterungsanforderungen (Kano 1984) und das Sipoc-Modell (Rath & Strong Management Consultants 2008) mit phasenbezogenen Anforderungen (Supplier, Input, Process Output, Customer). Für die Kosten- und Effizienzaspekte der Prozesse werden ebenfalls die kritischen Faktoren herausgearbeitet (CTB = Critical for Business). Ergebnis ist eine Schlüsselprozesscharakteristik und eine Definition des gewünschten Zielzustands sowie der vermuteten Ursachen für die derzeitige Abweichung vom Zielzustand und des folgenden Six-Sigma-Projekts (Mitglieder, Ressourceneinsatz und Zeitplanung).

Messen (**M**easure): Die Messgrößen für den Prozess werden definiert, die Messverfahren ausgewählt und validiert und der Prozess wird mit einer Prozesskarte visualisiert. Nach der Planung der statistischen Datenerhebung und der Versuche erfolgen die Messungen.

Analysieren (**A**nalyze): Die Prozesse werden mit Wertschöpfungs-, Materialfluss- oder Wertstromanalysen untersucht. Die zuvor erhobenen Prozess- oder Versuchsdaten werden mit statistischen Verfahren ausgewertet (Pareto-Diagramm, Streudiagramme und Regressionsanalyse), um die Streuungen zu erklären. Fehlerursachen werden mit Ursache-Wirkungsbeziehungen, der Kategorienbildung von Fehlerursachen und grafischen Darstellungen als Fischgrätendiagramm oder Darstellungen in Tabellenform analysiert. Die Datenanalyse ermöglicht ein internes oder externes Benchmarking und die Definition von Leistungszielen für die Prozesse.

Verbessern (**I**mprove): Hier werden Hypothesen zum Prozessverhalten entwickelt. Nach einem Screening der Fehlerursachen können ein Brainstorming und andere kreative Techniken Lösungsideen erzeugen. Ein anderer Ansatz ist FMEA (Failure Mode and Effect Analysis) (z. B. Rath & Strong Management Consultants 2008), zusätzlich können Modelle entwickelt und Simulationen oder Versuche durchgeführt werden. Aus all dem lassen sich Verbesserungsmaßnahmen ableiten, nach Prioritäten auswählen, als Verbesserungen umsetzen und schließlich als Prozessanweisung fixieren. Ziel aller Maßnahmen ist, die Prozessfähigkeit zu erreichen, d. h. aufgrund eines genauen Prozessverständnisses Fehlerquellen kontrollieren und das Prozessergebnis steuern zu können.

Kontrollieren (**C**ontrol): Die eingeleiteten Maßnahmen werden überwacht, z. B. durch die Einführung einer statistischen Prozesskontrolle. Ziel ist die Beherrschung des Prozesses in Bezug auf seine Zielleistung. Die Messungen erfolgen auch in finanziellen Größen. Die erreichten Ergebnisse werden dauerhaft stabilisiert.

Abbildung 9.9 enthält eine Übersicht über den DMAIC-Ansatz.

Wichtiger Bestandteil von Six Sigma ist ein intensives Training der Beteiligten in Projektmanagement, der Six-Sigma-Methodik, Werkzeugen des Qualitätsmanagements und in statistischen Methoden. In Anlehnung an japanische Kampfsportarten (Belt = Gürtel) werden die Mitarbeiter bezüglich ihres Qualifikationsniveaus klassifiziert und erhalten eine Zertifizierung. Die jeweiligen Gürtelfarben beziehen sich auf verschiedene Rollen: White und Yellow Belts verfügen über umfangreiche praktische Erfahrung im untersuchten Prozess, sie erhalten zwei bis vier Tage Training zu Six Sigma und unterstützen Projekte in der praktischen Durchführung. Green Belts sind Projektmitarbeiter (einer pro 20 Mitarbeiter), die zeitweise an Six-Sigma-Projekten arbeiten, vor allem in der Mess-, Analyse- und Verbesserungsphase. Sie durchlaufen ein spezielles Training zu Six Sigma an einzelnen Werkzeugen. Black Belts sind Prozesspromotoren (einer pro 100 Mitarbeiter); das sind die Projektleiter; sie arbeiten nach einer intensiven Schulung (viermal je eine Woche) Vollzeit an Six-Sigma-Projekten. Master Black Belts (einer pro 30 Black Belts) schließlich sind interne Six-Sigma-Experten und Systempromotoren. Sie koordinieren die Projektauswahl und die Schulungen

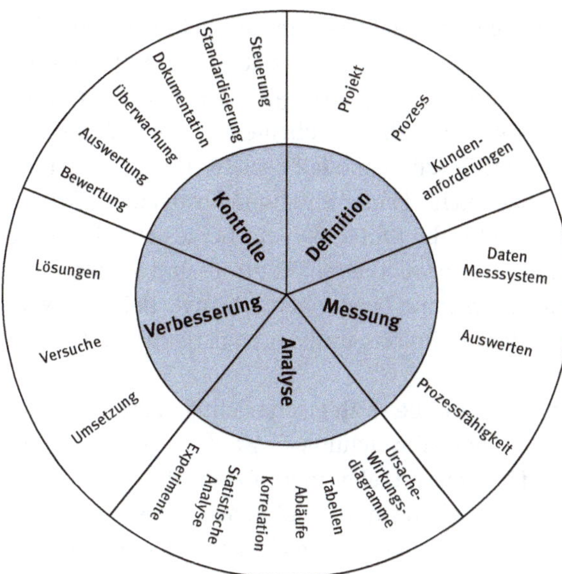

Abb. 9.9: DMAIC-Ansatz (Quelle: in Anlehnung an Rath & Strong Management Consultants 2008, S. 5 ff.)

und verankern Six Sigma in der Organisation. Sie erhalten zwei weitere Trainingseinheiten von je einer Woche. Als Champions (einer pro Geschäftseinheit oder Produktionsstätte) fungieren leitende Führungskräfte, die ein spezielles einwöchiges Training durchlaufen. Sie sind Machtpromotoren, sie starten und konzipieren das Programm und setzen die notwendigen Veränderungen durch. Sie sind es, die das Six-Sigma-Programm steuern, für die Ausrichtung am Gesamtinteresse der Organisation sorgen und es aus Sicht der Unternehmensführung kontrollieren (Harry 2000).

Eine Anwendung von Six Sigma als wirksame Durchbruchstrategie erfordert ein gezieltes und koordiniertes Vorgehen auf der Ebene der Geschäftseinheiten, der operativen Aktivitäten und einzelner Prozesse (Harry 2000). Die folgende Beschreibung legt das Schwergewicht auf die strategische und operative Ebene eines Geschäftsfelds. Es geht um die Konzeption eines Six-Sigma-Programms mit Zielsetzungen, Projektauswahl und Fortschritts- und Ergebniskontrolle und gleichzeitig den Einsatz von Six Sigma als Managementsystem. Für Details auf der Projekt- und Prozessebene wird auf die Literatur verwiesen (Harry 2000, ISIXSIGMA 2010, Lunau 2013, Töpfer 2004 und Williams 2000).

Praktische Anwendung

Schritt 1: Zustand des Geschäfts erkennen und Six-Sigma-Ziele ableiten

Bevor Six Sigma zur Umsetzung der Strategie eingesetzt werden kann, gilt es, sich zunächst ein genaues Bild vom Zustand des Geschäftsbereichs zu machen. Guarraia et al. (2009) sprechen von einer „Röntgenuntersuchung" im Hinblick auf die Kundenzufriedenheit, die Kosten, die Lieferzeit und Fehlerhäufigkeiten bei Produkten und Prozessen. In Abhängigkeit von der Vision und den strategischen Zielen ist aus dieser Bestandsaufnahme der grobe Veränderungsbedarf abzuleiten, der sich auf eine bestimmte Strategie und ein bestimmtes Geschäftsmodell bezieht. Davon ausgehend werden nun einzelne Systeme als Ursachen für Fehler und hohe Kosten identifiziert – eine erste Korrelation zu den Ursachen für die Probleme wird hergestellt. Als Systeme werden dabei die Strukturen, Organisationseinheiten, Kontroll- und Steuergrößen verstanden, mit denen das Unternehmen seine Leistungen erbringt. Beispielsweise sorgt die Disposition zusammen mit der Produktion und der Logistik für die Lieferfähigkeit.

Dann werden die relevanten Prozesse für die strategisch wichtigen Systeme überprüft und Ziele für sie formuliert. Je nach Abweichung des derzeitigen Zustandes von den Zielen werden mögliche Six-Sigma-Projekte identifiziert. Aus diesen werden dann anhand der Kriterien Kostensenkung und Qualitätsverbesserung, Bezug zum Geschäftsmodell und zur Strategie und zu kritischen Merkmalen sowie erwartetem Zeit- und Kostenbedarf jene Projekte ausgewählt, die mit der höchsten Effizienz schnelle Verbesserungen erwarten lassen. Kostensenkung und Qualitätsverbesserung können als monetärer Nutzen zusammengefasst und den Projektkosten gegenübergestellt werden. Jedenfalls sollte eine Konzentration auf wirklich wichtige Projekte erfolgen. Danach können die Verantwortlichen und Träger des Six-Sigma-Programms (Black Belts) bestimmt und Schulungsmaßnahmen nach Umfang und Zeit geplant werden.

Als Ergebnis des ersten Schritts erhält man Ziele bezogen auf Systeme und hat damit den Verbesserungsbedarf beschrieben. Gleichzeitig sind systemrelevante Prozesse identifiziert und Six-Sigma-Projekte ausgewählt worden.

Schritt 2: Messung

Auf der Ebene des Geschäftsbereichs bezieht sich die Messung nicht auf einzelne Prozesse und Parameter, sondern auf übergeordnete Ziele und das Six-Sigma-Programm selbst. Beides muss messbar gemacht werden; es müssen Messgrößen definiert werden. Mit ihnen wird verfolgt, ob mit dem Six-Sigma-Programm, abgesehen von einzelnen Prozessverbesserungen, die strategischen Ziele wie eine Verbesserung der Kostenposition oder die Erhöhung der Kundenzufriedenheit tatsächlich erreicht werden.

Das Six-Sigma-Programm wird über einfache Kennzahlen gemessen: Welcher Anteil der Prozesse, die für die Qualitätsmerkmale oder den Geschäftserfolg kritisch sind, würde, nach Six Sigma analysiert und statistisch optimiert, den Six-Sigma-Level erreichen? Auch zur Verfolgung der Fortschritte und Erfolge der einzelnen Six-Sigma-Projekte werden Kennzahlen festgelegt, um die Projekte einzeln und in der Gesamtheit verfolgen zu können.

Schritt 4: Analyse

Der Analyseschritt ermittelt, wie sich die Projekte in der Summe auf die übergeordneten Zielsetzungen ausgewirkt haben und welche Fortschritte hinsichtlich der Ziele erreicht wurden. Außerdem wird geprüft, ob die Projekte richtig ausgewählt wurden. Waren die angewandten Kriterien zur Projektauswahl geeignet? Konnten die ausgewählten Projekte erfolgreich bearbeitet werden? Wo traten Probleme auf und was waren die Gründe dafür? War die Vorgehensweise in den einzelnen Projekten angemessen und korrekt? Welche neuen Erkenntnisse wurden während der Umsetzung gewonnen?

Schritt 5: Verbessern

Verbesserungen werden in Bezug auf die Ausbildung, die eigentliche Six-Sigma-Anwendung und das Projektmanagement angestrebt. Aufgrund der Ergebnisse der Analysephase ist ein einfaches Qualitäts- und Projektinformationssystem für das SixSigma-Programm zu entwickeln. Es umfasst Messgrößen und Berichtssysteme. Zentrale Messgrößen sind die Projektdauer und -kosten, die erzielten Ergebnisse, der erreichte Sigma-Level und eine finanzielle Bewertung der Projekte. Ziel ist eine Kosten-Nutzen-Analyse von Projekten zur Verbesserung der Projektauswahl. Im Berichtssystem wird auf Besonderheiten der einzelnen Elemente der Projekte (Gliederung nach DMAIC) eingegangen, damit diese im Verhältnis zur Leistung verfolgt und verbessert werden können. Wichtig sind die gemachten Erfahrungen in den einzelnen Projekten.

Schritt 6: Kontrollieren, standardisieren und integrieren

Für das Six-Sigma-Programm ist ein Qualitäts-Informationssystem (QUIS) einzurichten, das auf verständlichen, einfachen, leicht zu erhebenden und kontrollierenden Werten beruht. Die kontrollierte Qualität der Prozesse ist systematisch auf die Qualitätsanforderungen der Kunden und die Erfolgsanforderungen des Geschäfts auszurichten. Die Einheiten und Beurteilungsskalen sind festzulegen. Die Ausrichtung, Funktion und Erfolgswirksamkeit ist durch Audits zu überprüfen.

Zur Standardisierung sind die besten Methoden und Ansätze zu identifizieren, zu vereinheitlichen und im Geschäftsbereich oder im ganzen Unternehmen einzuführen. Die Methoden und Ansätze müssen dokumentiert, verbreitet und verbindlich gemacht werden. Dafür ist es sinnvoll, dass alle Führungskräfte in das Six-Sigma-Programm eingebunden sind und eine Schulung durchlaufen haben. Besonders wirksam ist die Einbindung einer Tätigkeit als Black Belt in die Karrierelaufbahn. Zur Verankerung im Unternehmen und in der Personalführung wird das Six-Sigma-Programm mit Anerkennungen für Erfolge und mit Anreizen für Engagement und hohe Leistungen verbunden.

Das Six-Sigma-Programm wird in die strategische Planung integriert, einerseits durch Zielsetzungen bei Qualität und Effizienz, anderseits als integrierte Planung der

Umsetzung der Strategien. Für das Six-Sigma-Programm wird langfristig festgelegt, in welchen Bereichen ein Six- Sigma-Level angestrebt wird und daraus abgeleitet die Ressourcen geplant.

Beispiel: Bei General Electric wird Six Sigma seit Mitte der 1990er Jahre unternehmensübergreifend und strategisch eingesetzt. Es wird hier mit Elementen der Prozessorganisation verknüpft (Macharzina/Wolf 2015). Six Sigma wurde zu einer Kernkompetenz des Konzerns erklärt. Von den Leitern der Geschäftsbereiche wurde erwartet, dass sie den breiten Einsatz von Six-Sigma-Projekten selbst anstoßen, fördern und begleiten. Das Programm wurde unternehmensweit vereinheitlicht und konsequent angewendet, ein standardisierter Methodenapparat steht zur Verfügung. Mitarbeiter aller Hierarchiestufen wurden zu einem Six-Sigma-Training verpflichtet, rund zwei Prozent aller Mitarbeiter wurden für Six-Sigma-Programme sogar freigestellt.

Kritik des Instruments

Mast (2006) zufolge kann die Anwendung von Six Sigma durchaus zu einer Verbesserung der Qualität und Erhöhung der operativen Effizienz und Effektivität führen. Dies bringt seiner Einschätzung nach nicht zwangsläufig strategische Wettbewerbsvorteile mit sich, da es sich nicht um spezifische Qualitäten handelt, die sich zu einer Unterscheidung von den Wettbewerbern eignen. Zudem kann und wird Six Sigma von den Wettbewerbern imitiert werden; die Best Practices verbreiten sich schnell in einer Branche. Kosten- und Qualitätsvorsprünge aufgrund von Six Sigma gehen dann schnell verloren, womit das durch Six Sigma erreichte Kosten- und Qualitätsniveau dann zu einer Grundvoraussetzung wird, um im Geschäft zu bleiben. Für Unternehmen, deren Strategie auf einer wahrgenommenen, aber nicht objektiv messbaren Qualität beruht, wird Six Sigma wenig Nutzen aufweisen. Stattdessen sollte das Unternehmen auf Markt- und Feldforschung setzen.

Goh (2002) kritisiert die mechanische und hierarchische Vorgehensweise, die Kreativität, Sensibilität für unterschiedliche Kundenerwartungen, komplexere Zielsetzungen oder soziale Verantwortung weitgehend ausschließt. Für wissensbasierte Organisationen scheint ihm Six Sigma deswegen gänzlich ungeeignet.

Guarraia et al. (2009) weisen darauf hin, dass der Einsatz von Six Sigma und der Black Belts oft nicht den erhofften Nutzen bringt, weil er nicht ausreichend gesteuert und breit gestreut erfolgt. Notwendig seien eine sorgfältige Zustandsanalyse des Geschäfts und der Prozesse, ein Benchmarking und eine fokussierte Auswahl der Six-Sigma-Projekte.

Weckheuer (2004) argumentiert, dass die von der amerikanischen Konzernkultur geprägte Six-Sigma-Methode in Europa angepasst werden muss, z. B. durch eine starke Einbindung von Black Belts in ihre Fachbereiche, ein gruppenbezogenes statt individuelles Prämiensystem und eine Integration von Six Sigma in die bestehenden Qualitätsmanagementsysteme (keine „Cowboy"-Qualität).

Die starke Aufgliederung in einzelne Prozesse und einzelne Messgrößen birgt die Gefahr in sich, dass der Blick für ein komplexes Gesamtsystem verloren geht. Der hoch formalisierte Ansatz, der zu standardisierten Prozessen führen soll, kann zu einer Vernachlässigung impliziten Wissens und einer Verringerung der intrinsischen Motivation der Mitarbeiter führen.

Strategische Bedeutung und Nutzen

Mit Six Sigma kann eine Differenzierungsstrategie mit höherer Qualität oder eine Strategie der Kostenführerschaft durch effizientere Prozesse umgesetzt werden. Nach Mast (2006) liegt die strategische Bedeutung von Six Sigma in den dadurch ausgelösten Veränderungen im Unternehmen. Mit Six Sigma werden schwierig zu transferierende und spezifische Fähigkeiten, Qualifikationen und Kompetenzen zur Wissensgenerierung und Nutzung von Wissen im Unternehmen erarbeitet:

- Durch die Six-Sigma-Trainings und die Verbreitung der Methoden erhält das Unternehmen umfassende Fähigkeiten zur wissenschaftlichen Untersuchung und Lösung von Problemen. Six Sigma stimuliert ein dezentralisiertes, analyseorientiertes und experimentierfreudiges Herangehen an Probleme im Unternehmen.
- Entscheidungen werden an kompetente Personen mit dem richtigen Wissen delegiert. Die Champions sorgen mit ihren Reviews dafür, dass Ziele entsprechend den strategischen Zielen der Organisation und nicht individuellen oder Abteilungspräferenzen und Interessen folgend gesetzt werden.
- Six Sigma fördert im Unternehmen den Einsatz von exakten Messgrößen und Kennzahlen, die Kundenanforderungen mit Produkteigenschaften verbinden. So wird die relative Bewertung von Problemen wesentlich verbessert.
- Mit der bei GE erprobten Vollzeittätigkeit als Black Belts über einen Zeitraum von zwei Jahren für die zukünftigen Führungskräfte werden der Kundenfokus, die Prozessdisziplin und das Perfektionsstreben von Six Sigma in der Gedankenwelt des Managements verankert.

Ähnliche Instrumente

Total Quality Management (TQM)

Im Total Quality Management (Rothlauf 2010 und Pfeifer et al. 2014) wird Qualität als eigenes strategisches Unternehmensziel und über die Kundenzufriedenheit definiert. Es soll proaktiv über einen kontinuierlichen Verbesserungsprozess auf allen Ebenen des Unternehmens erreicht werden, während Six Sigma auf einzelne ausgewählte und von der Unternehmensleitung vorgegebene Projekte setzt. TQM bezieht wie Six Sigma tendenziell die ganze Lieferkette mit ein, ist also unternehmensübergreifend. Wichtige Instrumente sind die Selbstkontrolle, Qualitätszirkel mit Beteiligung aller Mitarbeiter und einem Lernanspruch sowie die Qualitäts-Audits (Macharzina/Wolf 2015).

Value Stream Mapping

Das Value Stream Mapping (Nash/Poling 2008) analysiert Produktions- und Transaktionsprozesse mit dem Ziel einer umfassenden Optimierung anhand unternehmenseigener Zielsetzungen. Das Value Stream Mapping bezieht sich auf die operative Ebene. Mit ihm können Strategien operativ umgesetzt und verfeinert werden. Beim Value Stream Mapping stehen das Verständnis für den Prozess, dessen Gestaltung und die Ziele Schnelligkeit, Leistung und Kosten im Vordergrund. Six Sigma betont hingegen die Zuverlässigkeit.

Überschneidungen mit anderen Instrumenten

Balanced Scorecard

Die Balanced Scorecard (vgl. Abschn. 9.2.2) als System unternehmens- und strategiespezifischer Kennzahlen, die aus der Vision und der Strategie Ziele für die vier Perspektiven Finanzen, Kunden, interne Geschäftsprozesse und Lernen/Entwicklung ableitet, unterstützt die Auswahl von Six-Sigma-Projekten. Prozesse, die für die strategischen Ziele der BSC wichtig sind, sind zugleich Kandidaten für Six-Sigma-Projekte. Außerdem kann mit der BSC die Wirkung eines Six-Sigma-Programms oder auch einzelner Projekte kontrolliert werden – es muss ein Erfolg bei strategisch wichtigen Zielen erkennbar werden. Die Rückkopplung über die Ergebnismessung mit der BSC ermöglicht die Verbesserung eines Six-Sigma-Programms.

9.2.5 Phasenmodell für das Change Management

„*… if a man governs himself with caution and patience and the times and conditions are turning in such a way that his policy is a good one, he will prosper; but if the times and conditions change, he will be ruined because he does not change his method of procedure*" (Machiavelli 1998, S. 82; Originalausgabe 1532).

Die Umsetzung von Strategien zieht in der Regel Veränderungsprojekte nach sich. Doch häufig scheitern die geplanten Veränderungen. Kotter hat aufgrund empirischer Untersuchungen einen achtstufigen Ansatz entwickelt, um in Unternehmen Veränderungen erfolgreich umzusetzen. Für jede Stufe werden Ziele und Prioritäten gesetzt und grundlegende Aktivitäten definiert. Der Ansatz betont den Wert der Kommunikation mit den Mitarbeitern und eignet sich besonders dann, wenn eine Veränderung der Unternehmenskultur notwendig erscheint.

Beschreibung und theoretischer Hintergrund

Eine bekannte Erklärung von Veränderungsprozessen in Gruppen geht auf den Psychologen Kurt Lewin zurück, der sich in den 1940er und 1950er Jahren mit sozialen Veränderungen in einer Gesellschaft beschäftigte (Lewin 1997). Er entwickelte ein 3-Phasen-Modell, das durchaus auch für die Erklärung und Steuerung von Veränderungsprozessen in Unternehmen genutzt werden kann:

1. *Unfreezing (Auftauen):* In dieser Phase deuten sich Veränderungen an. Das Festhalten am Status quo wird bewusst infrage gestellt.
2. *Moving (Bewegen):* Neue Lösungen werden entwickelt, neue Arbeits- und Verhaltensweisen getestet. Die Veränderung wird umgesetzt.
3. *Refreezing (Einfrieren):* Die neuen Arbeits- und Verhaltensweisen müssen in der Organisation verankert werden. Hierzu sind insbesondere Instrumente der Personalpolitik zu nutzen.

Der Begriff Strategie beschreibt, vereinfachend ausgedrückt, wie ein Unternehmen eine bestimmte Zielsetzung in der Zukunft erreichen kann (vgl. Abschn. 1.2.1). Zur Umsetzung einer Strategie bedarf es in der Regel der Veränderung von Strukturen, Prozessen und Verhaltensweisen innerhalb des Unternehmens. Deshalb scheitern Strategien, mögen sie noch so brillant ausgedacht und analytisch fundiert sein, in der Praxis oft an einem untauglichen Umsetzungs- bzw. Veränderungsmanagement (Change-Management).

Das Grundschema von Lewin liegt auch dem Ansatz von Kotter zugrunde. In den 1980er und 1990er Jahren beschäftigten sich viele Unternehmen mit der Entwicklung und Umsetzung von neuen Strategien, Akquisitionen, Restrukturierungen oder der Einführung von Systemen zum Qualitätsmanagement. Kotters Stufenmodell beruht auf der Analyse einer großen Zahl solcher Vorhaben (Kotter 1995 und 1996). Sein Modell wurde vor wenigen Jahren populärwissenschaftlich als Fabel aufbereitet: Da muss sich eine Pinguin-Kolonie auf einem abschmelzenden Eisberg in der Antarktis den Herausforderungen eines Veränderungsprozesses stellen (Kotter/Rathgeber 2017).

Kotter kommt in seinen Arbeiten zu dem Schluss, dass nur etwa 30 % aller Projekte die angestrebten Veränderungen erreichen (Kotter 2008). Das Scheitern führt er auf acht Kardinalfehler zurück. Aus diesen Fehlern leitet er sein Stufenmodell ab, das dezidierte Empfehlungen und Ratschläge für die Umsetzung eines geplanten Veränderungsprojekts gibt. Abbildung 9.10 enthält eine Zusammenfassung der Kardinalfehler und der Lösungsansätze.

Kotter (1996, S. 25) legt weniger Gewicht auf die harten Faktoren, sondern betont vielmehr die Bedeutung der weichen Faktoren für einen erfolgreichen Veränderungsprozess: „Careful thinking is always essential, but there is a lot more involved here than (a) gathering data, (b) identifying options, (c) analyzing, and (d) choosing.“ Die Führungskräfte erfüllen nicht nur die klassischen Managementfunktionen (Planung, Organisation und Kontrolle), sondern müssen eine Vision für die angestrebten Veränderungen entwickeln und die Belegschaft im Hinblick auf diese Vision und die daraus abgeleiteten Ziele inspirieren und motivieren.

Praktische Anwendung

Jede Implementierung von Visionen und Strategien erfordert Veränderungen im Unternehmen. Die dafür notwendigen Projekte müssen für eine erfolgreiche Umsetzung

Kardinalfehler		Lösungsansätze
Zu viel Selbstgefälligkeit/zu wenig Gespür für die Dringlichkeit von Veränderungen im Unternehmen	Stufe 1	Ein Gefühl für die Dringlichkeit etablieren
Starke Gruppe von Erneuerern ist nicht vorhanden	Stufe 2	Starke Koalition der Erneuerer aufbauen
Bedeutung und Nutzen einer Vision werden unterschätzt	Stufe 3	Vision und Umsetzungsstrategie entwickeln
Die Vision wird nur unzulänglich vermittelt	Stufe 4	Die Vision der Veränderung kommunizieren
Hürden werden nicht aus dem Weg geräumt	Stufe 5	Freiraum für veränderungsbereite Führungskräfte schaffen (Empowerment)
Kurzfristige Erfolge werden nicht systematisch vorbereitet und realisiert	Stufe 6	Kurzfristige Ziele erreichen (short-term wins)
Siege werden zu früh gefeiert	Stufe 7	Erfolge konsolidieren und weitere Veränderungen veranlassen
Kultur bleibt unverändert	Stufe 8	Veränderungen in der Kultur verankern

Abb. 9.10: Fehler bei Veränderungsprojekten und Lösungsansätze (Quelle: in Anlehnung an Kotter/Cohen 2002, S. 3 ff.)

alle acht Stufen des Modells in der vorgegebenen Sequenz durchlaufen. Werden einzelne Stufen übersprungen oder ihre Reihenfolge verändert, führt dies zu Problemen auf den nachfolgenden Stufen. Im Folgenden werden die einzelnen Stufen erklärt. Als praktisches Beispiel dient die erfolgreiche Kooperation zwischen Renault und Nissan (Morosini 2005).

Stufe 1: Ein Gefühl für die Dringlichkeit etablieren

Die Überwindung der Selbstzufriedenheit und Trägheit in einer Organisation ist ein zentrales Problem im Umsetzungsprozess vieler Unternehmen (Kotter 2008). Dazu ist es notwendig, Markt und Wettbewerb, Krisen, potenzielle Krisen und interessante Chancen zu analysieren und zu diskutieren – unter Umständen mit der Unterstützung von externen Beratern. Auf der Basis von Fakten und unterstützt von einem der Dringlichkeit entsprechenden Auftreten und Verhalten der Führungskräfte wird die Notwendigkeit der Veränderungen für die Organisation klar.

Beispiel: Renault war 1998 gerade aus einer Turn-around-Situation gekommen und erzielte wieder Gewinne. Die Dringlichkeit des weiteren Handelns ergab sich aus den folgenden Gründen: (1) Renault fehlte eine globale Ausrichtung für die Zukunft, weil das Unternehmen in wichtigen Automärkten wie den USA und Japan nicht vertreten war. (2) Daimler hatte im Mai 1998 den Zusammenschluss mit Chrysler in die Wege geleitet. Die kleineren Autohersteller glaubten damals, ebenfalls handeln zu müssen, um mit Partnern größere Einheiten zu schaffen. (3) Nissan befand sich in einer äußerst schwierigen finanziellen Situation, verbunden mit deutlich sinkenden Marktanteilen und Produktionszahlen. Die damaligen CEOs von Renault und Nissan waren sich der Notwendigkeit des Handelns bewusst und suchten eine enge Zusammenarbeit beider Unternehmen als Weg, um die zukünftigen Herausforderungen bewältigen zu können.

Stufe 2: Eine starke Koalition der Erneuerer aufbauen

Nachdem die Dringlichkeit der Veränderung bewusstgemacht worden ist, gilt es nun, die Befürworter der Veränderung zu suchen. Sie sind später häufig auch verantwortlich für die Umsetzung der Veränderungsprojekte und versprechen sich davon persönliche Chancen und Gewinne. Eine starke Koalition von Befürwortern als Träger der Veränderung muss über folgende Voraussetzungen verfügen: Entscheidungs- und Beeinflussungsmöglichkeiten aufgrund der hierarchischen Position, Expertise sowie Glaubwürdigkeit in der Organisation und Führungsqualitäten. Eine solche Koalition sollte als Team funktionieren, d. h. auf der Basis von gegenseitigem Vertrauen eine gemeinsame Zielvorstellung entwickeln.

Die CEOs von Renault und Nissan wählten aus beiden Unternehmen eine Gruppe von 100 Ingenieuren und Führungskräften aus, um in einem Zeitraum von sechs Monaten in mehreren Arbeitsgruppen Kooperationsmöglichkeiten zu diskutieren. In den Teams entwickelte sich sehr schnell eine Atmosphäre des Vertrauens und der Offenheit, in der die Teammitglieder ohne Vorurteile und spezifische Ziele Gemeinsamkeiten zwischen beiden Unternehmen und Verbesserungspotenziale diskutieren konnten.

Stufe 3: Vision und Umsetzungsstrategie

Im Regelfall ist davon auszugehen, dass das Spitzenmanagement bereits grobe Vorstellungen über die zukünftige Vision (vgl. Abschn. 3.3.1), die strategische Ausrichtung und die daraus resultierenden Veränderungsnotwendigkeiten entwickelt hat. In diesem Fall dient diese Stufe der Ausarbeitung einer konkreten Veränderungsvision mit den entsprechenden detaillierten Strategien für spezielle Umsetzungsprojekte.

Die Vision ist sozusagen der Richtungsgeber für die Umsetzung. Notwendig ist bei ihrer Entwicklung ein partizipierendes Vorgehen, um sicherzustellen, dass sie von Führungskräften und Mitarbeitern akzeptiert und unterstützt wird. Außerdem muss sie mit konkreten Umsetzungsplänen verbunden werden, um ihre nutzenstiftenden Wirkungen entfalten zu können.

Im Fall von Renault-Nissan war das Management beider Unternehmen sich über die Notwendigkeit von strategischen Veränderungen und die Schaffung einer größeren Unternehmenseinheit zur Sicherung des Überlebens und der zukünftigen Entwicklung im Klaren. Die Präsentation der Ergebnisse der Arbeitsgruppen machte deutlich, dass nur eine Partnerschaft, nicht hingegen eine Akquisition, Sinn ergab. Der CEO von Renault gab danach eine Pressemitteilung heraus, die als erste Beschreibung einer konkreten Vision zu verstehen war. Zentrales Thema darin war die Komplementarität beider Unternehmen verbunden mit den positiven Konsequenzen, die sich aus einer engen Partnerschaft ergeben könnten. Als Resultat der Verhandlungen beteiligte Renault sich an Nissan mit 36,6 % und unterstützte Nissan mit 5,4 Mrd. US-$. Carlos Ghosn wurde zunächst zum COO und später CEO von Nissan ernannt und erarbeitete mit mehreren unternehmens- und funktionsübergreifenden Arbeitsgruppen konkrete Strategien für den Nissan-Turn-around. Das Ergebnis war der Nissan Revival Plan (NRP) mit dem Ziel, in drei Jahren die Nissan-Produktpalette mit 22 neuen Modellen grundlegend zu erneuern und das Unternehmen wieder rentabel zu machen.

Stufe 4: Die Vision der Veränderung kommunizieren

Um innerhalb des Unternehmens Akzeptanz und Unterstützung aufzubauen, ist die Veränderungsvision möglichst breit zu kommunizieren, Dazu gehört nicht nur eine einfache und klare Sprache und die Nutzung verschiedener Kommunikationsplattformen, sondern vor allen Dingen auch ein entsprechendes Verhalten der Führungskräfte („walk the talk“). Diese Vorbildfunktion, die Konsistenz zwischen Reden und Handeln, ist wichtiger als die klassische Kommunikation über das Internet oder diverse Newsletter. Auf diese Weise vermittelt die Unternehmensführung Integrität; die Veränderungen werden glaubhaft und nachvollziehbar.

Bei Renault-Nissan übernahm Carlos Ghosn die zentrale Rolle als Kommunikator. Er hat mit hohem persönlichem Einsatz das NRP-Projekt nach innen und nach außen vorgestellt und vorangetrieben. Um die Kommunikation zwischen beiden Unternehmen zu erleichtern, forcierte Ghosn die Verwendung der englischen Sprache. Weiterhin wurde ein unternehmensspezifisches Wörterbuch mit den 100 wichtigsten Begriffen wie z. B. Ziele, Transparenz oder Autorität geschaffen. Ghosn selbst wählte für seine Kommunikation eine einfache und präzise Sprache – für größere Vorhaben wurden leicht einprägsame Begriffe wie der Nissan-Revival-Plan oder später das „180“-Projekt gefunden (Die 1 steht für eine Million zusätzlich verkaufte Autos, die 8 für eine Marge von 8 % und die 0 für einen vollständigen Schuldenabbau). Gleichzeitig war Ghosn für Führungskräfte und Mitarbeiter in beiden Unternehmen immer erreichbar und ansprechbar.

Stufe 5: Empowerment im Unternehmen verankern

Nun geht es für das Unternehmen darum, die verabschiedeten Pläne umzusetzen. Hürden, die den Veränderungen entgegenstehen, müssen aus dem Weg geräumt werden. Hier zu nennen sind insbesondere die in vielen Unternehmen vorhandenen so genannten heiligen Kühe wie z. B. die Unantastbarkeit bestimmter Unternehmensstandorte oder die Vorstellung, eine möglichst große Fertigungstiefe im Unternehmen zu erreichen. Kreatives Denken, Experimentier- und Risikofreude sind gerade auf der mittleren Managementebene notwendig, um traditionelle Strukturen, Systeme und Arbeitsweisen infrage zu stellen. Die Unternehmensleitung muss diese Kräfte unterstützen und ihnen den notwendigen Freiraum schaffen, um neue Lösungen zu finden. Empowerment wird hier verstanden als Ermächtigung zu einem selbstständigen Handeln im Rahmen der Veränderungspläne. Entscheidungen über Veränderungen sind schnell und effizient zu treffen.

Mit dem Nissan-Revival-Plan brachen Ghosn und seine Führungsmannschaft Strukturen und Systeme auf, die in Japan als nicht veränderbar galten: z. B. das lebenslange Beschäftigungssystem, das fest etablierte Verhältnis vieler Lieferanten mit dem Hersteller (Keiretsu), die Vermeidung von Werksschließungen oder das Senioritätsprinzip bei Beförderungen und der Bezahlung. Sobald die funktionsübergreifenden Teams einen Vorschlag vorlegten, wurden Entscheidungen im Board schnell getroffen.

Stufe 6: Kurzfristige Ziele erreichen

Schnell sichtbare Erfolge motivieren und unterstützen und beschleunigen den Veränderungsprozess. Werden die dafür verantwortlichen Führungskräfte und Manager für solche Leistungen herausgestellt und belohnt, entsteht ein Nachahmungseffekt. Das schwächt zugleich die gegen die Veränderungen agierende Opposition.

Ein solcher Erfolg war die Steigerung der Auslastung des mexikanischen Nissan-Werks. Renault hatte sich komplett aus dem mexikanischen Markt zurückgezogen. Das regionale Renault-Nissan-Team schlug nun aber vor, zusätzlich zu Nissan-Fahrzeugen die Produktion von Renault-Autos in diesem Werk aufzunehmen. Die Umsetzung dieses Vorschlags verbesserte schnell die bis dahin schlechte Auslastung des Werks und Renault war außerdem wieder auf dem mexikanischen Markt präsent. Dieser Erfolg markierte einen wichtigen Meilenstein im Nissan-Revival-Plan und gab damit gleichzeitig auch ein Signal für neue Investitionsvorhaben in den USA und in Brasilien.

Stufe 7: Erfolge konsolidieren und weitere Veränderungen veranlassen

Auf der Basis der erreichten Erfolge ist der Veränderungsprozess weiter voranzutreiben. Systeme, Strukturen und Prozesse, die nicht zur Vision passen, werden weiter verändert. Hier spielt die Personalpolitik eine sehr große Rolle. Ganz bewusst sollten nur solche Mitarbeiter eingestellt bzw. befördert werden, die bereit sind, die Vision mitzutragen und in der Lage sind, zu weiteren Veränderungen beizutragen. Mit den neu eingestellten Führungskräften wird der Veränderungsprozess neu belebt.

Nach der erfolgreichen und schnellen Umsetzung des Nissan-Revival-Plans wurde das bereits erwähnte „180“-Projekt, ebenfalls ein 3-Jahresplan, aufgesetzt. Außerdem nutzte Ghosn die Personalpolitik als wichtiges Instrument, um die erreichten Erfolge zu konsolidieren. Er ließ ein neues Aktienoptionsprogramm für die Nissan-Führungskräfte entwickeln. Es schuf Anreize für wichtige Mitarbeiter, aus den Nissan-Abteilungen für Forschung, Entwicklung und Einkauf in globale Zentralbereiche zu wechseln, um damit einen unternehmensübergreifenden Austausch von Wissen zu ermöglichen.

Stufe 8: Veränderungen in der Kultur verankern

Die Interdependenz zwischen neuen Verhaltensweisen und Unternehmenserfolg muss allen Führungskräften klar sein und zum Bestandteil der Unternehmenskultur werden. In diesem Sinne sind die in Stufe 7 etablierten Einzelprogramme umfassend und nachhaltig in das Unternehmen zu integrieren. Dabei spielen die Führungskräfteentwicklung, -nachfolge und -kompensation eine zentrale Rolle. Führungskräfte, die den Veränderungsprozess nicht mittragen können oder wollen, sind verzichtbar.

Renault-Nissan etablierte ein neues globales Gehalts- und Beförderungssystem. Für beide Systeme wurde mit großem Aufwand sowohl bei Nissan als auch bei Renault geworben. Das Gehaltssystem stellte auf den Gewinnbeitrag der Führungskräfte ab anstatt auf das bis zu diesem Zeitpunkt geltende Senioritätsprinzip. In ähnlicher Weise setzte das neue Beförderungssystem Leistung an die Stelle der Seniorität. Diese neuen Systeme lieferten die Grundlage für die Freisetzung einer Reihe von Führungskräften, die ihre im Zuge des Veränderungsprozesses vorgegebenen Ziele nicht erreicht hatten. Immerhin gelangte so zum ersten Mal in der Unternehmensgeschichte von Nissan eine Frau in eine Führungsposition.

Kritik des Instruments

Zum Thema Change-Management sind im Laufe der letzten Jahre eine Vielzahl von Büchern und Artikeln publiziert worden – sowohl aus theoretisch-empirischer Perspektive wie auch aus praktischer Sicht. Trotzdem hat sich die Erfolgsquote von Veränderungsprojekten seit den Ergebnissen von Kotter (1996) anscheinend nicht verbessert. Im Laufe der vergangenen Jahre wurde immer wieder auf diese Problematik und das entsprechende Verbesserunspotenzial hingewiesen (z. B. Kotter 2014 oder Pasmore 2015). Das Stufenmodell von Kotter und vergleichbare Modelle werden aus verschiedener Sicht kritisiert:

- Die Modelle unterstellen einen rational steuerbaren Prozess. Die praktische Umsetzung sieht aber oft anders aus. Kotter (1996, S. 25) selbst argumentiert: „... the end result is often complex, dynamic, messy and scary." Einschränkungen in punkto Rationalität sind auf drei Umstände zurückzuführen: (1) Die Zukunft ist nicht vorhersehbar; es kommt zu ungeplanten Ereignissen, die den Veränderungsprozess und seine Ziele beeinflussen können. (2) Menschen handeln nicht immer rational; es kommt zu anderen Ergebnissen als geplant (Aiken/Keller 2009). (3) Grundlegende Transformationsstrategien ziehen sich manchmal mehrere Jahre hin, sind oft sehr komplex und bestehen aus zahlreichen überlappenden Projekten, die sich in unterschiedlichen Stadien des Veränderungsprozesses befinden. Diese Komplexität ist nur begrenzt steuerbar.
- Der Ansatz von Kotter wird als universell betrachtet, die darauf basierenden Analysen werden für unterschiedliche Veränderungsprojekte in unterschiedlichen Kulturkreisen eingesetzt. Auf die enorme Bedeutung einer differenzierten Analyse der Ausgangslage weisen Doppler und Lauterburg (2014) hin. Jede Veränderungsstrategie wird von anderen situativen Faktoren beeinflusst, wie z. B.

durch die Art der Veränderung (inkrementell oder radikal), die Besonderheiten des Unternehmens (großer Konzern vs. KMU) oder des Kulturkreises (Asien vs. Europa).

- Das Kotter-Modell unterstellt, der Veränderungsprozess sei zu einem bestimmten Zeitpunkt abgeschlossen. Mit den Refreeze-Aktivitäten erreiche das Unternehmen dann einen neuen Gleichgewichtszustand. In der Realität trifft dies aber selten zu. Gerade in einer Zeit der Globalisierung und technischen Entwicklung folgt eine Veränderung der Vorhergehenden; ein Gleichgewichtszustand wird, wenn überhaupt, nur für sehr kurze Perioden erreicht.
- Kotters Ansatz beschreibt im Grunde genommen ein Top-down-Vorgehen. Konkret heißt dies, dass die Notwendigkeit der Veränderung, also die neue Vision und Strategie, von den Spitzenführungskräften zumindest in groben Zügen bereits definiert ist. Diesem Personenkreis kommt damit eine zentrale Rolle im Veränderungsprozess zu, wie dies das Beispiel des charismatischen Carlos Ghosn deutlich zeigt. Ein Interessenausgleich zwischen verschiedenen Anspruchsgruppen bezüglich der strategischen Veränderungen wird damit nicht partizipierend erarbeitet, sondern vom Management gesteuert.

Diese Kritikpunkte weisen auf eine Reihe von Unzulänglichkeiten der Stufenmodelle hin, die vermutlich auch den hohen Prozentsatz der nicht erfolgreichen Veränderungsprojekte erklären. Die Modelle zur Umsetzung von geplanten Veränderungsprojekten sind im Laufe der Zeit zwar verfeinert worden, haben aber immer noch erhebliches Entwicklungspotenzial (Cummings/Worley 2015).

Strategische Bedeutung und Nutzen

Das Kotter-Modell stellt einen sehr breiten und umfassenden Ansatz dar, mit dem Veränderungen definiert und umgesetzt werden können. Kotter (1996, S. 35) hat folgende Situationen für eine Anwendung seines Modells im Blick: „... taking a firm that is on its knees and restoring it to health, making an average contender the industry leader, or pushing a leader farther out front ...“ Das Modell bietet die folgenden Vorteile:

- Die spezifische und konsequente Abfolge von Schritten hilft, die Implementierung eines komplexen Strategievorhabens zu vereinfachen. Der Prozess ist in sich logisch aufgebaut und rational nachvollziehbar. Veränderungen sind besser plan- und steuerbar, da einzelne Phasen mit spezifischen Aktivitäten und Prioritäten unterschieden werden können.
- Das Modell berücksichtigt explizit die sog. weichen Faktoren bei der Umsetzung von Veränderungen. Gerade die Rolle der Unternehmenskultur und die Veränderungsbereitschaft einer Organisation und der Organisationsmitglieder werden sonst oft unterschätzt. Kotter (1995) nimmt an, dass für eine erfolgreiche Implementierung einer Veränderung wenigstens 75 % der Führungskräfte diese Veränderung mittragen und unterstützen sollten. In diesem Sinne betont Kotter die gro-

ße Bedeutung von Kommunikation, Partizipation, Inspiration und Motivation für eine erfolgreiche Veränderung.

Das Stufenmodell von Kotter schafft eine Verbindung zwischen empirischen Analysen und Erfahrungen einerseits und dem allgemeinen theoretischen Konzept von Lewin andererseits. Kotter liefert treffende Erklärungen für gescheiterte Veränderungsprojekte und gibt eine Reihe von Empfehlungen für ein erfolgreiches Vorgehen.

Ähnliche Instrumente

Das duale Betriebssystem

Die zunehmende Umweltdynamik zwingt Unternehmen ständig auf neue Marktanforderungen zu reagieren. Wettbewerbsvorteile müssen permanent weiterentwickelt oder neu aufgebaut werden. Deshalb hat Kotter (2014) in seinem Buch „Accelerate“ das von ihm entwickelte 8-Stufenmodell weiterentwickelt, um strategische Herausforderungen agil zu lösen. Er schlägt ein duales Betriebssystem vor, das Stabilität und Agilität verbindet. In einer Organisation steht neben einer hierarchischen Struktur (erstes System) eine Netzwerkstruktur (zweites System). Während in der hierarchischen Struktur die klassischen Geschäfte und Abläufe bearbeitet werden, wird in der Netzwerkstruktur nach neuen Konzepten und Lösungen für strategische Herausforderungen gesucht. Das zweite System ist eine temporäre, parallel zur Hierarchie angelegte Struktur und besteht aus einer Reihe von lose gekoppelten Initiativen und Projekten, die freiwillige, intrinsisch motivierte Individuen (in Kotters Worten die „Armee der Freiwilligen“) vorantreiben. Die Aufgaben der Netzwerkstruktur werden heute in vielen Unternehmen von der hierarchischen Struktur mit Hilfe von Strategie-/Business Development-Abteilungen oder Task Forces miterledigt, erhalten aber nicht die Bedeutung, welche für die Umsetzung eines agilen Managements erforderlich ist.

In seinem neuen Ansatz kommen Veränderungen nicht mehr von der Unternehmensspitze, sondern stärker aus der Mitte des Unternehmens und werden von den „Freiwilligen“ initiiert und umgesetzt. Dies bedeutet mehr Führung durch Visionen, Vertrauen, proaktives Handeln, Leidenschaft und Anerkennung und weniger klassisches Management.

Kotter veränderte dafür das 8-Stufen-Modell, um innerhalb des Unternehmens auf allen Ebenen Veränderungen zu ermutigen und zu unterstützen Er definiert acht Beschleuniger, die teilweise den bisherigen Stufen seines Change-Management-Modells entsprechen:

1. Dringlichkeitsgefühl schaffen
2. Führungskoalition aus allen Bereichen aufbauen
3. Strategische Vision und Initiativen formulieren
4. Freiwillige mobilisieren
5. Barrieren abbauen
6. Kurzfristige Erfolge mobilisieren

7. Kontinuierlich Gas geben
8. Den Wandel etablieren

Für großangelegte, zentral gesteuerte Veränderungsprozesse hat das klassische Stufenmodell weiterhin Bedeutung (Kotter 2016). Aber um im Sinne eines agilen Managements Veränderungen aus der Mitte des Unternehmens zu entwickeln, muss das Stufenmodell, wie oben beschrieben, angepasst werden. In seinem dualen Betriebssystem sieht Kotter einen großen Vorteil, weil die Verbindung einer hierarchischen Struktur mit einer Netzwerkstruktur eine stärkere Akzeptanz und Umsetzungsbereitschaft im Unternehmen erzeugt als die heute oft vorgeschlagene organisatorische Trennung von Kerngeschäft und Neugeschäft in separate Einheiten.

Die Aktionsforschung

Die Aktions- oder Handlungsforschung (im Englischen als Action Research bezeichnet) zählt ebenfalls zu den Methoden einer geplanten Veränderung (Cummings/Worley 2015). Die Veränderung wird hierbei im Sinne einer Organisationsentwicklung als zyklischer Prozess begriffen. Auf der Grundlage einer sorgfältigen Datenanalyse werden Informationen abgeleitet, die zu bestimmten Aktionen führen. Die Ergebnisse dieser Aktionen werden beurteilt und die daraus folgenden Informationen für Entscheidungen über neue Aktionen genutzt. Dieser Prozess wiederholt sich. Veränderungen und Veränderungsbedarf werden stärker aus dem Unternehmen heraus definiert und nicht von der Unternehmensspitze vorgegeben. Hier steht die Partizipation der Mitarbeiter im Vordergrund. Beim Einsatz in größeren Unternehmenseinheiten entsteht jedoch sehr schnell eine hohe Komplexität. Diese Methode dürfte vor allen Dingen von Nutzen sein, wenn eine tiefgreifende Veränderung der Unternehmenskultur notwendig ist.

Appreciative Enquiry (Wertschätzendes Erkunden)

Dieses Verfahren baut auf der Wertschätzung des Individuums, des Teams oder der Organisation auf (Zur Bonsen/Maleh 2001) und wird am treffendsten als „wertschätzendes Erkunden" oder Untersuchen übersetzt. Es ist ebenfalls ein Stufenmodell, mit dem grundsätzliche Veränderungen in einer Organisation herbeigeführt werden können (Cooperrider et al. 2008). Während das Kotter-Modell und die Aktionsforschung von einem Defizit, also einer Schwäche, ausgehen, konzentriert das Appreciative Enquiry-Verfahren sich auf Stärken und Potenziale. Im Mittelpunkt stehen die wertschätzende Untersuchung bzw. das wertschätzende Interview. Das Verfahren arbeitet mit vier Stufen: (1) Discovery – entdecken, verstehen, (2) Dreams – Visionen, Träume, (3) Design – Entscheidungen treffen und (4) Destiny – Umsetzen der Vision.

Das Appreciative Enquiry-Verfahren hat im Vergleich zu Kotters Stufenmodell eine gröbere Schrittfolge und ist damit auch vom Ergebnis her sehr viel offener. Es verlangt ein hohes Maß an Partizipation und Kooperation seitens der Führungskräfte und der

Mitarbeiter. Dieses Verfahren dürfte weniger gut geeignet sein, um im klassischen Sinne zielorientiert eine Strategie umzusetzen. Der Einsatz dürfte vor allem dann sinnvoll sein, wenn die Zukunft einer Organisation grundsätzlich neugestaltet werden soll.

Überschneidungen mit anderen Instrumenten

Vision

Das Thema Vision (vgl. Abschn. 3.3.1) spielt eine zentrale Rolle im Kotter-Modell und erfüllt drei wichtige Funktionen für den Veränderungsprozess: (1) Mit der Vision wird die generelle Richtung der Veränderung definiert. (2) Die Vision dient der Motivation der Mitarbeiter und (3) die Vision hilft, die Entscheidungen der Mitarbeiter zu koordinieren und zielbewusst auszurichten. Diese Funktionen können aber nur erfüllt werden, wenn Führungskräfte in den Prozess der Formulierung der Vision eingebunden sind und die Vision akzeptieren.

Balanced Scorecard (BSC)

Das BSC-System ist speziell für die Umsetzung und Fortschrittskontrolle von Strategien entwickelt worden (vgl. Abschn. 9.2.2). Im Mittelpunkt stehen die Finanzen, Kunden, internen Prozesse und die Mitarbeiter. Auf der Basis strategischer Ziele werden Umsetzungsmaßnahmen und ihre Messung definiert. Dieses Instrument arbeitet überwiegend mit den quantitativen Faktoren und vernachlässigt die Bedeutung der weichen Faktoren, insbesondere die Rolle der Unternehmenskultur als eine zentrale Kraft in Veränderungsprozessen. Die BSC soll in der Verbindung mit der Strategiekarte (Strategy Map) als Kommunikationsinstrument Führungskräften und Mitarbeitern die Strategie erklären, Motivation zur Umsetzung erzeugen, ihren jeweiligen Beitrag deutlich machen und über Kennzahlen messbar machen.

7-S-System

Das 7-S-System (vgl. Abschn. 3.2.1) dient in erster Linie der Diagnose einer Ausgangssituation und verwendet die Dimensionen Strategie, Struktur, Systeme, Spezialkenntnisse, Stammbelegschaft, Stil und Selbstverständnis. Dieses Instrument kann auch zur Umsetzung einer Strategie eingesetzt werden. Auf der Grundlage der Diagnose und den Zielvorstellungen der Unternehmensführung werden Veränderungsprojekte in Gang gesetzt. Nach Abschluss dieser Projekte kann der Erfolg der Umsetzung mit Hilfe des 7-S-Systems gemessen werden.

Literatur

Abell, D. F. (1980): *Defining the Business. The Starting Point of Strategic Planning*. Englewood Cliffs, NJ, USA: Prentice Hall.

Afuah, A. (2004): *Business Models*. New York: McGraw-Hill.

Agrawal, A. (2018): The Economics of Artificial Intelligence. In: *The McKinsey Quarterly*, April. https://www.mckinsey.com/business-functions/mckinsey-analytics/our-insights/the-economics-of-artificial-intelligence. Abrufdatum 11.12.2019.

Aiken, C./Keller, S. (2009): The Irrational Side of Change Management. In: *The McKinsey Quarterly*, April. https://www.mckinsey.com/business-functions/organization/our-insights/the-irrational-side-of-change-management. Abrufdatum: 11.12.2019.

Akao, Y. (Hrsg.) (2016): *Hoshin Kanri Policy Development for Successful TQM* (Originalausgabe 2004). Boca Raton, FL, USA: Francis & Taylor.

Ambrosini, V./Johnson, G./Scholes, K. (1998): *Exploring Techniques of Analysis and Evaluation in Strategic Management*. Harlow, Essex, UK: Pearson.

Anderson, C./Zeithaml, C. (1984): Stage of the Product Life Cycle, Business Strategy, and Business Performance. In: *Academy of Management Journal*, 27. Jg., Nr. 1, S. 5–24.

Andreae, M./De Bodinat, H. (1981): Moderne Methoden der strategischen Analyse. In: *Harvard Business Manager*, 3. Jg., Nr. 1, S. 20–31.

Andrews, K. R. (1971): *The Concept of Corporate Strategy*. Homewood, IL, USA: Irwin.

Angwin, D./Cummings, S./Smith, C. (2017): *The Strategy Pathfinder*. Chichester, West Sussex, UK: Wiley.

Anonymus (2003): Versteckte Kreisgänge in der Managementliteratur. Worauf man bei Managementratschlägen achten sollte. In: *Zeitschrift Führung + Organisation*, 72. Jg., Nr. 5, S. 272–278.

Ansoff, H. I. (2007): *Strategic Management* (Classic Edition; Originalausgabe 1979). Basingstoke, Hampshire, UK/London: Palgrave Macmillan.

Ansoff, H. I. (1995): A Continent Paradigm for Success of Complex Organizations. In: Siegwart, H./Malik, F./Mahari, J. (Hrsg.): *Unternehmenspolitik und Unternehmensstrategie*. S. 31–50. Stuttgart, et al.: Schäffer-Poeschel.

Ansoff, H. I. (1988): *The New Corporate Strategy*. Hoboken, NJ, USA: Wiley.

Ansoff, H. I. (1976): Managing Surprise and Discontinuity: Strategic Response to Weak Signals. In: *Zeitschrift für betriebswirtschaftliche Forschung*, 28. Jg., Nr. 3, S. 129–152.

Ansoff, H. I. (1975): Managing Strategic Surprise by Response to Weak Signals. In: *California Management Review*, 18. Jg., Nr. 2, S. 21–33.

Ansoff, H. I. (1965): *Corporate Strategy*. Harmondsworth, Middlesex, UK, et al.: Penguin.

Ansoff, H. I./McDonnell, E. (1990): *Implanting Strategic Management*. 2. Aufl. Harlow, Essex, UK: Financial Times Prentice Hall.

APICS (2017): *Supply Chain Operations Reference Model, Version 12.0*. Chicago: Association for Operations Management.

APQC/BCE (2010): *Benchmarking Verhaltens-Kodex*. Köln: BenchMarking Center Europe.

Apple (2018): Apple. http://www.apple.com. Abrufdatum 12.11.2019.

ARM (2020): ARM. http://www.arm.com. Abrufdatum 21.04.2020.

Atluri, V./Dietz, M./Henke, N. (2017): Competing in a World of Sectors without Borders. In: *The McKinsey Quarterly*, Juli. https://www.mckinsey.com/business-functions/mckinsey-analytics/our-insights/competing-in-a-world-of-sectors-without-borders. Abrufdatum 11.12.2019.

Atmar, H./Becdach, C./Kleinman, S./Rieckhof, K. (2019): Bridging the Gap between a Company's Strategy and Operating Model. In: *The McKinsey Quarterly*, Mai. https://www.mckinsey.

https://doi.org/10.1515/9783110579567-010

com/business-functions/organization/our-insights/bridging-the-gap-between-a-companys-strategy-and-operating-model. Abrufdatum 11.122019.

Audretsch, D. (1987): An Empirical Test of the Industry Life Cycle. In: *Review of World Economics*, 123. Jg., Nr. 2, S. 297–308.

Axelrod, R. (2000): *Die Evolution der Kooperation*. München: Oldenbourg.

Bain, J. S. (1959): *Industrial Organization*. Hoboken, NJ, USA: Wiley.

Bain, J. S. (1956): *Barriers to New Competition*. Cambridge, MA, USA: Harvard University Press.

Balin, D. (2006): Szenarienentwicklung beim systemorientierten Management. In: Wilms, F. (Hrsg.): *Szenariotechnik – Vom Umgang mit der Zukunft*. Bern: Haupt Verlag.

Banks, M. A./Vera, D./Pathak, S./Ballard, K. (2016): Stakeholder Management as a Source of Competitive Advantage: A Relationship and Portfolio Perspective. In: *Organizational Dynamics*, 45. Jg., Nr. 1, S. 18–27.

Barnard, C. I. (1968): *The Functions of the Executive* (30th Anniversary Edition; Originalausgabe 1938). Cambridge, MA, USA: Harvard University Press.

Barney, J. (2001): Is the Resource-based "View" a Useful Perspective for Strategic Management Research? Yes. In: *Academy of Management Review*, 26. Jg., Nr. 1, S. 41–56.

Barney, J. (1995): Looking Inside for Competitive Advantage. In: *Academy of Management Executive*, 9. Jg., Nr. 4, S. 49–60.

Barney, J. (1986): Strategic Factor Markets – Expectations, Luck and Business Strategy. In: *Management Science*, 32. Jg., Nr. 10, S. 1231–1241.

Barney, J. B./Hoskisson, R. E. (1990): Strategic Groups: Untested Assertions and Research Proposals. In: *Managerial and Decision Economics*, 11. Jg., Nr. 3, S. 198–208.

Barsch, T./Heupel, T./Trautmann, H. (Hrsg.) (2019): *Die Blue-Ocean-Strategie in Theorie und Praxis*. Wiesbaden: SpringerGabler.

BASF SE (2019): Identifikation und Management von Nachhaltigkeitsthemen. https://www.basf.com/global/de/who-we-are/sustainability/management-and-instruments/topics.html. Abrufdatum 11.12.2019.

Baum, H.-G./Coenenberg, A./Günther, T. (2013): *Strategisches Controlling*. 5. Aufl. Stuttgart: Schäffer-Poeschel.

Bea, F./Haas, J. (2016): *Strategisches Management*. 8. Aufl. Konstanz/München: UTB.

Bennis, W./Nanus, B. (1985): *Leaders: The Strategies for Taking Charge*. New York: HarperBusiness.

Berger, R. (2016): Design Thinking on Every Level? https://www.rolandberger.com/de/Publications/Design-thinking-on-every-level.html. Abrufdatum 11.12.2019.

Berger, R./BDI (2015): Die digitale Transformation der Industrie. https://bdi.eu/media/user_upload/Digitale_Transformation.pdf. Abrufdatum 02.12.2019.

Besanko, D./Dranove, D./Shanley, M./Schaefer, S. (2010): *Economics of Strategy*. 5. Aufl. Hoboken, NJ, USA: Wiley.

Bill und Melinda Gates Foundation (2019): What We Do. Malaria. Strategic Overview. https://www.gatesfoundation.org/de/what-we-do/global-health/malariaD:\a. Abrufdatum 11.12.19.

Black, F./Scholes, M. (1973): The Pricing of Options and Corporate Liabilities. In: *Journal of Political Economy*, 81. Jg., Nr. 3, S. 637–654.

Bleicher, K. (1994): *Orientierungsrahmen für eine integrative Managementphilosophie*. 2. Aufl. Stuttgart: Schäffer-Poeschel.

Bleicher, K. mit Abegglen, C. (2017): *Das Konzept Integriertes Management. Visionen – Missionen – Programme*. 9. Aufl. Frankfurt: Campus.

Blenko, M./Garton, E./Mottura, L./Wright, O./Bain & Company (2014): Winning Operating Models that Convert Strategy to Results. https://www.bain.com/contentassets/4e2cf0d17a334fcba2970fc42efc0100/bain_brief_winning_operating_models_that_convert_strategy_to_results.pdf. Abrufdatum 11.12.2019.

BMWi (2008): *Wissensbilanz – Made in Germany. Leitfaden 2.0 zur Erstellung einer Wissensbilanz.* Bundesministerium für Wirtschaft und Technologie, Dokumentation Nr. 574. Berlin: BMWi.

Bollard, A./Larrera, E./Singla, A./Sood, R. (2017): The Next Generation Model for the Digital World. In: *The McKinsey Quarterly*, März. https://www.mckinsey.com/business-functions/digital-mckinsey/our-insights/the-next-generation-operating-model-for-the-digital-world. Abrufdatum 11.12.2019.

Bourne, L. (2009): *Stakeholder Relationship Management: A Maturity Model for Organisational Implementation*. Farnham, Surrey, UK: Tayler & Francis.

Bourne, L./Walker, D. (2005): Visualizing and Mapping Stakeholder Influence. In: *Management Decision*, 43. Jg., Nr. 5, S. 649–660.

Bower, J. (1973): Simple Economic Tools for Strategic Analysis. In: *Harvard Business School Teaching Note*, Nr. 973–094.

Bowman, C./Faulkner, D. (1997): *Competitive and Corporate Strategy*. London: Irwin.

Bowman, E. H./Moskowitz, G. T. (2001): Real Options Analysis and Strategic Decision Making. In: *Organization Science*, 12. Jg., Nr. 6, S. 772–777.

Boyett, J./Boyett, J. (1998): *The Guru Guide*. Hoboken, NJ, USA: Wiley.

Bradfield, R./Wright, G./Burt, G./Cairns, G./van der Heyden, K. (2005): The Origins and Evolution of Scenario Techniques. In: *Long Range Business Planning*, in: *Futures*, 37. Jg., Nr. 8, S. 795–812.

Bradley, C./Dawson, A./McKinsey & Company (2013): The Art of Strategy. 30. Oktober [youtube]. https://www.youtube.com/watch?v=Vyt9mAFxWd4. Abrufdatum 11.12.2019.

Bradley, C./Hirt, M./Smit, S./McKinsey & Company (2018): *Strategy Beyond the Hockey Stick: People, Probabilities, and Big Moves to Beat the Odds*. Hoboken, NJ, USA: Wiley.

Brandenburger, A. M. (2019): Strategy Needs Creativity. In: *Harvard Business Review*, 92. Jg., Nr. 2, S. 58–65.

Brandenburger, A. M./Nalebuff, B. J. (1996): *Co-opetition*. New York: Doubleday.

Brandt, C./Cennamo, K./Douglas, S./Vernon, M./McGrath, M./Reimer, Y. (2013): A Theoretical Framework for the Studio as a Learning Environment. In: *International Journal of Technology and Design Education*, 23. Jg., Mai, S. 329–348.

Brealey, R. A./Meyer, S. C./Allen, F. (2017): *Principles of Corporate Finance*. 12. Aufl. New York: McGraw-Hill.

Brecht, B. (2005): *Die Dreigroschenoper*. (Der Erstdruck 1928 mit einem Kommentar von Lucchesi, J.). 11. Aufl. Frankfurt: Suhrkamp.

Brodnick, R. (2018): *Innovations in Strategy Crafting*. Morrisville, NC, USA: Lulu.

Bronner, A. (2008): *Angebots- und Projektkalkulation*. 3. Aufl. Berlin: Springer.

Brown, T. (2015): When Everyone Is Doing Design Thinking, Is It Still a Competitive Advantage? In: *Harvard Business Review*, 27. August. https://hbr.org/2015/08/when-everyone-is-doing-design-thinking-is-it-still-a-competitive-advantage. Abrufdatum 11.12.2019.

Brown, T. (2009): *Change by Design! How Design Thinking Transforms Organizations and Inspires Innovation*. New York: HarperBusiness.

Brown, T./Wyatt, J. (2010): Design Thinking for Social Innovation. In: *Stanford Social Innovation Review*, 8. Jg., Nr. 1, S. 29–43.

Brownlie, D. (1989): Scanning the Internal Environment: Impossible Precept or Neglected Art? In: *The Journal of Marketing Management*, 4. Jg., Nr. 3, S. 300–329.

Buchanan, R. (1992): Wicked Problems in Design Thinking. In: *Design Issues*, 8. Jg., Nr. 2, S. 5–21.

Bughin, J./LaBerge, L./Mellbye, A. (2017): The Case for Digital Reinvention. In: *The McKinsey Quarterly*, Februar. https://www.mckinsey.com/business-functions/digital-mckinsey/our-insights/the-case-for-digital-reinvention. Abrufdatum 11.12.2019.

Bughin, J./Zeebroek, N. (2017): 6 Digital Strategies and Why Some Work Better than Others. In: *Harvard Business Review*, 31 Juli. https://hbr.org/2017/07/6-digital-strategies-and-why-some-work-better-than-others. Abrufdatum 11.12.2019.

Burke, A./Van Stel, A./Thurik, A. (2010): Blue Ocean vs. Five Forces. In: *Harvard Business Review*, 88. Jg., Nr. 5, S. 28.

Burmeister, K./Neef, A./Beyers, B. (2004): *Corporate Foresight: Unternehmen gestalten Zukunft*. Hamburg: Murmann.

Burt, G./Wright, G./Bradfield, R./Cairns, G./Van der Heijden, K. (2006): The Role of Scenario Planning in Exploring the Environment in View of the Limitations of PEST and its Derivatives. In: *International Studies of Management and Organizations*, 36. Jg., Nr. 3, S. 50–76.

Burton, B./Barnes, H. (2017): 2017 Hype Cycles Highlight Enterprise and Ecosystem Digital Disruptions: A Gartner Trend Insight Report. https://www.gartner.com/doc/3783465?refval=&pcp=mpe#2048791703. Abrufdatum 11.12.2019.

Business Architecture Guild 2018 (Hrsg.) (2018): *The Business Architecture Quick Guide*. Tampa, FL, USA: Megan-Kiffer PR/EC Cubed.

Buzzell, R. D./Gale, B. T. (1987): *The PIMS-Principles. Linking Strategy to Performance*. New York: Free Press.

Camillus, J. (2008): Strategy as a Wicked Problem. In: *Harvard Business Review*, 86. Jg., Nr. 5, S. 98–101.

Camp, R. C. (2006): *Benchmarking. The Search for Industry Best Practices that Lead to Superior Performance* (Originalausgabe 1989). Milwaukee, WI, USA: ASQC Quality Press.

Camp, R. C. (Hrsg.) (1998): *Global Cases in Benchmarking*. New York: McGraw-Hill.

Campbell, A./Ashridge Executive Education (2017): The Operating Model Canvas: The Best Tool for Business Designers, Architects, Strategists & Experts. 25. Februar [Youtube]. https://www.youtube.com/watch?v=RHB-_u_Z9pk. Abrufdatum 11.12.2019.

Campbell, A./Gutierrez, M./Lancelott, M. (2018): *Operating Model Canvas*. 4. Nachdruck. Zaltbommel, Niederlande: Van Haren.

Campbell, A./Whitehead, J./Alexander, M./Goold, M. (2014): *Strategy for the Corporate Level: Where to Invest, What to Cut Back and How to Grow Organisations with Multiple Divisions*. Hoboken, NJ, USA: Wiley.

Campbell, A. (1997): Mission Statements. In: *Long Range Planning*, 30. Jg., Nr. 6, S. 931–932.

Campbell, A./Yeung, S. (1991): Creating a Sense of Mission. In: *Long Range Planning*, 24. Jg., Nr. 4, S. 144–147.

Capozzi, M./Kellen, A./Smit, S. (2012): The Perils of Best Practice. Should You Emulate Apple? In: *The McKinsey Quarterly*, September. https://www.mckinsey.com/business-functions/strategy-and-corporate-finance/our-insights/the-perils-of-best-practice-should-you-emulate-apple. Abrufdatum 11.12.2019.

Chandler, A. D. (1962): *Strategy and Structure: Chapters in the History of the American Industrial Enterprise*. Cambridge, MA, USA: MIT Press.

Chase, H. (1984): *Issue Management: Origins of the Future*. Stamford, CT, USA: Issue Action Publications.

Christensen, C. M. (2016): *The Innovator's Dilemma: The Revolutionary Book that Will Change the Way You Do Business* (Originalausgabe 1977). New York: Harvard Business Reeview Press.

Churchill, W. (1941): Radioansprache in London. 9. Februar. https://winstonchurchill.org/resources/speeches/1941-1945-war-leader/give-us-the-tools/. Abrufdatum 11.12.2019.

Ciampa, D. (2017): What CEO's Get Wrong About Vision and How to Get It Right. In: *MIT Sloan Management Review*, 59. Jg., Nr. 1, S. 86–88.

CKEW Center für kommunale Energiewirtschaft (2016): Benchmarkingstudie der Energieversorger 2014/2015. 22. August. https://www.benchmarking.center/images/download/studien/energiewirtschaft/stadtwerkestudie_analyse.pdf. Abrufdatum 11.12.2019.

Coenenberg, A./Salfeld, R./Schultze, W. (2015): *Wertorientierte Unternehmensführung: Vom Strategieentwurf zur Implementierung*. 3. Aufl. Stuttgart: Schäffer-Poeschel.

Collins, J. (2019): *Turning the Flywheel: A Monograph to Accompany Good to Great*. New York: Random House.

Collins, J. (2001): *Good to Great – Why Some Companies Make the Leap … and Others Don't*. New York: HarperCollins.

Collins, J./Porras, J. (1996): Building Your Company's Vision. In: *Harvard Business Review*, 74. Jg., Nr. 2, S. 65–77.

Collins, J./Porras, J. I. (2004): *Built to Last. Successful Habits of Visionary Companies*. (10th Anniversary Edition; Originalausgabe 1994). New York: HarperCollins.

Collis, D. J. (1991): A Resource-Based Analysis of Global Competition: The Case of the Bearings Industry. In: *Strategic Management Journal*, 12. Jg., Special Issue: Global Strategy, S. 49–68.

Collis, D. J./Rukstad, M. G. (2008): Can You Say What your Strategy is? In: *Harvard Business Review*, 86. Jg., Nr. 4, S. 82–90.

Constantiou, I./Kallinikos, J. (2015): New Games, New Rules: Big Data and the Changing Context of Strategy. In: *Journal of Information Technology*, 30. Jg., Nr. 1, S. 44–57.

Cook, T. zitiert von Lashinsky, A. (2009): The Cook Doctrine at Apple. In: *Fortune*, 22. Februar. http://fortune.com/2009/01/22/the-cook-doctrine-at-apple/. Abrufdatum 11.12.2019.

Cooperrider, D. L./Whitney, D./Stavros, J. M. (2008): *Appreciative Enquiry Handbook: For Leaders of Change*. 2. Aufl. San Francisco: Berrett-Koehler.

Copeland, T. E./Keenen, P. T. (1998a): How Much is Flexibility Worth? In: *The McKinsey Quarterly*, o. Jg., Nr. 2, S. 38–49.

Copeland, T. E./Keenen, P. T. (1998b): Making Real Options Real. In: *The McKinsey Quarterly*, o. Jg., Nr. 3, S. 128–141.

Copeland, T. E./Tufano, P. (2004): A Real-World Way to Manage Real Options. In: *Harvard Business Review*, 82. Jg., Nr. 3, S. 90–99.

Cornelius, P./Van de Putte, A./Romani, M. (2005): Three Decades of Scenario Planning in Shell. In: *California Management Review*, 49. Jg., Nr. 1, S. 92–109.

Covey, S. R. (2012): *Focus: Achieving Your Highest Priorities* [Hörbuch]. Offenbach am Main: Gabal.

Cox, W. E. (1967): Product Life Cycles as Marketing Models. In: *The Journal of Business*, 40. Jg., Nr. 10, S. 375–384.

Creatlr (2018): https://www.creatlr.com/about/. Abrufdatum 17.06.2019.

Cross, N. (2006): *Designerly Ways of Knowing*. London: Springer.

Cummings, T. G./Worley, C. G. (2015): *Organizational Development and Change*. 9. Aufl. Mason, OH, USA: Cengage.

Cusumano, M. A./Gawer, A./Yoffie, D. B. (2019): *Business of Platforms. Strategy in the Age of Digital Competition, Innovation and Power*. New York: HarperBusiness.

Daimler AG (2018): Geschäftsbericht. Ziele und Strategie. https://geschaeftsbericht.daimler.com/gb2018/an-unsere-aktionaere/ziele-und-strategie. Abrufdatum 11.12.2019.

D'Aveni, R. (1994): *Hypercompetition: Managing the Dynamics of Strategic Maneuvering*. New York: Free Press.

Daniel, R. G. (1961): Management Information Crisis. In: *Harvard Business Review*, 34. Jg., Nr. 5, S. 111–121.

David, F. (1986): The Strategic Planning Matrix – A Quantitative Approach. In: *Long Range Planning*, 19. Jg., Nr. 5, S. 102–107.

Day, G. (1981): The Product Life Cycle: Analysis and Applications Issues. In: *Journal of Marketing*, 45. Jg., Nr. 2, S. 60–67.

Dean, J. (1950): Pricing Policies for New Products. In: *Harvard Business Review*, 28. Jg., Nr. 6, S. 45–53.

Denrell, J./Fang, C./Winter, S. (2003): The Economics of Strategic Opportunity. In: *Strategic Management Journal*, 24. Jg., Nr. 10, S. 977–990.

Deutsche Startups (2019): Business Model Canvas: 27 praktische Fallbeispiele. https://www.deutsche-startups.de/2016/03/22/der-business-model-canvas-der-praxis-27-fallbeispiele/. Abrufdatum 04.12.2019.

Dhalla, N./Yuspeh, S. (1976): Forget the Product Life Cycle Concept. In: *Harvard Business Review*, 54. Jg., Nr. 1, S. 102–112.

Dillerup, R./Stoi, R. (2016): *Unternehmensführung: Management & Leadership*. 5. Aufl. München: Vahlen.

Dobbs, M. E. (2014): Guidelines for Applying Porter's Five Forces Framework: A Set of Industry Analysis Templates. In: *Competitive Review*, 24. Jg., Nr. 1, S. 32–45.

Doerr, J. (2018): *Measure What Matters: OKRs: The Simple Idea that Drives 10x Growth*. New York: Penguin Random House.

Doppler, K./Lauterburg, H. (2014): *Change Management: Den Unternehmenswandel gestalten*. 13. Aufl. Frankfurt: Campus.

Drews, H. (2008): Abschied vom Marktwachstums-Marktanteils-Portfolio nach über 35 Jahren Einsatz? Eine kritische Überprüfung der BCG-Matrix. In: *Zeitschrift für Planung & Unternehmenssteuerung*, 19. Jg., Nr. 1, S. 39–57.

Driel, O./Kotte, W./Rudberg, P. (2004): Beschleunigung und Verbreitung von Six Sigma in Europa durch den European Six Sigma Club. In: Töpfer, A. (Hrsg.): *Six Sigma*. S. 41–44. Berlin: Springer.

Dror, S. (2008): The Balanced Scorecard versus Quality Award Models as a Strategic Framework. In: *Total Quality Management*, 19. Jg., Nr. 6, S. 583–593.

Drucker, P. (1955): *The Practice of Management*. New York: HarperBusiness.

Duncan, A. K./Breslin, M. A. (2009): Innovating Health Care Delivery: The Design of Health Services. In: *Journal of Business Strategy*, 30. Jg., Nr. 2/3, S. 1320.

Dunne, D./Martin, R. (2006): Design Thinking and How It Will Change Management Education. An Interview and Discussion. In: *Academy of Management. Learning and Education*, 5. Jg., Nr. 4, S. 512–523.

Dyson, R. (2007): Methods for Creating Strategic Initiatives. In: O'Brien, F./Dyson, G. (Hrsg.): *Supporting Strategy, Framework, Methods and Models*. S. 137–154. Chichester, West Sussex, UK: Wiley.

EEA (2009): Looking Back on Looking Forward: A Review of Evaluative Scenario Literature. Technical Report Nr. 3. Kopenhagen: EEA.

Eagar, R./Boulton, C./Demyttenaere, C. (2014): The Trends in Megatrends – The Most Important Megatrends and How to Monitor Them. http://www.adlittle.com/sites/default/files/prism/The_Trends_in_Megatrends_9.pdf. Abrufdatum 11.12.2019.

Easyjet (2019): Annual Report 2018. https://corporate.easyjet.com/~/media/Files/E/Easyjet/pdf/investors/results-centre/2018/2018-annual-report-and-accounts.pdf. Abrufdatum 11.12.2019.

EEG (2009): Erneuerbare-Energien-Gesetz vom 25. Oktober 2008 (BGBl. I S. 2074), zuletzt geändert durch Artikel 5 des Gesetzes vom 28. März 2009 (BGBl. I S. 643).

EFQM (2019): Das EFQM Excellence Modell. http://www.efqm.ch/efqm-modell.html. Abrufdatum 23.03.2020.

Ehrmann, T. (2007): *Strategische Planung*. 2. Aufl. Berlin: Springer.

Eisermann, W./Wolf, M. (2007): Competitive Technical Intelligence – die Industriekostenkurve: Erstellung und Aussagekraft. In: *4. Berliner-Aachener Symposium: Informationstechnologien für Entwicklung und Produktion in der Verfahrenstechnik. Berlin 29.–30.03.2007.*

Eonsoo, K./Dae-Il, N./Stimpert, J. (2004): The Applicability of Porter's Generic Strategies in the Digital Age: Assumptions, Conjectures, and Suggestions. In: *Journal of Management*, 30. Jg., Nr. 5, S. 569–589.

EU-Kommission (2008): Directive 2008/1/EC of the European Parliament and of the Council of 15 January 2008 Concerning Integrated Pollution Prevention and Control. OJ L 24, 29.01.2008, S. 8–29.

EY (2017): The Upside of Disruption – Megatrends Shaping 2016 and Beyond. https://cdn.ey.com/echannel/gl/en/issues/business-environment/2016megatrends/001-056_EY_Megatrends_report.pdf. Abrufdatum 11.12.2019.

Evans, D. S./Schmalensee, R. (2016): *Matchmakers*. Boston: Harvard Business Review Press.

Fainshmidt, S./Frazier, M. L. (2015): What Facilitates Dynamic Capabilities? The Role of Organizational Climate for Trust. In: *Long Range Planning*, 50. Jg., Nr. 5, S. 550–566.

Faraj, S./Azad, B. (2012): The Materiality of Technology: An Affordance Perspective. In: Leonardi, P. M./Nardi, B. A./Kallinikos, J. (Hrsg.): *Materiality and Organizing: Social Interaction in a Technological World*. S. 237–258. Oxford: Oxford University Press.

Farmer, R. N./Richman, B. M. (1965): *Comparative Management and Economic Progress*. Homewood, IL, USA: Irwin.

Fasse, M. (2009): BMW verliert den Glauben an den Wasserstoffantrieb. In: *Handelsblatt*, 7. Dezember. https://www.handelsblatt.com/unternehmen/industrie/autohersteller-bmw-verliert-glauben-an-den-wasserstoffantrieb/3320432.html?ticket=ST-3056211-xRILsK4WBuJGyhWpQ2hg-ap4. Abrufdatum 11.12.2019.

Fink, A./Schlake, O./Siebe, A. (2002): *Erfolg durch Szenario Management*. Frankfurt: Campus.

Fischer, T. M. (1993): *Kostenmanagement strategischer Erfolgsfaktoren*. München: Vahlen.

Fleck, A. (1995): *Hybride Wettbewerbsstrategien*. Wiesbaden: Gabler.

Fleisher, C./Bensoussan, B. (2015): *Business and Competitive Analysis*. 2. Aufl. Upper Saddle River, NJ, USA: Financial Times Prentice Hall.

Foster, R. (1986): *Innovation: The Attackers Advantage*. New York: Summit Books.

Freemann, R. E. (2010): *Strategic Management – a Stakeholder Approach* (Originalausgabe 1984). Cambridge, UK: Cambridge University Press.

Freeman, R. E./Harrison, J. S./Wicks, A. C./Parmar, B. L./de Colle, S. (2010): *Stakeholder Theory: The State of the Art*. Cambridge, UK: Cambridge University Press.

Frese, E. (1985): Exzellente Unternehmen – Konfuse Theorien. Kritisches zur Studie von Peters und Waterman. In: *Die Betriebswirtschaft*, 45. Jg., Nr. 5, S. 604–606.

Friedman, M. (1970): The Social Responsibility of Business is to Increase its Profits. In: *The New York Times Magazine*, 13. September, Sektion SM, S. 17.

Frontier Economics (2018): Die zukünftigen Kosten strombasierter synthetischer Brennstoffe. Studie im Auftrag von Agora Verkehrswende und Agora Energiewende. 19. März. https://www.agora-energiewende.de/fileadmin2/Projekte/2017/SynKost_2050/Agora_SynCost-Studie_WEB.pdf. Abrufdatum 11.12.2019.

Fruhan, Jr., W. E. (1979): *Financial Strategy*. Homewood, IL, USA: Irwin.

Fuest, C., zitiert in Plickert, P. (2019): Bedrohen Giganten den Wettbewerb. In: *Frankfurter Allgemeine Zeitung*, 11. Juni, Nr. 133, S. 16.

Furterer, S. (Hrsg.) (2009): *Lean Six Sigma in Service*. Boca Raton, FL, USA: Taylor & Francis.

Gadiesh, O./Gilbert, J. L. (1998a): Profit Pools: A Fresh Look at Strategy. In: *Harvard Business Review*, 76. Jg., Nr. 3, S. 139–147.

Gadiesh, O./Gilbert, J. L. (1998b): How to Map your Industry's Profit Pools. In: *Harvard Business Review*, 76. Jg., Nr. 3, S. 3–11.

Gälweiler, A. (2005): *Strategische Unternehmensführung*. 3. Aufl. Frankfurt: Campus.

Galindo-Rueda, F./Millot, V. (2015): Measuring Design and its Role in Innovation. OECD Science, Technology and Industry Working Papers 2015/01, OECD Publishing. https://www.oecd-ilibrary.org/science-and-technology/measuring-design-and-its-role-in-innovation_5js7p6lj6zq6-en Abrufdatum 11.12.2019.

Garner, B. (2015): 14 Ways to Apply the Business Model Canvas. 23. März [Blog]. https://blog.strategyzer.com/posts/2015/3/23/14-ways-to-apply-the-business-model-canvas. Abrufdatum 11.12.2019.

Gassmann, O./Frankenberger, K./Csik, M. (2014): *Der St. Galler Business Model Navigator: 55 Karten zur Entwicklung von Geschäftsmodellen*. München: Hanser.

Gatterer, H. (2012): Megatrends bezeugen den Wandel. In: Granig, P./Hartlieb, E. (Hrsg.): *Die Kunst der Innovation*. S. 2–40. Wiesbaden: SpringerGabler.

Gattermann, C./Startplatz (2019): Business Model Canvas. Beispiele und Anwendung. 21. April. https://www.startplatz.de/business-model-canvas-beispiele/. Abrufdatum: 11.12.2019.

Gausemeier, J. (2010): Undenkbares Denken. In: *Harvard Business Manager*, 32. Jg., Nr. 10, S. 29–32.

Geißler, C. (2004): Was sind Realoptionen. In: *Harvard Business Manager*, 26. Jg., Nr. 6, S. 77.

Germis, C./Preuss, S. (2019): Autobranche streitet über Elektroautos. In: *Frankfurter Zeitung*, 17. März. https://www.faz.net/aktuell/wirtschaft/vw-gegen-vda-autobranche-streitet-ueber-elektroautos-16094337.html. Abrufdatum 11.12.2019.

Ghemawat, P. (1991): *Commitment. The Dynamic of Strategy*. New York: Free Press.

Giordano, M./Wenger, F. (2008): Organizing for Value. In: *McKinsey on Finance*, Juli. https://www.mckinsey.com/business-functions/strategy-and-corporate-finance/our-insights/organizing-for-value. Abrufdatum 11.12.2019.

Gluck, F. (1980): Strategic Choice and Resource Allocation. In: *The McKinsey Quarterly*, o. Jg., Nr. 1, S. 22–34.

Goffee, R./Jones, G. (1997): Kultur: Der Stoff, der Unternehmen zusammenhält. In: *Harvard Business Manager*, 19. Jg., Nr. 2, S. 41–54.

Goh, T. (2002): A Strategic Assessment of Six Sigma. In: *Quality and Reliability Engineering International*, 18. Jg., o. Nr., S. 403–410.

Goldman, S./Kabayadondo, Z. (2017): *Taking Design Thinking to School: How the Technology of Design Can Transform Teachers, Learners, and Classrooms*. Abingdon, Oxfordshire, UK: Taylor & Francis.

Goodwin, E. (2015): The Battle is for the Customer Interface. In: *TechCrunch*, 4. März. https://techcrunch.com/2015/03/03/in-the-age-of-disintermediation-the-battle-is-all-for-the-customer-interface/. Abrufdatum 11.12.2019.

Götze, U. (2014): *Investitionsrechnung: Modelle und Analysen zur Beurteilung von Investitionsvorhaben*. 7. Aufl. Berlin: Springer.

Götze, U. (2006): Cross-Impact-Analyse bei der Bildung und Auswertung von Szenarien. In: Wilms, F. (Hrsg.): *Szenariotechnik – Vom Umgang mit der Zukunft*. S. 9–38. Bern: Paul Haupt.

Grant, R. M. (2019): *Contemporary Strategy Analysis: Text and Cases*. 10. Aufl. Hoboken, NJ, USA: Wiley.

GRI (2016): GRI Standard 101: Foundation 2016, Amsterdam. https://www.globalreporting.org/standards/gri-standards-download-center/gri-101-foundation-containing-standard-interpretation-1/?g=20f680f6-17de-4234-913d-15eaa85c11f9. Abrufdatum 11.12.2019.

Grots, A./Creuznacher, I. (2012): Design Thinking – Prozess oder Kultur? Drei Fallbeispiele einer (Veränderungs-) Methode. In: *Organisationsentwicklung*, Jg. 12, Nr.2, S. 14–21.

Grove, A. (1983): *High Output Management*. New York/Toronto: Vintage.
Grünig, R./Kühn, R. (2018): *Strategieplanungsprozess*. 2. Aufl. Bern: Paul Haupt.
Grünig, R./Kühn, R. (2011): *Methodik der strategischen Planung*. 6. Aufl. Bern: Paul Haupt.
Guarraia, P./Carey, G./Corbett, A./Neuhaus, K. (2009): Six Sigma at Your Service. In: *Business Strategy Review*, 20. Jg., Nr. 2, S. 56–61.
Günther, T. (2000): *Unternehmenswertorientiertes Controlling*. München: Vahlen.
Gustafson, A./Herrmann, A./Huber, F. (Hrsg.) (2003): *Conjoint Measurement Methods and Application*. 4. Aufl. Berlin: Springer.
Haas, R. (1990) in: Howard, R. (1990): Values Make the Company. An Interview with Robert Haas. In: *Harvard Business Review*, 68. Jg., Nr. 5, S. 133–144.
Hahn, T./Wagner, M. (2001): *Sustainability Balanced Scorecard*. Diss., Universität Lüneburg.
Hamel, G. (2002): *Leading the Revolution*. Hammondsworth, Middlesex, UK: Penguin.
Hamel, G. (1996): Strategy as Revolution. In: *Harvard Business Review*, 74. Jg., Nr. 4, S. 69–82.
Hamel, G./Prahalad, C. K. (1994): *Competing for the Future*. Boston: Harvard Business Review Press.
Hamel, G./Prahalad, C. K. (1990): The Core Competence of the Corporation. In: *Harvard Business Review*, 68. Jg., Nr. 3, S. 79–91.
Hamel, G./Prahalad, C. K. (1989): Strategic Intent. In: *Harvard Business Review*, 67. Jg., Nr. 3, S. 63–76.
Hammer, M./Champy, J. (2006): *Reengineering the Corporation: A Manifesto for Business Revolution* (Originalausgabe 1993). New York: HarperBusiness.
Harries, C. (2003): Correspondence to What? Coherence to What? What is Good Scenario-based Decision Making? In: *Technological Forecast and Social Change*, 70. Jg., Nr. 8, S. 797–817.
Harry, M./Schroeder, R. (2000): *Six Sigma*. New York: Doubleday.
Hart, S. (1995): The Natural Resources Based View of the Firm. In: *Academy of Management Review*, 20. Jg., Nr. 4, S. 986–1014.
Hasso-Pleitner-Institut (2019): Design Thinking Projektbeispiele. https://hpi.de/school-of-design-thinking/design-thinking/projektbeispiele.html. Abrufdatum 11.12.2019.
Hawkins, A. J. (2019): Uber and Lyft are the 'Biggest Contributors' to San Franciso's Traffic Congestion, Study Says. In: *The Verge*, 8. Mai. https://www.theverge.com/2019/5/8/18535627/uber-lyft-sf-traffic-congestion-increase-study. Abrufdatum 11.12.2019.
Hax, A. C./Majluf, N. S. (1996): *The Strategy Concept and Process. A Pragmatic Approach*. 2. Aufl. Upper Saddle River, NJ, USA: Prentice Hall.
Hax, A. C./Wilde, D. L. (2003): The Delta Model. A new Framework for Strategy. In: *Journal of Strategic Management Education*, 1. Jg., Nr. 1, S. 1–21.
Hax, A. C./Wilde, D. L. (2001a): *The Delta Project*. New York: Palgrave Macmillan.
Hax, A. C./Wilde, D. L. (2001b): The Delta Model: Discovering new Sources of Profitability in a Networked Economy. In: *Journal of European Management Education*, 9. Jg., Nr. 4, S. 379–391.
Hax, A. C./Wilde, D. L. (1999): The Delta Model: Adaptive Management for a Changing World. In: *Sloan Management Review*, 40. Jg., Nr. 2, S. 11–28.
Hedley, B. (1977): Strategy and the Business Portfolio. In: *Long Range Planning*, 10. Jg., Nr. 2, S. 9–15.
Heinicke, A. (2006): Die Anwendung induktiver Verfahren in der Szenariotechnik. In: Wilms, F. (Hrsg.): *Szenariotechnik: Vom Umgang mit der Zukunft*. S. 183–213. Bern: Paul Haupt.
Henderson, B. D. (1977): The Corporate Portfolio. In: Stern, C. W./Deimler, M. S. (Hrsg.): *The Boston Consulting Group and Strategy: Classic Concepts and New Perspectives*. S. 262–264. Hoboken, NJ, USA: Wiley.
Henderson, B. D. (1970): The Product Portfolio. In: *BCG Collections*, 1. Januar. https://www.bcg.com/de-de/publications/1970/strategy-the-product-portfolio.aspx. Abrufdatum 11.12.2019.

Henderson, B. D. (1968): The Experience Curve. In: *BCG Collections*, 1. Januar. https://www.bcg.com/de-de/publications/1968/business-unit-strategy-growth-experience-curve.aspx. Abrufdatum 11.12.2019.

Herbig, N. (2016): *Nutzwertanalyse. Eine Methode zur Bewertung von Lösungsalternativen und zur Entscheidungsfindung*. 2. Aufl. Norderstedt: Books on Demand.

Herrman, J. (2017): Platform Companies Are Becoming More Powerful – but What Exactly do They Want. In: *New York Times*, 13. März. https://www.nytimes.com/2017/03/21/magazine/platform-companies-are-becoming-more-powerful-but-what-exactly-do-they-want.html. Abrufdatum 11.12.2019.

Heuskel, D. (1999): *Wettbewerb jenseits von Industriegrenzen. Aufbruch zu neuen Wachstumsstrategien*. Frankfurt: Campus.

Hill, T./Westbrook, R. (1997): SWOT Analysis: It's Time for a Product Recall. In: *Long Range Planning*, 30. Jg., Nr. 1, S. 46–52.

Hinterhuber, H. (2015): *Strategische Unternehmensführung: Das Gesamtmodell für nachhaltige Wertsteigerung*. 9. Aufl. Berlin: Erich Schmidt Verlag.

Hofer, C. W./Schendel, D. (1978): *Strategy Formulation: Analytical Concepts*. St. Paul, MN, USA: South-Western.

Homburg, C./Sütterlin, S. (1992): Strategische Gruppen – Ein Survey. In: *Zeitschrift für Betriebswirtschaft*, 62. Jg., Nr. 6, S. 635–662.

Hommel, U./Pritsch, G. (1999): Marktorientierte Investitionsbewertung mit dem Realoptionsansatz. Ein Implementierungsleitfaden für die Praxis. In: *Finanzmarkt und Portfoliomanagement*, 13. Jg., Nr. 2, S. 121–144.

Hommel, U./Scholich, M./Baecker, P. (2003): *Reale Optionen – Konzepte, Praxis und Perspektiven strategischer Unternehmensfinanzierung*. Berlin: Springer.

Horn, J. (2011): Playing War Games to Win. In: *The McKinsey Quarterly*, März. https://www.mckinsey.com/business-functions/strategy-and-corporate-finance/our-insights/playing-war-games-to-win. Abrufdatum 11.12.2019.

Horváth & Partner (Hrsg.) (2000): *Balanced Scorecard umsetzen*. Stuttgart: Schäffer-Poeschel.

Hull, J. C. (2019): *Options, Futures und andere Derivate*. Hallbergmoos: Pearson.

Humphrey, A. S. (2005): SWOT Analysis for Management Consulting. In: *SRI Alumni Association Newsletter*, Dezember, S. 7–8.

Hungenberg, H. (2014): *Strategisches Management in Unternehmen. Ziele – Prozesse – Verfahren*. 8. Aufl. Wiesbaden: SpringerGabler.

Hungenberg, H./Wulf, T./Stellmaszek, F. (2005): Einsatzfelder und Operationalisierung der Realoptionstheorie. Implikationen für die wertorientierte Unternehmensführung. Arbeitspapier 05–01, Institut für Unternehmensplanung Gießen.

Hunt, M. S. (1972): *Competition in the Major Home Appliance Industry, 1960–1970*. Diss., Harvard University, Boston.

IDC in Statista GmbH (2019): Prognose zum Absatz von Tablets weltweit in den Jahren 2010 bis 2023 (in Millionen Stück). https://de.statista.com/statistik/daten/studie/165462/umfrage/prognose-zum-weltweiten-absatz-von-media-tablets/. Abrufdatum 11.12.2019.

IDEO Design Thinking (2012): 5 Inspiring Social Design Engineers. 19. November [Blog]. https://designthinking.ideo.com/blog/5-inspiring-social-design-pioneers. Abrufdatum 11.12.2019.

IEA (2019): World Energy Outlook 2019. https://www.iea.org/topics/world-energy-outlook. Abrufdatum 10.12.2019.

Ilic, S. in Roland Berger (2016): Design Thinking on Every Level? https://www.rolandberger.com/de/Publications/Design-thinking-on-every-level.html. Abrufdatum 04.12.2019.

ING (2018): Materiality: Defining what Matters Most. https://www.ing.com/Sustainability/The-world-around-us-1/Materiality.htm. Abrufdatum 11.12.2019.

I-SIXSIGMA (2019): Tools and Templates. http://www.isixsigma.com/index.php?option=com_content&view=article&id=205&Itemid=48. Abrufdatum 11.12.2019.
Jacobides, M. G. (2010): Strategy Tools for a Shifting Landscape. In: *Harvard Business Review*, 88. Jg., Nr. 1, S. 76–85.
Jacobides, M. G./MacDuffie, J. P. (2013): How to Drive Value Your Way. In: *Harvard Business Review.*, 91. Jg., Nr. 7/8, S. 92–100.
Jacobs, T./Shepherd, J./Johnson, G. (1998): Strengths, Weaknesses, Opportunities and Threats (SWOT) analysis. In: Ambrosini, V. (Hrsg.): *Exploring Techniques of Analysis and Evaluation in Strategic Management*. S. 122–136. Harlow, Essex, UK: Financial Times Prentice Hall.
Jarzabkowski, P. (2005): *Strategy as Practice: An Activity-Based Approach*. London: Sage.
Jarzabkowski, P./Balogun, J./Seidl, D. (2007): Strategizing: The Challenges of a Practice Perspective. In: *Human Relations*, 60. Jg., Nr. 1, S. 5–27.
Jarzabkowski, P./Giulletti, M./Oliveira, B. (2009): *Building a Strategy Toolkit: Lessons from Business* (Working Paper). London: Advanced Institute of Management Research.
Jarzabkowski, P./Kaplan, S. (2014): Strategy Tools-In-Use: A Framework for Understanding 'Technologies of Rationality' in Practice. In: *Strategic Management Journal*, 36. Jg., Nr. 4, S. 537–558.
Jarzabkowski, P./Pinch, T. (2014): Sociomateriality is 'the New Black': Accomplishing Re-Purposing, Re-Inscripting and Repairing. In: *Context. M@n@gement*, 16. Jg., Nr. 5, S. 579–592.
Jarzabkowski, P./Wilson, D. C. (2006): Actionable Strategy Knowledge: A Practice Perspective. In: *European Management Journal*, 24. Jg., Nr. 5, S. 348–367.
Jenkins, M./Ambrosini, V. (2016): *Advanced Strategic Management – A Multi-Perspective Approach*. 3. Aufl. New York: Red Globe Press.
Johnson, G./Scholes, K./Whittington, R./Angwin, D./Regnér, P. (2017): *Exploring Strategy*. 11. Aufl. Harlow, Essex, UK: Pearson.
Jordan, M. (2016): Daimler IT: Design Thinking – Eine Bühne für Kreativität. 5. November [Blog]. https://blog.mercedes-benz-passion.com/2016/11/daimler-it-design-thinking-eine-buehne-fuer-die-kreativitaet/. Abrufdatum 11.12.2019.
Jost, P. J. (2001): *Die Spieltheorie in der Betriebswirtschaftslehre*. Stuttgart: Schäffer-Poeschel.
Joyce, A./Paquin, R. L. (2016): The Triple Layered Business Model Canvas: A Tool to DeSign More Sustainable Business Models. In: *Journal for Cleaner Production*, 135. Jg., o. Nr., S. 1–16.
Kahn, H./Wiener, A. (1967): *The Year 2000*. New York: Macmillan.
Kano, N. (1984): Attractive Quality and Must-be Quality. In: *Journal of the Japanese Society for Quality Control*, 14. Jg., Nr. 4, S. 39–48.
Kaplan, R. S./Norton, D. P. (2004): *Strategy Maps. Converting Intangible Assets into Tangible Outcomes*. Boston: Harvard Business Review Press.
Kaplan, R. S./Norton, D. P. (2001): *The Strategy Focused Organization. How Balanced Scorecard Companies Thrive in the New Business Environment*. Boston: Harvard Business Review Press.
Kaplan, R. S./Norton, D. P. (1996): *The Balanced Scorecard: Translating Strategy into Action*. Boston: Harvard Business Review Press.
Kaplan, R. S./Norton, D. P. (1993): Putting the Balanced Scorecard to Work. In: *Harvard Business Review*, 71. Jg., Nr. 5, S. 134–147.
Kaplan, R. S./Norton, D. P. (1992): The Balanced Scorecard – Measures that Drive Performance. In: *Harvard Business Review*, 70. Jg., Nr. 1, S. 71–79.
Karlöf, B./Östblom, S. (1994): *Das Benchmarking Konzept. Wegweiser zu Spitzenleistung in Qualität und Produktivität*. München: Vahlen.
Kaufmann, L. (2002): Der Feinschliff für die Strategie. In: *Harvard Business Manager*, 24. Jg., Nr. 6, S. 35–41.
Ketchen, D. J. (2003): An Interview with Raymond D. Miles and Charles C. Snow. In: *Academy of Management Executive*, 17. Jg., Nr. 4, S. 97–104.

Kiechel, W. III (2010): *The Lords of Strategy. The Secret Intellectual History of the New Corporate World*. Boston: Harvard Business Review Press.

Kiessling, W./Babel, F. (2010): *Corporate Identity: Strategie nachhaltiger Unternehmensführung*. 4. Aufl. Regensburg: Walhalla.

Kim, W. C./Mauborgne, R. (2017): *Blue Ocean Shift*. New York: Macmillan.

Kim, W. C./Mauborgne, R. (2015): *Blue Ocean Strategy. How to Create Uncontested Market Space and Make the Competition Irrelevant*. 2. Aufl. Boston: Harvard Business School Publishing Corporation.

Kim, W. C./Mauborgne, R. (2005): Value Innovation: A Leap into the Blue Ocean. In: *Journal of Business Strategy*, 26. Jg., Nr. 4, S. 22–28.

Kim, W. C./Mauborgne, R. (1997): Value Innovation: The Strategic Logic of High Growth. In: *Harvard Business Review*, 75. Jg., Nr. 1, S. 102–112.

Kim, W. C./Mauborgne, R. (2004–2020): Blue Ocean. https://www.blueoceanstrategy.com/what-is-blue-ocean-strategy/. Abrufdatum 21.03.2020.

Kimura, R./Reeves, M./Whitaker, K. (2019): The New Logic of Competition – Winning the '20s. BCG Henderson Institute. 22. März. https://www.bcg.com/publications/2019/new-logic-of-competition.aspx. Abrufdatum 11.12.2019.

Klepper, S. (1997): Industry Life Cycles. In: *Industrial and Corporate Change*, 6. Jg., Nr. 1, S. 145–182.

Knoll, S. (2008): *Cross-business Synergies: A Typology of Cross-business Synergies and Mid-Range Theory of Continuous Growth Synergy Realization*. Diss., Universität St. Gallen.

Knott, P. (2006): A Typology of Strategy Tool Applications. In: *Management Decision*, 44. Jg., Nr. 8, S. 1090–1105.

Koch, A. (2000): SWOT Does Not Need To Be Recalled: It Needs to be Enhanced. Part 1: Description of the problem. https://www.westga.edu/~bquest/2000/swot1.html. Abrufdatum 11.12.2019.

Koller, M./Goedhart, M./Wessels, D. (2015): *Valuation. Measuring and Managing the Value of Companies*. 6. Aufl. Hoboken, NJ, USA: Wiley.

Kotler, P./Keller, K./Brady, M./Goodman, M./Hansen, T. (2015): *Marketing Management Analysis*. 3. Aufl. Upper Saddle River, NJ, USA: Pearson.

Kotter, J. P. (2016): John Kotter über Agilität: „Change ist ein völlig neues Spiel geworden". Interview mit der Haufe Online Redaktion am 23. Juni. https://www.haufe.de/personal/hr-management/john-kotter-ueber-agilitaet-unternehmen-brauchen-2-betriebssystem_80_362438.html. Abrufdatum 11.12.2019.

Kotter, J. P. (2014): *Accelerate Building Strategic Agility for a Faster-Moving World*. Boston: Harvard Business Review Press.

Kotter, J. P. (2008): *A Sense of Urgency*. Boston: Harvard Business Review Press.

Kotter, J. P. (1996): *Leading Change*. Boston: Harvard Business Review Press.

Kotter, J. P. (1995): Leading Change: Why Transformation Efforts Fail. In: *Harvard Business Review*, 73. Jg., Nr. 2, S. 59–67.

Kotter, J. P./Cohen, D. S. (2002): *The Heart of Change. Real-Life Stories of How People Change Their Organizations*. Boston: Harvard Business Review Press.

Kotter, J. P./Rathgeber, H. (2017): *Our Iceberg is Melting. Changing and Suceeding under any Conditions* (10th Anniversary Edition; Originalausgabe 2005). New York: Macmillan.

Kreibich, R. (2008): *Zukunftsforschung für die gesellschaftliche Praxis*. Berlin: Springer.

Kreikebaum, H. (1997): *Strategische Unternehmensplanung*. 6. Aufl. Stuttgart: Kohlhammer.

Kreilkamp, E. (1987): *Strategisches Management und Marketing*. Berlin: De Gruyter.

Krüger, D. in Roland Berger (2016): Design Thinking on Every Level? 28. November. https://www.rolandberger.com/de/Publications/Design-thinking-on-every-level.html. Abrufdatum 11.12.2019.

Krüger, W. (1989): Hier irrten Peters und Waterman. In: *Harvard Business Manager*, 10. Jg., Nr. 1, S. 13–18.

Krüger, W./Homp, C. (1997): *Kernkompetenz-Management*. Wiesbaden: Gabler.

Kudernatsch, D. (2018): Die OKR-Methode: Eine neue Management-Wunderwaffe? In: *Bildungsspiegel*, 19. November. https://www.bildungsspiegel.de/news/standpunkte/2845-die-okr-methode-eine-neue-management-wunderwaffe. Abrufdatum 21.10.2019.

Kumar, P./Dass, M./Kumar, S. (2015): From Competitive Advantage to Nodal Advantage: Ecosystem Structure and the New Five Forces that Affect Prosperity. In: *Business Horizons*, 58. Jg., Nr. 4, S. 469–481.

Lands' End (2019): About Us – Founder. https://www.landsend.com/aboutus/?cm_re=glb-_-global-_-ft-aboutus-_-20160316-_-txt. Abrufdatum 11.12.2019.

Lawrence, A. T./Weber, J. (2014): *Business and Society*. 14. Aufl. New York: Irwin.

Learned, E. P./Christensen, C. R./Andrews, K. E./Guth, W. D. (1965): *Business Policy: Text and Cases*. Homewood, IL, USA: Irwin.

Leibfried, K./McNair, C. (1992): *Benchmarking – Von der Konkurrenz lernen, die Konkurrenz zu überholen*. Freiburg: Haufe.

Leinwand, P./Mainardi, C. (2010): Are American Companies Benchmarking their Way to Mediocrity? In: *The Financial Executive*, 10. Jg., o. Nr., S. 11.

Leslie, K. J./Michaels, M. P. (1997): The Real Power of Real Options. In: *The McKinsey Quarterly*, o. Jg., Nr. 3, S. 97–108.

Levi-Strauss, C. (1966): *The Savage Mind*. Chicago: University of Chicago Press.

Levitt, T. (1965): Exploit the Product Life Cycle. In: *Harvard Business Review*, 43. Jg., Nr. 6, S. 81–94.

Lewerick, M./Link, P./Leifer, L. (2018): *Das Design Thinking Playbook*. 2. Aufl. München: Vahlen.

Lewin, K. (1997): *Resolving Social Conflicts. Field Theory in Social Science* (Originalausgabe 1948). Washington, DC, USA: American Psychological Association.

Lewis, T. G. (1995): *Steigerung des Unternehmenswertes – Total Value Management*. 2. Aufl. Landsberg/Lech: Moderne Industrie.

Link, J. (1985): *Organisation der strategischen Planung. Aufbau und Bedeutung strategischer Geschäftseinheiten sowie strategischer Planungsorgane*. Berlin: Springer.

Lombriser, R./Abplanalb, P. A. (2018): *Strategisches Management. – Visionen entwickeln, Erfolgspotenziale aufbauen, Strategien umsetzen*. 7. Aufl. Zürich: Versus.

Luehrman, T. A. (1998): Strategy as a Portfolio of Real Options. In: *Harvard Business Review*, 76. Jg., Nr. 5, S. 89–99.

Lufthansa Group (2019): Geschäftsbericht 2018. https://investor-relations.lufthansagroup.com/de/investor-relations.html. Abrufdatum 11.12.2019.

Lunau, S. (Hrsg.)/Roenpage, O./Staudter, C./Meran, R./John, A./Beernhardt, C. (2013): *Six Sigma und Lean Toolset*. 2. Aufl. Berlin: Springer.

Lynch, D. R. (2015): *Strategic Management*. 7. Aufl. Harlow, Essex, UK: Pearson.

Macharzina, K./Wolf, J. (2015): *Unternehmensführung – Das Internationale Managementwissen: Konzepte – Methoden – Praxis*. 9. Aufl. Wiesbaden: SpringerGabler.

Machiavelli, N. (1998): *The Prince (hrsg. mit einer Einführung und Notizen von Bondanella, P. und übersetzt aus dem Italienischen von Bondanella, P./Musa, R.)* (Oxford's World Classics; Originalausgabe 1532). Oxford, UK: Oxford University Press.

Magretta, J. (2002): Why Business Models Matter. In: *Harvard Business Review*, 80. Jg., Nr. 5, S. 86–92.

Mandel, F. (1982): Scenarios and Corporate Strategy: Planning in Uncertain Times. Forschungsbericht Nr. 669. Menlo Park, CA, USA: SRI International.

March, J. G. (2006): Rationality, Foolishness, and Adaptive Intelligence. In: *Strategic Management Journal*, 27. Jg., Nr. 3, S. 201–214.

Mareis, C. (2011): *Design als Wissenskultur: Interferenzen zwischen Design- und Wissensdiskursen seit 1960.* Bielefeld: Transcript.

Markowitz, H. M. (1959): *Portfolio Selection: Efficient Diversification of Investments.* New Haven, CT, USA: Yale University Press.

Markowitz, H. M. (1952): Portfolio Selection. In: *The Journal of Finance*, 7. Jg., Nr. 1, S. 77–91.

Martin, R. (2009): *The Design of Business: Why Design Thinking is the Next Competitive Advantage.* Boston: Harvard Review Press.

Mason, E. (1939): Price and Production Policies of Large-Scale Enterprises. In: *American Economic Review*, 29. Jg., Nr. 1, S. 61–74.

Mast, J. (2006): Six Sigma and Competitive Advantage. In: *Total Quality Management*, 17. Jg., Nr. 4, S. 455–464.

Maurya, A. (2012): *Running Lean. Iterate from a Plan A to a Plan that Works.* 2. Aufl. Sebastopol, CA, USA: O'Reilly.

Mayer-Schönberger, V./Cukier, K. (2017): *Big Data: Die Revolution, die unser Leben verändern wird.* 3. Aufl. München: Redline.

Mazzei, M. J./Noble, D. (2017): Big Data Dreams: A Framework for Corporate Strategy. In: *Business Horizons*, 60. Jg., Nr. 3, S. 405–414.

McAfee, A./Brynjolfsson, E. (2017): *Machine Platform Crowd Harnessing our Digital Future.* New York: Norton.

McAfee, A./Brynfolfsson, E. (2012): Big Data: The Management Revolution. In: *Harvard Business Review*, 90. Jg., Nr. 10, S. 60–68.

McGahan, A. (2000): How Industries Evolve. In: *Business Strategy Review*, 11. Jg., Nr. 3, S. 1–16.

McGee, J./Thomas, H. (1986): Strategic Groups, Theory, Research and Taxonomy. In: *Strategic Management Journal*, 2. Jg., Nr. 2, S. 141–160.

McGrath, R. G. (2013): *The End of Competitive Advantage.* Boston: Harvard Business Review Press.

McGonagle, J. J. (2007): Mapping and Anticipating the Competitive Landscape. In: *Competitive Intelligence Magazine*, 10. Jg., Nr. 2, S. 48.

McKinsey & Company (2016): *Planen, gründen, wachsen: Mit dem professionellen Businessplan zum Erfolg.* 8. Aufl. München: Redline.

Meadows, D./Meadows, D. L./Randers, J./Behrens, W. (1972): *The Limits to Growth.* New York: New American Library.

Meffert, J./Meffert, H. (2017): Digital verändert unsere Welt – schnell und unwiderruflich. In: Meffert, J./Meffert, H. (Hrsg.): *Eins oder Null. Wie Sie Ihr Unternehmen mit Digital@Scale in die Zukunft führen.* 2. Aufl., S. 17–37. Berlin: Econ.

Mehler-Bicher, A./Mehler, F./Ostheimer, B./Steiger, L./Kuntze, N./Kunz, S./Weih, H. P. (2019): *Wirtschaftsinformatik in Zeiten digitaler Transformation.* Wiesbaden: SpringlerGabler.

Mendelow, A. L. (1981): Environmental Scanning – The Impact of the Stakeholder Concept. In: *ICIS 1981 Proceedings, Paper 20.* http://aisel.aisnet.org/icis1981/20. Abrufdatum 16.11.2019.

Merchant, N. (2012): Why Porter's Model No Longer Works. In: *Harvard Business Review*, 29. Februar. https://hbr.org/2012/02/why-porters-model-no-longer-wo. Abrufdatum 11.12.2019.

Mertens, P./Rässler, S. (Hrsg.) (2012): *Prognoserechnung.* 7. Aufl. Berlin: Springer.

Mertins, K./Kohl, H. (2009): Benchmarking – der Vergleich mit den Besten. In: Mertins, K./Kohl, H. (Hrsg.): *Benchmarking.* 2. Aufl., S. 19–62. Düsseldorf: Symposion.

Mikalef, P./Pappas, I. O./Krogstie, J./Giannakos, M. (2018): Big Data Analytics Capabilities: A Systematic Literature Review and Research Agenda. In: *Information Systems and e-Business Management*, 16. Jg., Nr. 3, S. 547–578.

Miles, R. E./Snow, C. C. (1978): *Organizational Strategy, Structure and Process.* New York: McGraw-Hill.

Miller, D./Hartwick, S. (2002): Spotting Management Fads. In: *Harvard Business Review*, 80. Jg., Nr. 10, S. 26–27.

Mintzberg, H. (2003): Five Ps for Strategy. In: Mintzberg, H./Lampel, J./Quinn, J. B./Goshal, S. (Hrsg.): *The Strategy Process: Concepts, Context, Cases*. 4. Aufl., S. 3–7. Harlow, Essex, UK: Prentice Hall.

Mintzberg, H. (1994): *The Rise and Fall of Strategic Planning*. New York: Free Press.

Mintzberg, H./Ahlstrand, B./Lampel, J. (2009): *Strategy Safari: The Complete Guide through the Wilds of Strategic Management*. 2. Aufl. Harlow, Essex, UK: Pearson.

Mitchell, R. K./Agle, B. J./Wood, D. J. (1997): Toward a Theory of Stakeholder Identification and Salience: Defining the Principle Who and What Really Counts. In: *Academy of Management Review*, 22. Jg., Nr. 4, S. 853–886.

Moisander, J./Stenfors, S. (2009): Exploring the Edges of Theory-Practice Gap: Epistemic Cultures in Strategy-Tool Development and Use. In: *Organization*, 16. Jg., Nr. 2, S. 227–247.

Morosini, P. (2005): *Renault-Nissan. The Paradoxical Alliance. European Case Clearing House, Fallstudie-Nr. ESMT-305-0047-1*. Wharley End, Bedfordshire, UK: The Case Centre.

Mortlock, L./EY (2016): Operating Models. Delivering on Strategy and Optimizing Processes. https://www.ey.com/ca/en/services/advisory/performance-improvement/operating-models. Abrufdatum 11.12.2019.

Müller-Friemauth, F./Kühn, R. (2017): *Ökonomische Zukunftsforschung*. Wiesbaden: SpringerGabler.

Müller-Stewens, G. (2004): Auf die Prozesse kommt es an. In: *Harvard Business Manager*, 26. Jg., Nr. 10, S. 28–32.

Müller-Stewens, G./Lechner, C. (2016): *Strategisches Management: Wie strategische Initiativen zum Wandel führen*. 5. Aufl. Stuttgart: Schäffer-Poeschel.

Müller-Stewens, G./Brauer, M. (2009): *Corporate Strategy & Governance. Wege zur nachhaltigen Wertsteigerung in diversifizierten Unternehmen*. Stuttgart: Schäffer-Poeschel.

Myers, S. (1977): Determinants of Corporate Borrowing. In: *Journal of Financial Economics*, 5. Jg., Nr. 2, S. 147–175.

Nagel, M./Mieke, C. (2014): *BWL-Methoden*. Konstanz/München: UVK.

Naisbitt, J. (1982): *Megatrends: Ten New Directions Transforming Our Lives*. New York: Grand Central.

Nash, J. F. (1951): Non-Cooperative Games. In: *Annals of Mathematics*, 54. Jg., Nr. 2, S. 286–295.

Nash, J. F. (1950): Equilibrium Points in N-Person Games. In: *Proceedings of the National Academy of Science*, 36. Jg., Nr. 1, S. 48–49.

Nash, M./Poling, S. (2008): *Mapping the Total Value Stream*. Boca Raton, FL, USA: Taylor & Francis.

Nestlè (2018): What is Materiality? https://www.nestle.com/csv/what-is-csv/materiality. Abrufdatum 11.12.2019.

Newman, H. H. (1978): Strategic Groups and the Structure-Performance Relationship. In: *Review of Economics and Statistics*, 60. Jg., Nr. 3, S. 417–427.

Newport News Shipbuilding (1886): zitiert in Wheelen, T. J./Hunger, J. D. (2018): *Strategic Management and Business Policy. Globalization, Innovation and Sustainability*. 15. Aufl. Upper Saddle, NJ, USA: Pearson.

Nicolai, A./Kieser, A. (2002): Trotz eklatanter Erfolglosigkeit: Die Erfolgsfaktorenforschung weiter auf Erfolgskurs. In: *Die Betriebswirtschaft (DBW)*, 62. Jg., Nr. 6, S. 579–596.

NIST (2019): Baldrige Performance Excellence Program. https://www.nist.gov/baldrige. Abrufdatum 11.12.2019.

Nohria, N./Joyce, W./Roberson, B. (2003): *What Really Works*. New York: HarperBusiness.

Nørreklit, H. (2000): The Balance on the Balanced Scorecard – a Critical Analysis of some of its Assumptions. In: *Management Accounting Research*, 11. Jg., o. Nr., S. 65–88.

Nussbaum, B. (2011): Design Thinking is a Failed Experiment. 4. Mai. https://www.fastcodesign.com/1663558/design-thinking-is-a-faled-experiment-so-whats-next. Abrufdatum 11.12.2019.

o. V. (2010): Business Talk – Vision. In: *Financial Times Deutschland*, 1. Februar, S. 28.

O'Brien, F. (2004): Scenario Planning – Lessons for Practice from Teaching and Learning. In: *European Journal of Operational Research*, 152. Jg., Nr. 3, S. 709–722.

Ohmae, K. (1982): *The Mind of the Strategist. Business Planning for Competitive Advantage*. Harmondsworth, Middlesex, UK: Penguin.

Oliver, G. R./Donelly, P. J. (2007): Commentary Effective Use of a Strategic Issue Management System (SIMS): Combining Tools and Approaches. In: *Journal of Public Affairs*, 7. Jg., Nr. 4, S. 399–406.

Osell, R./Wright, R. (1980): Allocating Resources. In: Albert, K. J. (Hrsg.): *Handbook of Business Problem Solving*. S. 1–89–1–109. New York: McGraw-Hill.

Osterwalder, A. (2004): *The Business Model Ontology. A Proposition in a Design Science Approach*. Diss., Universität, Lausanne.

Osterwalder, A./Pigeneur, Y. (2010): *Business Model Generation: A Handbook for Visionaries, Game Changers, and Challengers*. Hoboken, NJ, USA: Wiley.

Osterwalder, A./Pigneur, Y./Smith, A./Papadakos, T. (2014): *Value Proposition Design How to Create Products and Services Customers Want*. Hoboken, NJ, USA: Wiley.

Pachadsaram, R./Prince, S. (2019): How Many OKR's Should You Have? 7. August. https://www.whatmatters.com/faqs/how-many-okrs-to-have. Abrufdatum 11.12.2019.

Panagiotou, G. (2003): Bringing SWOT into Focus. In: *Business Strategy Review*, 14. Jg., Nr. 2, S. 8–10.

Papayoanou, P./Goldman, J. (2003): Shaping Winning Business. In: *Financial Executive*, 19. Jg., Nr. 2, S. 70–71.

Parker, G. G./Van Alstyne, M. W. (2000): Internetwork Externalities and Free Information Goods. In: *Proceedings of the Second ACM Conference on Electronic CommerceJournal of Economics and Management Strategy*, S. 107–116.

Parker, G. G./Van Alstyne, M. W./Choudary, S. P. (2017): *Platform Revolution How Networked Markets are Transforming the Economy and how to Make Them Work for You*. New York: Norton.

Parmenter, D. (2015): *Key Performance Indicators*. 3. Aufl. Hoboken, NJ, USA: Wiley.

Paroutis, S./Heracleous, L./Angwin, D. (2016): *Practicing Strategy*. 2. Aufl. London: Sage.

Pascale, R. T./Athos, R. G. (1981): *The Art of Japanese Management: Applications for American Executives*. New York: Warner Books.

Pasmore, W. (2015): *Leading Continuous Change. Navigating Churn in the Real World*. San Francisco, USA: Berrett-Koehler.

Pasteur, V.-R. (Hrsg.) (1933): *Œuvres de Pasteur*. Bd. 6: Maladies Virulentes, Virus-Vaccins et Prophylaxie de la Rage. Paris: Masson.

Paul, H./Rosinus, A. (2017): Sharing Economy – Benutzen statt Besitzen. In: *WiSt Wirtschaftswissenschaftliches Studium*, 46. Jg., Nr. 7–8, S. 4–10.

Pearce II, J. A./Robinson, R. B. (2007): *Strategic Management. Formulation, Implementation and Control*. Boston: McGraw-Hill.

Pearce, B./IATA (Hrsg.), Pearce, B. (2013): Profitability in the Air Transport Value Chain. IATA Economics Briefing No. 10, v. 1.1., Juni. https://www.iata.org/whatwedo/Documents/economics/profitability-and-the-air-transport-value%20chain.pdf. Abrufdatum 11.12.2019.

Piercy, N. F. (2017): *Market-Led Strategic Change*. 5. Aufl. Abingdon, Oxfordshire, UK: Routledge.

Penn, M./Zalesne, E. K. (2009): *Microtrends: The Small Forces Behind Tomorrow's Big Changes*. New York: Twelve.

Penrose, E. (2009): *The Theory of the Growth of the Firm* (Originalausgabe 1959). 4. Aufl. Oxford, UK: Oxford University Press.

Pepels, W. (2014): *Marktsegmentierung: Instrumentarium zur Bearbeitung segmentierter Märkte.* 3. Aufl. Düsseldorf: Symposion.

Perlitz, M./Schrank, R. (2013): *Internationales Management.* 6. Aufl. Konstanz/München: UTB.

Peters, T. J./Waterman, R. H. (1982): *In Search of Excellence: Lessons from America's Best-Run Companies.* New York: HarperBusiness.

Peters, T. J./Waterman, R. H./Phillips, J. R. (1980): Structure is not Organization. In: *Business Horizons*, 23. Jg., Nr. 3, S. 14–26.

Pfeifer, T./Schmitt, R./Masing, W. (Hrsg.) (2014): *Masing Handbuch Qualitätsmanagement.* 6. Aufl. München: Hanser.

Pillkahn, U. (2007): *Trends und Szenarien als Werkzeuge der Strategieentwicklung.* Erlangen: Publicis.

Piskorski, J. M. (2005): Note on Corporate Strategy. In: *Harvard Business School Teaching Note, Nr. 9-705-449.* Wharley End, Bedfordshire, UK: The Case Centre.

Plattner, H./Meinel, C./Leifer, L. (2012): *Design Thinking Research: Studying Co-creation in Practice.* Berlin: Springer.

Porter, M. E. (2008): The Five Competitive Forces That Shape Strategy. In: *Harvard Business Review*, 86. Jg., Nr. 1, S. 78–93.

Porter, M. E. (1996): What is Strategy? In: *Harvard Business Review*, 74. Jg., Nr. 6, S. 61–78.

Porter, M. E. (1991): Towards a Dynamic Theory of Strategy. In: *Strategic Management Journal*, 12. Jg., Nr. 2, S. 96–117.

Porter, M. E. (1985): *Competitive Advantage.* New York: Free Press.

Porter, M. E. (1981): The Contributions of Industrial Organization to Strategic Management. In: *Academy of Management Review*, 6. Jg., Nr. 4, S. 609–620.

Porter, M. E. (1980): *Competitive Strategy Techniques for Analyzing Industries and Competitors.* New York/London: The Free Press.

Porter, M. E. (1979): The Structure within Industries and Companies Performance. In: *Review of Economics and Statistics*, 61. Jg., Nr. 2, S. 214–227.

Porter, M./Heppelmann, J. (2015): How Smart, Connected Products Are Transforming Companies. In: *Harvard Business Review.*, 93. Jg., Nr. 10, S. 96–114.

Porter, M./Heppelmann, J. (2014a): How Smart, Connected Products Are Transforming Competition. In: *Harvard Business Review.*, 92. Jg., Nr. 11, S. 64–88.

Porter, M. E./Heppelmann, J./Harvard Business Review (2014b): How Smart, Connected Products are Transforming Competition. 3. November [Youtube]. https://www.youtube.com/watch?v=ldYP9XBXBYs. Abrufdatum 11.12.2019.

Porter, M. E./Kramer, M. R. (2011): Creating Shared Value: How to Reinvent Capitalism and Unleash a Wave of Innovation and Growth. In: *Harvard Business Review*, 89. Jg., Nr. 1, S. 62–77.

Prahalad, C. K. (2009): *The Fortune of the Bottom at the Pyramid. Eradicating Poverty through Profits.* 5. Aufl. Upper Saddle River, NJ, USA: Prentice Hall.

Prahalad, C. K./Mashelkar, R. (2010): Erfinderische Inder. In: *Harvard Business Manager*, 32. Jg., Nr. 10, S. 92–104.

Priem, R./Butler, J. (2001): Tautology in the Resource-Based View and the Implications of Externally Determined Resource Value: Further Comments. In: *Academy of Management Review*, 26. Jg., Nr. 1, S. 57–66.

Provost, F./Fawsett, T. (2013): *Data Science for Business.* Sebastopol, CA, USA: O'Reilly.

PWC (2018): Megatrends: 5 Global Shifts Changing the Way We Live and Do Business. https://www.pwc.co.uk/megatrends. Abrufdatum 11.12.2019.

Quinn, J. B. (1978): Strategic Change: Logical Incrementalism. In: *MIT Sloan Management Review*, 20. Jg., Nr. 1, S. 7–21.

Quinn, J. B. (2003): Logical Incrementalism: Managing Strategy Formation. In: Mintzberg, H./Lampel, J./Quinn, J. B./Goshal, S. (Hrsg.): *The Strategy Process: Concepts, Context, Cases*. 4. Aufl., S. 183–188. Harlow, Essex, UK: Prentice Hall.

Ralston, B./Wilson, I. (2006): *The Scenario-Planning Handbook*. Mason, OH, USA: Cengage.

Rappaport, A. (2008): Game Theory Versus Practice – More Companies Are Using Game Theory to Aid Decision-making. How Well Does It Work in the Real World? In: *CFO Magazine*, o. Jg., Juli/August 2008, S. 35–36.

Rappaport, A. (1998): *Creating Shareholder Value*. 2. Aufl. New York: The Free Press.

Rappaport, A. (1981): Selecting Strategies that Create Shareholder Value. In: *Harvard Business Review*, 59. Jg., Nr. 3, S. 139–149.

Rath & Strong Management Consultants (Hrsg.) (2008): *Six Sigma Pocket Guide – 34 Werkzeuge zur Prozessverbesserung*. Köln: TÜV.

Reeves, M./Haanaes, K./Sinha, J. (2015): *Your Strategy Needs a Strategy: How to Choose and Execute the Right Approach*. Boston: Harvard Business Review Press.

Reeves, M./Moose, S./Boston Consulting Group (2019): What is the Growth Share Matrix? https://www.bcg.com/de-de/about/our-history/growth-share-matrix.aspx. Abrufdatum 11.12.2019.

Reeves, M./Moose, S./Venema, T./Boston Consulting Group (2014): BCG Classics Revisited: The Growth Share Matrix. 4. Juni. https://www.bcg.com/de-de/publications/2014/growth-share-matrix-bcg-classics-revisited.aspx. Abrufdatum 11.12.2019.

Reichmann, T. (2017): *Controlling mit Kennzahlen und Management-Tools: Die systemgestützte Controlling-Konzeption*. 9. Aufl. München: Vahlen.

Reillier, L. C./Reillier, B. (2017): *Platform Strategy How to Unlock the Power of Communities and Networks to Grow Your Business*. Abingdon Oxfordshire, UK: Taylor & Francis.

Reimann, B. C. (1990): *Managing for Value: A Guide to Value Based Strategic Management*. 2. Aufl. Oxford, UK: Blackwell.

REWE (2018): Leitbild. https://www.rewe-group.com/de/unternehmen/leitbild. Abrufdatum 11.12.2019.

Ries, E. (2011): *The Lean Startup: How Today's Entrepreneurs Use Continuous Innovation to Create Radically Successful Businesses*. New York: Random House.

Rigby, D. (2001): Management Tools and Techniques: A Survey. In: *California Management Review*, 43. Jg., Nr. 2, S. 139–160.

Rigby, D. (1993): How to Manage the Management Tools. In: *Strategy & Leadership*, 21. Jg., Nr. 6, S. 8–15.

Rigby, D./Bilodeau, B./Bain & Company (2018): Management Tools & Trends 2018. https://www.bain.com/contentassets/caa40128a49c4f34800a76eae15828e3/bain_brief-management_tools_and_trends.pdf. Abrufdatum 11.12.2019.

Rigby, D./Bilodeau, B. (2005): The Bain 2005 Management Tool Survey. In: *Strategy & Leadership*, 33. Jg., Nr. 4, S. 4–12.

Rigby, D. K./Sutherland, J./Takeouchi, H. (2016): Embracing Agile. In: *Harvard Business Review*, 94. Jg., Nr. 5, S. 41–50.

Rigsby, J. R./Greco, G. (2003): *Mastering Strategy: Insights from the World's Greatest Leaders and Thinkers*. New York: McGraw-Hill.

Ringov, D. (2017): Dynamic Capabilities and Firm Performance. In: *Long Range Planning*, 50. Jg., Nr. 5, S. 654–664.

Rittel, H. (1987): Das Erbe der HfG? In: Lindinger (Hrsg.): *Hochschule für Gestaltung Ulm. Die Moral der Gegenstände*. S. 118–119. Berlin: Ernst, Wilhelm.

Rittel, H. W. J./Webber, M. (1973): Dilemmes in a General Theory of Planning. In: *Policy Sciences*, 4. Jg., Nr. 2, S. 155–169.

Rittel, H. W. J./Webber, M. (1992): Die Allgemeine Theorie der Planung. In: Rittel, H. W. J. (Hrsg.): *Planen, Entwerfen, Design. Ausgewählte Schriften zu Theorie und Methodik*. S. 13–36. Stuttgart: Kohlhammer.

Rochet, J.-C./Tirole, J. (2002): Cooperation among Competitors: Some Economics of Payment Card Associations. In: *The RAND Journal of Economics*, 33. Jg., Nr. 4, S. 549–570.

Rogers, E. (1995): *The Diffusion of Innovation*. New York: Free Press.

Rolke, L. (2016): Kommunikationssteuerung nach dem Stakeholder-Kompass – Wertschöpfung durch Wirkungsmanagement. In: Rolke, L./Sass, J. (Hrsg.): *Kommunikationssteuerung. Wie Unternehmenskommunikation in der digitalen Gesellschaft ihre Ziele erreicht*. S. 17–38. Berlin/München: De Gruyter Oldenbourg.

Ross, J. W./Weill, P./Robertson, D. C. (2006): *Enterprise Architecture as Strategy Creating a Foundation for Execution*. Boston: Harvard Business School Press.

Rothlauf, J. (2010): *Total Quality Management in Theorie und Praxis. Zum ganzheitlichen Unternehmensverständnis*. München: Oldenbourg.

Rowe, P. G. (1994): *Design Thinking*. Cambridge, MA, USA: MIT Press.

Ruff, F. (2006): Corporate Foresight: Integrating the Future Business Environment into Innovation and Strategy. In: *International Journal of Technology Management*, 34. Jg., Nr. 3–4, S. 278–295.

Rumelt, R. (1974): *Strategy, Structure and Economic Performance*. Boston: Harvard Business Review Press.

Ryall, M. D. (2013): Die Zukunft der Wettbewerbsanalyse. In: *Harvard Business Manager*, 35. Jg., Nr. 8, S. 76–84.

Ryan, B./Gross, N. (1943): The Diffusion of Hybrid Seeds Corn in Two Iowa Communities. In: *Rural Sociology*, 8. Jg., Nr. 1, S. 15–24.

Sacks, D. (2014): Uber's Virtuous Cycle. Geographic Density is the New Network Effect. 6. Juni [Twitter]. https://twitter.com/DavidSacks/status/475073311383105536. Abrufdatum 11.12.2019.

Savage, G. T./Nix, T. W./Whitehead, C. J./Blair, J. D. (1991): Strategies for Assessing and Managing Organizational Stakeholders. In: *Academy of Management Perspectives.*, 5. Jg., Nr. 2, S. 61–75.

Schaeffler AG (2018): Megatrends. https://www.schaeffler.com/content.schaeffler.com/de/innovation/megatrends/megatrends.jsp. Abrufdatum 15.11.2019.

Scheuss, R. (2016): *Handbuch der Strategien*. 3. Aufl. Frankfurt: Campus.

Schneemann, P. (2019): *Different Perspectives on Strategizing – Theory and Practical Use of Strategy Tools*. Diss., London Southbank University.

Schneiderman, A. (2001): The First Balanced Scorecard. In: *Journal of Cost Management*, 15. Jg., Nr. 5, S. 16.

Schoemaker, P. (1995): Scenario Planning: A Tool for Strategic Thinking. In: *Sloan Management Review*, 36. Jg., Nr. 2, S. 25–40.

Schoen, D. in Waks, L. (2001): Donald Schön's Philosophy of Design and Design Education. In: *International Journal of Technology and Design Education*, o. J., Nr. 11, S. 37–51.

Schrage, M./Kiron, D. (2018): Leading with Next-Generation Key Performance Indicators. In: *MIT Sloan Management Review*, 26. Juni. https://sloanreview.mit.edu/projects/leading-with-next-generation-key-performance-indicators/. Abrufdatum 11.12.2019.

Schrank, R./Giesa, T. (2010): Portfolioanalyse: Einsatz im strategischen Controlling. In: Gleich, R./Klein, A. (Hrsg.): *Strategische Controlling-Instrumente. Der Controlling-Berater*, Bd. 8. S. 123–148. Freiburg: Haufe.

Schrank, R. (2000): Neue Wege für die Strategieentwicklung von Unternehmen. In: *Der Unternehmensberater*, o. Jg., Nr. 1, S. 30–40.

Schulz, E./Airbus (2018): Global Networks, Global Citizens. Global Market Forecast 2018–2037. https://www.google.com/search?client=firefox-b-d&q=Global+Networks%2C+Global+Citizens.+Global+Market+forecast+2018-2037. Abrufdatum 11.12.2019.

Schumpeter, J. (2018): *Kapitalismus, Sozialismus und Demokratie* (Originalausgabe 1942). 9. Aufl. Tübingen: Narr Francke Attempto.

Seiter, C./Ochs, S. (2014): Megatrends verstehen und systematisch analysieren – Ein Framework zur Identifikation von Wachstumsmärkten. In: *markezin. Karlsruher Marketing Fachschrift*, Heft 5. https://www.hs-karlsruhe.de/fileadmin/hska/W/allgemein/MarkeZin_Heft5_Web.pdf, Abrufdatum 11.12.2019.

Shell (2019): Shell Scenarios. https://www.shell.com/energy-and-innovation/the-energy-future/scenarios.html. Abrufdatum 11.12.2019.

Siebe, A. (Hrsg.) (2018): *Die Zukunft vorausdenken und gestalten: Stärkung der Strategiekompetenz im Spitzencluster it's OWL*. Berlin: Springer.

Simmert et al. (2014): Empirische Erkenntnisse zur Nutzung des Business Model Canvas. Arbeitspapier. Kassel: Universität Kassel.

Simon, H. (2012): *Aufbruch nach Globalia. Aufbruchsstrategien unbekannter Weltmarktführer*. Frankfurt: Campus.

Simon, H. (2007): *Hidden Champions des 21. Jahrhunderts: Die Erfolgsstrategien unbekannter Weltmarktführer*. Frankfurt: Campus.

Simon, H. (1996): *Die heimlichen Gewinner (Hidden Champions): Die Erfolgsstrategien unbekannter Weltmarktführer*. Frankfurt: Campus.

Simon, H./v. Gathen, A. (2010): *Das große Handbuch der Strategieinstrumente*. 2. Aufl. Frankfurt: Campus.

Smith, K./Grimm, C./Wally, S. (1997): Strategic Groups and Rivalrous Firm Behaviour: Towards a Reconciliation. In: *Strategic Management Journal*, 18. Jg., Nr. 2, S. 149–157.

Sparberg, F. W. (1985): Exzellente Unternehmen – Praxiserfahrungen. In: *Die Betriebswirtschaft (DBW)*, 11. Jg., Nr. 5, S. 606–608.

Speckbacher, G./Bischof, J./Pfeiffer, T. (2003): A Descriptive Analysis of the Implementation of Balanced Scorecards in German-speaking Countries. In: *Management Accounting Research*, 14. Jg., o. Nr., S. 361–387.

Spiegel-Online (2009): Ackermann prahlt mit Traumrendite. 26. April. http://www.spiegel.de/wirtschaft/0,1518,621201,00.html. Abrufdatum 11.12.2019.

Spitzeck, H./Hansen, E. (2010): Stakeholder Governance. How Corporate Stakeholders Influence Corporate Decision Making. In: *Corporate Governance*, 19. Jg., Nr. 4, S. 378–391.

Stabell, C. B./Fjeldstad, Ø. D. (1998): Configuring Value for Competitive Advantage: On Chains, Shops, and Networks. In: *Strategic Management Journal*, 19. Jg., Nr. 5, S. 413–437.

Steiber, A./Alange, S. (2013): A Corporate System for Continuous Innovation: The Case of Google Inc. In: *European Journal of Innovation Management*, 16. Jg., Nr. 2, S. 243–264.

Steinle, C./Kirschbaum, J./Kirschbaum, V. (1996): *Erfolgreich überlegen: Erfolgsfaktoren und ihre Gestaltung in der Praxis*. Frankfurt: Frankfurter Allgemeine Buch.

Stenfors, S./Tanner, L. (2007): Evaluating Strategy Tools through Activity Lens. Working Papers W-419. In: Stenfors, S. (Hrsg.): *Strategy Tools and Strategy Toys: Management Tools in Strategy Work*. Helsinki: Helsinki School of Economics.

Stevenson, H. (1976): Defining Corporate Strength and Weaknesses. In: *Sloan Management Review*, 17. Jg., Nr. 3, S. 51–68.

Stewart, R./Wyskida, R. M./Johannes, J. D. (1995): *Cost Estimator's Reference Manual*. 2. Aufl. Hoboken, NJ, USA: Wiley.

Stewart, T. (1996): A Refreshing Change: Vision Statements that Make Sense. In: *Fortune*, Nr. 6, 30. September, S. 195–196.

Stierl, M./Lüth, A. (2014): *Instrumente zur Umsetzung von CSR*. Wiesbaden: Springer.

Strategieinstitut der Boston Consulting Group (Hrsg.) (2008): *Clausewitz Strategie denken*. 6. Aufl. München: DTV.

Strategyzer AG (2019): Strategyzer. https://www.strategyzer.com/. Abrufdatum 11.12.2019.
Stump, E. (2002): All About Learning Curves. http://www.galorath.com/images/uploads/LearningCurves1.pdf. Abrufdatum 03.07.2009.
Sun Tsu (2009): *Die Kunst des Krieges (Original ca. 5. Jh. v. Ch.)*. Frankfurt/Leipzig: Insel.
Tarde, G. (1890): *Les Lois de l'Imitation*. Paris: Félix Alcan.
Taussig, F. W. (1919): Price-Fixing as seen by a Price-Fixer. In: *Quarterly Journal of Economics*, 33. Jg., Nr. 2, S. 205–241.
Taylor, W. (2010): The Balanced Scorecard as a Strategy Evaluation Tool: The Effects of Implementation Involvement and a Causal Chain-Focus. In: *The Accounting Review*, 85. Jg., Nr. 3, S. 1095–1117.
Teekampagne (2019): www.teekampagne.com. Abrufdatum 11.12.2019.
Teekampagne (2017): Teekampagne [Vimeo]. https://vimeo.com/258049743. Abrufdatum 11.12.2019.
Teipel, P./Alberti, M. (2019): Vision und Strategie mit OKR verwirklichen. In: *Controlling & Management Review.*, 63. Jg., Nr. 5, S. 34–39.
Teppo, F./Powell, T. C. (2016): Designing Organizations for Dynamic Capabilities. In: *California Management Review*, 58. Jg., Nr. 4, S. 78–96.
Tesla (2018): About Tesla. https://www.tesla.com/about. Abrufdatum 11.12.2019.
The Accidental Design Thinker (2017): 40 Design Thinking Sucess Stories. 16. September. https://theaccidentaldesignthinker.com/2017/09/16/40-design-thinking-success-stories/. Abrufdatum: 11.12.2019.
Thompson, A. A./Strickland, A. J. (2003): *Strategic Management. Concept and Cases*. 13. Aufl. New York: McGraw-Hill.
Thompson, J. D. (1967): *Organizations in Action*. New York: McGraw-Hill.
Thompson, J. D./Scott, J. M./Martin, F. (2017): *Strategic Management. Awareness & Change*. 8. Aufl. Florence, KY, USA: Cengage.
Tivana, A. (2014): *Platform Ecosystems. Aligning Architcture, Governance, and Strategy*. Amsterdam: Morgan Kaufmann.
Töpfer, A. (2004): Six Sigma in Banken und Versicherungen. In: Töpfer, A. (Hrsg.): *Six Sigma*. S. 431–459. Berlin: Springer.
Treacy, M./Wiersema, F. (1997): *The Discipline of Market Leaders*. Reading, MA, USA: Addison-Wesley.
Tucker, F. G./Zivan, S. M./Camp, R. C. (1987): How to Measure Yourself against the Best. In: *Harvard Business Review.*, 87. Jg., Nr. 1, S. 2–4.
Uber (2019): Reports First Quarter 2019 Results. 30. Mai. https://investor.uber.com/news-events/news/press-release-details/2019/Uber-Q1-2019-Earnings/. Abrufdatum 11.12.2019.
Ulrich, H. (1984): *Management. Gesammelte Beiträge*. Bern: Paul Haupt.
Ulrich, H. (1981): *Managementphilosophie für die Zukunft*. Bern: Paul Haupt.
Ulrich, H. (1970): *Die Unternehmung als produktives soziales System*. 2. Aufl. Bern: Paul Haupt.
Ulrich, P./Fluri, E. (1995): *Management. Eine konzeptionelle Einführung*. 7. Aufl. Bern: Paul Haupt.
Van Aken, J. E./Romme, G. (2009): Reinventing the Future: Adding Design Science to the Repertoire of Organization and Management Studies. In: *Organization Management Journal*, 6. Jg., Nr. 1, S. 5–12.
Vehmeier, T. (2017): Design Thinking: Komplexität bei Innovation und Strategieentwicklung besser bewältigen. In: Klein, A./Kottbauer, M. (Hrsg.): *Strategien erfolgreich umsetzen*. S. 99–117. Freiburg: Haufe.
Vernon, R. (1966): International Investment and International Trade in the Product Cycle. In: *The Quarterly Journal of Economics*, 80. Jg., Nr. 2, S. 191–207.

Verrue, J. (2015): From the Osterwalder Canvas to an Alternative Business Model Instrument. Januar. https://www.researchgate.net/publication/283508809_From_the_Osterwalder_canvas_to_an_alternative_business_model_instrument. Abrufdatum 11.12.2019.

Viner, J. (1931): Cost Curves and Supply Curves. In: *Zeitschrift für Nationalökonomie*, o. Jg., Nr. 3, S. 23–46.

Volberda, H. W./Morgan, R. E./Reinmoeller, P./Hitt, M. A./Ireland, R. D./Hoskisson, R. E. (2011): *Strategic Management: Competitiveness and Globalization*. Mason, OH, USA: Cengage.

Volkswagen AG (2019): Elektromobilität. https://www.volkswagenag.com/de/group/e-mobility.html. Abrufdatum 11.12.2019.

Von Neumann, J./Morgenstern, O. (1944): *Theory of Games and Economic Behaviour*. Princeton, NJ, USA: Princeton University Press.

Vuorinen, T./Hakala, H./Kohtamäki, M./Uusitalo, K. (2018): Mapping the Landscape of Strategy Tools: A Review on Strategy Tools published in Leading Journals within the past 25 years. In: *Long Range Planning*, 51. Jg., Nr. 4, S. 586–605.

Wächter, H. (1985): Zur Kritik an Peters und Waterman. In: *Die Betriebswirtschaft (DBW)*, 45. Jg., Nr. 5, S. 608–609.

Wack, P. (1985): Scenarios – Unchartered Waters Ahead. In: *Harvard Business Manager*, 6. Jg., Nr. 5, S. 73–89.

Waddington, C. K. (1973): *OR in World War II: Operational Research Against the U-Boat*. London: Elek.

Walter, M. (2018): How to Spot Platform Opportunities – Step 3 – Ideation. 26. April. https://medium.com/platform-innovation-kit/how-to-spot-platform-opportunities-step-3-ideation-patterns-of-platformization-1b6b9f81fe22. Abrufdatum 11.12.2019.

Walter, M. (2017): 5 Steps to a New Platform Business Model. 2. Mai. https://medium.com/platform-innovation-kit/in-5-steps-to-a-new-platform-business-model-7660391cafdd. Abrufdatum 11.12.2019.

Walter, M. (2015): Platform Innovation Kit. http://www.platforminnovationkit.com. Abrufdatum 11.12.2019.

Watson, D./Head, A. (2016): *Corporate Finance. Principles and Practice*. 7. Aufl. Harlow, Essex, England: Pearson.

Watson, G. (1993): *Benchmarking – vom Besten lernen*. Landsberg/Lech: Moderne Industrie.

Weber, J./Schäffer, U. (2016): *Einführung in das Controlling*. 15. Aufl. Stuttgart: Schäffer-Poeschel.

Weber, M./Krahnen, J./Weber, A. (1995): Scoring-Verfahren – häufige Anwendungsfehler und ihre Vermeidung. In: *Der Betrieb*, 48. Jg., Nr. 33, S. 1621–1626.

Weckheuer, K. (2004): Einführung von Six Sigma in der chemischen Industrie. In: Töpfer, A. (Hrsg.): *Six Sigma*. S. 406–420. Berlin: Springer.

Wedel, T. (2011): ARM, aber sexy. In: *Financial Times Deutschland*, 25. Februar, S. 23.

Weihrich, H. (1982): The TOWS Matrix – A Tool for Situational Analysis. In: *Long Range Planning*, 15. Jg., Nr. 2, S. 54–66.

Welge, M. K./Al-Laham, A./Eulerich, M. (2017): *Strategisches Management. Grundlagen, Prozess, Implementierung*. 7. Aufl. Wiesbaden: SpringerGabler.

Wernerfelt, B. (1984): A Resource-based View of the Firm. In: *Strategic Management Journal*, 5. Jg., Nr. 2, S. 171–180.

Westermann, V. W. (2005): Mit Nichtkunden neue Märkte finden. In: *Handelsblatt*, 6. Oktober. http://www.handelsblatt.com/unternehmen/mittelstand/mit-nichtkunden-neue-maerkte-finden/2560590.html. Abrufdatum 11.12.2019.

Weyer, M. (2011): Hours-per-Vehicle Controlling – The Renaissance of Staff Productivity. In: *International Journal of Production Research*, 49. Jg., Nr. 11, S. 3271–3284.

Wheelen, T. L./Hunger, J. D. (2018): *Strategic Management and Business Policy. Globalization, Innovation and Sustainability*. 15. Aufl. Upper Saddle River, NJ, USA: Pearson.

White, R. (1986): Generic Business Strategies; Organizational Context and Performance. An Empirical Investigation. In: *Strategic Management Journal*, 7. Jg., Nr. 3, S. 217–231.

Whithead, J. (2017): Prioritizing Sustainability Indicators. Using Materiality Analysis to Guide Sustainability Assessment and Strategy. In: *Business Strategy and the Environment*, 26. Jg., Nr. 3, S. 399–412.

Whittington, R. (2006): Completing the Practice Turn in Strategy Research. In: *Organization Studies*, 27. Jg., Nr. 5, S. 613–634.

Whittington, R. (1996): Strategy as Practice. In: *Long Range Planning*, 29. Jg., Nr. 5, S. 731–735.

Wikimedia (2018): Wikimedia Foundation Vision. https://wikimediafoundation.org/about/vision/. Abrufdatum 11.12.2019.

Witcher, B. J./Chau, V. S. (2007): Balanced Scorecard and Hoshin Kanri: Dynamic Capabilities for Managing Strategic Fit. In: *Management Decisions*, 45. Jg., Nr. 3, S. 518–538.

Wilde, H. (2004): *Plan- und Prozesskostenrechnung*. München: Oldenbourg.

Wilde, K. D. (1989): *Bewertung von Produkt-Markt-Strategien. Theorie und Methoden*. Berlin: Duncker & Humblot.

Williams, J. (1992): How Sustainable is your Competitive Advantage. In: *California Management Review*, 34. Jg., Nr. 1, S. 29–52.

Wirtz, B. W./Pistoia, A./Ullrich, S./Göttel, V. (2016): Business Models: Origin, Development and Future Research Perspectives. In: *Long Range Planning*, 49. Jg., Nr. 1, S. 36–54.

Wood, R. E. zitiert in Worthy, J. C. (1984): *Shaping an American Institution: Robert E. Wood and Sears*. Urbana, IL, USA: University of Illinois.

Wright, R. P./Paroutis, S. E./Blettner, D. P. (2013): How Useful Are the Strategic Tools We Teach in Business Schools? In: *Journal of Management Studies*, 50. Jg., Nr. 1, S. 92–125.

Wright, T. P. (1936): Factors Affecting the Cost of Airplanes. In: *Journal of the Aeronautical Science*, 3. Jg., Nr. 4, S. 122–128.

Wrigley, L. (1970): *Divisional Autonomy and Diversification*. Diss., Harvard Business School, Boston.

Yoffie, D. B./Gawer, A./Cusumano, M. A. (2019): A Study of More than 250 Platforms Reveals Why most Fail. Harvard Business Review online. https://hbr.org/2019/05/a-study-of-more-than-250-platforms-reveals-why-most-fail?ab=hero-main-text. Abrufdatum 17.06.2019.

Zdrowomyslaw, N./Kasch, R. (2002): *Betriebsvergleiche und Benchmarking für die Managementpraxis: Unternehmensanalyse, Unternehmenstransparenz und Motivation durch Kenn- und Vergleichsgrößen*. München: Oldenbourg.

Zentner, R. (1982): Scenarios, Past, Present and Future. In: *Long Range Planning*, 15. Jg., Nr. 3, S. 12–20.

Zott, C./Amit, R./Massa, L. (2010): The Business Model: Theoretical Roots, Recent Developments, and Future Research. Working Paper WP-862, September, IESE Business School – University of Navarra. http://www.iese.edu/research/pdfs/DI-0862-E.pdf. Abrufdatum 11.12.2019.

Zukunftsinstitut (2015a): Arbeiten mit Megatrends. In: *Megatrend Dokumentation*. Frankfurt: Zukunftsinstitut.

Zukunftsinstitut (2015b): *Megatrend Map*. Frankfurt: Zukunftsinstitut.

Zukunftsinstitut (2013): Zukunftsforschung als Integrierte Prognostik. In: *Trend Update*, 03. https://www.zukunftsinstitut.de/index.php?id=1563. Abrufdatum 11.12.2019.

Zur Bonsen, M./Maleh, C. (2001): *Appreciative Enquiry (AI): Der Weg zu Spitzenleistungen*. Weinheim/Basel: Beltz.

ZVEI (1998): *ZVEI Kennzahlensystem*. 4. Aufl. Frankfurt: ZVEI.

Z_punkt GmbH (2018a): Strategic Foresight. http://www.z-punkt.de/de/leistungen/strategic-foresight. Abrufdatum 11.12.2019.

Z_punkt GmbH (2018b): Der neue Blick auf die globale Dynamik des Wandels. http://www.z-punkt.de/themen/artikel/megatrends. Abrufdatum 11.12.2019.

Abkürzungsverzeichnis

ACM	Association of Computing Machinery
ADL	Arthur D. Little
Apps	Applications
APQC	American Productivity & Quality Center
APICS	Association for Operations Management (urprünglich American Production and Inventory Control Society)
ARM	Advanced Risk Machines
ASEAN	Association of Southeast Asian Nations
B2B	Business to Business
B2C	Business to Consumer
BCE	Benchmarking Center Europe
BCG	Boston Consulting Group
BDI	Bundesverband der Deutschen Industrie e. V.
BHAG's	Big Hairy Audacious Goals
BMC	Business Model Canvas
BSC	Balanced Scorecard
CAGR	Compounded Annual Growth Rate
CEKW	Center für Kommunale Energiewirtschaft
CEO	Chief Executive Officer
CF	Cash-flow
CFROI	Cash-flow Return on Investment
COO	Chief Operating Officer
CO_2	Kohlendioxid
DB	Deckungsbeitrag
DCF	Discounted Cash-flow
dgq	Deutsche Gesellschaft für Qualität
Diss.	Dissertation
EBIT	Earnings before Interest and Tax
EEG	Erneuerbare-Energien-Gesetz
EEA	European Environmental Agency
EFAS	External Factor Analysis Summary
EFQM	European Foundation for Quality Management
EK	Eigenkapital
ERP	Enterprise Resources Planning
F&E	Forschung & Entwicklung
FMEA	Failure Mode and Effect Analysis
GE	General Electric
GSM	Global System for Mobile
HR	Human Resources
I + K	Information + Kommunikation
IATA	International Air Transport Association
IEA	International Energy Agency
IFAS	Internal Factor Analysis Summary
IOT	Internet of Things
IPCC	International Panel on Climate Change
IT	Information Technology

https://doi.org/10.1515/9783110579567-011

JRC	Joint Research Centre
KPI	Key Performance Indicator
KMU	Kleine und mittelständische Unternehmen
KW	Kapitalwert
LBO	Leveraged Buyout
LED	Light-Emitting Diode
M&A	Mergers & Acquisitions
MA	Marktanteil
MBA	Master of Business Administration
MBNQA	Malcolm Baldrige National Quality Award
MVP	Minimum Viable Product
NAFTA	North American Free Trade Agreement
NGO	Non-Governmental Organization
NIST	National Institute of Standards and Technology, US Department of Commerce
OKR	Objectives and Key Results
OM	Operating Model
OMC	Operating Model Canvas
PDA	Personal Digital Assistance
PEST	Political, Economic, Social, Technological
P&G	Procter & Gamble
PIMS	Profit Impact of Market Strategy
PPP	Private Public Partnership
PR	Public Relations
QSPM	Quantitative Strategic Planning Matrix
RBV	Resource Based View
RIM	Research in Motion
ROCE	Return on Capital Employed
ROI	Return on Investment
RONA	Return on Net Assets
ROS	Return on Sales
RPK	Revenue Passenger Kilometres
SBU	Strategic Business Unit
SGE	Strategische Geschäftseinheit
SGF	Strategisches Geschäftsfeld
SRI	Stanford Research Institute
STEEP	Social, Technological, Ecological, Economical, Political
SWOT	Strengths, Weaknesses, Opportunities, Threats
TOWS	Threats, Opportunities, Weaknesses, Strengths
TQM	Total Quality Management
UE	Unternehmensentwicklung
USct/lb	US Cent pro Pfund
VRIO	Value, Rareness, Imitability, Organization
ZVEI	Zentralverband Elektrotechnik- und Elektronikindustrie e. V.

Abbildungsverzeichnis

https://doi.org/10.1515/9783110579567-012

Tabellenverzeichnis

https://doi.org/10.1515/9783110579567-013

Register

https://doi.org/10.1515/9783110579567-014

www.ingramcontent.com/pod-product-compliance
Lightning Source LLC
LaVergne TN
LVHW081322110826
845149LV00007B/1565

* 9 7 8 3 1 1 0 5 7 9 5 5 0 *